KB146924

현대중국의 중화제국 만들기

현대중국의 중화제국 만들기

★

유장근 지음

푸른역사

책을 내면서

지난 40여 년 넘게 학생으로서, 또 교수로서 역사의 현장을 답사하면서 배운 바가 적지 않다. 그로부터 얻은 깨달음이 하나 있다면 현장이 없는 역사는 죽은 역사나 마찬가지일 거라는 생각이었다. 우리는 오랫동안 역사학의 기초자료는 문자로 된 사료이며, 그것을 토대로 역사가 재구성되어야 한다고 믿어왔다. 문헌자료가 중요하다는 사실은 두말할 필요가 없다. 하지만 거기에는 역사의 무대인 공간이 제대로 드러나지 않는 약점이 있는 것이다.

그래서인지 역사의 현장들을 가보면, 책에서 보았던 것과는 다른 리얼리티가 절절하게 다가온다. 그것은 매우 현실적이고 구체적인 사람들의 모듬살이라고 말할 수 있을 것이다. 사람들이 어떤 자연 조건 속에서 무엇을 먹고 어떤 집에서 어떤 사람들과 더불어 사는지, 또 길은 어디로 연결되는지 등에 관한 기초 정보가 그곳에 있었던 것이다. 이 때문에 현장은 역사적 사실 그 자체라고 말해도 과언이 아닐 것이다. 사실을 갖지 못한 역사가는 뿌리가 없는 존재라는 E. H. 카의 어법을 빌리자면, 현장이 없는 역사와 역사가 역시 존재하기 어렵기는 마찬가지일 것이다.

이 책에 실린 글들은 대부분 2006년 1년 동안 상하이사범대학에서 머물면서 중국의 동서남북을 답사한 이후에 쓰여졌다. 그곳에 체재하면서 중국 영토의 광활함, 수많은 인구, 다양한 기후대와 식생대, 그리고 여러 민족들의 삶을 조금이나마 들여다볼 수 있었다. 상상이 아닌 실체로서의 중국이 그곳에 있었던 것이다.

그중에서 특히 나의 관심을 끌었던 부분은 변방민족의 삶과 사회였다. 그 이유를 굳이 찾아보면, 도대체 중국이라는 다민족 국가가 어떻게 구성되어 있으며 그 성격은 어떠한가 하는 의문을 조금이나마 해소해 보려는 데 있었다. 신장이나 칭하이, 윈난, 구이저우 등을 돌아다녀 본 결과 중국은 20세기에 주조된 새로운 형태의 제국이며, 그것은 대청제국의 유산을 물려받았지만, 오히려 그보다 더 치밀하고 확고하고 강력하게 변강을 지배하고 있다는 사실을 확인하였다.

오늘날 관광지로 유명한 윈난성 서북부의 리장麗江은 적어도 명왕조 중기부터 1949년까지 목씨토사木氏土司가 이곳을 왕국처럼 지배하고 있었다. 허나 지금 그곳의 통치기구는 명백하게 리장시인민정부다. 신장 서부의 이리에 사는 카자흐족 소년 소녀들은 중국어를 익히기에 여념이 없었다. 그들에게 중국어는 한국인들만큼이나 낯선 외국어인 셈이다. 그 점에서 중국의 통치력은 물샐 틈 없을 정도로 변강에 확산되고 심화되어 가고 있었다. 변강 여행을 통해 얻은 소중한 결과는 이곳이 사실상 중화제국의 내부 식민지와 같은 상황에 처해 있구나 하는 생각이었다.

60대 이상의 세대들에게 중국사 연구는 불행하게도 저와 같은 현장을 보지 못한 채 진행되었다. 필자 자신이 중국사 연구를 시작할 때인 1980년대 전후만 해도 중국에 갈 수 있으리라는 꿈은 꾸기 어려웠다. 공산국가로 분류되었기에 그곳에서 출간된 책이나 논문조차 마음대로 구하지 못할 때이니, 다른 것이야 말할 필요도 없었다. 중국이라는 역사 연구의 대상과 조응하면서 연구에 매진해야 하는 시기는 어찌 보면 이미 지나가 버렸는지도 모르지만, 그러한 자각과 그에 따른 연구 시각의 확보, 그리고 그에 기반한 구체적인 연구 따위는 사실 쉽게 얻어지지 않는다.

현장은 나에게 또 다른 짐이다. 마산이라는 삶의 현장에서 연구하고 가르친 것이 벌써 30여 년이 넘어가고 있는 데서 오는 일종의 사회적 책무와 같은 것이다. 서울사람들이 걸핏하면 시골이라고 부르는 한반도 남부의 바닷가 도시에서 중국근대사를 연구하는 게 도대체 무슨 의미가 있는 거지, 라는 자기성찰을 끊임없이 해왔던 것 같다. 공자님 말씀처럼 절박하게 묻고 가까이에서 생각하기 위해서는, 삶의 근거가 되는 지역사회 속에서 나의 존재와 내가 하는 일의 의미를 고민하지 않을 수 없었던 것이다.

그렇게 나와 지역사회, 그리고 타자이면서 연구 대상인 중국과의 끊임없는 상호 교류와 절충 속에서 나온 결과가 변방에서 중심을 보는 역사인식이었다. 중앙권력에서 소외된 채 오랫동안 지배의 수단으로 기능하고 있는 변방에서 근대국가는 얼마만큼의 효용성이 있는 존재일까. 과도한 중앙집중형 국가에서 부르짖는 민족주의는 변방에서도 허용되는 이념일까. 그것은 민족국가라는 이름을 치장하는 도구로서의 지역에 불과한 것은 아닐까. 지금은 도시 이름조차 사라진 형편이지만, 여하튼 나는 마산에서 동아시아 근대사를 연구하고 학습해야 하는 당위성을 나름대로 고민하였고 이제 그것을 대강이나마 마무리하게 될 때가 온 것이다.

여기에 실린 글들은 이러한 고민의 결과이다. 만청식민주의 논쟁이나 중국 정부의 샹그리라 건설, 한족과 마오쩌둥 중심의 근대상 비판, 정치사의 대안으로 제시한 사회사, 자연스럽게 성장한 민간사회의 역량이 현대중국에서 어떻게 변질되고 억압되었는지를 보여주는 홍만자회나 파룬궁 연구, 변경지방에서 전개된 생태환경의 변화를 통해 본 중국의 팽창주의 등. 주제는 다양한 듯이 보이지만 기본적인 사고는 중화제국으로서의 현대중국을 보자는 데 있다. 또한 수교 이후에 한국인이 중국을 어떻게 인식하고 있는가 하는 문제도 새롭게 다루어보았다. 중국은 이제 단순한 타자가 아니라 우리의 생존도 좌우할 수 있는 G1대국의 자리에 올라섰기 때문에 기왕의 중화주의적 사고나 반공주의로만 분석하기는 어려운 대상이 되었다.

생각해보니, 석사논문이 통과될 당시 은사이신 유인선 선생님께서 하신 말씀이 아직도 마음에 생생하다. '대기만성하겠지…….' 부족한 논문을 이런 식으로 격려해주었다. 능력이 미치지 못했음에도 30여 년이 넘는 동안 나름대로 절차탁마를 해왔다고 생각하고 있다. 어쨌거나 연구서로는 세 번째인 셈이니, 나를 믿어주고 도와준 분들에게 부끄럽지나 않았으면 좋겠다.

감사를 표시해야 할 사람들이 무척 많다. 유인선 선생님뿐만 아니라 돌아가신 신승하 선생님, 그리고 함께 동고동락했던 동학들에게도 깊은 감사를 드린다. 상하이에 있을 때, 상하이사범대학의 저우위민周育民 교수로부터도 많은 도움을 받았으며, 중국을 여행하던 중에는 현지의 많은 노백성들에게도 빚을 졌다. 이에 감사를 드린다.

마산에서도 신세진 분들이 많다. 역사학과의 동료 교수나 몸담고 있는 경남대학교 당국으로부터도 음으로 양으로 많은 도움을 받았다. 특히 경남대학교는 교육부와 더불어 연구에 필요한 재원을 지속적으로 지원해주었다. 또한 허정도 선생을 비롯하여 시민사회로부터도 끊임없는 영감과 도움을 받았다. 그들은 내가 마산사회 속에서 무엇을 해야 하는지에 대해 고민하게 만들었다. 이번 기회를 빌려 유서 깊은 도시 마산이 독립된 위상을 갖기를 바란다.

무엇보다 중요한 시기에 생을 함께해 온 아내 전보화와 병찬, 병후 두 아들에게도 마음 깊은 곳으로부터 고맙다는 인사를 전한다. 가족들이 힘을 실어주지 않았다면 이들 연구는 제대로 진척되지 않았을 것이다. 또한 돌아가신 부모님의 기대도 한몸에 받았던 만큼 그 은혜에 조금이나마 보답을 하는 것 같다. 형제자매들의 사랑도 끝이 없다. 특히나 여러모로 힘든 지금, 그들의 사랑은 나를 지탱해주는 원천이다. 마지막으로 이 책을 기꺼이 출간해준 푸른역사의 박혜숙 사장께도 고마움을 전한다. 그의 덕에 부족했던 나의 글이 세상에 나와 빛을 쬘 수 있었다.

우리의 사회와 국가는 나날이 어수선하고, 중국은 다소 기형적인 형태로서 부강한 국가가 되어 가고 있다. 과거에 보지 못했던 새로운 동아시아 질서가 구축되어 가는 상황 속에서, 이 책이 중국을 이해하는 데 조금이나마 도움이 되었으면 좋겠다.

2014년 초가을에 마산의 월영대에서

저자 씀

서설 :

중국의 '근대국가 만들기'

'근대'라는 용어 자체가 역사상의 근대기에 만들어진 거대 담론의 하나라는 사실에 비추어 보면, 이른바 '근대 만들기'라는 범주 속에 근대국가, 근대민족, 근대역사 따위의 개념들조차 인위적으로 조작된 것이 아닐까 하는 생각을 하게 된다. 특히 이른바 부국강병을 거의 절대적인 목표로 설정한 동아시아 일부 국가에서 '근대'라는 수식어를 단 개념들은 그 가치조차 역사 발전의 최종적 귀착지가 되어 버리는 것이 마치 교조화된 이론처럼 숭배되기도 한다. 식민지와 전쟁을 경험한 한국도 그렇지만, 중국 역시 '근대국가 만들기'를 지난 1세기 이상에 걸쳐 끊임없이 추진하여 온 전형적인 국가에 속한다.

중국 내외 학계와 정치세력이 지난 세기에 만들어 낸 기왕의 근대상은 중화민족주의, 마오쩌둥주의 그리고 유럽중심주의를 기반으로 형성된 것이었다. 중화민족주의는 한족에 의한 중화민국의 성립으로 그 가치가 입증되었고, 마오쩌둥주의는 중화인민공화국이 출범함으로써 증명되었다. 말하자면 새로운 국가 체제와 그 성격이 중국의 근대를 규정하는 결정적인 요소였던 셈이다. 마찬가지로 유럽의 근대문명이 비유럽 세계를 미몽에서 일깨워 새로운 문명으로 이끌어 간 것이라는 믿음 아래 조형된 유럽중심주의자들은 청영전쟁의 승리와 난징조약에서 근대중국이 주조되었다고 간주하였다.

하지만, 이러한 근대상은 사실상 그 시대적 소명을 거의 다하였다. 근대중국의 주요 성취물들인 국가 체제의 성격도 많이 바뀌었고, 유럽문명의 우월성도 이미 과거의 일이 되어 버렸다. 또한 기왕의 근대상이 청과 20세기 중국을 지나치게 단절시켜 정립되었다는 것도 문제였다. 다양한 연속성이 지나친 정치적 역사 해석으로 무시되어 온 탓이다.

이 때문에 중외학계에서는 근대중국을 구성하는 주요 요소는 무엇인가, 그리고 그 시점은 대략 어디쯤인가, 대제국이었던 청이 현대중국에 남긴 유산은 무엇인가 등을 두고 논의가 진행되었다. 잘 알다시피 최근 들어 이른바 '신청사'학파를 중심으로 청의 역사적 성과와 그 의미를 다시 보자는 움직임이 일어나면서 양자의 연속성은 더욱 강조되었다.[1]

이 글은 그것들을 정리해 보는 셈이지만, 그간 나를 괴롭혀 온 또 다른 과제가 내포되어 있다. 곧 한국에서 또 그 변방인 마산에서 근대중국과 이를 포함한 근대국가가 내포하고 있는 함의를 함께 고민해야 우리 나름의 중국근대상을 정립할 수 있지 않을까 하는 것이다. 곧 기왕의 선학들이 쌓아 놓은 업적을 계승하면서도 그것을 넘어설 수 있는 근대의 중국상이 필요하였던 셈이다. 특히 그간 근대사는 주로 국가를 중심으로 전개되었고, 이 때문에 그보다 더 장기지속적인 요소라 간주되는 지역과 사회 구조는 정치적 변동을 중심으로 기술된 국가사에 부속되어 버린 경향이 강하였다.

사실 '근대중국' 담론과 관련된 문제에 대해 나는 1997년에 최근의 논의와 유사한 시각으로 문제제기를 한 적이 있다.[2] 그것은 중국근대사를 대국 중심으로 혹은 중국 중심으로만 보는 것은 적절치 않다는 의견이었다. 이른바 주변적 시각이 필요하다는 입장이었다. 곧 중국 주변에 존재한 약소민족 혹은 약소국의 입장에서 근대중국, 나아가 근대 동아시아 세계를 조망할 필요가 있다는 점을 강조하였다. 한국, 베트남, 류큐, 몽골, 티베트, 신장 등 변경을 중심에 놓고 관찰하면 중국은 오히려 '식민주의'적 성격이 강한 국가였다고 간주하였고, 그 뿌리는 청대 중기부터 시작되었다는 논리를 전개하였다. 이 글도 이에 기반하면서 최근의 연구 성과를 더한 것이라 할 수 있다.

한족주의와 마오쩌둥주의적 근대상

사실, 20세기 중국 역사학의 최대 수확물은 '중국근대사'의 창안이라고 할 만하다. 이미 중화민국의 출발과 더불어 한족 중심의 중화민족주의라는 큰 틀에 따라 근대론이 제기되기는 하였으나, 그 본격적인 논의는 공산주의 세력이 혁명의 주요 방책으로 주도하면서 진행되었다. 중요한 계기는 1941년 5월에 있었던 마오쩌둥의 옌안延安 강연이었다. 마오쩌둥은 〈우리의 학습을 개조하자〉라는 강연에서 농민전쟁 찬양, 무산자 계급독재에 복무하는 역사학을 제창하였고, 이후 반제반봉건은 근대중국을 구성하는 주요 요소로 등장하였다. 당연히 이를 뒷받침할 만한 역사 사실로서 태평천국운동을 비롯한 농민봉기를 반봉건의 상징으로, 또 반제의 주요 기점으로는 청영전쟁 곧 아편전쟁에 주목하였다.

대표적인 유물론 역사가인 판원란范文瀾(1891~1969)은 1943년에 《한간 회자수 쩡궈판의 일생漢奸儈子首曾國藩的一生》이란 글을 통해 태평천국운동을 진압한 쩡궈판을 증오하면서 이를 당시 대립하던 장제스와 국민정부에 영사影射하였다. 곧 쩡궈판과 장제스를 시간의 차이를 뛰어넘는 동일한 성격의 인물로 파악한 것이다. 또한 판원란은 혁명으로 중국을 구해야 한다는 역사적 사명감 속에서 청영전쟁을 근대사의 획기로 규정하였다.

공산혁명의 성공은 반제반봉건이 근대중국을 구성하는 주요 인자가 될 수 있도록 제도화되었다. 이에 따라 자료집 출간, 근대사 연구 및 교육기관 설립 등 구체적인 작업들이 뒤따랐다. 한국 학계에서도 근대사의 기본 자료로 활용해 왔던 중국근대사 자료 총간물이 1951년의 의화단 자료집을 시작으로 이후 10여 년에 걸쳐 태평천국, 회민기의, 염군, 무술변법, 아편전쟁, 중법전쟁, 중일전쟁, 신해혁명에 이어 1962년의 양무운동 자료집으로 이어졌다. 자료집 목록에서 볼 수 있듯이 농민기의, 열강의 침략, 그리고 자강운동 쪽에 초점을 맞춘 점이 확연하다.

여기에 근대사 연구와 교육기관 설립은 '근대'를 만드는 기지역할을 담당하였다. 중국과학원 근대사연구소가 신설되었고, 각 대학에 근대사 강좌도 속속들이 개설되어 중국근대의 구성 요소와 내용, 그리고 그것을 이론화하고 대중화하는 틀이 만들어지기 시작하였다. 당연히 근대사의 전개과정은 청영전쟁, 태평천국, 양무와 변법, 의화단, 제국주의 침략, 신해혁명 등 시계열별로 구성되었다. 특히 인민공화국이 성립된 직후인 1950년은 태평천국운동 발발 100주년인데다, 한국전쟁에 따른 체제의 위험성까지 따르면서 반제반봉건은 정치적으로나 역사적으로 매우 유효한 적실성을 갖는 시점으로 인식되었다. 이에 따라 태평천국 연구 열기는 뜨겁게 타올랐고, 미국의 제국주의적 속성에 대한 연구도 그에 못지 않았다.

반제반봉건에 대한 연구열은 결국 청조 역사를 부정적으로 고착시키는 결과를 가져 왔다. 청조의 성립은 생산력의 낙후를 가져 왔으며, 중국의 발전을 지체시켰다는 것이다. 이 때문에 태평천국은 전통시대에 전개된 계급투쟁의 봉우리였다는 평가 못지않게 반만운동의 상징으로도 매우 큰 의미를 가지게 되었다. 신해혁명은 그 결실이었다고 보았다.

또한 마오쩌둥주의로 무장한 역사가들은 청왕조가 서구 열강의 침략에 과감하게 맞서지 못해 중국을 반식민지 상태에 빠지게 했다고 비판하였다. 청조의 멸망은 불가피한 것이었고, 이에 따른 반만적 사조는 중화민국의 성립으로 인해 더욱더 정당성을 얻어 갔다. 중화민국 초기의 역사학자들, 이를테면 저명한 역사가인 샤오이산蕭一山(1902~1978)조차도 그의 저술《청대통사淸代通史》에서 이러한 경향을 중시하였다. 그리하여 그는 청왕조사는 청황실의 역사가 아니며, 이민족의 지배 아래에서도 한족은 위대한 문화를 간직해 왔다는 전제 아래, 청대사의 편찬에서도 이를 비중 있게 배려하였다. 청대의 시대적 성격과 관련해서 좀 더 의미 있는 해석은 청대사를 '중국근세사'라고 규정한 점이다.[3]

샤오이샨 교수와 같이 중화민국 시대의 청대사가들은 이른바 '근대의 분기'라든가 청영전쟁의 중요성 등을 마오쩌둥주의 역사가들처럼 강조하지는 않았다. 예컨대 청대사가 정톈팅鄭天挺(1899~1981)은 청영전쟁의 중요성은 인정하지만, 그 전후 시기 사이에는 상당한 연속성이 있으므로 이 역시 중시해야 한다고 보았고,[4] 멍썬孟森(1869~1937)은 오히려 청영전쟁보다 태평천국운동이나 염군 등에 초점을 맞추었다. 그는 변법자강이나 신해혁명을 공산사가들처럼 호들갑스럽게 강조하지는 않았다.[5]

따라서 우리가 1920년대에 역사가들 사이에 벌어진 사회사 논전에서 주요 쟁점이었던 마르크스주의적 역사학을 중국에 어떻게 적응시킬 것인가의 논의와는 다르게, 1950년대 이후의 공산주의 사가들은 오히려 민국 시대의 청사 연구자들보다 더 강하게 민족주의적 성향을 보였다는 사실이다. 또한 근대중국의 분기와 그 성격에도 집착하면서, 한족 중심의 근대사 체계를 확립해 갔던 것이다. 이러한 경향은 적어도 문화대혁명 이전까지 지속되어 '근대중국'사는 한족 중심의 혁명사로 규정된 것이나 다름없었다.

문제는 이러한 중국근대사 만들기 과정에서 힘을 실어 준 것이 미국의 중국사학자 존 페어뱅크 등이 창안해 발전시킨 '충격과 대응론'이었다는 사실이다. 충격과 대응론은 잘 아는 바와 같이 청영전쟁과 난징조약 등 구미의 충격으로 인해 낡은 중국이 변하기 시작하면서 새로운 질서를 만드는 계기가 되었다는 논리이다. 이 논리는 유럽중심주의사가이든, 마르크스적 사가이든, 혹은 민족주의 역사가이든 간에 결국 '근대중국'을 유럽과 중국의 대결 속에서 탄생된 것으로 고정화시켰다. 물론 속셈은 서로 달랐다. 예컨대 청영전쟁은 구미세계 사람들에게 자신의 우월감을, 민족주의자들에게는 자강의 계기를, 마오쩌둥–마르크스주의자들에게는 반제혁명의 명분을 제공한 셈이었으니, 그것은 어쨌든 서로에게 근대역사를 만들어 나가는 데 유익한 카드로 활용할 수 있었고, 그 주조과정을 정당화시킬 수도 있었다. 그 바람에 약소민족이나 국가는 자신의 목소리를 내기는커녕, 그 해석을 마치 자신들도 반드시 받아들여야 하는 주술처럼 인식하였다.

새로운 근대상의 모색과 그 의미

외국 학계뿐만 아니라 중국의 역사학계에서도 한족 중심의 마오쩌둥주의적 근대사에 대한 자성과 비판이 특히 1990년대 이후에 제기되었다. 그것은 사상 해방을 주장한 개혁개방의 정치적 성취라는 온건한 측면도 있지만, 나아가 혁명사에 대한 근본적 성찰도 포함된 것이었다. 이에 따라 근대의 개념을 비롯하여 그 성취물, 근대사의 과정, 성격 등 많은 문제들이 한꺼번에 다루어지기 시작하였다. 예컨대 근대의 획기로 규정되었던 청영전쟁조차, "대포소리 한번에 근대가 열렸네"하는 식으로, 그간의 연구가 실사구시에 기반하지 않고 진행되었다는 사실을 매우 우화적으로 비판하였다.

당연히 고대와 근대로 양분된 청대사도 재검토되었고, 근대사와의 관계도 복원되기 시작하였다. 개혁개방의 효과는 예상치 못했던 데서 나타나기 시작하였으니, 예컨대 장기적이고 사회 구조적인 변화를 중시하는 사회사적 연구 방법의 도입이나, 외국 학계와의 교류를 통해 자신들의 한계와 극복 방법 등을 터득하기 시작하였다. 프랑스에서 발전한 사회사의 특색을 근대사 연구에 도입한 결과, 오히려 혁명사적 연구 방법보다 이것이 중국의 근대를 이해하는 데 더 유용하다는 주장도 제기되었다. 이 덕에 그간 19세기와 20세기 역사에서 소외되어 왔던 지역사회와 민간사회의 변화와 발전, 지역간 내부 통합과 중국화 등이 중요하게 다루어졌고, 특히 변방이 어떻게 중국화해 가는지에 대해서도 본격적인 연구가 진행되었다. 구체적으로는 인구사, 사회복지, 지역엘리트의 성장과 변화, 생태환경과 사회 변화 등을 통해 이 패러다임을 뒷받침하였다.

또한 외국 학계에서도 중화민족주의나 마오쩌둥주의를 중심으로 성립한 '근대중국'상에 대한 비판과 그 대안들이 모색되었다. 당연하지만, 민족주의와 마오쩌둥주의로 덧씌워진 근대상을 해체하고 현대중국을 만든 전통시대의 유산, 유럽중심주의에 대한 반성과 재고찰, 세계사Global History의 도입 따위가 중요한 계기를 만들어 주었다.[6] 미국에 맞설 만큼 성장한 '거대 중국'의 등장도 중국의 근대를 다시 보게 한 이유가 되었다. 또한 이와 함께 청왕조가 이룩한 업적에 대한 재평가를 통해 현대중국과 청왕조와의 단절보다는 연속성에 더 비중을 둔 이른바 '신청사'학파의 등장도 새로운 근대상을 정립하는 데 도움을 주었다.

그렇다면 새로운 '근대중국'상을 모색하는 데 필요한 기준과 요소들은 무엇일까. 우선 이것도 근대, 저것도 근대라는 식의 '범근대론'을 피하기 위해서라도 근대의 개념을 시간상 장기적인 것으로, 또 현대중국의 주요 특징과 그 구체적 성과를 만들어 낸 시기로 규정할 필요가 있다. 현대국가의 구성 요소는 객관적으로 볼 때 영토와 주민 구성, 그리고 인구와 자원 사이의 함수관계, 그리고 그것들이 내포하고 있는 세계적global 맥락 등이라 할 수 있다.

우선 그중에서도 영토국가의 성립은 매우 주요한 사안이있다. 간단하게 말하면 현대중국의 영토는 청대의 중요한 유산이라는 사실이다. 이는 역사관이 비록 다르다고 하더라도 거의 모든 역사가들이 동의하는 바다. 청대에 이르러 만주와 몽골이 공식적으로 청조의 영토에 편입되었으며, 신장과 외몽골도 비록 시차가 있기는 하지만, 군사행동을 통해 강제 편입되었다. 반면 티베트에 대해서는 여전히 논란거리다. 청조의 대칸과 티베트의 대라마 사이의 관계가 과연 중국 측 학자들이 주장하는 것처럼 상하 종속관계였는지, 아니면 티베트의 독립성을 강조하는 역사가들의 주장처럼 라마는 대칸을 보호하고, 반면 대칸은 라마의 종교권과 그 세속적 통치권을 인정하는 관계였는지가 여전히 맞서고 있기 때문이다. 그럼에도 불구하고 티베트와 중국간의 관계에 대해 한 가지 분명히 말할 수 있는 것은 중화인민공화국 정부가 1950년 이후 군사점령을 통해 실질적인 지배에 돌입하였다는 사실이다. 물론 청대의 영토 개념과 근대의 그것이 일치하지 않은 면이 있으며, 또한 청조의 실질적인 통치력이 이른바 '판도' 내에까지 오늘날처럼 치밀하고 확실하게 실시된 것인지의 문제는 또 다른 과제다. 예컨대 일부 역사가들은 윈난이나 쓰촨에 산재한 토사土司조차 마치 독립왕국처럼 존재했다고 파악하고 있기 때문이다.

두 번째 요소는 중화인민공화국 헌법 전문에 규정된 다민족국가이다. 이 또한 많은 역사가들이 청대의 역사적 산물이라는 사실을 인정하고 있지만, 일부 극단주의적 중국사가들은 중국 역사 초기부터 다민족국가의 틀을 구성하면서 출발하였다고 주장한다. 하지만, 잘 아는 바와 같이 청조는 후금시기부터 만주, 한족, 몽골의 연합정권으로 시작되었고, 이후 신장의 위구르인도 지배 체제의 한 축을 담당하였으므로, 다민족국가로서의 출발은 청조 이전으로 거슬러 올라가기 어렵다. 이에 따라 다언어, 다종교사회의 틀이 만들어졌고, 특히 이슬람 세계의 중원 확산과 티베트 종교를 중심으로 한 내륙아시아 종교벨트의 형성도 청대의 중요한 역사적 성과였다.

하지만, 명목과 실제는 항시 그렇듯이 상당한 차이가 있다. 다민족국가란 사실상 명분뿐이고 실질적으로는 한족 중심으로 구성된 세계에 나머지 여러 비한족들이 마치 위성처럼 중심부의 한족을 둘러싸고 있는 형세이다. 오늘날에도 여전히 변방의 소수민족 지역에서 진행되고 있는 한화漢化는[7] 이미 청조의 군사정복 직후부터 꾸준히 진행되어 온 작업의 결과인 셈이다.

세 번째 요소는 위와 관련된 것으로 논쟁적이기도 하다. 곧 중국사에 내포된 식민주의 문제이다. 나도 이전의 사론에서 이를 언급하였지만, 오늘날 '신청사'학파의 주요 멤버들 역시 청조가 발전시킨 식민주의적 성격에 관심을 기울이고 있다. 예컨대 신장지역으로 한정시켜 식민주의를 논할 경우 군사정복, 군사지배뿐만 아니라 유형流刑 등에 따른 강제 이주와 국내 과잉인구의 해소, 중원지역에 필요한 자원 도입, 인종적·문화적 차별, 유목적 생태계에서 농업적 생태계로의 강제 전환 등에서 그 유사성을 찾을 수 있다. 최근의 연구에서는 점령 이후의 현지 조사와 지도 작성, 지지地誌 편찬에서도 유럽의 식민주의적 방식과 진배 없다고 진단한다. 실제로 서북사지학西北史地學에 중대한 공헌을 한 공쯔전이나 린쩌쉬와 같은 경세학자들의 주요 업적도 따지고 보면 청조의 식민정책을 입안하는 데 크게 기여했다. 이 점에서 이번원理藩院을 식민 통치 기구와 유사하다고 설파한 신청사학파의 주장에도 귀 기울일 필요가 있다. 오늘날의 신장에 대한 지배 방식은 병농일치에 근거한 신장생산건설병단이며, 신장인들의 독립투쟁 역시 식민지 지배의 후유증이 남긴 유산이라 할 만하다.[8]

이러한 지배 방식과 관련하여 최근에 구미 학계에서 대두되고 있는 청조 지배의 군사주의적 특성도 관심을 가지고 검토해야 할 것이다.[9] 이는 입관 전에 이미 조선에 대한 군사침략을 통해 시작되었지만, 중국 지배에서도 자금성 방어뿐만 아니라 주방팔기를 통해 명과는 다른 방식으로 8기에 의한 군사지배를 관철하였다.[10] 황제 역시 이전의 한족 황제와 달리 강희제의 경우, 직접 외몽골에 대한 군사원정을 지휘하였고, 건륭제는 진시황제의 분서갱유보다 더 심할 정도로 신장의 정복과정에서 유목민들을 학살하였다.[11] 한국사회에서는 오랫동안 중화주의에 내포된 문화주의적 시각으로 중국을 관찰하는 데 익숙해 있던 까닭에, 청조와 현대중국이 발전시킨 군사주의에 대해서는 다소 무관심하거나 생경한 편이라 하겠다. 이 부분에 더 집중하면 예컨대 임오군란 이후의 청군의 조선 주둔이나 청일전쟁, 한국전쟁에 대한 중국의 군사적 성격을 이해하는 데 매우 중요한 시사점을 주리라고 믿는다.

네 번째는 많은 인구와 이에 따른 생태환경의 변화, 그리고 그것이 현대중국에 미친 영향이다. 청대의 인구 증가 양상과 그 특징에 대해서는 이미 많은 글에서 언급되었기에 생략한다. 다만 중국이 안고 있는 문제는 증가하는 인구에 필요한 자원을 어느 정도까지 공급할 수 있는가 하는 것이다. 많은 연구자들은 양자의 균형관계가 18세기 들어 무너지기 시작하였다고 판단한다. 이 때문에 청대의 주요 정책, 특히 내지의 미개발 지역이나 변방으로의 이주, 심지어 신장의 점령과 지배조차 인구 증가 문제를 해소하기 위해 내놓은 방책이라고 본다. 만주에 대한 봉금도 사실상 이 시기부터 점차 유명무실해져 가고 있으며, 신작물의 도입에 따른 생태환경의 변화나 한족의 변방 이주에 따른 원주민과 이주민 사이의 충돌 역시 자원을 둘러싼 싸움으로 간주하고 있다.

신대륙에서 들어온 감자, 옥수수, 고구마, 땅콩 등 신작물은 화남에서 점차 주요 작물로 재배되기 시작하였고, 19세기 후반에는 화북 및 만주지역까지 북상하면서 전 중국으로 확대되었다. 특히 그것들은 대부분 산지에서 나쁜 기후를 극복하면서 재배할 수 있는 작물이었기 때문에 단기간에 많은 이득을 올리려는 이주자들은 약탈적 방식으로 재배하였고, 이에 따라 현지의 생태환경도 급격히 악화되기 시작하였다. 하지만, 현지 관료들은 환경 보호보다는 토지에 대한 식량 생산에 더 관심을 쏟았기 때문에, 국가 정책으로는 양자의 균형을 유지하는 일이 어려웠다.

이러한 난제들은 중화인민공화국에도 이어졌다. 특히 자원과 인구의 불균형은 대약진운동기와 문화대혁명 때에 더욱 심각해졌기 때문에, 중국 정부는 변경의 구석구석에 군대, 청년들, 노동자들을 보내 개발토록 독려하였던 것이다. 이에 따라 원주민의 생태계는 한족적 생태계로 변모되었는데, 예컨대 헤이룽강 지역의 어룬춘인 사이에서 이런 변화는 너무나 분명하였다. 요컨대 한인의 대거 진출은 어룬춘 사회를 한인 사회로, 그들의 수렵사회를 농경사회로 바꾸어 놓는 데 결정적으로 기여하였다. 서북지역에서 심화되고 있는 사막화 현상도 따지고 보면 원주민과 달리 자원을 '착취'하는 수준까지 이용하는 중국 정부의 정책에 기인하는 바가 크다. 다시 말해 인구와 자원의 불균형과 그 악영향이 적어도 3세기에 걸쳐 지속되고 있는 셈이다.

가장 긴 18세기와 계속 만들어지는 근대중국

이와 같은 요소를 기준으로 판단해 볼 때, 중국의 근대란 청영전쟁 이후도 아니고 1949년도 이후는 더더욱 아니며, 오히려 청조가 전성기로 들어간 17세기 후반부터 시작되어 오늘날에도 진행되고 있는 중요한 변화과정이라 할 수 있다. 일부 학자들은 그중에서도 1680년부터 1840년 무렵까지 약 160여 년을 가장 긴 18세기로 평가하고 있다. 곧 오늘날의 국가영역 확보, 다민족국가의 틀, 수많은 인구와 자원 문제, 군사 점령과 식민 지배적 성격뿐만 아니라 사회적 내부 통합이나 도시화 등 중요한 변화가 출현하여 구조화되는 시기이자, 그 구조가 현대중국에도 계승되고 있는 셈이다. 그것이야말로 근대중국의 시작을 알리는 신호탄이었고, 이러한 구조는 현대중국을 근저로부터 요동치게 하는 힘이기도 하다.

18세기 근대의 상속자로서 현대중국은 상당한 부분에서 청대의 유산을 공산 체제라는 변형된 국가 체제 속에서 계승하고 있다. 청대에 발전시킨 황제 중심의 중앙집권화 체제는 말할 것도 없으려니와, 신장과 티베트의 지배나 한족 이주, 개발도 청대에 행해졌던 방식이 이어지고 있고, 군사적 지배 역시 신장에서는 신장생산건설병단新疆生産建設兵團이 생산, 지배, 방어, 행정 등 모든 부분을 담당하고 있다. 이른바 농사農師라 불리는 이들의 근거지는 신장에서도 비옥한 초지이며, 그들은 이를 농경화하여 수많은 농산물을 생산하고 있다. 티베트에 대한 군사적 지배는 청대에는 볼 수 없는 전통이었으니, 군사력에 의한 지배와 그에 따른 내부 식민지의 성격은 여전히 지속되고 있는 셈이다.

따라서 신청사학파가 보는 것처럼, 명·청왕조의 연속성보다는 청대와 현대의 연속성이 더 크다는 주장에는 중국과 생사를 같이 해야 할지도 모르는 우리가 더 주의를 기울일 필요가 있다. 한국인의 관점을 나름대로 확보하는 일도 중요하지만, 그것이 지나칠 경우 중국의 내적 다양성을 간과할 위험성이 있으므로 이 역시 피해야 할 일이다. 분명한 것은 중국은 이미 18세기에도 우리에게 G1국가였으며, 지금도 그러하다는 사실이다. 따라서 근대중국도 우리 역사와 무관하게 전개되지 않았음을 전제로 양 지역의 주요 부분들을 비교하여 검토하는 작업이 필요할 것이다.

차례

1

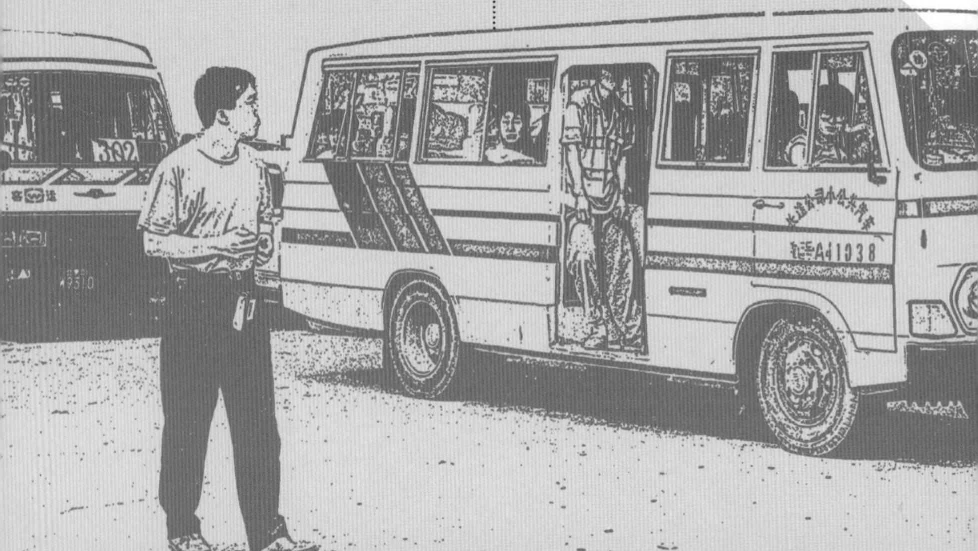

2

'만청 식민주의'를 둘러싼
중·외 학계의 논의 _094

현대중국을 보는 한국인의 시선

위대한 과거와
낙후한 현재 사이 _140

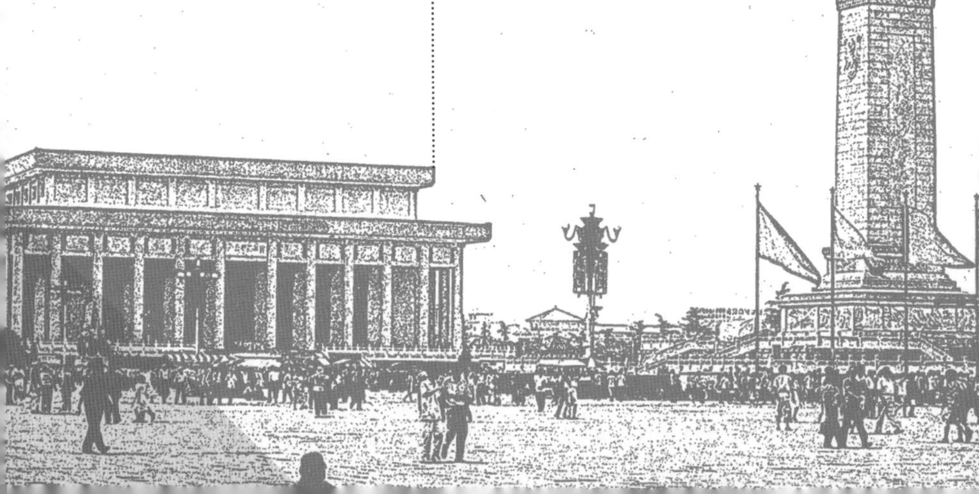

3

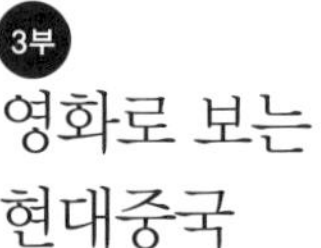

3부

영화로 보는 현대중국

4

4부

민간종교결사의 전통과 그 계승

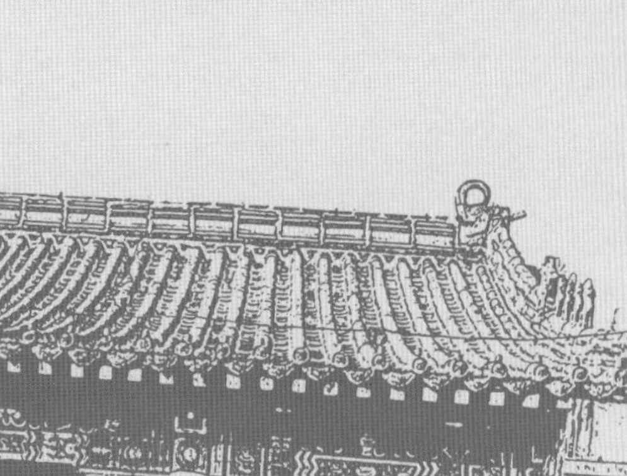

5

5부

변경으로 팽창하는 중화제국

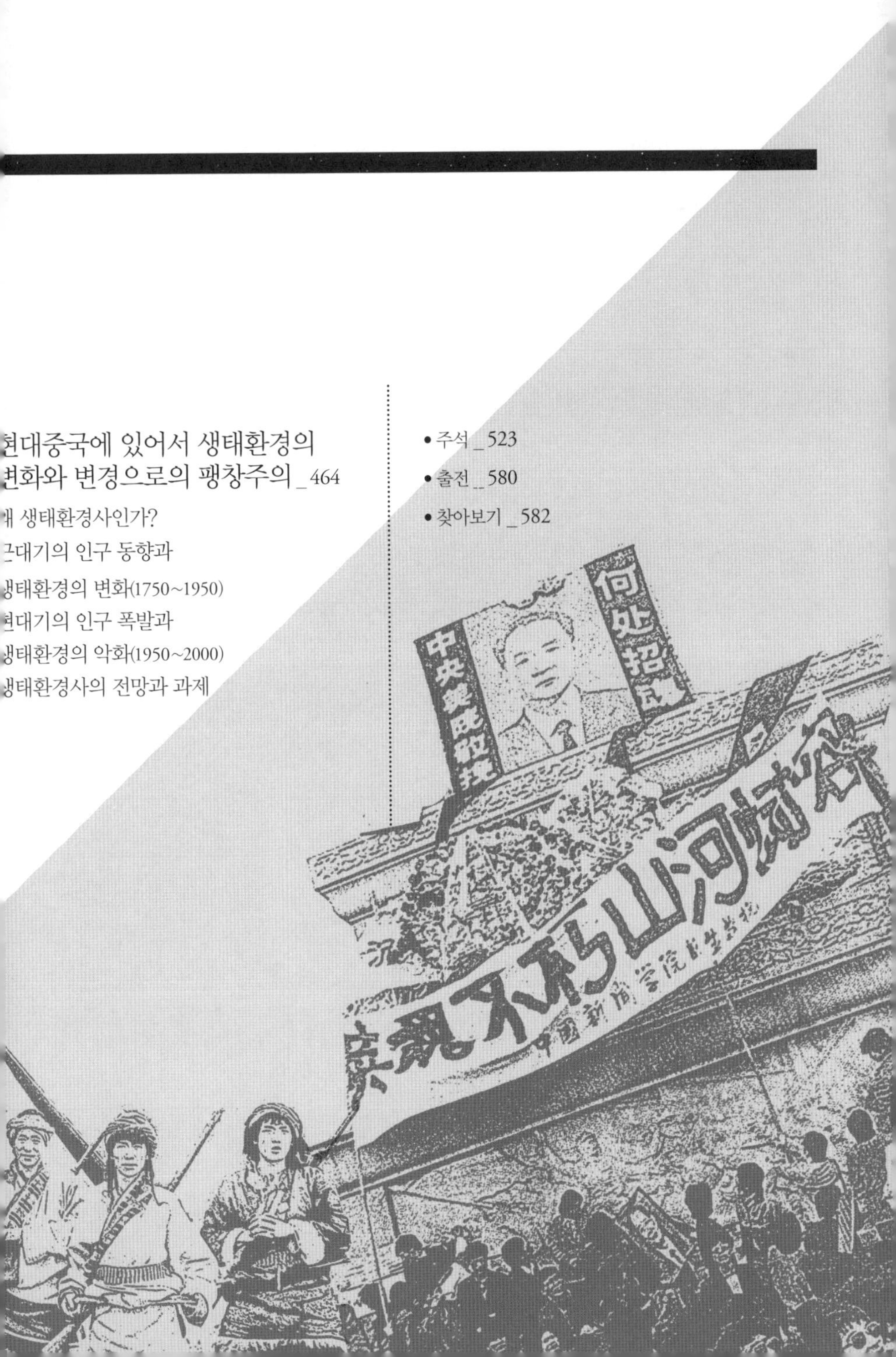
何处招

1부

연구 패러다임의 변화

- 한漢·마오쩌둥주의적 근대상과 만청적滿清的 근대상 사이에서
- '만청 식민주의'를 둘러싼 중·외 학계의 논의
- 1990년대 이후 중국 청사학계의 사회사 연구동향

한漢·마오쩌둥주의적 근대상과 만청적滿清的 근대상 사이에서

시각 교정이 필요한 중국의 근대상

20세기 후반에 중국사를 공부하기 시작한 나는 1950년대 이후 중국 역사가들이 중심이 되어 만든 근대중국에 대한 패러다임을 추종하면서, 중국 내부의 변화와 그 의미를 탐색하는 데 많은 시간을 할애하였다. 그 시기에 중국에서 구축된 혁명적 역사상은 어떤 점에서 당시에 변혁을 추구하였던 우리 취향에도 맞았기 때문일 것이다.

하지만 이제 세월도 많이 흘렀고, 우리를 둘러싸고 있던 시대 상황도 많이 바뀌었다. 특히 1992년 한·중 수교 이후, 중국의 역사는 실체로서 이해해야 할 필요성이 더 절실해졌다. 따라서 이 시점에서 기왕의 청대 후기 곧 우리가 근대라고 불렀던 시기의 역사뿐만 아니라 그 틀까지 함께 고민하고 재평가하는 작업이 필요하다고 판단하였다.

필자는 대략 15여 년 전에 이와 관련된 글을 한 편 쓴 적이 있다.[1] 그것을 요약하자면, 근대중국은 청제국의 영토가 최대로 팽창하던 18세기에 이미 시작되었고 그것은 주변 국가나 민족의 입장에서 볼 때 제국주의적 성격을 갖고 있다는 것이었다. 이는 이른바 '주변적 시각'과 '근대의 새로운 요소'라는 두 가지 문제의식을 통해 새로운 글쓰기를 시도한 셈이었고, 이는 그간 필자가 작업해 온 성과들과도 맥락을 같이하는 것이었다. 이 시도는 학계 일부에서 관심을 가져 준 덕택에[2] 논의를 좀 더 구체화하고 체계화할 수 있었다.[3]

이 글에서 말하는 '만청적 근대상'도 그러한 인식에서 크게 벗어나지는 않는다. 다만, 지난 십 몇 년 사이에 구미학계에서는 이른바 '신청사New Qing History'라고 부르는 그룹이 형성되어 '만주족 중심Manchu Centered'으로, 그리고 현대중국의 틀을 만든 시대로서 청대 역사를 다시 검토해야 한다는 주장을 펴면서 전 세계의 청대사 연구에서 커다란 지각 변동을 일으켰다.

최근 들어 한국에서도 만주지역에 대한 관심이 부쩍 증가하고 있다. 그것은 한국사의 장기적인 전망이나 문화의 동질성, 생태환경의 연계성 등과 관계되지만, 또한 정치, 군사, 경제 등 현실적인 과제와도 맞닿아 있어 매우 민감한 문제들이 도사리고 있기 때문이다. 이 점에서 만주지역을 통한 중국의 이해나 만주족이 통치한 청왕조의 역사적 의미를 파악하는 것은 중요한 과제다. 최근 만청사에 대한 국내외 저술이 계속 소개되고 있는 것은 그 인식의 반영일 것이다.[4]

이 글에서는 이런 점에 주목하여 청대 후기, 곧 우리가 통상적으로 인식하고 있는 '중국근대'를 비판적으로 검토하려고 한다. 마치 학계의 정설이 된 것과 같은 '청영전쟁 이후의 근대'는 사실상 한족 중심의 중화주의 역사관과 마오쩌둥주의의 혁명적 역사관이 결합되어 나타난 20세기 중국 역사학의 최대 작품이라 할 만하다. 이 역사학의 최대 문제는 현대중국의 큰 틀을 주조한 만주족의 청왕조를 부정하면서 성립되었다는 사실이다. 요컨대 이 글에서는 만청왕조 시대에 근대중국의 틀이 잡혔으며, 현대중국은 그 역사적 유산을 계승하였다는 관점을 유지하면서 논의를 전개하려고 한다.

한족漢族과 마오쩌둥주의적 근대상

혁명적 근대사의 발명

20세기 중국역사학의 최대 성과는 무엇일까? 여러 가지가 있겠지만, 중국근대사 전공자로서 말한다면, '중국근대사의 창안'이라고 할 수 있을 것 같다. 중국공산당 정부가 1950년에 베이징에서 행한 학술 작업 중의 하나는 베이징의 화북대학 역사연구실을 중국과학원 근대사연구소로 바꾸었고, 판원란范文瀾이 소장으로 앉고 나서부터 본격적으로 중국근대사 연구가 시작되었기 때문이다. 이어 각 대학에서 중국근대사 과목이 개설되었고, 근대사 교연실, 교과과정 개설이 이어졌으며, 판원란의 《중국근대사》뿐만 아니라 류다녠劉大年·후성胡繩 등의 저술, 뤄얼캉羅爾綱의 태평천국 관련 저술도 주요한 저작으로 선보였다.

근대사 연구에 필요한 기초 자료인 중국근대사 자료도 1950년대 초부터 총간되기 시작했다. 1951년에 출간된 《의화단》을 비롯하여 《태평천국》(1952), 《회민기의》(1952), 《염군》(1953), 《무술변법》(1953), 《아편전쟁》(1954), 《중법전쟁》(1955), 《중일전쟁》(1956), 《신해혁명》(1957), 《양무운동》(1961) 등이 잇따라 출간되었다.[5]

제도적 차원뿐만 아니라 근대사의 내용을 구성하는 체계를 논리적으로 확립하는 일도 역시 중요하였다. 1950년대 이후 활발하게 논의된 근대사의 분기를 비롯하여 마오쩌둥주의의 적용 문제, 근대시기 각 계급의 역사적 지위와 작용에 대한 평가, 근대중국 발전의 주요 맥락에 대한 인식 등이 주요 주제로 떠올랐다.

특히 마오쩌둥의 지도 이념을 역사 연구에 어떻게 반영할 것인가는 중요한 과제였다. 이에 대해서는 이미 마오쩌둥이 1941년 5월 19일에 옌안延安의 간부회의 석상에서 행한 〈우리의 학습을 개조하자改造我们的学习〉라는 강연에서 제시한 바와 같이, "근백년의 중국사에 대해 인재를 모으고, 분업 협력하여 무조직의 상태를 극복하고, 경제사, 정치사, 군사사, 문화사 등의 분야를 분석적으로 연구하고, 이를 토대로 종합적인 연구를 하자"[6]는 메시지가 중요한 기준이 되었다. 이에 따라 좀 더 구체적으로 농민전쟁을 찬양하고 무산자 계급독재에 복무해야 한다는 계급투쟁사관의 입장 아래, 태평천국과 농민기의사 연구에 많은 힘을 쏟게 되었다. 판원란은 1943년에 《한간 회자수 쩡궈판의 일생漢奸儈子首曾國藩的一生》을 통해 태평천국을 진압한 쩡궈판을 증오하면서 이를 당시 대립하던 장제스와 국민당 정부에 영사影射하였다. 곧 쩡궈판과 장제스를 동일한 인물로 파악한 것이다. 또한 판원란은 혁명으로 중국을 구해야 한다는 역사적 사명감 속에서 청영전쟁을 근대사의 획기로 규정하였다. 이리하여 그 이전 시기는 고대, 이후는 근대라는 시대구분법이 굳

옌안의 양쟈링에 남아 있는
마오쩌둥 옛집.

중공 중앙의 주요기관과 지도부의 건물들은 1938년 11월부터 1947년 3월까지 옌안의 양쟈링楊家嶺에 두고 있었으며, 이곳에서 마오쩌둥은 중앙위원회 주석, 중앙정치국 주석, 그리고 중앙서기처 주석 등을 맡아 전권을 행사하였다. 특히 그는 1941년 5월 19일에 옌안의 간부회의에서 행한 〈우리의 학습을 개조하자〉라는 보고에서, 당내에 남아 있는 종파주의와 주관주의를 청산하고 마르크스·레닌주의의 원칙 아래 공산혁명이 전개되어야 한다고 주장하였다. 좀 더 구체적으로는 "아편전쟁 이후에 전개된 근백년의 역사를 종합적으로 연구해야 한다"는 테제도 제시하였다. (유장근 촬영)

어져 갔다. 하나의 왕조였던 청대가 고대와 근대라는 두 부분으로 분리된 것이다.[7]

이러한 경향은 1950년 이후 더욱 거세어졌다. 특히 1950년은 태평천국 발발 1백주년이어서, 농민전쟁의 역사적 의의를 강조하는 글들이 이어졌다. 예컨대 태평천국 지도부는 파천황의 봉건제 폐지 토지강령을 제시하여 자산계급이 주장한 민주혁명과 완전히 다른 성격을 보여주었으며, 따라서 신해혁명은 단지 청조의 통치를 끝내는 데 불과하여 반봉건 반식민지사회를 바꾸지 못한 것으로 평가되었다. 이리하여 태평천국 연구는 1950년대 역사학 연구의 다섯 송이 황금꽃 중 하나로 피어오르게 되었다. 이에 덩달아 각종 농민기의, 폭동, 비밀결사, 비밀종교 등도 관심의 대상이 되었으며, 자본주의 맹아 문제도 다섯 송이 꽃 중의 하나로 등장하게 되었다. 특히 이 문제는 1920~30년대에 흥기하였던 사회사 논전의 연속이기도 하였다.[8]

마오쩌둥의 혁명노선을 따라 근대사 연구가 시작되었다고 하더라도, 그 구체적인 전개과정 부분까지 모든 역사가가 동일한 견해를 가지고 있었던 것은 아니다. 근대사는 견해에 따라 크게 3개의 유파가 존재하는데, 하나는 리스웨李時岳로 대표되는 농민전쟁 → 양무운동 → 유신운동과 자산계급혁명으로 이어지는 흐름으로서, 이의 준거는 서방 학습과 자본주의 발전에 있었다. 제2유파는 후성胡繩으로 대표되는데, 이들은 태평천국 → 무술변법 →의화단과 신해혁명으로 이어지는 대중에 의한 반제반봉건 민주혁명을 강조하였다. 제3유파는 장카이위안章開沅으로 대표되는데, 민족운동의 시각에서 근대사의 기본 실마리를 풀어나갔다. 이는 마오쩌둥의 노선을 충실히 따르지만, 제2유파와 크게 차이가 나지는 않는다.

이와 같이 1950년대는 마오쩌둥주의와 유물사관의 원칙에 따라 중국 근대사의 이념, 방향, 제도, 자료 등이 갖추어진 시대였다. 이렇게 되면서 근대사는 청대사로부터 점점 멀어져 갔다. 사실 근대사가들은 자신들의 연구가 청대의 일부라는 사고도 거의 하지 않은 듯이 보였다.

이 시기 동안에 오히려 근대사가들은 청대사를 매우 배타적으로 바라보았다. 그들이 보기에 만주족은 이민족에 불과하였으며, 청조는 이국異國이었고, 누르하치의 기병도 명조에 대한 도전일 뿐이었다. 당연히 만주족의 입관은 본거지를 이탈하여 중국을 침략한 것으로 간주되었고, 청조의 통일은 전국의 생산력을 대폭 파괴시킨 대가라고 혹평하였다. 곧 낙후된 생산방식 때문에 중국의 발전이 1백 년이나 지체되었으며, 강희 시대의 성세도 허위라고 묘사하였다.[9] 이렇게 보면 청말부터 시작된 공화파의 부정적 만주왕조관은 중화민국 시기를 거치면서 학문적으로 체계화되었고, 인민공화국 시기에 이르러 더욱 심화되었다고 볼 수 있다. 곧 한족 중심의 근대혁명사로 귀착된 시기인 셈이다.

혁명을 부정하는 근대사의 등장

이러한 특징의 중국근대사학은 문화대혁명의 시작과 함께 급속하게 식어 갔으며, 1980년대에 이르러 다시 새로운 형태로 만들어지기 시작했다. 이 시기는 잘 알려진 바와 같이 사상의 해방과 실사구시를 학문의 주요 목표로 내세운 때였으므로, 근대사학 역시 이에 영향을 받았다. 이때에는 근대사에 대한 분기, 혁명을 준거로 한 근대사에 대한 반성, 근대의 개념 등 중국근대사에 대해 많은 담론들이 오고가던 시기였다.

시대구분의 경우, 후성은 1997년에 발간된 《근대사연구》 창간 100기 기념논문집에서 중국근대사의 범주를 1919년 이전 70년과 이 이후 30년을 온전하게 묶어 '중국근대사'로 총칭할 것을 제안하였다.[10] 장하이펑張海鵬도 이 제의에 대해 동의하였다. 그는 정확한 규정 없이 쓰이는 '중국근현대사'라는 용어를 더 이상 사용할 필요가 없다고 언명하였다.[11] 이들이 말한 준거는 국민당 정부 시기에 독립적 반봉건사회로부터 반식민지 반봉건사회로 전환한 까닭에 중국사회의 기본 성격이 여전히 변하지 않았다는 점에 있었다. 이는 이미 1950년대에 룽멍위안榮孟源이나 류다녠 등에 의해 제기된 적이 있었다.[12] 이외에도 여러 학자들이 시대구분 문제에 대해 나름의 견해를 밝혔으나, 하한을 1949년까지 보는 데에는 대체로 동의하는 편이다. 이 분기론에는 물론 청대사 속에서 근대사를 관찰한다는 장기적 전망은 보이지 않는다.

근대사가들은 나아가 근대의 개념뿐만 아니라 역사학의 지도 이념이었던 마오쩌둥주의에 대한 반성도 곁들이고 있다. 서방 자본주의의 진보성과 중국 봉건주의의 낙후성이라는 마오쩌둥의 언설도 하나의 선입관에 불과하며, 이러한 마오의 근대적 모순관은 전쟁 중에 황급히 내놓은 것이라서 구체적이지도 정치하지도 않다는 것이다. 당연히 중국근대사의 해석틀로서 '혁명'을 전제한 것은 잘못되었다고 본다.[13]

좀 더 과격하게 '혁명'을 부정하는 견해도 제시되었다. 그중 한 사람인 리쩌허우李澤厚는 건설적인 이성으로 근대중국을 관찰할 것을 제안하면서 마오쩌둥의 투쟁 중심, 생산관계를 중시한 혁명관에 대해 비판을 가한 뒤, 오히려 지난 1백 년은 광기와 소아병의 시기였다고 진단하였다. 쑨원孫文이 걸었던 길이 꼭 필요한 것도 아니었으며, 오히려 캉유

웨이의 개량의 길이 더 창조적이고 위대하였다는 것이다.[14] 여전히 마르크스주의자이며 마오쩌둥 이론을 역사 해석의 기본틀로 사고하는 장하이펑은 이를 가리켜 '그저 담화일 뿐인 이론적 근거도 논증도 없는 괴담'으로 격하했지만,[15] 근대사에 대한 기본 틀이 흔들리고 있다는 점은 분명하다.

또한 최근 들어 중국의 근대사가들 사이에서 사용되는 근대의 개념 역시 혼란스럽다. 리원하이李文海는 '근대화'는 내포와 외연이 부정확한 개념이라는 사실을 인정해야 한다는 사실을 전제로, 어느 시대가 근대인가, 발전단계는? 국가와 지역의 차이, 분야의 차이뿐만 아니라 근대 제국주의가 중국의 발전에 기여한 양상, 봉건주의가 중국의 근대화를 이끌었는가, 혁명은 좋았는가 아니면 엉터리였는가 등등 기왕에 근대사의 틀을 만든 중요 요소들을 재검토할 것을 제안하였다. 그는 반제반봉건과 혁명의 당위성을 완전히 포기하지는 않았지만, 새로이 제기되는 혁명적 근대사에 대한 도전으로부터 자유롭지는 않다.

대포 소리에 근대가 시작되었다고?

청영전쟁이 근대의 획기였는가에 대해서도 논란이 뜨겁다. 이 전쟁이 정말로 획기적인 것일만큼 중대한 요인인가라는 문제제기이다. 여기에는 근본적인 문제가 담겨 있다. 그것은 바로 전통과 근대, 낙후와 선진, 동양과 서양이라는 양분법이 내재적인 연관관계도 검토되지 않은 채, 역사의 연구를 재단한다는 데에 대한 비판의 의미가 있다.[16]

사실 청영전쟁은 여러 연구자들이 제기한 것처럼 그처럼 주목받을 만큼 중요한 사건은 아니었다. 일부에서는 이 전쟁으로 인하여 국가 체제나 사회제도가 영향을 받았다고 말하지만, 반대론자들은 사회구제제도社會救濟制度와 같은 부분에서도 전쟁 전후의 단절성보다 오히려 연속적인 발전이 더 두드러진다고 면밀한 논증을 통해 평가한다. 심지어 이 전쟁은 광저우지역의 사회 변화조차 이끌어 내지 못하였다고 비판한다.[17] 사실 이 전쟁으로 인해 동남연해 지구의 개항장 중 큰 변화가 초래된 곳은 주강 삼각주지역이라고 할 수 있는데, 실상은 그 변화조차 미미하였다는 것이다. 이곳은 1980년대에도 여전히 광저우에서 황푸黃埔나 중산中山지역에 가려고 하면 반나절을 소비하거나 부단히 차를 바꾸어 타고 나루터를 건너 다녀야 할 정도로 교통 체계상에서 거의 변화가 없었다. 반면 최근 20여 년에 걸친 변화는 놀라울 정도였는데, 위의 지역을 이동하는 데 1시간 정도만 소비하면 될 뿐만 아니라 취락 배치나 사회생태도 근본적으로 변화하였다는 것이다. 곧 20년간의 변화가 지난 1세기 동안의 변화보다 더 컸다는 사실이다.[18]

이보다는 좀 더 장기적이고 구조적인 차원에서 이 전쟁을 서술하려는 외국의 연구에 자극받은 연구도 있다. 제임스 헤비아James Hevia는 건륭제시대의 맥카트니 사절단을 연구하는 관점을 팽창하는 두 식민제국 사이의 접촉과 충돌이라는 문제의식에 기반하여 그 이후의 양국관계를 검토하였다.[19] 청제국과 영국의 구성 원리는 자신의 지위를 유지하고 사회를 재구성하고 있던 지배블럭이 만든 권력의 담론에 지나지 않았다. 따라서 이 담론은 우리가 익히 알고 있던 기왕의 틀, 곧 양국의 성격을 위계적이라거나 민주적인 것이 아니라, 제국의 권력이라는 틀을 통해 검토되어야만 한다는 것이다. 두 제국 체제 아래서 양국의 농민은 똑같이 고통을 받았으며, "중국"도 결국 유럽의 식민주의와 마찬

호문포대와 청영전쟁 시 사용된
청나라의 대포.

영국 상인의 아편을 단속하려고 광둥에 내려온 린쩌쉬는 아편을 몰수하는 한편, 주강 하구의 호문에 약 3백여 문의 포대를 설치하였다. 주강을 바라보는 전면에 포좌를, 중간에 통로를, 그리고 뒤편에 병영과 탄약고를 설치한 형식의 이 포대는 2킬로미터 이상 늘어서 있다. 이곳에서 벌어진 전투는 1841년 1월 7일에 영국군의 공격으로 시작되었으며, 26일에 영국군이 이곳을 점령하는 것으로 마무리되었다. 이곳에 설치된 포는 청영전쟁 때에 사용된 것으로, 광저우 부근의 포산(佛山)에서 제작되었다. 이 전쟁은 오랫동안 중·서양국의 학자들에 의해 중국근대의 시작이었다고 평가되어 왔다(유장근 촬영).

가지로 15세기부터 오늘날까지 그 팽창의 역사에서 고립된 존재로 다룰 이유가 없다는 사실을 지적하였다. 중국의 장스밍張世明은 이를 서구 열강이 패권정치를 은폐하려는 어법이라고 비판하였지만,[20] 앞의 장옌張研처럼 청영전쟁이 도대체 무엇을 바꾸어 놓았는가라는 매우 도발적인 문제의식을 던지도록 유도하였다.

필자는 중외학계가 오랫동안 이 전쟁을 근대의 계기로 중시한 더 중요한 이유를 다른 곳에서 찾고 싶다. 곧 해양세력의 도전이 내포하고 있는 역사적 의미를 강조해 왔던 구미학계의 시각과 이를 제국주의의 침략과 반제국운동의 단서로 강조하면서 혁명사 혹은 애국의 역사에 적극 활용해 온 중국학계의 목표가 맞아떨어진 데서 연유한다고 생각한다.

사실 중화민국 시기나 심지어 인민공화국 시기에도 청영전쟁의 획기적 성격을 학문적으로 중시하지 않은 전통이 있긴 하다. 저명한 청대사가인 정톈팅鄭天挺은 청영전쟁이 갖는 의미는 인정하지만 그것이 청대사 전체 구도에서 그처럼 중요한 사건도 아니고, 그 의미도 전쟁 전후의 상호 맥락 속에서 파악해야 한다고 주장하였다. 그는 같은 논리로 청대와 현대중국이 구분되는 점이 있기는 하지만, 현대의 정치, 경제, 군사, 문화, 민족, 외교 등을 이해하기 위해서는 청대로 소급해서 검토하는 편이 더 바람직하다는 의견을 피력하기도 하였다.[21]

이러한 견해는 사실 중화민국 시대의 멍썬孟森이나 샤오이샨보다, 정톈팅이 처한 인민공화국이라는 체제 상황 때문에 청영전쟁의 의미를 좀 더 강조할 수밖에 없었을 것이라고 생각된다. 멍썬은 중일전쟁 시기 베이징대학에서의 청사 강의에서 청조는 강성한 왕조였다는 역사적 사실을 인정해야 하고, 따라서 청영전쟁은 청사의 의미나 체계 속에서 특별한 의미를 갖지 못한다고 평가하였다.[22] 그는 이 전쟁의 정치적 맥락보다 학술적 성격을 더 강조하였으며, 이는 샤오이샨의 저술에서도 보이는 바다.[23]

이처럼 혁명사적 근대상은 정치적 의도 아래 기획되고 만들어진 것이었다. 따라서 청대의 역사적 의미나 만주족이 이룩한 성과는 대부분 축소되거나 부정적으로 서술될 수밖에 없었다. 그것은 청말부터 진행된 반청한족주의를 계승한 것이기도 하지만, 특별히 중화인민공화국 체제 아래 더욱 정교해지고 이데올로기화한 것이었다. 심지어 1950년대에 만주족은 역사가들이 사용하는 '만청' 정권이란 용어에 불만을 제기하면서 이를 없애 줄 것을 요구하였고, 정부가 이를 받아들여 1960년대 이후에는 '만청'이란 용어 자체가 사라지는 현상도 나타났다.[24] 이 점에서 혁명적 근대사는 한족에 의한 근대사이기도 하였다.

만청적 근대상

청대사를 민족주의와 마오쩌둥주의로부터 독립시켜야

그렇다면 한족과 마오쩌둥주의를 중심으로 만들어진 근대상을 대신할 수 있는 근대란 무엇일까? 이에 대해서는 근년 들어 특히 구미학계에서 다양한 논의를 진행시켜 왔다. 이를 중심으로 새로운 논의가 일어나게 된 역사적 배경을 먼저 보기로 한다.

그것은 우선 중국의 개혁개방이 정치·사회·경제뿐만 아니라 역사학

분야에도 영향을 끼쳤다는 사실이다. 외국의 연구자에게 출입의 자유는 물론 자료까지 개방하면서 중국의 연구자들과 교류가 가능한 조건을 제공하였다는 사실을 들 수가 있다. 이는 거꾸로 중국의 학자들이 해외로 나가 그곳의 역사학 성과를 몸소 관찰하고, 교류하면서 자국의 역사 연구를 반사하도록 요구하였다. 역사학조차도 이른바 시장 질서에 내맡겨진 셈이었다.

학술적인 배경은 청대사를 장구한 한족 역사의 일부였다는 중국 학자들의 서사 구조로부터 해방시켜 세계사의 일부로 파악해 보려는 의도가 크게 작용하였다는 사실이다. 특히 중국과 서구라는 이분법적 대립관으로 세계사를 구성해 왔던 기왕의 구성 원리에서 벗어나 거대사global history라는 새로운 패러다임으로 청대사를 조명하려는 구미학계의 시각이 청대사를 유라시아세계 속으로 끌어들였던 것이다. 사실 만주지역으로부터 유럽 동부에 이르는 유라시아지역은 세계사의 구성에서 대체로 소외되어 왔으며, 그것은 특히 1950년대 이후에 공산국인 중국과 소련이 지배하고 대립한 폐쇄적인 공간으로 인식되어 왔다. 하지만 1980년대에 들어 소련의 붕괴와 중앙아시아 여러 국가의 독립, 그리고 중국의 개방이 이어지면서 자유롭게 왕래할 수 있는 공간으로 바뀌자, 러시아의 동진과 청조의 서역 정복을 재조명하게 되었던 것이다. 곧 러시아의 동진 역사와 청조의 서역 정복을 자국의 역사적 맥락에서만이 아니라 세계사의 한 흐름으로 보도록 만들었다. 나아가 17세기 이후 유럽에서 주로 선교사들의 정보를 중심으로 꾸준히 축적된 청왕조 중심의 만주학적 전통도 청왕조를 '만청'이라는 성격 속에서 관찰하도록 촉구하였다. 또 다른 중요한 요소는 저간의 중국사 연구, 특히 만주

족이 지배한 청사 연구가 청왕조의 붕괴 이후 중화민족주의라는 '족쇄'에 묶여 있었다는 사실이다.[25]

사실 차원에서 청왕조는 만주족이 중국을 지배했던 시대이므로, 당연히 만주족의 정체성을 중심으로 이 시대를 바라보아야 한다는 단순하면서도 근본적인 문제의식이 깔려 있다. 그 뿌리는 이미 20세기 초기에 중국의 정텐팅이나 멍썬, 일본의 이나바 이와키치, 와다 세이 등의 연구에서 볼 수 있으며, 유럽의 데이비드 파르쿠할David Farquhar이나 조셉 플레처Joseph Fletcher 등이 이루어 놓은 업적이기도 하다. 이들은 만주족 정부가 남겨 놓은 만주어를 통해서 청대사를 검토하는 것이 한문자료를 통해서 보는 것보다 더 정확하게 만청왕조의 실체에 다가설 수 있으며, 아울러 그들의 역사적 정체성도 유목사회에 근거한 유목왕조에 두고 있다는 사실을 잊어서는 안 된다고 강조하고 있다.[26]

이러한 연구환경의 변화와 현대중국의 특징을 고려한 결과, 이들 연구자들은 청대가 1912년에 끝난 것이 아니라 오늘날의 중국을 만들었다는 공통 인식에 도달하게 되었다. 곧 현대중국은 청왕조의 역사적 상속자라는 사실이다. 상속받은 것 중 중요한 요소는 다민족국가를 건설하였다는 사실과 다민족의 삶의 근거지인 광대한 영토 그리고 많은 인구가 있을 것이다. 특히 다민족국가와 광대한 영토는 중화인민공화국의 헌법 전문에 명시되어 있는 바, 이 유산은 분명히 청대의 것이다.

좀 더 구체적으로는 18세기 초기 근대론을 제기하였던 로스키E. S. Rawski와 나퀸S. Naquin의 저술 속에서 청대의 유산을 찾아 볼 수 있다. 그들은 18세기가 현대중국에 남긴 유산으로 다민족국가의 틀, 확대된 영토, 많은 인구, 내부 통합의 증대, 지배력 강화, 상공업 발전과 소농 증가, 민중문화의 성장, 사회제도의 관료화 등을 제시하였다.[27] 이는 이미 필자가 오래전에 검토한 바와 같이 상당한 정당성을 갖고 있다. 여기에 더해 일부 연구자는 청대의 주요 유산으로 인구 증가와 그에 따른 대규모 인구 이동, 그리고 식량생산 체제의 근대적 양상 등을 제시하기도 한다.[28]

최근에 이르러 이른바 '신청사학파'[29]는 만청 정부가 발전시킨 주요 특징으로서 군사주의적 팽창과 유목주의적 성격, 언어와 문화의 다양성, 황제의 비한족적 요소 등을 들기도 한다. 피터 퍼듀Peter Perdue나 니콜라 디 코스모Nicola di Cosmo와 같은 신청사학파의 일부 멤버들은 이러한 특징 이외에 만청식민주의Manchu Colonialnism를 제시하기도 한다.[30] 사회경제사를 중시하는 일부 연구자들은 명청 시대에 강남지역을 중심으로 진행된 상공업의 발전이나 대외무역 등을 통해 근대적 양상을 검토하기도 하며,[31] 환경사적 관점에서 대략 지난 2세기 반 정도의 변화가 상당한 연속성이 있다고 보기도 한다.[32]

웡R. Bin Wong, 포머런츠K. Pomeranz 등 캘리포니아학파는 18세기까지 중국의 경제 발전 수준이 유럽과 대차가 없었으며, 사실상 중국 경제가 그 이전까지 세계 경제의 주요한 견인차 역할을 했다는 데에 주목하고 있다. 이들은 오늘날의 중국 경제의 세계적 중요성은 인민공화국 체제 아래 이룬 것이라기보다 이미 청대에 진전된 것을 토대로 하고 있다는 사실을 주목한다.[33]

근대를 형성한 결정적 요소들: 군사주의와 영토 팽창

이 글에서 이 모든 연구 성과를 일일이 소개하는 것은 어렵다. 그중에서 현대중국을 형성한 결정적인 요소들을 중심으로 중국의 새로운 근대상을 제시할 수 있을 것이다. 먼저 거론할 수 있는 것은 군사적 팽창과 영토 확장과정에 대한 부분이다. 최근에 논의된 바와 같이 청왕조와 명왕조의 차별성은 전자가 군사주의적 성격이 매우 강하며, 그것은 건국 때부터 두드러진 특징이었다는 점이다. 이는 본래 청을 건국한 집단의 수렵민적 특징에서 연유하지만, 지역적으로 좀 더 넓게 유라시아에 존속했던 유목왕조의 공통적인 특징에서 유래한다고 보고 있다. 미국의 역사가 코스모에 따르면 유목제국의 국가 형성 요인에서 중요한 것은 위기에 대한 사회적 대응이며, 이 위기의 핵심은 유목사회 내부의 군사화라고 지적한 바가 있다. 바로 이것이 만청왕조滿淸王朝가 서역이나 티베트 지방에 대해 끊임없이 전쟁을 벌인 요인이라는 것이다.[34]

실제로 중국 역사에서 청왕조처럼 국가 형성단계부터 멸망에 이르는 시기까지 정복전쟁과 인근 국가에 대한 무력개입을 단행했던 왕조도 드물 것이다. 누르하치 시대와 홍타이지 시대는 바로 전쟁의 시대였다고 해도 과언은 아니며, 이를 통해 만주족은 만주 남부뿐만 아니라 중북부까지 지배 아래 넣을 수 있었다. 특히 홍타이지는 만주의 북부지역으로 정복지를 확장하여 헤이룽강 유역과 우수리강 일대, 그리고 싱안링 산맥을 넘어 몽골 동남부지역까지 청제국의 영토로 삼았다. 이는 러시아와의 관계에서 볼 때, 군사적으로 안전을 확보하고 교역의 이득을 보장하면서 신화상神話上의 청조의 고지故地를 선점한 셈이었다.[35]

아울러 홍타이지 시기에 진행된 만주와 몽골지역에 대한 정복과 지배는 이제 대청왕조 중심으로 구축된 국제 질서가 만주를 중심으로 새로이 작동하기 시작하였음을 의미하였다. 이는 명조의 국제 질서와 대립하는 것을 의미하기도 하였는데, 특히 조선에 대한 전쟁의 승리는 이 국제 질서에서 주도권을 잡을 수 있는 주요한 계기였다.[36] 역사가들은 통상적으로 대청이라는 국호를 제정하였던 1636년부터 명을 정복한 1644년 사이의 기간을 중원 정복에 필요한 준비기간으로 보지만, 대청은 이미 제국에 필요한 공공사업을 시작하고 인재를 뽑아 일을 맡기는 등 제국을 건설하는 단계에 들어가 있었다.[37] 입관만이 그들의 목표는 아니었으니, 달리 말하면 입관이란 연속적 정복과정이었고 기왕에 건설한 제국에 한족의 영토를 통합하는 작업이기도 하였다.

명의 정복 이후, 본격적으로 중국을 통치하기 시작한 강희제의 치세는 영토 확장과 국경 분쟁의 시대였다. 1683년에는 국경 밖에 있던 타이완을 점령하여 자국 영토화하였으며, 1685년에는 러시아 군대를 패퇴시키고 알바진 요새를 공략한 다음 네르친스크 조약을 통해, 몽골 북쪽의 국경선을 확정하였다. 또 그는 1696년부터 몇 차례에 걸쳐 준가르부의 갈단을 공격하여 이를 패퇴시켰다. 그는 평소 청더承德 북부에 위치한 무란木蘭 위장圍場에서 사냥연습을 마치 전투에 임하듯이 진지하게 실행하였고, 반면 갈단 공격에서는 사냥연습을 하듯이 유인과 공격을 병용하면서 그를 자결케 하였다.[38]

건륭제 시대의 10대 전쟁에 대해서는 마치 전설같이 전해 내려오지만, 이러한 전쟁 양상 역시 유례없는 일이었다. 가장 성공적인 전쟁으로 평가받는 대준가르전은 낙타에 대포를 실어 나르면서 전투를 한데다, 1년 동안이나 상호간에 격전을 치룰 만큼 치열하였던 것으로 알려졌다. 이 승리에 도취된 건륭제는 선교사 출신의 궁중화가 장 드니 아티레Jean Denis Attiret(王致誠)와 쥐세페 카스틸리오네Giuseppe

Castiglione(郎世寧)에게 전쟁 기념 동판화를 제작하도록 명령하였다. 그 그림은 준가르의 후얼만呼爾滿에서 벌어진 전투 장면 중 16개를 선정하여 8×4미터 크기로 생생하게 묘사한 것이었다.[39] 따라서 이 전쟁은 강희제 시기부터 서양 선교사의 도움을 받으면서 개발한 무기 체제와 청조의 정복욕이 결합한 결과가 청군에게 결정적인 승리를 안겨 주었다고 해도 과언은 아닐 것이다.

또한 이 전쟁은 치열했던 만큼 많은 피해를 남겼다. 한 연구자는 당시 피해를 준가르의 수십 만 호 중, 천연두로 죽은 자가 10분의 4, 러시아나 카자흐로 도망친 자가 10분의 2, 전사자가 10분의 3이었을 정도로 인명 손실이 많았으며, 경지와 목장뿐만 아니라 도시와 시골 모두 피해를 입어 정권을 다시 일으켜 세우려고 해도 불가능한 상황이 되었다고 기술하였다. 이때 많은 준가르군 포로들이 죽임을 당했는데, 그것은 건륭제가 이들이 자주 배반하는 까닭에 믿을 수 없으므로 도륙하라는 명령을 내린 데서 찾고 있다.[40] 그러나 청조에게는 상상할 수 없을 정도의 재해보다는 '신장新疆'이라는 새로운 영토를 확보한 사실 자체가 더 커다란 성과였다. 또한 유라시아 중심부의 패권을 놓고 다투던 러시아에 대한 승리를 확정지었다는 점에서도 중요한 의미가 있다.[41]

청나라 정부의 준가르 정복을 종교적 측면에서 의의를 찾는 연구도 있다. 곧 준가르 몽골과 청의 대립은 티베트 불교를 둘러싼 경쟁이었다는 것이다. 다시 말해 준가르도 티베트 불교를 이용하여 자신의 제국을 건설하려고 시도하였지만 청군에게 패배함으로써, 결국 티베트 불교에 대한 주도권은 청나라로 넘어가고 말았다. 건륭제가 베이징의 옹화궁을 티베트 불교의 상징적 공간으로 발전시킨 것은 바로 그 주도권을 장

신장 정복전쟁 그림.
平定西域戰圖

이 그림은 건륭제 시대에 청군이 서역, 곧 오늘날의 신장지역을 정복하고 난 뒤에 이를 기념하기 위해 궁정화가인 카스틸리오네 등이 그린 전승도이다. 이 그림은 다시 유럽으로 보내져 동판화로 제작되었다. 이 그림의 명칭은 '흑수영지전黑水營之戰'으로 오늘날 신장 서부의 사처 부근에서 있었던 전투장면이다. 청의 장군 자오후이兆惠가 이끈 흑수영 전투는 1758년 11월에 시작하여 다음해 정월에 이곳을 공격하던 회군을 청군이 물리치는 것으로 마무리되었다. 청조는 이 정복전쟁에서 승리함으로써 이곳에 대한 통치를 항구화할 수 있었던 반면, 이곳의 토착민인 위구르인들은 바로 이때부터 현재까지 대부분 그 통치에 저항하고 있다.

악하였다는 확신적 행위였던 것이다.[42]

반면 베트남 레왕조黎王朝의 부흥을 명분삼아 단행했던 1788~89년의 대월남전은 완전한 실패였다. 쑨스이孫思毅가 이끈 청군은 승룡昇龍, 곧 오늘날의 하노이를 점령하여 잠시 동안이나마 왕조를 부흥시키긴 하였으나, 레왕조를 축출하고 제위에 올랐던 응웬씨阮氏 정부군의 공격을 받아 수천 명의 사망자를 내면서 패배하였고, 이후 외교 담판에서 형식상으로나마 응웬씨를 공식 왕위로 임명하여 '조공관계'를 회복할 수 있었다. 그러나 그것은 명목에 지나지 않았다. 실제로 응웬씨는 청과의 관계를 조공이 아니라 '방교邦交'로 규정하면서 대등한 지위로 자처하였기 때문이다. 나아가 월남의 새 정부는 청조가 안남을 취하기 위해 군사적 침략을 단행한 것이라고 청나라 정부를 몰아세웠다.[43]

정복지와 군사식민지

이들 정복지에 대한 통치는 위그르의 경우처럼 군사식민의 성격을 띠고 진전되었다. 군사 정복에 따른 군대의 주둔과 토지 개간, 일반 관료와 유형 관료의 파견, 그리고 범법자의 유형지화뿐만 아니라, 주현제와 같은 한족적 통치 방식과 벡[Bek]이나 쟈사크[Jasag]와 같은 현지의 전통적 지배 방식 등을 적절히 활용하면서 현지의 통치 체제를 안정시키려고 시도하였다. 또한 청 정부는 현지 관료나 유형 관료를 활용하여 이 지역의 산천에 대한 조사, 지도 제작, 지지 편찬 등에 대한 작업을 진행하였으며, 이로 인해 서역에 대한 구체적이고 실용적인 정보의 획득은 물론, 이곳을 움직일 수 없는 청조의 영토로 확정시켜 나갔다.[44] 이번원은 이러한 식민화 작업을 정부 내에서 돕는 기관이었다.[45]

그렇다면 많은 비용과 인력의 손상을 무릅쓰며 행했던 정복활동의 목표는 무엇이었을까. 일반적으로는 번부의 안정을 통한 청조 체제의 유지에 있다고 하지만, 강희제의 원정에서 보듯이 변경은 러시아라고 하는 새로운 강자가 유목지의 배후에서 청조를 위협하였기 때문에 변방은 대외 방어의 요충지라는 성격이 좀 더 중요해졌다.

그에 못지않게 이들 공간은 내지에 존재하였던 한족사회의 주요 모순인 인구 증가와 자원 부족을 해결하기 위한 곳으로서의 의미가 대단히 컸다. 잘 알려진 바와 같이 18세기 중엽의 인구는 그 이전에 비해 가파르게 증가하였다. 인구학자들은 대체로 청대 초기까지 인구가 완만하게 증가하였다고 말한다. 그러나 이러한 증가세는 18세기 중엽 이후에 가파른 상승곡선으로 변화한다. 장타오姜濤와 같은 현대 인구학자가 표현한 바대로 인구 증가의 최속기最速期에 들어선 것이다.[46] 좀 더 구체적으로 1650년대 무렵의 인구는 1억 6백 만 명 정도로 추산하는데, 1779년에는 약 2억 7천 5백 만 명으로 늘어난 것이다. 자신이 지배하던 시기에 생민生民의 수효에 대해 궁금함을 감추지 못하였던 건륭황제도 그 규모에 대해 놀랍다는 반응을 보일 정도였다. 이 규모는 다시 70여 년이 지난 19세기 중엽에 이르러 약 4억 3천 만 명으로 늘어나고 있으며, 1874년에는 2억 7천 4백 만 명으로, 1892년에는 3억 7천 7백 만 명으로 오르내리고 있다.

청 정부의 최대 난제는 왕스두어汪士鐸가 지적한 바와 같이 이러한 인구 증가를 해결할 수 있는 방법을 찾아 내는 일이었다. 내지에서는 도시화, 상업작물의 재배, 경작지의 확장과 개간, 새로운 쌀 품종의 개발[47] 등을 통해 어느 정도 이 문제를 해결할 수 있었으나, 옹정·건륭 시대를 거치면서 기왕의 방법은 한계가 있었던 것이다.

건륭제는 인구가 늘어난 이후 빈민이 본적지에서 생계를 유지하는 일이 어려워졌으며, 서역 정복으로 인해 넓어진 영토 곳곳에서 둔전이 가능해져서, 객민이 그곳에서 무역에 힘쓰면서 지리地利를 늘릴 수 있다고 판단하였다. 곧 현지인을 위해서가 아니라 내지 한인과 정부에 필요한 이주정책이었던 것이다.

이는 19세기 초에 공쯔전龔自珍이 '서역에 행성行省을 두어야 한다'고 주장할 수 있는 중요 근거가 되었다. 그는 서역을 개발해야 하는 이유를 내지의 인구 과잉, 변강의 지리적 이득, 그리고 군사적 방어 기지라는 세 가지로 압축하였다. 특히 그는 베이징과 같은 화북의 중심지에서 '쓸모가 없는' 유민들을 변경으로 내보내 그곳을 개간토록 해야 할 필요성을 역설하였다.[48] 그의 절친한 친구이자 개혁가로 평가받는 린쩌쉬는 유형지인 이리伊犁지방에서 수십 만 무 토지를 경작지로 바꾸는 작업을 대대적으로 전개하였다. 이곳은 위구르 전역에서도 서부에서 불어오는 무역풍 덕택에 강우량은 적절하였고 대지는 비옥하여 알짜배기 토지라 할 만한 지역이었다.

변강지역으로의 대규모 한인 이주는 이미 강희제 말기 이후 거의 전방위적으로 진행되고 있었다. 그것은 타이완의 역사가 자오중푸趙中孚가 지적한 바와 같이 '중화민족 발전의 주요 동력'이었으며, 특히 농업이민이 8할 정도로 큰 부분을 차지하였다.[49] 옹정 시대 이후 한인 이주는 윈난과 구이저우, 쓰촨 서부, 내몽골 남부 등지에서 정부의 면세와 감세 등의 지원정책에 힘입어 상당한 성공을 거두고 있었다.[50] 윈난과 구이저우의 경우, 이미 원왕조와 명왕조 시대에 군사 정복과 행정 체제 개편을 통해 이 지역을 지배하고 있었기 때문에 서역과 다른 방식의 통치와 이주가 진행되었지만, 그것은 이곳에 존재하던 수많은 대소 왕국들을 소멸시키고 난 뒤에 가능한 것이었다. 그것은 오랫동안 군사력과 행정적인 뒷받침을 받으면서 성취된 전형적인 식민화의 양상이었다.[51]

식민화의 주대상이었던 신장으로 이주한 한인들의 규모는 어느 정도였을까? 밀워드James Millward에 따르면, 신장 정복 이후 정부의 각종 지원정책 덕택에 19세기 전환기 전까지 북부 신장의 한인漢人과 한족계 이슬람교도인 동간東干은 약 15만 5천 명에 이르렀다고 한다. 당시 신장 남부의 동투르키스탄인 인구가 대략 32만 명 정도였던 사실과 비교해 보면, 상당히 큰 규모이다.[52]

한족의 변강 이주는 현지사회에 많은 변화를 야기하였다. 토지 소유관계가 현지인으로부터 이주민으로 바뀌어 나간 것이 그 하나이며, 그에 따른 '소수민족'의 반발도 날이 갈수록 거세어졌다. 실제 18세기 후반기에서 19세기 전반기에 나타난 청대사회의 소요와 불안은 이러한 이주와 소유관계의 변화 때문에 주로 변방에서 야기된 것이었다.[53] 그중 일부는 소수민족의 반란으로 기록되었지만, 그렇지 않은 경우는 훨씬 더 많았다. 또한 허핑티가 지적한 바와 같이, 18세기 중엽은 중국의 환경사에서 하나의 획기였다. 이들 이주민들이 주로 변경의 나즈막한 구릉지를 개간하면서 신대륙에서 들여온 작물인 고구마, 옥수수, 감자 등을 무차별적으로 심었기 때문이다. 산지는 회복될 수 없을 정도로 손상을 입었고, 그 여파는 하천을 따라 관개수로를 파괴하거나 중하류에 있는 호수를 메워 버리는 상황으로까지 악화되었다.[54]

위와 같이 청조의 군사 정복과 그에 따른 다민족국가의 형성, 그리고

옹화궁雍和宮 편액扁額에 나타난
만청사회.

자금성 동북부에 자리한 옹화궁은 청대 사회의 상징이라 할 만하다. 옹화궁은 본래 명나라 말기에 환관의 관서로 출발하였으나, 청조가 베이징에 들어온 뒤에는 내무부內務府 건물로 잠시 쓰이다가 강희제 때에 그의 넷째 아들이자 버일러貝勒인 윤진에게 준 뒤로 버일러부라고 불렸다. 윤진이 옹친왕이 된 뒤로 옹친왕부로 승격되었고, 옹친왕이 옹정제가 된 이후 그의 집 역시 옹화궁으로 격상되었다. 건륭제는 자신의 생가이기도 하고, 황제를 두 명 배출한 이 건물을 티베트 불교의 게룩파 사원으로 개조하였고, 그 뒤 이 사원은 베이징 성내에서 게룩파 불교의 상징이자 중심지로 자리를 잡았다. 만주어, 한어, 몽골어, 티베트어 등 4개 민족의 언어로 쓰인 옹화궁 편액은 청조의 특징인 다민족 사회를 잘 보여주고 있다. 중앙 우측의 '옹화궁'이란 한자는 건륭제가 쓴 것이고, 중앙 상단에는 '건륭어제지보'라고 붉게 새긴 인장을 각인하였다. 이 사진은 옹화궁 관광용으로 제작된 엽서의 일부이다.

인구 증가와 이동은 주로 18세기를 중심으로 전개되었다. 물론 타이완의 정복은 17세기 말의 일이었으므로, 이주에 따른 내부 혼란은 19세기에도 죽 이어졌기 때문에 좀 더 장기적 맥락 속에 검토해야 할 것이다. 이와 관련하여 여성사 시각에서 청의 성세기(1683~ 1839)를 연구한 수잔 존스Susan M. Jones는 여성에 대한 국가의 정책, 결혼과 노동 시장, 학문적 취향, 심미적 인식 등에 있어서 이 시기가 매우 독특하다는 점에서 '가장 긴 18세기'로 규정하였다.[55] 곧 사회 내부의 변화에도 역시 18세기가 핵심에 놓여 있는 것이다.

하지만, 18세기 청대 황제들의 전제주의를 고찰하는 이유 중 하나는 그것이 전체주의Totalitarianism를 보여주는 것이고, 이는 다시 근대세계 이전에 중국에 존재했던 근본적 양상인데다, 이 또한 신청사학파 멤버들이 현재 조명 중인 문제라는 사실로 인해,[56] 18세기를 중심으로 새로운 근대상을 모색하는 작업은 더욱 복잡해질 것이다. 그것은 현대중국이 영토와 다민족의 틀뿐만 아니라 청대의 전제주의까지 상속하였음을 의미하기 때문이다.

전망과 과제

인민공화국의 팽창주의

이 글에서 검토해야 할 주제 중의 하나가 청대와 현대중국과의 관계에 있기도 한 만큼 이 부분에 대해 약간 언급해 보고자 한다. 이미 중요한 요소는 위에서 정리한 바와 같이 영토의 확정과 다민족국가의 형성 등이라고 할 수 있다. 하지만, 이러한 특징은 현대중국, 특히 인민공화국 시대에 들어 더 확연한 모습으로 우리 앞에 놓여 있다. 티베트의 주권 문제만 해도 그렇다. 청대에 그곳이 과연 정치적으로 독립적인 국가였는가 아니면 청조의 판도에 들어 있는 지배지역이었는가에 대한 최근의 논의는 전자 쪽으로 기울고 있다. 곧 양자의 관계는 상하관계가 아니라 불법佛法을 중심으로 한 승려와 세속군주라는 관계 속에서 검토하는 것이 유익하다는 것이다. 실제로 청조의 지배 아래에 있던 만주, 몽골, 티베트는 모두 티베트 불교라는 정체성을 공유하고 있었기 때문에 청조는 이를 통합한 성격이 강하였다.[57] 따라서 청의 황제, 특히 건륭제는 원의 쿠빌라이가 그랬던 것처럼 활불活佛의 성격을 띤 존재였다.[58]

그러나 오늘날의 티베트는 1950년의 중국군 침략 이후 거의 움직일 수 없는 중국의 영토로 변화하였다. 위구르는 신장생산건설병단이라는 군軍, 농農, 산產, 행정을 복합한 특수제도를 통해 지배하고 있으며,[59] 내몽골 동북부의 소수민족인 어룬춘족 거주지역은 문화대혁명 시기에 확실하게 중국화되었다.[60] 청대에는 이들 지역이 다소 유동적이거나 지배력이 제대로 미치지 못한 지역이었지만, 이제는 어느 누구도 중국 정부의 변강 지배에 대해 이의를 제기하기가 어려운 실정이 된 것이다.

더 중요한 사실은 이곳으로 한족 이주가 끊임없이 진행되었다는 사실에 있다. 1958년 10월에 부주석이던 주더朱德는 베이징에서 개최된 '중앙국가기관 청년사회주의건설적극분자대회'에 모인 청년들에게 "서북과 내몽골 등지는 지상·지하자원이 대단히 풍부하고, 전 국토면적의 50~60퍼센트를 차지하고 있지만, 이들 지역의 인구는 단지 전국

인구의 6퍼센트 내외를 점유하고 있을 뿐이다. 사회주의와 공산주의의 행복한 중국을 건설하기 위해서는 기관의 청년을 포함한 전국의 많은 청년이 반드시 이들 지역으로 가서 이곳의 자원을 신속히 개발해야 하며, 이곳을 조국의 아름다운 화원으로 건설해야만 한다"고 열변을 토하였다.[61] 마치 건륭제와 공쯔전의 말을 합성해 놓은 듯한 이 발언의 진실은 과도하게 증가한 인구와 자원 부족으로 어려움을 겪는 내지의 모순을 해결하려는 데 있었다. 곧 청조가 안고 있던 모순과 과제는 여전히 해결되지 않은 채 현대중국에게 넘겨졌으며, 이로 인해 변강사회는 정치, 사회, 문화, 민족, 경제 등 모든 분야에서 광범위하고 깊은 변화가 국가권력에 의해 진전될 토대가 마련되었던 것이다. 그 목표는 사실상 오늘날 거의 전 지역에 걸쳐 착실하게 진행되어 변강의 '한족화'는 단기간에 놀라운 성과를 거두었다. 따라서 우리는 두 시기를 장기적으로 전망해 볼 필요가 있으며, 그러면 그럴수록 더 분명한 공통 요소들을 추출해 낼 수 있을 것이다.

청대사와 한국사

또한 우리들에게 청조의 변화가 한국사에서 또는 현대 한국인에게 어떤 의미가 있는가 하는 문제도 지나칠 수는 없다. 청조의 18세기와 조선시대의 18세기는 어떤 점에서 공통성이 있는지, 그리고 양국의 관계는 어떻게 보아야 하는가 등의 문제가 그것이다. 사실 조선왕조의 설립자들은 함흥지방에서 여진족과 밀접한 관계에 있었고, 백두산과 압록강지역을 중심으로 유사한 신화들을 발전시켜 왔다. 샤머니즘도 양 지역의 유사성을 증명해 줄 수 있는 유력한 요소라고 할 수 있다. 반면 청의 건국 이후 조선사회는 전례없이 유교화되었고, 청조 역시 봉금을 통해 이 지역의 출입을 봉쇄하면서 양 사회가 공유하고 있던 역사와 문화적 맥락은 더 이상 의미를 찾기 어려울 정도로 약화되었다. 말하자면 알타이벨트는 과거의 유산으로만 남게 되었으며, 그 잔존물마저도 만주지역이 청 말기부터 한족사회로 변모하면서 사라지고 말았다.

또한 우리는 18세기 청대사회에 초래된 변화가 조선에서도 유사하게 진행되었다는 사실을, 말하자면 동아시아적 관점에서 눈여겨볼 필요가 있다. 곧 이 시기에 조선의 인구는 폭발적으로 증가하였으며,[61] 그에 따라 함경도와 평안도 북부를 뛰어넘어 간도 등지로 이주하는 현상이 등장하였다. 조선 초기 이곳에 거주하던 여진족이 그간 어찌 되었는지에 대해서는 아직 아는 바가 없다. 하지만 이들은 18세기 후반에 두만강 북쪽으로 밀려난 채, 말을 타고 다니면서 강의 남쪽으로 틈입할 기회를 노리고 있었다.[62] 그만큼 두만강 남쪽은 다민족지역에서 한인韓人만의 땅으로 개변되어 있었다. 대관령 일대, 남해안의 연안 지역, 지리산 자락 등 이른바 '조선 내지의 변경'도 새로운 이주민과 개간에 의해 오늘날과 같은 경관을 형성하게 되었다. 특히 남한강 수로도 쇠퇴하기 시작하였는데, 그 이유는 상류지방의 삼림 남벌로 인한 토양 침식과 토사의 퇴적에 따른 하상의 상승과 수원의 고갈 때문이었다. 정조는 이 때문에 상류지방의 삼림벌채를 강력하게 규제하는 조치를 취하였다.[63] 곧 청조의 사회생태적 변화가 청조만의 것이 아닌 인근의 조선사회에서도 유사하게 진전되었음을 보여주고 있다.

따라서 우리는 18세기 혹은 '가장 긴 18세기'에 청조의 변화가 단지 청조 내부에서만 한정되어 나타난 것이 아니라, 한국을 포함한 동아시아 세계에서까지 진전되었을 가능성을 배제할 수 없다. 따라서 지역을 확대하고 지역간에 연계된 다양한 요소들을 종합적인 맥락 속에서 검토해 보면 더 분명한 18세기 근대상을 정립할 수 있을 것이다.

1990년대 이후
중국 청사학계의 사회사 연구동향

사회사 연구의 흥기와 그 배경

이 글은 1990년대 이후 중국의 청사학계淸史學界에서 각광을 받기 시작한 사회사 연구 방법론과 그 성과들을 검토하기 위해 쓴 것이다.[1] 이를 위해 구체적으로 왜 사회사이며, 또 왜 1990년대에 그것이 중국 역사학계의 관심을 끌게 되었을까라는 문제들을 먼저 검토한 다음, 청대사에 대한 역사적 전망을 시도해 보려고 한다.

사회사 연구가 흥기한 주요 이유는 먼저 중국 내부의 정치적 조건의 변화와 관련이 있다. 실제로 개혁개방의 학문적 목표를 '사상의 해방'과 방법론상에 있어서 실사구시를 강조하였지만, 이러한 정책 목표가 역사학계에 통용되는 것은 1980년대 중반 이후였다. 1987년에 발간된 《역사연구歷史研究》에 사회사 연구의 필요성이나 방법 등에 관한 몇 편의 글이 실린 것이 그 효시라고 할 수 있다.[2] 역사가들은 과거에 국가가 부여한 마르크시즘과 마오쩌둥주의의 지도 원칙에 따라 진행되어 온 역사학을 재검토하면서, 역사학을 역사학자들에게 되돌리는 일이 시급하다고 생각하였기 때문이다.

따라서 사회사적 연구 방법론과 그에 따른 세부 주제에 대한 검토는 먼저 정치 중심의 청대사 연구에 대한 반성에서 출발해야 할 터였다. 사실, 사회사적 방법론에 대한 관심은 마르크스·마오쩌둥주의 역사관에 대한 하나의 대안으로 제시된 바가 컸다. 개혁개방 이후 중국의 역사학계에서 사회사 연구를 주도해 온 난카이대학南開大學의 '사회사연구중심'은 등급, 집단, 신분 문제를 다루면서 이 과제들의 복잡성을 인정하였고, 본격적으로 사회사 연구의 필요성을 자각하였다는 점에서, 사회사 연구의 출발 의도를 읽을 수 있다. 쉽게 말해 계급 문제만 해도 단순히 토지 소유로 귀결시킬 주제는 아니었던 것이다.[3] 그 범주는 매우 광범위해서 인구사, 사회조직사, 사회문화사, 사회경제사, 사회생활사, 사회사조사, 종교사, 재해와 재해구제사 등에 폭넓게 걸쳐 있었다.[4]

게다가 1989년에 있었던 천안문 민주화 사건은 그간 개혁개방의 성과를 긍정적으로 바라보면 국내외 중국 역사학계에 충격을 주었다. 공산혁명이나 공산당 정부에 대해 품고 있던 일부 기대마저 무너뜨린 것이다. TV를 통해 시위 장면을 지켜 본 필자에게도 그것은 이해하기 어려운 과제로 남게 되었다.

역사가들에게 개혁과 개방이 마냥 좋은 조건을 만들어 준 것도 아니었다. 말하자면, 역사학도 본인들의 의도와 상관없이 시장이 만들어 놓은 상황에 점차 밀려들어 갔다. 역사학 중에서 정치사는 점차 인기 없는 분야로 치부되기 시작하였고, 심지어 역사학 자체가 젊은 학생들에게 매력을 주지 못하는 학문으로 분류되는 처지에 이르렀다.[5] 이른바 '대삼학번'에 해당하는 1978~1980년에 대학에 들어와 역사학의 이상에 심취하면서 열정을 쏟았던 오늘날의 중견 역사가들에게 이러한 상황은 사실 더욱 견디기 어려웠을 것이다. 이들은 좀 더 넓고 자유로운 맥락에서 과거를 점검하면서 새로운 패러다임을 찾으려고 노력하였다.

1990년대는 또한 외국학계와의 교류가 활성화된 시기이기도 하였다. 중국 학자들의 해외 학술대회 참가는 이미 1980년대 초반에 실시되었다. 1982년에 근대사가들인 후성, 장카이위안 등이 시카고에서 개최된 미국 아시아학회Association for Asian Studies에 참가하면서 교류의 물길을 텄고, 일본학계와는 청대 동북사의 연합 연구를 위해 1987년 선양瀋陽에서 랴오닝성 사회과학원과 일본의 동양문고 내 동아문화연구센터 사이에 주요한 협의 사항을 체결하였다. 이들은 청대 만주지방의 경제 개발, 만주족과 기타 소수민족 연구, 문화 발전, 청 초기 만주 통일과정 중의 역사지리, 관련 문헌자료 조사 등의 작업을 공동으로 진행하기로 협의하였다.[6] 정치 문제는 피해 갔다는 느낌을 받는다.

또 중국인민대학 청사연구소에서 간행하는 《청사연구清史研究》에는 정기적으로 일본의 청사 연구개황을 소개하였는데, 이는 일본의 《사학잡지史學雜誌》에 실린 글을 편역하는 것이었다. 시대는 크게 청대와 근대로 구분하고 청대의 경우 예컨대 1994년판에는 개발과 이민, 지역사회, 사상과 학술, 중외관계로 구분하여 소개하였다. 근대의 주요 과제로서는 '청영전쟁[7]-서양의 충격- 근대의 개시'라는 정치사 서술 모델을 반성하면서 중외관계, 정치, 경제, 사상과 언론 등으로 나누어 일본

학계의 성과들을 적극적으로 소개하였다.[8]

한국과의 교류는 민두기 교수가 1988년부터 학술회의 참가를 위해 중국에 왕래하면서 교류의 장을 열었다. 공식적으로는 1991년 한국의 동양사학회 제10회 연토회를 베이징에서 개최하여 양국 학자들이 본격적으로 교류하기에 이르렀다. 이때에는 통시대적인 주제들을 다루었기 때문에 청대에 관한 주제 발표는 명청 시대 신사 연구와 근대중국의 개혁과 혁명 등, 두 편으로 한정되었다.[9] 청대 사회사와 관련된 본격적인 교류라고 하기에는 미흡한 수준이었다. 필자는 1993년 난징대학에서 개최된 제1회 비밀결사 국제학술대회에 처음으로 참가하였는데,[10] 이것이 청대 사회사 중심의 본격적인 교류가 아니었나 한다. 특히 이 회의에서는 사회사 연구의 주요 부분이었던 비밀결사 연구가 국제화되었다는 점에서 의미가 있었다. 이 회의는 이후 2004년 상하이사범대학에서,[11] 그리고 2009년 8월에 산둥山東대학에서 개최되어 비밀결사 연구가 점차 심화되고 주제도 다양해지고 있음을 보여주었다.[12]

또한 한국학자의 사회사 연구 성과도 본격적으로 중국에 소개되기 시작하였다. 1993년에는 전국 각지에 주둔하던 8기에 관한 임계순 교수의 저술이[13] 중국에서 출간되었는데, 중국학계에서는 연구자료의 활용이나 연구의 틀 등에서 중국 내 청사 연구에 적극적인 영향을 줄 수준 높은 저작이라고 평가하였다.[14] 또 전형권 교수의 책도[15] 출판되었는데, 이후 근대중국의 조전租佃이나 의전義田 연구에서 종종 인용되었기 때문에[16] 단순히 중국에서 출판되었다는 의미를 넘어선 역저라고 할 수 있다.

청대의 사회사 연구와 관련하여 중요한 교류는 1995년 6월 인민대학

1993년 난징대학에서 개최된
〈제1회중국근대비밀사회사 국제학술토론회〉에 참석한 필자(우측).

이 학술회의를 주관하였고 중국회당사연구회 회장이던 난징대학의 차이사오칭蔡少卿교수(중앙), 그리고 라이신사來新夏 난카이대학 교수와 함께 한 사진이다. 이 학술회의는 청대 이후 민간사회에서 발전한 비밀결사에 대해 세계의 관련연구자들이 참여하여 열린 종합적인 회의였다. 필자는 이 회의에서 민간결사 연구에서 사회사 패러다임이 적절하다는 것을 알게 되었다.

청사연구소가 주최한 '18세기 중국과 세계국제학술토론회中國與世界國際學術討論會'일 것이다. 당시 조직된 패널은 경제(8개), 변강민족(7개), 사회와 정치(9개), 사상문화예술(8개), 중외관계 및 기타(6개) 등이었다. 정치 분야를 사회와 묶은 것이나 경제와 변강민족을 별도의 패널로 둔 것은 이 회의 자체가 사회경제와 변강 분야를 집중적으로 논의하겠다는 의도를 드러낸 것이라고 할 수 있다. 물론 당시 중국 내외의 학계에서 조금씩 논의되고 있던 '세계 속의 청대사'를 본격적으로 검토하려는 주최 측과 참여자의 의도도 이 회의의 주요한 목표였다고 짐작된다.

이 회의에는 당시 중국 내외의 저명한 청대 연구자가 대거 참여하였다. 재해 전문가인 리원하이李文海 인민대 총장과 노학자인 따이이戴逸 교수를 비롯하여 프랑스의 빌P.E. Will, 미국의 피터 퍼듀Peter Perdue, 마크 엘리엇Mark Elliott, 제임스 헤비아James Hevia 등이 참석하였다. 특히 이 중 피터 퍼듀나 마크 엘리엇, 제임스 헤비아 등은 이른바 '알타이학파Altai School'의 주요 멤버로 활동하고 있다.[17] 이들의 연구는 사실상 사회사의 전통을 청대사에 접목하여 청대를 긴 시간 속에서 구조적으로 보고 있었다. 필자 또한 천지회를 사회사적으로 파악하려던 연구자였으므로 당시 참석한 상당수 중국 내외 학자들은 청대 역사를 사회사 속에서 검토해 왔다는 공통점이 있었다.

또한 이 시기는 오늘날 중국에서 사회사 연구의 주요 거점으로 성장한 톈진의 난카이대학 사회사연구중심南開大學社會史硏究中心에서 1996년부터 2007년까지 매해 국제학술회의를 개최하여 중국 내 사회사 연구를 성장시켜 나간 때이기도 하였다.[18] 이곳에서는 물론 통사적으로 사회사를 검토해 왔기 때문에 청대의 사회사라는 맥락은 약한 편이지

1995년 중국인민대학에서 열린 〈18세기 중국과 세계 국제학술토론회〉에 참석한 필자.
왼쪽은 인민대학 청사연구소 소장이던 청총더成崇德 교수.

이 회의는 청대사를 세계사 속에서 검토하는 한편으로 경제, 정치, 사상문화예술, 중외관계, 변강 등 청대사의 주요한 주제들을 종합적으로 토론하는 학술회의였다. 이 자리에는 알타이학파로 불리는 학자들도 적지 않게 참여하였다.

만, 환경이나 가족, 인구와 같이 특정 주제를 긴 시기 동안에 바라볼 수 있게 해주었다는 점에서 나름대로 공헌을 한 셈이다.

이러한 성과들을 모두 왕성한 대외교류 탓으로 돌리기는 어렵지만, 중국의 청사학계가 외국의 연구동향을 파악하면서 자신의 위치를 점검하는 데 기여하였다는 데에는 의문의 여지가 없다. 이와 관련하여 흥미있는 통계가 하나 있다. 곧 중국의 국가나 개인 사이의 대외교류가 활발해지면서 대외관계를 다룬 논문도 크게 증가하였다는 사실이다. 1994년에 발표된 청사 관련 논문의 6분의 1 정도가 중외관계사였으며, 그중에서도 서방문명과의 교류가 역시 큰 비중을 차지하였고, 일본과의 교류, 류큐와 러시아 관계 등에 대해서도 관심을 기울이고 있었다.[19]

요컨대 중국의 청대사가들은 개혁개방이라는 대세 속에서 세계학계와의 교류에 나서지 않을 수 없었고, 이는 어떤 형식이든지 외국의 연구 성과를 의식하지 않을 수 없도록 만들었다. 곧 자신들의 지식 생산물을 국내뿐만 아니라 세계의 유통시장에 내맡긴 형식이었다.

사회사 연구 주제의 다양성과 그 의미

사회사의 개념

그렇다면 중국학계에서 사용되는 사회사는 어떤 개념인가? 중국학자들이 말하는 사회사적 연구 방법은 주로 프랑스 아날학파의 개념이었으며, 이는 1930년대 '사회사 논전' 시기에 논의되었던 마르크스주의적 사회경제사와 다른 점이었다. 곧 아날학파의 사회사는 종합적이고 정체적整體的이며, 장기적인 요소를 중시해 '정치에 의거해 사회를 보는 것이 아니라, 사회에 의거해 정치를 본다'는 특색이 있었다. 이에 따라 지역사회의 내부 변화를 중시하고, 사회 상층부뿐만 아니라 상하계층을 모두 중시하면서 종래의 혁명사 모델에서 사회사 모델로 전환하였다.[20] 또 다른 하나의 범주는 전문 분야의 연구로서 사회사 개념이다. 이는 인간이 역사적으로 축적해 온 모든 영역 중에서 사회 부분을 집중적으로 연구하는 역사를 의미하기도 한다. 중국에서 통상적으로 이 영역은 계급의식보다는 사농공상이라고 하는 사회구성원의 직업이나 위상 및 품류品類에 따라 구분된 것이다.[21] 물론 소장 중국학자들은 사회사라고 할 때, 대체로 전자를 기본 틀로 하고 있으나, 중국사회사는 20세기 초의 사회사 논전을 거치면서 발전하였기 때문에[22] 두 개념이 혼용되기도 한다.

중요한 문제는 그 유용성이다. 혁명적 역사학으로부터 이탈하여 사회사적인 연구 방법론을 도입한다고 하더라도 이것이 과연 중국역사학의 발전에 어떻게 기여할 수 있겠는가 하는 근본적인 문제제기였다.[23] 엄밀하게 말하자면 유럽의 사회사적 연구 방법론은 영국의 톰슨E.P. Thompson처럼 사적 유물론에 입각해 있기 때문에[24] 사회사를 도입한다고 해서 유물사관을 극복할 수 있는 것은 아니다. 오랫동안 사회사 연구에 진력해 온 역사가로 이름이 알려진 난카이대학의 펑얼캉馮爾康은 오히려 하층계급에 관심을 둔 마르크시즘의 지도 아래 사회사 연구가 더해진다면, 중국의 사회사 연구가 더욱 발전할 것이라고 전망하였다.[25] 중국은 또한 유럽의 역사적 전통과 달리 국가의 존재가 계급 문제뿐만 아니라 일상에 이르기까지 구석구석에 영향을 미치고 있기 때문에 이로부터 벗어나기도 어려웠다. 다시 말해 사회사의 중요 성과인 시민사회 혹은 공공영역을 연구하기에는 국가라는 거대한 장벽이 가로 놓여 있었던 것이다. 사회로부터 정치를 본다고 하더라도 '국가-사회'라고 하는 패러다임이 작동하기 어려운 시스템인 셈이다.[26]

사회사의 이론이나 주제에 대한 새로운 접근, 서술 방식 등 구체적인 문제도 여전히 논란거리였다. 예컨대 1990년대 중반에 사회사 연구의 주요 과제로 떠오른 지역사회사 연구의 경우, 연구 대상 자체가 한없이 넓은데다, 여러 분야의 학자들이 연구해야 하는 난점이 있었다. 지역 사이의 사회경제적 환경만 하더라도 선진화된 화중 경제구와 상대적으로 낙후된 서남 경제구의 격차는 큰 것이었으며, 청대 후기에 중국 경제에 편입된 서북부의 유목지구와 중원의 농경지구의 발전 정도 역시 매우 달랐다.[27]

사회사의 주요 성과—일상사

이러한 기본적인 문제점과 초기의 난제에도 불구하고 청대 사학계는 각 분야에서 조금씩 사회사 연구 성과들을 축적해 놓았다. 중요한 성과 중의 하나는 일상사였다. 최근 들어 일상사의 대상으로 자주 논의되는 산시성山西省 타이위안太原 출신의 류다펑劉大鵬에 대한 연구는 청대 후기부터 20세기 전반기까지 향촌의 한 신사가 과거 시험에 연속해서 낙방한 뒤 얼마나 쓰디쓴 생활을 하였는지를 그가 남긴 《퇴상재일기退想齋日記》를 기초로 하여 분석하고 있다.[28] 1891년부터 쓰기 시작하여 1942년에 끝난 이 일기에 따르면, 류다펑은 1894년에 거인擧人이 된 이후 1903년까지 세 차례에 걸쳐 회시에 응시하였으나 결국 낙방의 고배를 마셨다. 그 뒤 거의 20여 년 동안 숙사塾師로 생계를 도모하였지만, 만년에는 그것도 여의치 않아 농사와 장사로 힘든 세월을 보냈다. 그가 특히 회시에 합격하지 못한 이유 중의 하나는 계속된 연납제도로 인해 과거를 통한 입사의 길이 점점 좁아졌던 데에도 기인한다. 따라서 우리가 통상적으로 이해하고 있는 과거를 통한 사회 이동이나, 향신지주론 따위와는 거리가 먼 생활을 한 인물이었다. 오히려 그의 일생에서 중요한 것은 개혁이나 혁명이 아니라 과거제의 운명이나 신사의 일상적 존재 방식 등이었다. 그렇기 때문에 이에 관해 연구한 싱룽行龍 교수의 논문 서술 방식도 '문제의식'에 굳이 집착하기보다, 일상생활을 편안하게 묘사할 수 있는 역사서사歷史敍事 방식을 채택하였다.[29]

일상생활에서 개개인의 활동 범주가 되는 지역사회 생활의 연구도 사회사가 낳은 성과일 것이다. '사회과학원 근대사연구소 사회사연구중심'에서는 2005년 8월 여러 대학과 공동으로 〈근대중국의 도시: 향촌·민간문화—제1회 중국근대 사회사 국제학술토론회近代中國的城市: 鄕村·民間文化-首屆中國近代社會史國際學術討論會〉를 개최하였다. 제목에서 볼 수 있는 것처럼 도시 시민생활은 주요한 테마였고, 그중 타이완의 류스치劉石吉 교수는 명말부터 20세기 초까지 도시지역 수공업자들의 항의 형태가 어떻게 변해왔는지를 장기적으로, 또 서구와의 비교를 통해 고찰하였다. 그가 보기에 본격적으로 수공업자들이 파공을 한 기록은 1870년대이며, 그 이전에는 이런 운동 기록을 거의 찾을 수 없다는 사실을 지적하였다.[30]

최대 규모의 도시인 베이징에서의 생활은 어떠하였을까. 예컨대 청말 민국 초기에 120여 만 명의 베이징 인구 중 3분의 1이 넘는 기인들에게 베이징은 세거지나 마찬가지였다. 특히 황성을 수비하기 위해 쌓은 베이징의 내성內城은 만주8기가 각각 구역을 나누어 방어하였기 때문에 베이징에서 기인의 생활이나 그들의 문화를 검토하는 것은 도시 생활뿐만 아니라 그 도시의 지배엘리트를 이해하는 데에도 큰 도움을 준다. 그들은 이곳에서 향회鄕會를 조직하여 일상활동을 하거나 보첩譜牒의 수찬修撰을 통해 종족성을 유지하려고 하였으며,[31] 일부는 사치에 빠져 가산을 탕진하는 경우도 있었다. 청말 기인들의 도시적 일상이나 내부 구조에 대해 대체로 무지한 우리들에게 이러한 연구는 유익한 정보를 제공한다. 또한 수많은 기인들이 청의 멸망과 중화민국의 등장이라는 정치적 소용돌이에 어떻게 적응해 나갔는가를 이해하는 일도 여전히 큰 과제이다. 그 자신도 만주기인 출신이었던 소설가 라오서老舍(1899~1966)가 중화민국 초기에 몰락한 기인들의 참담한 삶을 소설의 소재로 삼았던 데서 그 단서를 찾아볼 수 있다. 이들 소설 속에서 몰락한 만주기인들 중 여성은 기녀나 하인으로, 남자는 짐꾼 등으로 전락하여 근근이 연명해 가는 가련한 존재로 묘사되었다.[32]

민간결사 조직에 관한 연구

사회 조직에 대한 연구 중에서 비밀결사는 인민공화국 초기부터 그 계급적이고 민족주의적인 성격 때문에 주목을 받아 온 분야이다. 이 때문에 사회사 연구 중에서도 중시되어 왔으며, 그 전통은 지금도 이어지고 있다.[33] 최근의 연구 중에서 흥미 있는 것은 예컨대 천지회의 기원 설화를 민간서사와 관련시켜 논의하는 논문들이 나오고 있다는 사실이다.[34] 이는 천지회 연구의 탈정치화를 보여주는 사례이거니와 전체적으로 결사를 민중의 삶과 조직 속에서 이해하려는 노력의 일환으로 생각된다. 최근 한국에서도 중국학계의 논쟁거리였던 천지회의 기원 문제를 그 판본과 내용 구성, 변화 등으로 나누어 검토한 연구가 있으므로[35] 기왕의 민간결사 연구도 사회 전체의 맥락과 관련시켜 전개될 것으로 생각하며, 이러한 연구경향은 20세기 전반기 결사 연구에서도 진전되고 있다.[36]

2009년 8에 산둥대학에서 열린 제2차 비밀결사 국제학술회의는 최근의 비밀결사 연구가 좀 더 복잡해지고 다양해지고 있다는 사실을 보여준다. 천지회의 기원 문제만 하더라도 푸젠성 남부의 현지조사에서 발견된 《향화승비전香花僧秘典》이라는 신자료를 통해 청초에 반청복명을 위해 천지회가 조직되었다는 '강희 시대 기원' 학파의 주장이 더욱 강화되면서 '건륭 시대 창시설' 논자들과의 논쟁은 더 뜨겁게 달아올랐다.[37] 반면 관련 자료들을 면밀히 검토하여 기왕에 정설처럼 여겨 온 학설을 비판하는 견해도 제시되었다. 상하이사범대학의 저우위민周育民 교수는 태평천국 성고제도聖庫制度의 모델은 광시지역의 미반주제米飯主制였다는 과거의 통설을 부정하며, 오히려 미반주들은 향촌의 악패惡霸에 불과하였다고 주장하였다.[38] 이는 그동안 비밀결사 연구에서 주요 지침 노릇을 해 온 마오쩌둥적 혁명사관에 대한 비판의 의미도 담겨 있으리라고 본다. 마오쩌둥은 청대의 비밀결사야말로 계급투쟁의 한 원형을 보여주는 것이라고 평가하였기 때문이다. 또한 이 회의의 주요 성과는 그간 비밀결사라고 불러 왔던 청대의 민간결사를 공식적인 의미를 가진 사회집단으로 검토하는 데에도 유익하였다. 20세기 현상이기는 하지만, 홍만자회紅卍字會나 그 종교 조직인 도원道院을 도시의 자선사업과 연결시켜 본격적으로 검토하기 시작하였다는 사실은[39] '비밀결사'라는 용어를 사용하는 것이 더 이상 어렵다는 점을 보여준다. 그것은 사실상 민간사회의 결사라고 볼 수 있으며, 따라서 청대의 결사도 이러한 맥락에서 검토할 필요성이 제기된 셈이다. 우리는 그간 정부가 민간결사를 '사邪'로 인식해 온 전통에 너무 익숙해 있는 것이 아닌가 하는 반성을 하게 된다.

사회복지와 자선에 관한 연구의 증가

1990년대 중반 이후에 등장한 사회사 연구 중에서 주목할 만한 분야는 사회복지와 재해 및 구제 부분일 것이다. 이 부분은 1980년대까지 역사가들의 손이 제대로 미치지 못하였다. 그 이유는 이 연구가 주로 인민공화국의 존재 의미와 그 역할에 대한 도전과 비판을 의미하였기 때문이다.[40] 인민의 복지를 책임지고 있는 공산당 체제 아래에서 사회복지나 자선, 구제 등을 검토하는 작업은 쉽지 않았고, 특히 민간종교단체나 청말의 기독교 단체에 의한 자선복지 활동에 대한 연구는 더더욱 어려웠다. 이는 사회구제에 대한 연구가 이미 1920년대에 시작되어 점차 흥성해지기 시작하였으나 1950년대부터 1970년대에 정체되었던 데에서도 짐작할 수 있다.[41] 재해와 구제 문제에 대한 접근이 어려운 이유는 또 있다. 재해는 단순히 정치·사회적인 문제가 아니라 천문, 지리, 기후, 지질, 수리, 농업, 생태 등 종합학문적 성격을 띠고 있는데다, 그 종류만 해도 홍수, 가뭄, 메뚜기, 우박, 태풍, 전염병, 지진, 눈과 서리 등 다양하였기 때문에 역사가들의 접근이 용이하지 않았던 것이다.[42]

그러나 이러한 제약 요소들은 사상 해방이라는 분위기와 국가와 사회의 필요에 따라 점차 제거되어 갔다. 또한 재해와 자선 문제는 사회사가들에게 국가, 지역사회, 엘리트, 네트워크 등 국가와 사회의 변화를 장기적으로 연계시켜 검토할 수 있다는 매력이 있었기 때문에 계속해서 관심의 대상이 되고 있다. 좀 더 현실적인 이유도 있다. 재해는 끊임없이 증가하는 데 비해, 그에 따른 사회 안전망이나 국가의 복지 체제가 약화되고 있는 것이 그것이다. 특히 대약진 시기의 재해는 중국인들에게 그 무서움을 분명히 보여준 사건이었다. 이것은 재해 연구에 현실적이고도 중요한 동기를 제공하였다. 또한 1990년대 들어 급증한 자연재해 및 개혁개방에 따른 복지 부분의 개인적 부담 증가는 정부나 사회에 부여된 큰 짐이었다. 예를 들면 1990년대 들어 파룬궁을 비롯한 기공이 크게 인기를 끈 이유는 도시 노년층의 증가, 국가복지 축소, 건강에 대한 관심의 증대 등에 있었으나, 이는 과다한 비용 때문에 국가가 나서서 쉽게 해결할 수 없었다. 파룬궁이라는 사회단체가 그 공백을 메워 준 셈이었다.[43]

또한 많은 자료집의 편찬도 이 분야의 연구를 가능하게 하였다. 관방문서뿐만 아니라 각종 당안, 지방지, 족보, 각종 자료 회편, 문집, 신문 등을 활용할 수 있을 정도로 자료집이 공간되었다. 대표적인 재해자료집으로는 《청대황하유역홍로당안사료淸代黃河流域洪澇檔案史料》일 것이다.[44] 이 사료집은 지방관들이 해당지역에서 일어난 홍수 상황을 중앙정부에 보고한 상주문을 연대기적으로 엮은 것이다. 특정지역의 홍수 관련 사료집도 출간되었다. 《쓰촨양천년홍재사료회편四川兩千年洪災史料匯編》이 그것으로, 이 자료는 물론 2천 년 동안 쓰촨에서 일어난 홍수 피해 자료집이지만, 그 대부분은 청대의 것들로 각 주현별로 피해 사실이 정리되어 있다.[45] 수리 관련 기관에서 이들 자료를 엮었다는 사실이 흥미롭다. 역사학자들의 힘만으로는 재해 문제를 분석하는 작업뿐만 아니라 사료 수집도 어렵다는 사실을 보여준다.

자선 분야 연구 역시 사회사의 발전에 따라 근자에 이르러 새로이 주목받는 영역 중의 하나이다. 특히 중국학계에서도 지난 10여 년 사이에 진전시킨 이 분야의 성과는 놀랄 만한 것이라고 자평할 정도였으며, 이제는 개략적인 연구를 넘어 특정지역의 자선 문제를 비교적 긴 시간 속에서 탐구하는 단계에 이른 것처럼 보인다.[46] 왕웨이핑王衛平은 강남지구에서 자선사업을 한 판쩡치潘曾沂(1792~1852)라는 가계를 통해 자선 문제를 분석하고 있다. 그의 활동은 종래 우리가 통상적으로 알고 있던 선거善擧, 곧 버려진 영아의 수양이나 기민구제 등을 넘어서서 농법개량, 재해대비 품종 도입, 수리시설 확충과 같은 장기적이고 근본적인 계획까지 세워 이를 대대로 실천하는 단계로까지 나아갔다.[47]

확실히 자선이나 사회구제 영역은 장기적인 전망 속에서 검토하는 것이 그 자체에 대한 이해뿐만 아니라 지역사회의 구조적인 변화까지 추적할 수가 있다. 18세기 중반기부터 신해혁명 무렵까지 약 160여 년이라는 긴 시간 동안 단순한 황정荒政을 넘어 사회구제라는 체제가 지역사회에서 어떻게 구축되어 갔을까 하는 연구도 이러한 의문에 답을 준다. 천화陳樺와 류쭝즈劉宗志는 이에 주목하여 국가의 구제 체제, 식량비축제도, 방재 공정과 조치, 사회의 특수집단에 대한 부조와 구제, 정부가 주도한 민간활동 등을 검토해, 사회구제 활동이 근대화되어 가는 추세에 있었다고 논증하였다.[48] 종래의 정치사적 시각에서 보면 이 시기는 청조가 쇠망의 조짐을 보였고, 청영전쟁에서 패배하였으며 개혁과 혁명의 소용돌이가 몰아치고 있던 때였다. 말하자면 그들의 연구는 우리가 학계의 통설로 받아들여 왔던 정치적 흐름과는 상이한 결론을 내리게 되었던 것이다. 이러한 연구 분위기 속에서 일본의 호시 아야오星斌夫나 후마 스스무夫馬進,[49] 대만의 량치쯔梁其姿[50] 등 해외 연구 성과들도 속속 소개되고 있다.

또한 의화단전쟁에 대한 분석도 종래와는 다른 시각에서 검토하고 있다. 곧 전쟁난민의 발생과 이를 구제하는 차원에서 이 문제에 접근하는 것이다.[51] 구제의 주체로서 강남지방의 신상紳商을 설정한 필자들은 이들에 의한 활동이 서양의 홍십자회, 곧 적십자회의 구제 모델을 차용한 것이었고 이것이 바로 근대 공공사업의 중요한 특징이라고 규정하고 있다. 의화단전쟁을 민족주의라는 틀 속에 가둬 두었다면, 이러한 연구는 진행하기 어려웠을 것이다.

의화단전쟁은 청 정부와 전쟁 당사국만의 문제는 아니었다. 인근의 대한제국은 전쟁물자를 공급하는 기지로 변하는 바람에 물가가 폭등하였고, 일부 한국인은 인부로 팔려가 학대를 당하는가 하면, 북부지역의 변경민은 의화단세력과 만주에 진출한 러시아세력으로부터 동시에 약탈과 살해를 당하였다. 이에 따라 한국인들의 청조에 대한 배외운동은 피할 수 없는 것이었다.[52] 다시 말해 의화단전쟁은 청조 내의 문제만이 아니라 동아시아 전역에 큰 영향을 끼친 재난이었으나, 중국이나 일본 역사학자들의 시야에는 이런 부분이 잘 들어오지 않는다.

실상 의화단 연구는 그간 정치적인 사건이라는 범주를 크게 벗어나지 못하였다. 예컨대 기원과 성격 문제, 청 정부와의 관계 등이 연구의 중

2011년 10월에 산둥대학에서 열린
〈근대민간조직과 사회구제 국제학술연토회〉 장면.

중국에서는 개혁개방 시기 이후에도 민간조직과 사회구제 문제를 관련시켜 학술회의를 여는 것이 쉽지 않았다. 사회빈민에 대한 구제는 국가의 책임이라는 의식이 강한데다, 잘못하면 당 국가의 실패를 드러낼 수도 있기 때문이다. 1990년대에 이르러 구제는 결국 민간사회의 힘을 빌리지 않으면 해결하기 어렵다는 인식에 이르게 되면서 자선이나 사회구제가 본격적으로 연구되기 시작하였다. 이 회의는 그 변화를 잘 보여주었다.

심이었고, 다시 이것이 향촌문화 혹은 지역의 특색과 연결되면서 외연을 확장해 갔다. 그러나 재해와 구제라는 시각은 여전히 부족하였다. 그것은 분명히 근대기의 커다란 전쟁 재해였다는 사실을 상기해 보면, 역사가의 시각은 이제껏 좁은 울타리에 갇혀 있던 셈이다.

사회구제나 자선활동에 대한 연구는 최근 중국에서 논의되고 있는 '공공영역' 혹은 '시민사회'론과 연계되면서 더욱 활기를 띠고 있다.[53] 이는 미국학계의 관련 연구를 소개하면서[54] 그것을 중심으로 명청 시대나 청말 민국 초기의 자선조직이 내포하고 있는 공공성이나 국가와 사회에서 맡은 역할을 논의하는 데에서도 드러난다. 최근 들어 대학에 제출된 석·박사 학위논문 중에도 청말 민국 시기에 중국인에 의해 발전된 구제, 자선뿐만 아니라 홍십자회 등의 활동을 다룬 논문이 상당수에 달하며, 지역적으로도 상하이를 비롯하여 산둥, 후난, 쓰촨, 푸젠, 광둥 등 전 지역에 걸쳐 있다.[55]

환경사에 대한 탐구

중국에서 환경사를 사회사의 범주에 넣을 것인가 혹은 별도의 독립 영역으로 다룰 것인가에 대해서는 여전히 논란거리이다. 하지만, 아날학파가 말한 바와 같이 환경 자체가 장기지속적이며 복합적인 영역이라는 점에서 사회사의 맥락에서 인구, 자원, 이동, 개발, 식량 등과 연계시켜 검토할 필요가 있다. 환경사는 근대역사학이 구축한 정치사적 서술뿐만 아니라 민족과 국경까지도 초월하여 역사를 장기적이고 넓은 시·공간적 맥락에서 파악하도록 도와 주기 때문이다.[56]

중국학자들도 이 점에 동의하고 있다. 그들은 최근 환경사를 '대표적인 창신 분야이자 학문간 융합 분야'라고 지적하면서 큰 의미를 부여하고 있다.[57] 1990년대 후반기부터 시작된 환경사 연구는 외국의 연구에 큰 영향을 받고 있지만,[58] 이에 대한 현실적인 관심은 아무래도 증대되는 생태환경의 중요성에 반비례하여 날로 악화되는 중국의 생태환경 탓에 있다.

초보적 수준인 만큼 현재까지 논의되는 주제들은 생태환경사의 이론체계, 연구 내용, 방법 등 연구에 필요한 기초를 다지는 분야이다.[59] 이에 대한 관심 또한 지역적 편차가 존재한다. 물 부족, 사막화 등 환경 악화로 인해 고통 받는 서북지방에서 환경사 연구를 더 중시하여 2006년 8월 대학과 연구소 등이 공동으로 〈청대생태환경특징 및 기구역표현국제학술연토회淸代生態環境特徵及其區域表現國際學術研討會〉를 개최한 일이 그것을 입증한다. 여기서 논의된 것도 청대 생태환경 연구에 필요한 이론과 방법, 생태환경과학의 이론체계 활용, 생태환경의 개념, 인지人地관계 등이었다. 또한 학문적으로 다루어야 할 영역으로는 구역성, 유역성, 농업개간과 관개, 삼림보호와 벌목, 토지의 사막화, 황사, 도시, 이민, 에너지, 민족문화, 소수민족, 관민의 환경 보호의식, 관리정책 등이었다.[60]

반면 이 회의에서는 미국적 연구 방법론이 중국의 생태환경사를 분석하는 데 적절한지에 대한 문제제기도 있었다. 마르크스나 엥겔스도 인간의 자연계에 대한 반작용을 경고하였으므로, 이 역시 소홀히 할 수 없다는 것이다. 환경사도 역사학의 한 분과이므로 마르크스주의사학의 지도에 따라 연구하는 것이 바람직하다는 주장이다.[61]

그렇다면 신사학의 도입 이래 중국학자들은 환경사에 관심을 기울이지 않았는가. 그렇지는 않았다. 이 분야의 연구는 이미 오래전에 주커전竺可楨(1890~1974)이나 원환렌文煥然(1919~1986), 스녠하이史念海(1912~2001) 등에 의해 진전되고 있었던 것이다. 칭화대 졸업 이후 미국 하버드대학에서 극동지역의 태풍에 관한 연구로 박사학위를 받은 주커전은 특히 고대 기후에 관한 연구를 통해 자연과학사에 많은 업적을 남겼다. 또한 원환렌은 진한 시대의 황하지역 기후나 중국역사상의 동식물 변천 등에 집중하였고, 스녠하이는 삼림이나 식피植被 등을 연구하면서 주로 식생의 변화에 관심을 쏟았다. 이렇듯이 초기 환경사 연구의 특징은 기후 변화, 고생물 등 자연물을 대상으로 자연과학자들이 주도하였다는 것이다. 그런 까닭에 환경과 인간사회와의 관계를 소홀히 하였다는 약점을 안고 있다고 본다. 그 점에서 1990년대 새로이 흥기하기 시작한 환경사는 전통적으로 발전해 왔던 자연과학 중심의 환경사를 계승하면서도 인간사회와 환경이라는 양자의 관계를 중시하고 있고, 미국이나 일본 등에서 이미 이룩한 연구 성과를 받아들이며 다학문적 특색을 띠면서 현실 문제와 연관되어 있기 때문에 점차 활성화되리라고 전망한다.[62]

확실히 청대의 생태환경은 18세기 이래 물, 토지, 산림, 초원의 개발과 이용이 증가함에 따라 이전에 비해 크게 변하였다. 이를 촉진한 요인은 비슷한 시기에 진전된 인구 증가 및 이주와 관련되어 있고, 이러한 상황은 20세기 초에 이르러 더욱 악화되었다. 당연한 것이지만 정부는 개간, 신작물의 확대 등을 통해 인구와 식량 문제를 돌파하려고 시도하였기 때문이다. 따라서 청대에 진행된 인구 증가, 이동, 개간, 신작물의 확대, 자원의 결핍과 그에 따른 사회적 긴장의 증가, 변강사회에 미친 영향 등이 전반적으로 검토된다면 청대사에 대한 기왕의 서술 내용이나 큰 흐름도 상당히 바뀌리라 생각된다. 또한 이러한 연구는 장기적인 전망 속에서 현대중국이 안고 있는 생태환경의 문제와 연계지어야 할 필요가 있다.

환경사에 대한 종합적인 연구가 일천한 점에 비한다면, 그 중요성은 날이 갈수록 더욱 커지고 있다. 그것은 국가적인 학술사업인 청사편찬 찬수공정淸史編纂纂修工程, 일명 청사공정에 이 분야가 포함된 것에서도 확인할 수 있다. 청사공정 체제에서 35개의 지志로 구성된 '전지典志' 분야에 '생태환경지生態環境志'가 포함되고 있는 것이다.[63] 이에 따라 《사기史記》 및 《한서漢書》의 〈지리지地理志〉나 〈하거지河渠志〉 부분이 종래보다 더 중시되고 있다. 또한 《청사고淸史稿》의 〈재이지災異志〉도 다시 조명되고 있으며, 그 저본이 된 타이완 고궁박물원 소장의 〈사관당史館檔〉 재이災異 부분 20여 책의 당안도 편찬 관련자나 역사가들의 관심을 받고 있다.[64]

이상에서 본 바와 같이 일상생활이나 사회구제, 생태환경 등을 중심으로 청대사를 검토하게 되면 근대라는 것이 1950년대에 이래 체계화되고 구체화된 '중국근대사'처럼 단순 명쾌하게 설명될 수도 없고 갑자기 만들어질 수 있는 발명품도[65] 아니라는 사실을 알게 된다. 또한 전쟁에 따른 재난이나 환경상의 변화 등은 국가의 경계 내부에서만 검토될 수 있는 분야는 아니다. 의화단 연구에서 그것이 드러났으며, 최근 중국에서 나타난 환경 변화가 인근 국가나 지역에도 영향을 미치고 있다는 사실을 보면, 동아시아적 시각을 확보하는 것 역시 요긴하다는 사실을 깨닫게 된다.

청대사의 장기적 전망

지나치게 과장된 청영전쟁

청대에 관한 사회사적 연구가 활기를 띠면서 그간 사건이나 정치적 주제를 중심으로 검토해 왔던 청대사를 장기적으로 전망할 수 있도록 우리를 이끌었다. 그중에서 최근에 주요한 화두는 청영전쟁의 의미일 것이다. 곧 이 전쟁이 '근대와 봉건시대' 혹은 '근대와 전근대'를 구분할 수 있을 만큼 '획기적' 사건이었는가 하는 데 있다.

이와 관련하여 리칸李侃 교수의 다음과 같은 지적은 해학적이기까지 하다.

> 성세가 지나가니 청사가 완결되고 대포 소리가 한번 나니 근대가 열렸네. 청대 전기를 연구하는 사람들은 그 쪽 이야기를 하고, 근대사를 연구하는 사람들은 근대 쪽만 이야기해. 그리하여 청대가 두 조각이 났네. 머리는 있고, 꼬리는 없는 청대사라네.[66]

개혁개방으로 인해 이른바 실사구시와 사상 해방이 학술 연구의 주요한 척도로 떠오른 뒤에 나온 이 말이 주는 의미는 조롱조의 말투와 달리 심각하고 진지하다. 여기에는 청대사가 1840년으로 마무리되는가, 그 이후의 시기는 청사에 속하지 않는가, 중국근대사는 청대 후기의 역사를 대체할 수 있는가 등 근본적이고도 중요한 문제가 내포되어 있기 때문이다. 청왕조는 어찌되었든 공식적으로는 1911년까지 중국을 통치한 역사적 실체이므로, 청영전쟁 이후의 근대사와 청대사는 어떤 형태로든 상호관계 속에서 검토될 수밖에 없다는 것이다.

사회사의 시각으로 볼 때, 청영전쟁 이후를 근대사로 파악하는 것 자체가 문제가 된다. 좀 더 엄밀하게 말하면, '청영전쟁 이후 근대사'라는 이 전제는 학문 차원에서 먼저 논의된 것이 아니라 공산혁명의 와중에 제기된 정치적인 구호였다. 저명한 사회사가인 펑얼캉馮爾康에 따르면, 청영전쟁이 근대사의 획기로 등장한 것은 역사학자의 우환의식과 역사적 사명감이었고, 판원란을 비롯한 마르크스주의 역사가들은 제국주의의 침략만행을 폭로하면서 혁명으로 중국을 구해야 한다고 주장하였다는 것이다. 이에 따라 청영전쟁 이전은 고대, 이후는 근대라는 두 부분으로 분리되었다는 것이다.[67]

실제로 청영전쟁이 가져 온 변화는 중국의 역사교과서에서 애써 강조하는 바와는 달리 국부적인 것이었다. 동남 연해나 개항장에 밀려온 변화는 청제국 전체에서 보면 극히 일부만을 상징하고 있었을 뿐이다. 또한 '제국주의 침략'이나 그에 따른 '근대화'가 중국 근대의 모든 주제를 포괄하는 것도 아니며, 근대 연구의 유일한 문제의식은 더더욱 아니었다.

또 청영전쟁의 중요성을 강조하는 사고의 배후에는 해양국가 중심의 역사관이 개입되어 있다고 해도 과언은 아니다. 연속된 두 차례의 전쟁에서 승자가 된 영국이나 그 뒤를 따라온 미국과 같은 해양세력들은 이 전쟁을 통해 구질서의 청조를 바꾸어 놓은 획기적 의미로서 전쟁이 가져다 준 '근대성'을 강조하고 싶었던 것이다. 예컨대 이른바 '서구의 충격과 중국의 대응Western Impact and Chinese Response'론을 주도했던 하버드대학의 페어뱅크 교수는 서구가 충격을 가하기 전에 존재했던 청

조 말의 중국이란 기껏해야 구질서에 의해 작동되는 텅 빈 제국이나 마찬가지라고 간주하였다.[68]

그러나 청제국 전체로 눈을 돌렸을 때 페어뱅크의 이 말은 진정성을 잃고 만다. 청이 최대로 영토를 넓힌 18세기 말에 이르러 청과 러시아는 1801년 러시아의 캬흐타에서 새로운 무역장정을 제정하면서 양자의 관계가 날로 발전하였기 때문이다. 이 시기에 양국 무역은 사실상 자유롭고 보편화되어 있었다. 19세기 초에 청은 공식적으로 보석, 귀금속, 실크, 공단 옷, 면포, 면사, 도자기, 자기, 약재, 대마즙, 차 등을 러시아에 수출하였으며, 이러한 상품 중 차, 금은, 보석, 생사 등은 산시陝西, 산시山西, 장쑤江蘇, 저장성浙江省 일대의 내지 상인들에 의해 운반된 것이었다. 반면 러시아에서는 가축, 과일, 솥, 모피, 아편, 흡연용 인도대마, 그리고 유럽에서 생산된 공산품과 심지어 길기트 등지에서 사들인 소년, 소녀, 성인 노예까지 청에 내다 팔았다. 사실상 동투르키스탄 원주민들이 팔 수 없는 물품이 없었으며, 그것은 중국 내지의 교역네트워크와 연계되어 있었던 것이다.[69]

더구나 청제국 전체의 시각에서 보면, 동남 연안과 서북부는 서로 연동되어 있어서 어느 한 지역에서 일어난 변화만을 극적으로 강조할 필요는 없다. 영국과 청이라는 두 제국은 팽창과정에서 조우한 것이지,[70] 흔히 말하듯이 조공무역 체제와 자유무역 체제가 충돌한 것은 아니었다. 청조에게 있어서 다소 불운했던 것은 준가르제국을 정복한 뒤 지배체제를 확고히 하는 데 많은 국력을 쏟아 붓던 바로 그 시기에, 정반대편에 위치한 연안에서 영국이 접근해 왔다는 사실이다.[71] 이러한 조건은 예컨대 1870년대에 청 정부를 곤경에 몰아넣었던 해방海防과 육방陸

신장 서부의 국경도시
후얼구어스 풍경.

후얼구어스는 신장 서부의 이리카자흐 자치주 후어청현霍城縣에 있는 국경도시로서, 1881년에 청과 러시아가 육로협정을 맺으면서 서북부에 위치한 타청塔城과 더불어 오랜 교역도시의 전통을 자랑하고 있다. 특히 후얼구어스는 중국 정부가 1983년에 정식으로 개방하면서 중앙아시아로 진출하는 최대 통로이자, 카자흐인들이 중국 제품을 수입하는 시장으로 다시 발전하고 있다. 사진에서 보는 풍경은 2007년 여름, 후얼구어스에서 중국 제품을 산 뒤 통관을 기다리고 있는 카자흐인들이다. 역사가들은 19세기에 이 서북지역에서 청과 러시아 사이에 전개된 국경무역에 대해 별로 관심을 보이지 않았다. 해양세력을 중심으로 동아시아 근대사를 보아온 데 익숙한 탓일 것이다. (유장근 촬영)

防 사이에 벌어진 논쟁에서도 유사하게 반복되었다.[72]

청영전쟁에 관한 재성찰은 그동안 청조를 중심으로 작동하여 온 이른바 '조공 질서'에 대해서도 다시 생각하는 계기가 되었다. '조공 질서'가 급격하게 무너진 것이 이 전쟁 탓만도 아니었기 때문이다. 류큐에서는 일본에 의해 1875년에, 베트남에서는 청불전쟁 이후에, 조선에서는 청일전쟁 이후에야 '조공 질서'가 비로소 종결되면서 중국 중심의 전통적 국제 질서가 변화하여 갔던 것이다.

이런 까닭에 우리는 책봉과 조공 체제가 과연 전통시대에 중국의 대외관계를 서술해 주기에 충분한 외교적 표준이었는지에 대해서도 재검토해야 할 필요가 있다고 생각한다. 중국의 청대사 연구자들은 서구의 식민 개념과 중국의 조공 개념과의 차이를 심지어 법사학法史學이라는 새로운 영역까지 만들어 강조하고 있지만,[73] 이 정도로 공을 들이는 이유는 이러한 이상적인 체제가 실질적으로 작동한 적이 있었는가 하는 의문이 강하기 때문이다. 예컨대 책봉과 조공의례도 조선, 류큐, 베트남, 미얀마 등이 저마다 달랐고, 이 의례조차도 베트남과 같이 '지켜도 그만, 안 지켜도 그만'일 정도로 느슨하기 짝이 없는 제도였던 데다, 심지어 쌍방간의 전쟁에서 조공국이 승리할 경우 중국 황제의 임명권도 무시될 수 있었다. 필자는 이 때문에 전통시대에 중국과 베트남 사이에 유지되었던 양국관계를 '방교邦交'관계라고 부르는 것이 더 적절하다는 견해를 오래전에 제시한 바 있다.[74] 그것은 베트남 스스로가 자국과 청조의 관계를 대방大邦과 소방小邦의 관계라는 맥락 속에서 파악하였고, 중국 역사학계에서도 오늘날 이 개념을 타당성이 있다고 인정하기 때문에,[75] 차후에 더 발전시킬 여지가 있다고 본다. 너무나 많은 변수가 있는 책봉과 조공 대신 '방교'를 큰 틀로 보고, 그 내부의 다양성을 검토하는 것이 청대의 대외관계를 이해하는데 더 적합하다고 생각되며, 이러한 복잡성 때문에 중국 역사학계의 청사 편찬작업에서도 청대의 대외관계 분야를 '방교지邦交志'로 확정하였다.[76]

사회사가들이 마오쩌둥주의에 의해 '만들어진 근대'에 대한 문제 제기를 하게 되면서 '청영전쟁 이후=근대'라는 도식도 많이 흔들리게 되었다.[77] 이와 관련하여 나타난 중요한 변화는 2002년 무렵부터 '만청사晚清史'가 청사의 영역으로 '회귀'하였다는 사실이다. 청영전쟁 이후 신해혁명에 이르는 시기를 '만청晚清 70년'이라고 불러 왔지만, 혁명사 혹은 정치사 중심의 '근대사'에 대한 반성과 더불어 이른바 '만청사'와 중국고대사의 범주였던 '청대 전기·중기'와의 내재적 연계성이 더 드러나게 되었고, 근대의 하한도 연장되어 1949년까지 내려왔다. 1919년은 이제 분기로서 거의 잊힌 시기나 마찬가지였다. 특히 인구사의 시각에서 보면 청영전쟁은 별다른 의미가 없는 전쟁이었다. 청대 인구는 17세기 중엽부터 19세기 후반기까지 하나의 온전한 인구 발전기였고, 1880년대부터 20세기 중엽까지 새로운 발전단계 혹은 과도기였기 때문에, 장타오姜濤와 같은 인구사가는 청사와 근대사가 합작하여 새로운 길을 모색하여야 할 것이라고 제안한다.[78]

근대의 새로운 기준 제시

위와 같은 문제 제기는 외국에서의 새로운 연구 성과들이 중국 내에 소개되면서 더욱 활기를 띠었으며 '중국 근대'에 대한 새로운 기준도 여러 유형으로 제시되었다. 이에 따라 오랫동안 청영전쟁 전에 청조가 쇠퇴단계에 들어섰다고 간주되어 온 18세기 후반기의 몰락론도 다른 시각에서 바라보게 되었다.

캘리포니아학파의 한 멤버인 미국의 경제사가 웡R. Bin Wong 등은 근대의 기준과 상한연도를 통상적인 중국 역사가들과는 다르게 파악한다. 웡에 따르면 18세기에 중국 경제는 유럽 정도의 수준에 도달하였다는 것으로, 기왕의 역사학과 고전경제학에서 강조해 마지않았던 중국 경제 정체론을 수정하려고 하였다. 시장경제의 발달, 농업의 상업화, 프로토 공업화의 진전 등에서 유럽과 중국은 큰 차이가 없었다는 것이다.[79]

이렇게 보면, 명청대의 사회경제적 발전은 세계사적으로 그리고 현대와의 관계라는 맥락 속에서 큰 의미를 갖는다. 곧 현대중국의 경제 발전은 긴 시간 속에서 발전해 온 결과이지, 최근 몇 십 년이라는 짧은 시간에 이룩한 성과는 아닌 셈이다. 19세기 중엽 이후에 나타난 침체 역시 일시적인 현상에 지나지 않는다.

중국의 사회경제사가 중에서도 위의 연구 성과와 문제의식을 공유하면서 근대를 새롭게 정의하려고 노력해 온 연구자들이 있다. 인구사가인 리보중李伯重은 청대 전기에 강남 인민은 몇 가지 방식으로 이미 인구를 조절하고 있었으며, 이것과 경제성장 사이에는 일종의 동반관계를 유지하고 있다고 파악하였다. 그리고 그 배후에는 근대사상, 조직, 기술 등이 발전하고 있었기 때문에 중국사회는 이미 이 시기에 근대화가 진전되고 있었다는 것이다.[80]

여기에서 더 나아가 장옌張研은 '선진 서구, 낙후 중국'이라는 유럽 중심적 역사관이야말로 해체되어야 할 낡은 유물에 불과하다고 주장한다. 그에 따르면 서구가 선진된 사회라는 것도 틀렸고, 중국도 낙후된 국가가 아니었으며, 산업화의 격차도 크지 않았다는 것이다. 당시 유럽 사회가 산업사회로 진입하였다고는 하지만, 이들 국가의 전제적 통치는 말단에까지 미치고 있었으며, 중세기 이래 쌓아 온 민주 자치적 교구제도 존재하고 있었기 때문에 서방의 역사 표준이 과연 정확한 것인가에 대한 논의가 선행되어야 한다는 것이다. 그는 심지어 최근에 청대 사회사가들이 즐겨 사용하고 있는 '공공영역, 시민사회'라는 개념도 서구와의 비교 속에서 출현한 만큼 이 역시 근본적으로 검토해야 할 필요가 있다고 본다.[81]

샤밍팡夏明方은 이 때문에, 18세기를 전후해서 중국의 근대가 시작되었다는 18세기 근대론에 대해 근대의 기준이 너무 다양하여, '이것도 근대, 저것도 근대'라는 범근대론이 오히려 근대의 특성을 제대로 파악하지 못하게 하는 것이 아닌가 우려하고 있다. 나아가 이 논리 역시 과거와 같이 유럽적 근대의 기준을 다시 중국사 연구에 도입하려는 것으로 인식하여 그에 따르는 부작용도 비판하고 있다.[82]

좀 더 중요하고도 장기적 전망을 필요로 하는 분야는 청대의 영토 확장과 다민족국가의 형성이다. 오늘날의 중국 헌법 속에 명시된 다민족 통일국가론은 사실상 청왕조가 현대중국에 남긴 중요한 유산이며, 오히려 이 요소가 중국 근대의 기준을 설정하는 데 훨씬 더 의미가 있다고 생각되기 때문이다. 최근 들어 중국의 청사학계와 외국학계 사이에 전개되고 있는 '만청제국주의滿淸 帝國主義' 논쟁은 바로 위구르, 티베트 지역에 대한 군사 정복과 그에 따른 지배 방식, 내지화와 한인의 이주, '한화' 등을 둘러싸고 복잡한 양상으로 전개되고 있다.[83] 곧 사회사의 주요 특징인 장기지속적인 전망 속에서 청대사를 관찰하게 되면, 현대중국과의 내재적 연속성이 단절성보다 더 중요하다는 사실을 깨닫게 될 것이다.

요컨대 사회사가들이 전통사회의 발전이 도광道光 20년, 곧 청영전쟁이 발발하면서 멈추어 버렸는가라는 식으로 문제를 제기하고 있는 것은 매우 타당하다고 생각한다. 이들은 나아가 명청사는 있는데, 왜 원명사는 없는가 혹은 명청사와 근대사의 상호 이해와 접근은 정말로 어려운가라는 문제도 자연스럽게 제기하고 있다. 사실 명明 전기의 제도는 많은 부분에서 원왕조와 직접적으로 관계가 있다. 예를 들면 원과 명의 군제軍制는 상당한 연속성이 있었던 데 비해 명·청의 군제는 매우 달랐기 때문이다. 그뿐만 아니라 황제의 성격, 제국의 지배 방식, 민족의 구성 역시 명청 시대는 유사성 못지않게 상이성도 크다.[84] 이러한 이유 때문에 필자는 청대와 현대중국과의 유사성과 역사적 연속성에 더 주목할 필요가 있다고 생각한다.

혁명사에서 사회사로

필자는 이상에서 1990년대 이후 청대사 연구에서 나타난 변화 중에서 사회사적 연구에 주목하였다. 중국역사학계에서 사회사는 두 가지 의미를 내포하고 있다. 하나는 아날학파에서 발전시킨 방법론과 그 특징을 중국사 연구에 적용시키는 것이고, 다른 하나는 인간사회 전체를 구성하고 있는 요소 중 사회 분야를 집중적으로 연구하는 것을 의미한다.

중국에서 본격적인 사회사 연구는 1980년대 후반에 역사의 정치 종속을 비판하면서 역사는 역사가에게 돌려주어야 한다는 의식에서 비롯되었다. 또 역사가들은 이 연구 방법과 시각을 활용하지 않고는 복잡다기하고 장구한 중국 역사를 이해하기 어렵다고 판단하였다. 나아가 종래의 정치 중심 역사학은 시장에서 도태될 위험에 처하였다.

필자는 중국의 청사학계에서 사회사 연구 방법론을 도입하면서 청대사에 대한 이해의 폭이 넓어지고 깊이 역시 심화되고 있음을 확인할 수 있었다. 그중에서도 특히 청대사가들은 사회사의 주요 특징이라고 할 수 있는 일상생활, 사회복지, 재해와 구제, 생태환경 분야를 장기적으로 검토하면서 이것이 사회 전체의 변화와 어떻게 연동되고 있는가를 분석하는 작업을 진행하고 있다. 이 부분은 최근 중국에 새로운 문제로 드러난 바와 같이, 정부와 사회가 시급히 해결해야 할 과제이기도 하였다. 또한 역사가들이 인민을 계급투쟁의 주체가 아니라 행복한 삶을 살아야 할 인격체로서 파악한 것도, 인식 변화의 중요 동기로 작용하였다.

아울러 청대사를 양분하고 있던 종래의 경직된 시대구분, 곧 청영전쟁을 획기로 삼아 구분하였던 근대와 전근대의 경계선도 예전보다 흐릿해지고 있다. 이는 청대사를 장기적으로 전망하는 데에도 도움을 주어, 청대사를 오늘날의 세계사와 연계시켜 파악하려 한다든가, 청대사의 전 시기에서 근대성을 포착하려는 시도 역시 활발하게 논의되고 있다.

그렇다고 해서 사회를 국가로부터 자율성을 가진 단위로 보는 단계로까지 나아가지는 않고 있다. 그것은 중국사회사학회가 공식적으로 밝힌 바와 같이,[85] 사회사 연구도 결국 국가가 제시한 정책 목표를 이행한다는 전제 아래 진행되고 있기 때문이다. 이런 제도가 청대사를 세계사적 시야 속에서 또한 현대와의 관계 속에서 보려는 데 제약 요소로 작용하고 있을 것이다.

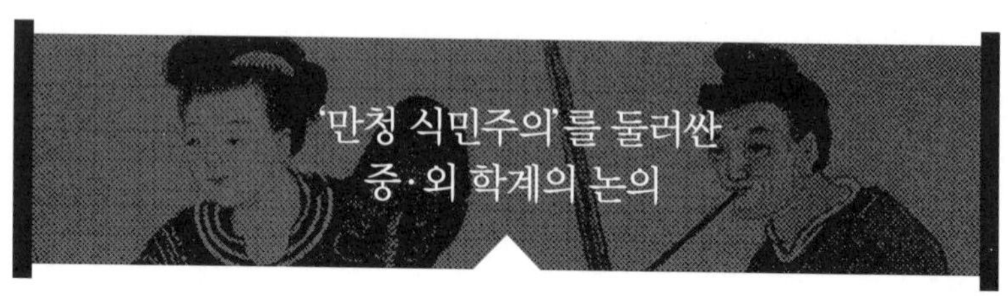

'만청 식민주의'를 둘러싼
중·외 학계의 논의

비교사와 패러다임의 변화

최근 20여 년 사이에 중국 내외에서는 청대사 연구를 중심으로 적지 않은 변화가 진행되었다. 그것은 어떤 특정한 주제라기보다는 청대사에 대한 좀 더 근본적인 문제를 제기하는 차원이었다. 하나는 청왕조의 역사를 세계사적인 시각에서 바라보는 것이었고, 이와 연관된 또 다른 하나는 유럽과의 비교를 통해 제기된 것이었다.

그간 청대사를 연구하는 기본 시각은 중국사의 긴 흐름 속에서 이 왕조를 위치시키고 그 의미를 따지는 데 두어졌다. 이에 따라 이민족의 중국 지배, 유례없는 번영과 갑작스런 쇠퇴, 청영전쟁의 패배와 '근대'의 시작, 내외 위기와 이를 극복하려는 개혁과 혁명이라는 큰 줄기를 중심으로 연구가 진행되어 왔다.

그러나 개혁개방과 더불어 현대중국의 역사적 조건과 의미가 변하였고, 글로벌한 세계의 형성 이후, 세계의 역사를 보는 시각 역시 변화하였다. 특히 중국사 연구에서 나타난 이론상의 결핍과 탈근대post modernism 사조도 역사학 연구에 영향을 미쳤다.[1] 이러한 역사적 조건의 변화는 미국을 비롯한 외국의 청대사 연구자들로 하여금 과거에 설정하였던 청대사 연구 패러다임에 도전하도록 부추겼다. 그중에서 한 가지 주목할 만한 요소는 청왕조를 '세계사'의 일부로 파악하여야 한다는 것이다.

그것은 한민족의 울타리 속에 갇혀 있던 청왕조를 유라시아세계 속으로 이동시켜 탐구해 보자는 것이다. 이는 중국학의 효용성이 가지는 한계에서 유래한 것으로 지난 30여 년 동안 청대사는 민족주의 레토릭 속에서 검토한 소수 엘리트들의 정치운동의 결과였다고 비판한다.[2] 이와는 좀 더 다르게 서로 다른 지역 사이의 커넥션을 가져 오게 한 초문명적, 교차문화적 개념을 기준으로 각 지역에 고립적으로 존재하였던 역사를 체계적인 관계로 묶어 주려는 시도 속에서 청대사를 보려고 하였다. 그것은 새로이 등장한 세계사라는 개념과 관련되어 있다.[3] 예컨대 청대사를 세계사 속에서 보려는 학자들이 자주 인용하는 윌리엄 맥닐W. McNeil과 존 맥닐J. McNeil 부자의 세계사 개념은 종래의 국가사를 모아 놓은 형식으로 보아 왔던 그것과는 달랐다. 그들은 《세계화의 세계사》라는 책 속에서 인류에서 상호 작용의 웹Web이라는, 사람들 사이에 존재하는 다양한 연결장치가 세계사 성립의 주요 개념임을 상기시켰다. 인간사회란 결국 이웃뿐만 아니라 적대감이나 전쟁조차 그 연결장치이며, 이는 수많은 문물들과 정보들, 유익하고 해로운 것들이 웹을 통해 교환하면서 존재하는 것으로서 당연히 역사 초기에 여기저기

에 산재하던 웹이 점차 세계화되는 과정을 흥미진진하게 묘사하였다.[4]

그들은 명대의 전성기인 16세기 중엽부터 건륭 말기인 18세기 말까지 동쪽으로는 한국과 일본, 서쪽은 영국과 이베리아 반도 및 북부 아프리카 서부지역까지, 남부는 아프리카 동남부 연안과 동남아시아, 북쪽으로는 스텝 초원지대에 걸쳐 형성된 올드 월드 웹Old World Web을 돌파한 새로운 월드 와이드 웹World Wide Web이 형성되었다고 주장하였다. 옛 웹과 새 웹의 본질적 차이는 중남미 일부 지역에 한정된 아메리카 웹과 피지Fiji 일대의 퍼시픽 웹Pacific Web이 독자적이며 고립적으로 존재하였다는 점이다. 특히 청조는 건륭제 시대에 이르러 세계화의 주요 지표였던 군사혁명, 종교의 팽창, 과학혁명, 무역혁명, 생태계의 변화와 생물 교환, 인구의 급격한 증가 등에서 이미 대국의 조건을 갖추었을 정도로 새로운 웹을 형성한 주역이었으나, 연로한 건륭제는 1793년까지 전 세계를 단일 웹으로 묶은 것이 바다라는 사실을 깨닫지 못하였다고 지적하였다.[5]

이러한 역사학의 발전에 힘입어 일명 '알타이학파Altaic School'로 불리는 역사가들은 동쪽으로는 만주지역으로부터 중국 서부와 히말라야, 이란 북부, 그리고 흑해의 동북부에 광범위하게 걸쳐 있는 내륙아시아에 주목하면서 이 지역이 안고 있는 언어, 지리적 유사성을 통해 세계사의 새로운 양상을 구성해 보고자 하였다.[6]

종래 이곳은 주로 전쟁과 재앙 등 부정의 지리적 공간이라는 이미지를 띠고 있었다. 이곳이 페스트와 같은 전염병의 통로 구실을 했다는 보고도 있다. 윌리엄 맥닐에 따르면, 적어도 중세 유럽의 페스트는 14세기 전반기에 윈난성과 미얀마 등지에서 중국으로, 이곳에서 다시 아시아 대륙의 대상 교역로를 거쳐 크리미아와 유럽 내륙으로 전파되어 유럽과 중동으로 확산되었을 것이라고 판단하였다.[7]

반면 세계화나 러시아의 동방 진출 등과 관련하여 내륙아시아 세계에 주목한 이들은 그곳을 광범위하게 통치했던 청왕조의 중요성을 부각시켰다. 내륙아시아 연구의 선구자이면서 알타이지역을 중심에 놓고 청대 역사를 연구한 데이비드 파르쿠할David Farquhar이나 조셉 플레처J. Fletcher라든가, 일본의 이나바 이와키치稻葉岩吉, 와다 세이和田清, 우라 렌이치浦廉一, 이마니시 순주今西春秋, 미타무라 타이스케三田村泰助, 미야자키 이치사다宮崎市定 등이 최근 들어 다시 각광을 받는 이유이기도 하다.[8] 다른 한편 중국의 개혁개방과 더불어 1960년대에 있었던 중국과 소련의 갈등이 해소되면서 갈등의 중요 요소였던 중소 접경지, 곧 중앙아시아 일대를 비이데올로기적이면서 통일적으로 조망할 필요성도 점증하였다.[9] 실제로 이 지역은 중국과 소련에 분리되어 지배되기 이전에 자연환경, 역사적 조건, 민족 등 여러 부분에서 동질성을 확보하고 있었다.

또한 일부 경제사가들은 무역을 통해 세계사상을 구성하려고 하는데, 이에 따라 청왕조 혹은 명청왕조가 세계 경제사에서 차지하는 비중을 검토하였다. 웡R. Bin Wong, 안드레 프랑크Andre G. Frank, 케네스 포머란츠K. Pomeranz 등이 그들로서, 이들에 따르면 적어도 18세기까지 중국은 세계 무역의 주역이었으며, 그 이후 잠시 주춤거렸을 뿐이라고 주장한다. 그중 웡은 시장경제의 발전이나 농업의 상업화, 프로토 공업화의 수준에서 유럽과 중국은 큰 차이가 없었다고 말한다. 안드레 프랑크는 오히려 "유럽이 세계를 만든 것이 아니라 세계가 유럽을 만들었다. 16~18세기까지 세계경제의 중심은 중국이었다"라는 명제를 내걸었다.[10] 청대의 경제 발전은 세계경제의 일부였다는 것이다. 물론 이는 프랑크의 책 제목 '리오리엔트; 아시아시대의 세계경제*ReORIENT* (Global Economy in the Asian Ages)'에서 암시하고 있듯이 생산이라는 측면에서 보았을 때, 세계경제의 중심지가 전통시대에 그랬던 것처럼 유럽이나 아메리카를 앞섰던 동양, 특히 중국과 인도 쪽으로 다시 이동하고 있다는 오늘날의 현실세계를 주목한 데서 나온 주장이다.

이러한 논의의 배경에는 근대역사학 혹은 근대역사를 주도해 왔다고 믿었던 유럽중심관에 대한 도전이 있다. 특히 경제사가들은 전통적인 중국 경제가 유럽과 비슷한 양상으로 발전하였다고 본다. 이를 '구아상사발전론歐亞相似發展論'이라고 부르기도 하는데,[11] 이들에 따르면 선진 유럽과 낙후된 중국이라는 패러다임은 잘못된 것이며, 오히려 중국 경제가 당대 유럽보다 더 발전된 단계였다고 주장하기도 한다.

알타이학파는 유럽을 중심으로 발전해 온 기왕의 근대사상近代史像 대신, 중국근대의 기준을 '근대 영토의 확정'과 '다민족국가'의 형성에서 모색한다. 그것은 바로 청대에 완성된 것이며, 1912년에 청왕조가 끝난 것이 아니라 오늘날의 중국을 만들었다는 것이다. 따라서 현대중국의 기원은 청대에 있다고 본다.[12] 명청 시대의 유사성보다 청과 현대의 유사성이 훨씬 더 크다는 것이다.

요컨대 지나친 민족주의에 의거한 중국 역사 연구의 틀을 비판하는 일 못지않게 세계사라는 넓은 공간과 긴 흐름 속에서 청대사를 이해하려고 하는 시도인 셈이다. 이렇게 함으로써, 새롭게 청대사를 해석하려는 연구자들은 그동안 중국 역사를 옥죄었던 유럽중심사관, 중국학계

의 중화민족사관, 페어뱅크의 도전과 응전이론, 그리고 코헨의 중국중심사관 등을 뛰어넘으려고 한다.[13]

이 글에서 검토하려고 하는 '만청식민주의Manchu Colonialism'론은 이러한 성과와 더불어 등장한 새로운 담론이다.[14] 청제국의 고유한 특성은 서구 제국주의의 희생물이었다거나 장기간 지속된 관료제나 문화적 전통이 아니라 오히려 몽골, 신장, 티베트에 대한 청 지배의 특수성에 있으며, 이는 청과 오토만, 러시아, 무갈제국 등 여타의 식민제국과 비교함으로써 더 잘 이해할 수 있다는 것이다. 실제 중국도 그들처럼 통치, 팽창, 정통성, 그리고 징세 등의 문제에 시달리고 있었다.[15] 이를 좀 더 구체적으로 이해하기 위해서는 종족성ethnicity과 문화 변용, 정치와 언어, 황제권력과 제도개혁, 종교, 미술, 이데올로기, 군사문화와 국가 형성과정, 젠더관계, 경제와 식민지 획득을 위한 영토 확대, 근대로의 이행 등 복잡다기한 문제들을 검토할 필요가 있다는 것이다.[16]

이 연구는 바로 이 문제를 전반적으로 이해하기 위해 시도된 것으로서, 주된 대상은 이 문제를 본격적으로 제기한 미국 측 연구자들의 성과와 그에 대응하는 중국학계, 그리고 이와 관련된 연구를 진행하고 있는 다른 지역 연구자들의 성과물이다. 아울러 청대사에 대한 새로운 패러다임을 한국의 역사와 어떻게 연관시킬 것인지에 대해서도 결론 삼아 몇 가지 시도해 보았다.

만주어 자료와 만주 군주의 성격

구미사회의 만주학 전통

한국의 중국사 관련 학계에서도 그랬지만, 그간 청대사 연구의 기본 자료는 공간 혹은 미공간의 한문사료들이었다. 한문자료 이외에 만주어, 몽골어, 티베트어, 심지어 위구르어로 만들어진 자료를 사용하여 연구하는 작업은 극소수 연구자들을 제외하고 매우 어려운 일이었다. 이러한 자료 이용상의 한계는 실제로 중국 역사학계에서도 해결하기 어려운 과제였으며, 최근에 이르러서야 다시금 중요한 문제로 대두되고 있다.[17]

알타이학파들이 보기에 만문자료는 성격상 한문자료와 달랐다. 청대의 궁정에서 생산한 만문자료는 단순히 한문자료의 복사판이 아니었다는 것이다. 마크 엘리엇Mark Elliot에 따르면,[18] 만주어 자료의 중요성은 먼저 1970년대에 행해진 제1역사당안관의 개관과 일반인의 이용에서 시작되었고, 두 번째로는 20세기 말의 지적 상황 변화에서 유래한 것이었다. 곧 그간의 역사 담론에 대한 도전과 관점의 변화, 곧 소수자, 여성, 소외자, 종족성ethnicity, 그리고 정치사회적 변화가 만주족의 제국을 이해하는 데 새로운 문제를 제기하였다는 것이다.

실상, 청제국이 붕괴된 이후 중국사 연구에서 만주어는 거의 불필요한 것이었다. 특히 20세기 전반기에 이러한 풍조는 매우 심해서, 대부분의 중국인 연구자들에게는 고전 한문으로 돌아가는 것이 훨씬 더 중요하였다.

반면 유럽과 미국 등에서 활동하고 있는 서구의 중국사가들은 달랐다. 이들은 적어도 한족중심주의에 기울어질 필요도 별로 없었으며, 더구나 유럽의 '만주학' 전통에 따르면 오히려 중국인들보다 더 객관적이고 공정하게 만주족의 중국 지배를 연구할 수 있었다. 유럽에서 파견된 선교사들이 수백 년 동안 왕조를 관찰해 온 자료와 평가가 더 중요한 길잡이 역할을 해주었던 것이다.

선교사들에 의한 본격적인 중국 관찰은 명말에 활동한 예수회 선교사 니콜라스 트리고Nicholas Trigault(1577~1628)와 마테오 리치Matteo Ricci(1552~1610) 시대로 거슬러 올라간다. 특히 마테오 리치는 명왕조의 마지막 단계를 현장에서 지켜 본 인물이었다는 점에서 그의 정보는 유용한 것이었다. 리치의 보고서는 다소 과장이 있기는 하였지만, 중국에 대해 무척 호의적이었다. 공자는 뛰어난 철학자였고, 황제는 머나먼 궁중에서 지배하고 있지만 행정은 실력 있는 관료들이 수행하고 있으며, 노동계층은 분수를 알고, 술 마시는 법도가 엄격한 사회라고 유럽에 전하였다.[19]

그러나 유럽에 청조를 소개한 좀 더 중요한 저작은 1654년에 출간된 예수회 선교사 마르티노 마르티니Martino Martini(1614~1661)의 《타르타르 전기傳記*De Bello Tartarico historia*》와 1670년에 출간된 후앙 데 팔라폭스 이 멘도사*Juan de Palafox y Mendoza*(1600~1659)의 《타르타르의 중국 정복사*Historia de la Conquista de la China por el Tartaro*》였다. 이들 저작은 직간접적인 경험을 통해 만주족의 중국 정복과 그 의미를 비교적 공정하게 기술하여 유럽인들 사이에 '만주'의 실체를 소개하는 데 성공하였다. 17세기 후반기부터 본격화된 예수회 선교사들의 만주에 관한 기술, 곧 만주어, 만주 역사, 만주족 황제 등은 매우 생생한 사료가 되었으며,

특히 황제들을 '성자성聖者性'과 '박애심'이 많은 인물로 묘사하였다. 곧 유럽인들은 그간 한족 중심으로 묘사해 왔던 '문명과 야만'이라는 기왕의 구도보다는, 선교사들이 보내는 새롭고도 생생한 정보에 더 흥미를 가졌던 것이다. 이러한 정보들이 유럽에서 이른바 '만주학'의 중요한 전통을 만들었으며, 이 전통은 19세기에 러시아 연구자들의 문헌학, 서지학, 언어 분석 등에 공헌하였고, 독일의 에리히 하우어Erich Hauer, 발터 푹스Walter Fuchs 등에 의해 심화되면서 만주학이 뿌리를 내리게 되었다.[20] 긴 맥락에서 보면 오늘날 구미의 청대사 연구도 프랑스, 러시아, 독일에서 오랫동안 발전시킨 만주학의 전통을 계승하고 있다. 청초·중기의 선교사들은 만주인은 중국인이 아니며 청대의 정치와 사회는 종족성ethnicity에서 복잡하다는 사실을 이미 청 건국 직후부터 알고 있었던 것이다. 이처럼 오늘날 구미학계의 청대사 연구는 굳이 한족 중심의 청대사 패러다임에 얽매일 필요가 없었다.

만주어 자료의 특징

러시아의 만주학 전통을 이어받은 마크 엘리엇은[21] 중국과 대만뿐만 아니라 전 세계에 흩어져 있는 만주어 자료들을 조사하는 작업에 착수하였다. 출간물과 미출간물, 한문 번역물과 미번역물을 검토한 결과 그는 만주어 자료의 양이 방대하다는 사실, 그리고 한문 번역에 있어서 분명치 않은 문장의 해석에 난점이 있다는 사실, 그리고 번역된 궁중당안의 불완전성 등을 지적하였다. 예컨대 강희조 주접奏摺은 모두 5,789건인데, 이 중 1996년에 번역된 총 건수는 4,297건이며, 옹정조 주접 역시 6,811건 중 5,434건만 한문으로 번역된 사실을 확인하였다. 또한 변경, 군사, 19세기 이전의 대외기구, 만주사, 팔기, 황실 등의 연구에 만주자료는 필수불가결하다고 결론지었다.

만주어 자료의 특징은 한문자료에서 은폐되어 있는 사실관계를 매우 분명하게 드러내어 그 의미를 명확하게 해준다는 점에 있을 것이다. 예를 들면 만주어 자료를 보게 되면 청조와 1,000여 년 동안 강대했던 내륙아시아 제국과의 계보(몽골과 위구르 포함)를 자연스럽게 연결시킬 수 있게 된다. 그들이 사용한 어휘는 한자로도 표현하기 어려울 정도로 그들의 독특한 경험과 감성이 들어 있으며, 이 때문에 어떤 이들은 가치중립적 언어라고 말하기도 한다. 그리고 만문자료는 출판하면서 감추어진 부분, 예를 들면 국가와 대립적인 입장에 있거나 국가 체제 밖에서 행동하였던 사람들의 목소리, 혹은 국가와의 사이에서 애매모호한 위치에 있던 사람들의 목소리까지 들을 수 있다는 사실이다. 곧 관방의 기술에서 은폐되거나 꾸미지 않은 원시자료의 성격을 보여준다는 점에서 한문자료와 구분된다.[22]

만주어는 청조 내부에서만 통용된 언어가 아니었다. 강희제 때 러시아와 맺었던 네르친스크 조약에서도 만주문滿洲文이 제1언어로 사용되었다. 강희 연간에서 건륭 연간에 걸쳐 양국 사이에 오고간 각서는 청조에서는 한어, 만주어 원문과는 별도로 몽골어와 라틴어, 혹은 몽골어와 러시아어, 혹은 러시아어와 라틴어로 번역한 등본 등 네 가지 언어로 작성되었으며, 러시아에서는 러시아어와 라틴어를 사용하였다. 그 중 네르친스크 조약문에서 기본적으로 사용된 것은 만주어, 라틴어, 러시아어였다. 약 25종의 한어문漢語文 이본異本 사이에는 다소 차이가 존재하며, 연대가 이른 것일수록 그 내용이 원문에 충실하다.[23] 곧 이 조약을 연구하는 데 필요한 제1언어는 만주어임을 말해준다.

이 만주어의 한글 번역문을 보면, 조약 체결의 기본 동기는 네르친스크 일대에서 사냥하며 살아가는 (양국의) 소인들이 사냥을 위해 사사로이 국경을 넘나들며 분쟁을 일으키기 때문에 이를 방지하기 위한 데 있었음을 보여준다.[24] 그럴 경우 역사학자들이 정리한 이 조약의 주요 내용, 곧 1) 싱안링 이남의 헤이룽장에서 케베치格爾必齊 입구를 거쳐 싱안산興安山에 이르는 선을 국경선으로 한다, 2) 알바진 요새는 파괴한다, 3) 양국의 백성은 여권을 가지고 자유로이 무역을 할 수 있다, 4) 도망자는 국사범으로 간주하여 추방한다, 5) 양국의 국민은 상대방 국가에 거주할 수 있다, 6) 과거의 일은 모두 불문에 부친다[25]는 핵심 부분을 제대로 이해할 수 있다.

만주어 자료의 중요성은 중국학계에서도 오래전부터 인식해 왔다. 이 때문에 타이완의 좡치파莊吉發 교수는 타이완의 고궁박물원에 소장된 만주어 당안들을 정리하여 이 목록들을 공간해 왔다. 중국의 제1역사당안관에서도 대규모 인력을 투입하여 번역과 더불어 출간작업을 진행하였다. 문제는 직접 만주어 자료를 활용할 수 있는 연구자들이 드물다는 사실에 있다. 만주어 자료를 활용하여 청사 연구에 진력해 온 왕종한王鍾翰 교수도 청대사 연구에 있어서 만주어 자료가 갖는 중요성 때문에 청대사를 연구하기 위해서는 만주어 학습이 필수적이라고 강조한다. 국내에서도 이러한 연구경향에 힘입어 만주어로 쓰여진 《구만주당舊滿洲檔》과 《만문노당滿文老檔》과 같은 기본자료를 대조하면서 《구만주당》이 높은 사료적 가치를 갖고 있기 때문에 이를 적극 활용하기를 권하는 연구자도 출현하고 있다.[26]

다문화의 상징인 청의 황제들

사실 중국의 연구자들은 지난 1세기 동안 청왕조의 황제들을 정통 중국문화의 담지자로 설명하여 왔다. 더구나 황제들이 얼마나 한문화에 정통하였는가에 대해 강희제나 건륭제를 예로 들곤 하였다. 건륭제에 대해서는 "중화민족의 전통문화가 건륭의 신상에 집중적으로 체현되었다. 건륭제는 중국 황제문화의 표본이며, 흥미진진한 한 그루의 문화수文化樹이다"라고까지 높게 평가하였다.[27] 물론 대중을 상대로 한 출판물에서 언급한 수사법이기 때문에 조금 과장된 표현이 드러나기는 하지만, 중국의 청대사가들이 건륭제를 바라보고 있는 시각을 여실히 보여주고 있다.

반면 알타이학파들은 만주족 출신 황제를 다중적 의미를 가진 지배자로 파악한다. 청의 황제들은 적어도 입관 이전부터 만주족뿐만 아니라 몽골칸의 정통 후계자로 자처하였다. 역대 중국의 한족 출신 황제들과는 전혀 달리, 몽골족을 동맹자로 인식하면서 그들의 후계자였다는 사실 자체가 매우 이례적이었다. 알타이학파의 주요 멤버인 피터 퍼듀Peter Perdue가 청의 통치자들이 동물이나 자연물로서가 아니라 인간으로서 몽골족을 대우하였다고 지적한 바와 같이,[28] 한족의 이민족에 대한 윤리관과 만주족의 그것은 분명한 차이가 있었다.

또한 이들 학파는 청의 군주들이 티베트 불교를 활용하여 달라이 라마와도 매우 독특한 관계를 맺고 있었다는 사실을 강조한다. 실상 종교와 세속권을 중심으로 청의 황제가 달라이 라마와 동맹관계를 형성한 사실은 중국 역사에서는 새로운 양상이었지만, 유목왕조의 역사에서는 이미 쿠빌라이 칸 시대 때 확립된 것이었다. 불교도로서 이름난 몽골의 역사가 사강 세첸Saghang Sechen은[29] 쿠빌라이에게 전륜성왕이란 뜻의 '쿠툭투qutughtu'라는 칭호를 부여하였다. 쿠빌라이는 몽골 사절단을 실론으로 파견하여 저 유명한 부처의 치아를 비롯한 사리를 가져오도록 할 정도로[30] 그의 불교 후원은 잘 알려져 있다. 이 때문에 티베트에서 가장 강력한 가문의 한 후손이자 쿠빌라이의 조력자였던 팍파 라마는 쿠빌라이를 보편적 부처의 지배자, 곧 문수의 화신으로 인식하였다.[31]

특별히 청조는 티베트 불교 종파 중 홍파紅派나 본파(Bon파)가 아니라 황모파를, 서북지역의 회교 중에서 신파를 '사邪'로, 구파를 '정正'으로 인식하여 이들을 지원하면서 체제 안정을 도모하였다.[32] 기왕의 정통 불교와 도교 외에 다시 두 종류의 종교가 합법적으로 인정받은 점은 중국의 종교사에서 주목할 필요가 있는 대목이다.

청의 황제는 사실상 보살이기도 하였다.[33] 건륭제의 무덤 내부에 각종 불교경전이나 불상을 조영한 것도 단순한 형식만은 아니었다. 옹화궁雍和宮을 라마불교의 사원으로 개조한 건륭제의 의도는 황모파를 지원하면서 티베트와 몽골지역의 통치를 확고히 하려는 데에 두어졌다. 열하에 이궁을 조영한 일 역시 몽골족만을 회유하려고 하는 데 있지는 않았다. 그곳은 만주, 몽골, 한족이 교차하는 곳이었고, 이 때문에 전통적 궁정과 티베트 사원의 건축양식을 모방한 이 궁전은 만몽한 지역을 제국의 통치 질서 속에서 제대로 유지하고 종교적 경외감으로 가득차도록 하기 위해 고안된 건축물이기도 하였다. 말하자면, 열하의 피서산장은 번부의 맹주로 군림한 대칸大汗의 정무소였다.[34] 이후 베이징의 옹화궁을 티베트 불교사원으로 개축하여 거액의 경비를 지원하였는데, 이곳은 이후 베이징지역 티베트 불교의 신앙 중심지가 되었다. 결국 건륭제는 티베트 불교 중 황모파를 매개로 하여 몽골과 티베트 정교 합일의 지도자로서 자신의 지위를 확고히 하려고 시도하였다. 그렇다고 해서 티베트 불교가 몽골과 티베트를 결합시켜 제국을 위협할 수 있도록 방임하지도 않았다. 오히려 양자의 결탁을 가로막아 격리시킬 뿐만 아니라 사원들을 개별적으로 황제권에 귀부하도록 종용하였으며, 그 결과 몽골의 힘까지도 약화시킬 수 있었다.[35]

최근 김성수 교수의 티베트사 연구 성과에 따르면, 순치제가 통치하고 있던 청대 초기에 청조, 몽골, 티베트는 모두 티베트 불교 신자로서 정체성을 공유하고 있었고, '불법佛法의 상사上師로서, 또 불법의 보호자'로서 정형화된 '승려와 세속군주'의 관계가 상당히 밀착되어 있었다고 지적한다. 오히려 청조를 둘러싸고 있는 내륙아시아는 티베트 불교를 중심으로 청조가 이를 통합하고 있는 성격이 강하다는 것이다. 나아가 순치제는 1652년부터 시작하여 1653년에 마무리된 달라이 라마 5세의 베이징 여행 때, 황제로서는 예외적일 만큼 예의를 다해 그를 대우하였으며, 나아가 그가 중심이 된 교권 질서를 인정하고 후원한다는 뜻을 밝혔다. 이러한 양측의 역학관계는 판첸 라마 6세의 베이징과 청더承德 방문 때인 1780년 무렵에 건륭제 측이 방문 일정, 방문지, 의례 등을 주도하는 쪽으로 바뀌어 갔다. 곧 건륭제가 티베트 불교세계의 중심에 서게 된 것이다.[36]

사실 청의 황실 내에서는 위에서 언급한 비한족적 종교에 대한 관심과 친연성에서 더 나아가, 만주족 고유의 샤머니즘까지 궁정 안으로 끌어들여 종교 의례로 규범화하였다. 당자堂子 제사가 그것으로 이는 자금성 내의 곤녕궁坤寧宮에서 지낸 청대 황실의 종교 의례였다.[37] 당자란

자금성 내에 있는
무당의 부엌.

이 부엌은 자금성의 곤녕궁坤寧宮 내에 있는 것으로 무당이 제사를 지내는 곳이다. 이곳은 돼지를 잡아 고기를 찌는 곳으로, 말하자면 제사를 준비하는 공간이다. 명대와 달리 청왕조를 세운 만주족은 자신들이 만주지역에서 숭배하던 만신을 궁정 내로 모셔서 제사를 지내기 위해 당자堂子, 곧 신당을 만들었다. 이 당자와 달리 순치 12년에는 곤녕궁 내의 일부를 무당의 제신 장소로 개조하여 각종 형태의 제사를 지냈다. 명왕조를 비롯한 한족왕조의 제사에서는 볼 수 없는만청왕조만의 특징이라 할 수 있다. (《자금성》, 베이징 자금성출판사, 1994 인용)

여진사회에서 각 씨족의 족장이 신앙생활의 필요상 보존하고 있던 신책神冊, 신기神器 및 조상신의 보첩을 넣어 두고 이곳에 제사를 지내는 공간이었다. 이 제사는 본래 여진족의 수렵전통에서 유래한 것으로, 누르하치의 조상들이 목책으로 둘러쌓인 곳에 거주하고부터 그곳의 동남쪽에 신전형의 당사堂舍를 세워 무당이 팔방과 구천에서 신령들이 올 수 있도록 기도한 데서 비롯되었다. 누르하치는 부족간의 전쟁에서 승리하면 패배한 부족의 당사를 허물어버렸는데, 요컨대 그것은 자기 부족의 수호신이었던 셈이다. 태종대에 이르러 평민이나 신하들은 의례를 목적으로 이 당사를 세우는 것이 금지되었고 이후 당자는 점차 통치자가 독점하는 건물로 바뀌어 갔다.[38] 만주족의 입관 이후 이 의례는 한족, 몽골족 등의 종교와 접촉하면서 이신異神들을 수용하여 이전보다 체계화된 황실 의례로 자리 잡을 수 있었다.[39]

만주족의 본거지로 알려진 백두산 일대에서도 샤머니즘은 누르하치의 탄생에 깊이 관여되어 있다. 곧 세 명의 선녀가 목욕을 하기 위해 천지天池에 하강하였으나, 이 중 한 선녀가 붉은 과일을 먹은 뒤 잉태하여 청 태조를 낳았다는 이야기가 바로 백두산을 무대로 하여 만들어졌다.[40] 요컨대, 만주족 사이에서 샤머니즘은 일상생활뿐만 아니라, 만주족과 한족 사이의 경계선을 구분할 수 있는 제2의 방식이기도 하였다.[41]

물론 이에 대해 중국의 역사가들은 청대의 종교정책을 통한 제국의 통치에 대해 동의하기도 하며, 이것이 만주 황제의 독특한 성격이라는 사실에 대해서도 부인하지 않는다. 그렇다고 해서 만주 황제를 정통 중국 황제의 성격에서 벗어난 존재로 보기보다는 그 정통을 이어받아 천하국가를 건설한 쪽에 더 비중을 둔다. 예를 들어, 강희제는 홍타이지 이래 외쳐 온 만한일체, 중외일시, 천하일가의 정치를 실현하기 위해 만한을 갈라 놓은 유목민족의 장성을 폐지하였다는 것이다. 이것이야말로 중국 역사에서 오랫동안 유지되어 왔던 화이의 구분, 내중국 외이적의 전통적 민족 관념을 포기하고 유가의 대일통大一統 이념을 실현한 것이라고 말한다.[42]

보살의 화신 혹은 성스런 제사장과 같은 청의 황제들은 아이러니하게도 역대 중국 황제와는 달리 탁월하면서도 냉혹한 군사적 능력을 보여주었다. 이는 태조인 누르하치 이후의 전통이었던바, 뒤이은 태종 홍타이지, 강희, 옹정, 건륭제 때까지 공개적이고 실질적으로 계승되었다. 태조와 태종은 전쟁을 통해 잔뼈가 굵은 데다 전형적인 무장이었으며, 강희제는 이에서 더 나아가 갈단과의 전투에 직접 나서면서 총사령관의 역할을 수행하였다. 그는 1696년의 첫 번째 원정에서 새벽 다섯 시에 일어나 말을 타고 주위를 둘러본 다음 막사에서 누구보다 먼저 밥을 먹었으며, 경우에 따라서는 유목민의 천막에서 그들의 평상식을 함께 먹기도 하였다. 그는 전쟁 중 어떻게 행동하는 것이 자신의 군대에 승리를 가져 올 수 있는지 훤히 꿰뚫고 있었고, 이는 이미 사냥훈련 중에 터득한 것이었다.[43] 그는 물론 지식이 권력이라는 한족문화의 특성도 알고 있었으나,[44] 천자로서의 성격이라는 기준에서 보았을 때, 그는 도덕적 '천天'을 중시하는 한족 황제라기보다는, 무력과 힘을 중시하는 유목적 '천' 숭배가 몸에 배인 대칸에 더 가까웠다.[45]

18세기의 팽창과 식민지형 관리체계

앞에서 잠시 언급한 바와 같이, 현대중국의 영토는 청대에 거의 '완성'되었다. 외몽골이나 연해주 일대, 그리고 이리지방에서 약간의 변화가 있기는 했지만, 중화인민공화국은 건륭제 시기에 진행된 정복의 결과물을 대부분 물려받은 셈이었다. 새로운 정복의 결과 이 지역을 통치할 수 있는 제도적 장치들이 새롭게 고안되었으며, 통치정책 역시 과거와 달랐다. 실질적인 자국의 영토가 되었기 때문에 지리 지식이나 민족지 등에서 통치에 참고가 될 만한 조사작업까지 세밀하게 진행하였다.

청의 정복전쟁과 군사제국

청의 정복전쟁은 일반적으로 입관 이후에 진행된 서역과 티베트를 중심으로 논의되고 있다. 하지만, 우리가 주목해야 할 부분은 만주족의 군사화와 이에 따른 정복전쟁이 입관 이전부터 끊임없이 시도되었다는 사실이다.

젊은 누르하치는 1583년에 혼하 상류이자 지린의 중심부에 있는 허투알라赫圖阿拉를 거점으로 삼아 랴오둥지역을 정복하기 시작하였고, 1610년에는 닝구타이寧古塔를, 1619년에는 마침내 사르후 전투에서 명군을 격파하여 랴오둥에 대한 통치권을 장악하였다. 이 정복전쟁은 《만주실록》에 따르면, "죽은 자가 산야에 가득 널리고 피가 흘러 도랑을 이루었으며 무기와 시신이 혼하에서 떠도는 것이 마치 얼음이 녹아 흘러내리는 것과 같았다"고 할 정도로 참혹하였을 뿐만 아니라 동아시아 세계사의 흐름을 결정적으로 바꾸어 놓은 역사적 전쟁이기도 하였다.[46] 이에 따라 정치적 중심지도 허투알라에서 랴오양으로, 그리고 최종적으로 1625년에는 선양으로 옮기게 되었다. 이것이 누르하치가 사망하던 1626년까지의 정복과정이다.[47] 오늘날 지린과 랴오둥을 포함하는 광대한 영역을 군사정복을 통해 확보하였던 것이다.

누르하치의 뒤를 이은 홍타이지는 대륙 정복의 프로그램에 따라 먼저 두 차례의 전쟁을 통해 조선을 완벽하게 제압한 다음, 북쪽으로는 지린 북부의 헤이룽장지역으로 정복지를 확대해 나갔으며, 입관 직전에 이르러 헤이룽장 유역과 우수리강 일대, 그리고 서부로는 싱안링 산맥을 넘어 몽골 동남부지역까지 손에 넣어 동북아시아에서 대제국을 건설하였다. 이 정복지 중 헤이룽장지역에 대한 정복사업은 새로이 이곳으로 진출한 러시아와의 관계에서 볼 때, 군사적으로 안전을 확보하고 교역상 중요할 뿐만 아니라 신화상으로 청조의 고지故地인 곳을 선점한 셈이었다.[48]

강희제 시기부터 다시 정복전쟁에 들어간 청은 반청운동을 진압하면서 역외의 땅이었던 타이완을 영토화하는 망외의 소득을 거두었고, 윈난과 구이저우지방을 이전보다 더 강력하게 통치할 수 있는 기반을 마련하였으며, 서북의 네르친스크에서는 러시아와 분명한 국경선을 그을 수 있었다.

건륭제 시기에 이르러 정복전쟁은 눈부신 것이었던 바, 특히 한족 왕조의 오랜 숙원이던 준가르제국을 붕괴시켰고, 티베트에 대한 군사적 승리를 거두었으며, 대·소금천大·小金川과 구르카뿐만 아니라 심지어 베트남과도 사투를 벌였다. 만청식민주의론을 더욱 체계화시킨 피터 퍼듀Peter Purdue는 청의 군대도 많은 희생을 치렀고, 해당지역의 주민에게도 재앙이었던 이들 전쟁의 결과, 청조는 강대한 영역을 지배하면서 '만청식민주의'를 발전시킬 수 있었다고 간주한다.[49] 이것은 무역이나 회담에 의한 것이 아닌, 명백하게 군사적이고 잔혹한 방법을 통해 성취한 것이었기 때문에[50] 이후의 지배 역시 주로 군사력에 의존하게 되었다.[51] 아울러 퍼듀는 대준가르전 승리는 유라시아지역을 놓고 패권을 다투던 러시아에 대한 승리를 확정짓는 것이었기 때문에 이 전쟁이야말로 세계사적으로 의미가 있는 것이라고 강조한다.

왜 만청왕조는 서역과 티베트지방에 대해 끊임없이 정복전쟁을 벌였을까. 하버드대학의 코스모Di Cosmo 교수에 따르면 만청왕조의 내륙아시아 정복과 지배의 역사적 요인을 만주사회에 오랫동안 내재하고 있던 유목적 전통과 그곳으로의 회귀라는 곳에서 찾고 있다. 그는 유목지역에 나타난 국가 형성의 패턴을 자연적 진화나 농업사회에 대한 대응보다는 '위기 상태에 대한 사회적 대응social response to a state of crisis'으로 전제한 다음, 구체적으로 1) 정치, 경제, 사회조건의 악화 속에 초래되는 위기, 2) 위기의 핵심은 유목사회 내부의 군사화이며, 3) 사회경제적 위기 상황 속에서 군사귀족은 사회적 관련성이나 정치권력을 증가시키고, 카리스마적 지도력과 성스런 권력을 하늘로부터 부여받으며, 4) 칸에 임명된 이후 집권화된 정부조직을 갖추고, 5) 과세와 영역팽창, 그리고 외부의 조공을 받는 바, 이 중 가장 믿을 수 있는 재원은 정주민의 징세와 무역에 있다고 본다.[52]

이에 근거하여 그는 유목제국의 시대구분을 1) 조공제국Tribute Empires(209 B.C.~A.D. 551)으로서, 흉노는 이후에 등장하는 여러 '국가'의 한 모델이었으며, 이에는 오환, 강, 선비, 루란 등이 포함된다, 2) 무역 조공제국Trade-tribute Empires(551~907)에는 투르크제국과 거란, 티베트 그리고 위구르 등이 있다, 3) 이중 행정제국Dual- administration Empires(907~1259)은 정주지역형 정부를 경영하기 위해 지식과 행정기술을 습득한 요, 금, 그리고 몽골제국 초기의 이중행정 체제가 대표적인 사례이다, 4) 직접 과세제국Direct-taxation Empires(1260~1796)은 지배 대상이 인구와 토지 등 다양하고, 쿠빌라이의 중국 정복 이후 본격화되며, 이 시대에서 중요한 점은 만주족의 초기 청제국이 포함된다는 사실이다.[53] 그의 분석의 강점은 바로 유목제국의 성장과 발전을 정치, 경제, 군사, 대외관계 등 중요한 여러 요소를 기준 삼아 장기적 전망 속에서 파악한 데 있다. 곧 청은 유목제국의 전통을 물려받은 고도의 군사제국이었다는 점을 강조한다.

정복지의 식민지화

코스모 역시 서북부에 대한 청조의 지배 방식을 현저한 식민화 과정의 중요한 사례로 지적한다. 첫 번째는 강력한 중앙 정부의 지배 아래 들어간 뒤, 이 지역은 한족 이주민에게 개방되었으며, 토지 및 광물 자원의 착취가 수반되었다. 비록 청조의 내지와는 다른 지배체계를 채용하였지만, 그것은 식민지 행정에서 흔히 보듯이 현지 지배자들에게 권력을 위임하면서 그들의 협조를 구하는 방식이었다. 초기의 이번원理藩院은 몽골을 관할하는 아문에 불과하였지만, 서역에 대한 군사 정복 이후 중앙정부에서 이 지역을 통치하는 식민 행정기관으로 변모하였다. 물론 티베트에는 기인 출신의 주장판사대신駐藏辦事大臣을 두는 것으로 그쳤지만, 이 역시 이번원의 감독 아래 있었다.[54]

신장, 티베트, 몽골에 대한 청의 지배는 유럽의 해외 식민지 지배 방식과 원칙상 다르지 않았다. 현지 엘리트에 의존하고 수도와는 독립적으로 존재하며, 군대 및 이주자와 현지 엘리트의 접촉은 최소화하고, 종교 및 현지 관습에 복종하도록 권유하는 것이었다. 이런 주장을 한 코스모는 중국 민족주의 역사가들이 가해 올 두 가지 반격을 예상하였는데, 하나는 이곳이 중원과 지리적으로 인접한 곳이기 때문에 근대 유럽의 해외 식민지와 근본적으로 다르며, 다른 하나는 이들 지역은 오랫동안 한족 왕조가 지배하고 있던 곳이라는 전통적 인식 틀이 그것이다. 그러나 코스모는 식민지의 정의와 분류에서 해외 식민지란 식민지의 필요조건이 아니라 경험법칙일 뿐이라고 규정한다. 또한 그는 이번원이라는 한자식 표기는 이 기구의 만주어인 'tulergi golo'를 제대로 번역하지 못하였기 때문에 그 뜻이 제대로 전달되지 않았다고 비판한다. 그 단어의 핵심은 '외로外路를 다스리는 부部' 곧 변외의 성으로서, 티베트나 중앙아시아는 중국으로부터 너무 멀리 떨어져 있어서 관료와 군대뿐만 아니라 상인들조차 그곳으로 가는 일이 용이하지 않을 정도였다.[55] 중국식의 이번원이라는 용어를 사용한다고 하더라도 그곳은 중국의 직접적인 간섭없이 독자적인 행정체계, 법체계를 유지한 속국과 중국의 중간에 위치하는 개념으로, 청조의 통치권이 직·간접으로 행사될 수 있는 지역인 셈이었다.[56] 또한 청의 중앙아시아에 대한 정복과 지배는 미국의 서부 정복과 식민화보다 선행된 것이었는데, 이 점에서 청조의 내륙아시아 정복은 유럽의 해외 식민지 획득과 닮은 꼴이었다.

또 서역에 대한 중국 역대 왕조의 지배는 간헐적이었고 불안정한 것이었던 반면, 청 정부의 정복과 지배는 중국 역사상 처음으로 내륙아시아 지역을 중앙 정부의 지배 아래 영속적인 상태로 두게 되었다는 것이다.[57] 청의 중앙 정부가 이 지역을 통치하는 데 있어서 보여준 견제와 분리, 민족 격리 등은 전형적인 식민지배 방식을 닮았다는 데서 주목할 만하다. 몽골에 대해 청 정부는 다원적이고 여러 단계에 걸친 봉금정책을 실시하였는데, 예컨대 몽골 8기 사이에 월경하여 몰래 왕래하는 것을 엄금하고, 각 부족 사이의 교류를 금지하였으며, 특히 몽골족, 한족, 티베트족 사이의 교류를 허락하지 않았다.[58] 마찬가지로 신장지방에 대해서도 천산남북로에 위치한 회부와 준가르부를 그들의 전통적인 지배 방식인 벡이나 자사크제도뿐만 아니라 주현州縣 방식을 동원하여 견제와 분화, 민족 격리 등을 진행하였기 때문에 더욱 용이하게 이 지역을 통치할 수 있었다.

티베트 동부의 대·소 금천金川지역에 대한 정복은 명백하게 현지 권력체계를 청 황실의 의도에 맞게 개편한 대표적인 사례에 속할 것이다.[59] 금천 일대는 대부분 자치적인 소수종족들이 세습적 수장의 통치 아래 거주하던 곳으로서 청은 제국의 판도 내에 들어있다는 사실을 들어 그곳에 대한 지배권을 주장하였지만, 사실상 거의 통치력이 미치지 못한 지역이었다. 청 정부는 이곳의 통치자들이 권력을 증대시키지 않는 한 방관하고 있었으나, 이러한 관행을 어긴 사건이 1740년대에 이곳에서 벌어졌다. 샤루어번Shaluoben(莎羅奔, ?~1760)으로 알려진 수장의 조카와 대·소 금천의 일부 수장들이 연맹하여 영역을 확장할 목적으로 인근 지역을 공격하였고, 이는 청의 지배권에 대한 도전을 의미하였다. 두 차례에 걸친 전쟁으로 상당한 비용을 지불하고 외국형 무기까지 동원한 청군이 승리한 결과 이 지역은 베이징에서 통제할 수 있게 되었다.

그러나 이 전쟁은 단순히 지역의 통제권 문제라기보다 사실상 청조의 종교정책과 연관되어 있었다. 이 지역은 본래 티베트 불교의 일파인 본Bon교의 중심지였던 바, 이곳을 공격했던 주된 이유는 본교 대신 황모파의 라마승들이 이곳을 지배하도록 권력을 재배치하는 데 있었다. 건륭제는 본교보다 황교의 우월성을 확보하기 위해 이곳을 원정하였으며, 그 결과 달라이 라마와 황교의 환심을 사고, 몽골의 어떠한 도전에도 맞설 수 있는 힘을 갖출 수 있게 되었다는 것이다. 더구나 본교는 주술을 특색으로 하는 종파였기 때문에, 세상사를 정正과 사邪로 범주화한 청조의 통치원리에서 볼 때 이는 사의 상징이었다. 따라서 정복 이후 청 정부는 본교의 사원들을 황모파의 사원으로 전환하면서 현지 권력을 재배치하였다.[60] 정복에 따른 권력의 재배치는 식민지배의 중요한 사업이었다. 더구나 본교는 사교집단으로 규정한 상태였기 때문에, 군사 행동의 정당성도 확보할 수 있었다.

정복지에 대한 지도 만들기와 민족지 조사

청제국의 식민지정책은 지도 만들기와 민족지 조사에서도 유럽의 그것을 닮아 있었다. 최근의 지도 연구는 지도의 정확성이나 비율보다 제작자의 공간 이해, 정치권력, 환경과 인간의 관계 등 문화이데올로기의 산물이라는 데 더 비중을 두고 있다. 이 점에서 근대유럽의 지도 제작은 제국과 국가의 유용성을 상징하였다.[61]

서역을 정복하고 난 직후, 만주인이자 여행가의 한 사람인 칠십일七十一[62]이 남긴 《서역문견록西域聞見錄》 속에서 우리는 '입판도入版圖'라는 말을 보게 된다. 그의 말은 곧 남부의 알티샤르와 북부의 준가르 분지로 구성된 서역 전 지역이 비로소 청조의 영토로 확정되었다는 고백이었다. 그렇다면 판도에 들어오기 전과 그 이후 이 지역은 청의 지도에서 어떻게 표기되었을까. 명말과 청초의 지도에는 깐수와 서부지역이 지도에 실리지 않았다. 그러나 강희제의 명에 따라 프랑스 선교사인 조아생 부베Joachim Bouvet(1656~1730)가 총편찬을 맡아 제작한 《황여전람도皇輿全覽圖》에 몽골과 신장지역이 들어 있기는 하였지만, 현장 조사를 거치지 않은 상태에서 제작된 것이었다.

이 전통을 계승한 건륭제는 1769년에 예수회 선교사에게 지도 제작을 명하였는데, 그 결과 서역에 대한 현지 조사와 강희제 시대의 지도를 기반으로 새로운 지도를 만들어 낼 수 있었다. 1770년에 두 개의 목판과 1775년에 동판으로 간행된 이들 지도는 《건륭내부여도乾隆內府輿圖》, 《대청일통지도大淸一統地圖》, 《건륭십삼배도乾隆十三排圖》, 《황여방격전도皇輿方格全圖》 등 다양한 명칭으로 불리는데, 사실상 인도, 중앙아시아, 시베리아, 러시아 등 유라시아에 대한 유럽인의 지리 정보를 활용한 것이었다는 점에서 유럽 지도에 대한 승리를 의미하는 것이기도 하였다. 건륭제는 다시 이곳의 지지를 편찬하도록 명령을 내렸는데, 그 결과 《황여서역도지皇輿西域圖志》가 세상에 나올 수 있었다. 이러한 견문록과 지도, 그리고 지지라는 세 가지 작업의 결과, 청은 준가르와 알티샤르에 대한 더욱 좋은 정보를 얻을 수 있었다. 새로운 정복지는 명백하게 청의 땅으로 변해 갔다. 신장 지리의 발전은 이후 경세가나 애국자들에게 크게 기여하였고, '중국'을 구성한 개념도 재정립되었다.[63]

서남부의 변경에 위치한 구이저우지방에 대해서도 18세기 중엽까지

건륭제 때 조사된 구이저우성의
미아오족 외모와 의관.

원색의 이 도판은 건륭제 때(1751)에 편찬된 《황청직공도皇淸職貢圖》에 실린 미아오족의 외모와 의관 및 악기 등을 그린 그림이다. 건륭제가 각지의 총독과 순무에게 관할 내의 여러 민족이나 청왕조에 내왕하는 타국인의 복식 및 외모를 그리도록 명령을 내려 만든 결과물이다. 이러한 기록물은 관료들의 행정자료로 활용되었으며, 심지어 그 정확성과 세밀함 덕택에 인민공화국 시대의 민족 분류에도 쓰일 수 있었다.

체계적이고 집중적인 민족지 조사가 진행되었다. 이는 제국의 팽창과 민족지 기록의 발전이 결합한 결과로서 청의 행정체계가 확대되고 더 멀리 미칠수록 민족지 조사도 이를 반영하여 지방지에 등재되었다. 또 미아오족에 대한 범주화와 명칭을 부여하는 작업도 중요하였는데, 그것은 1608년에 13개, 1673년에 30개, 1741년에 41개, 1834년에 82개로 증가한 데서 알 수 있다. 또한 강희제 시대의 지방지에는 한화의 정도까지 언급하고 있었으며, 목판으로 제작된 앨범 형식의 기록물까지 출간되어 관료들의 행정 자료로 활용되었다. 현지 지배자인 토사를 폐지하고 중앙 정부에서 파견한 관리가 현지를 통치하는 방식의 개토귀류제는 이러한 조사 결과에 바탕을 두고 추진된 정책이었다. 이 앨범은 그 정확성과 세밀함 덕택에 인민공화국 시대의 민족 분류에도 쓰일 수 있었다. 구이저우에서의 민족지 조사작업은 말할 것도 없이 같은 시기에 유럽에서 진행된 민족지적 탐색과 상당히 유사한 것이었다.[64]

한족의 변강 이주와 식민지적 성격

중국의 역사가들이 중시하는 바와 같이 역대에 끊임없이 진행된 인구 증가와 그에 따른 이동은 중국 역사에서 중요한 현상이었다. 정복에 뒤이은 강제 이주, 토착세력의 억지를 위한 이주, 생계를 위한 자발적 이주, 유목민의 내지 이주, 화북인의 화중 이주 등 여러 형태로 진행되었다.

변강 이주의 식민지적 성격

특별히 청대에 현저하였던 비한족지역으로의 한족 이주는 사실상 식민지적 성격을 띠고 진행되었다. 식민지란 잘 알려진 바와 같이 현지주민들이 살고 소유해 온 땅을 이주해 온 사람이 대신 차지하는 일이다. 그것은 본국의 군사력과 행정체계에 의해 뒷받침되었고, 이주민들은 이를 기반 삼아 인종적 차별과 문화적 우월감으로 무장한 채, 식민주의의 특징적 영역들을 현지인에게 내면화시켜 나아가게 된다.[65]

한족의 변강 이주와 식민지적 성격이 일찍부터 드러나게 된 곳은 윈난과 구이저우 등, 원·명대에 걸쳐 통치를 받은 서남부지역에서였다. 서남부 변강지역은 원왕조의 지배하에 들기 전인 13세기 초만 해도 문화와 정체政體 면에서 독자적이던 수많은 대·소 왕국이 존재하고 있었다. 그러나 이러한 왕국은 청대의 전성기인 18세기에 이르자 거의 완벽할 정도로 소멸되었다. 곧 군, 정치, 경제, 문화 등 모든 제도들이 이 지역을 완전하게 지배할 수 있도록 중앙 정부에 의해 이식되었으며, 그것은 특히 명대와 청 중기에 걸쳐 장기간에 진행된 결과였다.[66] 예컨대 명의 홍무제(1368~1398 재위) 때 한족의 윈난 이주는 후광湖廣의 창더常德, 전저우辰州 2부에 거주하는 한족 출신 중에서 민民 3정丁 이상의 경우 1정을 선발하여 윈난으로 보내 주둔케 하였으며, 그 결과 윈난 서부지역에는 약 2만 7,600여 명의 둔전병이 위소衛所 체제 아래 이곳을 둔전하였다.[67] 곧 정복에 뒤이은 군사 통치의 한 형태를 윈난지역에서 보게 된다. 그뿐만 아니라 야오족, 로로족, 라후족, 바이족, 나시족, 이족, 회족 등 오늘날 윈난을 구성하고 있는 대부분의 종족이 명대와 청초에 걸쳐 윈난지역으로 들어오면서 윈난의 주요 특성인 다민족적 사회가 만들어

지게 되었다.[68]

이러한 방식의 이주는 군사 정복 이후에 진행된 신장지방으로의 인구 이동에서도 유사하게 진행되었다. 건륭제는 서역의 정복 직후 이곳에 대한 개발의 필요성을 역설하였다. 그것은 "인구가 늘어나면서 힘없고 가난한 민중은 본적지에서 생계가 곤란할 지경인 바, 서역을 평정한 뒤 영토가 넓어져 곳곳에서 둔전을 할 수 있게 되었으며, 객민이 그곳에서 무역에 힘쓰면서 지리地利가 날로 늘어날 수 있기" 때문이었다.[69] 현지인에게 필요하기 때문이 아니라 내지의 한인과 정부에게 필요하기 때문에 진행된 이주였다는 사실을 분명히 보여주고 있다.

신장의 식민화에 공헌한 중요한 요소는 유형제도였다. 1758년부터 형사처벌 방식으로 시작된 신장으로의 유형제도가 목표했던 것은 내지의 인구압을 줄이면서 형집행을 통해 범죄자들에게 새롭게 태어나는 기회를 주는 것이었다. 그러나 노역을 통해 갱신되었다고 하더라도 이들 일반 유형범들은 자신의 고향으로 거의 돌아오지 못하였다. 주어진 기한을 채워야 했을 뿐만 아니라 그들에게 할당된 연간 농업생산 목표를 채운다고 하더라도, 지방관들이 갖가지 이유를 들어 회적허가증을 내주지 않았으며, 이것이 없이는 본적에 돌아갈 수 없었기 때문이다. 1783년의 이리 지방에는 정부통계상 약 3천 명의 유형자가 있었으며, 5년 뒤의 보고에는 6천 명을 초과하고 있었다.[70]

뒷날 린쩌쉬가 이곳에 유배올 때에도 유형범들은 계속 이곳으로 들어왔다. 그는 1842년 10월에 타시하塔西河를 지날 때, 푸젠의 장저우漳州, 천저우泉州 출신 유배인 수백 가가 농사짓는 풍경을 세밀하게 기록하고 있다. 타시하는 우루무치 서쪽에 있는 도시 마나스 부근의 작은 읍으로서, 마나스에 대해서는 "토지가 비옥하여 쌀을 생산하여 각지에 팔고, 인물이 많아 란저우蘭州에 뒤지지 않는다"고 썼다. 또한 "최근 푸젠과 광둥에서 온 유배인들도 역시 이곳에 많이 배치되고 있으며, 이 때문에 그곳의 가게에서 식사를 하고 난 뒤 길을 떠났다"는 사정도 밝히고 있다.[71]

또한 이곳으로의 이주를 주장한 공쯔전龔自珍은 이주 대상으로서 제국의 중심지인 베이징이나 인근 지역의 유민들을 지정하였는데, 이는 '지리적으로 도덕적인 수도와 쓸모없는 인간들을 받아들어야 할 서역'이란 의식을 반영한 것이었다. 이러한 지리적 위계성geographic hierarchy은 실상 근대 유럽의 해외 식민이나 일본의 그것과 매우 유사한 것이었다.[72]

또 다른 유형자들은 총독, 순무, 지현과 같은 청조의 관료들이었다. 이들은 사실 노역을 통해 갱신이 완료되면 다시 내지로 돌아와 관직으로 회귀할 수 있었다. 지윈紀昀, 홍량치洪亮吉, 치윈스祁韻士, 시숭徐松 등 유배관료들이 현지의 산천, 물산, 호구뿐만 아니라 통치 실태와 국방 문제 등 통치에 필요한 사항들을 조사하였고, 이를 바탕으로 내지에 돌아와 이른바 '식민지 정책학'을 수립하고 이에 따라 현지의 식민화에 기여하였다는 사실이다.[73] 여기에는 후일 개혁가로 평가받는 린쩌쉬나 웨이위안魏源, 공쯔전도 포함된다.[74]

자기땅에서 밀려나는 원주민들

윈난, 구이저우, 쓰촨 등 서남지역으로의 이주에 눈을 돌려보면 서북과는 차이가 있다는 사실을 알게 된다. 이곳에서는 이미 강희시대부터 청 정부의 권유에 의해 또 자발적으로 한인들의 이주가 시작되었다.[75] 그러나 본격적으로 이주의 물결이 이 지역에 밀려든 것은 옹정 시기의 개토귀류 이후였다. 예를 들면 1743년부터 1748년 사이에 후난인이 주체가 되어 구이저우를 거쳐 쓰촨으로 들어간 자가 무려 24만여 명에 이르렀다. 이런 까닭에 쓰촨의 황지가 급격하게 개간되었고, 그 여파는 쓰촨의 이곳저곳에 산재해 있는 비한족 계통의 여러 종족 지역에도 미쳤다.

청초에 인구가 많지 않았던 윈난이나 구이저우는 한족의 이주로 인해 사회 구조가 좀 더 복잡해지고 환경 변화가 초래된 곳이기도 하다. 윈난 북부에 있는 용베이청永北廳을 예로 들면, 이들 지역의 인구는 1770년대 이후에 현저히 증가한 것으로 드러난다. 1775년에는 3만 6,669호였으나 1820년에는 8만 3,590호에 도달하여, 반세기가 안 되는 기간 동안 두 배가 넘는 인구가 증가하였던 것이다.[76] 윈난 남부의 카이화부, 광난부, 푸얼부의 사정도 북부와 크게 다르지 않았다. 이곳의 처녀림은 후난, 후베이, 쓰촨, 구이저우 등지에서 온 이주자들이 산지를 개간하여 옥수수를 많이 재배하였고, 그 결과 상당량의 산지들이 침식되었다.[77]

개토귀류 이후 많은 이주민이 흘러들어 산지를 개간하고 나아가 토착민과의 분쟁으로까지 치달았던 현상은 구이저우 지역에서도 유사하게 나타났다. 1836년에 발간된 구이저우의 《송타오청지松桃廳志》에는 "백 년 전에는 미개간지가 많았으며, 잡목도 무성하고, 관목림이나 초지도 넓었다. 그런데 현재는 산 정상에서 물가에 이르기까지 거의 모든 공지가 없을 정도로 개발되었으며, 근년에는 그곳에 옥수수를 산허리의 사면에 심고, 조금 평평한 곳에는 고구마를 심었으며, 이것이 빈민들의 주식이 되고 있다."[78]

중요한 문제는 이들 이주민들이 대부분 한인들이었던데다, 그 수효가 늘어나면서 토착 원주민들의 토지를 사들여 소유관계가 바뀌기 시

신장생산건설병단의
농장 모습.

이 병단은 1954년에 정식으로 출범하였으며, 사실상 농지 개간과 변경 방위를 동시에 수행하는 독특한 기구로서 본부는 신장성 동부의 스허즈石河子에 있다. 2000년 무렵까지 모두 14개의 농업사단과 그 예하에 185개의 단團으로 구성되어 있다. 2000년까지 이들이 소유한 토지는 신장 전체의 경지면적 2626.5헥타 중 1021.9천 헥타로서 거의 40%에 이른다. 같은 시기에 신장 전체 인구는 1,900만여명이었으며, 병단의 인구는 242만여 명이었다. 약 13%의 인구가 40% 정도의 토지를 보유하고 있는 셈이다. 이곳에서는 톈산산맥에서 흘러내리는 물을 이용하여 대규모 농장을 경영하고 있으며, 주로 생산되는 농산물은 면화, 옥수수, 해바라기 등이다. 오늘날 병단에 속해 있는 사람은 거의 대부분 동부에서 이주한 한족들로서, 이 병단은 사실상 한족의 신장 개발과 지배를 뒷받침하고 있다. (유장근 촬영)

작하였다는 데 있다. 예를 들면 도광 연간에 발간된 윈난 북부의 한 지방지에는 "오늘날 토착인은 점차 줄어들고 있는 바, 원과 명 때에 (둔전병인) 한족들은 10의 3정도였고, 현지의 토착인이 10의 6정도였으며, 객민들이 나머지 10분의 1을 차지하였다. 그러나 최근 수십 년 사이에 객민들은 구이저우, 후난, 쓰촨 서부 부근에서 이곳 경내로 흘러 들어와 무성할 정도로 많아졌으며, 반면 토착인들은 점차 조락하고 있다. 이들은 처음에는 토착이인土着夷人들의 토지에서 일하거나 토지를 빌려 경작하다 10여 년 정도 지나면 스스로 돈을 모아 토지를 사들이면서 거꾸로 이를 토착인에게 빌려주었고, 마침내 그들을 노비로 삼기에 이르게" 되는 사실을 리얼하게 묘사하고 있다.[79]

사실상 한인들의 대거 식민에 따라 적어도 세 가지 문제가 나타났다. 하나는 토지의 소유권이 비교적 '쉽게' 한족에게 넘어갔으며, 그에 따라 토착의 비한인족들과 신입의 한족들 사이에 갈등이 증폭되었다는 사실이다. 심지어 반정부 폭동으로까지 확대되는 경우도 종종 있었다. 두 번째로 지나친 개간에 따라 전통적으로 유지되어 왔던 생태환경이 변형되었고, 이는 환경재해로 나타났다는 점이다. 셋째 이곳에 재배된 작물은 대부분 옥수수와 같은 한지 작물이었으며, 이는 앨프리드 크로스비Alfred Crosby가 말하는 바와 같은 '생태제국주의'의 특성을 띠게 되었다는 사실이다.[80] 이는 린쩌쉬가 신장지역으로 유배된 뒤, 이리지방을 개발하는 과정에서도 유사하게 진행되었다. 농업전문가였던 그는 이곳을 목축지대에서 농업지대로 전환하는 작업에 매달렸던 것이다.

한화의 실상

사실 변강의 정복과 그에 따른 한족의 이주는 '한화漢化'라는 새로운 문제를 야기하였다. 우리들에게 고전적인 한화론자로 인식되고 있는 역사가는 미국과 중국에서 오랫동안 활동한 허핑티何柄棣였다. 지금부터 42년 전에 그는 "The Significance of Ch'ing Period in Chinese History"라는 논문에서[81] 1) 청제국은 역사상 가장 넓은 영토를 소유하였으며, 광대한 영토는 실제였으며 통치력도 정상적으로 작동하고 있었다. 또한 내지의 후난·베이, 윈난, 구이저우, 쓰촨을 완전히 한화(Sinicization)시켰으며, 근대중국의 영토를 창조한 시대다. 2) 많은 인구를 물려주었으며, 3) 정복왕조로서 가장 성공적이었고, 4) 전통과 근대라는 두 시대를 공유하였으며, 전통시대를 완성하였다. 5) 그리고 이러한 성공은 지배자들의 체계적인 한화 덕택이라고 할 수 있으며, 청조는 역사상 전통적인 중국의 제도가 가장 성숙하고 발전하였던 시기라고 규정하였다.

허핑티의 '청대사 테제'가 발표된 지 30여 년 뒤에야 알타이학파의 일원인 파멜라 크로슬리Pamela K. Crossley는 허핑티의 테제를 비판할 목적으로 한화를 다음과 같이 재정의하였다. 곧 "중국문화의 우월성을 인정하고 그것을 받아들여 생활관습뿐만 아니라 인간 자체도 개조하는 작업이다. 그것은 군사정복의 역사를 정당화시켜 주는 도그마이기 때문에 문제가 되고 있으며, 그 대신 역사학자들은 헤게모니와 종족성이라는 단어를 활용하여야 한다"는 것이다.[82]

나아가 이블린 로우스키Evelyn S. Rawski는 미국아시아학회Association of Asian Studies 회장 연설문에서 허핑티의 주장을 다음과 같이 공개적이고 전면적으로 비판하였다. 비판의 주요 기준점은 1) 그간 청대를 연구하는 데 사용되어 왔던 자료의 문제, 2) 명청왕조의 유사점과 차이점, 3) 청왕조 지배층의 한화 문제, 4) 청왕조의 성공 비결, 5) 청왕조와 현대중국과의 연계성 문제 등이었다.[83] 그리고 로우스키는 허핑티가 정의한 청대사의 역사적 의미 속에는 19세기 말 20세기 초에 중국에 불어닥친 민족주의 산물이 내재되어 있다고 비판하였다. 실제로 만주어 자료를 검토해 보면, 청말까지 만주족은 여전히 자신의 정체성을 유지하고 있었으며, 만주족의 청왕조가 한족왕조의 지배체제를 채택하였다고 해서 한화가 된 것은 아니었다는 점이다.

이에 대해 허핑티는 다시 반론을 제기하면서 자신도 이미 청제국의 다민족성에 주목하였지만, 반면 만주어 자료의 제한성과 한문자료의 중요성, 한화에 대한 불철저성이 로우스키 비판의 약점이라고 지적하였다. 나아가 한화 문제는 특히 장기적 관점에서 검토해야 하며, 독일의 헤르베르트 프랑케Herbert Franke나 프랑스의 자크 제르네Jacques Gernet처럼 서구 학자들 중에서도 청대의 한화를 긍정하는 경향이 있다고 반박하였다.[84]

대부분의 중국학자들은 사실 허핑티보다 훨씬 더 중화주의적이고 정태적인 방식으로 한화 문제에 접근하고 있었다. 예를 들면 청대사 연구의 대가인 다이이戴逸는 '만족滿族은 우리의 통일 다민족국가 내에서 발전하였던 바, 곧 조국 민족대가정의 일원으로서 이 지역은 고대부터 중원과 밀접한 관계를 맺고 있었으며 발해는 만족의 조상이 세운 최초의 지방정권이었다'고 서술하고 있다.[85]

청대사에서 제기되는 한화 혹은 동화 문제는 일반적으로 두 가지 차원에서 접근할 수 있다. 하나는 이미 앞에서 검토한 바와 같이 한족의 변방 이주에 따라 현지의 토착민인 비한족들이 한족화되었는가와 지배자인 만주족의 정체성이 청말까지 유지되었는가 하는 문제와 직접적으로 관련되어 있다. 당연히 이 개념의 배후에는 중화민족주의를 중심으로 재구성된 단선론적이며 목적론적이고 진보주의적인 근대중국의 역사가 똬리를 틀고 있다.[86] 다이이의 한화관도 20세기 이후에 발전한 정통중화주의자로서의 역사관을 전형적으로 드러낸다.

1990년대의 중국학자들은 좀 더 탄력적이고 객관적으로 이 문제를 해명하려고 한다. 예를 들면 우리웨이吳莉葦는 중국의 전통적 사유 중에는 식민 혹은 식민지 개념은 보이지 않으며, 구체적으로 그 용어를 적용한다고 하더라도 서북과 동북, 그리고 서남부지역의 역사적 조건이 달랐기 때문에 일률적으로 사용하기 어렵다는 것이다. 가령 서북과 동북의 변강에 대해서 중국인들은 '중국과 외국'이라는 관계에 속한다고 생각하였기 때문에 항상 긴장관계를 고려하였던 반면, 서남의 변강은 중앙 정부의 직접적인 통제 아래 들어 있는 '행정'의 문제였으므로 서구의 '식민' 개념을 사용하는 것은 불가능하다고 말한다. 그런데, 오늘날 구미의 역사가들이 계승한 식민 개념은 바로 18세기의 유럽인들, 특히 선교사가 서남부의 소수민족을 '사실상 청조의 식민지'로 파악한 데서 연유하는 것으로 당시 한인들은 이들 소수민족을 경멸하였고, 중앙정부와도 긴장관계에 놓여 있었으며, 이것이 당대에 제작된 지도에도 반영되었다고 보았다. 이 점에서 중국학자들도 반성하면서 중국의 국가 형성사를 연구할 필요성이 있다고 말한다.[87] 당시의 시대적 상황을 더 중시하면, 한화의 문제나 이민족의 중앙 정부로의 귀속 문제를 전통적인 주장처럼 오래전부터 정태적으로 존재하였던 것이 아니라, 그 자

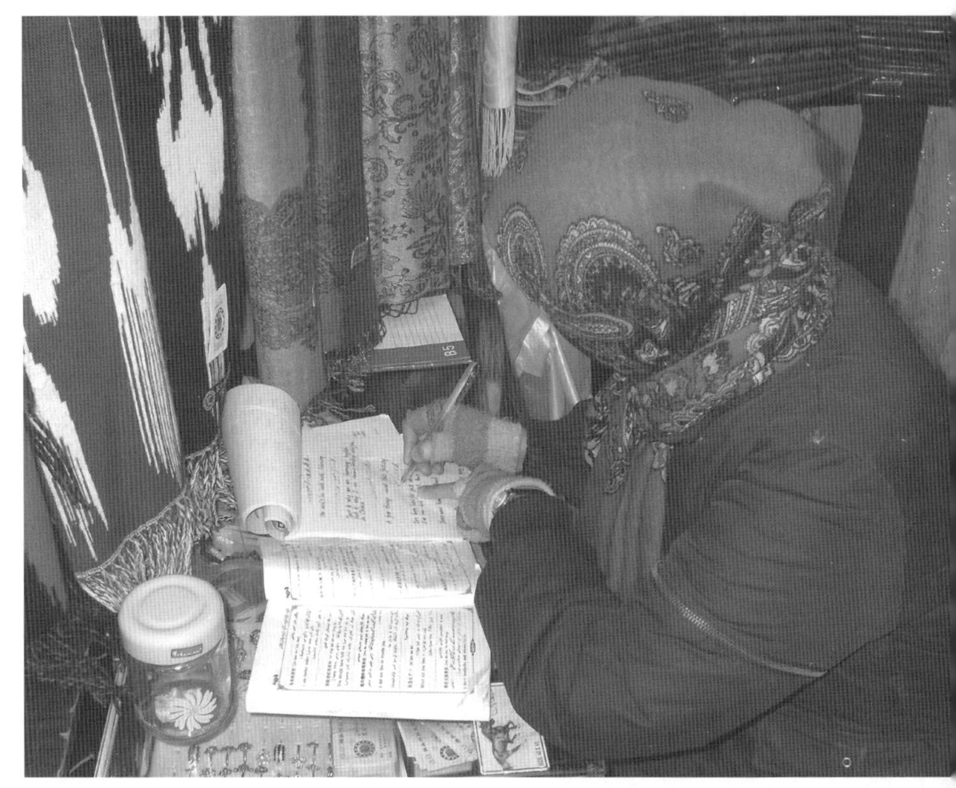

우루무치 시내의 따바자 점포에서
일하며 공부하는 위구르 소녀.

우루무치 시내에는 위구르인들이 오랫동안 발전시켜 온 시장, 곧 따바자가 있다. 이곳에는 많은 민속상점이 있으며, 이곳에서 일하는 사람들도 대부분 위구르인들이다. 사진에서 보이는 위구르 소녀 메이런샤는 점포 일을 보는 도중에 틈틈이 책상에 앉아 위구르어, 영어, 중국어를 익히고 있었다. 우루무치에서 중국어를 능숙하게 하지 못하면 중국인 손님들을 접대할 수 없을 뿐만 아니라, 중국인 사회에 진입하는 데도 어려움을 겪는다. 이 점에서 중국어 학습을 통한 소수민족의 중국인화는 아직도 진행 중이다. (유장근 촬영)

체도 역사적인 변화과정 속에서 검토할 필요성이 제기된다는 것이다.

이 문제는 타이완의 예가오수葉高樹 교수가 지적한 바와 같이 양립이 불가능한 문제일지도 모른다. 그는 로우스키와 허핑티 사이에 벌어진 한화 논쟁은 차후의 연구에서도 여전히 중요할 것이지만, 한화와 비한화의 관점은 양립할 수 없을 것이라고 규정하고 있기 때문이다.[88] 또한 한화라는 개념 자체가 정의하기 어려운 데다 시대에 따라 달라지는 것도 논쟁을 어렵게 만든 이유였다.[89]

물론 우리는 청 정부가 윈난이나 구이저우지방의 소수민족을 한족화로부터 보호하고 종족적 보편성이나 다원화를 인정하려고 했던 점도 알고 있다.[90] 그러나 그 다원성의 실상을 들여다보면, 위에서 본 것처럼 윈난과 구이저우의 종족들은 경멸의 대상이었고, 위구르인들은 정복과 그 이후에 진전된 통치과정에서 일반적 전쟁 상태에서보다 더 심하게 학살당하였다. 따라서 청의 지배 영역 내에 포함된 소수종족들은 순수하게 한화되지도 않았으며, 한족의 경멸과 우월감으로부터도 보호되지 않았고, 통치과정에서 살해될 수도 있는 대상이었다.

알타이 문화권과 한국 역사의 위상

현대중국은 청제국이 세계에 대한 헤게모니 경쟁과 고정된 영토를 확보한 데 참여한 사실을 의도적으로 지워 버리고 오히려 자신을 희생자로서만 부각시켜 왔다. 식민주의와 제국주의는 자신을 괴롭힌 주범이지 자신들이 그 주체는 아니라는 점을 누누이 강조하였으며, 특히 1949

년의 중화인민공화국 건립 이후 이 이데올로기는 거의 불변의 진리인 양 선전되고 교육되었다.

이 때문에 중국학자들에게 만청식민주의 담론은 적지 않은 충격을 주고 있으며,[91] 이에 따른 대응논리로써 유교적 천하국가론이나[92] 조공 개념의 재분석,[93] 한화론의 재검토, 다민족 통일국가의 고대 기원론 등 다양한 논리를 개발하고 있다. 특히 이들은 구미 학자들이 번藩, 조공朝貢 등의 개념을 식민지와 동일한 것으로 인식함으로써, 오류를 범하였다고 주장한다. 반면 일부 학자들, 특히 사회경제사가들은 만청식민주의론에 동의하지 않으면서도 유럽과 유사한 발전과정을 거쳤다는 주장에는 수긍하면서 중국의 근대를 18세기 혹은 17세기에서 찾는 작업도 병행하고 있다.[94]

명백한 사실은 오늘날의 중국은 청제국의 중요한 유산, 곧 광대한 영토와 다민족국가의 틀을 물려받았으며, 그것은 군사 정복과 식민화의 결과에 근거하고 있다는 것이다. 이 점에서 우리는 알타이학파의 주장에 귀를 필요가 있다. 필자는 10여 년 전부터 약소국가나 약소민족 등 중국 주변에 자리하고 있는 지역에서 볼 때, 근대중국의 위상은 어떠하였는가에 대해 계속 관심을 갖고 있었으며,[95] 이 때문에 이들 만청식민주의에 부분적으로 동의하고 있다. 그러나 미국 등 패권국가의 중국경계론이나 '너도 우리와 같은 제국주의야. 그러니까 너무 민족주의를 내세워 피해자인 척 하지 마'라는 의식이나, 군사력을 앞세워 중화 질서를 유지해 왔으면서도 마치 도덕국가인양 자신을 위장하는 중국 측의 주장에 동의하기 어렵다. 나아가 이러한 논쟁에 비판적인 시각을 체계화시키지 못하는 국내 학계에도 아쉬움이 많다.

하지만 국내 학계에서도 이른바 중국 근대의 '식민주의' 문제에 관해 조금씩이나마 관심을 보이거나 나름의 의견을 피력하고 있다. 예를 들면 김성수는 량치차오의 대민족 논의나 쑨원의 오족공화五族共和를 청대 이래 중국의 변강을 형성하고 있던 번부의 독립을 막아 보겠다는 일념이자, 중국의 경제 건설에 필요한 식민지 개발이라는 욕구가 새롭게 작용한 결과로 파악하였다. 나아가 중국 내 식민지 개발 논의는 항일전쟁을 전후한 시기에 중국 사회 각계의 관심사가 되어 있었던 바, 특히 서북 변강에 대한 학계의 활기찬 연구는 민족주의와 자본주의적 팽창의 상승작용을 일으킨 탓이었다는 것이다.[96] 중화민국 시대에 전개된 식민 논의는 청대의 변강 지배 방식에 바탕을 둔 것이었다는 점에서 주목할 만한 가치가 있다. 조경란은 식민주의론에 적극적으로 동의하지는 않지만, 19세기 말 중국에서 민족 담론이 생성될 때, 소수민족은 중국 내부의 타자이면서 '식민지'적 성격을 내포하고 있었고, 그것은 요컨대 국내의 헤게모니와 맞닿아 있었다고 지적하였다.[97] 이와는 약간 다른 시각에서 유용태는 근대의 중화주의와 일본의 식민주의가 내포하고 있는 유사성에 주목하고 있다. 그가 사례로 든 황옌페이黃炎培(1878~1965)의 저술《조선사》에는 일본인의 식민사관을 비판이나 검증 없이 수용하는 데서 한 발짝 더 나아가 그들의 중화사관까지 결합시켜 '중화주의와 식민주의'를 상호 친화성을 가진 내부 논리로 묶었다고 비판한다.[98] 곧 번부나 조공국에 대한 인식의 기초에는 중화주의라는 오래된 우월의식이 자리하고 있으므로, 사실상 청대의 번부 지배와 조공관계의 틀은 근대기의 민족국가 형성과정에서 변질된 형태로 이행되었던 것이다.

이들 알타이학파는 변경에 대한 만청 정부의 정복과 지배에 초점을 맞추다 보니, 청왕조가 만·한 협력 체제를 발전시키면서 유지되었다는 사실을 소홀히 하고 있다는 인상도 주고 있다. 변경지역의 군사 정복이나 새로운 통치제도, 인구 식민 등은 만청 정부의 의도뿐만 아니라 인구 과잉과 자원 부족 등, 청나라 내부의 사회경제적 모순들이 중복되면서 나타난 결과이기 때문에 만청제국의 유목성이나 변경성에 지나치게 경도되는 경우 이 시대의 특수한 문제들이 간과될 수 있다.

또한 알타이학파는 만주지역에 대한 청조의 지배 방식이나 한족 이주에 대해 대체로 무관심한 편이다. 그것은 그들의 역사학이 탈유럽을 지향한다고 하면서도 여전히 청조의 유라시아 정복과 그에 따른 러시아와의 대립 구도를 중시하고 있기 때문이다. 이는 부지불식간에 청조사를 다시 유럽사 중심의 구도 속으로 끌고 들어간다는 비판을 받을 수 있다.

그들은 만주지역도 물론 내륙아시아의 중요 부분으로 간주하고 있기는 하지만, 신장이나 티베트에 대해 갖는 관심도에 비하면 약한 편이다. 현재 이곳은 인구 구성상 사실상 한인사회이며, 이 점에서 현지 토착민들의 문화와 사회 구성이 남아 있는 내륙아시아 지역과 구별된다. 이는 만주지역에서 알타이 문화 혹은 내륙아시아적 요소가 상당히 지워지고 있다는 사실을 의미한다. 이른바 알타이 문화권 중에서 큰 마디 하나가 사라진 셈이다. 이 문화권과 오랫동안 역사적으로 관계를 맺어왔던 한국사회도 그 점에서는 고립적인 상태에 놓인 것이나 마찬가지이다.

알타이지역과 한국은 고대부터 비교적 다양한 방면에서 긴밀하게 연계되어 있었다. 예를 들면 종교–샤머니즘, 언어–알타이어,[99] 역사상에 남겨진 문화유산들—신라의 고분양상, 금관과 각종 유리제품 등 넓은 지리문화적 맥락에서 보았을 때, 상당한 유사성을 발전시켜 왔던 것이다. 좀 더 구체적으로 샤머니즘을 통해 이 지역을 들여다보면 그것이 만주족만의 고유한 특성도 아니었다. 그것은 이미 어느 정도 알려져 있듯이, 북부아시아라는 지역을 기반으로 살고 있는 어벤키, 어룬촌인 따위의 퉁구스계 주민들, 한국인들, 그리고 중앙아시아 및 내륙아시아의 몽골과 터키계 주민들 대다수가 오늘날에도 관습적으로 숭배하는 '종교'이다.[100]

청과 조선조차도 여러 면에서 공통의 유사성을 지니고 있었다. 백두산 일대는 누르하치의 탄생신화에서 매우 신성시되는 공간이지만 이는 또한 고구려의 시조설화와 연관된 곳이기도 하다. 또한 조선 태조 이성계는 출신지인 함주咸州 일대에서 여진족과 혼인관계를 맺는 등 여진사회와 긴밀한 관계 속에서 정치세력으로 성장할 수 있었다.[101]

물론 만주지역과 한반도 지역을 역사와 문화의 맥락에서 유사한 정체성을 가진 단위로 보는 이 관점은 일찍이 일본 학자들에 의해 시도되었다. 그것은 이른바 만선사관滿鮮史觀이라는 이름으로서 한국에서는 '식민주의 사관'이라는 딱지를 붙인 불온한 의미로 소통되고 있다. 하지만, 이 불온성은 학문적 논리의 정당성보다 그 이론에 덧씌워진 정치논리 때문에 야기된 것인 만큼, 좀 더 냉정하게 재검토할 필요가 있다.[102] 특히 이 문제를 바라보는 우리의 시각 역시 역사학을 규제해 온 과도한 민족주의 담론에서 자유로워질 필요가 있다.

또 청과 조선의 관계를 특징짓는다는 조공 문제를 어떻게 다룰 것인가 하는 점도 우리의 관심거리이다. 분명한 사실은 청조의 대외정책을 책봉과 조공이라는 틀 속에서 이해하는 것은 오류를 범할 수 있다는 점이다. 이 패러다임 역시 중화중심주의의 산물인 동시에 페어뱅크John K. Fairbank가 강조했던 '중화적 세계 질서Chinese World Order'의 핵심 개념에 속한다. 중화중심주의가 비판을 받고 페어뱅크의 도전과 응전 이론조차 이미 퇴락한 상황 속에서 조공이란 틀로 청조의 대외관계를 서술하는 것은 바람직하지 않다. 청조 역시 국가의 이익과 안전을 최대한 고려하면서 외교정책을 펼쳐 나갔으며, 조공 역시 그 방법 중의 하나였을 뿐이기 때문이다.

조선 정부의 조공을 매우 모범적으로 평가하는 연구도 있지만[103] 이 관계는 청대 대외관계의 전체 양상을 볼 때, 모범적이었다기보다는 매우 특이한 형태였다. 카자흐와 청과의 관계를 검토한 제임스 밀워드James Millward는 양국 사이에 거래된 말무역 조차도 청조에서는 '공마貢馬'로 인식하는 등 실질적인 무역관계를 왜곡하고 있다면서, 더 이상 "모든 대외관계는 사실상 조공관계였다"는 중화적 관점을 수용해서는 안 된다고 말한다.[104] 순전히 무역을 목적으로 찾아 온 외국 상인들이 종종 중국 관리들에 의해 조공사로 둔갑한 경우도 있으며, 상대가 전혀 조공의 의사를 갖지 않았고, 공식문서에서도 대등한 관계로 표현된 외교가 중국 측에 의해 조공으로 탈바꿈하여 기록되었다는 사실은[105] 중국 측이 설정한 조공관계의 허위성을 그대로 드러내 준다. 따라서 이를 모델로 삼아 청의 조공관계나 혹은 대외정책 전반을 이해하는 것은 바람직하지 않다.

차라리 18세기 말에 베트남 당국자들이 인식한 바와 같이 '방교邦交'라는 틀을 책봉·조공관계의 상위에 놓고 청조와 주변 국가와의 외교관계를 검토하는 것이 더 유용할 것이다.[106] 오늘날 중국의 '청사공정' 팀에서도 청과 인근 국가와의 관계를 규정하기 위한 기본 개념으로 방교와 조공의 사용을 둘러싸고 논란을 벌인 끝에 '방교'를 채택하고 각종 '지志' 속에 '방교지'를 설정하는 것으로 결정되었다.[107] 조공이란 용어를 배제한 이유는 사실상 그것이 오늘날에도 외교적으로 논란이 제기될 수 있는데다, 당시 상황을 제대로 반영하지 않은 일방적 개념이기 때문이다.

중요한 점은 청조가 일방적으로 강제 규정하였던 '조공 체제'가 내륙아시아로의 팽창이나 식민정책 혹은 19세기 중엽 이후에 한국과의 관계 속에서 어떻게 반영되어 나타나는가 하는가 하는 문제이다. 청조의 팽창은 상호 연동되어 주변 지역에 영향을 미치고 있었기 때문이다. 예컨대 임오군란기 이후 진행된 청의 조선에 대한 군사침략은 이 사건만을 고립적으로 파악할 것이 아니라 이 사건을 전후한 청조의 군사활동이나 지배력 강화 등과 관련해서 검토해야 할 것이다. 류쿠의 멸망에 대한 대응, 신장(1884)과 타이완(1885)의 건성建省작업, 베트남의 식민화를 둘러싼 청불전쟁 등과 연계시켜 볼 때, 청조 말기 군사활동의 성격을 제대로 드러낼 수 있기 때문이다.[108]

청조의 중국 지배를 역사적으로 어떻게 보아야 할 것인가에 대한 문제는 여전히 논의의 여지가 많은 부분이며, 특히 혁명사적 혹은 민족주의적 패러다임을 벗어나면 더욱 그렇다. 만청식민주의 문제도 그 개념부터 시작하여 황제의 성격과 그것을 뒷받침한 제도들, 제국의 판도 내에 들어온 몽골, 티베트, 신장 등의 지배 방식의 유사성과 차이점, 현대 중국에 남긴 청조의 유산 등을 함께 고려하여 검토하게 되면 앞으로의 과제는 여전히 많은 편이다.

302

2부

현대중국을 보는 한국인의 시선

- 위대한 과거와 낙후한 현재 사이
- 현대 한국인의 중국 변방 인식

위대한 과거와 낙후한 현재 사이
-여행기를 통해 본 현대 한국인의 중국관

중국의 실체를 기록하기 시작하다

대한민국과 중화인민공화국이 수교한 지 10여 년이 지났다. 수교 당시, 그 목적에 대해서도 많은 논란이 있었던 것처럼, 그 성과 역시 많은 토론거리를 낳고 있다. 두 국가가 수교한 목적 중 하나는 경제 및 사회문화 분야에서 협력을 증진한다는 것이었는데, 이러한 목적은 특히 교역량에 있어서나 관광객을 포함한 양국간 인적 교류 분야에 있어서 당국자의 예상을 뛰어넘을 정도로 큰 성과를 보여준 것 같다.[1]

그러나 그 성과의 의미 중에서 우리가 따져보아야 할 일 중의 하나는 수교 전후부터 최근까지 중국을 왕래하면서 체험한 중국을 어떻게 인식하게 되었는가 하는 것이다. 중국은 한국에 국가가 탄생한 이후부터 조선 시대 말기까지 교류와 인식의 주 대상으로 우리에게 매우 낯익은 존재였다. 그것은 말하자면 타자였지만 종종 소중화주의로 표현되듯이 자기 정체성의 일부이기도 한 외국이었다.[2] 그러나 개화기의 서구적 문명관과[3] 식민지 시기의 모순적 인식,[4] 그리고 한국전쟁 등을 거치면서 전통적 인식은 몇 차례에 걸쳐 굴절되었다. 특히 한국전쟁 이후 그곳은 순식간에 적대적이면서[5] 상상할 수밖에 없는 심상의 지리 공간으로 머무른 채 20세기 말까지 존속하고 있었다.

또한 분석 대상인 중국도 한국만큼이나 변화무쌍한 경험을 하였다.[6] 1세기도 되지 않는 시기에 황제 체제에서 공화제로 다시 인민공화국 체제로 급변해 왔던 대상을 분석한다는 것은 마치 달리는 말에서 빠르게 날아가는 독수리를 겨냥하는 것만큼이나 힘든 작업일 수밖에 없다. 그렇다고 해도 우리는 적어도 1992년 이후 실체로서의 중국을 이해하지 않으면 안 되며, 이런 까닭에 근래의 한국인들이 중국과 중국인에 대해 어떻게 생각하는지, 그리고 그것이 좀 더 논리적인 틀을 갖춘 인식으로 체계화되어 가는지에 대해서는 충분한 검토가 있어야 할 것이다.

이 글은 이러한 전제 아래 한국인들이 수교 전후부터[7] 2003년까지 단행본으로 출간한 여행기를 중심으로 중국 인식의 일단을 살펴보려고 한다. 중국 인식은 전문적 학자, 대중, 정치인, 경제인뿐만 아니라 특히 한류와 관련된 문화인 등 다양한 층위에서 논의될 수 있을 것이지만 이 글에서는 중국을 전문적으로 연구하였거나 그에 준한 전문가적 입장에서 서술한 여행기 단행본 16종을 대상으로 하였다. 이 대상은 필자가 확인한 '거의 모든' 여행기일 터이지만, 눈이 흐릿한 탓에 놓친 것도 있으리라고 본다.

여행기의 저자, 곧 인식의 주체는 거의 대부분 전문연구자, 곧 대학에서 중국의 역사(5종)와 문학(4종), 철학(1종), 지리학(1종)을 전공한 교수들이며, 그 외에 교사(1종), 문인(1종), 기자(1종), 구호활동가(1종), 현지 유학생(1종) 등이 포함되어 있다. 전공으로 따진다면 역사학과 문학 전공자가 압도적으로 많고, 연령상으로는 젊은 유학생과 구호활동가를 제외한다면 대부분 50대 이상이며, 성별로는 13명이 남성, 3명이 여성이다. 곧 대부분 부르주아 자유주의 사회 체제에 익숙한 남성 문인 엘리트들이 글을 남기고 있기 때문에 이 글에서 말하고자 하는 한국의 중국관이라는 것도 결국 이들의 인식체계를 뛰어넘을 수 없을 것이다.

단행본 여행기를 텍스트로 삼아서 위의 주제에 접근한 데에는 현실적이면서도 이론적인 측면에서 몇 가지 이유가 있다. 현실적으로는 신문과 잡지, 학회지 등에 단편적으로 실린 중국 여행기를 모두 구하는 것이 쉽지 않은데다, 그것들조차 분석을 통하여 체계화시키기가 어려울 정도로 지적 층위와 관심이 크고 다양하다는 사실이다. 게다가 비전문가의 경우 여행기가 단순한 인상기에 흐를 가능성이 높으며 이는 실제로도 그러하다. 반면 위의 분석 대상들은 대체로 단순한 인상기의 성격을 벗어나 상당히 체계화된 내적 논리를 갖추고 있다는 점이다. 이들은 대체로 여행 전, 여행 중, 여행 후에 소극적으로 행동하는 일반 관광객들과 달리[8] 그들의 관찰 대상을 사전에 면밀하게 준비하는 한편으로 현장에서는 이를 의미 있게 관찰 기술하고 있다. 그 결과 대중독자를 상대로 자신의 경험담을 전파하고자 하는 단계로까지 나아간 것이며, 이 때문에 이들의 여행기는 어떤 형태로든 한국인의 중국 인식에 영향을 미치게 되어 있다.

외국 여행기는 국가가 만들어 놓은 경계를 가로질러 타자와 만나고 이를 통해 자신의 정체성을 확인하고 변화시키는 문화적 체험기란 의미를 내포하고 있다. 따라서 문화 인식의 산물로서 다른 이에게 관찰자가 보고 들은 바의 대상을 전달해 주는데, 그 메시지에는 자신이 속한 사회의 역사와 정치, 경제, 문화라는 맥락이 간여하기 때문에 타자의 이미지 형성에 중요하다고 할 수 있다. 실제로 이 글에서 분석 대상으로 삼은 여행기도 이 점에서 예외는 아니다. 특히 그것은 학술서와 달리 지은이의 취향을 많이 드러내고 있으며, 그것은 그들이 처해 있던 1990년대의 한국적 상황이라는 맥락과 밀접하게 연관되어 있는 듯이 보인다.

타자 인식에 있어서 여행기가 갖는 중요성은 특히 에드워드 사이드의 《오리엔탈리즘》 간행 이후에 구미학계에서 여행기를 식민주의 담론을 분석해 낼 수 있는 전형적인 텍스트로 주목한 이후에 본격적으로 제기되었다.[9] 국내에서도 영국인 이자벨라 버드 비숍이나 조지 커슨의 여행기 속에 내재한 식민주의 담론이나[10] 19세기 말 일본인들의 조선 여행기에 나타난 조선상을 유사한 시각에서 분석한 글을 발표하기 시작하여[11] 연구자들을 고무하였다.

물론 오늘날에는 여행기뿐만 아니라 TV나[12] 신문, 인터넷, 해외여행 자유화 등, 타자 인식의 통로가 매우 다양하기 때문에 출간 여행기의 영향은 1세기 전과 달리 제한적일 수밖에 없다. 게다가 우리의 중국에 대한 인식은 오랜 역사적 맥락에서 형성되어 온 것이기 때문에 유럽이나 일본의 그것에서 분석되는 제국주의적 담론과 달리 매우 복잡한 양상을 띠고 있다.

이 글도 위와 같은 시각에 도움을 받으면서 논의를 진전시켜 보고자

한다. 검토할 주제는 크게 세 부분이다. 하나는 현실의 중국에 해당되는 부분으로서 관찰자들이 본 중국인들의 일상생활이다. 두 번째로 우리의 여행자들이 공산당, 사회주의, 국가 지도자 등과 같은 국가체계의 중요 부분을 어떤 시선으로 관찰하고 있는지를 분석할 것이다. 마지막으로 여행기의 주된 기술 대상이 되는 역사와 문화유산을 바라보는 한국인의 시선이다. 이를 통해 나는 '중국이 과거에는 위대하였지만, 현대에는 낙후한 국가'라는 한국인의 양면적 중국 인식을 밝혀보고자 하였다.

이러한 분류는 양변 사이에 위치한 많은 다양성을 소홀히 하고, 여행기 작가의 전체적 맥락을 오해할 위험이 있을 것이다. 또한 기왕의 연구 문헌에서 드러난 바와 같이 한국인의 중국 인식에 관한 연구의 하한은 아직까지 1949년에 머물러 있다. 곧 당대인當代人의 여행기 분석은 방법이나 시각 및 기술 부분에서 그만큼 서투른 시도라고 본다. 이 글은 위와 같은 위험인자를 안고 있기 때문에 그것을 최소화하면서 논의를 진전시키고자 한다.

또한 한국인들은 이른바 '중원지역' 뿐만 아니라 변방에 사는 '소수민족' 지역에 대한 관찰도 게을리 하지 않았다. 다만 이 글에서는 '중국'의 실체 자체를 좀 더 분명히 하기 위해 '소수민족'과 '변강'지역에 대한 여행기 분석은 보류하였다. 그것은 별도로 논의해야 할 만큼 또 다른 중요성을 가진다고 생각하기 때문이다.

일상생활에 대하여

일상생활이란 무엇인가? 사회학자들이 규정해 놓은 일상생활이란 현대성을 읽을 수 있는 이면이자 시대정신을 표현하는 문화이다. 그것은 도시·농촌에 관계없이 마치 쳇바퀴가 도는 것처럼 보이는 따분한 삶이지만, 이탈할 수 없는 생존조건이기도 하다.[13] 따라서 그 속에는 문화적 동질성, 개인과 사회간의 유대관계, 공사가 얽혀 있는 일상적 삶의 특징, 이중성과 모순, 전통과 현대간의 혼재와 갈등 등 다양한 의미가 내포되어 있다. 이러한 의미망을 범주화시켜 한국인의 일상생활에 적용시켜 본다면 '말과 소통법, 일상적 꿈과 욕망, 사고방식, 믿음, 먹거리와 옷입기 문화, 의례, 만남과 모임' 등일 것이다.[14] 이 개념을 역사학에 적용시키면 그 영역이나 방법이 그렇게 단순하지는 않다. 그것은 대체로 기왕의 구조사를 보완하거나 사회사의 확대 차원에서 논의되고 있는 바,[15] 그렇다면 당연히 국가 체제와 민족과 같은 정치사적 범주도 일상사에 내포될 수 밖에 없기 때문이다.

일상생활 속의 일상성과 특수성

여행자들이 자신들의 일상적 삶을 떠나 낯선 타국에 들어가게 되면 그곳 사람들의 일상생활을 먼저 접하게 될 것이다. 관찰자들의 일상이야 늘 반복되는 까닭에 거의 주목하지 않는 반면, 관찰 대상의 그것은 종종 신기할 정도로 새로운 데다 자주 부딪히면서 비교할 수 있는 대상이기 때문일 것이다. 이를 통해 관찰자들은 그 일상성이 지닌 사회적 특성들을 캐 내려고 하며, 나아가 거기에 관여된 정치적 맥락을 읽어 내면서 그것과 자신의 사회를 비교해 보려고 한다.

그렇다면 중국에 간 한국 사람들이 부딪히는 일상 속에서 읽어 내려고 하는 기호는 무엇인가? 우선 일상을 일상 그 자체로 이해하려는 관찰자들을 만나게 된다. 그것은 일상에서 어떤 정치·사회적 징표들을 읽어 내려고 하기보다는 드러난 그 모습을 자연스럽게 관찰하는 것이다. 세계의 이곳저곳을 여행한 탓에 세계인의 일상성에 견문이 많은 한비야는 중국인의 그것에도 관심이 많다. 학교 가는 길에 만나는 사람, 가게 아줌마, 구두 수리공, 개 키우는 할머니, 콤콤한 냄새, 만두가게 등 그야말로 일상생활에서 부딪히는 소재들을 "있는 그대로" 묘사한다. 그는 이 점에서 중국인의 일상성을 우리의 그것과 구분하기 쉽고 특이한 영역에서 찾기보다는 세계문화라는 넓은 맥락 속에서 보편적으로 존재할 수 있는 것으로 이해하려고 한다.

예컨대 중국인의 냄새 문제에 대한 그의 기술이 그렇다. 한국인들은 대체로 중국인 혹은 음식과 관련된 냄새에 대해 부정적으로 반응하는 데 비해 한비야는 미국인의 냄새, 한국인의 냄새 등과 중국인의 그것을 비교하면서 대체로 관대하고 이해심 많은 태도로 이 문제를 서술하고 있다. 중국에 체류하는 한국인들 중 대부분은 자신의 자전거를 잃어 버리면 문명적 발전론을 들먹이면서 중국인을 비난하지만 한비야는 그것조차도 일상적으로 일어날 수 있는 생활의 일부로 받아들인다. 마침내 자전거를 세 번째 잃어 버렸을 때 그 자신도 '도둑'의 대열에 뛰어들며, 상점의 종업원들이 거스름돈을 줄 때 집어던지는 '못된 버릇'에 대해서도 "이것도 문화"라면서 너그럽게 이해하려고 한다(한비야, 98).

박경리도 비교적 차분하게 길거리에서 전개되는 일상들을 자연스럽게 관찰하고 있다. 그는 시내 길거리 벤치에 앉아 포옹하는 젊은이를 보고, "옷이야 어찌되었든 가로수만큼 싱싱하고 대지의 산물임을 느끼"는 것(박경리, 39)이다. 물론 박경리도 그 싱싱한 젊은이들의 거리가 30년 전의 서울 거리와 유사한 점을 떠올리곤 한다는 점에서 비교의 시점으로부터 자유롭지는 않지만, 비교적 정감어린 시선으로 일상적 삶을 바라보고 있다. 그러나 대부분의 관찰자들은 여행지에서 마주치는 중국인의 일상을 저와 같이 보편성을 띠면서도 친밀한 구조로 보기보다는, 그 속에서 개방화나 문명화 혹은 사회주의의 발전 정도를 읽어내려고 한다. 예컨대 민두기는 후난지방을 여행하면서 그곳에 사는 농민들의 인민복 착용 정도를 기준으로 개방화와 전통성을 구분하려고 한다(민두기, 203~205). 곧 인민복을 착용한 사람이 많을수록 개방화가 덜 된 곳이며, 이런 곳은 특히 오지의 농촌일수록 더욱 심하다는 것이다. 그뿐만 아니라 그는 농촌에 불어닥친 개방화의 증거로서 비디오 문화, 연예인 추종족, 색정 출판물, 성병 예방 홍보물 따위와 같은 농촌의 일상생활을 지적하고 있다(민두기, 188~191).

헤이룽장성의 하얼빈에서 시민들의 복장을 관찰한 임세권에 따르면 그곳 여성들은 6월이 되면 대부분 "엉덩이만 겨우 가리는 초미니스커트를 입는다. …… 이 검은 색깔의 미니스커트는 그들의 희고 긴 다리를 더욱더 드러나게 해주고 많은 남성들의 눈길을 붙들어 맬 정도가 된다"고 한다(임세권, 22~23). 그를 비롯한 한국인의 넋을 뒤흔드는 것은 사회주의 국가에서 저와 같은 개방적 옷차림을 할 수 있다는 사실이다. 개방화는 옷차림뿐만 아니라 베이징과 같은 대도시의 젊은이들이 "자전거를 타고 가면서도 키스를 하기도 하고 버스나 전철 안에서도 꼭 끌어안고" 가는 장면에서도 확인되는(임계순, 23) 사항이다.

이들 관찰자들은 일상생활의 특성을 도시나 농촌에 나타난 개방성과 연관시키는 데 비교적 익숙하다. 그런 탓에 의복생활 속에 내포된 경제성이나 실용성 혹은 유행과 같은 사회문화적 요소들은[16] 대부분 간과되고 그중에서 중국 정부에 의한 개혁개방이라는 '정치적' 관점을 중시하였다. 이렇게 된 데에는 위의 관찰자들이 중국 정부의 개혁개방 효과를 인민의 일상적 삶 속에서 읽으려고 하는 문명적 패러다임에 더 관심을 기울였기 때문이라고 생각한다. 이들이 중국을 방문한 시점 자체도 그 변화를 관찰하기에 아주 좋은 1980년대 말과 1990년대 초였다.

물론 관찰자들이 일상의 정태적 요소에 주목하지 않은 것은 아니다. 예를 들면 민두기는 "정보통신이 낙후한 중국, 각 지방마다 강하게 남아있는 방언, 도시의 한 골목 내 우물가에서 변기통을 씻는 할머니들"에게서 변화하지 않은 중국사회의 한 단면을 읽어 낸다(민두기, 76~77). 이러한 무변화는 그러나 그에게 구조적 일상이기보다는 '낙후한'이라는 용어에서 보듯이 낙후와 가난의 중요 상징으로 읽힌다. 이처럼 낙후한 일상은 어떤 이에게 "수줍음, 사양, 부끄러움, 소박함" 등과 같이 인간을 순화시키는 이미지로 미화되기도 한다(임계순, 236). 그 수줍음과 순박성은 "우리나라의 1960년대 아이들의 모습과 닮아서 마음이 따뜻해지는"(김찬삼 1, 209) 느낌까지 받게 된다.

이를 보면 개방화에 따른 일상성의 변화는 관찰자들이 처해 있는 한국사회의 문명화 발전단계와 비교하는 수준으로까지 연계된다는 사실을 알게 된다. 이 점에서 한국인들의 중국 여행은 자신들의 과거를 회고하는 공간으로서의 의미를 가지게 된다. 다시 말하면 한국의 여행자들은 근대화를 성취하였다는 입장에서 중국의 '일상적 낙후'를 지적하고 이를 통해 현재 자신의 우월성을 확인하려고 하는 심리 상태를 보이면서도 그 '낙후'에 내포된 또 다른 측면, 곧 정감 있는 인간을 만난다는 사실에도 특별한 의미를 부여하고 있다. 그런 까닭에 한국의 여행자들은 한국사회가 30~40년 사이에 성취한 근대화의 이중적 성격을 곧바로 중국 현장에 대입하면서 자아 회고와 만족의 형태를 동시에 드러내고 있는 셈이다.[17]

일상생활의 관찰에서 미미한 차이일 수 있겠지만, 남성과 여성의 시선이 각각 다르게 나타난다는 점도 유의해 볼 만하다. 여성의 경우, 노년의 박경리와 비교적 젊은 편인 한비야는 일상생활 자체에 될 수 있는 대로 권력관계를 개입시키지 않으려 한다는 공통점이 있다. 그것은 무의식적인 기술일까. 아니면 페미니즘적 성향을 드러내려는 의도적인 것일까. 그것은 여행기 자체가 남성적 담론에서 출발하였고, 따라서 여성의 관찰이란 남성이 만들어 놓은 기존의 권력관계에서 배제된 일상적 삶의 구조에 익숙한 탓일 수 있다.[18] 이는 그들이 한국사회에서 체화한 권력관계의 정도만큼 중국인의 일상에 나타나는 그것을 관찰할 수 있다는 의미로 해석된다. 그렇기 때문에 한국의 여성 관찰자들은 모두가 그런 것은 아니지만 남성과는 비교적 다른 시선, 특히 일상생활에 권력관계를 직접적으로 개입시키기보다는 좀 더 거리를 두고 자신의 일상에 친숙한 감정으로 관찰하는 특징이 있는 것 같다.

일상생활 속의 비문명적 요소들

이제 일상생활을 개방화라는 단기적 변화보다 문명화라는 20세기적 거대 담론과 관련시키려는 관찰자들의 관심에 눈을 돌려보자. 문명화는 특별히 중국 정부가 공을 들여 달성하려고 하는 국가사회의 목표였기 때문에 외부 관찰자들에게 그와 관련된 구호나 외형적 변화가 눈에 쉽게 띈다. 중국 정부는 1978년부터 이른바 사회주의 정신문명 건설을 정책으로 제시하면서 위생, 문명, 예모, 질서, 도덕 부분에서 정신문명화 운동을 추진하였다. 이를 실천하는 방법으로 문명가정, 문명촌, 문명향, 문명단위 등 모범단위를 지정하였다.[19]

한국의 여행자 중에서도 이 부분에 대해 많은 관심을 보인 관찰자가 있다. 민두기가 1988년에 처음으로 중국 남부의 광저우시에 들어갔을 때, 눈에 잘 보이는 구호는 '문명공약文明公約'이었으며, 공약의 내용은 예의, 양보, 주인정신 등이었다. 그는 자신이 방문한 연구소 정문에도 '문명단위', '문명생산', '문명열차', '문명주인' 등과 같은 구호가 나붙어 있었으며, 이 구호는 개혁개방 이후 범람하게 된 것이라고 설명하였다(민두기, 38). 외형적인 관찰이지만 사회주의 정신문명의 건설 과정을 비교적 적확하게 기술하고 있는 셈이며, 이는 그가 그만큼 중국의 문명화에 관심이 많다는 증거이기도 하다. 임세권도 다소 성기기는 하지만 유사한 관찰을 하고 있다. "문명적으로 말하고 문명적으로 일을 처리하며 문명적으로 행동하자"라는(임세권, 77) 구호를 채록하고 있는 것이다.

위에서 지적한 바와 같이 중국인들의 '비문명적 요소'는 대부분 일상적인 생활습관과 관련된 것이었다. 그것은 범주화한다면 더러움, 불친절, 몰염치 등과 같은 요소로 구성될 수 있을 것인데, 이는 누가 보아도 중국사회의 일상을 부정적인 관점에서 관찰하는 방식이다. 우선 더러

베이징 시내의
빵차.

한중 수교 이후 한국인들의 중국 여행 단골 메뉴는 베이징 일대, 시안 일대, 상하이 일대 등이었다. 베이징에서는 자금성, 명십삼릉, 만리장성 등을 집중적으로 보았다. 사진은 1990년대 중반에 베이징 시내를 누비고 다녔던 일명 빵차. 모양이 식빵과 같다고 해서 붙여진 이 소형버스는 베이징 시민들의 발이자 일상을 관찰할 수 있는 좋은 대상이었다. 한여름 더위에 백양나무 그늘 아래에서, 문을 열어 놓고 손님을 기다리는 차장의 모습이 좀 후줄근해 보이지만 정겹기도 하다. (유장근 촬영)

움에 대해서이다. 한국인들이 자주 지적하는 이 '비문명화' 현상의 구체적인 양상은 아무곳에서나 가래를 뱉고, 담배를 마구 피워 대며, 코를 푸는 것 따위이다. 더러운 옷을 입는데다 매무새도 신경을 쓰지 않으며, 심지어는 걸핏하면 웃통을 벗은 채 거리를 활보하는 것에 대해서도 자주 언급하고 있다.

특히 한국인들은 중국인들의 가래를 뱉는 습관에 대해 상당히 자세하게 관찰하고 있다. 그것은 중국 정부에서도 문명화의 주요 정도로 판단하면서 각종 구호나 광고 형태로 이를 금하고 있기 때문이다. 예컨대 '함부로 가래를 뱉지 말자', '가래는 꼭 가래 그릇에'라는 표어는(민두기, 95) 문명적 행위를 구체적으로 적시하고 있는 경우이다. 가래침 뱉기 금지가 전체적인 문명화 프로그램 속에서 작동하고 있다는 사실을 알게 된다.

가래를 뱉는 행위가 낙후의 표상이라고 하는 인식은 이미 1930년대 국민당 정부 시절에도 제기되었다. 1930년대에 시작된 중국의 도시 위생화 전략에서 가래 뱉기 금지는 거리에서 소변 금지, 쓰레기통에 쓰레기 버리기, 물 끓여 먹기, 예방접종 받기 등과 함께 중요한 위생 문제로 제기된 것이었다.[20] 그 의도는 문명화라는 일반적이고 시대적 특성을 반영한 목표였다기보다는 민족적 위기를 구하는 구체적인 행위 전략에 둔 것이었다. 약 60여 년의 시차가 있기는 하지만 가래 뱉기를 여전히 민족의 위기나 문명화 전략에 방해가 되는 낙후의 표상이라고 하는 인식이 우리의 관심을 끄는 것이다.

개개인의 일상적 행동 속에서 '중국이 더럽다'라고 인식하게 된 관찰자들은 그것을 공공시설과 길거리, 그리고 도시 전체로 확산시킨다. 위생적이어야 할 병원조차 더러워서 가기가 싫을 정도이다(임계순, 36). 톈진과 같은 도시는 안개가 자랑일 뿐으로, 가난하고 고철 덩어리 같은 모습으로 누워 있는 형상이다(조창완, 28). 저명한 역사도시 시안도 더럽기는 마찬가지다. 어느 서양인 관찰자에 따르면 시안은 마치 뿌연 먼지와 웃통 벗은 남자, 더러운 옷, 절여 놓은 배추 같은 얼굴 표정의 도시이거나, 쓸면 쓸수록 당황스러울 정도로 본래의 모습을 드러낼 뿐으로서 비로 쓴다고 해서 깨끗해지지는 않는 도시라고 혹평하기도 한다.[21] 곧 도시의 더러움은 한국인만이 느끼는 소회는 아닌 것이다. 물론 시안의 더러움은 풍부한 유산에 묻혀지거나 혹독한 자연환경 때문이라는 여행자 나름의 이해 덕택에(김복희, 34~35) 사소한 것으로 그칠 수 있으나, 중국의 도시가 모두 시안처럼 볼거리가 많은 도시는 아니라는 데 문제가 있다. 따라서 이 더럽다는 이미지는 찬란한 문명조차 낙후된 비문명적 현상으로 뒤덮고 있는 것이 현대중국이라는 식으로 인식되도록 우리를 이끄는 셈이다.

개방형의 변소 문제는 사실 중국 여행 중에 변비를 일으킬 정도로 한국인들을 괴롭히는 주범일 것이며 이에 대해서는 많은 사람들이 지적하고 있다. 필자 자신도 도시에서 떨어진 문화 유적지에 갔을 때뿐만 아니라 심지어 베이징역 앞, 혹은 톈진 시내의 중앙버스터미널에서 변소 때문에 곤혹스런 경험을 한 적이 있다. 왜 그렇게 개방형이어야 하는지, 게다가 당국은 왜 그리 무심한지에 대해서는 아직까지 우리 여행자들 사이에서 설득력 있게 말하는 사람을 보지 못하였다. 나 역시 이에 대해 아는 바가 거의 없다. 어쨌든 변소 문제는 한국인들에게 '더러운 중국'이라는 인상을 심화하는 데 주범이라고 생각된다.

중국인의 불친절이나 몰염치도 자주 지적되는 일상성 중의 하나이다. 상점의 점원을 대할 때 느끼는 불친절은 아마 한국인들이 공통적으로 경험하는 장면 중에서 으뜸일 것이다. 심지어 어떤 이는 "호텔의 종업원이 관광객을 마치 원수 보듯이 대한다"고 쓰고 있다(민두기, 87). 그들은 "아무데서나 떠들면서 도덕성도 없으며, 같이 여행하면서 먹을 것을 권해도 받을 줄 모르고, 먹을 것을 줄 줄도 모른다"고 지적한다(임계순, 21~22). 그들은 "바지를 걷어 올리고, 단추를 열고 다닐 정도로 옷을 함부로 입는 사람들이다. 게다가 군인들은 앞단추를 풀어헤치고 다니거나 샌들을 신는 것조차 예사롭게 하고 다닌다. 그들이 그렇게 하는 이유는 생활수준이 낮기 때문"이라고 지적하면서, 심지어는 그들이 "도덕교육조차 제대로 받았"는지를 의심한다(민두기, 99~100).

중국을 여러 차례 방문한 관찰자에 따르면 더러움이나 게으름, 불친절 따위의 비문명적 요소들은 21세기에 들어 비교적 상당 부분 제거된 것으로 평가하기도 한다. 임중혁은 1991년도 중국을 방문하였을 당시 "목욕도, 세탁도 않고 사는 중국인에게 과연 세탁기가 필요할까라는 의문이 들기도 하였으며, 이제 그런 구질구질한 중국인은 찾아보기 어렵"다고 기술한다(임중혁, 134). 곧 개방화 이후에 추진한 문명화 전략이 효력을 발휘하고 있다고 여기는 것이다.

문명화 경험과 식민지 유산

이상에서 본 바와 같이 한국인들이 중국인들의 일상생활 속에서 관찰한 비문명화의 상징 현상들은 일차적으로 중국인들의 습관에서 연유한 것으로 보기도 하지만 그보다는 사회주의의 낙후 현상으로 파악하고 있다는 점에 더 비중을 두고 있는 듯하다. 특히 그것은 중국이 추구하고 있는 문명화 전략으로 인하여 법적 근거를 획득한다.

그러나 나는 그것이 관찰자들의 내면화된 가치, 곧 일제의 식민지 체제와 해방 이후에 한국사회에서 꾸준히 진전되어 온 문명화의 삶을 학습해 온 결과라고 판단한다. 더럽고 염치없으며 문명적이지 않다는 지적은 이미 1세기 이전에 일본인들이 한국을 침략하면서 만들어 놓은 전략이었다. 문명화의 목표는 그런 까닭에 불결함과 게으름, 그리고 무기력에서 벗어나야 가능한 것이었다.[22] 특히 근면은 자유주의 이데올로기에서 문명과 비문명을 구분하는 중요한 기준으로서 제국주의자들이 타자 만들기에 사용된 주요 개념이었다.[23] 이미 한국인들은 대한제국기의 언론에서 백인종을 "영민하고 부지런하고 담대"하다고 규정하고 그 기준은 문명화라고 언급하였던 바, 이런 사고에 영향을 미친 것은 일본이었다.[24] 식민화된 한국사회는 일본의 문명화 전략을 수용하면서 과거보다 위생화된 모습으로 재탄생되어 갔다고 할 수 있다.[25]

그러나 잘 알려진 바와 같이 일본제국의 문명화 전략도 사실은 이미 영국인들이 일본에서 한 차례 실험한 사례였기 때문에 일본사회의 창안물이라고 볼 수 없다. 더럽고 염치없으며 게다가 게으르다는 이미지는 인종적으로 우수하며 문명화에서 선진적인 서구인들이 창출해 낸 동양 전략이었던 것이다.[26]

이는 식민지 체제를 경험한 오늘날의 홍콩인들에게서도 유사한 양상으로 반복된다. 홍콩인들이 자신들과 대륙인을 구분하는 주요한 전거도 문명사회론이다. 곧 홍콩사회는 "사람을 위주로 하고 있으며, 인권이 중요한 사회이다. 이 점에서 대륙과 다르며, 문명개방된 사회라서 좋은 사회"인 것이다.[27] 여기에서도 우리는 문명사회의 주류인 홍콩과 그렇지 못한 중국이라는 대립구도가 선명하게 드러나고 있다는 사실을 알 수 있다.

인권이 중요하고 개방된 사회이며, 사람을 중시한다는 홍콩사회의 문명화는 한국사회에 그대로 적용되어도 좋을 가치일 터이다. 그리고 그 가치의 일부는 우리가 경험한 바와 같이 최근 수십 년 사이에 개화되었다고나 할 역사적 자산일 것이다. 다시 말해 가래로 상징되는 더러움이나 옷차림새, 불친절, 몰염치 등과 같은 낙후된 사회의 상징들은 여러 관찰자들이 지적한 바와 같이 약 30여 년 전 한국사회에서 흔히 볼 수 있던 모습이며, 일부 지역이나 계층에서는 아직도 강고하게 유지되고 있는 전통이기도 하다.

이러한 점들을 종합해 볼 때 한국의 여행자들이 문명화 시각에서 중국을 관찰하고, 중국도 진작부터 그것을 내면화시키면서 사회를 계도해 왔다는 사실은 19세기적 유럽형 근대가 동아시아의 여러 지역에서 아직도 진행형이라는 현실을 여지없이 보여주고 있다. 그뿐만 아니라 타자 이해의 철학적 기초 역시 타자를 중립적 타자로서 인정하기보다는 식민지배와 부르주아 민주주의 등 자국 내의 역사적 경험들에 근거하여 인식하고 있다는 점에서 우리 자신의 인식 틀은 과거의 유산을 체화한 결과라고 말할 수 있을 것이다. 다시 말해 오염된 기억으로부터 애써 눈을 돌리고 정화된 시선으로 타자를 관찰하려는[28] 의도가 읽히는 것이다.

국가 체제에 대하여

일시적인 여행자들이 해당 지역 국가의 체제를 면밀하게 관찰하기란 사실상 어렵다. 그 체제를 잘 알지 못하거니와 여행하는 어간에 체제를 구성하는 요소를 찾아 내어 그에 대해 기술하는 일이 쉽지 않기 때문이다. 이러한 한계에도 불구하고 여행자들은 부지불식간에 그 부분을 지적하곤 하며, 특히 그 지역 전공자인 경우에는 더욱 논리적이고 체계적으로 기술한 부분이 있음을 알게 된다.

가난하고 낙후한 공산국가

한국의 관찰자들은 위에서 본 바와 같이 중국인의 일상생활을 종종 중국의 국가 체제와 연계시켜 서술하곤 한다. 도처에서 마주치게 되는 중국의 문명화 전략도 사실 큰 맥락에서 본다면 낙후된 사회주의 체제를 증명해 주는 관점에서 기술되었다. 그러나 그들은 국가 체제의 일부인 공무원이나 문화재 관리, 또는 개혁개방 정책의 결과로 나타난 중국인들의 돈벌이와 같은 현상을 통해 좀 더 구체적으로 이 체제를 이해하려고 한다. 그렇지 않으면 인민공화국의 상징적 인물인 마오쩌둥을 통해 공산 체제를 이해하거나 낙후된 농촌이나 가난한 교육현실을 보면서 사회주의 체제가 이룩한 성과들을 평가하려고 한다.

한국의 관찰자들은 대개의 경우 중국의 국가 체제를 부정적으로 묘사한다. 연현배 같은 여행가는 "중국은 겉으로 사회주의를 가탁했을 뿐 실제로는 반사회주의 국가이며, 천민자본주의 국가"라고 평한다(연현배 3, 314). 중국이 시장사회주의를 목표로 정책을 추진하였지만, 그 결과는 천민자본주의 체제로 나타났다는 것이다. 실제로 시장사회주의 이전의 중국 체제를 경험하지 못한 한국인들로서는 양 체제의 특징이나 변화과정 등을 비교하기가 어려울 것임에도 불구하고 저러한 평가를 내린 것은 사회주의 체제 내에 자리한 자본주의적 요소가 다소 기이한 형태로 교착되어 있기 때문일 것이다.

그러한 사례로 들 수 있는 것은 중국이 안고 있는 가난과 그 상태에서 벗어나려고 하는 돈벌이 열풍일 것이다. 중국이 가난하다는 사실에 대해서는 여러 관찰자들이 공통적으로 기록하고 있다. 농촌의 교육 사정에 대해 관심을 가졌던 민두기는 “가난에 찌든 농촌에서는 교육시설조차 제대로 갖출 수 없었고, 돈이 없어 학교를 중퇴하는 초등학생들도 증가하는 슬픈 현실을 낳았다”고 기술한다(민두기, 193~196). 적어도 교육현장을 통해서 볼 때 사회주의 체제는 인민을 위해서 무엇을 했는지를 준엄하게 묻고 있는 것이다. 그 결과 우리의 여행자들은 “중국인들은 돈을 많이 가진 외국인에게 굽실거리게 되었으며, 과거의 찬란한 문화민족이 스스로의 빈곤감 때문에 가난한 경제주의자로 전락”한 사실을 눈으로 확인하게 되었다(임세권, 88). 곧 가난은 가난으로 그치는 것이 아니라, 인간성의 상실과 문화민족의 정체성을 훼손하는 수준에까지 이르렀다고 진단하는 것이다.

사실 덩샤오핑으로 상징되는 개혁개방 이후의 중국 정부는 어쨌든 우리가 현재 가난하며 그렇기 때문에 능력이 있는 개인이나 지역에서 먼저 부자가 되라는 식으로 다그쳤다. 가난은 사회주의의 자랑이 아니며 오히려 그것은 그들의 표현처럼 어느 곳에서나 중국인을 괴롭히는 원흉과 같은 것이었기 때문이다.

한국인들과 조우하는 중국인들이 저와 같은 중국 정부의 권유에 촉발된 것인지 아니면 전통적 상술이 되살아난 것인지는 분명하지 않으나 어쨌든 관찰자들의 눈에는 돈을 지나치게 밝히는 중국인으로 비쳐지는 것이다. 민두기는 "능력 있는 사람은 부유해도 좋다. 중국은 이윤경쟁이 보장되는 사회로서, 시골에서도 아이스케이크 행상을 하는 자전거떼를 볼 수 있으며, 정저우 국제호텔 근처의 어두컴컴한 거리에서는 카바이드 불을 켜 놓고 아이스케이크나 선정적인 책을 파는 할머니"를 만날 수 있다고 지적한다(민두기, 42~44). 그의 글에 따르면, 이 열풍을 부추긴 것은 덩샤오핑의 선부론이다.

이 돈벌이 열풍은 순진하던 사람마저 뻔뻔스러운 모습으로 바꾸어 놓는다고 본다. 임계순이 1990년에 만난 한 조선족은 "시골 골방에서 자다가 나온 사람처럼 헝클어진 머리에 갈퀴 같은 손을 하고 있었지만 수줍고 사양하며 부끄러움을 많이 타는 소박한 모습이었다. 그러나 1년 뒤에 다시 만나 보니 파마를 하고 의복은 한국의 중년과 같아서 소박한 모습은 없고 뻔뻔스러운 모습"으로 변해 있었다(임계순, 236~237). 그가 보았을 때 돈벌이 열풍에 휘말린 계층에는 관광지에서 싸구려 물건을 파는 장사꾼뿐만 아니라 대학에 근무하는 교수들도 당연히 포함되어 있다.

사실 가난에서 벗어나기 위해서는 열심히 돈을 벌어야 하는 것이 마땅하며, 이는 한국인에게도 똑같이 적용되는 행동양태이다. 실제로 한국도 세계 역사상 아주 짧은 기간 동안에 가난에서 벗어나 이른바 부자나라들의 증명서라는 OECD에 가입하여 국부를 인정받는 나라에 속한다. 따라서 돈벌이라면 어느 누구 못지않게 다양한 방법을 발전시켜 왔다고 해도 과언은 아닐 것이다. 그런 까닭에 중국인의 가난과 돈벌이 풍조를 비판하는 것은 앞에서 말한 바와 같이 그러한 서술을 통해 돈에 오염된 자신들을 정화시키면서 다른 한편으로는 자신의 부를 드러내어 자랑하고 싶은 이중적 잠재심리가 현장에서 작동하는 것은 아닌가 하는 의문이 든다. 곧 중국의 그 현상을 우리의 자화상이라고 인정해야 그 풍조를 좀 더 냉정하게 분석할 수 있을 것이다. 더욱 흥미 있게도 우리의 관찰자들은 이 모순된 현상을 별다른 모순이나 갈등 없이 묘사하고 있다는 사실이다.

이와는 달리 중국인의 돈에서 문화나 나라를 이해하는 중요한 키워드를 찾는 이도 있다. 한비야는 베트남, 태국, 캄보디아, 과테말라에서 발행한 돈의 모양과 특징들을 열거한 다음 중국돈을 그와 비교하거나 돈과 관련된 숫자 이야기 따위를 열거한다. 물론 그도 중국인에게 가짜 돈을 받은 것이나 거스름돈을 줄 때 팽개치듯 던져 주는 행동 등에 대해 못마땅해 하지만, 위폐는 전 세계적인 현상이며 후자에 대해서는 습관일 뿐 악의는 없는 것 같다고 이해한다(한비야, 97~98). 곧 전문적인 관찰자들은 가난이나 돈벌이 열풍에 국가 체제라는 요소를 중시하는 데 비해 비전문가인 한비야는 문화나 습관이라는 관점에서 중국인의 돈문화를 관찰하고 있다.

마오쩌둥과 공산혁명 유적에 관한 다양한 시선

국가 체제에 대한 관찰은 가난이나 돈벌이뿐만 아니라 중국 사회주의 상징인물인 마오쩌둥을 통해서도 잘 드러난다. 중국과 같은 강력한 중앙집권제 국가에서 최고 책임자의 지위에 있던 사람은 당연하게 국가 대표로 평가받을 수밖에 없다. 마오쩌둥은 특히 그러한 체제를 만들고 운영한 인물이므로 그 대표성은 더욱 드러날 수밖에 없다.

마오쩌둥에 대한 한국인들의 관찰기는 대체로 가혹한 편이지만 일부에서는 다른 시각으로 그를 이해하려고 한다. 그에 대한 부정적 묘사는 예컨대 다음과 같은 것이다. "마오쩌둥은 무자비한 정신파탄자이며 색마이다. 마오쩌둥의 숭배 열기는 현실에 대한 불만의 결과이며, 그는 많은 여자를 거느리고 살았다. 또 그는 대약진운동이나 문혁을 일으킨 정신이상자이다"(연현배 1, 275). 이처럼 극단적인 감정을 드러내는 기술은 여행기에서 많이 나타나지는 않지만 다음과 같은 관찰도 감정적 수준에서는 그렇게 만만하지는 않다. 곧 "마오쩌둥은 지워져야 할 인물임에도 불구하고 천안문 광장에 누워 있는 것이 못마땅하며, 그 비용으로 살아 있는 수천만 사람의 입에 넣을 빵을 만드는 것이 더 중요하다"고 생각한다(김복희, 25). 임계순은 마오쩌둥 기념관에 누워 있는 마오쩌둥의 시신에 대해 좀 더 솔직한 마음을 다음과 같이 털어놓고 있다. "붉으스레하게 화장을 하고 중산복을 입고 누워 있는 마오쩌둥은 진시황과 조금도 다르지 않다"고 생각한다(임계순, 120). 아마 이러한 감성적 기술이 나온 데에는 천안문 광장에 세워져 있는 마오쩌둥 기념관과 그 안에 안치된 마오쩌둥의 시신을 보고난 뒤의 느낌을 강렬하게 표현했기 때문이라고 생각한다.

사실 천안문 광장에 세워져 있는 마오쩌둥 기념관은 전통과 현대의 무덤양식, 그에 대한 인민대중들의 헌신성, 그리고 기념관 건립을 둘러싸고 권력집단 내부에서 전개된 갈등 등 여러 양상들을 동시에 이해할 수 있는 곳이다.[29] 그러나 우리나라의 관찰자들은 그것이 내포한 다면

천안문 광장에 세워져 있는
마오쩌둥 기념관.

명청시대의 유산인 천안문 광장에는 중화인민공화국의 상징물들이 여러 개 있다. 그중 하나는 마오쩌둥 기념관이다. 마오의 사후 그를 기념관에 전시하여 추모하려는 것으로 그의 지위를 계승하려는 정치집단의 작품이기도 하다. 마오는 이 기념관 안에서 "붉으스레하게 화장을 하고 중산복을 입고 누워서" 수억 중국인민들의 참배를 받고 있다. 반면 한국인들은 그다지 좋아하지 않는 전시공간이기도 하다. (유장근 촬영)

적 양상보다 위와 같이 감정을 흠뻑 드러내는 경향이 짙다. 사전에 미리 예단을 한 채 구경한 탓일 것이지만, 낯선 형식의 전시물을 보고 난 뒤 느끼는 소회가 너무 충격적인 데서 연유하기도 할 것이다. 시신을 지상에 드러낸 채 전시물로 활용한다는 사실은 망자에 대한 우리의 관습으로서는 이해할 수 없는 불유쾌한 경험이기 때문이다.

반면 박경리처럼 다른 측면에서 마오쩌둥을 묘사하는 경우도 있다. 그는 마오쩌둥을 "인간 소외를 앞세운 이상주의자로서 그는 역시 시인"이라고 기술함으로써 다면적으로 평가하고 있다(박경리, 81). 마오쩌둥이 남긴 시들이 적지 않지만, 그에게 '역시'라는 부사어로 수식하면서 시인이라는 칭호를 중요 주어로 써준 데에는 역시 문학인으로서의 입장이 반영된 듯하다. 한국인으로서는 유례없이 호의적인 평가라 할 만하다.

가난과 돈벌이 열풍, 그리고 마오쩌둥에 이어 공산 체제를 관찰하는 키워드로서 제시할 수 있는 세 번째 요소는 공산혁명과 관련된 사적을 보고 난 뒤 그것을 기술한 부분이다. 실제로 이 부분에 대한 한국인의 관심은 그리 많지 않은 편이며, 오히려 독특한 성향을 드러내는 여행이 아닐까 하는 생각을 하게 된다. 한국인 여행가 중에서 중국의 공산혁명 유적지에 매력을 느낀 나머지 작심하고 관련 유적들을 찾아다닌 경우가 하나 있다.

조창완의 여행 성격이 그러한데, 그는 적극적으로 마오쩌둥의 혁명이 무엇이었는지를 알기 위해 후난의 창샤나 징강산, 옌안을 방문하여 혁명을 회상하거나 당시에 옌안을 찾았던 에드거 스노를 이해하려고 한다(조창완, 139~140). 한국인 여행자 중에서 이렇듯이 혁명 관련 유적을 찾아간 다음 그 기록을 독자에게 전한 경우는 아마 조창완이 거의 유일한 듯하다. 이는 그만큼 공산혁명이 한국인 여행자에게 별다른 매력을 주지 못하는 주제라는 사실을 반증하는 예라고 할 수 있을 것이다.

한국에서 국문학을 공부한 다음 톈진에서 유학 중이던 그가 이렇듯이 여타의 한국인 여행자와 달리 공산혁명의 유적지에 관심을 보인 것은 "혁명의 열정"이 무엇이었는지를 곰곰이 생각하기 위한 데 있었다. 곧 여행 목적 자체가 현실의 중국 체제를 적극적으로 이해하려고 하는 태도에서 기인하는 것이다.

반면 중국 미술사가로서 중국 내 박물관을 모두 섭렵할 예정으로 중국을 여행한 허영환은 공산혁명의 유적 현장을 관찰하고 난 뒤에 그 혁명의 의의를 적극적으로 평가하려고 한 사례에 속할 것이다. "(충칭 부근에 있는 혁명 관련 사적인) 홍암촌을 살펴보고 다니면서 공산당원들이 8년 동안이나 이렇게 험난한 곳에서 온갖 고생을 하면서 한 가지 믿음, 곧 조국 해방으로만 산 것에 숙연해졌다"(허영환 3, 123). 물론 그가 이 경험을 통해 혁명에 대한 인식의 전환이 있었는지의 여부는 알 수 없으나, 혁명유적을 견학한다는 사실만으로도 공산당의 행적을 '숙연하게' 느끼는 단계에 이른 것이다.

아무래도 한국인에게는 마오쩌둥과 공산혁명, 그리고 문화대혁명이 중국의 국가 체제를 인식하는 데 중요한 요소로 작용하는 듯하다. 여행자들, 그중에서도 장년층 역사가들의 문혁에 대한 기술은 매우 부정적이다. 중국인의 학력이 약한 것이나, 학문이 퇴보한 것이나(민두기, 101~102) 과거와 달리 중국인들이 체면을 잃은 행위를 하게 된 것도 문혁 탓이라고 생각한다. 앞에서 잠시 인용한 바 있지만, "중국인들은 도덕성이 없다. 단체여행 시 먹거리를 나누어 먹으려고 해도 이를 거절하며, 옆사람에게 권할 줄도 모른다. 구걸하는 사람에게도 냉정한데, 그 이유를 그들은 문화대혁명 때의 배고픔 때문이라고 설명한다. 남의 일에 간섭하지 않는 것이 미덕인 바, 이것도 문혁 탓이라고 한다"(임계순, 21~25). 곧 관찰자들은 문혁이 1990년대에 이르러서도 중국사회에 나쁘게 작용하고 있는 사례를 들고 있는데, 민두기는 학문을 퇴보시킨다는 점을, 임계순은 도덕성의 부재를 가져 왔다는 점을 강조하고 있다.

우리들은 문화대혁명의 유산을 대체로 중국 지식인들의 자서전이나 소설, 혹은 영화와 같은 매체들을 통해 얻는 경우가 많으며, 따라서 문혁에 대한 평가도 지식인의 문혁 평가를 공유한 것이라고 생각된다. "문혁시기는 대학교수에게 암흑기였으며, 개혁개방 이후 당의 이념과 사상 학습에 회의와 거부감을 갖게 되는 것"이나(임계순, 140), "허난대학 역사학과 부주임인 C 부교수도 문혁 때 헤이룽장에 가서 노동자로서 생활하였으며, 다시 공부하여 대학에 왔다"는(민두기, 101~102) 기술은 이들 두 관찰자가 핍박 받은 대학교수를 중심으로 문혁을 바라보고 있다는 사실을 전해준다.

반면 문화대혁명을 직접적으로 비판하기보다는 좀 더 인간적인 측면에서 바라보는 여행가도 있다. 한비야는 어려운 시절을 헤쳐 나온 한 노부부의 삶 속에서 문화대혁명을 읽으려고 한다. "나는 문화대혁명에 대한 중국 정부의 평가를 믿는다"라는 말로 상대를 안심시킨 한비야는 문혁 때의 험난한 이야기를 그들로부터 직접 듣는다. 노부부 중 할아버지는 "한국전쟁의 전쟁터에서 북조선 아가씨를 만나 그 어려운 시절을 견뎌 냈듯이, 할머니는 힘겨운 문화대혁명기의 소용돌이를 지금의 남편을 만나서 이겨 낸 거다. 사랑의 힘으로"라는 식이다(한비야, 221). 그는 문혁을 정치적 사건보다는 사랑의 힘으로 헤쳐 온 뒤 오늘날의 삶을 영위하게 된 노부부의 인생 역정 속에서 관찰한다.

이는 앞의 두 전문 학인이 문혁을 중국 지식인의 비판적 문혁관을 통해 보려는 시각과 대비된다. 그는 결국 문혁 그 자체의 의미나 한 개인의 일생을 국가나 이데올로기라는 정치 패러다임보다는 사랑이라는 보편적 개념으로 이해하려고 하는 자신의 고유한 인식체계를 독자들에게 전달하려고 하는 것이다. '사랑으로 온갖 난관 극복'이라는 서사 구조는 마치 통속적인 연애영화의 레퍼토리처럼 보이지만, 중국사회의 상호 불신은 문혁 때문이라는 임계순의 관찰과는 또 대비되는 부분이기도 하다.

우리의 관찰자들은 국가 공무원의 근무태도나 국가 소유의 상점이나 식당에서 당하는 불친절을 사회주의의 국가 운영의 실상을 이해하는 준거로 삼고 있다. 중국은 "길을 제대로 보수하지도 않고 안내문도 세우지 않은 점에서 무책임한 사회주의 국가이며, 자본주의의 경쟁을 체험하고 나서야 복무원의 서비스가 달라질지도 모른다"(김복희, 60). 그리고 국가 소유 상점의 점원이 불친절한 원인은 "마오쩌둥 시기에 전개된 정풍운동 당시, 상호 비판으로 인해 상대를 불신하게 되었고, 이것이 오늘날에도 이어지는 바람에" 서비스 정신이 없다고 본다(임계순, 56~57). 곧 공무원이나 복무원들의 무책임과 불친절은 개인적인 품성 때문이라기보다, 그것을 낳게 한 정치 체제 탓이라고 보는 것이다.

그런 까닭에 종업원이나 공무원이 친절하게 대하면 감탄한다. 임중혁은 허난성 성도인 정저우鄭州의 한 호텔 술집에서 그곳의 종업원이 근무시간 이후에도 자신들에게 서비스를 한 데 감격해하며(임중혁2, 114), 다른 이는 중국 민항기에 빈 좌석이 없었음에도 불구하고 그곳의 복무원이 모든 노력을 기울여 '비행기표를 만들어 준' 것에 대해 크게 고마워하고 있다(임세권, 244~246). 양질의 서비스를 제공하거나 편법을 동원한 일 등은 사회주의 국가에 어울리지 않는 행동으로 받아들이고 있다.

단순한 중국 여행자가 아니라 1년여 동안 그곳에 체류하면서 중국의 체제 내 모순을 지적하는 관찰자들도 있다. "범죄나 반체제 인사에 대한 불법구금, 고문, 사형과 같은 인권침해 행위는 서양인들의 시각으로 본다면 심각한 상황이 아닐 수 없다. 중국은 인구가 많아서인지 생명에 대한 존엄성이 없는 것 같다"(임계순, 153~155)에서 우리는 인권 후진국가로서의 중국을 연상하게 된다. 이러한 언설은 그가 말한 바와 같이 미국의 비판적 중국관의 일부를 반영한다고 할 수 있을 것이지만,[30] 그것이 반드시 미국만의 독점물은 아닐 것이다. 한국에서 최근에 발전한 민주와 인권이라는 큰 흐름도 그 담론 속에 내재하고 있을 터이기 때문이다.

환경오염과 죽의 장막

중국 체제의 내적 모순에 대한 언설은 최근에 한국에서 급격하게 대두하고 있는 중국의 환경오염에 대한 관찰에서도 나타나고 있다. 베이징이나 톈진, 창춘과 같은 대도시에 가 본 여행자들은 거의 예외 없이 이들 도시가 안고 있는 심각한 오염을 제기하고 있으며, 실크로드 일대나 내몽골 일부 등 서북지방을 주로 둘러본 사람들도 사막화로 인하여 점차 황폐화해 가는 중국의 자연에 대해 우려하고 있다.

물론 이들 관찰자 중에는 중국에서 전개되는 환경위기 상황을 구조적인 차원에서 이해하고 있는 경우도 있지만(연현배 1, 128~130) 대부분은 현지에서 본 느낌을 그대로 전달하는 경우가 더 많다. 그렇다고 하더라도 중국의 이곳저곳을 두루 다녀 본 거의 모든 여행자들이 공통으로 환경오염과 그 문제점들을 지적하고 있는 것으로부터 우리는 중국의 환경위기가 이미 전국적인 것이 되어 있다는 사실을 알 수 있다. 실제로 중국 정부는 외부에서 제기하는 인권 문제에 대해서는 극도로 부정적인 시각을 가진 것과는 달리 환경 문제에 대해서는 외부 비판자들의 의견에 귀를 기울이고 있다.[31] 이 점에서 중국의 환경위기는 내부와 외부 관찰자 사이에서 공통의 인식틀을 확보하고 있는 셈이다.

중화인민공화국이 자본주의 국가에 대해 문을 열어 놓고 개방적인 입장으로 돌아선 것은 그렇게 오래되지 않는다. 특히 한국전쟁을 거치며 '중국오랑캐'니 '죽의 장막'이라는 구호로 중국을 배운 연령대의 한국인들에게 그 부정적인 이미지는 현장에 가서 더욱 사실로 굳어지고 있다. 한국인들은 중국이 외국에 대해 폐쇄적이며, 그것이 마치 중국인들의 특징이자 현실이라고 보기까지 한다. 대외 출입관문인 공항의 삼엄한 경비 체제에서 뿐만 아니라 문화유산인 베이징성이나 심지어 사합원四合院의 담장에서조차 폐쇄적인 냄새가 난다는 것이다(금장태, 114). 곧 중국의 폐쇄성은 현대중국의 표상일 뿐만 아니라 오랜 동안 축적된 역사적인 문제라고 환기시키고 있는 것이다.

중국을 폐쇄적인 체제로 상정하는 것은 한반도를 중심으로 작동하던 냉전 체제의 산물이라고 할 만하다. 당시 중국은 미국에서 규정한 바와 같이 이른바 '죽의 장막' 체제로 알려졌고, 한국사회에서도 이를 비판적 검토 없이 수용하면서 개혁개방 이전까지 이 인식틀을 유지하고 있었다. 물론 일부 인사는 한반도에서 냉전 체제가 더 큰 힘을 발휘하던 1970년대 초에 과감하게 그 신화가 깨져야 한다고 주장하였지만,[32] 이 신화는 아직도 저와 같이 변주된 형태로 지속되고 있음을 확인하게 된다.

폐쇄적인 공간에서는 그 내부 공간의 구성물을 감시하는 메커니즘이 작동하게 된다. 중국 당국은 특히 변경지역에서는 알게 모르게 국내인뿐만 아니라 외국인에게도 감시의 눈을 게을리 하지 않는다고 생각한다(김찬삼 2, 119). 곧 사회주의 국가는 감시하는 체제이며, 이 때문에 두려운 국가라고 판단하게 된다. 실제로 임계순은 학생들을 만나 정치공작을 하였다는 혐의로 조사를 받았던 바, 이는 어느 누가 투서함으로써 알려지게 된 것이었다. 또한 어느 날에는 외부에서 자고 왔는데, 대학숙소의 부경리가 이를 알고 물었다는 것이다(임계순, 257~270).

그런데 특별히 이들 관찰자가 중국의 폐쇄성을 지적하는 어간에는 중국이 외국 사정, 그중에서도 한국의 사정을 잘 모른다는 점을 드러내어 이를 비판하려는 데에 있는 듯하다. 한국의 여행자들이 수교 전후에 한국의 국호가 남조선으로 불린 데 대해 여러 곳에서 다소 언짢은 감정을 실어 소개하고 있기 때문이다. 민두기가 1988년에 만나 이야기한 어느 중국인과의 문답을 보자. 중국인: "남조선에서 왔어요? 미국이 통치하고 있지 않습니까?" 민두기: "(한국인은) 그들 자신의 정부는 갖고 있을까요?" 중국인: "없겠지요……"(민두기, 63). 그러나 1991년의 후베이성 우한에서 열린 국제회의 석상에서 그는 '한국인'이라고 소개되었다. 물론 《인민일보》 등에서는 여전히 그들 고유의 호칭이던 남조선을 사용하였기 때문에 그로 하여금 "남북한이 유엔에 가입하였고, 중국 측 무역대표부도 서울에 파견한 터에 '남조선'을 고집해야 할까. 우리가 생각하기에도 '남조선'이란 표현이 별로 유쾌하지 않으니……"(민두기, 176~177)라는 식으로 감정을 드러낸다.

그러나 양국관계가 정상화되던 1992년 여름에도 이 칭호는 여전히 한국인을 부르는 관습적 용어였던 것 같다. 변경 여행 중에 윈난에 간 임세권은 호텔에 파견된 여행사 경리가 담당 직원에게 자신을 한국인이라고 알려주었음에도 불구하고 그 부하 직원이 서류에 여전히 '남조선'이라고 써넣은 사실을 전하고 있다(임세권, 337~338). 임계순도 학술회의에 참석하여 한국을 '조선'이라고 부르는 중국 학자들에게 더 이상 그렇게 부르지 말아 줄 것을 부탁하고 있다. 그는 특히 중국인들이 '남조선'을 '북조선'이란 칭호와 같이 부르는 것에 대해 상당히 꺼리고 있다(임계순, 223~224). 한국이 엄연한 독립국에다 북한과는 비교할 수 없을 정도로 국제적인 위상도 높아졌다는 사실을 제대로 인정하지 못하고 있는 중국인들이 못마땅한 것이다.

물론 중국의 국가 체제를 구성하는 요소나 작동 방식에 대해 거의 모든 사람들이 부정적으로 인식하였던 것은 아니다. 이미 마오쩌둥이나 공산혁명을 반공적 시각에서 벗어나서 보려고 하는 시도들을 보았거니와 일부 관찰자들, 특히 여성 여행가들은 중국 여성들의 지위가 높아진 것에 대해 호의적으로 접근한다. 임계순은 "당당하고 실력 있는 여러 여성들을 만날 기회가 있었다. 그들은 모두 독립심이 강하며 자기 분야에서 인정받고 있었고 당당하게 업무 처리를 해 나가고 있었다." 그러나 이는 단순히 여성들만이 이루어 낸 몫이 아니라 "중국 여성들이 당당하게 사회에서 활동할 수 있는 것은 중국 남성들의 여성에 대한 인식이 진보적이기 때문"이라고 생각한 그는 결국 "나도 중국에 1년 있다 보니 중국 여성들처럼 독립심이 강해진 모양"이라고(임계순, 247~253) 말하는 단계에까지 이르렀다. 박경리도 길거리에서 남녀가 힘껏 싸우는 장면을 보면서 남녀평등을 읽는다. 그가 보기에 중국 여성들의 인격은 고르고, 교만하거나 비굴하지도 않다. 이 때문에 그는 한국사회를 후진적이라고 평가한다(박경리, 78~87).

높은 여성 지위와 세계로 비약하는 용

중국사회에서 여성이 어떠한 위치에 있는 존재인가를 관찰한 이러한 기술은 여성들의 여행기에서만 볼 수 있는 특이사항이다. 반면 한 남성 관찰자가 "신중국에서는 완전히 없어졌으리라 생각하고 왔다가 실망한 것으로 남녀평등 문제가 또 있다. …… 그런데 정저우 거리에는 '남녀평등을 촉진하자'는 현수막이 걸려 있는 것이 아닌가!"(민두기, 78)라고 한 사례도 있다. 곧 성별 차이가 동일한 대상을 관찰하였다고 하더라도 상이한 관점에서 그것을 이해하고 있다는 사실을 알 수 있다. 그 점에서 두 여성 관찰자가 앞에서 본 바와 같이 마오쩌둥을 평가하는 데에서는 서로 다른 태도를 보였으나, 여성의 역할과 지위 등에 대해서는 그 차이를 드러내지 않았다는 점을 기술한 것은 중요하다. 모두 사회주의 체제가 여성들에게 유익하다고 결론을 내리는 것이다. 다만, 그 기준이 이른바 남성적 영역이라고 범주화해 온 가치와 행동들, 곧 사회활동, 실력, 업무처리 능력, 독립심, 대등한 몸싸움을 제시하고 있다는 점에서 전통적 부계 담론으로부터 자유롭지는 않은 것 같다.[33]

한국의 관찰자들이 낙후된 현실 때문에 장래의 중국도 여전히 그런 상태에 머물러 있을 것이라고는 생각하지 않는다. 오히려 대부분의 관찰자들은 중국이 가진 혹은 가졌다고 생각하는 잠재력에 관심을 보인다. 인적 자원, 영토, 지하자원, 검소함, 외교대국, 경제대국 등의 요소로 본다면 중국은 지금 "세계의 용"으로 변신하고 있는 중이다(임계순, 206~216). 국토와 의식세계의 넓은 공간 때문에 중국이 유장하다는 점을 지적하기도 하며(박경리, 100), 상하이의 푸동지구를 관찰하면서 이곳이 세계의 중심지가 될 것이라고 예견하는 경우도 있다(임중혁 2, 372~389). 최근 들어 국내에서도 이른바 "중국위협론"을 본격적으로 검토하기 시작하였지만,[34] 중국위협론의 주요 근거인 군사적 측면에서의 대국론이나 팽창주의에 대한 언급[35]보다는 광대한 영토와 자원, 경제 발전이라는 측면에서 대국화를 예견하고 있다. 오히려 대국으로서의 중국이라는 인식은 다음에서 살펴볼 역사와 문화유산을 관찰하면서 더 구체화되고 있다.

역사와 문화유산을 보면서

한국인들이 중국에 가는 목적은 물론 다양하지만 여행기를 출간한 대다수는 중국인들이 남긴 역사와 문화를 보기 위한 데에 있었다고 할 수 있다. 책 제목부터 대부분 역사나 문화를 전면에 내세우거나 그렇지 않더라도 '산해관', '만리장성', '열하일기' 등 우리에게 친숙한 지명이나 고유명사를 제시한 데서 그것을 알 수 있다. 실제로 여행의 보편적인 목적은 관광과 문화유산 순례라고 할 수 있는 바, 한국의 여행가들이 중국을 방문하는 목적도 이 틀에서 크게 벗어나지는 않는다.

전 중국을 누비고 다니는 문화열

사실 한국인들은 중국에서 잘 알려졌다고 생각되는 문화 유적지 중에서 빠진 곳은 거의 없다고 할 정도로 전 중국을 '누비고' 다녔다. 예컨대 그들이 간 곳을 단순하게 열거하여 보자. 김찬삼과 함께 한 아구 답사단은 웨이하이웨이, 칭다오, 지난, 타이산, 공묘, 대운하, 카이펑, 정저우, 소림사, 백마사, 중악묘, 뤄양, 롱먼 석굴, 숭악사 전탑, 시안, 화청지, 반포유적지 박물관, 대·소 안탑, 비림, 아방궁, 양귀비 무덤, 란저우, 병령사 등으로 동쪽 끝에서 황하 유역을 따라 서쪽으로 이어진 여정을 따라 중국문화 유적지를 답사하였다. 이 중에서 타이산, 공묘, 소림사, 뤄양, 롱먼 석굴, 시안 일대, 란저우 등은 다른 한국인들도 즐겨 찾는 명소에 해당한다. 이신성은 위의 곳 이외에도 쓰촨의 낙산대불, 아미산, 무후사, 두보초당에 들르고 있다.

여행기를 남긴 사람들은 일반적인 형태의 역사유적 관광보다는 대부분 학술답사의 성격을 띤 여행가들이었다. 그런 까닭에 그들의 여행지는 자신의 전공과 직접적으로 연관되어 있다. 중국미술사가인 허영환은 중국 내에 존재하는 '거의 모든' 박물관을 찾고 있다. 문학인 허세욱은 양자강 상류에 있는 이백과 두보 관련 사적에서 기행을 시작하여 초사, 굴원, 우한의 황학루, 도연명의 고향, 양쯔강 하류의 문학적 명승지들을 거의 샅샅이 뒤지고 다녔다. 문학인 김원경도 이 점에서 예외는 아니다. 다만 두 문학자의 여행이 종래에 수행해 오던 연구를 현장에서 확인하는 차원이었다고 한다면, 전인초 등으로 구성된 이른바 '루쉰연구팀'은 그동안 이데올로기적 제약으로 인하여 본격적으로 좌파문학인인 루쉰을 연구하지 못한 한계를 극복하기 위해 그와 연관된 중요 지역을 답사하였다는 점에서 또 다른 의미를 가진다고 하겠다.[36]

철학자 금장태는 특히 베이징 지역에 산재한 종교유적들, 예를 들면 사직단, 천단, 옹화궁, 천주교당을 비롯하여 푸젠성 취안저우의 이지李贄 유적, 우이산의 주희 유적, 난창의 육상산 유적들을 관람하였다. 임세권처럼 중국의 변경지대에 있는 문화유산을 보려는 목적으로 특이하게 여행한 이도 있으며, 민두기처럼 후난의 오지에 들어간 경우도 있는바, 이 역시 학문적인 관심이 수반된 특별한 여행이라고 불러야 옳을 것이다. 반면 임중혁의 여행은 자신의 전공인 중국사와 관련된 지역을 학생들과 함께 하는 형태였기 때문에 전공과 일반적 관광 수준의 문화유적지를 순례한 것으로 볼 수 있다. 그의 팀은 '베이징–다통–타이위안–시안–뤄양–소림사–정저우–카이펑–취푸–타이산–난징–상하이'라는 주요 도시에 산재한 유적을 따라 움직였다.[37]

매우 전문적인 연구자의 특별 답사지가 아니라면 한국의 여행자들은 임중혁이나 김찬삼과 같이 지역적으로는 화중과 화북, 그리고 시기상으로는 대체로 고대와 당대 유적지에 많이 간다고 할 수 있다. 특히 고대 도시 시안, 산둥의 타이산과 공자 유적, 그리고 윈캉 석불, 현공사, 용문사 석굴, 소림사 등의 위진 수당시기의 불교유적, 그리고 화중의 수저우, 항저우, 난징 등은 거의 빠지지 않는 중요 유적지이며, 베이징과 상하이는 여행의 시작과 종점을 알려주는 곳으로서의 의미가 있다. 문학인들은 위에서 잠시 본 바와 같이 당·송왕조 때의 문학적 자취들

산둥성 타이산泰山에 자리한
옥황묘.

해발 1,532미터에 달하는 타이산은 산이 드문 화북평원에서 매우 높은 산이다. 그러나 이 산은 그 높이보다 기암괴석과 더불어 고대 중국인들이 신성시해 온 산이어서 오악의 하나로서 주목을 받아 왔다. 특히 도교의 상징 공간인 탓에 곳곳에 벽하원군이나 옥황상제와 같은 도교 신들을 모신 사당이 즐비하다. 최정상에 있는 옥황묘는 그 특징을 잘 보여준다. 이 신성성 때문에 오늘날에도 많은 중국인들이 돌계단을 통해 이 산에 오르고 있다. 조선시대에 지어진 시조에도 나오는 탓인지, 한국인에게 친숙한 산이기도 하다. (유장근 촬영)

을 많이 찾는 경향이 있다. 그곳은 어느 중국 문인학자의 말처럼 고대 문화와 문인들이 자취를 남긴 곳이라서 '인문학적 산수'라 부를 수 있는 곳들이다.[38]

고대 중원문화의 추체험과 중화적 멘탈리티

포괄적으로 '고대문화'라고 부를 수 있는 유적을 한국의 관찰자들이 많이 찾는 이유는 무엇일까. 일차적으로 그것은 중국이 이룩한 놀라운 고대문명의 성과 때문일 것이다. 임중혁과 같은 중국사 전공자에게 중국 여행이란 위대한 중국문화를 눈으로 확인하는 작업이다. 내가 확인하기로는 아마 현재까지 나온 중국 역사 기행문 중에서 제일 자세하고 정교한 것 중의 하나일 것이다.[39] 적어도 여행기를 통해서 본다면 그의 중국 역사와 문화에 대한 지식은 무한하다고 할 정도이다. 유적이나 유물 혹은 지역마다 그에 얽힌 역사 이야기와 고사, 예전 문인들의 자취 등을 기술하고 있는데다 자신의 감정도 적절히 가미하였기 때문에 이 책을 읽는 독자들은 중국문화의 원형을 몸으로 체험하는 듯한 느낌을 갖게 된다.[40]

물질을 통해 중국문화를 대한 소회 중에서 극단적인 기술은 다음 글에서 볼 수 있다. 김복희는 병마용을 보고난 뒤, "이런 장관이 있을까. 온몸에 전율이 인다. 살갗에 소름이 돋으며, 눈시울이 뜨거워진다. 상상을 초월하는 인류문화의 예술작품"이라고 감탄한다(김복희, 126). 인류문화의 정수를 그곳에서 볼 수 있다는 사실이 중국 문화유산 관광의 최대 매력일 것이다. 시안 일대는 특히 '한꺼번에' 많은 유적들을 볼 수 있다는 강점 때문에 더 선호된다.

시안의 비림碑林에는 수도 없이 많은 비문과 예술적 글씨체가 사람들을 기다리고 있다고 이야기한다. 그들은 특히 글씨의 아름다움에 매료되어 시간을 잊은 채 이 숲을 헤매었을 것인 바, 그것은 정말로 보는 이들을 압도할 정도로 아름답다는 것이다(김찬삼 1, 182). 윈깡雲崗의 석불은 "망치나 정을 한 번씩 두드릴 때마다 '나무아미타불'을 외며 정성을 들였던 장인들의 숭고한 정신이 이곳을 아름답게 만들었을 것"이라는 마음이 일게 할 정도이다(김찬삼 1, 142). 곧 신앙심이 어느 정도의 경지에 이르러야만이 저 정도의 높은 예술품을 만들어 낼 수 있는지를 자문자답하는 성지이기도 하다.

확실히 고대 중국인들이 이룩한 높은 예술적 성취는 역사적 예술품이 가지는 조화미, 역사성, 과학성, 사실성 등을 통째로 드러낸다는 평가를 받고 있다는 점에서 주목할 만하다. 문제는 이러한 가치가 중국인보다는 외국인, 특히 19세기 후반에 구미인들이 동아시아의 예술품을 볼 때 내린 기준이었다는 사실이다.[41] 그리고 그 전통은 일본인들에 의해서 곧바로 세계문화 속에서 일본문화를 이해하는 준거로 활용되었다. 동양의 정신문화와 그 창조성의 집합체로서 일본문화의 우수성을 강조해 왔던 일본적 시각으로[42] 재창조한 작업은 그 일환으로 볼 수 있을 것이다. 따라서 중국을 비롯한 동아시아인들의 문화유산에 대한 한국인의 시선도 근대기에 형성된 구미와 일본의 미적 가치에서 벗어나기는 어려울 것이다.

특히 한국에서는 일제의 식민지 문화 정책으로 인하여 문화유산을 보는 일본적 시선으로부터 자유로울 수 없었다. 문화재라는 개념이나 관련 법이 일제에 의해 만들어졌다는 사실은 잘 알려져 있다.[43] 일제는 외적으로는 식민지 형태이지만 그 본질은 문화국가라는 새로운 이데올로기를 문화재와 박물관을 통해 조선사회에 이식시키려고 하였다. 조선총독부의 박물관 건립도 그 중요한 성과라 할 수 있다.[44] 물론 일제는 그중에서도 일본의 고대문화와 한반도의 그것이 어떤 상관관계를 갖고 있는가에 대해서 관심이 많았고,[45] 그 까닭에 박물관의 전시품도 이른바 '내선관계'를 고고학적으로 증명해 줄 수 있는 자료에 집중되었던 것이다. 그리고 민관 협력 형태의 고적보존회를 조직하여 문화재의 가치가 사회에 뿌리내리도록 후원하였다.[46] 조선의 민족주의자들은 자신들의 정신적 가치를 담은 고적, 예컨대 단군, 이순신 등과 같은 유적이 소외되는 데 대해서는 비판하였지만 일제의 문화재 정책을 수용하면서 좀 더 적극적으로 고적보존운동을 전개하는 것으로 나아갔다.[47]

이 때문에 일제시대에 발전하기 시작한 역사유산의 문화재화는 애초부터 민족문화의 우월성을 확인하려는 의도가 개입된 채 진행되었던 것이고 그런 연유로 재발견의 주체나 관객 모두 좀 더 고대적인 것, 좀 더 창조적이고 예술적인 것, 그리고 엘리트적인 것에 관심이 쏠릴 수밖에 없었다.

문화유산 관련 법이나 그에 대한 가치 판단의 기준에 있어서 대한민국은 식민지시대의 그것을 준용하였다. 이른바 '민족유산'이 역사 만들기에 있어서 매우 중요한 점이라는 사실이 강조된 것이나,[48] 1962년에 새로이 제정된 '문화재보호법'도 조선총독부 시절에 처음 만들어진 고적보존법의 전통을 계승한 것이었다는 점에서 그렇다. 국립박물관이든 민속박물관이든[49] 간에 그곳에 소장된 진열품은 어쨌든 민족문화의 우월성을 드러내야 했고, 그 기준은 앞서 예시한 몇 가지 요소로 설정되었다. 따라서 우리의 문화재관은 일제시대의 그것에서 '해방'되지 못한 채 지속되고 있는 것이다.

소망하던 중국문학 기행

그러나 한국인들이 중국의 문화유산, 특히 고대문화 유산에 대하여 각별한 관심을 보이는 데에는 그것이 지니고 있는 본래적 가치나 구미 및 일본에서 발전시킨 예술적 기준 못지않게 또 다른 전통이 영향을 주는 듯이 보인다. 그것은 관찰 대상이 거리를 둔 타자가 아니라 이미 내면화된 자아 수준에 이르렀다고 생각되는 대목들이 눈에 들어오기 때문이다.

다음의 문학 기행문을 보자. "태백사에서 건너가는 개울가 작은 농로를 걸으면서 1,200년 전 백가百家를 끼고 육갑六甲을 외면서 긴 칼을 차고 부리부리한 눈망울로 협기를 길렀던 이백의 자취를 줍기라도 하듯 자꾸만 땅을 살폈다"라는 표현에서(허세욱, 26) 우리는 과거의 이백을 완벽하게 재현하려고 하는 한 문인을 만난다. 이는 마치 고려시대의 이규보가 이백을 숭모하여 이백이 살아나면 그와 한번 시로 겨루어 보고 싶은 충동을 느꼈다고 할 정도에 비견될 만한 기술이다.[50] 허세욱은 또한 청두 남부에 있는 소동파 부자의 고향에서 문학적 허구와 상상력이 사실은 현실과 무관한 것이며, 이 때문에 현대 중국인들은 중국문학의 의미를 제대로 이해하지 못한다고 비판한다(허세욱, 38~40). 이 점에서 그에게 답사는 자신의 학설을 현장에서 내면화하는 과정이기도 하지만, 자신의 전통을 제대로 알지 못하는 중국 학자들에게 그것을 일깨워 주는 계기가 되기도 한다.

실제로 한국에서 인기가 있던 당송시대 문인들의 문학 현장을 직접 답사하면서 그들의 삶과 작품의 의미를 추체험한다는 사실은 한국의 중국 한시문학 전공자에게 꿈을 현실화시킨 역사적인 사건이라고 할 만하다. 조선시대에 당대의 시풍을 존중하면서 나타난 당풍唐風과 송대의 그것을 중심으로 형성된 송풍宋風의 전통은[51] 조선풍 시의 출현이나 언해본의 출간과 같이[52] 시대적 환경에 따른 변주가 있기는 하였지만 조선시대 말기까지 지속될 정도로 끈질기고 강한 것이었다. 허나 그 완강한 전통이란 것도 실은 글을 통해서거나 기껏 사행들의 베이징 기행을 통해서나 얻을 수 있는 간접적이고 제한적인 것이었다.

예외가 있다면 15세기 말, 곧 조선 성종 연간의 관료였던 최부崔溥(1454~1504)였을 것이다. 그는 제주도에 공무차 파견되었으나 부친상을 당해 귀향하다가 풍랑을 만나 명의 저장 연안에 표착한 다음 그곳 관료들의 도움을 받아 항저우에서 베이징에 이르는 노정을 최초로 '답사'한 조선 사람에 해당한다. 그는 특히 자신이 왕에게 올린 보고서인 《표해록漂海錄》에서 항저우에 머물렀던 동안에 그곳에 행적을 남긴 백거이, 소동파, 사마광과 문학을 통해 소통하게 되었다고 한다.

> 죽각은 광화원에 있으며 백낙천이 세운 것으로 낙천의 시에 '밤들어 대집 사이에서 잠이 든다'는 곳이 바로 이곳이다. ……표충관에는 소동파가 지은 비문이 있고, 풍황령은 방목 마장의 서쪽에 있으니 소동파가 승려 변재를 방문한 곳이다. 남병산은 절벽의 떨어져 나간 곳에 단지 사마온공이 예서로 쓴 '가인괘家人卦'와 미원장이 쓴 '금대琴臺' 두 글자가 있었다. 소동파의 시에 '내가 남병산의 금붕어를 안다'라는 것이 바로 이것이다. ……옥호원은 전당

문 밖에 있으며, 소동파가 남의당의 두견화를 읊은 곳이다.[53]

위의 인용문에서 보듯이 우리는 그가 특히 소동파를 비롯하여 당송시대의 인물들을 집중적으로 거론하였다는 사실을 확인할 수 있다. 그렇게 한 데에는 물론 항저우에 그들과 관련된 유적이 있었기 때문이기도 할 것이다. 그러나 그보다는 앞에서 설명한 바와 같이 당송풍이 34살의 최부에게까지 내면화되었을 만큼 조선시대 사대부들 사이에 상당히 보편화되어 있었다는 상황을 반증하는 것으로 볼 수 있다.

따라서 존경하는 시의 대가들을 추체험한다는 일은 조선시대의 경우 최부처럼 전화위복의 상황에 처하지 않는다면 단지 꿈에 지나지 않았던 것이다. 일제강점기에 잠시 대륙으로 오가는 길이 넓어지면서 그 현장을 방문할 기회가 온 적이 있었으나, 그마저도 1949년 이후에 다시 닫혀 버리고 말았다. 그 점에서 중국문학 전공자의 중국 고전문학 기행은 온갖 단어로는 설명할 수 없는 감흥을 주었을 것이다. 그런 까닭에 우리는 허세욱의 글에서 당·송시의 전통을 체험하면서 재현해 보려고 하는 한 문인을 보게 되며, 그 이미지는 최부의 경험과 기묘할 정도로 오버랩된다.

중국의 문화유산을 내면화된 가치로 인식하는 기술은 일부 여행가들의 사마천 유적 방문에서도 확인된다. 감격과 흥분으로 사마천의 유적을 찾아간 한국의 답사팀에게 드러난 사마천의 생가는 초등학교 울타리 안에서 마치 귀신이 나올 것 같은 모습을 하고 있었던 것이다. 생가 내부에 들어가 보니 "그런데 이게 무엇인가? 꼭 귀신이 나오는 전설의 고향 세트장 같지 않은가? 마당에는 잡풀이 우거져 허리까지 올라오고, 집은 헐어서 비스듬히 기울고…… 너무 실망스럽다. 이것을 보기 위해 시안에서부터 하루 종일 황토 먼지를 뒤집어쓰고 달려온 것인가." 흥미 있는 사실은 이곳을 찾은 외국인 답사팀은 2년 연속으로 한국인뿐이었다는 점이며, 더구나 이들 여행팀의 명칭은 '사마천과 함께 떠나는 중국 여행'이었다(김복희, 76~82).

위의 기술에서 나타난 바와 같이 중국인들은 사마천 유적, 특히 그의 생가에 대해 거의 관심이 없다. 외국인 중에서도 한국인들이 유난히 그것에 집착하고 있다는 사실을 보여준다. 그렇다면 이러한 현상은 우연히 발생한 것일까? 아니면 나름대로 문화사적 맥락이 있는 것일까? 여기서 한 가지 지적하고 싶은 것은 한국인의 《사기》 열풍의 전통이 이미 조선 후기에 정조와 같은 왕과 사대부들 사이에 뿌리를 내리고 있었다는 사실이다. 그것은 화이론적 대청對淸 감정과 유관한 것이었는데,[54] 이런 이유 때문에 왕과 사대부들은 심지어 송사宋史가 '오랑캐'들에 의해 왜곡되었다고 간주하고 이것을 다시 쓰는 일까지 벌이고 있었다. 여기에는 자신들이 송문화의 정당한 후계자라는 의식이 깔려 있었다.[55] 조선 후기에 격렬하게 청조를 비판하였던 이덕무는 조선이 송과 명의 문화적 계승자라는 자신감을 《송사전宋史詮》 속에서 체계화하였다.[56]

따라서 오늘날의 한국 지식인들이 《사기》와 사마천 관련 유적을 찾아가거나 당대 문인을 재림시키려는 것처럼 행동하는 현상도 이런 맥락에서 검토될 수 있을 것이다. 그 점에서 우리에게는 '중국문화와의 공통성'으로 인해 중국의 역사 전개양상에 대한 이해가 용이한 면이 있을(민두기, 69) 뿐만 아니라 중국문화 자체를 '문화적 조상'이라고[57] 여기면서 자기화하는 경향이 강하다고 생각한다.

이 점에서 중국 문화유산 여행은 한국문화의 중요한 전통을 확인하는 작업의 일부이기도 하다. 우리는 그것을 공자묘 여행에서 더욱 확실히 알 수 있다. 대부분의 여행기 속에서 공자묘에 대한 서술은 가장 많은 분량을 차지하고 있으며, 특히 석전 제례가 중국에서는 사라진 반면 한국에서 지켜지고 있다는 사실을 관찰자들은 자랑스러워 한다(금장태, 36). 공자의 직계자손이 돈을 받으면서 관광객들의 사진 촬영에 응해주는 것을 공자의 후손답지 못한 행동으로 바라보고 있기도 하다(김찬삼 1, 93). 돈벌이에 초연해야 할 도덕군자의 후예가 저렇듯이 상품화되는 것이 못내 안타까운 것이다.

따라서 공자, 《사기》, 당송대唐宋代의 문학 등에서 보이는 한국인들의 중국문화 숭배열에는 저와 같이 전통시대, 특히 조선 후기 지배 엘리트들이 내면화시킨 화이론이 저류하고 있는 듯이 보이는 것이다. 공자와 사마천의 추체험 열기도 당송시대의 문인에 대한 그것과 마찬가지로 한국인에게는 유례없는 일이었기 때문이다. 그렇기 때문에 관찰자들 중 일부는 한국문화 중에서 상당 부분이 중국에서 기원하였다는 점을 확인하면서 잠시 동안 괴로워한다. "과연 우리는 중국의 지배와 간섭을 받지 않은 순간이 얼마나 있었나? 이것을 학생들에게 어떻게 가르쳐야 하는가?" 와 같은 고민에 빠져든다(김복희, 169).

역사적 사실을 현장에서 확인하는 문제는 답사의 궁극적 목표이기도 할 것이다. 그런데 중국문화의 주요 부분을 이미 내화한 전통이 있는 한국인에게 중국 역사 기행은 위와 같은 정체감의 고민까지도 현실화하는 계기가 되는 것이다. 김복희는 저와 같은 중국의 역사와 문화를 교육적인 문제와 연관시켜 고민을 하지만, 조공 문제도 그러한 사례에 속할 것이다. 그는 대국에 짓눌려 살아 온 우리이지만 현재까지 존속하고 있다는 사실 자체 만으로라도 대단한 민족임을 증명하는 것이며, 따라서 조공은 생존전략이었다고 이해하기로 한다(김복희, 304). 반면 민두기는 사대관계의 본질을 군사적인 힘에서 찾고 있으며, 1882년에 조선과 청나라 사이에 맺어진 조청상민수륙장정은 변칙적 조공관계이며 소제국주의자로서의 청조를 인식하게 된 중요 계기였다고 설명한다(민두기, 229~230). 임계순은 더 나아가 그 관계가 내면적으로는 지금까지도 양국관계를 규정하는 역사적 요소일 것이라고 보고 있다(임계순, 227). 곧 현실적인 맥락에서 조공관계를 파악하는 것이다.

역사문화 기행은 피상적 이해가 구체적 사실로 변화해 가기도 하고, 머릿속에서 맴돌던 지식이 눈앞의 사물을 통해 확연해진다는 의미에서 텍스트의 이미지화라고도 할 수 있을 것이다. 현실감을 얻는다는 점은 매우 중요하다. 허난성 정저우에 있는 은대의 엽기적인 사람뼈 공장을 찾아보고는 찬란한 은대문명에 대한 인식이 달라지는 것처럼(임중혁, 106~110) 말이다. 곧 실제 현장을 확인하고 나서는 문자에만 의존하면서 생성된 종래의 지적 인식이 뒤바뀌는 것이다. 우리는 이 때문에 상상해 온 사물들을 여행을 통해 만났을 때 어떤 것은 그대로인 반면, 또 어떤 것은 놀라움으로 바뀌거나 또는 초라한 모습으로 다가온다는 것을 알게 된다. 현장은 이처럼 종종 '그럴듯할 것'이라는 꿈을 앗아가기도 한다. 이 때문에 여행은 실체로서의 대상과 상사해 온 이미지로서의 그것을 구분하게 해주는 중요한 기회이자 그 차이를 조정해 주는 현장이기도 하다.

근대문화 유산에 대한 무관심

중국의 고대문화에 대한 이해와 관심은 저와 같이 높은 반면, 19세기 서구문화 도입 이후 혹은 공산혁명과 관련된 유적을 방문하고 그와 관련된 기술을 남기는 이는 많지 않다. 예를 들면 서구문화 도입 이후 형성된 문화유적 도시로서는 상하이, 하얼빈, 칭다오를 들 수 있고, 공산혁명과 관련된 유적지로서는 루이진瑞金, 준이遵義, 옌안延安 등을 제시할 수 있다.[58] 전자에 대한 여행은 주요 도시 여행 중의 일부이기 때문에 적지 않은 사람들이 방문하지만, 공산혁명 관련 유적을 마음먹고 찾은 경우는 거의 드물다. 내가 아는 한 조창완이 거의 유일하다. 그는 중국의 공산혁명 과정에서 중요한 역할을 하였던 옌안을 방문하여 "64년 만에 한국청년이 이곳을 찾았으며, 그곳은 발전하지 않은 도시지만 현대중국을 탄생시킨 성지로서 자존심을 지닌 도시"라고 평가한다. 그는 또 징강산井岡山을 찾아가 체 게바라의 혁명정신을 떠올린다(조창완, 33~35). 그리고 후난의 악록서원을 방문하여 오늘날 중국의 젊은이 중에서 후난 출신의 마오쩌둥이나 주룽지와 같은 지도자가 나올지는 확신할 수 없지만, 역사적 토양이 후난의 영웅을 만들었다는 나름의 역사인식을 전개한다(조창완, 139~140).

이러한 적극적 태도는 민두기가 후난 지역을 방문하였음에도 불구하고 공산혁명을 이해하려고 하기보다는 그것이 가져 온 부정적인 결과를 더 강조하는 것과 대조적이다. 특히 그는 절간이나 사당 건물에 들어 있는 소학교, 형편없는 교사 봉급, 잡부금 문제, 아직도 지지부진한 보통화 교육 등 교육 정책의 실패를 후난 지역의 농촌 교육 현장에서 생생하게 관찰하였다. 그리고 그는 청말의 고관이었던 류쿤이劉坤一가

세운 사당에서 만난 할머니가 먼 길을 찾아온 이방인들을 마치 손자를 맞이하듯이 반겨 주면서 장작불을 피워 주고, 고구마를 내온 것에 감격해하고 가난한 곳일수록 인정이 따스하다고 토로하면서 이것이 "격동의 와중에서도 흔들림 없이 사람의 본성을 가꾸며 살아가는 사람"이라고 평가한다(민두기, 190~191). 그에게서 우리는 따스함이 남아있는 전통적 농촌과 기초적인 교육조차 성공시키지 못한 혁명 중국이라는 대립적 관점을 읽을 수 있다.

한국인들은 대체로 근대 이후의 역사 현장을 방문하고 나서는 중국의 상처를 마치 자신의 상처인 양 아파한다. 산둥의 웨이하이웨이에서는 약자, 패자로서의 청나라 해군에 동정을 보내면서 일본을 비판한다(금장태, 16~7). 광둥의 광저우를 청영전쟁 이후 외세와 싸우는 도시, 혁명 영웅의 도시, 반봉건의 도시라고 묘사하는 것도(허영환 3, 132) 같은 맥락이다. 그러나 청조의 해군이 패배한 것은 1882년부터 시작된 청조의 조선에 대한 군사지배, 심지어는 제국주의의 식민지배와 진배없던 상황이 종결된 것과 마찬가지였으므로 저와 같은 자기 동일화는 역사를 오독하고 있다고 여겨진다. 이 때문에 "국민당 정부가 언제 대한민국임시정부를 진지하게 지원하였으며, 일본의 침략에 똑같이 괴로워하였는가"라는 문제제기는(임계순, 355~358) 진지하게 반추해야 할 주제일 것이다.

이런 점들을 볼 때 한국인의 중국 역사 기행에는 근대의 현장이 경시되는 분위기가 있으며,[59] 그것조차도 고대와 비교해 볼 때 얕은 수준이라는 점을 지적할 수 있을 것이다. 이는 앞서 지적한 바와 같이 한국인들이 중국의 고대문화를 숭배하는 경향과 일맥상통한다고 보겠다. 곧

상하이의 루완구盧灣區에 자리한 대한민국
임시정부 청사 정면.

이곳은 한중 수교 이후 상하이를 찾은 한국관광객이 들르는 필수 코스 중 하나이다. 임시정부 청사는 본디 프랑스 조계지역에 있었기 때문에 중국관헌의 통제를 받지 않은 채 비교적 자유롭게 활동할 수 있었으니, 조계지역을 이해하기 위해서는 인근에 있는 중국공산당 창당 기념터나 조계지를 관할하던 기관 등을 관광하는 것도 의미가 있을 것이다. 하지만, 한국의 관광객들은 이런 부분에 별다른 관심을 보이지 않는다. 말하자면 사물이 전체 구조 속에서 어떤 위치에 놓여 있는지에 대해 대체로 무관심한 편이다. (유장근 촬영)

한국의 근대문화 유산에 대해서도 그들은 고대의 그것보다 경시하는 경향이 있으며, 이것이 중국문화 유산 답사에도 반영되고 있는 것이라고 생각된다. 아마 이것은 한국의 경우, 근대라는 시기가 식민지배와 연관되어 있고, 중국에서도 이른바 '서구의 충격과 중국의 대응'이라는 역사 해석 틀이 주는 진부함이나 공산혁명과의 관련성 때문에 소홀히 된다고 판단된다.

이 점에서 일반적인 형태의 여행기가 아니라 일종의 연구 여행이라고 할 수 있는 루쉰 관련 기행은 그간 한국에서 진행된 고전문학 중심의 중국문학 연구 성향을 반성하면서 현실체로서의 중국문학을 연구하려는 전기를 마련하려고 하였다는 점에서 독특한 의미가 있다고 생각된다. 좌익이면서 당대의 현실과 고투하였던 민족주의자로서의 루쉰을 조명하려는 시도와 함께 기획된 여행에서 우리는 중국연구자들의 중국기행이 기왕의 보수적 담론을 전복하는 데에도 활용되는 사실을 주목한다. 물론 루쉰 연구를 그간의 좌파 연구자들이 진행해 온 내재적 접근에 치우쳐 그의 민족주의적 성향이 갖는 중국적 의미를 다소 안이하게 받아들인 측면이 있기는 하다. 예컨대 그는 약소국으로서의 중국, 노예적인 위치에 처한 중국을 강조하였지만 이 인식은 정말로 현실적이었는가? 실제 약소국이거나 노예적 위치에 있던 식민지에 대한 그의 인식체계는 어떠하였는가? 이는 한국의 연구자들이 분석해야 할 중요 과제일 것이다.

주관적인 중국 인식

이상으로 한국인들이 중국 여행 이후 남긴 여행기를 일상생활, 국가 체제, 그리고 역사문화 유적 등으로 나누어 현대 한국인의 중국 인식을 분석해 보았다. 거칠게 정리한다면 "위대한 문화유산을 가진 과거와 낙후된 사회주의 현실"이라고 요약할 수 있을 것이다. 아마 그런 때문인지 알 수 없지만, 중국에 가는 사람들은 문화유산을 집중적으로 보는 반면, 농촌의 현실이나 도시민의 일상적인 삶을 관찰하기 위해서는 시간을 잘 내지 않는다. 이 글에서 서술한 일상이라는 부분도 여행자들이 스쳐 지나가면서 느낀 감상이 대부분이며, 그렇기 때문에 그들의 일상의 의미를 오독할 우려도 있다.

그럼에도 한국인들은 대체로 한국의 시대 상황 속에서 내면화시킨 가치로 중국을 보는 데 익숙하다. 중국의 국가 체제에 대해, 그리고 중국인의 일상에 대해 긍정적으로 본 사람은 많지 않았다. 그들은 중국의 일상생활을 일상생활 그 자체의 성격에 집중하기보다는 개방화와 문명화라는 중요한 두 가지 잣대로 관찰하였다. 전자는 현대중국 정부가 최근에 추구해 온 정치이데올로기이며, 후자는 근대기에 걸쳐 추진해 온 동아시아의 문명 프로젝트와 깊은 관련이 있는 주제이다. 이에 따르면 중국은 도시로 갈수록 또 젊은이일수록 개방화의 진전과정을 몸으로 표현하고 있다. 사회주의 중국에서 국가의 목표로 문명화 전략을 추진 중이지만, 아직도 더러움, 불친절, 가난, 몰염치 등으로 상징되는 비문명적 낙후 요소가 중국인의 일상을 지배하고 있다고 평가한다. 그것은 한국사회가 그만큼 문명화되었으며 관찰자들도 그 이데올로기에 동조하는 상황을 반영한 것으로 이해할 수 있다.

또한 한국인들은 위와 같은 비문명적 요소와 더불어 사회주의 체제의 낙후성을 폐쇄성, 공무원의 무책임과 비효율성, 가난 따위에서 찾곤 하였다. 물론 그중의 일부는 여성의 지위 향상이나 머지않은 시기에 맞이하게 될 중국의 대국화 등을 들어 현대중국이 이룩한 성과를 긍정하기도 한다. 그러나 이는 소수 의견에 지나지 않으며, 또한 미국 학계에서 주로 논의되고 있는 이른바 중국위협론의 단계로까지 나아가지는 않고 있다. 대부분의 한국인 관찰자들은 마오쩌둥의 지배와 사회주의를 실패한 것으로 규정하고 있다. 그것은 예컨대 마오쩌둥의 개인숭배, 돈벌이 열풍, 문화대혁명의 부정적 여파, 국가의 폐쇄성 등에서 읽어낸다.

이러한 시선은 사실 최근 몇 십 년 동안 한국이 이룩한 시장경제의 성과와 부르주아 민주주의라는 잣대를 가지고 관찰한 결과일 것이다. 특히 한국의 민주화가 성공한 데 비해, 중국의 1989년 천안문 민주화 운동은 실패하였다. 그런 다음 수교가 이루어졌다. 천안문을 방문하는 한국인들은 대부분 당시 상황을 회고하면서 중국이 민주화 될 가능성은 어떤지를 가늠하곤 한다.

요컨대 한국인들은 중국사회 내부의 구조적 변화를 연속성이란 측면에서 이해하려고 하기보다는 한국의 현대사에서 획득한 성과들, 특히 1980년대 말에 이르러 어느 정도 성취하였다고 믿고 있는 자본주의와 자유민주주의라는 척도로 중국의 현실을 재고 있다고 생각된다. 한국의 시장경제나 자유민주주의 제도 자체도 사실 어설픈 수준이다. 그럼에도 중국에는 그보다 훨씬 높은 수준의 민주주의를 투사하면서 중국을 비판하는 것이다. 따라서 여행기에 나타난 부정적 중국관은 1990년대까지 역사적으로 축적된 한국 보수 엘리트들의 시대 인식을 드러낸 것이라고 생각된다.

그에 비한다면 문화유산에 대해 여행기를 남긴 사람들은 위대한 문화에 아낌없는 칭찬을 보낸다. 현실 중국에 대한 비판적 태도와 너무나 분명하게 대비되는 부분이다. 특히 한국인들은 위대한 중국문화, 특히 청대 이전까지 중국인들이 남긴 문화적 전통을 역사, 예술, 사실, 규모 등의 측면에서 높은 수준에 도달하였다고 평가한다.

특히 고대문화 숭배열은 한국 전통문화의 정체성을 찾는 것과 깊숙이 연관되어 있다. 사마천과 《사기》 유적, 공자 관련 유적, 고대의 불교문화 유적, 당송대의 문학 기행, 주희 유적지 답사 등에서 그것을 읽는다. 그것은 특별히 조선시대에 발전한 모화주의와 연계되어 있는 듯이 보이는데, 그 이유는 위의 문화유적이 한국문화의 중요 구성 요소와 직접적으로 관련되어 있을 뿐만 아니라 중국의 전통문화를 내면화시켜 보는 시각이 엄존하고 있기 때문이다.

그러나 이러한 관심은 명·청대 등 후대로 갈수록 여행가들의 개별적인 취향으로 제한되면서 19세기나 20세기의 역사 유산은 여행기에 제대로 반영되지 않는다. 현대중국의 산파역을 한 공산혁명 시대의 역사 유적에 대해서는 거의 관심이 없다. 이 점에서 우리의 중국 문화열은 조선 후기 사대부들이 발전시킨 화이론뿐만 아니라 근대일본의 식민지 문화 정책, 그리고 한국전쟁 이후 우리를 제약한 냉전이데올로기와 직접적으로 맞닿아 있다고 생각된다. 이 때문에 공산혁명을 이해하기 위해 징강산, 옌안 등과 같은 관련 유적지를 찾았던 한 청년의 답사는 그러한 전통을 벗어나 내부의 구조적 변화를 현 체제와 관련시켜 이해하려는 시도로서 주목할 만하다.

한국의 관찰자들은 중국문화 유적을 답사할 당시 그 유적지가 중국 정부, 특히 중화인민공화국 정부에 의해 '만들어진' 전략상품일 수 있다는 사실에 대해서는 그다지 괘념하지 않는 듯하다. 이른바 문화재라고 하는 것이 동아시아의 경우 20세기 문화국가를 상징하기 위해 고안해 낸 '발명품'의 성격을 갖는다고 한다면, 응당 문화유산의 지정이나 관리에 개입된 20세기 국가 전략에 대해서도 분석할 수 있는 눈을 확보해야 할 것이다. 고구려 유산을 중국 역사의 산물로 '창출'하는 과정에서 보듯이 문화유산은 그것을 생산한 자의 권리보다 현재 그것을 소유한 자의 전략에 따라 그 의미와 성격이 달라질 수 있기 때문이다.

과거와 현재의 괴리가 너무 크게 나타나는 한국인의 중국관은 중국을 타자처럼 인식하면서도 자기와 동일시하는 기이한 모순을 내포하고 있다. 이 모순은 대체로 조선시대에 형성된 화이론적 중국관과 대한제국기 이후부터 최근에 이르기까지 격변의 시대 상황 속에서 만들어진 여러 형태의 중국관, 그중에서도 관찰자들의 관찰 시점인 1990년대의 낙후된 중국관이 인식 주체에 스며들어 교란된 채 축적되어 있는 탓일 것이다. 따라서 이 모순을 해결하기 위해서 먼저 해야 할 일은 현대중국이 과거의 정당한 상속자라는 사실을 충분히 인식하면서 대상을 좀 더 객관화하는 것이라고 본다.

• 여행기 일람

금장태, 《산해관에서 중국역사와 사상을 보다》, 효형출판, 1999.

김복희, 《중국역사기행》, 천우, 2002.

김원경, 《시가 있는 중국역사산책》 1~6, 신서원, 2001, 2002.

김찬삼, 《실크로드를 건너 히말라야를 넘다》(1), 《황허의 물은 천상에서 흐르고》(2), 디자인하우스, 1998.

민두기, 《중국탐색, 88~94》. 지식산업사, 1994.

박경리, 《만리장성의 나라》, 나남출판, 2003.

연현배, 《다시 쓰는 열하일기》 1~3, 지식공작소, 1997.

이신성, 《이신성 교수의 중국기행 330일》, 보고사, 1997.

임계순, 《한국인의 짝사랑 중국》, 김영사, 1994.

임세권, 《중국의 변경을 가다》, 신서원, 1995.

임중혁, 《황토기행》 1~2, 소나무, 2001, 2002.

전인초, 유중하, 송영배 외, 《루쉰 그 위대한 발자취를 찾아—민족혼으로 살다》, 학고재, 1999.

조창완, 《내게 아주 특별한 중국》, 리드미, 2002.

한비야, 《한비야의 중국견문록》, 푸른숲, 2001.

허세욱, 《중국문학기행》, 중앙일보사, 1995.

허영환, 《중국문화유산기행》 1~4, 서문당, 2001, 2002.

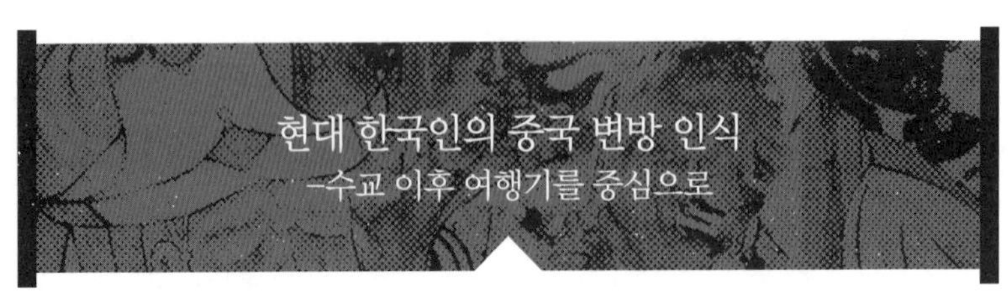

한국인 최초의 중국 변방 여행기들

최근 한국인들은 역사상 유례가 없을 정도로 만주, 내몽골, 신장, 티베트 등 중국의 변방지역을 여행하고 있으며, 이들이 남긴 여행기는 그 자체만으로도 매우 의미 있는 역사 기록물이다. 적어도 조선시대 말기까지 이곳은 미지의 세계여서 한국인들이 직접 확보한 구체적인 정보는 사실상 없었기 때문이다. 또한 여행기는 프랑스 소설가 플로벨(1821~1880)이 이집트 여행에서 그랬던 것처럼, 기본적으로 경계를 넘어 만나는 타자를 글쓴이의 문화적 정체성과 관련하여 서술한다는 것이 전제되어 있기 때문에,[1] 중국 변방의 여행기는 그곳에 관한 견문기이기도 하지만, 한국인은 누구인가라는 질문을 스스로에게 묻는 의미까지 내포하고 있다. 그 점에서 여행기는 관찰자의 주관적 시각을 명백

히 드러내는 증거이기도 하다.[2]

현재 중국의 변방지대는 중화민족주의와 당지의 민족주의가 충돌하는 공간이기도 하다. 중국은 20세기 초반부터 국가 대통합의 논리로 중화민족주의를 강조하고 있지만, 그러면 그럴수록 그것이 안고 있는 양면성으로 인해 더욱더 큰 어려움에 빠져들고 있다.[3] 이는 우리가 최근에 언론을 통해 목도했듯이 특히 신장과 티베트 지역에서 독립을 요구하는 민족주의와 크게 충돌하고 있는데, 이러한 현상은 지난 1세기 동안에 역사, 문화, 민족 등 거의 모든 면에서 한족사회와는 다른 에스닉 집단에게 중화민족주의를 강제하려고 한 데서 비롯되었다.[4] 따라서 한국인의 여행기는 적어도 청대 말기부터 시작되어 현재에도 변방지역에서 여전히 진행되고 있는 '오랑캐에서 소수민족으로, 소수민족에서 다시 중화민족으로 만들어지는' 현장을[5] 생생하게 전해 줄 것이라 기대한다.

이 글은 종래에 필자가 수행한 연구인 한국인의 중원지방 여행기 분석에[6] 따른 후속작업으로서, 변방 여행기를 역사적 시각에서 고찰하려고 한다. 분석 대상인 여행기 종류는 역사기행이나 현장답사의 성격을 띤 학술적인 것과 대중적 수준의 것이 있고, 형식으로는 대부분 단행본이지만 간혹 필요에 따라 전문학술지에 실린 글도 포함시켰다. 글쓴이는 대부분 관련 학자나 문인, 기자, 종교전문가 등으로서, 이들의 글은 단순한 인상기를 넘어 해당 지역의 과거와 현재를 체계적으로 통찰한 수준에 이르고 있다.

한국인의 중국 변방 여행기 자체가 매우 낯설고 새로운 시도인 것과 마찬가지로, 이것을 대상으로 삼아 분석한 이 글도 모험적일 수밖에 없다. 여행기를 쓴 이들의 의도를 오독하지나 않을까 걱정된다. 분석 방법 또한 최근에 여행기를 역사적으로 분석한 연구 성과에 크게 의존할 터이지만[7] 그럼에도 한계는 있을 것이다. 이 글을 필자의 선행작업과 비교해 본다면, 한국인이 중국의 중원과 변방을 보는 시각의 유사성과 차이점을 잘 드러내 주리라 기대한다.

알타이 문화권으로서의 변방

알타이 문화권의 개념과 지리적 범주

이 장을 서술하기 이전에 먼저 알타이 문화권에 대해 간단하게 정의해 둘 필요가 있다. 알타이 문화라는 말은 중국의 신장과 몽골, 그리고 러시아의 경계지대인 내륙아시아의 중심부에 놓여 있는 알타이 산맥과 그것을 매개 삼아 지속적으로 발전한 알타이 문화의 특성 때문에 붙여진 것이다. 이 용어 자체는 한국에서도 1백여 년의 역사를 갖고 있을 정도로 오래되었는데, 그 고전적 구성품은 알타이어족일 것이다. 여러 논란과 제약 조건이 있기는 하지만 알타이어족은 크게 튀르크어파, 몽골어파, 만주어파로 나누어지며, 한국어는 만주어파에 가장 가깝다고 본다.[8] 이는 알타이 문화라는 말이 이 세 개 어파의 근거지가 되는 지리 영역까지 포괄하고 있다는 사실을 의미한다.

최근에 이르러 유라시아 대륙과 한반도의 문물 교류가 종래 알려진 것보다 훨씬 더 활발했다는 사실이 밝혀지면서 알타이 문화의 내용도 갈수록 풍부해지고 있다. 그것은 신라지역에서 출토되는 서역계의 문물들 곧 금관, 유리제품, 적석목곽분과 같은 무덤양식 등은 오르도스계

문화의 중요한 증거이며, 심지어 신라의 시조인 김씨조차도 알타이계의 인물로서, 한나라 때 장수인 김일제金日磾와 연계되어 있지 않을까 하고 추측하게 되었을 정도다.[9] 종래에는 고대의 철기문화도 연나라에서 한반도로 전래된 것으로 간주하였지만, 근년에는 오히려 청동기와 철기가 주요 구성 요소인 오르도스 금속문화가 이들 이주민에 의해 한반도로 전래되었다는 연구 성과도 이미 나와 있다.[10] 곧 문물의 교류만이 아니라, 그 문화를 발전시킨 주체까지도 한반도로 이입되었다는 견해가 나오고 있다.

다른 한편, 최근의 청대사 연구에서 새로이 등장한 '알타이학파'도 청왕조를 건국하고 이끌어 간 주체와 그 속성을 만주, 몽골, 신장, 티베트를 연결하는 유목사회 집단과 그들이 성취한 역사적 유산을 알타이세계라는 지역 구조 속에서 검토하고 있기 때문에,[11] 알타이 문화의 내용과 지역은 시간이 흐를수록 더 구체화되고 광역화하는 성향을 띠고 있다. 이런 사실을 감안하여 우리는 잠정적으로 문화적 유사성과 지리적 인접성, 그리고 유목사회의 특성을 발전시킨 한반도, 만주, 몽골, 신장지역을 알타이 문화권으로 부르기로 한다.[12]

고토와 한국문화의 원류를 찾아

한국의 중국 변강지역 여행자들 중 상당수가 알타이 문화권의 공통 속성과 그 구체적 내용에 대해 관심을 가지고 있다. 그것은 크게 두 가지 주제로 압축될 수 있을 것인데, 하나는 한민족 문화의 기원 혹은 동질성을 확인하려는 작업이며, 다른 하나는 특히 만주지역 여행에서 빼놓지 않고 확인해 보는 고토관故土觀이다. 만주는 고구려 영토였으므로 과거의 역사에서 한국 땅이었다는 점을 인식하면서 여행하고 있는 것이다.

만주가 한국인의 고토였다는 인식은 이미 조선 후기의 청나라 사절단이 남긴 기행문 속에서도 죽 묘사되어 왔다. 박지원 같은 이는 압록강을 건넌 직후, 고구려 때의 국내성이나 안시성에 대해 관심을 보이면서 이 사실을 자세히 기록하였다. 특히 안시성에 대해 박지원은 유달리 관심이 많아, 과연 양만춘이 당태종의 눈을 쏘아 맞춘 것이냐를 놓고 그 사실 여부를 검토하면서 이를 비판적으로 서술하고 있고, 또 고금의 문헌과 현지사정을 비교하면서 고구려의 역사를 고찰하였다.[13] 1832년에 연행사절의 서장관으로 다녀온 뒤《연원직지燕轅直指》를 지은 김경선金景善(1788~?)도 '고구려의 옛 강토가 우리나라에 환속된다면 변방을 믿음성 있게 할 만하여 나라 형세가 다소 신장되겠으나 어떻게 할 수 있겠는가'[14]라면서 그 아쉬움을 토로하였다. 곧 조선시대 사절들은 신의주에서 베이징에 이르는 노선에 위치한 동팔참東八站, 곧 역창참驛昌站, 탕참湯站, 개주참開州站, 사열참斜烈站, 용봉참龍鳳站, 연산참連山站, 첨수참甛水站, 두관참頭館站을 지나는 내내 산천의 형상이나 역사지리적 관점에서 조선의 옛 강역을 통과한다는 고토의식을 떨쳐버리지 못하였다. 이와 같이 랴오둥 땅 전역이 고구려의 옛 강역이었다는 일종의 혈연의식까지 곁들여지면서 고토관은 사절단의 단골 메뉴가 되었던 것이다.

그러나 이들의 고토관은 청의 초기 수도였던 선양 땅에 들어서면서 현실로 돌아온다. 명에 대한 사대의식과 실질적 주인인 청나라, 그리고 청과의 두 차례 전쟁에서 패배한 데 따른 소회 등을 복잡하고 심란하게 기술하고 있는 데서 그것을 알 수 있다.[15] 이러한 고토관은 오늘날 만주 지역을 여행하는 한국인들이 공통적으로 소유하고 있다.

그렇다고 해서 만주지방에 가는 한국인들이 고토관에만 집착하는 것은 아니다. 독립운동 근거지로서, 또 조선족을 통해 보는 만주도 있기 때문이다. 안중근 의사와 관련된 하얼빈이나 뤼순감옥을 여행의 필수 코스로 넣는 이유가 전자와 관련되어 있다면, 조선족의 생활을 생생하게 묘사하는 여행기는 후자에 속한다. 예를 들면 하얼빈 지역의 조선족들은 중국인과 달리 잘 모이고, 잘 싸우고, 술과 담배를 잘하고, 거칠며 화를 잘 내고, 악착같이 돈을 버는 사람들로 묘사되곤 한다. 그렇다고 해서 그들이 한국인과 동류의식을 갖고 있다고 보지는 않는다. 그보다 자존심 있는 중국인의 하나라는 의식이 더 강하며, 따라서 중국의 조선족은 한국인과 다르다고 간주한다.[16]

소수이기는 하지만 만주족의 만주, 만주국 시절의 만주, 중국의 일부인 동북이라는 인식도 종종 드러내고 있다. 만주지방을 여행한 금장태는 이 지역이 안고 있는 다양한 역사성을 본다. 창춘長春에서 만주국을 세운 일본인들의 의도를 관찰하며, 아울러 만주족의 출발과 청왕조의 성립을 회고한다.[17] 그러나 만주국에 대한 회고나 묘사는 일본의 괴뢰라고 하는 인식에 바탕을 두고 있기 때문에 이를 좀 객관화시키거나 그 내부 구조를 분석하여, 창조된 현대형 국가나 광복 이후 현대한국의 모델이 되었다는 단계로까지 나아가지는 않는 것이다. 이와는 달리 랴오닝성의 근현대사박물관에 대해서는 우호적인 평가를 내린다.[18] 장쉐량張學良과 관련된 유물이나 업적을 전시한 이곳은 중국당국이 의도적으로 장쉐량과 관련된 유적을 다소 미화하여 관람객들에게 보여주고 있는데, 한국의 여행자들도 그 진열 의도를 비판없이 수용하는 것이다.

한국인의 만주 기행문들은 이처럼 비교적 복잡한 인식체계 속에서 공

단둥항에서 바라본 압록강 하구의
북한 땅 신도.

신도는 평안북도 신도군에 소속된 섬으로, 낙동강이나 한강보다 넓은 갯벌이 끝없이 펼쳐져 있고, 그곳에는 해산물을 채취하는 북한인들이 있다. 중국 쪽 갯벌은 국가급 자연보호구로 지정되어 있다. 한국인들은 중국의 압록강가에서 북한을 바라다 볼 뿐만 아니라 한국 역사의 무대였던 랴오둥지방을 빠짐없이 추억한다. (유장근 촬영)

간을 관찰하는 것이다. 연행사절의 고토관이나 일제시기의 독립의식 등을 과거의 중요한 역사로 확인하기도 하지만, 만주국은 일본의 기억일 뿐으로, 조선족은 과거의 한국 유산이기는 하지만 현실의 중국을 상징한다고 생각하는 것이다. 이 때문에 연행사절의 노정을 답사하면서도 '고토관'보다 '길'에 주목한 김태준의 비판은 시사하는 바가 크다. 그는 박지원이 청을 현실로 인식한 것처럼, 이곳을 고토로 인식하기보다는 한중 교류의 길로 인식하는 것이 더 현실적이라고 말한다. 그것은 또 정약용의 '요동론'적 지리관을 이어받은 것이기도 하다. 정약용은 〈요동론〉에서 "조선이 요동을 수복하지 못한 것은 나라를 위해 다행한 일"이라고 말하였는데, 그 까닭은 중국과 오랑캐의 접경지인 이곳을 차지하고 있으면 사신 접대와 병정의 징발뿐만 아니라 전쟁 발발 시에 수많은 침략을 받으면서 국력을 고갈할 것이 뻔하기 때문이라는 것이다(김태준, 73~75).

한국민족과 연관된 문화의 동류성을 찾는 관찰은 만주지역을 가로질러 몽골과 실크로드를 비롯한 서역에서도 여러 가지 형태로 이어진다. 혜초와 같은 한국의 선조들이 남긴 자취와 유산을 추적하며 찾아가는 길이 하나이며, 건축이나 음악, 미술 등 서역과 그 너머의 천축 등의 문물이 한국에 유입된 경위와 루트 등도 이 범주에 속한다. 더 나아가 실크로드 지역이 발전시킨 문화와 한국의 고대문화, 특히 신라문화와의 상호 관련성을 탐색하는 여행도 근년 들어 증가하고 있다.

먼저 중국의 변강, 특히 실크로드나 티베트 지역에서 한국의 선조들의 자취를 찾아가는 여행기들을 살펴본다. 가장 많이 언급하는 유형의 인물은 원측圓測, 혜초慧超, 의상義湘, 최치원을 위시한 승려와 학자이며, 여기에 고선지나 흑치상지와 같은 무장도 종종 등장한다. 이에 대해 전문적이면서도 일반인들도 이해하기 쉽도록 여행기를 남긴 이는 정수일이다.[19] 그간 학계에서 중국의 시안과 유럽의 로마 사이의 문물 교류의 노정으로 인식되어 왔던 실크로드를 신라까지 확장시킨 정수일은 사실상 한국의 고대문물과 실크로드 상의 그것이 교류한 바를 여러 유물을 통해 증명하였다.

정수일은 시안 여행에서 시안 자체의 역사와 문화보다는 우리 선현들의 자취를 찾는 데 더 열성적이라고 느끼게 할 만큼, 이 부분에 많은 공을 들였다. 그는 "그 자국들을 하나하나 추적할 때면 늘 그분들의 훈훈한 체취를 가슴 뿌듯이 느낀"다고 털어놓는다. 흥교사의 원측3층탑에서 신라 왕손 출신으로 불학에 일가견을 이룬 원측을 설명하며, 둔황의 막고굴에서는 '막고굴이 간직한 한국의 문화유산'이라는 작은 제목을 뽑을 정도로 경외심을 보내고, 61호 굴에 그려진 오대산 축소도의 신라승탑이 혹 혜초의 입적지가 아닐까 추측해 본다(정수일, 35~54). 한국의 많은 여행자들이 실크로드 상에서 이루어진 서역과 한국의 문물 교류에 대해 더 많은 정보를 공유하게 된 데에는 이처럼 세세한 부분까지 고증한 정수일의 공이 컸다고 생각한다.

실크로드 상의 서역 문물이 한국에 전래된 내용을 소개하는 글들은 이외에도 더 많이 있다. 둔황의 벽화에 그려진 조우관을 쓴 인물을 우리의 조상이라고 짐작하는 것이 그렇거니와, 쿠처의 악무와 고구려의 악무가 교류했던 흔적을 통해, 또 최치원이 《향악잡영오수鄕樂雜詠五首》에서 묘사한 사자춤 따위가 서역에서 전래한 놀이이며 이 때문에 쿠처와 우리는 다같이 춤과 노래를 즐기는 한 동아리의 문명인이었다는 사실을 여행을 통해 확인하는 것이다(정수일, 89~92). 중국문학 전공자인 허세욱은 쿠처에서 그곳의 악기인 갈고를 우리의 장고와 연결시키기도 한다.[20] 장고와 그 리듬도 실크로드를 넘어 인도에 뿌리를 두고 있다는 연구가 진행되었다는 사실을 염두에 두면[21] 중국 내 실크로드 기행만으로는 아시아 지역 내에서 이루어진 문물 교류를 이해하는 데 한계가 있는 것은 분명하다. 또한 건축가의 여행기에는 이슬람 사원의 창 중에 목재 살창의 문양이 한국의 살창과 거의 같은 이미지를 주고 있는 데 주목한다.[22] 그리고 한국인이 아닌 현대의 재중동포 한낙연이 키질 천불동의 벽화를 정리한 것에 대해서도 세세히 묘사한다(허세욱, 308~310). 한낙연은 옌벤의 룽징이 고향인 정수일의 대선배로서 1946~7년에 석굴 벽화의 복원작업에 매진하였으나, 1947년 국민당 군용기를 타고 우루무치를 이륙한 뒤 비행기가 추락하는 바람에 사망한 것으로 추정하고 있다(정수일, 95~99).

티베트 기행과 그 인식

한국의 여행가들은 한반도와 서역의 문물 교류를 중국 내 실크로드 상으로 한정하지 않고, 티베트와 그 너머에 있는 인도까지 확장한다. 그것은 예전에 혜초가 갔던 구도의 길을 되짚어 가는 여행이기도 하다. 김영종은 티베트 여행에서 원측 스님의 책이 포탈라 궁전에 있으며, 그가 지은 《해심밀경소解深密經疏》를 개략적으로 소개하고 있다. 유식학唯識學을 공부한 원측이야말로 당나라의 현장玄奘보다 유식학에 더 밝았다는 것이다(김영종, 30). 또 티베트의 밀교계통인 신인종神印宗이 신라가 삼국간의 경쟁에서 승리하는 데 중요한 인자인바, 이는 김유신이 바로 밀교신앙을 활용하였기 때문이라고 말한다. 이 점에서 티베트와 몽골, 그리고 한반도는 정신세계에서 샤머니즘이라는 동질성을 지니고 있다는 것이다. 김규현은 이와는 좀 다르게 티베트의 역사와 신화 속에 있는 배달민족의 요소를 규명해 보고 있다. 그 결과 두 지역의 시조설화로서 천생과 난생의 결합이 유사하고, 개국시조가 무巫이며, 오색의 색동을 사용하는 것 등에서 알타이 문화권이 공통성을 띠고 있다고 주장한다.[23] 이러한 이유들로 인해 우리에게 유목벨트는 중국 본토를 우회하는 벼와 쌀의 이동경로였고, 거기에 불교의 전파루트였으며, 시조설화조차 유사한 요소가 있는 곳이기에 실크로드 못지않게 중요한 의미를 갖고 있다고 본다(김영종, 36~37).

여행자들은 이곳에서 한반도에 전래되었음직한 또 다른 문물의 전래 가능성도 타진한다. 실제, 티베트 문물의 한반도 전래에 관한 전문적 연구 성과를 보면, 불교와 관련된 요소들이 함께 들어왔을 가능성을 구체적으로 타진하고 있다. 예컨대 태평소, 나팔, 나각을 비롯한 악기를 비롯하여 음계, 리듬 따위가 티베트 범패의 그것과 상관성이 있으며, 이는 또 인도 음악과도 연계된다는 것이다.[24] 김영종의 역사기행문에는 앞에서 잠시 언급한 바와 같이 티베트 지역도 알타이 문화권의 한 영역으로 간주한다. 라사에서 벼와 쌀의 전파로를 생각하면서 그는 쌀이 티베트와 몽골을 거쳐 만주와 한반도로 이동하면서 샬리→ 살루 → 쌀로 전음되었고, 벼는 브라스 → 벨라 → 벼로 전음되었다는 것이다. 벼와 쌀의 경로가 하나의 벨트로 묶일 수 있는 문화권이라는 것이다(김영종, 36~37).

변강 여행을 통해 한국문화와 서역 및 티베트 문화와의 상호 관련성을 찾는 작업은 훨씬 포괄적이다. 김영종의 역사기행기는 이 방면에서도 큰 관심을 가지고 전문적으로 관련 유적을 찾아다닌 대표적인 기록일 것이다. 그가 주목한 두 개의 주제는 신라의 초원문화와 김알지에 관한 것이다. 초원문화와 관련되는 것으로는 나무형상, 목각, 그리고 새를 상징하는 금관을 비롯하여 천마도와 말, 적석목곽분 등이 스키타이와 흉노가 남긴 문화유산이고, 신라고분에서 출토된 유리도 실크로드를 통해 들어왔다고 본다.

또 그의 역사기행기에서는 흉노의 휴도왕계休屠王系인 김일제金日磾와 신라의 김알지를 연계시키기 위한 작업도 함께 모색한다. 한의 무제가 전투에서 포로가 된 일제日磾에게 김씨 성을 하사한 것은 그의 부친인 휴도왕이 '황금으로 만든 인물상'을 모시고 하늘에 제사를 지냈기 때문이었으니, 김일제는 황금을 숭배하는 씨족의 우두머리였다는 것이다. 그리고 김일제의 흉노족은 동으로 이동하여 낙랑을 점령하였으며, 이들은 다시 고구려에게 패한 뒤 5천 명이 신라에 와서 6부에 나누어 살았다는《삼국사기》기록에 의거하여 바로 이들이 김씨 군단 중의 일부가 아닐까라고 추측하고 있다. 법흥왕대에 이르러 중국의 문물을 받아들이면서 국가의 체계를 중국화하고, 이에 따라 김씨 일족이 일군 유목문화는 정주문화로 탈바꿈하였을 것이라고 짐작한다(김영종, 339~348).

그렇기 때문에 그는 변방의 유목세계를 횡단하면서 여행을 해야 한국의 고대뿐만 아니라 동아시아의 고대사를 제대로 이해할 수 있다고 강조한다. 따라서 고조선은 흉노와 함께 한나라에게 위협적인 양대 세력이었고, 당연히 고조선, 흉노, 월지, 동호 등은 유목세계의 일원이자 교류와 물질문명의 수준에서 매우 발달하였다고 주장한다. 그는 나아가 티베트, 신장, 칭하이, 허시, 인촨銀川, 서하와 몽골군의 전쟁터였던 카라호토성(내몽골 서부에 있는 흑수성), 그리고 몽골지역 등을 횡단하여 역사적 유산을 살펴보면서 새로운 여행시스템을 만들 필요성을 제기한다.

자기 정체성을 확인하는 변방 여행

그렇다면 이들 여행가들이 중국의 변강, 특히 신장과 티베트 지방을 여행하면서 한국문화의 근원성이나 한국문화와 변강문화와의 관계를 찾으려고 하는 이유는 무엇일까. 크게는 세 유형이 있는 듯이 보인다. 첫째는 그간 우리 문화에서 거의 관심을 끌지 못하였던 유라시아 대륙의 유목문화를 동아시아 문명의 주류적 위치로 끌어올리는 한편, 거의 절대적인 위상을 차지하고 있던 중화주의 문화를 상대화하는 일이다. 둘째는 문명교류학文明交流學[25]의 시각 속에서 한국문화의 특성과 외래적 관계를 역사적 관점에서 구체적으로 모색해 보려는 작업의 일환이다. 셋째는 오히려 한국 밖으로 나가서 보고 들은 경험을 바탕으로 한국문화의 특성과 전개과정을 관찰하면서 이를 타 문화와 비교하여 상대화시켜 반성하고 비판해 보는 것이다. 물론 이런 시각을 확보하는 일이 반드시 여행을 통해서만 이루어지는 것은 아니지만, 현지의 문물을 직접 관찰하고 자신의 문화와 비교해서 얻은 결과이므로 더 큰 힘을 발휘할 것이라고 생각한다.

그동안 한국의 역사 속에서 성장한 전통문화는 주로 중국과의 관계 속에서 서술되어 왔다. 반면 중화적 요소를 강조하면 할수록 유목세계의 문화나 변강의 문화는 주변적이고 반문명적인 인자로 인식되어 왔다. 김영종을 비롯한 역사기행기는 당연히 이를 뒤집어 본다는 점에서 큰 의미가 있다. 그는 한국문화를 유목문화 벨트 속에서 이해하려고 하였으며, 역사 여행은 주로 이 목적을 위해 기획되었다. 이는 다른 한편으로 기존의 실크로드관, 곧 실크로드란 중국과 유럽간의 문물 교류를 위한 통로라는 시각은 대국주의의 산물이며 오아시스 도시들의 희생 위에 구축된 것이므로, 이 관점을 버리고 유목문화 벨트 속에서 그 지역을 이해해야 한다는 함의가 전제되어 있다. 이러한 구상은 상당히 거시적이고 신선하며, 중국의 변강 여행 루트에 새로운 의미를 부여한 것으로 평가할 수 있다.

동몽골 초원이나 싱안링 서북부를 답사한 주채혁도 한국의 역사적 뿌리가 만리장성 이북에 있으며, 이것을 복원하는 작업이 바로 중국문화의 종속성이나 일본 식민지 문화로 덧칠된 한국문화를 정화시킬 수 있는 효과적 방법이라고 간주한다.[26] 그리하여 그는 티베트 고원, 타클라마칸 사막, 시베리아 벌판, 몽골 고원, 싱안링 산맥, 그리고 한국의 태백산맥으로 이어지는 산지 루트를 답사한다(주채혁, 33). 이는 대략 김영종이 답사하면서 개척한 유목문화 벨트의 궤적과 거의 같다.

김영종은 그보다 서부 변방에 있는 유목세계의 여행을 통해 이곳의 문화를 미래사회의 한 대안으로까지 끌고 올라간다. 그는 알타이계 문화유산이 중화세계에 오염되지 않은 원초적 모습이라고 규정한다. 우리 민족의 정신세계는 세 개의 층으로 구성되어 있다고 본다. 맨 아래층에는 알타이 계통의 샤머니즘이 있으며, 그 위층에 중국 계통의 유불선이 있고, 맨 꼭대기층에 구미문명이 있다는 것이다(김영종, 96~ 108). 요컨대 오염된 중화문명 및 구미문명과 오염되지 않는 알타이계 문화유산을 대비시킨다. 하지만, 왜 알타이계 문화유산은 오염되지 않은 순수체인가에 대한 설명은 없다. 예컨대 만청왕조의 흥기과정에서 끊임없이 진행된 정복전쟁이나 중원의 정복 이후에 이전의 한족왕조보다 더 적극적이고 잔인할 정도였다고 평가받는 군사적 팽창과 지배와 같은 중요한 사실은 간과되어 있는 셈이다. 반면 종종 드넓은 초원을 횡단하거나 티베트 세계를 여행하며 이곳이 가장 원초적인 데 비해, 문명이란 자연을 살육하는 악마이자 반문명적이라고 말하는 것에서 그 의도를 짐작할 뿐이다.[27]

그간 실크로드의 연구와 그곳을 중심으로 전개된 문물 교류에 관심이 많았던 정수일은 이른바 '실크로드학'[28]의 현장 답사 차원에서 실크로드를 비롯한 서역 여행을 실천하였다. 그는 이미 엄밀한 학문적 검토를 통해 실크로드의 동쪽 기점을 중국의 시안이 아니라 한반도의 신라까지 확장시킨 바 있다.[29] 이런 까닭인지 그의 실크로드 기행은 '외국에 간직된 한국 관련 기록이나 유물을 우리의 문화유산으로 간주하고, 그 실체를 따지고 캐묻는 이유는 우리와 당대의 외국 사이에 이루어진 관계나 우리의 대외적 위상의 일면을 보여주고 있을 뿐만 아니라 우리 자신의 거울이 되기 때문'라는 목적의식이 강하게 전제되어 있다(정수일, 55). 서역의 쿠처에 있는 키질 석굴의 의미를 설명할 때에도 '키질 석굴이 더욱 의미 있는 것은 우리 겨레붙이인 한낙연의 노력으로 그 가치를 밝혀 냈기 때문'이었다(정수일, 93~95). 곧 그의 여행기에는 민족주의적인 정서가 진하게 깔려 있는 셈이다.

그러나 그는 글 속에서 김영종과 같은 반중화주의적 시각을 드러내지는 않는다. 오히려 친중화적인 요소를 여러 군데서 읽을 수 있다. 쿠처 지역을 여행하면서 '구자龜玆가 흉노에 아부하면서 한을 배반하였기 때문에 반초를 파견하여 서역 전역을 평정하고 이반하자 후한의 화제는 73년 반초를 파견해 서역 전역을 평정하고 구자를 다시 복속시켰다'고

기술한(정수일, 88) 데서, 사마천 이래 중국인들이 발전시킨 중화주의적 이적관夷狄觀이 드러난다.[30] 베제클리크 벽화를 가져 간 서양인들에 대해서도 '약탈, 반달리즘, 악마' 등의 용어를 사용하면서 그 행위를 비판하고 있다. 이러한 용어의 사용이나 기본 시각을 볼 때, 그는 오늘날 중국의 애국주의적 문화재관을 상당한 정도 공유하고 있다고 판단된다.

바리데기 촬영팀을 따라 서역과 인도를 여행한 박재동은 이와 다른 결론에 도달한다. 그도 여행 중, 한족문화가 정교하고 대단한 규모이기는 하지만 느끼하고 정지된 느낌을 주는 반면, 우리 문화의 뿌리가 되는 초원의 흉노문화는 움직임을 담고 있으며, 자유롭고 집착하지 않는 삶의 문화라고 말한다(박재동, 43~45). 더욱 중요한 것은 그의 여행이 오히려 한국사회 내부를 들여다보는 계기가 되었다는 사실이다. 이슬람 세계와 인도사회를 관찰하고 난 뒤, 매일 술을 먹지 않으면 안 되는 생활이나, 돈이나 경쟁 때문에 심신이 지칠 대로 지쳐 있는 한국인들이 참으로 별나다는 생각을 하기에 이르렀다. 그는 심지어 우리나라 사람만 유순하고 관대해진다면 세상은 다 괜찮아질 거라는 생각까지 하게 된다. 그는 또 그동안 간직해 온 한국문화의 독자성에 대해서도 비판적인 시각을 체계화한다. 문화란 포용성의 결과이지 아이덴티티만을 강조할 것은 아니며, 오히려 고유성을 강조하는 것은 콤플렉스이자 모방에 대한 경멸의 산물이며, 위대한 문화, 위대한 역사를 강조하는 것도 같은 맥락이라고 간주한다. 그 자신의 말마따나 여행의 결과 마음의 지도가 커진 것이다. 여행 전에는 동아시아의 일부만이 인식할 수 있는 세계였으나, 여행 뒤에는 텐산산맥, 타클라마칸 사막, 파미르, 파키스탄까지 시야에 넣을 수 있게 되면서 우리도 큰 문화권 속에서 살아가는 지역의 한 부분이라는 사실을 깨달았던 것이다(박재동 2, 196).

변방의 경관과 일상세계에 대한 인식

변방 여행의 로망 – 원초적 순수의 공간

여행에도 당연히 트렌드가 있으며, 이는 중국 여행에도 해당될 것이다. 수교 직후의 중국 여행은 대체로 베이징과 상하이, 시안과 같은 주요 도시나 역사유적을 단체로 관람하는 형태였으나, 2000년대에 들어 이러한 트렌드가 바뀌어 가고 있다. 특히 실크로드나 티베트, 그리고 윈난 지역과 같은 변강 여행이 새로운 붐을 이루고 있다. 이를 반영하여 실크로드나 티베트 방면으로 여행할 수 있게 해주는 전업화된 여행사도 출현하였으며,[31] 실크로드 여행객을 위한 우루무치행 비행노선도 2004년에 대한항공에 의해 처음 개설되었다.[32]

실크로드나 티베트와 같은 중국의 변강이 각광을 받는 이유는 무엇일까. 그것은 이른바 여행의 로망을 충족시켜 줄 만한 자연 경관과 문화 요소들이 충분하기 때문이라고 생각한다.[33] 무엇보다 초원, 사막, 오아시스, 고원, 설산, 가없는 대지 등은 한국인에게 매우 이국적인 자연 경관으로서 매력적인 대상이다. 그 사이 사이에 불교, 이슬람 등의 종교 유적과 다양한 소수민족이 남긴 문명, 한족들의 역사와 한국 조상들의 흔적까지 겹쳐져, 유례가 없을 정도로 다양하고 복잡한 문명세계를 만날 수 있는 곳이기도 하다. 또한 이러한 문명을 낳은 다양한 민족들을 만나고 그들의 일상을 직접 체험해 볼 수도 있다. 간접적으로는 중국 영토 내에 있기 때문에 비교적 친숙한 문화공간이거니와 여행에 따른 제약도 비교적 덜 받는 곳이다.

중국의 변강, 특히 실크로드에 가는 한국의 여행자들이 바라보는 자연 경관은 어떠한가. 대부분의 여행자들은 떠나기 전부터 이곳이 신비롭고 환상적인 이미지를 갖고 있다는 이유로 잠을 설렌다.[34] 소설가 김영현도 '말로만 듣던 막막한 사막으로 떠나가고픈 막연한 동경심'과 '세상에 대한 무료함'을 벗어나는 데 필요한 대상으로 실크로드 지역에 대한 관심을 표명한다.[35]

사막에 대한 호기심과 그것을 본 느낌을 구도적으로 표현한 이는 박재동이다. 그는 실크로드 지역을 사막과 같은 이국적 자연 경관과 불교 중심의 고대문명을 동시에 경험할 수 있는 곳이라고 간주한다. 그는 '무언지 모르게 아스라이, 그 어떤 길을 따라 빨려들어갈 것 같은 곳에서 낙타를 타고 사막의 캐러반이 되며, 이국 여인의 매혹적인 춤과 노래, 오아시스, 모래바람, 산적, 양탄자, 비단, 향료……' 등과 같은 흥미진진한 요소들이 그곳에 있을 것이라고 믿는다.[36] 그것을 넘어서 박재동은 둔황의 막고굴을 보면서 향기로운 숲속에 있는 것보다 사막의 한복판에서 자신의 참 모습을 만날 수 있다고 말한다. 신을 만나기도 쉬우며, 아무도 없는 곳에서 훨씬 깊고 많은 것을 건질 수 있는 구도적 존재로 인식하는 것이다. 그런 까닭일까. 들어가면 살아나올 수 없다는 타클라마칸 사막에서 생사를 다투었던 현장, 혜초, 법현, 스벤 헤딘 등과 같은 선배들을 외경심을 가지고 추억하며, 이들의 발걸음을 추체험하기 위해 일부러 사막 한복판에 걸어서 들어가 본다(박재동1, 10~11). 균질적이고 순수하며 아무런 장식이 없는 자연이야말로 구도적 삶을

둔황의
막고굴 전면.

막고굴은 오아시스 도시인 둔황을 빛나게 한 불교의 성지이다. 이 굴은 4세기 무렵 악준이라는 승려가 수행을 위해 만든 석굴에서 시작되었다고 한다. 차츰 예불을 드리는 곳으로 변모하면서 불상, 벽화 등이 제작되었고, 시주자들의 공양도 이 불교석굴의 발전에 기여하였다. 이곳은 인근 지역에서 발전한 다양한 문화가 불교신앙이라는 큰 틀에서 융합된 대표적인 문화유산이다. 한국인들은 특히 이곳의 장경동에서 혜초의 《왕오천축국전》이 발견되었다는 사실에 큰 의미를 부여하며, 실크로드 여행의 핵심지로 간주한다. (유장근 촬영)

추구하는 사람에게 절대적인 공간처럼 보이는 것이다. 그러나 사막을 동경하는 마음은 사막으로서만 그치는 것이 아니라, 그곳을 넘어서면 새로운 미지의 세계 혹은 젖과 꿀이 흐를 것 같은 샹그리라가 있기 때문이다. 사막 속의 둔황시가 그런 존재이며, 투루판 역시 마찬가지이다. 하성봉은 투루판의 포도계곡을 보면서 '꿀과 젖이 흐르는 지상낙원'으로 묘사한다.[37] 마치 타클라마칸 사막 속에서 사경을 헤매다 많은 동료를 잃고 겨우 살아난 스벤 헤딘이 처음으로 물을 만난 뒤 환호작약하는 장면을 연상시킨다.

그런 까닭에 그곳에서 만나는 유적은 무한한 의미를 담고 있는 것으로 다가온다. 하성봉은 투루판의 고성古城에 대해 화려한 과거와 현재의 무無가 대조적으로 존재하는 곳으로 인식하는 데 만족하지 않고, 옛 고성 그 자체를 거대한 예술품으로 간주한다(하성봉, 407). 박재동도 그와 유사하게 폐허가 주는 신비감과 아름다움을 이곳에서처럼 확실하게 느껴 본 적이 없다고 고백한다(박재동 1, 147).

한국의 여행자들은 티베트의 자연도 대체로 성스러운 공간으로 인식한다. 김영종은 그곳을 반문명의 구원공간으로 인식하는데, 그 이유는 자신이 다녀 본 곳 중에서 가장 원초적인 세계가 바로 이곳이며 이 세계에서 외부문명을 보면 그것은 자연을 살육하는 악마이기 때문이라는 것이다(김영종, 《티베트》, 7~9). 때 묻지 않은 까닭에 더욱 알 수 없는 강한 존재의 힘을 느끼는 곳이기도 하다.[38] 그런 탓에 여행기의 제목을 "마침내 내 영혼의 고향 티베트로"[39]라고 붙이는 사례도 있다. 이 기행문의 필자인 신상환은 그곳을 가리켜 험한 산과 사막뿐 아니라 삶과 죽음이 극한적으로 교차되는 곳이며, 고독을 맛보기 원하는 인간, 특별히

간 큰 젊은이들이 도전해 볼 수 있는 세계의 가장 어려운 길이라고 말한다(신상환, 120). 이 때문에 중국은 총을 든 문명세계의 약탈자로 상징될 뿐만 아니라 썩지 않는 쓰레기를 버리는 관광객이나 관광 행위 자체도 순결한 땅을 모독하는 존재나 다름없다.[40]

순수 티베트라는 한국인들의 시선은 김규현에 이르러 더욱 강조된다. 그는 티베트의 모든 것이 순결하다고 느낀다. 눈이 시릴 정도로 푸른 하늘과 순결한 땅뿐만 아니라 바위와 나무, 정령, 일체의 유정물을 사랑하며 사는 곳이 티베트라는 것이다. 그 역시 이 점에서 티베트가 파국적인 물질문명의 부작용을 순화시켜 줄 수 있다는 기대감에 차 있다. 나아가 이런 순수한 나라를 되찾아 주는 것이야 말로 우리가 해야 할 일이라고 권유한다.[41]

고산지대에 있는 티베트의 산들은 대개 식물이 자라지 못하여 바위와 흙이 그대로 드러나 있다. 하지만, 여행자들의 눈에는 이것조차 다른 의미를 내포한 공간으로 다가온다. 어떤 이는 그것이 산의 원형이라고 말한다. 실오라기 하나 걸치지 않은 맨몸과 같아 마치 다른 천체를 보는 느낌을 준다는 것이다(박완서, 40~41). 이처럼 한국의 여행자들은 신장지역의 사막과 티베트의 헐벗은 산에서 자연의 원형과 순수함을 발견한다.

따라서 여행자들은 그곳에 사는 인간들도 자연과 마찬가지로 신성성을 가지고 있거나 순수하다고 생각한다. 그것은 티베트에서 오체투지하는 인간들을 보는 순간에 가장 많이 느낀다. 어느 정도인가 하면, 라사의 광장에서 오체투지로 밀려오는 참배객들이 염송하는 '옴메마니반메훔'의 소리가 연꽃 봉우리를 활짝 피우게 할 정도이다. 가난하지만 정신은 오히려 맑고 투명할 정도로 깊은 그들의 심성 때문에 그렇게 될 수 있다고 생각하는 것이다.[42] 이들이 신성한 존재로 보이는 이유는 순수한 자연에서 살기 때문만이 아니라, 그들의 성례 순지에서 보이는 종교성이 더해진 탓이다.

티베트, 성지인가 혹독한 현실인가

티베트 여행은 그 점에서 불교사원 순례의 목적도 겸하고 있다. 다른 국가의 여행자들과 마찬가지로 한국의 여행자들 역시 라사의 포탈라 궁은 방문코스에 필수적으로 포함되어 있다. 티베트 여행의 주목적은 사실상 이 궁전을 보기 위한 데 있다고 해도 과언은 아니다. 이곳을 방문한 여행자들의 느낌은 조금씩 다르지만, 그 규모와 특이한 미, 신비한 축조술에 찬사를 보낸다. 나아가 얕잡아 보아 왔던 티베트 민족이 대단한 문화민족이라는 사실을 알게 된 것도 이 궁전을 보고 난 뒤에 얻게 된 큰 소득이다(박완서, 53~72).

물론 그곳의 주인인 달라이 라마가 이곳을 떠나 인도의 망명지에 설법의 장을 개설한 탓에 전통적으로 수행해 오던 종교적 기능은 이미 멈추어 버렸지만, 그럼에도 티베트의 순례자들처럼 경건한 마음으로 관광을 하는 것이다. 이들의 불교 순례지는 포탈라 궁을 기본으로 해서 불교 학교인 드레풍 사원, 옛 모습을 잘 간직하고 있는 조캉 사원, 가장 오래되었다는 샤메 사원, 그리고 간덴 사원과 세라 사원이 포함되어 있다. 판첸 라마의 본거지인 시가체의 타쉬룬포 사원도 자주 들리는 관광지에 속한다. 이들 사원의 특징을 이해하기 위해서는 먼저 낭마파, 카규파, 샤카파, 게룩파 등 티베트의 4대 불교 종파에 대한 이해가 선결되어야 하지만, 어쨌든 티베트 불교 관련 사원들을 관광하다 보면 스스로 불자나 승려가 되어 성지를 순례하는 기분이 드는 것이다(이태훈, 28, 60~63, 135).

그러나 성지 순례를 하지 않더라도 그곳에 산다는 것 자체에 우호적인 시선을 보낸다. 도시 이외의 지역에서 만나는 티베트인들은 부자든 그렇지 않든 간에 여유롭고 근심 없고 천성적인 자유스러운 것이 마치 부처와 같이 보이며, 한국인과 외형 면에서 비슷한 것도 편안함을 준다(박완서, 28). 경관이 좋은 곳에서 차를 마시는 사람들조차 매우 문화적이다. 경치 좋은 곳을 보면 고기부터 굽고 보는 한국인과 비교해 보면 그렇다는 것이다(박완서, 131).

하지만, 라사 시내를 여행하는 한국인들이 티베트인들을 항상 우호적으로 묘사하지는 않는다. 그곳에서 오체투지를 행하는 종교적 열정을 지닌 부류 못지않게 물건을 사라고 쫓아다니거나 구걸하는 티베트인들을 만나는 것도 일상적인 장면이기 때문이다. 그러나 매우 궁핍하고 힘든 삶의 모습을 태생적이라고 하기보다, 중국의 식민지배에서 비롯되었다고 보는 서술이 종종 목격된다. 그들은 중국의 지배 이전에 굶주림을 몰랐지만, 오히려 근대적 이성이 도입되면서 고대적 지혜의 삶을 억눌렀다고 파악하는 것이다(김영종, 20~25). 이 역시 순수한 경관과 인간을 외래적 근대문명이 오염시킨 결과로 보고 있다는 점에서 티베트가 순결한 공간이라는 인식 자체는 여전히 유효하다.

티베트인들의 가난을 미화하기보다는 가난을 그 자체로 인식하는 관찰자도 물론 있다. 열악한 환경과 가난한 사람들을 통해서 본 티베트는 여행의 로망을 맛보려는 사람들에게 환상할 수 있거나 꿈을 꿀 수 있는 공간은 아니다. 오히려 그간 몽상 속에서 애지중지 했던 로망조차 무너뜨리는 잔인한 현실의 지역으로 비친다. 오체투지라는 종교행위도 기실 알고 보면 내내 걸어오다 금빛 찬란한 포탈라 궁의 지붕이 보이는 바로 그 자리에서부터 시작하며, 성스러운 성당이라고 하는 포탈라 궁이란 나무도 없는 이 고산지대에서 절대권력자의 착취 산물일 뿐이고, 이를 유지하기 위해 가난한 순례객들의 꼬깃꼬깃한 돈이 수없이 투자되었을 것이라고 말한다.[43]

실제로 티베트의 불상이나 불화도 인간을 위협하는 듯이 보인다는 여행기도 있다. 김찬삼은 티베트 불교에 대한 인상을 "우리나라의 불상은 중생을 구제하기 위해 부드러운 얼굴 표정을 짓고 있지만 티베트의 불상은 인간을 위협하는 듯한 무서운 인상이다. 더구나 기름 버터의 호롱불로 어른거리는 무서운 금색의 불상 앞에 서면 인간은 그 스산함에 떨며 무릎을 꿇게 될 것 같다"고 적었다(김찬삼 1, 230). 이러한 서술은 순간적인 느낌이나 선입관에서 연유했을 수도 있지만, 티베트 불상이 전해 주는 이미지의 진상을 정직하게 묘사하려는 태도에서 비롯되었다고 생각한다.

이처럼 티베트 여행기를 통해서 보는 한국인의 티베트관은 대부분 그곳을 지고지선한 세계로 인식하고 있는 반면 일부는 잔인한 현실체로 간주하는 극단적인 대비를 보인다. 그렇다면 이러한 극단성은 여행 이후에 얻은 것일까. 아니면 전통적 티베트관에 기반하고 있는 것일까. 선한 티베트라는 인식은 20세기 이전의 한국인들이 관찰하였던 티베트 세계와는 매우 동떨어진 것이다. 예를 들면 박지원은 서번인, 곧 티베트인들을 몽골인보다 더 흉악하고 사납고 추악하여 마치 괴이한 짐승이나 기이한 귀신처럼 생긴 까닭에 겁이 더럭 나는 종족으로 묘사하였다.[44] 그나마 박지원은 화이론적 시각에서나마 이처럼 험한 단어를 구사하면서 티베트인을 기술하였지만, 이조차 조선시대 사대부들 사이에서는 유례없는 일이었던 것 같다. 그들은 박지원처럼 티베트 불교에는 거의 흥미를 갖지 않았기 때문이다.[45] 물론 박지원도 열하熱河에서 판첸을 만나고 한인들로부터 그곳의 역사와 실정을 듣고 난 뒤에야 나름대로 티베트를 체계적으로 이해하려고 한 것이지, 그곳을 직접 관찰한 결과는 아니었다.

그렇다면 저와 같은 티베트 인식은 언제쯤 나타난 것일까? 일제시대에는 중화민국 정부에서 전하는 티베트 정보를 중심으로 문명과 자연의 대조, 민족독립론, 세계체제론, 유토피아론 등 복잡하지만 조선의 현실적인 조건에 부합되는 논리들을 전개하면서 티베트를 상상하였다. 마찬가지로 1959년 티베트 정부의 인도 망명은 반공에 근거한 동병상련의 대상으로 인식하였기 때문에 지고지선의 존재로 간주하지는 않았다.[46]

한국인의 극단적 티베트관은 예컨대 티베트를 배경으로 쓰여진 제임스 힐튼의 소설 《잃어버린 지평선》의 번역이나 카프라 감독이 1937년에 이 소설을 대본 삼아 만든 영화[47]를 재상영하는 등, '오리엔탈리즘'의 시각을 띤 현실도피적 작품을 수입하면서 시작되었던 것 같다. 카프라 감독의 영화는 촬영 당시인 1936년에 《조선일보》에서 관심을 보여 관련 기사를 쓴 적이 있고, 이 영화가 상영되던 1939년에도 상영관이던 단성사의 흥망과 관련된 기사를 신문에 올리고 있기 때문이다.[48] 이런 사실은 일제시대에도 한국인들이 소설과 영화 속의 이상향인 샹그리라와 같은 곳에 대해 호기심을 갖고 있었음을 보여준다. 그것은 살기 힘든 세속세계로부터의 도피와 구원처라는 영화적 구도가 일제시대 조선인의 정서와 맞았기 때문이었을 것이다.

티베트에 대한 이런 호기심은 1970년대에 들어 재점화되는 양상을 보인다. 힐튼의 《잃어버린 지평선》이 다시 번역되고, 카프라의 영화도 텔레비전의 〈명화극장〉 프로그램 등을 통해 재상영되면서 '신비로운 티베트'가 한국인에게 다시 등장한 것이다. 그리하여 1990년대에 이르면 신비주의적 티베트관이 대량으로 소비되기 시작하였던 것이다.[49]

신장과 위구르인에 대한 편견

그렇다면 실크로드 상의 신장지역 사람들에 대한 묘사는 어떤가. 특히 그곳의 사막이 순수성을 드러낸 만큼 인간도 그것을 닮았을까. 오히려 그와는 매우 다른 선입견을 가지고 위구르인들을 대하는 경우가 더 많았다. 신장지역을 꼼꼼히 답사한 심형철은 여러 경로 끝에 얻은 정보를 통해 위구르인들을 친절하고 믿을 수 있는 대상으로 간주한다. 그가 한족들로부터 들은 위구르인들은 대체로 부정적인 존재였다. 이 탓에 그는 카슈가르에서 만나는 위구르인들을 경계심을 가지고 대하게 되었으나, 실제 그들과 계속 접촉하고 이야기하면서 알게 된 사실은 한족이 전해 주는 정보 속에는 편견이 담겨 있다는 것이었다.[50]

이러한 경험은 하성봉에게도 마찬가지였다. 그 역시 신장지역에 발을 들여 놓으면서부터 위구르인들이 믿을 수 있는 존재인가 아닌가 하는 문제로 고민하였다. 그가 내린 결론은 그들이 평소 칼을 차고 다닌다고 해서 공포심을 가질 이유가 없다는 것이었다. 오히려 그들의 마음은 매우 따뜻했고, 우호적인 '친구'들을 절대 해치지 않는다는 사실을 새로이 알게 되었다. 예컨대 오른손 손바닥을 왼쪽 가슴에 대면 그것이 바로 친근한 마음을 표시하는 예법이란 것을 현지에서 배울 수 있었다. 또 위구르 지역의 지도자들은 한국에 대해서도 우호적이었다고 평가한다(하성봉, 372~3). 그들이 한국인들을 좋아한다는 사실은 티베트 기행문에서 볼 수 없는 색다른 점으로, 박재동은 이를 좀 더 구체적으로 "한국인들이 일본에 저항하였기 때문"이라고 전해 준다. 그 역시 이곳 사람들이 잘 웃으며, 경계심과 적의를 찾아볼 수 없을 정도로 선의를 다해 인간을 대하는 사람들이라고 평가한다(박재동2, 48~50). 티베트인들은 대개 착한 사람이라는 선입관을 가지고 대하지만, 신장의 위구르인들에 대해서는 경계심을 가지고 불신하는 태도를 지니고 있다가, 현지에서 그들을 접촉하고 난 뒤에야 비로소 믿을 수 있는 친구로 바뀌어 갔다는 사실을 보여준다.

사실 한족들이 위구르인들을 믿을 수 없는 존재라고 규정하였던 것은 특히 건륭제 시대 이래 변함없이 유지되어 온 전통이기도 하다. 잘 아는 바와 같이 건륭제의 군대는 준가리아제국을 정복하면서 준·회부準·回部 사람들이 귀순과 반란을 수도 없이 되풀이하였기 때문에 믿을 수 없는 존재로 파악하였다.[51] 이는 청조의 황제들이 스스로 활불로 자처하면서 티베트 불교를 숭상하고 티베트 지역조차 성스러운 공간으로 인식하였던 태도와 대비되는 것이다. 또 앞에서 잠시 언급한 것처럼 중원의 한인들은 사마천 이래 흉노를 비롯한 유목민족에 대해 발전시킨 오랑캐관이라는 전통도 신장 위구르인들을 부정적으로 인식하도록 부추겼을 것이다.

이런 탓인지 위구르인들을 비롯한 신장인들에 대해 티베트인들을 대했던 것처럼 종교적 경외감을 가지고 묘사한 여행기는 거의 없다. 신장과 관련된 여행코스는 대부분 실크로드를 답사하는 일정으로 짜여져 있기 때문에, 이곳에서 마주치는 유적도 상당수는 매우 오래된 문화유산들이다. 그중 종교와 관련된 곳은 둔황의 막고굴, 투루판의 베제클리크, 쿠처의 자오후리사(수바시)와 키질 석굴 등으로 불교의 동전과정 루트를 거꾸로 되짚어 가는 여행이다.[52] 곧 신장에서도 동아시아 불교 승려들의 구법로를 따라가는 셈이며, 정작 오늘날의 지배적 종교라 할 수 있는 무슬림과 관련된 사원은 거의 없는 편이다. 굳이 꼽으라고 한다면 카슈가르에 소재하는 이른바 향비묘 정도이다. 그러나 실제로 건륭제의 일개 비였던 그의 무덤은 청황제들이 잠든 허베이성의 동릉東陵에 묻혀 있기 때문에(김호동, 193~196), 카슈가르의 향비묘란 무슬림들의 믿음의 산물이며, 게다가 이것을 반드시 종교시설이라고 보기도 어렵다. 또 투루판에 있는 소공탑도 종종 들리는 곳 중의 하나이기는 하다. 그러나 기실 이것 역시 사원이라기보다는 건륭제 때 이 지역의 첫 번째 군왕이던 에민 호자를 기리기 위해 그의 아들인 슐레이만이 세운 탑이므로(정수일, 68~69), 기념물이라고 보는 편이 더 좋다. 따라서 한국의 여행자들이 위구르 자치구에 가서 보는 이슬람 사원은 사실상 없다고 할 수 있다.

반면, 티베트 지역을 관광하고 난 뒤에 그랬던 것처럼, 위구르 지역을 거지의 소굴이라거나 종교인들을 착취의 주체라고 일컬은 사례도 보이지 않는다. 왜 그럴까? 거기에는 역사적 요소도 있고, 종교에 대한 이해의 정도 혹은 친근성과 같은 요인이 작용을 한다고 본다. 부연하자면 한국사회에서 이슬람은 역사가 일천한 데다 소수인의 종교이며,[53]

서구인이 뿌려 놓은 편견까지[54] 겹쳐 있기 때문에 접근하기 쉽지 않은 종교라 할 수 있다. 그런 까닭에 티베트에서의 불교 사원 여행은 필수 코스인 데 비해, 신장지역에서의 이슬람 사원 기행은 거의 보이지 않는 것이다. 이러한 특색은 KBS가 1984년 4월 13일부터 12월 7일까지 모두 30회에 걸쳐 중일 합작으로 제작한 〈실크로드〉를 방영할 때부터[55] 예견된 것이었다. 1980년에 일본의 NHK와 중국의 CCTV가 합작하여 만든 〈실크로드〉를 재방송한 이 프로그램은 저 먼 서역에 있는 실크로드 주변의 문물, 불교 유적, 신비한 자연 등을 환상적으로 보여주었기 때문에 그곳은 가 보아야 할 관광코스로 떠올랐다. 하지만 이 방영에서 중국 영내의 이슬람 문화를 소개하는 프로그램은 사실상 없었다. 이러한 구성 방식은 1989년 한국 최초의 서역 답사팀이 현지인의 이슬람 문화를 될 수 있는 대로 배제한 채, 실크로드와 불교 유적을 중심으로 답사하면서 더욱 강화되었다.[56]

이와 같이 양 지역에 대한 상이한 인식 때문에, 한국의 여행자들은 티베트의 불교 역사에 대해 거의 전문적인 식견을 피력하지만, 무슬림의 역사에 대해서는 그렇지 못하다. 무슬림에 대해서는 오히려 이해하려는 태도를 보여주려 하기보다, 그들이 파괴한 고대의 불교 관련 유적에 대해 더 많은 관심을 보인다. 이슬람의 흥기로 인해 불교 석굴이 쇠락하였다든가(허세욱, 266~268), 베제클리크 천불동이 훼손된 가장 중요한 사유를 이슬람 교도들의 고의적인 파손에 있다고 보는 기술이 그것을 증명한다(심형철, 98).

현지인의 일상과 현실 직시

따라서 우리들은 한국의 여행가들이 그 지역의 역사를 더듬어 가면서 현재의 삶의 모습을 관찰한 데 더 관심을 두게 된다. 이렇게 하는 것이 위와 같이 극단적으로 갈라지는 서술에서 조금 벗어나 비교적 담담하게 전해 주는 일상을 통해서 그들의 진면목을 조금이나마 이해할 수 있으리라고 본다.

위구르 지역에서 마주하게 되는 큰 특징은 무엇일까. 여행자들이 많이 지적하는 대목은 이곳이야 말로 다민족이 공존하면서 문화를 창조한 곳이라는 사실이다. 화염산과 더위로 둘러싸인 투루판 지역에서 문화적 다양성을 찾아 낸 정수일은 이 지역이 역사적으로 다민족, 다종교, 다문화를 발전시켰다고 소개하고 있다. 예컨대 이곳에서 발굴한 아스타나 고분군에서는 2,700여 건의 문서가 출토되었는데, 문서에는 토카라어, 소그드어, 위구르어로 쓰인 불교, 마니교, 경교 등 종교 문서와 유교의 가르침을 전한 병풍 등이 있었던 것이다. 이곳에서는 이슬람, 불교, 마니교, 경교, 조로아스터교 등이 경쟁하였으며, 최종 승자는 이슬람이었다. 다시 말해 그것은 마니교, 경교 등 서방 종교가 투루판 지역을 넘어서 동전하지 못하고, 유교 역시 더 이상 서전하지 못하였으며, 북방의 유목문화도 더 이상 남전하지 못한 상황을 증명해 주고 있었다. 이러한 지역적 특성이 이질적인 문화들의 경계선 역할을 하기도 하였지만, 반면 그것들이 뒤섞이면서 새로운 문화를 만들어 내게 한 동력으로 작용하기도 하였다(정수일, 68~69).

그러나 많은 여행자들은 정수일이 도달한 수준만큼 이 방면에 대한 지식이 깊지는 않다. 그렇기 때문에 대개는 눈앞에서 마주치는 현장이나 특이한 경험 중에서 다민족 혹은 다문화를 언급하는 것으로 지역의 특징을 설명한다. 박재동은 자신들을 안내한 20대의 한족 출신 가이드가 중국어, 위구르어, 카자흐어, 러시아어, 회족어 등을 자유롭게 구사하는 사실에 놀란다. 더구나 그의 다언어 습득은 교육제도를 통해서가 아니라, 여러 민족간의 혼거 덕에 자연스럽게 배운 것이었다는 사실을 알게 되자, 오히려 다양성은 민족간의 개방성에서 온다고 판단한다(박재동 1, 199~200). 그리고 이러한 특징은 이미 허시회랑에서부터 시작된다. 박재동은 이곳을 가리켜 '투루크, 위구르, 티베트, 흉노와 중원이 서로를 치려할 때, 확보해야 할 전략적 요충지이면서 교역로'라고 부른다(박재동, 77). 따라서 실크로드 상의 한 특징인 다민족성이라는 기준에서 본다면, 깐수 지방은 중원사회의 일부라기보다 유목사회, 혹은 알타이 세계의 일부인 셈이다.

반면 민족적 이방감異邦感을 신장의 남부 도시인 호탄에 이르러서야 느끼는 경우도 있다. 허세욱은 호탄에서 만난 사람들의 인상을 "까무잡잡하고, 무성하게 수염이 나고, 코가 오뚝하고, 쌍꺼풀이 있고, 얼굴은 달걀모양으로 갸름하고, 눈동자는 푸르딩딩하고, 말씨는 다혈질이고, 담배연기를 굴뚝처럼 뿜어 내는 사람"이라고 묘사한다. 신장 내에서도 처음으로 중국인 같지 않은 사람들을 만나게 되어 비로소 서역에 깊숙이 들어왔다는 사실을 실감하였던 것이다. 허세욱은 비로소 이곳에서야 비한족의 세계를 체험한 셈이었으며, 뒤이어 위구르인들과 한족과의 민족 갈등을 떠올리면서 경계심이 일어 얼른 호텔로 들어갔다고 고백하였다(허세욱, 290~291). 우루무치나 투루판과 같은 도시지역과 문화유적을 중심으로 신장지방을 여행하다 보면, 허세욱처럼 이곳

우루무치의
야시장 풍경.

신장 위구르 자치구의 수도인 우루무치 시내에는 오일야시장이 있다. 낮에는 도로로 사용하다, 밤이 되면 야시장으로 활용된다고 해서 붙여진 이름이다. 위구르인, 카자흐인, 한인 등이 어우러지면서 만들어 낸 시장 풍경은 중앙아시아의 특징을 잘 보여주고 있다. 이곳은 이슬람 문화권이기 때문에 술과 돼지고기는 볼 수 없지만 그 대신, 각종 양고기, 생선구이, 오리와 닭을 비롯한 먹거리뿐만 아니라 지역 특산인 하미과 등 과일도 푸짐하다. 중국의 변경 여행으로서는 로망이 넘치는 곳이다. (유장근 촬영)

조차 한인사회가 연장되어 있다는 느낌을 갖게 될 수밖에 없을 것이다. 여행시스템 자체가 한인이 설계하고 운영하는 형국에다, 변강의 주요 도시지역에서 만나는 사람들의 민족적 특색은 베이징이나 우루무치나 별다른 차이가 있을 수 없기 때문이다.

신장에서 보는 자연 경관이 항상 환상적인 사막만 있는 것은 아니며, 사막이라고 하더라도 그곳 역시 삶의 현장이기 때문에 인간의 요소들을 배제하기는 어렵다. 또한 신장에는 초원도 산재하고 있으므로 이곳이 삶과 어떻게 연관되어 있는지를 관찰하는 일도 여행에서 마주치는 일상 중의 하나이다. 심형철의 관찰은 그 점에서 매우 뛰어나다. 그가 본 신장은 현재 사막화가 심각한 곳으로, 신장 총면적인 1,660만여 평방킬로미터 중 절반에 가까운 795만 천여 평방킬로미터가 사막이고, 더구나 초지 중에서도 약 1억 2천여 만 무가 사막화 과정 중에 있다고 보고하였다(심형철, 40~41). 그 원인을 중국 정부의 자본주의적 유목보다는, 유목민족의 과도한 방목에서 찾은 것이 한계이기는 하지만, 여하튼 이런 관찰은 신장의 자연 경관이 안고 있는 모순과 실체를 이해하는 데 매우 요긴하다.

김영현도 실크로드 여행에서 만나는 길들이 신장에서 생산된 석유를 동쪽으로 수송하는 이른바 '오일로드'라는 현실을 직시한다. 하미와 투르판 사이에서 개발되는 유전이 있으며, 그 외에도 타림 분지 내의 쿠쿠야 유전이나 위먼, 우수, 준가르 분지의 크라마이 등에서 석유를 채굴하여 깐수성의 란저우 석유화학 단지로 수송해 가는 사정을 세세히 전하고 있다. 신장의 사막에서는 핵실험도 진행되었다는 사실을 기록하고 있다(김영현, 19). 그 점에서 신장의 사막은 외면상 순결무후하고 평온한 듯이 보이지만, 내부에는 사막화와 석유 개발, 그리고 핵실험이 라고 하는 변방의 오염된 경관인 것이다.

위에서 보는 것처럼 거대한 변화보다 소소한 일상들을 통해 그곳 사회를 들여다보는 여행기도 적지 않다. 준가르 지역에서 만난 카자흐인은 시골에서 매일 똑같은 일을 하는 것이 지겨워 도시로 나가 살고 싶지만, 방법이 없다고 한탄한다. 아이들도 더 가르치고 싶지만, 초등학교를 졸업하고 바로 가사에 뛰어들 수밖에 없는 현실이 고통스러운 것이다. 그래서 우리도 돈을 벌어 당신들처럼 관광도 다니고 아이들 교육도 잘 시키며, 좋은 집에서 넉넉하게 살고 싶다고 말한다(심형철, 115). 마치 정감이 넘치는 듯한 초가삼간을 담장 너머로 훔쳐 보다 주인에게 들킨 것 같은 당혹감과 낭패감을 느낄 것이다. 외부인은 그것이 시골의 로망일지 모르지만, 그 내부의 주인공들에게는 낯선 이들의 구경거리가 되었다는 사실 자체로 인해 모욕적일 수 있기 때문이다.

반면 이러한 초원에서 사는 삶 자체를 행복하다고 여기는 초원 사람들도 만날 수 있다. 박재동이 이리 계곡의 쿵나스 초원에서 만난 카자흐족 소녀는 슬픈 일을 모르며 말 타고 노는 일이 행복하다고 말한다. 이곳에서 만난 또 다른 유목민 부부도 초원에서의 삶이 평안하며 별다른 걱정이 없다고 말한다. 그들의 생활환경이 유목민의 희망과는 다르게 점차 농경사회로 변해 가고 있으며 앞으로 산업사회로 변해 가면서 악화될 가능성도 있기는 하지만(박재동 1, 210~211), 여행자들이 신장지역 초원의 장래까지 예견하는 일은 만만치 않다.

잘 짜여진 코스를 따라 움직이는 관광길에서 유목민을 비롯한 현지인들의 일상생활을 직접 관찰하기란 사실상 쉽지 않다. 그것은 티베트에서도 마찬가지이다. 그러나 박완서는 틈나는 대로 티베트인들의 일상을 찬찬히 들여다보면서 그들의 생활세계를 묘사하였다. 남성과는 달리 여성의 여행기는 남성이 만들어 놓은 기존의 권력관계에서 배제된 채, 일상적 삶의 구조를 더 익숙하게 바라볼 수 있다는 점에서 페미니즘적 성격을 띠고 있는데,[57] 이 점에서 박완서의 일상에 대한 묘사는 여성이 쓴 여행기의 한 특징을 보여준다. 그들이 마시는 차, 그들이 사는 가옥, 뒷간, 야크 똥 등에 대한 서술은 어느 여행기에도 들어있지 않는 독특한 부분이라 할 수 있다. 예를 들면 산지 고원에서 텐트를 치고 야크 똥을 연료로 쓰는 목동은 도시의 텐트족과 달리 결코 구걸하지 않는다고 말한 대목이 그렇다(박완서, 145, 159~161). 이것도 물론 시골과 도시, 유목민과 도시민이라는 이항대비를 통해 문명을 비판하고자 하는 필자의 시각이 담겨 있기는 하지만, 도심의 문화유산만을 관광해서는 얻을 수 없는 소중한 경험이다.

티베트인들의 일상생활에 대한 기술은 이태훈의 여행기에서 더 자세하다. 그는 의도적으로 종교에 의지해 사는 티베트인들의 삶을 구체적으로 이해하기 위해 대부분 야크와 함께 생활하는 티베트인들의 의식주 자체에 관심을 둔다. 주거는 2~3층으로 구성된 목조주택 형식이지만, 1층은 대개 헛간으로 쓰고 있으며, 음식으로는 보리와 면으로 된 음식, 야크 고기, 차, 술, 양 등 철저하게 자급자족적이며 전통적인 방식으로 살고 있는 덕에 티베트의 정체성을 유지할 수 있다고 말한다. 또 외부인들이 신기해 마지않는 일처다부제에 대해서도 그 제도가 만들어진 까닭과 현황에 대해 분석적으로 기술한다. 곧 그 결혼은 먹을 것이 부족한 이 사회에서 공동생산과 분배를 실현하는 제도였으나 현재 티베트 사회에서는 거의 볼 수 없으며, 중국의 영향을 받으면서 일부일처제로 바뀌어 간다고 소개하고 있다(이태훈, 164~ 180). 불교에의 의존도 역시 중국화와 서양화가 진전되고, 또 문화대혁명 때의 불교 탄압의 여파와 서양 종교에 대한 관용, 그리고 젊은이들의 전통으로부터의 이탈 등으로 점차 축소되어가고 있는 형편이다(이태훈, 194). 한국인들이 상상 속에서 희망하듯, 그곳도 정지된 시간 속에서 과거의 방식대로 사는 사회는 아닌 것이다.

중국의 변방 지배에 대한 인식

중국의 여행기에서 자주 나타나듯이, 중국 여행의 묘미는 한 국가의 경계 내이지만 민족, 문화, 경관, 삶의 양상들이 지역마다 다르다는 점에 있을 것이다. 이러한 특징은 변방지방을 여행할 때 두드러지며, 특히 신장이나 티베트와 같은 지역으로 이동하는 경우, 이곳이 과연 중국인가 아닌가 하는 의문을 갖게 만든다. 한국인들이 중국 내의 다민족, 다문화, 극단적인 경관 등을 경험하는 일은 생소한데다 기왕에 배운 교과서적 중국 지식과는 다른 세계가 전개되기 때문에, 그만큼 그에 대한 관심과 느낌이 여행자들에게 깊이 각인되고 독자들에게도 전달되는 것이다.

중립적 지배관

상당수의 여행기들은 중국의 변방을 한족들이 집중되어 있는 중원과는 다른 세계로 인식하여 이곳을 중국의 일부로 보지 않으려는 태도를 드러낸다. 그러한 인식 중에서 중요한 서술 방식은 역사 기행을 통해 이곳이 어떤 과정을 거쳐 중국의 일부가 되었는가를 관찰하는 것이다. 신장, 티베트, 몽골, 회족지역의 역사 기행을 통해 변강의 역사와 그 현장을 연결해 주는 김호동의 역사에세이는 이 부분에서 매우 뛰어나다고 할 수 있다.

그가 이곳을 집중적으로 여행한 주요 이유는 그간 중국 자료에 의해, 또 중국인의 시각에서 이해해 왔던 중국의 변방세계를 편견 없이 바라보고, 그 자신의 역사학적 연구가 현지인들에게 조금이나마 도움을 줄 수 있으리라는 기대 때문이었다. 그 땅의 주체들이 소중하게 여기는 것은 무엇이며, 갈구하는 것은 무엇인지를 찾아 내는 작업이야 말로 역사가의 주요 임무라고 생각하고 있는 것이다(김호동, 153~175).

김호동이 관심을 갖는 변강지역의 역사는 대체로 청대 이후에 초점이 맞추어져 있다. 그것은 이들 지역이 대부분 청나라에 의해 정복되면서 '중국'의 일부가 되어 갔기 때문이다. 따라서 서술 시점도 현재의 상황이며, 서술 중심도 그들 사회에서 쟁점이 되는 문제를 짚어 내어 그 연원들을 현지 상황이나 현지인들이 그 쟁점에 대해 갖는 관심 등을 줄거리 삼아 이야기를 전개해 나간다(김호동, 70~108).

산시와 깐수지역의 회교도들에 대해서 김호동은 답사 당시 시안 공항에서 메카 순례에서 돌아오는 종교 지도자인 아홍을 맞이하는 이슬람 교도들과 1983년에 란저우시의 개발로 인해 18세기 후반에 순교당한 마명심의 묘가 훼손되는 것을 막기 위해 벌인 시위 등을 소재 삼아 이 지역의 이슬람 역사를 일별한다. 이 역사 속에서 우리는 1781년부터 마명심을 중심으로 시작된 신교도들과 구교도들 사이의 싸움, 구교

편에 선 총독의 살해, 마명심의 처형 등으로 이어졌던 이슬람 교도들의 호신護神 투쟁이 중화민국 시대를 거쳐 최근까지 얼마나 치열하게 전개되어 왔는가를 잘 알 수 있다. 이러한 흐름을 알지 못하면 1983년의 마명심 묘지 수호사건도 제대로 이해할 수 없는 것은 당연한데, 그 때문에 오늘날의 이슬람 교도들에게도 순교자의 피가 살아 흐르고 있으며, 그 피가 다시 용솟음쳐 분출할 수도 있다는 것이다.

동일한 신앙으로 무장한 무슬림들이지만, 산깐陝甘 지역의 한인 이슬람들과 구분되는 위구르 무슬림의 역사도 파란만장하기는 마찬가지이다. 청조에 무력으로 정복된 1760년대 이후 이 지역의 귀족인 호자 가문 내부의 갈등 때문에 청조의 공격에 효과적으로 대응하지 못한 사실을 지적하면서, 인구에 회자되는 향비 이야기의 진실, 19세기 전반기에 있었던 자항기르의 반청 반란, 1864년에 있었던 위구르 독립국가의 건설과 붕괴, 그리고 그 저항성이 20세기 후반기까지 어떻게 이어져 왔는가를 현장답사와 자료 등을 통해 흥미진진하게 소개한다. 특히 위구르인들에게 19세기 후반에 위구르 국가를 세웠던 야쿱벡은 소중한 꿈이며 희망이지만, 현재 상황에서 그 희망이 성취되는 일이 쉽지 않을 것이라고 판단한다.

김호동은 오늘날 쟁점이 되고 있는 청과 티베트의 역사적 관계를 비교적 소상히 설명하는 것으로 우리를 티베트로 인도한다. 티베트인들은 달라이 라마와 청황제 사이의 기본 속성을 종교적 지도자와 세속적 후원자 정도로 생각하고 있다는 것이다. 한편 그는 달라이 라마가 비폭력적인 방법으로 대중국 투쟁을 전개하는 것이나 그것을 뒷받침하는 고귀한 정신세계에 대해서도 동정적이다. 티베트와 긴밀한 관계에 있는 몽골세계에 대해서도 그는 주로 준가르 지역이 청의 정복과 지배에 어떻게 대응하였으며, 결국 내몽골과 외몽골이라고 하는 민족 분열에까지 이르게 되었는지를 주로 몽골인들의 시각에서 이야기해 주고 있다.

일반적으로 해당 지역의 역사 기행들이 구체적인 사실을 소홀히 하거나 사건의 배경을 놓치기 쉬운 데 반해, 김호동의 역사이야기는 해당 민족 내부의 갈등과 분열, 각 민족 사이의 상호관계를 이해하는 데 매우 유익하다. 하지만 그의 기행문의 특징은 해당 사회를 이해하기 위한 키워드로 종교를 설정하고 있기 때문에 세속적인 문제들은 그보다 덜 중요한 것처럼 보인다는 사실이다. 예컨대 티베트의 달라이 라마가 보여주는 불교의 인간적 성격, 산시, 깐수지역 이슬람의 청진淸眞세계, 위구르인들이 희망하는 무슬림 국가 건설 등에서 그런 특징들이 드러나는 것이다. 또 그는 중국의 지배를 부정적으로 보는 듯하지만, 그렇다고 해서 이들 종교공동체가 독립국가로 나아가야 한다는 역사적 당위성을 굳이 강조하지도 않는다.

억압자로서의 중국

이에 비해 실크로드 지역의 고대사에 관심이 많은 김영종의 기행은 약자를 억압하는 약탈자로 중국을 묘사하고 있다. 이를테면 한족문명의 상징이라고 간주하는 황하는 티베트에서 발원하고 있으며, 중류는 몽골지역을 흐르고 있고, 하류는 발해지역에서 바다로 흘러 들어가기 때문에 이민족의 땅과 경계를 이루고 있는 강으로 규정하고 있다. 따라서 '중국문명이라는 텍스트는 주변문화라는 여러 텍스트들에서 인용한 모자이크이자 흡수이며 변형'이라는 정재서의 언설에 동의한다(김영종,

96~108). 따라서 그는 줄곳 중국에게 역사와 자연과 정신을 빼앗긴 티베트나 신장과 같은 변방세계에 대해 동정하면서 그것이 진짜 나와 같은 모습일 것이라고 고백한다(김영종, 《티베트》, 113~117). 자신의 정체성을 중국의 변방과 일치시키면서 이 세계가 중국 내에서 차지하는 위상을 평가해 보는 것이다.

실크로드에 대해서도 그는 이 길의 의미를 종래와 다르게 약자의 세계사라는 틀 속에서 해석하려고 한다. 곧 이 지역의 국가들은 평화롭게 살기를 원했으나, 북쪽의 유목제국과 동쪽의 정주제국인 중국은 이곳을 전쟁터로 삼아 제국으로 성장하여 갔다는 것이다. 그 점에서 기왕의 실크로드관은 문화전파론에 기반한 제국의 시각을 드러낼 뿐이라고 비판한다(김영종, 《실크로드사》, 17~58, 109). 김호동과 마찬가지로 유목민족의 입장에서 이 길의 의미를 묻고 있지만, 중국의 지배에 대해서는 김호동보다 더 격렬할 정도로 비판적이다.

중국 변방지역의 역사와 문화유산을 해당 지역민의 시각에서 바라보는 기행문은 최근 들어 급격히 늘고 있다. 문인들의 기행에서도 이 점은 두드러진다. 박완서는 애초부터 티베트를 중국의 일부가 아니라 독자적인 국가라는 인식을 전제하면서 티베트 여행을 떠나며, 그곳에서 종교시설과 문화유산들을 관람한 뒤 이러한 태도는 더 심화된다. 그리하여 중국에서 이곳을 부르는 지명인 '시짱西藏'을 쓰지 않고 '티베트'를 고집하면서 달라이 라마의 망명정권을 인정하고, 이에서 더 나아가 그들의 높고 독특한 정신문화는 강력한 군사력으로도 정복하기 어려운 본보기가 되고 있다고 규정한다. 그가 관찰해 본 결과 여느 사람들도 그곳을 주권국가로 취급하고 있다는 것이다(박완서, 58, 75~76).

그는 중국의 지배가 티베트에 매우 부정적으로 작용하였다고 서술한다. 라사 시내에 거지가 많은 이유도 한족의 이주와 중국의 개발 정책 때문이라고 생각한다. 티베트족에 비해 옷도 잘 입고, 얼굴도 깨끗하며, 거드름이 몸에 밴 한족들을 보면, 자신이 경험했던 식민지시대 일본인을 연상시킨다는 것이다. 따라서 한족의 이주와 교육 정책은 가혹할 정도로 티베트 고유의 정신문화를 말살하기 위해 제시한 것이라고 파악한다(박완서, 119, 159~161). 상대적 빈곤감과 거지근성은 중국의 지배와 한족의 이주에 따른 참담한 결과인 셈이다.

김영종은 포탈라 궁을 관람하면서 중국 지배의 음험함을 드러낸다. 그는 이 궁을 관람하던 중, 6대 달라이 라마(1683~1706)가 살던 방에서 그를 생각하면서, 과거의 사실을 근거로 삼아 라마의 사랑과 죽음에 관한 이야기를 소설로 극화시켰다. 달라이 라마 6세는 역대 달라이 라마 중 몽골군에 끌려가 죽임을 당한 유일한 인물이었는데, 김영종이 짐작하기로는 죽음의 배후에 청조가 있다는 것이다(김영종, 《실크로드사》, 40~49).

중국 지배가 티베트 사회를 오염시켰다는 논리는 박완서나 김영종 이외에 이태훈에게서도 보인다. 그는 중국이 총칼을 앞세워 티베트를 침략한 제국주의자일 뿐이라며, 티베트인들은 부처에게 받은 고귀한 생명과 진리를 지켜 나가려 노력한다고 본다. 생활 깊숙이 들어갈수록 알 수 없는 강한 존재의 힘과 때 묻지 않는 티베탄들의 모습을 볼 수 있고 문명과 동떨어진 느림과 여유의 미학을 꿈꾸며 티베트에 왔지만, 도시문명이 이곳을 잠식하면서 그것은 이미 상당한 정도로 사라지고 없다고 한탄한다(이태훈, 서문). 김규현은 파국적인 물질문명의 부작용을 순화시켜 줄 수 있는 세계로서 티베트를 인식하는 데에 멈추지 않고 나라 잃은 그들에게 힘을 실어 주고 싶은 마음이 저술의 동기라고 말하고 있다(김규현, 14~16).

이들에 따르면 티베트가 독립해야 할 당위성은 크게 두 가지다. 역사적으로 티베트는 독립국가를 유지해 왔기 때문에 독립해야 한다는 논리가 그 하나이다. 그에 못지 않게 관광객들이 끌고 들어온 물질문명과 침략자인 중국의 가혹한 지배가 순수한 티베트 사회를 오염시켰기 때문에 독립해야 한다는 점도 특별히 강조되고 있다.

신비한 티베트에 들어온 오염된 중국문명, 중국'제국'이 티베트에 행사하는 식민권력 이야기는 이미 서구인의 기행문 속에서 담론화되어 있다.[58] 흥미있는 점은 이러한 담론 역시 한국인들의 기행문 속에서 익숙하게 재현되고 있다는 사실이다. 하인리히 하러의 《티베트에서의 7년》과[59] 장 자크 아노 감독이 만든 동일한 제목의 영화[60] 속에서 중국이 '침략자이면서 절대악'으로 묘사된 것도 같은 맥락이다.

위구르인의 독립을 바라는 한국인들

그렇다면 한국의 여행자들은 신장지역에 대해서도 티베트와 같이 중국의 지배가 부당하다고 생각하고 있을까? 박재동은 현지 위구르인의 입을 빌려 그들 내부에 잠재되어 있는 독립의식과 함께 중국 지배의 부당성을 말하고 있다. 곧 1) 위구르인들은 한족을 몹시 싫어하며 늘 독립을 꿈꾸고 있다, 2) 위구르인들은 일본도 좋아하지만, 그에 저항한 한국인들을 더 좋아한다, 3) 위구르 지역에서 유사시에 생존언어는, '난 한족이 아니다'라는 말을 하면 살 수 있다, 4) 얼마전 30대 젊은이 한 명이 독립운동을 하다가 처형되어 아주 심각했다. 이 말을 들은 박재동은 위구르인들이 한족의 지배에 대해 불만이 있는 것은 알았지만, 이 정도로 심각한 줄은 몰랐다고 털어놓는다(박재동2, 48~50). 이처럼 여행자들은 여행 전에 인지한 정보보다 현지 주민으로부터 직접 획득한 정보가 훨씬 더 사실적이며 절박하다는 사실을 알게 된다.

실제로 김영현은 신장 위구르인들의 분노를 여러 경로를 통해 확인하고 있다. 깐수의 란저우에서 자위관으로 가는 도중 열차 내에서 목격한 위구르족 청년과 한족 사이의 싸움도 그중 하나였다. 그들이 싸운 이유는 한족들이 대놓고 위구르인들을 야만인이라거나 흉포하다고 욕하였기 때문이다. 투루판에서 만난 위구르 젊은이들의 춤에서도 막연한 분노와 증오심을 읽은 김영현은 그들의 내면이 한국인들이 경험한 식민지시대보다 훨씬 더 심각하다고 느끼고 있었다. 그것은 그들이 바로 '중국의 변방민족이자 소수인종'이기 때문에 마치 인화되지 않은 화약고와 같다는 것이다(김영현, 220~221). 김영현도 신장지역의 위구르인들이 처한 위치를 박완서와 마찬가지로 식민지적 상태라고 기술하고 있지만, 티베트인들보다 더 위험한 수준에 이르렀다고 인식하였다는 점에서 차이가 있다.

신장지역의 내부 사정을 잘 아는 심형철도 티베트보다 신장의 독립 문제가 더 심각하다는 사실을 중국 당국의 시각을 통해서 말한다. 중국 정부는 티베트 문제는 비폭력적인 방법으로 독립 혹은 자치 문제를 제기하고 있고 이를 이끄는 달라이 라마가 사망하면 자연스럽게 해결될 것이라고 기대하고 있다. 반면 신장 문제는 종교, 인종, 중동 문제까지 맞물려 있기 때문에 훨씬 더 복잡하고 민감하다는 것이다. 그리고 이들은 테러 방식을 통해 독립을 쟁취하려고 하며, 더구나 범이슬람주의와 범돌궐주의라는 종교와 민족의 강력한 두 요소가 결합되어 한족으로서는 매우 위험한 지대로 인식하고 있다는 것이다(심형철, 183~184). 테러 방식을 통한 독립 쟁취, 범이슬람주의, 그리고 범돌궐주의라는 세 가지 요소는 실상 중국 당국이 신장의 '동투르키스탄 독립운동'을 보는 기본 시각이기도 하다.[61] 이러한 점들을 종합적으로 고려해 보면, 한국의 여행자들은 신장지역이 안고 있는 위험성을 지역민 내부의 분노와 중국 당국의 긴장감 등을 통해 충분히 관찰하고 있는 셈이다.

중화주의적 신장관

그렇다고 해서 모든 여행자들이 위구르인들의 반중국 투쟁이나 정서에 공감하는 것은 아니다. 오히려 그곳을 중국의 확고한 일부라거나 중원의 변방으로 인식하고 그런 기반 위에서 기행을 하는 경우도 적지 않기 때문이다. 1990년대 초에 이곳을 여행한 김찬삼의 기행문에서는 티베트 지역은 민족 분규로 안심할 수 없는 반면 신장 위구르 자치구는 치안 상태가 좋다고 판단하였다.[62] 물론 김찬삼도 신장 서남부에 있는 샤처[莎車]와 같은 변방 도시에서 한족과 위구르족 거주지 사이에 놓인 사회적 차별을 예리하게 관찰하였다. 곧 한족 거주지역은 도로와 가로수가 말끔하게 정비되어 있고, 정부 기관 등이 모두 이곳에 모여 있으며 상업, 교통의 중심지로 굳어진 반면, 이곳과 별도로 구성된 위구르족 거주지는 작은 민가들이 복잡하게 밀집되어 있으며, 도로가 포장된 곳도 드물다고 할 정도로 '민족 차별'이 눈에 띄었던 것이다.

민족차별을 지적하기는 하지만, 김찬삼은 전체적으로 중국의 신장 지배를 중화주의적 관점에서 관찰하고 있다. 청의 신장 지배 치소가 있던 이리지방의 후이위안惠遠에서 린쩌쉬가 행한 관개수로 개착 등의 사업을 민족융합 정책이라고 말한 것이 중요한 사례이다. 또한 그는 린쩌쉬가 청영전쟁의 패배 때문에 좌천이라는 멍에를 쓰면서도 이에 굴복하지 않고 자신의 역할을 충실히 수행하였다는 사실도 높이 평가하고 있다.[63] 린쩌쉬에 대한 찬사는 여기에서 그치지 않는다. 우루무치 시내의 홍산에 서 있는 그의 동상을 보면서 "근대사의 빼어난 인물의 기개가 오연하게 남아 있다"고 쓴 데서(김찬삼2, 118~119), 그의 린쩌쉬관이 중국의 역사교과서에서 보는 린쩌쉬에 대한 평가와 일치하고 있음을 볼 수 있다. 또 그는 깐수성 박물관에서 동분마를 본 뒤, "무제뿐만 아니라 북방의 유목민족에게 시달려 온 한민족 전체의 비원"을 읽는다(김찬삼1, 217~9). 이런 식의 관점은 중화주의자의 이적관과 차이가 없다고 생각된다.

실크로드를 포함한 서역지역 전체를 화하문명華夏文明의 시원지로 보는 여행기도 있다. 허세욱은 시안에서 시작되는 실크로드는 황야 속에서 발전한 것으로, 황하문명의 발상지라고 말한다. 왜 화하족들은 중원의 비옥한 땅을 두고 옹색하며 척박한 이곳에 화하문화를 일구었을까라는 의문으로 시작되는 그의 글 속에서 불교 석굴, 천산, 천마, 천수, 사막, 오아시스, 토사, 채소, 유전, 누런 황토 등으로 상징되는 실크로드와 서역은 중원의 비옥한 땅과 달리 옹색하고 척박하기 그지없는 곳일 뿐이다. 이러한 악조건을 극복하면서 화하문화가 일어났다는 사실이 감탄스러운 것이다(허세욱, 8~9).

이는 그 자신이 한족 사대부들이 남긴 새방시塞方詩(허세욱, 56)를 찾아 나선 여행길이었기에 화하문화를 중심으로 서역을 볼 수밖에 없었을 것이다. 그는 우루무치에서도 지윤紀昀(1724~1805)이 유배생활 3년

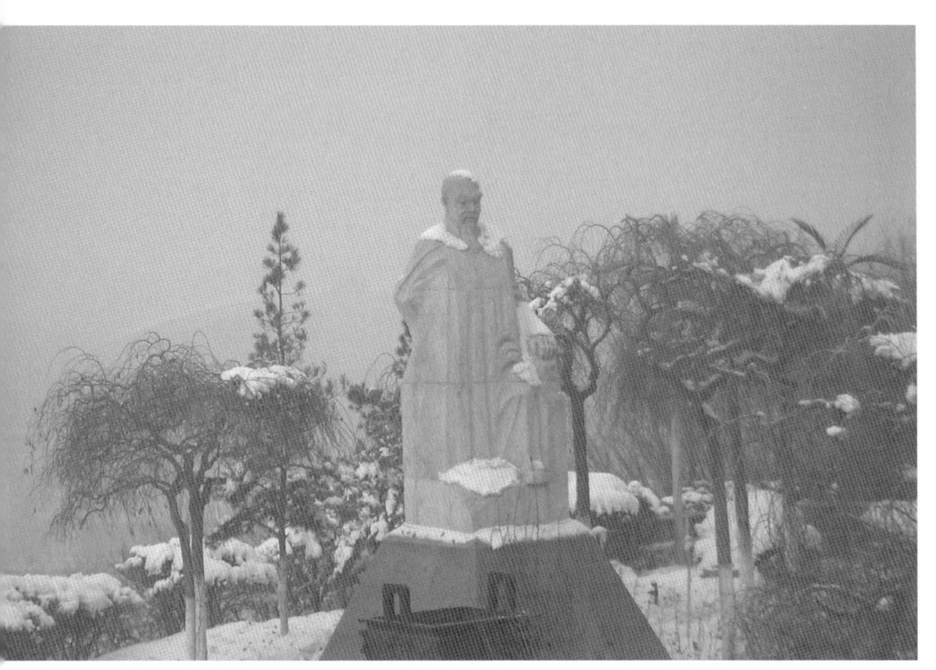

우루무치 시내의 홍산에 서 있는
린쩌쉬 동상.

제1차 청영전쟁에서 패배한 청조는 그 책임을 물어 린쩌쉬를 신장의 서부에 위치한 이리지방으로 귀양 보냈다. 그는 이곳에서 농지 개간사업을 벌였으며, 이 덕에 한인들이 이곳으로 대거 이주할 수 있었다. 반면 이 때문에 현지의 토착 유목민들은 토지에서 점차 소외되어 갔다. 신장에서 린쩌쉬는 이처럼 상반된 평가를 받는 인물이다. (유장근 촬영)

동안 남긴 시, 당나라의 잠삼岑參(715~770)이 남긴 시, 청대의 홍량지洪亮吉(1746~1800)가 남긴 '천산가', 린쩌쉬가 홍산에 올라 쓴 〈금루곡金縷曲〉 등 중국 시문학 전공자로서 중국인보다 더 박식하다고 할 정도로 변방문학에 뛰어나다(허세욱, 234).

나아가 그는 기행문 속에서이기는 하지만, 과거의 중국 시인이 현지에서 지녔던 시상을 마치 자신이 추체험하는 것처럼 승화시키고 있다.[64] 예컨대 당나라의 유명한 변새시인 왕창령王昌齡이 남긴 〈종군행從軍行〉에서 "누란樓蘭을 공략하지 못하면 돌아가지 않으리"라 하면서 비장해 했던 그 마음을 적극적으로 이해하며 감싸고 있다. 그는 자신이 누란을 보지 못하는 안타까움을 이 시로 달래고 있기도 하다(허세욱, 341). 이러한 사고에 근거하여 허세욱은 청의 준가르 정복을 서역의 재통일이라고 인식하며, 후이위안에서 만난 린쩌쉬도 애국의 장군이고 그가 근무했던 후이위안은 중국 서북단을 지키는 한족문화의 상징이라고 볼 수 있었던 것이다(허세욱, 349~351).

중화주의적 변방관은 정수일에게서도 일부 엿볼 수 있다. 그는 쿠처에 대한 설명에서 "구자龜玆가 후한 초의 혼란기를 틈 타 다시 일어난 흉노에 아부해 한을 이반하자 후한의 화제는 73년 반초를 파견해 서역 전역을 평정하고 구자를 다시 복속시켰다"(정수일, 88)고 하여, 후한왕조가 서역에서 행한 군사활동을 배반자 구자를 응징하여 이를 복속시키기 위한 것으로 정당화하고 있다. 이와는 달리 19세기 중엽에 있었던 회교도들의 반청 독립운동이나 1944년에 있었던 위구르족과 카자흐족 중심의 동투르키스탄 공화국 건국에 대해서는 우호적으로 바라본다. 하지만 최근의 우루무치 상황에 대해서는 13개 민족이 어우러져 사는 민족의 십자로이며, 1백 년 전의 찌들었던 모습을 말끔히 걷어 내고, 현대적인 신흥도시로 발전하고 있다고 말한다(정수일, 103~107). 민족의 십자로, 찌든 과거와 현대의 신흥도시라는 구도는 중국 당국이 이곳을 지칭할 때 곧잘 사용하는 '신실크로드'의 개념 속에서 농익은 것이기도 하다.

엄연한 중국의 지배 영토

신장 위구르 자치구이던 티베트 자치구이던 간에, 그곳은 현재 중국의 영토로서 중국 정부의 통치력이 미치고 있다는 점은 부인할 수 없다. 상당수의 여행자들도 이 엄연한 현실은 외면할 수 없다. 따라서 어떤 형태로든 여행기에서 이를 언급하고 있다. 지리학자인 김찬삼은 그가 다닌 길의 곳곳에서 중국이 변방을 지배하기 위해 군사도로를 개착하며 보수하고, 새로운 철로를 개설하는가에 관심을 보인다(김찬삼2, 219~220). 그것이 1990년대 초에 칭하이와 신장, 그리고 티베트 기행을 하면서 보게 된 소중한 경험이었다.

2000년대에 신장에 간 김영현은 실크로드를 '오일로드'라고 명명하면서 이 지역에 불고 있는 유전 개발의 현장을 생생하게 전하고 있다. 하미에서 투루판으로 가는 도중 굴뚝에서 붉은 불이 솟아나는 것을 보면서, 이제 신장은 막대한 양의 기름이 묻혀 있는 지하의 보고로 간주한다. 좀 더 구체적으로 타림 분지 내 최고의 유전은 허텐[和田]에서 서쪽으로 300킬로 정도 떨어진 쿠쿠야 유전이며, 그 밖에 위먼[玉門], 린후[林胡], 크라마이[克拉瑪依], 우수[烏什] 등지의 유전에서 이를 채굴하여 란저우蘭州의 석유화학 단지로 이송하고 있는 사정을 기술하고 있다(김영현, 19). 중국 당국이 부르는 이른바 신실크로드를 본 것이 아니라, 장쩌민시대 이후 적극화된 서부 대개발의 현장이 실제 어떤 양상이며, 전체적으로 어떻게 작동하는가를 정확하게 관찰하였다. 곧 소수민족 지역의 지하자원이 자원 개발의 첨병도시인 란저우로 이동하는 시스템을 현지에서 확인한 셈이다.

중국 지배의 선악을 떠나 변방지역에서 중국 체제가 실제로 어떻게 작동하고 있는가에 대해서 여행자들은 눈에 보이는 사실대로 묘사한다. 중국의 지배로 인해 티베트의 순수성이 사라졌다고 하지만, 그곳을 여행하기 위해서는 여행사, 숙식, 교통편, 가이드, 쇼핑뿐만 아니라 관광의 핵심인 여행지조차 한족이 짜 놓은 시스템에 의존하지 않을 수 없다. 중국에서의 여행이란 여하튼 중국의 지배 현실을 받아들이는 것을 전제로 하여 진행되기 때문이다.

아무리 티베트에서 중국 지배의 어두운 측면을 비판하고 외면하려고 해도 그 현실체조차 비켜갈 수는 없다. 라사 관광의 꽃이라고 불리는 포탈라 궁은 1961년에 중국 국무원이 전국중점문물보호단위로 지정하고 1986년 이후 대외에 개방된 이래,[65] 적어도 250여 년 동안 수행해 왔던 종교적 기능을 상실한 채 관광객들의 구경거리로 전락하였다. 더구나 라사에 들어가기 위해서는 여행허가서가 필요하기 때문에 이에 필요한 비용을 들이고 공안으로부터 허가를 얻기 위해서는 중국인 가이드의 도움이 필수적이다. 티베트인 가이드라고 해서 믿을 수 있는 것도 아니다. 신상환은 이 티베트 가이드에게 속아 돈만 떼이고 말자 결국 그를 '개만도 못한 가이드'라고 힐난하지만(신상환, 120~ 122), 이것이 엄연한 현실이다.

이미 허세욱이 지적한 것처럼 신장이나 티베트의 주요 도시나 관광지에 가면 현지의 소수민족보다 한족이 더 많은 것도 현실이다. 라사의 경우만 해도 라사 내의 티베트족과 한족의 비율은 2000년을 기준으로 총인구 48만여 명 중 82퍼센트 대 17퍼센트이지만, 시市지구에서는 63퍼센트 대 34퍼센트일 정도로 한족 인구의 비율이 높다. 더구나 시내 중심부로 눈을 돌리면 그보다 더 중국화 되어 있기 때문에 그곳에서 티베트 고유의 문화를 만나는 일도 사실상 쉽지 않다. 예컨대 라사의 공가 공항은 중국 정부에서 대대적으로 투자하여 대규모의 외국인과 중국인을 맞이할 채비를 끝냈으며, 당연히 중국관광객과 사업가로 붐비게 되었고 시내에는 중국상점과 그곳에서 밝히는 네온사인, 중국음식점 등으로 티베트 본연의 모습은 보기 힘들어졌다(이태훈, 20~21).

1990년대 초에 몽골, 신장, 티베트 등 변방을 한 달 이상 여행하였던 임세권도 중국 지배의 현실을 사실 그대로 전하고 있다. 곧 소수민족 자치구에서 만나는 '중국인'은 대부분 한족이며, 특히 우루무치 시내 한복판에서조차 토착민은 보기 힘들다는 것이다. 이들은 대부분 시 중심지가 아니라 변두리에 내몰려 살고 있었다. 이들에게 '한족이 당신들에게는 침략자라는 사실을 어떻게 생각하는가'라고 물었을 때, 위구르인들은 "역사 속에서 침략자였고, 현재도 두 민족이 대등하지 않다. 그러나 이런 생각을 하는 사람도 줄어들고 있고, 젊은이들은 과거의 민족 투쟁을 잘 알지 못하는" 상황에 처해 있는 현지인의 사정을 전한다.[66]

중국의 관광 당국에서는 변방 관광의 특색을 다민족 문화를 볼 수 있는 곳이라고 자랑삼아 말하지만, 그 역시도 보여주기 위한 다민족 문화이지 생활 차원에서의 다민족 문화란 존재하기 어렵다. 우리가 관광할 수 있는 유목지역도 이제 서서히 농경사회로, 다시 산업사회로 변화하고 있다(박재동1, 229~230). 김영종이 초원을 반문명의 상징이라고 설정을 해도 해마다 중국 정부가 각종 명목으로 초원을 농장화하거나 관광지화하는 데에는 어찌할 방법이 없다.

더구나 해당 변방사회의 변화는 중국의 중앙정부나 이주한 중국인들에 의해서만 진행되는 것은 아니다. 그것은 티베트나 위구르의 역사 속에서 이미 진전된 것이기 때문이다. 김규현은 티베트 왕국이 몰락한 것은 티베트 불교 종파 사이의 갈등이 있었던 데다, 교계의 지도층이 이를 해결하기 위한 방법으로 원나라나 청나라에 의존한 것이 더 큰 요인이라고 지적하고 있다(김규현, 264~265). 김호동 역시 19세기 후반기 이래 진행된 위구르 사회의 몰락 요인을 지도층의 내분과 외세 의존에서 찾고 있다. 그는 19세기 후반에 있었던 야쿱벡 이슬람 정권의 몰락을 청조와의 정면 대결이 아니라 외교력으로 정권을 유지하려 했던 정권 내부에서 찾고 있으며, 1949년의 중국 편입도 최고위 지도부의 의견이었음을 밝히고 있다(김호동, 210~215). 김호동도 몽골족이 단일한 민족의 독립국가로 나아가지 못하고 내·외몽골로 분단된 원인도 따지고 보면 원나라 멸망 이후 끊이지 않았던 내분, 그에 따른 청조의 간섭과 지배, 그리고 20세기에 이어진 강대국의 냉엄한 이해관계 속에서 제대로 대처하지 못한 민족 내부의 무능력 등을 자세하게 설명하고 있다. 곧 몽골족 내부의 정치경제적 역량이 미흡하고, 외세의 간섭을 떨쳐 내지 못한 탓이 더 크다는 사실을 지적하고 있다(김호동, 114~167). 따라서 인과요소를 중시하면서 몽골, 신장, 티베트의 몰락 요인을 분석해 보면 중국의 팽창 못지않게 내부의 분열과 외세에의 의지라는 요소가 강하게 작용하고 있었던 것이다.

실크로드 상의 역사유산을 어떻게 볼것인가

실제로 서역이나 티베트 지역을 여행하면서 이 지역의 과거를 정확하게 이해하고, 그에 근거하여 관찰 가능한 현재 상황을 꿰뚫어 보는 일은 쉽지 않다. 실크로드 상에 존재하고 있는 수많은 불교유적을 발굴하고 조사하여 그 의미를 캐는 한편으로 중요한 동산문화재나 현장에서 떼어 낸 벽화 등을 본국으로 가져 갔던 탐험가들을 평가하는 일은 그래서 어렵다.

대체로 실크로드 상의 문화재 파괴 사실에 대해 여행가들은 1) 자연현상, 2) 이슬람 교도들의 의도적 파괴, 3) 서구 탐험가들의 불법적이고 약탈적인 반출, 4) 문화대혁명 시기의 홍위병에 의한 파괴 등을 든다. 그러나 어느 요소가 더 강하게 작용했는가 하는 부분에 대해서는 의견이 분분하다.

일부 여행자들은 중국 당국이 폴 펠리오, 스벤 헤딘, 오렐 슈타인과 같은 서구의 탐험가들을 약탈자 혹은 악마라고 부른 데 대해 서슴지 않고 긍정한다. 정수일은 서양학자들이 가져 간 벽화나 불상은 문명파괴와 반달리즘에 다름아니며, "자신들의 범죄 행위를 감싸면서 사죄는커녕 편취해 간 유물마저 주인에게 돌려주지 않으려고 갖은 앙탈을 부리며, 그것은 편취한 장물"이라며 탐험대에 대해 증오감을 드러낸다. 물론 그는 문화유산의 파괴가 무슬림이나 홍위병에 의해 야기된 사실을 지적하지만 외국의 '악마'에 더 집중되어 있다(정수일, 73~ 78). 허세욱도 베제클리크 벽화의 수난을 회상하면서 답사를 빙자한 외국인들이 마구 절취해 훼손되는 바람에 허탈과 울분을 금할 수 없다고 말한다(허세욱, 266~268).

반면 심형철은 베제클리크 천불동의 훼손 사유 중에서 가장 중요한 것으로 이슬람 교도들의 고의적인 파손을 들고 있으며, 그 외에 자연 풍화와 서양인들에 의한 절취 등을 거론한다(심형철, 98). 이와 유사하게 김영현도 투루판의 천불동이 파괴된 이유 중 가장 중요한 것으로 그림과 조각의 눈을 모두 파 버린 회교도의 행위를 지적하고 있으며(김영현, 205~206), 박재동 역시 인물상을 인정하지 않는 이교도들이 우상파괴라는 명목으로 불교문화 유산을 파괴한 데 대해 뜻을 같이한다(박재동 1, 160).

실크로드 상의 불교문화 유산의 훼손 문제를 지역 내 종교 갈등이나 중화민족주의라는 시각에서 벗어나 이를 역사적으로 이 문제에 접근하는 여행기도 출현하고 있다. 김영종은 중앙아시아 탐험사를 실크로드학의 성립과 발전이라는 긴 과정 속에서 검토하고 있다. 19세기 후반기와 20세기 초의 탐험은 대체로 약탈적 방식과 과학적 방식으로 진행되었던 바, 오렐 슈타인이나 둔황의 막고굴에서 도사로 있던 왕위안루王圓錄가 이에 속한다. 이에 비해 러시아 탐험대는 과학적으로 탐험을 진행하였는데, 그것은 클레멘츠가 그러했듯이 사진 촬영, 평면도 작성, 명문의 탁본, 고사본과 고기물의 표본을 수집하거나, 올덴부르크팀처럼 장소 중시, 사진 촬영, 스케치, 측량 등 오직 고고학적 방법과 목적을 위해 조사한 사실을 지적하고 있다(김영종 1, 301~320). 박재동도 펠리오나 슈타인과 같은 고고학자에게 헐값으로 유물을 팔았다고 비난받는 왕도사도, 실제 그가 받은 돈을 둔황의 보수에 썼으며, 발굴팀 역시 중국 측에서 보면 약탈자였을지라도 이교도의 석굴 훼손을 방지하고 그 중요성을 세계에 알렸다는 사실 때문에 좀 더 냉정하게 볼 필요가 있다는 제언을 하고 있다(박재동 1, 122~123).

중국의 최근 연구에서도 초기 탐험가들을 종래와는 다른 각도로 접근하고 있다. 이에 따르면, 스웨덴의 스벤 헤딘 탐험대, 영국의 오렐 슈타인 탐험대, 일본의 오타니大谷 탐험대, 그리고 독일의 그룬베델A. Grunwedel과 르콕Le Cog 탐험대 등 초기의 '고고탐험대'를 단순한 약탈자로 묘사하지 않고, 청대부터 본격적으로 시작된 신장 탐험의 연속선상에서 파악하고 있다. 그리고 이들의 탐험 성과가 이후 중국 문화계를 각성시켜 서북의 과학 및 고고사업에 뛰어든 황원피黃文弼(1893~1966)와 같은 과학자를 배출할 수 있었다고 본다. 황원피는 1920년대 후반부터 1930년대 초에 스벤 헤딘이 단장을 맡았던 서북고찰단에 5명의 중국 학자 중 한 사람으로 참가하였으며, 그의 고고학적 성과는 이후 신장지역 고고사업의 기초를 닦았다고 평가받고 있다.[67] 곧 구미인의 탐험을 실크로드학의 성립과정과 중국 고고학계에 미친 영향이라고 하는 장기적 역사 속에서 검토하고 있는 것이다. 그 점에서 냉정하고 분석적인 김영종의 시선은 값지다 할 수 있다.

한국적 변방관의 구축

이상에서 나는 한중 수교 이후 한국인들이 만주, 내몽골, 신장, 티베트 등 중국의 변방지대를 여행한 기록을 중심으로 그것이 갖는 인식체계를 알타이 문화벨트로서의 변방, 삶의 경관과 일상세계, 그리고 중국 지배에 대한 인식 등으로 범주화하여 분석해 보았다.

우선 지적할 수 있는 것은 해당 지역을 여행하면서 남긴 기록들이 당지의 역사와 문화유산, 현지인들의 생활방식과 변화, 중국 지배의 상황과 그에 대한 현지인의 인식 등을 구체적이고 자세하게 전해 주고 있다는 점에서 정보로서의 가치가 매우 높다고 할 수 있다. 한국인들의 중국 변방 여행은 혜초 이래 간혹 있었으나, 저처럼 짧은 기간 동안에 대규모로 진행된 사례는 역사상 없었기 때문이다.

또한 한국인 여행기의 큰 특징은 한국인의 정체성을 강하게 드러낸다는 점이다. 먼저 지적할 수 있는 부분은 중국의 변방지대에서 발전한 문명이 한국의 역사나 문화와 어떻게 연계되어 있는가에 많은 관심을 보여주고 있다는 사실이다. 만주지역에서는 만주의 문화유산보다는 고구려나 조선시대의 사절이 남긴 한국적 자취를 찾으며, 실크로드 지역을 비롯한 유목사회에서는 그곳에서 발전한 문명과 한국문명과의 역사적 관계, 그리고 이곳을 중심으로 활약했던 조상들의 업적이나 자취에 이목을 집중한다.

정체성과 관련된 또 다른 특징은 종교간의 차별성이 눈에 띄게 현저하다는 사실이다. 한국인에게 정서적으로나 종교적으로 친숙한 불교문화에 대해서는 많은 관심과 깊은 이해를 보여주지만, 이슬람의 종교적 특색이나 그들의 역사세계 등에 대해서는 그렇지 못하다. 이런 특징은 실크로드 상의 불교 유적이나 티베트 불교 사원 순례에서 현저히 드러난다.

한국의 여행자들은 또한 변방지대의 자연 경관이나 삶의 양상을 순수한 자연이라든가 반문명적 일상이라고 인식하였는데, 이는 한국사회의 반생태적 발전과 피곤한 삶과 비교한 데서 나타난 결과였다. 이 점에서 변방지역에 전파된 중국문명은 그 순수성을 파괴하는 오염자였다. 그런 까닭에 여행기는 한국사회 내부의 모순을 드러내면서 성찰하는 일종의 고백록과 같은 성향을 띠고 있었다. 한편 순수한 티베트와 이를 오염시킨 중국문명이라는 대비는 한국인에게만 독특한 것이 아니라 오히려 근대기의 유럽인들이 발전시킨 티베트관이었다는 점에서, 오리엔탈리즘적 성향을 띠고 있다고 하겠다.

이런 점들을 종합해 보면, 여행기에 드러난 한국적 정체성은 여행의 거의 모든 분야에서 상당히 강하게 나타난다. 한국문화와의 관계, 한국인의 활동, 불교에 대한 관심 등은 한국적 정체성을 중국의 변방으로 확장하는 작업이라고 할 수 있다. 반면 순수한 자연과 현지 인간에 대한 친근한 태도 등은 한국적 정체성을 반성하는 작업이라고 할 수 있다. 이와는 달리 현실세계를 있는 그대로 보려는 여행기도 점차 늘어나고 있으며, 그것은 현실적으로 중국의 지배에 따른 변화와 연계되어 있었다. 이런 유형의 여행기에는 물론 중국인이 오랫동안 발전시켜 온 화이론적 관점도 포함시킬 수 있겠으나, 이러한 시각에서 기술한 글은 소수였다.

그렇다고 하더라도 한국의 여행자들은 결국 중국인들이 기획한 여행 공간과 그들이 만들어 놓은 여행 시스템에 의해 움직이고 있다는 구조적 조건에서 자유롭지 않다. 따라서 독자적인 여행 네트워크를 형성하기 어려운 편이다. 하지만 일부에서는 유목사회를 동서로 횡단하는 알타이 문화벨트를 연결해 보려는 시도를 하고 있다. 이렇게 보면 중국의 변방 여행은 중국인들의 화이론적 변방관과는 다른 한국형 변방관을 구축해 가는 단계라고 말할 수 있다.

中央美院教授
何处招魂
山河

3부

영화로 보는 현대중국

- 영화 〈천안문〉을 통해 본 천안문 민주화운동의 시말
- 근대기 상하이지역 여배우의 이미지와 실상의 간격

영화 〈천안문〉을 통해 본 천안문 민주화운동의 시말

영화 〈천안문〉과 천안문의 역사

올해로 천안문 민주화운동이 실패로 돌아간 지 20 몇 년이 되었다. 그러나 운동의 진상은 대부분 알려지지 않은 채 남아 있고, 중국 정부에서 당시 이 운동의 기본 성격을 동란으로 규정한 것 역시 바뀌지 않고 있다. 그만큼 연구해야 할 과제가 많은 셈이지만, 국내에서는 이에 대한 초보적 검토조차 제대로 진행되지 않고 있다. 이 글은 국내에서 상영된 다큐멘터리 영화 〈천안문〉[1]을 통해서나마 이 운동의 시말을 이해하기 위해 시도되었다.

영화 〈천안문〉은 국내에서 처음 공개되기 전부터 소란스러웠다. 그 이유는 알려져 있다시피, 1997년에 서울에서 열린 다큐멘터리 영상제의 개막작으로 결정되었다가 주최측인 삼성이 중국과의 무역관계를 의식한 데다, 당시 문화체육부에서도 "중국 정부가 문제 삼았던 작품인데 영상제 쪽에서 상영할 경우 중국과 문제가 될 것이다. 중국 쪽에 문의해 보라"라고 주최측에 통보하는 것으로 은근히 겁을 주었기 때문이다.[2] 홍콩에서조차 아무 일 없이 상영되어 수많은 관객이 이 영화를 보았다는 사실을 상기하면, 주최측이나 정부 당국의 처사는 모두 현명하지 못했다. 무엇보다도 문화주권을 제대로 행사하지 못했다는 자괴감에다, 천안문사건에 좀 더 가까이 다가갈 수 있는 기회조차 빼앗겨버렸기 때문이다. 민주주의가 막 자리를 잡기 시작했던 한국에서 이 영화의 주제이기도 한 중국의 민주화는 단순히 남의 이야기만은 아니었던 것이다. 물론 영화 〈천안문〉은 1년 뒤에 상영되기는 했지만 이미 김은 새버린 뒤였다.

기록 영화 〈천안문〉의 제작과 감독은 미국의 리처드 고든과 카르마 힌튼 부부가 맡았다. 고든의 장인은 《번신翻身》이라는 책으로[3] 유명한 미국인 윌리엄 힌튼William Hinton으로서, 그는 1930년대 중국으로 건너간 다음 1948년 산시성山西省 루청현潞城縣 소재의 장궁촌長弓村이라는 농촌에서 있었던 혁명적 변화에 대해 충실한 기록을 남긴 사람이다. 그는 이 책에서 공산혁명 과정에서 파생되는 모순에도 물론 주목하였지만 그보다는 혁명의 당위성에 더 많은 관심을 기울였다. 이 말을 여기서 꺼내는 이유는 그의 2세들은 이제 다른 쪽에서 중국혁명의 내면을 조망하고 있기 때문이다. 1948년 무렵에는 중국공산당이 농민들을 위한 토지 개혁에 전력을 기울이고 있었는데, 40여 년이 지난 1989년에는 압제자로 비추어지고 있으니, 그만큼이나 중국사회가 변한 셈이다.

《번신》과 달리 〈천안문〉은 많은 자료와 인터뷰를 통해 객관성을 확보하려고 했음에도 기본적으로는 중국공산당 체제에 대한 비판에 초점을 맞추고 있다. 이러한 의도가 내재하고 있는 까닭에 록펠러 재단이나 포드 재단과 같은 곳에서 기금을 대고, 적지 않은 수의 전문가들이 자문을 하였으리라고 생각한다. 이 점에서 이 영화는 또한 1990년대 미국의 중국 인식의 한 결정판이라고 해도 과언은 아니다.

이러한 점들을 고려하면서 영화 〈천안문〉의 첫머리를 살펴보는 일은 의미심장하다. 감독들은 5·4운동 시기부터 천안문이 갖고 있는 역사성에 일단 주목하면서 화면을 전개한다. 천안문은 잘 알려져 있다시피, "하늘의 명을 받아 나라를 편안하게 하고, 백성을 다스린다受命于天 安邦治民"는 뜻을 지닌 명·청대 황궁의 남문으로, 이 이름이 붙여진 때는 청조 초대 황제인 순치(1644~1661) 8년이었다. 그보다 천안문 앞 광장은 현대중국 역사에서 1919년 5월 4일 정오 이후 베르사유 강화회의의 산둥결의안을 반대하는 학생들의 시위로 인해 오늘날과 같은 명성을 얻었다. 베이징 시내의 젊은 학생들은 자신들의 결의에 따라 이곳에 모여 자신들의 애국적 정열을 남김없이 드러내었고, 마침내 정부 당국으로부터 기왕에 독일이 가지고 있던 산둥 이권을 일본에 넘기지 않겠다는 약속을 받아 내었다. 이로부터 천안문 광장은 중앙 정부에 대한 비판의 장이자 민족주의의 상징적 공간이 되기 시작하였다. 청조 멸망 이후 5·4운동 이전까지는 국경일이나 기념일을 위한 축제의 공간이었는데, 이제 공간의 의미가 바뀌게 된 것이다.[4] 영화 속에서나마 5·4운동 때의 시위 장면을 볼 수 있으니, 기록영화가 지닌 장점일 것이다. 물론 시위 장면 모두가 5·4 때의 것만은 아니다. 그 이후에도 천안문 광장에서 이런 저런 형태의 시위들이 있었으므로, 그 언저리 때의 장면들이 포함되어 있다.

천안문 광장이 국경일로서의 의미가 크게 부각된 때는 영화에서 보여주듯이 1949년 10월 1일의 중화인민공화국 건국의 날이라고 할 수 있다. 천안문 위에 높이 서 있는 마오쩌둥은 인민복장을 한 채, 우렁차기보다는 가늘면서도 떨리는 목소리로 중화인민공화국이 성립되었다는 선언을 하고 있다. 아마 너무 감격스러운 탓이었을 것이다. 수많은 대중들 앞에 선 것은 그로서도 처음이었을 터이며, 그의 좌우에 배열해 있던 지도부들도 마찬가지 심정이었을 것이다. 이제부터 이 문루와 광장은 그의 것으로 바뀌어 갔다.

영화 속에서 광장 자체가 중화인민공화국에 걸맞게 바뀌어 간다는 해설을 하고 있는데, 이 부분은 참으로 새겨들을 만한 역사 해석이다. 전국인민대표대회가 열리는 인민대회당이 천안문 광장의 서편에 웅장하게 서 있고, 동쪽에는 역사박물관이 대회당과 대칭을 이루며 버티고 있다. 광장의 남쪽 복판에는 혁명과정에서 피를 흘린 사람들을 기념하는 인민영웅기념비가 서 있다. 이곳은 1989년 천안문 시위 때 학생들이 헌화를 하면서 민주화의 열기를 높이던 곳이다. 천안문 광장은 이제 국가의 성격에 맞게 재구성된 셈이다. 중화민국 시대의 국민당 정부 출범 이후 이 공간은 권력의 중심으로부터 사실상 소외되어 있었는데, 이제 명·청왕조 때처럼 최고의 중앙권력을 상징하는 곳으로 회귀하였다. 인터뷰에 나온 전 관료 거양戈陽의 말과 같이 권력자들뿐만 아니라 인민에게도 영광스럽고 환희에 찬 공간이었다는 점에서, 천안문 광장은 역사상 처음으로 권력집단과 인민의 일체화를 성취한 셈이다.

그러나 영화는 드넓은 광장 위에 마오쩌둥의 모습만을 지나칠 정도로 부각시키면서 불온한 이미지를 은연중 조장하고 있다. 어린이들의 정기적인 방문과 환호, 하늘에 띄우는 고무풍선과 비둘기, 수많은 붉은 꽃들 위에서 마오쩌둥이 미소로 응답하고 있는 장면들을 보면서 그런 생각이 드는 것이다. 천안문 시위에 참여했던 작가 다이칭戴晴이 회고하는 어린 시절이기도 하다. 사실 중화인민공화국의 성립과 더불어 마오쩌둥을 중심으로 하는 공산당 간부들은 대부분 청대의 왕들이 거주하던 왕부王府 속으로 들어가 버림으로써, 혁명 시기 동안 물의 역할을 해주던 인민으로부터 멀어지기 시작하였다. 신중국 성립 이후 물이 고기를 찾는 형세로 바뀌었고, 마오쩌둥은 황제와 같은 존재가 된 것이다. 마오쩌둥은 이것으로도 모자라 마침내 문화대혁명 시기에 이르러 천안문과 자신을 일체화시킴으로써 신과 같은 존재로 승격된다. 중국 공산당 지도자들의 "번신"을 관찰하는 감독들의 눈은 저처럼 냉혹하다. 윌리엄 힌튼은 이런 변화를 예상하였을까?

사자死者 숭배문화와 천안문 민주화운동의 배경

천안문 광장으로 다시 돌아가보자. 천안문 쪽에서 광장을 가로지르면서 다리가 아플 만큼 남쪽으로 걷다 보면 인민대회당 못지 않게 웅장한 건물과 마주 서게 된다. 신과 같던 마오쩌둥이 1976년에 사망하자 그의 시신을 안치하기 위해 만든 마오쩌둥 기념관이다. 마오쩌둥은 이 건물의 한복판에 자리 잡은 커다란 공간 속에서 오성홍기를 덮은 채 잠자는 모습으로 누워 있다.

종래의 황제들조차 죽은 다음에는 지하에 매장되었던 전통에 비추어 본다면 마오쩌둥의 무덤은 분명히 파격이다. 마오쩌둥의 후계자들은 왜 이런 파격적인 방식을 택하면서까지 그를 영원히 사람들의 눈에 띄도록 하였을까. 이미 그가 죽은 뒤 얼마 지나지 않은 시점에서 정권을 담당한 화궈펑華國鋒은 "영원토록 마오 주석의 유해에 존경을 바치고 그의 위대한 공헌을 되새기면서 그의 가르침과 영험을 받기 위해" 그를 천안문 광장에 안치하기로 결정하였다. 그 덕택에 마오쩌둥은 역대 황제들이 그나마 지하의 능묘에서 잠을 자며 쉴 수 있었던 반면, 세상에 공개되어 불안한 마음으로 광장에서 일어나는 일들을 관찰하지 않으면 안 되는 신세가 되었다.[5] 그의 죽음을 왕조 교체의 징조로 해석한 두 감독의 시선은 매우 시니컬하지만, 어쨌든 마오쩌둥은 천안문 위의 대형사진으로, 또 기념관 속의 시신으로 천안문에서 영원히 살아있는 신으로 남게 되었다.

물론 모든 사람들이 마오쩌둥의 사회주의 노선을 추종하지는 않았다. 문화대혁명의 한 원인이 국내의 자본주의 분자들을 일소하는 데 있었다는 사실은 잘 알려진 것이고, 흑묘백묘론을 주장한 덩샤오핑도 그 일소 대상에 포함되어 있었다. 특히 문화대혁명의 비극적 종말과 마오쩌둥의 죽음은 사회주의 체제에 근본적인 회의를 불러일으키는 계기가 되었다. 한 사람이 전권을 휘두른 데서 비극의 씨앗이 싹텄다고 인식한 것이다. 이리하여 1976년 이후 중국 지식인들 사이에서 민주화 문제는 조심스럽지만 매우 확신에 찬 양상으로 등장하기 시작하였다.

농업, 공업, 군사, 과학 부분의 4대 현대화 이외에 제5의 현대화, 곧 민주화가 필요하다는 주장을 과감하게 편 웨이징성魏京生은 이런 배경에서 주목할 만한 인물이다. 영화에서는 웨이징셩 이후의 민주화운동에 대해서는 아무런 말을 하고 있지 않다. 화면 속에서는 오히려 중국 민주화의 계기를 덩샤오핑의 미국 방문과 그에 잇따른 미·중 교류에서 찾는 인상이 짙다. 컨트리송 가수 존 덴버가 덩샤오핑 환영음악회에 참석하여 노래를 부른 것이나 유명 코미디언 봅 호프가 만리장성과 천안문 광장을 찾아다니는 장면이 길게 이어지는 것을 보노라면, 중국 민주화의 뿌리가 미국에 있는 것처럼 보인다.

1976년 이후 1989년까지 중국의 민주화운동은 분명히 확산되고 있었다. 그중에서도 1978년과 1979년에 걸친 '베이징의 봄'은 주목할 만한 진전이었다. 자금성 서쪽에 위치한 번화가 시단西單의 벽은 민주의 벽이라고 불릴 만큼 여러 가지 주장들이 넘쳐흘렀고, 이런 소리는《4·5 논단》,《베이징의 봄》,《탐색》,《민주의 소리》와 같은 민간 잡지에 실려 전파되었다. 이런 글 속에서 웨이징성 등은 마오쩌둥의 오류를 지적하는 한편 정치체제와 문화대혁명에 대해서도 비판의 칼날을 들이대었다.[6] 물론 이들의 주장을 지지하는 대중적 기반은 미약하였지만, 개혁개방을 주도한 덩샤오핑 정권으로서도 받아들이기 벅찰 만큼 민주화의 목소리는 높았던 것이다. 정권이 지향했던 바는 체제 개방이 아니라 오로지 경제 개혁을 통한 가난으로부터의 탈출에 있었기 때문에 민주화 운동가들은 대대적인 탄압을 받을 수밖에 없었다.[7] 영화 속에서 중국 정부가 그들을 트로이의 목마라고 여겼던 까닭이 여기에 있다. 이렇게 보면 개혁개방의 효과가 나타나기 시작하였다는 판단 아래 열린 1984년의 국경일 행사는 불안을 감추기 위한 제스처에 불과하다는 말이 된다. 영화 속 인터뷰에서 전 관료였던 우궈광吳國光은 당시 중국사회가 여전히 불안하였다고 회고하고 있다. 실제로 1986년 봄에는 지식인들이 정치체제 개혁 논의를 다시 시작하였고, 이에 영향을 받은 대학생들도 그해 말부터 1987년 봄에 걸쳐 유사한 요구를 하였던 바, 이에 이르러 민주화 문제는 일부 지식인뿐만 아니라 전국 대학생들의 주요 관심사로 떠오르게 되었다. 1989년의 시위는 위와 같이 장기간에 걸쳐 지속되어 온 운동의 연장선상에 있었던 것이다.

또 시위의 주요 구호로 등장한 바와 같이 개혁개방이 가져 온 부정적인 요소들, 곧 부의 편재와 관료 부패도 개혁적인 지식인들과 학생들에게 매우 불만스러웠다. 영화 속 인터뷰에서 시위의 주요 지휘자였던 차이링柴玲이 지적한 바와 같이 대부분의 인민과 지식분자는 개혁개방의 성과에서 소외되면서 지위가 하락하였다고 느꼈다.[8] 1979년 이래 시작된 경제 개혁은 농촌의 개혁과 연안지역의 개방이 주목적이었고, 이것은 농촌의 경우 인민공사 체제의 해체와 개체호 육성, 향진기업의 급속한 발전 등에서 보는 바와 같이 성공하는 듯이 보였다. 그러나 모순은 개혁개방의 성과가 어느 정도 나타났다고 머리를 끄덕이면서 도시 쪽으로 방향을 틀기 시작한 그 순간부터 물 위로 솟아오르고 있었다. 소비, 기업투자, 정부의 지출, 수출로 구성되는 총수요가 총공급을 앞지르면서 경제가 과열되었고, 재정 적자와 인플레이션이 뒤따랐다. 또 기계설비나 중간재보다 규모가 더 큰 고급 내구소비재 수입은 무역 적자를 누적시켰으며, 자신만만하던 농업 생산에서도 수요가 공급을 앞지른 데다 농지의 용도 변경이나 정부의 투자 저하 등이 겹쳐 정체에 빠지게 되었다. 여기에 이농인구의 도시 유입, 호구제도의 이완, 도시의 산업화에 따른 폭발적인 도시화는 이른바 맹류氓流의 증가를 가져 왔고, 이는 정부로서 볼 때 매우 우려할 만한 현상이었다. 이 현상은 1988년과 1989년에 현저하였는데, 특히 도시에 흘러든 맹류들은 열차를 습격하기도 하고, 천안문 시위 때에는 방화나 약탈에 가담하기도 하였다.[9] 개혁 기간 동안 맹류들이 도시사회에서 저항성을 지닌 사회계층으로 변모하고 있었던 셈이다.

경제 개혁에 따라 등장한 신흥경제 주체들, 곧 감독관청, 국영기업, 지방 정부는 자금과 외화 보유권을 가지면서 자금 운영에 있어서 자주권을 계속 확대해 갔다. 뿐만 아니라 신흥경제 주체들은 1984년과 85년 두 해에 걸쳐 약 30만 개 기업을, 1987년과 88년에는 약 40만 개 기업을 신설하였다. 비영리단체인 공안이나 군대, 대학까지 신설 경쟁에 끼어 들었는데, 문제는 이들 새 기업체의 책임자에 고급 간부의 자제가 책임자로서 부임하였다는 점이다. 이곳의 책임자들은 권력과 '관시'를 이용하여 감독관청으로부터 많은 특혜를 받아 폭리를 취하였는데, 이것이 시위자들이 타도하라고 부르짖었던 관도官倒, 곧 관료 부패였다. 이들의 부패는 특히 도시지역에서 경제가 팽창하던 1984년 이후에 사회 표면에 드러나기 시작하였다.[10]

이러한 배경 속에서 학생들의 민주화 정서를 자극한 것이 후야오방胡耀邦의 죽음이었다. 사람이 죽는 일과 시위는 어떤 인과관계가 있는 걸까? 인터뷰에 참여한 사람 중 펑종더封從德의 말을 이쯤에서 상기할 필요가 있다. 천안문 시위의 주도자 중의 한 사람인 차이링의 남편이자 그 자신도 주도자였던 베이징대 대학원생 펑종더는 인터뷰 도중 중국에는 사망 숭배문화가 있다고 언급한다. 사망 숭배문화란 저우언라이

천안문 광장에서 후야오방의 죽음을
애도하는 중국인들.

덩샤오핑의 통치 시대에 후야오방은 민주화와 개혁의 상징이었다. 1989년 4월 15일 후야오방이 서거하였다는 소식이 전해지자 베이징대학에서 그를 추모하는 대자보가 붙었고, 이 추모 분위기는 삽시간에 일대 대학에 퍼져갔다. 4월 22일에는 추모열기가 천안문 광장에 있는 인민영웅비에도 불어닥쳤다. 천안문 민주화운동의 서막이었다. (사진, 천안문 관련 사진은 연합보편집부, 《天安門, 1989》 연경출판사업공사, 1990에서 인용)

나 후야오방과 같이 평소 신망을 받던 인물의 죽음을 접하게 되면 그를 열렬히 숭모하면서 그가 미처 하지 못한 일을 완성하려는 문화를 일컫는다.[11] 마치 1960년의 마산 3·15의거 때 있었던 김주열군 피살이 이승만 독재정권을 끝내는 기폭제가 되었고, 박종철군 고문 치사사건이 1987년 6월 민주항쟁을 끌어 낸 것, 그리고 노무현 대통령의 서거 이후 불게 된 민주화 열기 등과 같은 문화와 연계될 수 있을 것이다. 영화 속에서 실제로 학생들은 후야오방의 추도의식을 역사적 사명감에 불타는 듯, 인민영웅기념비에서 성대하게 치르고 있다. 베이징대학 역사학과 학생으로서 이미 1988년에 학생들의 자발적인 토론회인 대학 내 '민주살롱'을 발족시키는 한편으로 팡리즈 교수 부부와 긴밀한 관계를 맺고 있던 왕단王丹은 4월 18일에 거행된 추도기념식을 이용하여 중국 정치의 현실을 비판하는 대토론회를 개최한 다음 민주와 언론, 결사의 자유를 요구하였다. 비판의 열기에 빠진 학생들은 세를 몰아 당 간부들이 모여 사는 중난하이 지구의 정문인 신화문新華門으로 몰려 가서 마침내 자신들의 요구조건을 제시하였다. 펑종더가 말한 사망 숭배문화가 방향을 분명히 잡기 시작한 시점이다. 4월 19일의 일이다.

시위 고조와 긴장의 연속

신화문으로 몰려간 학생들에게 돌아온 것은 구타와 모욕이었다. 이 때문에 자신들의 요구조건을 좀 더 체계화하고 이를 위해 조직을 갖추어야 한다는 필요성이 제기되었다. 바로 그날 베이징대학의 민주살롱에서는 기존의 학생회를 대신하는 '단결학생준비위원회'가 성립되었다. 이들은 대학이 민주화운동의 책임을 떠맡아야 한다는 주장을 역설하는 한편으로, 이를 실천하는 의미에서 10만 명의 학생을 동원하여 천안문에서 대규모 시위를 벌이게 되었다. 이렇게 많은 인원을 동원할 수 있었던 배경에는 이미 학생들 사이에서 사사로운 네트워크가 형성되어 있었기 때문이다. 거의 모든 대학생들은 기숙사 생활을 하고 있어서 자연스럽게 공통의 정치·사회적 주제를 논의할 수 있었다. 더구나 베이징의 대학들은 시내의 서북부에 몰려 있는 탓에 학교 사이의 의사소통과 관계맺기가 무엇보다 원활하였다.[12] 이들은 4월 23일에 '베이징고교임시학생연합회'(약칭 임시학련)을 조직한 다음 점차 자신들의 목표 달성을 위해 구체적인 행동에 들어갔다. 이 조직은 정부가 학생들의 시위를 동란으로 규정한 다음에 '베이징시고교학생자치연합회'(약칭 고자련)로 확대 개편하고, 의장 자리에는 신장 출신의 베이징사범대학 학생 우르카이시가 앉게 되었다. 영화 속에서 이 부분에 대한 설명은 우르카이시의 진술에 지나치게 의존하고 있기 때문에 저간의 사정, 특히 학생들의 조직화 과정을 이해하는 데에는 미흡하다.

어쨌든 학생들의 동향에 대해 '위기감'을 가지고 있던 당과 정부에서는 리펑의 주도 아래 정치국 상무위원회를 개최하여 "학생운동은 배후에 조직적이고 계획적인 음모를 가지고 진행되는 반당, 반사회주의 정치투쟁"이라고 규정하면서 당 중앙에 '동란저지소조'를 설치하고 《인민일보》에 사설을 발표하도록 조치를 취하였다. 실권자 덩샤오핑도 때맞추어 학생운동을 '정치적 동란'으로 못을 박아 버렸다.[13]

학생은 이에 대응하여 '공산당과 사회주의 옹호, 민주 만세, 반관료,

반부패, 반특권, 헌법옹호, 애국무죄, 신문은 진실을 말할 것, 인민 만세, 물가안정' 등의 구호로 맞받았지만 이들과 정부 사이에는 만리장성만큼이나 길고 높은 벽이 가로막혀 있었다. 영화에서는 어쨌든 정부의 입장은 거의 들어볼 수 없기 때문에, 영화 〈천안문〉을 통해 4월 26일의 《인민일보》 동란 사설은 왜 쓰여졌으며, 정부 내 의견은 통일되어 있었는지, 개혁파의 기수였던 자오쯔양은 어떤 입장에 처해 있었는지, 계엄령을 주도한 사람들은 누구였는지 등등의 의문을 해소하기에는 여러모로 부족하다. 물론 인터뷰한 사람 중에 정부 관료들이 포함되어 있기는 하지만, 그들은 정책을 결정하거나 정부 동향을 파악할 만큼 중요한 자리에 있지는 않았다. 이들을 통해 정부의 움직임을 아는 데는 한계가 있다는 의미이다.

후야오방의 고별장례식을 치른 4월 22일 이후 시위가 고조되어 가자 당과 정부는 마침내 4월 26일자 《인민일보》 사설을 통해 이들의 시위를 동란으로 규정한다. 교사인 량샤오옌이 영화 속에서 말한 바와 같이 《인민일보》를 통한 정부의 입장 표명 방식은 1966년의 문화대혁명 때도 그랬으며, 1976년의 저우언라이 추모식에서 비롯된 천안문 시위 때도 그랬었다. 정책 결정의 주체들은 정책을 결정한 뒤 사설 뒤로 숨어버리는 셈이다. 물론 《인민일보》의 사설은 앞서 말한 바와 같이 이미 정치국 상무위원회 회의에서 결정되었기 때문에 변경하기 어려웠지만 이러한 강경 방침으로 인하여 자오쯔양과 같은 대화론자들의 설자리는 더욱 좁아졌다. 동란으로 규정되던 결정적인 순간에 북한을 방문하고 있던(4월 23일부터 4월 30일) 자오쯔양은 귀국 뒤 대화의 필요성을 역설하면서 시위대와 접촉하였지만, 정부는 이미 '고자련'이 불법조직이기 때문에 상대할 수 없다고 정해 놓은 상태여서 그로서도 어찌할 수 없었다. 확실히 정부 내에서도 온건파의 목소리가 있기는 하였으나 리펑이나 양상쿤과 같은 강경파에게 밀리는 상태였다.

정부의 반응이 강경해지면서 학생 시위도 규모 면에서 점차 확대되고 있었다. 자신들의 요구를 관철하기 위해 될 수 있는 대로 동조자들을 많이 끌어 모은 덕택이었다. 시위를 동란이라고 규정한 그날 '중국민주화연맹'의 이름으로 〈중국대학생에게 보내는 공개서한〉이 베이징대학에 게시되었는데 여기에는 후핑胡平 전 중국사회과학원 철학연구소 연구원, 천쥔陳軍, 류샤오보劉曉波 베이징사범대학 강사의 서명이 들어 있었다. 이 게시문에는 "이제까지 목소리만 크고 성과가 없던 악순환을 끊어 버리고 중국의 민주화를 착실히 진전시켜야 하며, 그러기 위해서는 항의활동을 계속해야 한다"는 등의 내용이 적혀 있었다. 이제 정부에서 학생운동의 '배후 음모자'로 지목했던 민주화 세력들이 본격적으로 시위에 참여하기 시작하였고, 영화 속의 인터뷰에 출연한 자오훙량趙洪亮이나 한둥팡韓東方 같은 노동자들도 거들고 나섬으로써, 천안문 시위는 학생운동으로부터 범민주세력 연대 쪽으로 변화하고 있었다.

실랑이를 하던 중에 정부나 학생은 5·4운동 70주년을 맞게 되었다. 영화에서 말하듯이 이 기념식은 공산당과 학생에게 서로 다른 의미로 다가왔다. 잘 아는 바와 같이 중국공산당의 창당은 5·4운동의 중요한 결과였다. 반면 학생들은 자신들이 5·4정신의 계승자라고 자부하고 있었다. 따라서 이날 고자련 측이 천안문 광장에서 대대적인 시위를 하면서 〈5·4선언〉을 낭독하고, 전국의 대도시에 있는 대학뿐만 아니라 홍콩의 대학까지 시위에 참가한 사태는 국가에 위협적인 일이었다. 그러나 당 총서기였던 자오쯔양은 오히려 학생들의 태도에 대해 우호적으로 반응하였다. 그는 이틀 전에도 중국사회과학원 원장 후성胡繩이 작성한 '5·4운동 70주년 기념집회' 원고에서 "청년들을 애호하지 않으면 안 된다"고 말하였던 것이다. 그렇다고 해서 당과 정부가 자오쯔양의 의견에 전적으로 동의한 것은 아니었다. 동란으로 규정한 정치국 상무위원회에서는 이 연설문에 "부르주아 자유화에 반대한다"는 조항을 요구하였기 때문이다.

시위대의 단식투쟁과 고르바초프의 방중

이쯤에서 시위의 열매가 무엇이었는지 되돌아볼 필요가 있다. 시위대 지휘자의 한 사람이었던 차이링이 울먹이면서 회고한 바와 같이[14] 학생들은 선택의 기로에 놓여 있었다. 대화론자들이 전면에 나서고 있는 듯이 보이지만, 실제 대화를 통해 얻은 것은 아무 것도 없었다. 폭력적 방법을 반대하면서 대화의 중요성을 강조하였던 고자련 의장 우르카이시조차 고자련을 인정할 수 없다는 정부의 방침 때문에 1차 좌담회에 참석을 거부할 지경이었다.[15] 당시 정부는 이 조직 대신 종래의 학생조직과 대화하는 형식으로 학생들의 요구를 무마하고 있었던 까닭에 온건한 대화론자들조차 설자리가 없었던 것이다.

학생들도 엇갈리고 있었다. 이제 수업거부를 종결하고 학교로 돌아가야 한다는 쪽과 베이징대학 학생들처럼 동맹휴학을 계속하자는 쪽으로 분기되어 있었다. 전자의 주장이 주로 베이징사범대학 학생들 쪽에서 나왔던 반면, 후자는 베이징대학 학생들 사이에서 나왔다는 점이 흥미롭다. 우르카이시를 중심으로 한 사범대학 지도부는 5·4운동 70주년 기념식으로 소기의 목표가 어느 정도 달성되었다고 인식한 반면, 왕단이나 차이링 등 베이징대학 출신들은 "베이징대학은 사범대학에 패배했다. 이대로 운동을 종결시키는 것은 일찍이 5·4시위의 중심에 있었던 선배에게 변명의 여지가 없다. 우리는 체면을 잃었다"고 생각하였다. 사실 베이징사범대학에서 이번 시위를 먼저 주도한 이유도 다분히 그동안 국가의 감독에 순응하는 듯한 모습을 보여 왔다는 이미지를 불식시키는 한편, 교사의 사회적 지위가 낮은 데에 대한 저항의 뜻을 알리려는 데에 있었다. 시위의 주도권을 잡지 못해 체면을 잃었다고 생각한 베이징대학 학생들이 '절식선언絕食宣言'을 하게 된 배경이 여기에 있으니, 시위가 격화된 데에는 중국사회를 지배하고 있던 체면의식도 적지 않게 작용을 한 셈이다.[16]

우리 식의 단식투쟁인 '절식선언'이 5월 11일 결정되면서 학생 시위는 새로운 단계로 접어들었다. 차이링이 말한 바와 같이 단식투쟁의 동조자는 처음에 많지 않아서, 서명에 참가한 학생 수는 160여 명 정도에 지나지 않았다. 출발은 단출하였지만 왕단을 중심으로 한 단식 주도단이 동조학생들을 더 많이 모으기 위해 학교를 순례한 다음 천안문 광장에서 엄숙한 단식선언식을 한 데다 일부 지식인들의 동조까지 받으면서 단식투쟁자들은 세력을 증대시킬 수 있었다.

한번 채택한 강경책은 자신들의 목표가 달성되기 전에는 쉽게 수정되지 않았던 것이 시위문화의 한 특징이었고, 베이징 천안문 시위 역시 예외가 아니었다. 절식선언 이후에도 대화론자들이 더 많았지만 이들의 설자리는 점점 더 좁아지고 있었다. 영화의 인터뷰에서 가장 빈번하게 등장하는 사람인 당시 《광명일보光明日報》 기자 다이칭戴晴은 5월 14일 〈학생들에게 고하는 글〉에서 "민주는 하루 아침에 이루어지는 것이 아니라 점진적인 것이다. 당과 정부의 지도부가 학생과의 대화를 약속한다는 조건으로 광장에서 일시 퇴거하여 내일부터 열리는 중·소 수뇌회담이 중단되지 않도록 해 달라"라고 호소하였고, 시위를 지원했던 베이징방송대학 강사 수샤오캉蘇曉康도 이성적으로 대화할 것을 양측에 권유하였다.[17] 그러나 정부나 학생 모두 비이성적으로 흐르고 있었다. 단식투쟁이 그 예이며, 정부의 입장 역시 요지부동이어서 양측의 거리는 전혀 좁혀지지 않고 있었다.

시위 주도 학생들이 고르바초프를 베이징대학에 초청하여 연설을 들으려 했던 시도도 양자의 관계를 더 어렵게 만드는 빌미가 되었다. 일부 신문들이 외세를 빌려 국내 문제를 해결하려고 하는 것은 바람직하지 못하다는 비판적인 사설을 게재하였기 때문이다. 당시 학생들에게는 고르바초프로 상징되는 소련의 페레스트로이카가 성공적 개혁을 상징하는 사건으로 인식되었지만, 정부로서는 그로 인하여 시위가 상승되는 것이 싫었던 셈이다. 그보다 고르바초프의 방문으로 인해 뜻밖에 곤경에 빠진 것은 중국의 당과 정부였다. 자오쯔양 총서기가 고르바초프를 만난 자리에서, "1978년 당의 제11기 3중전회 이래, 덩샤오핑 동지는 내외에 공인된 우리 당의 영수다. ……그 이후 가장 중요한 문제에 있어서는 덩샤오핑 동지가 키를 잡았다"고 말해, 덩샤오핑이 실질적인 최고 실력자임을 분명히 밝힌 것이 문제였다.[18] 이 발언은 후일 자오쯔양의 실각 요인이 되기도 하였지만, 어쨌든 이 발언을 통해 자오쯔

시위를 성원하기 위해 상경한
'상방인원성원단'.

천안문 광장에 모였던 시위학생들은 자신들의 민주화 청원이 정부에 의해 받아들여지지 않자 진퇴양난에 빠지게 된다. 그중 일부 시위대들은 얻은 것이 한 가지도 없다면서 단식시위를 통해 목적을 달성하려고 하였다. 이런 상황이 되면서 계엄령을 선포한 정부 측과 시위대 측의 대립은 점차 고조되어 갔고, 시위대를 지원하기 위해 전국의 여러 단체들이 베이징에 모여 들었다. 5월 20일 이후의 일이다.

양 총서기는 "덩샤오핑 동지도 전력을 다해 우리 집단이 결정한 조치를 지지할 것"이라고 말하면서 덩샤오핑을 압박하려고 했던 것처럼 보인다. 덩샤오핑이 이 말을 듣고 격노했다는 말도 전해지지만, 결국 이 말이 씨가 되면서 덩샤오핑은 곧바로 비판의 화살을 맞아야 했다. 당시 중국사회과학원 정치학연구소 소장이던 옌자치嚴家其는 "청왕조가 멸망한 지 76년이 되었다. 그러나 중국에는 황제 칭호 없는 황제, 어리석고 사리도 분별하지 못하는 어리석은 독재자가 살고 있다"고 거세게 비난하였다. 당의 원로들과 같이 은퇴한다고 말해 놓고, 뒤에서는 여전히 최고권력을 행사하고 있었으니, 덩샤오핑은 사기꾼이 된 셈이다. 당원들 중에서도 이를 비난하는 경우가 있었고, 학생들의 시위 구호에서도 "타도 덩샤오핑"이 적지 않게 등장하게 되었다.

시위 상황도 급박해지고 있었다. 우선 단식으로 인하여 쓰러지는 학생들이 속출하였다. 단식을 시작한 닷새 뒤에는 3천여 명의 참가 학생 중 6백 명 이상이 병원으로 후송되는 사태가 발생하였다. 베이징시나 병원 등에서 단식학생을 위한 물질적 도움을 주었고, 자오쯔양이 학생들의 애국적 동기를 긍정하면서 사후 처벌을 않겠다는 조건을 내걸고 단식 중지를 요청하였지만 받아들여지지 않았다. 학생들은 심지어 적십자의 의사조차 정부에서 파견하였다고 하면서 이들을 광장에서 추방하기도 하였다. 게다가 각계각층의 호응도 점점 거세어지고 있었다. 베이징의 여러 지식인 그룹이 참여한 것은 말할 것도 없으려니와 민주당파, 공상연합회, 기독교단체, 상방인원성원단上訪人員聲援團(지방에서 상경하여 성원하는 사람들), 실족청년성원단失足青年聲援團(비행 등의 죄를 지은 청소년들), 개체호성원단, 농민성원단, 실업자성원단과 같은 단체들도 시위 대열에 합류하기 시작하였다. 지식인단체, 정치단체, 사회단체, 노동과 농민단체 등이 참여하였다는 사실은 학생들의 요구에 정당성을 부여함과 동시에 당과 정부로서도 어떤 정책이든 취하지 않을 수 없는 선택의 기로에 놓여 있었다는 점을 보여주고 있다.

계엄령 선포와 시위 주도층의 내부 붕괴

시위를 지원하는 세력이 늘었다고 해서 학생시위대가 일사분란한 체제로 움직였다는 이야기는 아니다. 영화에서도 말한 바와 같이 강경파가 주도하면서 시위대는 양분되어 있었다. 시위를 시작한 지 한 달이 되었음에도 불구하고 성과가 거의 없다는 사실이 학생들을 지치게 만들었다. 병원에 실려 가는 학생들은 늘어 갔지만, 정부에서는 어떠한 양보의 기미도 보이지 않았다. 학생들의 입장을 두둔하던 개혁파조차 학생들의 요구를 전면적으로 들어줄 수 없었으며, 강경파는 당국과 온건시위대 사이에 포위된 형국이 되었다. 이것은 자오쯔양과 같은 인물에게도 마찬가지로 적용될 수 있다.

정부가 계엄령을 내린 것은 5월 20일. 이로써 시위는 새로운 단계에 접어들었다. 물론 계엄령 문제는 이미 5월 17일부터 중앙정치국 상무위원회에서 베이징시 일부부터 실시하자는 의견을 제시한 상태였기 때문에 실시 시점과 방법만을 남겨놓고 있었다. 그러므로 그 다음 날 리펑이 학생대표와 면담을 한다거나 19일에 그를 포함한 고위층 인사들이 단식투쟁 중인 학생들을 방문한 사실 등은 계엄령 선포로 가기 위한 수순에 지나지 않았다. 왜냐하면 그날 밤 당 중앙과 베이징시 소속의 당·정·군 간부대회가 인민해방군 총후근부總後勤部 강당에 소집되어 계엄령의 필요성과 그것을 선포하기 이전에 군대 이동 문제 따위를 심도 있게 논의했기 때문이다. 이런 요지의 발언을 한 사람은 국가 주석이자 군사위원회 부주석이던 량사운이었는데, 물론 군사 행동의 명분은 수도의 치안과 질서를 유지한다는 것이다. 그리고 이 말이 나온 시점은 이미 군대가 움직여서 시내의 이곳저곳에 배치되어 있던 때였다.[19] 영화 속에서 학생들은 이 군대에 대해 "인민의 자식이자, 인민의 군대가 인민들의 정당한 요구를 억눌러서는 안 된다"고 주장하면서 군과 인민 사이에는 긴밀한 관계가 있음을 강조하고 있기는 하지만, 군대가 출동되었다는 사실 때문에 어느 누구도 긴장하지 않을 수 없었다.

이제 학생들은 영화 속에서 우르카이시가 말한 바와 같이 광장에서 떠나느냐, 남아 싸우느냐 하는 중대한 선택을 해야 할 순간에 놓여 있었다. 우르카이시는 천안문에서 떠나는 것이 개혁파에게도 유리하다고 주장하지만, 당시 개혁파의 수장격인 자오쯔양은 힘을 잃은 상태였다. 19일의 간부회의에도 병을 이유로 불참하였으니 공식적인 제도를 통해 그의 의견을 개진하는 것은 사실상 불가능하였다. 시위 현장에 와서 눈물을 흘리며 학생들에게 미안하다는 말을 하면서 단식을 중지하도록 호소한 것이 자오쯔양이 할 수 있는 최선의 행동이었는지도 모른다. 그가 실각한 날은 5월 26일이었으나, 계엄령 선포 때에 이르러 그는 이미 힘을 쓸 처지에 있지 않았다.

계엄군의 위협에 직면해 있던 고자련은 광장 철수 문제를 투표에 붙였다. 그 결과 찬성 32표, 반대 14표, 기권 2표로 철수를 결정하였다.

이 결정에는 계엄령 취소와 시내 진입 인민해방군의 철수라는 두 개의 덫을 걸어 두었다. 사실 차이링의 고백처럼 5월 하순 들어 시위대의 역량은 현저히 떨어진 상태였다. 학생들은 운동방향 때문만이 아니라, 재정 문제를 가지고도 싸우고 있었다. 영화에서는 간단히 재무 실책이라고 지적하고 있지만, 그것은 시민이나 해외의 민주화 헌금을 둘러싸고 벌어진 횡령 문제였기 때문에, 민주화운동 진영의 부도덕성을 드러내는 장면이었다고 할 수 있다. 심지어 광장 총지휘부 비서장이던 자오스민趙世民은 '도망비' 명목으로 1만 원이 넘는 거금을 은닉하고 있다가 발각되기도 하였다. 여기에 정부가 매수한 인물이었는지, 아니면 반대파였는지 알 수는 없으나, 차이링을 납치하려는 기도까지 겹치면서 천안문 지도부는 더 이상 버티기 힘든 상태에 이르렀다. 남아 있던 시위대는 약 1천 5백여 명이었으니, 한때 1백만 명을 자랑하던 규모에 비한다면 초라하기 그지없다. 이 인원조차 재정을 둘러싸고 갈등이 표면화되자 광장을 떠나 버렸다. 영화의 영상은 텅 빈 천막과 어지러운 광장에 불어오는 스산한 바람 따위를 계속 클로즈업시키면서 차이링의 말을 증명해 주고 있다.

사실 시위대는 계엄령 이전에 이미 지친 상태였고, 이 상태에서 벗어나기 위해 록 가수 최건崔健의 '일무소유一無所有'를 함께 부르고 있었다. "난 예전엔 쉬지 않고 물었다. 네가 언제 나랑 갈 건지. 그러나 넌 아무것도 가진 게 없는 날 웃었다. 난 너에게 나의 희망을 주겠어. 나의 자유도 함께. 그러나 넌 아무 것도 가진 게 없는 날 웃었다. 넌 언제 나랑 갈래." 시위 현장에서 사회 변혁의 주제곡으로 불린 이 노래를 최건은 눈을 가린 채 열창하여 시위대의 분노에 연대감을 표시하였지만, 자신의 말처럼 그는 혁명가가 아니었다.[20] 또 타이완 출신의 가수 허우더지엔侯德建도 시위대에 노래로써 힘을 보태고 있다. 1983년에 대륙으로 건너간 그는 당시 32세로 '용의 후예龍的傳人'라는 노래로 잘 알려져 있었는데,[21] 영화에 따르면 불안을 감추기 위해 노래를 부르고 춤을 추었으며, 음악을 연주하였다고 한다. 최건의 노래가 보편적인 자아해방이라는 문제의식을 갖고 있었다면, 허우더지엔의 그것은 노래 제목처럼 민족주의적 성향이 강하다는 차이가 있을 터이지만, 두 사람 모두 집단주의의 압력으로부터 도피하고 싶었던 듯하다. 이들 노래로부터 우리는 요컨대 1980년대 젊은이들이 추구하는 문화 속에 정치적 함의가 얼마나 깊이 스며들어 있는지를 잘 알 수 있다.[22]

점차 퇴조해 가는 학생운동의 분위기를 변환시키기 위해 중앙미술대학 학생들은 고자련 측 학생들의 방문을 받고 난 뒤 '민주의 여신상'을 창조하여 천안문 광장에 세워 두었다. 이것이 5월 30일의 일이다. 당시 한국의 텔레비전을 통해 생생히 볼 수 있었던 이 민주의 여신상은 높이가 10미터에 달하는 대형 소상으로서 학생들에게 정신적인 보루가 되게 하려는 목적으로 약 8천 위안의 비용을 들여 제작되었다.[23] 아이디어는 미국 뉴욕에 있는 자유의 여신상에서 얻은 것이지만, 기본 발상이나 양식은 사회주의 예술의 리얼리즘적 전통을 잘 반영한다고 볼 수 있다.[24] 당과 정부 쪽은 이 소상을 국가의 존엄과 민족의 형상을 모욕하는 것이라고 여겨 즉각적인 철수를 명령하였고 관련자는 구류처분을 받았다. 이 소상은 6월 4일의 진압 때 군에 의해 파괴되었다.[25]

어쨌든 차이링은 위의 투표 결과에 승복하지 않았다. 민주화를 진전시키는 일이 최대 과제였다는 운동의 목표를 상기한다면 그는 이미 자

시위대에 힘을 실어 주기 위해 만들어진
'민주의 여신상'.

5월 말에 이르자 계엄군이 시위대를 포위하면서 위협하였고, 계속된 단식투쟁으로 인해 시위대의 규모와 응집력은 나날이 떨어져 가고 있었다. 이러한 분위기를 반전시키기 위해 중앙미술대학 학생들은 시위대 지휘부의 방문을 받고 난 뒤 천안문 광장에 '민주의 여신상'을 조성하였다. 아이디어는 미국의 '자유의 여신상'에서 얻은 것이지만, 양식은 사회주의 예술의 리얼리즘적 전통을 계승한 것으로 평가한다. 이 상은 계엄군의 천안문 광장 진입 때 파괴되었다.

격을 상실한 셈이다. 그는 BBC방송과의 인터뷰에서 "타협은 투항자로 비칠 것이며, 천안문 광장은 최후의, 그리고 유일한 보루이기 때문에 떠날 수 없다"고 밝혔다. "광장으로부터의 철수는 정부가 좋아할 뿐 우리가 할 일은 아니다"고 말하는 것이다. 그러나 차이링은 시위 초기에 이미 민주주의의 본질에 관하여 동료들과 상당한 차이를 느꼈다고 고백하는 것으로 보아, 자신의 첫 뜻을 끝까지 밀고 나가려고 했던 것 같다. 따라서 그가 남아 있던 강경파들을 추스르면서 고자련을 대신하는 '보위천안문광장지휘부'를 구성하고 총지휘를 맡은 일은 불가피한 수순이었다고 할 수 있다.

진압과 그 이후

5월 27일부터 6월 3일까지의 일주일이라는 기간은 종래의 민중운동에서 보여주었던 것처럼, 지도부는 사실상 붕괴되고 구성원은 흩어진 까닭에 자신의 목표를 달성할 수 있는 객관적인 조건은 거의 없었다. 이런 이유 때문에 남아 있던 지도부나 일부 극단주의자들은 더 강경한 태도를 취했던 것 같다. 예를 들면 시위대가 급감하자 류샤오보劉曉派 등의 지식인들이 단식투쟁단에 동참한 것이라든가, 북방교통대학北方交通大學에 "대학생은 당 내의 개혁파, 중국민련中國民連, 국민당과 연합하여 무력을 조직하고 공산당과 무장투쟁을 벌이지 않으면 안 된다"라는 대자보가 나붙은 것이 그런 예이다. 이는 5월 26일에 왕단의 서명이 들어간, "리펑을 퇴진시키고 중국 민주화를 밀고 나가기 위해서는 지구전을 결정하여야 한다"는 호소문에서도 어느 정도 짐작했던 바이다.[26] "지구전"이니 "무장투쟁"이니 하는 투쟁 방식은 중국의 초기 공산주의자들이 혁명을 위해 선택했던 고전적인 방식이지만, 이런 용어는 학생들의 요구에 정부가 얼마나 무성의하게 대응해 왔는지를 웅변적으로 보여준다.

시위대를 궁지에 몰아넣으면서도 정부 쪽은 전통시대와는 다른 방식으로 대응하였다. 정부는 이들이 내분으로 또 기력 소진으로 붕괴되기만을 기다리고 있었던 듯한데, 의도대로 된다면 진압도 수월하려니와 피해를 최소화시킬 수도 있었다. 사실 전통시대의 왕조 군대처럼, 여기저기 흩어진 반란집단을 끝까지 추적할 필요도 없었으니, 이는 운동의 지휘부나 구성원들이 천안문 광장이라는 매우 좁은 공간 속에 갇혀 있었기 때문이다. 따라서 정부는 마음만 먹으면 단숨에 시위대를 진압할 수 있었던 셈이다.

영화의 화면은 첫머리에서도 그랬듯이 진압장면을 제일 극적으로 처리하였다. 6월 3일 새벽부터 시위대는 군대와 마주선 채 최후를 맞겠다는 비장한 각오를 하고 있다. 고자련은 결사대에 참가하여 무기를 가지고 군과 경찰에 대항하자고 부르짖고 있고, 베이징노동자자치연합회도 방송을 통해 "무기를 가지고 정부를 타도하여야 한다"고 호소하였다. 그러나 저러나 영화 화면 속의 저녁 뉴스에서는 시위대의 간부에게 광장에서 철수하도록 요구하였다고 통고하였다는 사실을 전하고 있다. 이러한 명령은 베이징시 인민정부와 계엄부대 지휘부가 내린 것으로서, "폭도들은 중화인민공화국을 전복하고 사회주의 제도를 뒤엎으려고 하고 있다. 단연코 반혁명 폭란에 대해 반격하지 않으면 안 된다. 광장의 모든 공민과 학생은 곧바로 광장을 떠나 계엄부대의 임무 수행을 보장해야 한다. 이 권고를 듣지 않는다면 안전을 보장할 수 없고, 그 결과는 모두 자신의 책임이다.” 그 무렵 인민해방군은 사방에서 몰려들기 시작하고, 이어 피를 흘린 ‘인민’들이 생겨나면서 군중들은 분노한다. ‘토비’라든가, ‘회자수劊子手’와 같이 증오 섞인 용어로 인민해방군을 비난하는 사람들도 있지만 결사항전의 각오를 밝히면서 총을 들도록 권유하는 시민들도 등장하고 있다. 영화 장면으로만 본다면, 곧이어 크나큰 전투로 이어질 것 같은 긴박감이 광장을 휩싸고 있지만, 광장을 깨끗이 한다는 의미의 계엄군의 청장清場은 6월 4일 새벽에 완료되었다.

정말 얼마나 많은 사람이 해방군의 진압과정에서 사망했을까? 한 노동자가 증언한 바와 같이 군대와 맞선다는 일 자체가 공포였기 때문에 그는 자신이 갖고 있던 노동자자치연맹의 명단을 불태우면서 사후에 대비하였다. 그런 상황에서 일부 무장투쟁주의자들처럼 총을 들고 인민군에게 대항하려고 했는지는 사실상 의문스럽다. 실제로 학생들은 6월 4일 새벽 4시 반쯤 광장에서 철수하자는 데 동의하면서 이곳을 떠났다. 이것은 이미 타이완 출신 가수 허우더지엔侯德建이 화면 속에서 증언한 바와 같다. 그는 또 자신이 합류한 이후 시위대 해산과정에서 죽은 사람은 하나도 없다고 증언함으로써 논쟁의 회오리에 휘말렸다.[27] 사망자들은 무시디木樨地, 중앙방송국 현관, 푸싱문復興門 주변의 고층 주택, 우위상점 부근의 대로 따위와 같이 광장과는 상관이 별로 없는 곳에서 발견되었다. 인터뷰에 응한 중국인민대학 교수 딩즈린丁子霖의 아들은 자정 무렵에 사망한 것으로 보인다. 반면 영화 속에서 차이링은

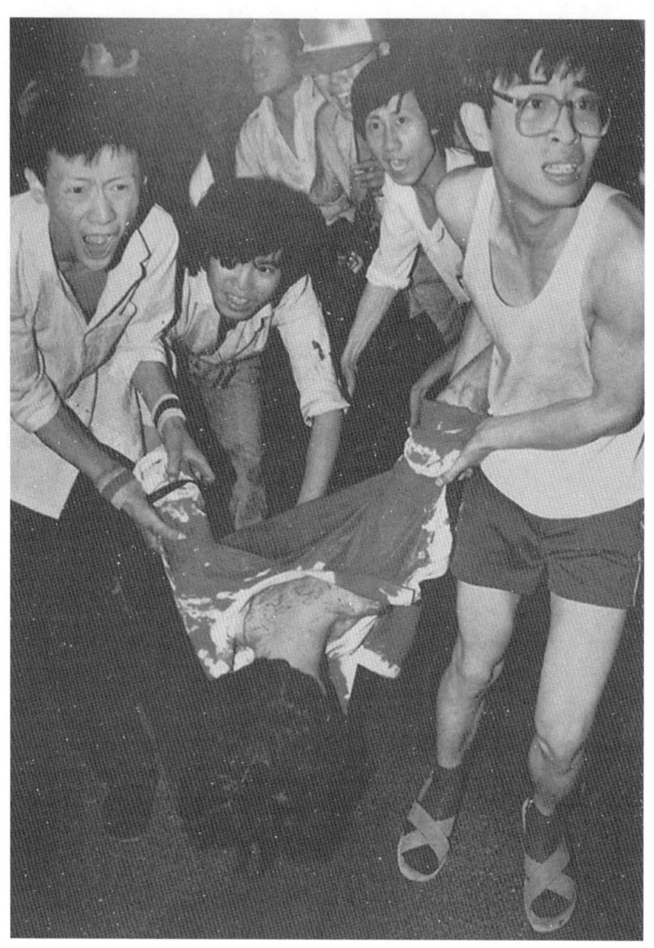

6월 4일 새벽의 기습과
피가 흥건한 시위대.

중국 정부는 6월 3일 새벽부터 계엄군으로 하여금 천안문 광장에 남아 있는 시위대에게 철수하도록 요구하였고, 이른바 광장을 깨끗이 청소한다는 '청장淸場' 작업은 그 이튿날 새벽에 완료되었다. 시위대들은 '설마' 하는 마음이었던 것 같다. 흘린 피와 몸의 자세로 보아 사망한 것으로 보이는 학생을 부축하는 시위대의 표정이 경악과 공포로 가득 차 있다.

2백여 명이 죽었으나, 죽은 인원이 2천 명인지 4천 명인지 확인할 길이 없다고 말하면서 울고 있다. 어떤 이들은 탱크가 사람을 깔아뭉겠다고 말하기도 하지만, 그 역시 확인할 길은 없다. 탱크 진입을 맨몸으로 가로막고 나선 사람 때문에 그런 소문이 나돈 걸까? 상무위원회 회의석상에서 있었던 베이징 시장 천시통의 보고에 따르면, "군, 경찰, 공공기관의 차량 파손 1천 280대, 해방군 병사, 경찰관 부상자는 6천여 명, 사망자 수십 명, 비군인 부상자는 3천여 명, 사망자는 2백 명이었으며, 그 중 학생은 36명이다." 물론 이 보고는 무기를 가진 군과 경찰의 부상자가 비무장인보다 두 배나 더 많이 제시하고 있는 까닭에 신뢰하기 어렵다.[28]

영화는 친절하게도 시위대가 완전히 해산한 뒤의 사정까지 세세히 전해주고 있다. 왕단과 같이 수배되었다 체포된 사람들, 군대에 저항한 탓에 처형된 사람들, 차이링이나 우루카이시와 같이 해외로 망명한 사람들. 이러한 장면들을 보면 천안문 민주화 시위는 큰 저수지에 잠시 일었던 파문과 같이 비친다. 학생들은 군과 정부에 희망을 가졌으나 결과는 그 반대였다. 일부의 지식인과 노동자, 농민들이 시위에 가담하였으나, 전통시대처럼 대규모의 민중기의는 일어나지 않았다. 시위에 참여했던 사람들은 자신들이 너무 낭만적이었던 데다, 한꺼번에 지나치게 많은 요구를 내걸었던 까닭에 어떤 요구도 성공하지 못했다고 자위하고 있다.

사실 그들의 요구가 많았던 것은 아니다. 그들의 목표는 자신들이 국가나 단위의 정책 결정에 참여하는 민주주의를 실현하는 데 있었다. 그들이 시위과정에서 내건 구호들은 온건한 것이었다. 하다못해 그들은

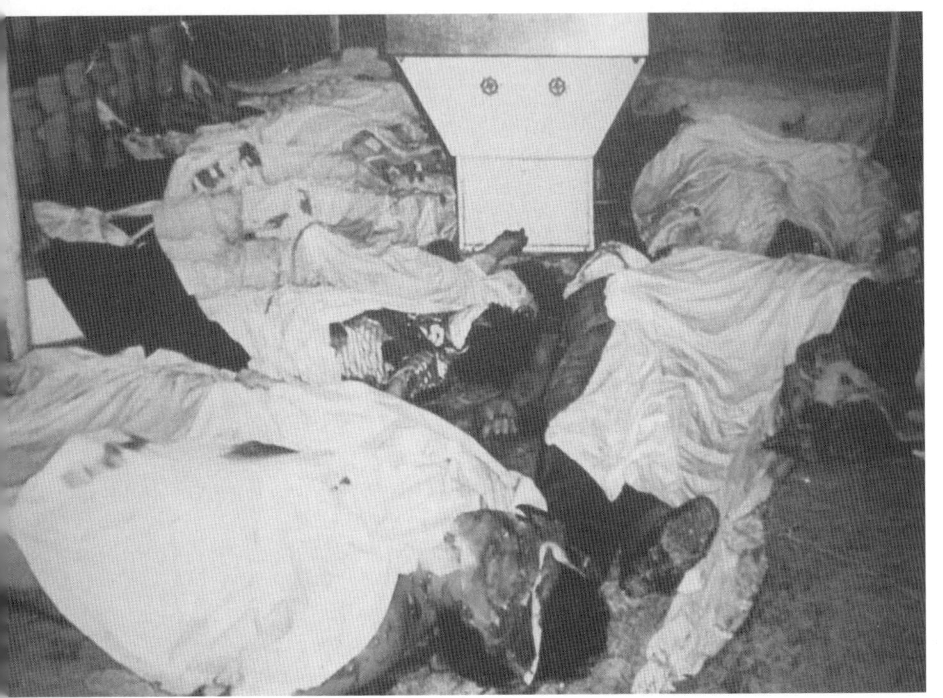

천안문 민주화운동의
희생자들.

이들 시신은 계엄군의 철수 요구를 거부하고 끝까지 저항한 시위대 중의 일부였으리라고 짐작한다. 죽은 모습에서 계엄군의 공격이 얼마나 심했는지를 알게 된다. 오늘날에도 천안문 민주화 시위 중에 사망한 사람이 몇 명인지 계산하는 측의 입장에 따라 차이가 있다. 영화 〈천안문〉에서 주도자의 한 사람인 차이링은 2백여 명이 죽었으나 또한 2천 명인지 4천 명인지 알 수 없다고 말하였으며, 당시 베이징 시장 천시퉁은 사망자 2백여 명, 부상자는 9천여 명이라고 말하였다. 피의 진압이 너무 잔혹했던 탓에 이후 중국 내에서 민주화 시위는 거의 일어나지 않았다.

반혁명주의자로 몰리는 일을 피하기 위해 '사회주의 지지', '공산당 지지'와 같은 주장까지 곁들여 하게 되었다. 또 그들의 시위 방식도 매우 온건하였다. 정부와 대화를 통해 자신의 의사를 전달하려고 하였고, 시위 역시 매우 공개된 장소인 천안문 광장을 떠나지 않은 채로 진행하였다. 천안문 광장은 사방에서 진압부대가 몰려오면 꼼짝할 수 없는 공간인 탓에 일부에서 주장한 바와 같이 무력투쟁이니 정부전복이나 하는 행동은 사실상 불가능하였다. 그것은 정부의 군 투입 때문에 자연발생적으로 제기된 것이지, 처음부터 의도된 행동은 아니었다.

문제는 우리가 보기에 저 정도로 온건한 주장과 방식조차 받아들일 수 없는 중화인민공화국의 전제적 체제에 있을 것이다.[29] 역사상 최대 규모의 인원이 동원된 운동이었고 요구조건도 매우 온건한 것이었음에도 불구하고, 거의 수용되지 않았던 것도 경직된 국가체제 탓이다. 이 점에서 시위 진압과정에서 죽은 군인을 영웅으로 만들기 위해 어린이를 동원하는 의식은 매우 상징적이다. 딩즈린 교수가 항의하듯, 민주화를 요구하다 희생된 사람들 역시 보다 나은 조국을 건설하기 위해 몸을 바쳤건만 국가는 이들에게 폭도라는 딱지를 붙여놓았다. 정부에 도전한 인민에게 '비도', '폭도' 따위의 명칭을 붙인 일은 왕조시대의 전통이었다. 문제는 현재의 중화인민공화국이 왕조시대보다 훨씬 더 강력한 국가체제를 유지하고 있다는 사실에 있다. 중국은 근대기에 들어와 부국강병을 꿈꾸었고, 현단계에서 본다면 그 꿈은 어느 정도 이루어진 것처럼 보인다. 그러나 수많은 화면과 대담을 통해 만든 영화 〈천안문〉에서 보여주는 그것은 거의 폭력적인 기구에 가깝다. 요컨대 광범위한 사회세력이 참여했던 천안문 시위는 그 기구에 대한 도전이었던 셈이다.

아마 마오쩌둥의 유해가 기념관 내의 대형 유리관 속에서 누워 있는 이상, 도전도 여전히 계속될 것이다.

근대기 상하이지역 여배우의 이미지와 실상의 간격
-롼링위의 경우

한 여배우의 역사성

얼마전까지 한국사회에서는 이름난 몇몇 여배우들이 자살하면서 큰 파문을 남겼다. 티브이와 신문 등을 통해 전달되는 그들의 생활은 화려하고 부유하며, 환호하는 대중들의 인기를 받으며 살고 있기 때문에 삶의 만족도가 매우 높을 것이라 짐작한다. 이 때문에 보통 사람들에게 삶의 모델이 되고 있다고 해도 과언이 아니다. 하지만 자살에 이르게 되는 과정과 동기, 그리고 생을 마치는 순간의 고통 등을 분석해 보면 여느 보통 사람들과 달리 내면에 깊은 트라우마를 안고 있었다는 사실도 알게 된다. 화상을 통해 인식하고 있는 여배우와 삶의 본질에 가까이 서 있는 실제의 여성 사이에는 우리가 이해할 수 없는 넓고 깊은 간격이 있는 셈이다.[1]

이 글에서 다루고자 하는 롼링위도 그 점에서 매우 의미 있는 분석대상이라고 할 수 있다. 그는 중국 영화가 막 꽃을 피우던 1920년대 중반부터 활동하기 시작하여 전성기라고도 할 수 있던 1935년에 자살로 생을 마감하였다. 그의 연기는 기왕의 경극식의 전통 방식과 달리 자연스럽고 리얼하였기 때문에 현대적인 특성을 지녔다고 평가된다. 또 영상 속에서의 그의 역할도 시대에 따라 변화하였다. 곧 시대와 그 시대의 관객들이 요구한 역할을 충실히 하였다. 반면 사생활 쪽으로 눈을 돌리면 불행의 연속이었다. 어릴 때는 어려운 가정환경과 가난 때문에, 배우가 된 이후에는 배우들간의 치열한 경쟁에다 특징없는 배우, 곧 화병花瓶 역할 때문에, 또한 자유분방한 생활로, 특히 여러 남자들을 편력하였다는 이유로 인해 사회적으로 고통을 받았다.

이 때문에 나는 이전에 그와 그의 10여 년에 걸친 짧은 영화 일생을 다큐멘타리 형식으로 촬영한 〈롼링위〉란 영화를 상호 연계지어 분석해 본 적이 있다.[2] 이 글에서는 기왕의 연구에서 한계를 지닐 수밖에 없었던 여배우 롼링위의 역사적 성격과 근대기 여배우가 안고 있던 사회적·내면적 모순과 갈등을 좀 더 깊이 검토해 보려고 한다.

롼링위는 20세기 전반기에 아주 짧게 삶을 마감한 중국의 여배우이다. 그것도 세상에 복수하듯이 자살로 생을 마쳤으며, 이와 함께 절정기에 올라 있던 그의 배우생활도 마무리되었다. 25살의 나이였다. 그런 까닭에 그녀는 사후에 많은 사람들의 입에 오르내렸고 그럴수록 실체보다는 신비스러운 요소들이 더 강조되었다. 거기에 덧붙여 후대인들은 그를 '일대 예인一代藝人'이니 '무성영화 시대의 자랑'이니 하는 수식어로 높이 평가하였다. 말하자면 자신의 이야기를 능동적으로 하지 못한 채 타자가 생산하고 표술하는 존재가 되어 있었던 것이다. 그것도 대부분 남성들이 만들어 놓은 이미지로 꽉 차 있었다.

일대의 예술인이라는 별칭이 붙을 만큼 잘 알려져 있다고 해서 그녀에 관한 자료가 많은 것도 아니다. 그녀는 살아 있는 동안에 자신에 대해 글을 거의 남기지 않았다. 그녀가 자살하기 직전에 쓴 유서가 유일한 자필기록일지도 모른다. 곧 현실 공간에서도 롼링위는 의도적이라고 할 정도로 침묵하였다. 이러한 침묵은 영상 공간 속에서도 마찬가지였다. 그녀가 출연하였던 모든 영화는 무성으로 제작되었고, 그 까닭에 목소리를 남길 수도 없었다. 따라서 롼링위에 대한 어떠한 서술도 그녀의 참모습을 전해 주기는 어려울 것이다.

그러나 그녀의 인생에서 중요한 부분을 차지하고 있던 영화를 중심으로 이야기를 해보면 사정은 조금 달라진다. 제법 많이 남아 있는 시나리오와 영상물이 있기 때문에 이를 분석한다면 그녀가 추구하였던 영화세계를 어느 정도 이해할 수 있으리라고 본다. 또한 이 영상을 통해 우리는 그 시대의 영화인들이 드러내려고 하던 시대성을 읽을 수 있으며 이는 특히 근대영화가 꽃피었던 도시인 상하이를 중심으로 전개된 탓에 근대 도시사회의 여러 양상을 재구성해 볼 수 있을 것이다.

불행한 유년 시절

롼링위의 일생을 표현한 것 중에 '하녀에서 일대 예인까지'라는 제목의 글이 있다. 나는 이 말이 우여곡절이 많았던 그녀의 인생유전을 세간의 눈으로 드러낸 것이라고 생각한다. 그녀는 1910년 4월 상하이의 주가朱家 목교木橋 상안리祥安里에서 출생하였다. 유아명은 야건阿根으로서 그녀가 태어나던 해에 언니가 이 세상을 하직하였다.

그녀의 부친 롼용롱阮用榮은 광둥성廣東省 샹산현香山縣 좌보두左步頭 출신이었다. 샹산현은 혁명가로 잘 알려진 쑨원의 고향으로, 이 지명은 1925년에 그를 기념하려는 중화민국 정부에 의해 중산현으로 바뀌었다. 롼용롱은 광서 말년에 계속되는 재황으로 인해 고향을 떠나 상하이에 들어와 삶을 도모하였다고 한다. 초기에는 부두에서 등짐을 지는 일을 하였고, 그 외에도 여러 가지 허드렛일을 하면서 생계를 유지하였다. 이곳에서 동향 출신인 허야잉何亞英을 만나 결혼하였다. 30세 때의 일이다.[3] 서른 살의 나이로 결혼한 사실은 그가 그만큼 결혼하기 어려운 여건에 처해 있었음을 말해준다. 그나마 광둥 출신의 21살짜리 처녀를 만날 수 있던 것이 다행이었다.

이 당시의 가정생활을 롼링위는 다음과 같이 묘사하였다.

> 광둥에서 생계의 길이 막혀 상하이로 흘러들어온 아버지는 날품팔이로 얼마 안 되는 벌이에서도 언제나 내게 사 줄 선물값을 염출하셨다. 어린 아이일 때 나는 마마에 걸렸으나 우두를 맞고 어머니 아버지의 지극정성으로 거의 자취도 없이 치유되었다. 아버지는 이를 보고 아주 이쁜 얼굴이라고 칭찬해 주었다. 그 이후 어느 사람으로부터도 이와 같이 진지하고 폐부에서 우러나오는 말을 해 준 이는 없었다. 어머니도 아버지도 동향의 광둥인으로 결코 자신들의 과거를 입에 올리는 법이 없었다. 성실하게 일하는 아버지와 결혼한 것이 더없는 행복이라고 어머니는 생각하고 있는 것 같았다. 즐거울 때나

슬플 때나 항상 관세음보살에게 기도 드리는 어머니의 등을 어린 나는 보고 자랐다.

이 글은 선지沈寂라는 작가가 롼링위의 어린 시절을 묘사한 소설풍의 글이지만, 당시 상황을 비교적 적확하게 그려냈다고 생각된다.[4]

광둥 사람들이 본격적으로 상하이로 이주하기 시작한 것은 난징조약(1842)의 체결로 인해 무역 중심지가 광저우에서 상하이로 옮겨 간 이후였다. 19세기 말 쯤에 이르면 상하이에서 광둥인들은 저장의 닝보寧波 출신들과 더불어 가장 큰 이주집단으로 성장하였고, 이런 과정에서 성립한 광둥방廣東幇은 고향 사람들에게 여러 가지 편의를 제공하였다. 당시 광둥에서 상하이로 이주하게 된 원인은 크게 두 가지였다. 롼용롱처럼 가난 때문에 생계를 도모하기 위한 이주가 있었던 반면, 광둥에서 누리던 무역상의 이익을 상하이에서도 지속하기 위해 이주하는 경우가 있었다.

롼링위가 태어나던 해에 상하이의 푸동에 있는 아세아화유잔 기기부亞細亞火油棧 機器部에서 짐차를 끌고 있었던 롼용롱은 4년 뒤에 이 회사의 노동자 주택 구내로 이주하면서 장래를 도모하였지만 2년 뒤 병으로서 40세에 생을 마감하고 말았다. 롼링위가 여섯 살 되던 해의 일이다.

부친의 사망 이후 그녀는 어머니 허씨何氏와 함께 남의 집 하녀로 일을 하면서 생계를 유지하였다. 어머니가 생계를 위해 들어간 곳은 광둥 출신의 매판으로 부유한 생활을 하던 장단나張旦那의 집이었다. 선지의 책에 따르면 장의 직업은 '존두점荐頭店'으로 기록되어 있는데, 이는 공장이나 사업소에 필요한 노동자들을 소개해 주는 일종의 노동소개업이라 할 수 있다. 당시 상하이에는 농촌에서 직업을 찾기 위해 들어온 많은 유입민들이 있었고, 또 새로운 형태의 기업들은 값싼 노동력이 필요하였기 때문에, 양측의 요구를 중매해 주는 직업이 필요했던 것이다. 장단나는 이러한 도시환경을 활용하여 돈을 벌 수 있었던 것이다. 이는 위에서 말한 광둥 이주민의 다른 부류, 곧 무역이나 사업상의 이익을 위하여 상하이로 이주한 경우로 볼 수 있는 바, 장은 청조 멸망 이후 광둥에서 상하이로 이주하였다고 한다. 당시 중국의 일반적인 부자들이 그랬던 것처럼 장단나에게는 공개적으로 알려진 첩만 9명이 있었고, 또 부유한 집의 자제들만 다닌 숭덕崇德여학교(오늘날 통지대학同濟大學 부속 71중학)의 이사장이기도 하였다.

어려운 환경 속에서 성장하였지만 롼링위는 정식 학교 교육을 받을 수 있었다. 아마도 그녀는 정식 학교에 등록하기 이전에 사숙私塾에서 《삼자경》이나 《천자문》과 같은 기본 한학서에 《열녀전》과 같은 고대의 여성전기를 공부하였던 것 같다. 조용한 성품이라서 외면상 이를 수용하였으나, 실제로는 신식 학교에 다니고 싶어 하였다고 한다. 그의 요구였던 것이다. 또 그의 어머니는 아버지의 유훈이라면서 학교에 다녀야만이 거지노릇을 면할 수 있다는 말을 회상하면서 롼링위를 학교에 보내기로 하였다. 이렇듯이 롼링위가 특히 숭덕학교에 다닐 수 있었던 것은 어머니의 헌신적인 뒷받침 덕분이었다고 말한다.[5]

그녀는 재학 중에 학교에서 주관하는 학예회 활동에 참여하였는데, 특히 가무에 재능을 보였던 것 같다. 16세 때 학교의 신식 연극무대에 올랐다는 사실이 그것을 증명한다. 그리고 영화 관람도 즐겨해서 여배우인 인밍주殷明珠나[6] 왕한룬王漢倫 등의 연기동작을 눈으로 담아 두고

집으로 돌아온 뒤에 그것을 되새겼다고 한다.

어머니가 장씨의 집에 거주하면서 일하는 동안, 롼링위는 장씨의 아들인 장다민張達民을 만나게 된다. 이후 롼링위의 일생에서 중요한 역할을 하는 장다민은 말하자면 건강한 젊은이였다기보다는 부잣집 아들로서 사업가를 자처하는 인간으로 묘사되어 왔다. 후일 롼링위가 출연한 〈신여성〉을 감독하고 그 자신도 광둥에서 힘든 어린 시절을 보냈던 차이추성蔡楚生은 장다민과 롼링위의 만남이 갖는 의미를 "인간에게 상·하등의 구분이 있다는 사실을 알게 해준 바, 그것은 하등인에 대한 학대와 상등인의 후안무치"라는 식으로 평가하였다.

당시의 롼링위에게는 부잣집 아들에 대한 동경심과 애정, 빈곤에서 벗어나려는 욕망, 모친을 도우려는 효심 등과 같은 심리적 요인이 더 크게 작용하였을 수도 있다.[7] 영화 〈롼링위〉에서 롼링위는 베이징에서 산 반지를 장다민에게 선물하면서 희열을 느끼는 인물로 묘사되고 있다. 이렇게 보면 두 사람의 만남은 신분적 상하관계라는 외적 환경보다는 서로 다른 이상을 가진 두 젊은이의 상호 욕구가 맞아떨어진 결과였던 것 같다. 장다민이 롼링위를 만날 때의 나이는 18세였고, 롼링위는 15세였던 데다, 장다민은 여하튼 출신의 고하를 가리지 않고 자신이 좋아하는 여성에게 사랑을 고백하는 '신청년'의 인상도 가지고 있었다. 일설에는 무용가 이사도라 던컨을 좋아하는 롼링위에게 던컨에 관한 책을 사서 선물하는 등 환심을 사기 위해 갖은 노력을 다했다고 한다.[8] 이 점에서 롼링위의 심리상태는 신분 상승의 욕구와 잘 생긴 부잣집 도련님에 대한 동경, 거기에 젊은이로서의 자유스러운 사랑관 등이 혼재되어 있었다고 생각된다.

그러나 두 사람의 애정관계를 알게 된 장단나의 부인은 허씨를 해고하였고, 이 바람에 롼링위는 학교를 중퇴함과 동시에 생계를 유지하기 위해 배우 모집에 응모하여 합격하였다. 이 때부터 그녀는 정식으로 배우의 길을 걷게 된다. 장다민은 모친의 명령을 어기고 이들에게 아버지의 첩이 살던 집을 제공하면서, 두 사람은 본격적인 동거생활에 들어가게 된다.

두 사람의 만남이나 사실상의 혼인관계는 장씨 집에서 반대한 바와 같이 당시 사회에서는 비교적 이례적인 것이었다. 일부 진보적인 인사들이 자유연애나 신분차를 넘는 결혼에 대해 우호적인 태도를 지니고 있었으나, 실제로 그것을 감행하기에는 큰 용기를 필요로 하였기 때문이다. 사실 이런 소재는 영화화 될 만한 것이었다. 당시에 제작된 영화 중에서 부모가 강제로 맺어 주는 결혼에 반대하여 자기 의지대로 행동하는 젊은이를 묘사한 작품이 적지 않았기 때문이다. 그 점에서 부모의 반대를 물리치고 롼링위를 선택한 장다민과 두 사람의 결혼생활은 새로운 사회상을 반영하는 것이었다.

장다민과 동거생활을 하면서 롼링위는 소옥小玉이라는 양녀를 키우게 된다. 영화배우로 나선 이후 18세가 되던 해 그녀는 길거리의 아이를 '주워다' 키웠는데, 그가 소옥이었다. 장다민이 아이 낳는 것을 거부하였기 때문에 양녀를 들였다고 한다. 당시의 민간신앙에 부부 사이에 아이가 없으면 사후에 지옥에 빠진다는 믿음이 특히 광둥인 사이에 널리 퍼져 있었으므로, 롼링위의 양녀 입양은 이를 막기 위한 조치였다고도 할 수 있다.[9] 롼링위가 자주 절에 출입하면서 부처님에게 크게 의존하였다는 사실에서도 그런 조짐을 읽을 수 있다. 이에 롼링위는 어린 시절에 겪었던 결핍된 가족애를 비로소 채우게 된 것이다.

물론 모친과 부부, 아이로 구성된 가족은 서양식 주거양식과 소가족 형태, 가족 사이의 존중심과 자유, 경제적 능력 등의 요소가 강조되던 이른바 '문명가정'의 한 형태이기도 하였다. 롼링위의 가족은 그 점에서 외견상으로는 근대 상하이 가정의 한 이상형처럼 보인다. 그러나 그 부부는 법적으로 보장을 받지 못하였고, 남편의 경제적 능력은 의심스러운 것이었으며, 아이 역시 입양아였다는 점에서 문명적이지 못한 양상도 띠고 있었다.

영화배우가 되다

그녀가 1926년에 생계를 위해 문을 두드렸던 명성영화사는 1922년에 처음 문을 연 영화사로서 중국의 영화 역사에서 중요한 역할을 담당하였다. 중국영화사에서 1세대 영화인으로 알려진 장스촨張石川과 정정치우鄭正秋 등이 합작하여 세운 이 영화사는 '사회를 교화'한다는 목표를 내세우면서 영화를 만들었고, 그 이듬해에 나온 〈고아구조기孤兒救助記〉는 그런 의도 아래 제작된 것으로 크게 성공하였다.[10] 이때부터 1920년대 말까지 명성영화사를 능가할 만한 영화제작사는 출현하지 않았다. 롼링위가 입사하였던 그 해에 중국에서 만들어진 무성영화 64편 중 13편이 명성에서 제작되었다.[11]

롼링위가 명성에 지원한 일이 자발적이었는지, 아니면 타인의 강력한 천거에 따른 것이었는지는 분명하지 않다. 다만 장다민의 큰형인 장후이총張彗冲이 천거하였다는 이야기가 있었던 점으로[12] 미루어 보아 장다민을 비롯한 광둥인들의 도움도 적지 않게 작용한 것으로 보인다. 장후이총은 명성에서 영화 제작을 하던 중, 아버지의 유산을 물려받은 뒤 그 자금으로 혜충영화사를 만들었을 만큼 영화에 관심이 많았다.

당시 그녀를 심사한 사람은 부완창卜萬蒼 감독이었다. 심사 직후 그녀는 곧바로 채용되었는데, 그 이유는 가없는 우수가 사람들로 하여금 그녀를 연민하면서 사랑하지 않을 수 없도록 만들었다는 데 있었다.[13] 그러나 우수 짙은 이미지를 심어 주었다고 해도, 시험장에 올라선 그녀는 몸이 뻣뻣해져 거의 수족을 어찌 할 수 없을 정도였다고 한다.[14] 이에 실망한 부완창은 그녀에게 다음 날 다시 테스트를 받도록 요구하였다. 그는 새로 찍게 될 영화 〈이름뿐인 부부掛名的夫妻〉에 관한 개요를 설명해 주면서, 그 신당 앞에서 신주를 안고 우는 장면을 롼링위에게 실연하도록 요구하였다. 이때 롼링위는 주인공과 자신의 신세를 비교하면서 통곡하며 연기를 한 덕택에 정식으로 카메라 앞에 설 수 있었다.[15]

〈이름뿐인 부부〉를 촬영할 당시, 중국 영화계에서는 연기 방식을 둘러싸고 논쟁이 벌어지고 있었다. 한 가지 방식은 전통극을 신극화新劇化하는 것이었고, 다른 한 가지는 영화에 알맞은 연기를 발전시키는 것이었다. 영화 감독이나 배우는 대부분 신극 쪽에서 충당하는 형편이었기 때문에 특히 여배우가 절대적으로 부족하였다. 신극의 여배우는 경극의 전통에 따라 대개 남자배우가 맡았기 때문이다.

이러한 상황 속에서 새로운 여배우를 충원하는 일은 화급하였다. 그렇게 해서 충당된 사람 중에는 롼링위뿐만 아니라 그의 선배격인 왕한룬王漢倫, 양나이메이楊耐梅, 장즈윈張織雲과 같은 초기 여배우들이 포함되었다. 이들 신인은 신극 연기의 특징이라고 할 수 있는 오버액션과 같은 습관이 없었기 때문에 사실적이며 자연적인 연기를 익힐 수 있는 장점이 있었다.[16] 따라서 롼링위가 첫 번째 심사에서 낙제를 했음에도 불구하고 감독에게 채택된 것은 위와 같이 표정에 드리운 짙은 우수성과 연기를 표현하는 자연성 때문이라고 할 수 있다. 이제 경극에서 발전한 신극 형식의 연기보다는 영화에 필요한 자연스런 연기가 필요한 시점이 온 것이다.

그렇다면 그녀의 데뷔작인 〈이름뿐인 부부〉란 어떤 영화이며, 그 속에서 롼링위의 역할은 무엇이었는가. 이 영화에서 소녀 스먀오원史妙文(롼링위 분)은 청년 왕팅장王定章(공가농 분)과 사랑하는 사이이다. 스먀오원은 아름답고 지혜가 있는 광명학교 졸업생으로서 항상 학예회에 나가 관객의 함성을 받는 재원이었다. 그러나 부호 자제이지만 어리숙한 팡샤오렌方少璉(황군보분)과 이미 정혼한 상태라서 두 사람은 헤어질 수밖에 없다. 스먀오원은 결국 팡샤오렌과 결혼하였으나 남편은 곧 질병으로 사망하고, 그 뒤 스먀오원은 수절한다는 것이 영화의 줄거리이다. 요컨대 재능과 미모를 겸한 신세대 여성이 전통적인 결혼양식을 따르면서 마침내 수절까지 하게 된다는 서사 구조이다.[17] 이 영화는 상영된 뒤에 당시까지 영화계를 지배하고 있던 관념, 곧 외국영화만이 참다운 영화라는 인식을 깰 만큼 호평을 받았다. 또한 롼링위의 명성도 세상에 알려지는 중요한 계기가 되었다. 그럼에도 그의 여배우 캐릭터는 다소 어둡고 비극적인 것이었다.[18]

명성영화사에서 첫 작품을 촬영한 뒤 롼링위는 1929년까지 〈혈루비血淚碑〉(1927), 〈양소진楊小眞〉(1928), 〈채장원이 낙양교를 만들다蔡壯元建

造洛陽橋〉(1928), 〈백운탑白雲塔〉(1928) 등 5편의 영화에 출연하였다. 그러나 명성에서 그녀의 연기생활은 그렇게 만족스러웠던 것 같지 않다. 우선 출연할 기회가 거의 없었다. 이 시기에 명성에서 제작한 영화 편수가 1926년에 13편, 1927년에 13편, 1928년에 12편이었던 것을 참고한다면, 5편 출연은 너무 빈약한 편이다. 대신 1세대 여배우로 알려진 여배우들에게 더 많은 배역이 돌아갔다.[19] 그리고 1928년에는 '황후'라는 명성이 붙게 된 명배우 후디에胡蝶가 명성영화사에 들어오면서 배우들 사이의 경쟁도 격화되어 갔다. 1930년 초에 조선에 소개된 중국의 명배우 명단에 왕한룬, 후디에, 양나이메이, 쉬안징린宣景琳 등 명성영화사 소속 배우들이 나열되어 있으나 롼링위는 빠져 있다.[20] 롼링위는 다른 여배우와의 경쟁에서 밀려나 있었던 것이다.

또한 롼링위에게는 이른바 좋은 역이 돌아오지 않았던 것 같다. 예를 들면 1927년에 상하이의 《시보時報》에 연재된 인과응보형의 소설을 영화화한 〈백운탑〉에서 그녀가 맡은 역할은 '얼굴은 허위로 웃지만 마음은 악독'한 처녀였다. 반면 명성에 온 이후 처음 롼링위와 함께 출연하였던 후디에는 그 반대의 인물로 묘사되었다.

롼링위와 함께 상하이 여배우 2세대의 대표인물로 평가를 받는 후디에는 부유한 집안 출신으로서 중국 최초의 영화학교인 중화전영학원에 입학하여 정식으로 연기를 공부하였다. 그리고 1925년부터 1927년까지 무려 20여 편의 영화에 출연한 최고 수준의 배우였다. 두 사람은 〈백운탑〉에 함께 출연하면서 가깝게 지냈지만 출신과 경력, 배역 등에서 롼링위는 분명히 열세였다. 상이한 성격의 자매가 결국 사랑과 몸 때문에 자살한다는 이야기의 영화 〈혈루비〉에서도 롼링위는 덕은 있으나 재주는 없는 수구적 인물로 출연하였다. 당시 관객들이 배우를 평가하는 기준은 연기 그 자체보다는 그 역할의 선악 여부였던 까닭에[21] 롼링위는 극중 역할에 대해서도 불만스러워했던 것 같다.

명성 시절에 그녀가 출연한 영화는 대개 수절, 좌절, 사랑이야기에 관한 것이었다. 이런 영화 속에서 롼링위의 역할은 전통적인 여성상, 곧 수절하거나 사랑에 좌절하여 죽는 역이었다. 결국 롼링위는 〈백운탑〉을 촬영한 뒤 실망만을 안은 채 명성을 떠나 대중화백합공사로 이적하였다.

1925년에 첫 작품을 내놓은 대중화백합공사는 부완창卜萬蒼 감독과 롼링위를 영입하면서 이제 치열한 경쟁에 들어간 영화계에서 도약하려고 하였다. 롼링위는 대중화에서 2년 동안 머물면서 〈은막의 꽃銀幕之花〉(1929), 〈정욕보감情慾寶鑑〉(1929년 제작, 1931년 상영), 〈외기러기劫後孤鴻〉(1929년 제작, 1931년 상영), 〈대파된 구룡산大破九龍山〉(1930), 〈불타는 구룡산火燒九龍山〉(1930), 〈진주관珍珠冠〉(1930) 등 6편의 영화에 출연하였다.[22]

대중화백합공사 시절에 그녀가 출연한 영화 주제도 명성에서의 그것과 크게 다르지 않았다. 〈은막의 꽃〉은 한 소녀가 실연하여 변심한 애인을 총살한다는 줄거리였으며, 〈진주관〉은 한 도둑이 멋진 머리장식인 진주관을 훔치려고 할 때 얽힌 사랑으로 마침내 그 일을 포기한다는 도둑과의 사랑이야기였다. 〈외기러기〉는 타락하여 불행에 빠진 여자를 묘사한 작품이었으며, 〈정욕보감〉은 한 소년이 실연하여 원래의 애인을 독살하려고 하나, 끝내 음독하여 죽는다는 이야기였다. 〈불타는 구룡산〉은 구룡산에서 횡행하는 도둑을 한 협사가 목을 베고 민중의 폐

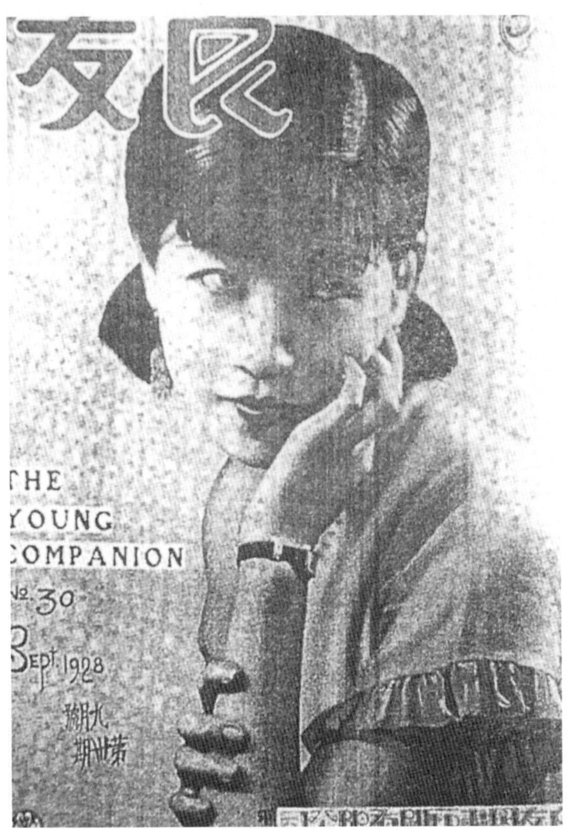

《양우》지 표지에 실린
롼링위의 모습.

《양우良友》 제30호(1928년 9월 발행)라는 잡지에 실린 표지 사진이다. 그의 나이 18세 때 찍은 것으로, 당시 이 연령대의 여성들에게 유행하던 스타일을 보여준다. 외모만으로는 매우 앳된 모습이다. 1926년 2월에 상하이에서 창간된 《양우》는 종합성 화보를 실는 월간잡지로서 정치·사회적 사건 사진이나, 여배우를 비롯한 근대형 여성들의 활동소식이나 사진들이 많이 게재되었다.

해를 없앴다는 줄거리였다.

롼링위가 대중화백합공사에서 활동한 시기는 짧았던 탓에 많은 작품에 출연할 수 없었지만 오히려 편수로는 명성 때보다 더 많았다. 그럼에도 그녀가 출연한 영화에서 맡은 역할은 대체로 타락, 음독, 애인 총살, 성공한 사랑 등 통속적인 애정영화의 주인공이었다. 특이한 것은 조선 출신의 감독이자 배우로 알려진 정기탁과 함께 여러 차례 공연을 하였다는 점이다. 적어도 〈진주관〉, 〈정욕보감〉, 〈구룡산〉에서 롼링위는 정기탁과 함께 출연하였고, 또 그는 모두 이들 영화를 감독하였다.[23]

영화 시장이 급팽창하고 또 새로운 감독이나 배우가 등장하고 있었음에도 불구하고 명성과 대중화백합 시기에 롼링위가 출연한 영화는 이른바 원앙호접류鴛鴦胡蝶類이거나 신괴무협류神怪武俠類 혹은 이렇고 저런 사회이야기 등이었다. 이러한 성향의 영화 주제는 당시 중국영화계가 즐겨 다루던 것이었으며, 관객의 취향에도 어울리는 것이었다.

당시에 영화는 도시의 새로운 오락물이었다. 근대화된 도시에는 그에 걸맞는 오락물이 필요하였으며 영화는 이 필요에 부응할 수 있는 유력한 상품이었다. 당시 상하이에는 대략 1백여 개의 영화사가 만들어지면서 영화계는 마치 투기장처럼 변모하고 있었다. 장사가 될 것이라는 기대가 컸다. 제1세대 여배우로 알려진 양나이메이와 왕한룬도 배우로서 명성을 얻은 뒤에 각각 내매영화사와 한륜영화사를 만들어 영화 제작에 뛰어들 정도였다. 마찬가지로 극장도 도시에서 낯설지만 새로운 건축물 중의 하나였다. 대부분 조계지에 들어선 이 서양식 건축물은 대략 1920년대에 시작되어 30년대 초에 피크를 이루었다. 체코 출신 건축사가 설계한 대광명이라는 극장은 2천 석의 규모를 갖추어서 관객을 끌어들이고 있었다. 그러나 극장 이름은 대부분 엠파이어, 엠버시, 칼튼 등 서구풍이 물씬 났다. 미국의 헐리우드 영화사에서도 상하이에 8개의 지사를 두면서 새로운 관객을 유혹하고 있었다.[24]

롼링위가 영화배우로 데뷔한 직후에는 별다른 활동을 하지 못하였으나, 시간이 지나면서 출연빈도가 증가하고 있다. 이는 그녀의 연기나 이미지 등에 기인하는 바도 있겠지만, 중국영화가 점차 성장하여 가는 외적 조건도 영향을 미쳤을 것이다. 특히 경극에서 볼 수 없었던 여배우를 본다는 사실은 관객들에게 매우 특이한 경험이었다. 따라서 1920년대 후반기에 후디에나 롼링위와 같은 여배우가 등장했던 사실은 중국의 초기 영화사에서 확실히 역동적인 현상이었다.

그러나 그들의 영상 속 이미지는 미와 진, 희생으로 표상되는 천사적 성격이나 유혹과 부정, 퇴폐라고 하는 악마적 성격으로 이미 범주화되어 있었다. 롼링위도 그 틀에서 자유로울 수는 없었다.[25] 반면 여배우들의 외적 이미지들, 곧 복장이나 화장, 헤어스타일, 몸매 등은 대중의 기호에 크게 영향을 미쳤다. 롼링위가 즐겨 입었던 기포와 같은 옷은 몸을 드러내지는 않는 형태였으나, 오히려 몸에 착 달라붙는 스타일이었기 때문에 선정적으로 보였다. 이는 그만큼 여배우의 몸매가 해당 여배우뿐만 아니라 영화 자체에도 큰 영향을 미친 셈이다. 여배우는 이 점에서 대중의 소비주의와 상품화라는 시선에서도 자유롭지는 못했다. 건강한 신체를 가져야 한다는 근대적 몸관 속에는 여전히 전통적 부덕을 강요하는 모순이 내재되어 있었던 것이다.[26]

그녀에게는 또 다른 환경이 앞에 놓여 있었다. 곧 부유하고 지적 배경이 있던 양나이메이나 왕한룬, 후디에 등과는 달리 생계수단으로서 배우를 해야 한다는 사실도 중요한 문제였다. 그녀는 여러 식구를 먹여 살려야 하는 가장이었다.

절정에 오르다

20세기 후반기에 들어 롼링위를 유명하게 만든 영화 〈롼링위〉에서 첫 시퀀스는 목욕탕에서 시작된다. 목욕탕에서 벌거벗은 영화 제작자들은 "롼링위는 야한 역이 최고야"라는 식으로 그녀의 이름을 들먹거린다. 신체와 욕망이 거리낌 없이 오가는 목욕탕에서 한 여성의 운명이 결정되고 있는 셈이다. 곧 그녀는 욕망의 대상이었고 그 주체는 남성이었던 것이다. 당시에 새로이 만들어진 연화영화사에서 본 롼링위의 이미지는 영화 〈롼링위〉에서 묘사된 바와 거의 유사하였던 것 같다.

연화영화사는 중국영화의 역사에서나 롼링위의 일생에서 매우 중요한 부분을 차지하고 있다. 연화영화사는 리민웨이黎民偉와 뤄밍여우羅明佑 그리고 허동何東 등이 국산영화 부흥, 예술성, 문화선양, 국민교육 등의 구호를 내걸고 1929년에 상하이 조계지에서 만든 영화사였다. 그것은 기존의 화북華北과 민신民新, 상하이영화사上海映畵社, 그리고 롼링위가 몸담고 있던 대중화백합공사 등을 합병하여 만든 것으로 난징과 홍콩 정부에 각각 등록하였고, 베이징에도 영화제작소를 설치하였다. 곧 선전, 배급, 상영을 일원화하면서 영화의 기업화를 추구하였다.[27]

주도자의 한 사람인 리민웨이는 이미 1923년에 홍콩에서 민신영화사를 만들어 영화를 제작한 경력이 있었다. 그는 1926년에 그 회사를 상하이의 프랑스 조계지로 옮겨 〈부활한 장미復活的玫瑰〉란 영화를 감독하면서 배우로도 출연하였다. 그의 부인인 린추추林楚楚도 주연을 맡았다. 뤄밍여우는 광둥성 광저우부 판위현 출신으로서 당대 제1의 자본가로 알려졌다. 베이징대학에서 공부한 그는 영화야말로 교육과 실업을 동시에 진행할 수 있다는 확신을 가지고 진광眞光영화관을 설립하였는데, 1927년에 이미 20여 개 영화관과 더불어 화북영화사를 소유하고 있었다. 이런 경험 덕택에 그는 관객의 취향을 잘 이해하고 있었다. 곧 도시 서민과 젊은 학생을 영화에 많이 끌어들어야 한다는 것이 그의 주장이었다. 연화의 사장 자리에는 허동이 취임하였다. 홍콩 출신의 중·영국 혼혈인인 그는 부동산과 무역, 금융에서 거금을 모은 덕택에 거부가 된 다음 영국에서 경 작위를 받은 인물이었다.[28] 롼링위의 두 번째 남편이었던 탕치산唐季珊도 이 영화사에 투자하였으며, 인쇄소를 운영하던 광둥 출신 황이찌에黃漪嗟 등도 자금을 내었다. 이들이 손을 잡고 처음 제작한 영화가 롼링위 주연의 〈고도춘몽故都春夢〉이었다. 연화영화사의 출발과 영화 제작에 상하이의 광둥네트워크가 작동하고 있음을 알 수 있다.

연화가 출발할 당시 중국영화계에서도 변화의 바람이 불고 있었다. 그중 한 가지는 내러티브 모드상의 변화였다. 5·4운동 이후에 중국영화는 여전히 전통극의 영향이 강한 작품들을 만들어내고 있었다. 그러나 1920년대 말과 30년대 초에 이르면서 티엔한田漢, 시아옌夏衍, 홍션洪深과 같은 다수의 문인들이 명성이나 연화영화사에 몸을 담은 채 영화에 관여하기 시작하였다. 이들은 기왕의 애정물이나 무협물보다는 사회 문제들, 예컨대 노동자나 도시 문제, 결혼제도, 전통적 속박 따위와 같은 주제에 눈을 돌리고 있었다.

롼링위가 연화영화사에서 처음 찍은 〈고도춘몽〉은 베이징 근교의 한 초등학교 교사를 소재로 삼은 것이었다. 춤꾼인 롼링위는 그 교사를 도와 출세시키지만, 그는 결국 부패에 걸려 감옥에 가게 된다. 마침내 그는 사면을 받아 고향으로 돌아오며, 아내는 그를 관대하게 응대한다는 줄거리였다. 요컨대 이 영화 속에서 롼링위는 세속적인 욕망과 주색잡기, 탐관오리에 찌든 남편을 다시 받아들이는 전형적인 양처형 부인이라고 할 수 있다.[29]

이 영화에서 그녀의 연기는 큰 호평을 받았으며, 당시 사회에 형성되어 있던 '외국영화만이 상품'이라는 여론을 바꾸어 놓는 계기가 되었다. 영화를 본 사람들은 "왠만한 서양 사진보다 낫다"고 칭찬하였으며, 이 때문에 이를 보기 위해서는 두 시간 전에 극장에 가야만 할 정도였다.[30] 그것은 영화가 관객 자신들이 살고 있는 당대의 세계를 그리고 있다는 사실, 곧 필름에 내포된 현대성 덕택이었다.

연화영화사 두 번째 작품인 〈야초한화野草閑花〉에서도 그녀의 삶은 비극적이었다. 농촌의 재해로 인해 버려진 한 소녀가 상하이로 이주한 뒤 길에서 꽃을 팔면서 연명한다. 그러면서 그녀는 강제결혼시키려는 부모의 뜻을 거부하고 도시에서 음악을 공부하던 청년과 사랑을 나눈다. 결국 두 사람의 애정은 비극으로 종결된다는 것이 이 영화의 줄거리이다.[31] 농촌의 재해, 도시 이주와 궁핍한 삶, 기존 결혼제도에 대한 도전, 남녀 결합 방식의 모색 등 당대 사회의 쟁점들이 이 영화에서 다루어졌지만 롼링위는 여전히 가련한 역할을 맡아야 했다.

롼링위는 신문보도를 통해 조선사회에도 소개되었다. 1931년에 베이핑北平, 곧 베이징에 파견되었던 조선 출신의 한 신문기자는 영화 〈야초한화〉에 출연한 롼링위를 보고 난 뒤 그녀를 다음과 같이 평하였다.[32]

> 은막에 나온 그녀의 얼굴은 그리 꼭 짚어 내어 곱다고 할 수는 없지만 그 안개 낀 것 같은 눈이라든지, 신경질로 보이는 그 곱고도 파리한 볼이라든지가 천품天品으로 특색을 가졌다고 하겠으나, 본래 그 진면목은 곰보상이라고 한다. 은막에서 그 염태艶態를 보다가 그가 '곰보'라고 하면 실망할 사람이 많겠지만은 이 역시 영화에는 본래의 미불미美不美가 그리 상관없는 것을 증명하는 것일 것이다.

이와 유사하게 〈도화읍혈기桃花泣血記〉에서 그녀는 지주의 아들과 결혼할 수 없어서 죽어 가는 빈농의 딸로 출연하였다. 부유한 집의 아들과 결혼할 수 없는 롼링위의 처지와 유사한 상황을 보여준다. 장다민이 롼링위에게 결혼하자고 하였을 때, 장의 어머니는 그녀를 '야초한화'라고 매도하면서 결혼을 승낙하지 않았던 까닭에 결국 두 사람은 비극적인 삶을 살게 되었던 것이다.

위에서 본 바와 같이 연화로 옮긴 그 해에 롼링위는 연화에서 만든 4편의 무성영화 중 3편에서 주연을 맡았을 정도로 이 회사를 대표할 수 있는 여배우로 떠올랐다. 여배우로서 롼링위의 전성기가 시작된 것이다.

연화에서 롼링위는 주로 순위孫瑜와 같은 감독을 만나면서 연기력이 더 발전한 것 같다. 전위적이면서 리얼리즘을 대표할 만한 감독이라고 평가를 받는 순위는 당시로서는 드물게 미국 뉴욕의 컬럼비아대학에서 영화를 배운 뒤 연극무대에 선 경험이 있었고 귀국하면서 본격적으로 영화 제작에 들어간 신세대 감독이었다.[33] 그는 기왕의 비현실적인 영화보다는 사회 문제를 본격적으로 다루고자 하였는데, 이는 말하자면 그가 5·4운동의 세례를 받았다는 사실을 의미한다. 순위가 〈고도춘몽〉과 〈야초한화〉를 감독하면서 롼링위에게 요구한 사항은 오직 인간의 내면을 연기하라는 것이었다. 롼링위는 이 요구를 거의 완벽할 정도로 소화하였다.

그리고 순위는 〈야초한화〉에서 다양한 화면 구성과 몽타주 방식, 그리고 가극 형식의 음악을 영화에 도입함으로써 영화가 가지고 있는 예술적 특성을 더 높였다. 그것은 전통극 형식과의 단절이자 구미의 예술을 중국인이 거의 완벽하게 표현하였다는 의미이기도 하였다.

당시 롼링위의 연기를 직접 관찰한 정쥔리鄭君里는 그의 특장점을 다음과 같이 서술하였다. 곧 "평상시에는 아주 평범하지만, 카메라 앞에만 서면 신태神態와 정감, 동작이 아주 자연스럽다. 강박이나 과장이 없으며, 의식적으로 설계한 흔적이 없이 모든 것이 순진하고 자연스럽다. 곧 연기자 스타일로서 '직각直覺'이다"[34] 정쥔리가 말하는 직각이란 과장이나 억지가 없이 자연스러운 연기를 의미하였다. 그는 연기 형식을, 스타일을 중시하는 형상화形象化와 개성을 드러내는 성격화로 구분하면서 연기자들은 대체로 이 문제를 과학적 방법을 통해 해결하며 그 바탕에는 학문이 있다고 말한다. 그러나 롼링위에게는 이런 류의 학문이 없었기 때문에 직각에 의존한다고 본 것이다.

이처럼 롼링위와 같은 여배우와 신예 감독들이 추구한 것들은 전통제도에 대한 도전과 새로운 예술형식, 자연스런 연기 등이었고, 이러한 요소들이 결합하면서 연화영화사의 영화는 특히 젊은 학생들에게 관심을 끌었다.

이러한 변화는 근대 도시사회의 요청이었다. 1920년대의 상하이에는 노동의 신성함과 실용적 학문에 대한 관심뿐만 아니라 연애, 자유, 개인, 이국적 문명 등과 같은 새로운 사조들이 젊은이들을 휘어잡기 시작하였다.[35] 또한 각각의 범주들은 서로 절충되어 연애의 자유를 추구하는 근대적 개인과 같은 새로운 가치를 도시사회에 부여하였다. 현실에서 충족이 되지 않으면, 영화 속에서 그것을 찾을 수도 있었다. 김염이 고백한 바와 같이 영화 속 주인공이 된다는 것, 그리하여 배우들의 마음의 진동이 내 마음에 그대로 전달된다는 감동은 현실의 고난을 잊거나 극복할 수 있는 대안으로 작용하였다.

그러나 영화에 불던 새로운 경향은 국민당 정부가 영화에 관심을 갖게 되면서 초래된 것이기도 하였다. 새로이 난징에 자리 잡은 국민당 정부는 근대화의 장애물이 된다는 이유로 특히 무협 중의 신귀神鬼나 '퇴폐적'인 애정영화, 그리고 방언 사용에 대해 검열을 강화하였다. 1928년에는 공식적으로 정부의 내무장관이 미신을 부추기는 종교성 영화를 금지한다고 발표하였고, 1931년에는 국가영화검열위원회가 설립되어 국가 차원의 검열이 본격적으로 시작되었다. 물론 '애매한' 기준을 엄격하게 적용하는 데 따른 문제점도 파생되었다. 검열 기준이 자의적인 데다, 엄격하게 적용할 경우 산업으로서의 영화라는 측면이 취약해질 수 있었기 때문이다. 당연히 무협이나 애정물을 만들어 내는 소규모 영화사에게 위와 같은 정책은 타격을 주었다. 단지 즐기기 위해 영화관에 가는 관객들도 반발하였다.[36]

젊은이에게 감동을 주고, 또 그들을 극장에 끌어들이기 위해서는 '건

롼링위의 20대 모습.

1910년에 태어난 롼링위는 25세가 되던 1935년에 자살하여 세상을 떠났다. 이 사진은 전성기 때 모습으로 당시 롼링위를 비롯한 여배우나 근대여성들의 스타일을 잘 보여준다. 롼링위는 얼굴 전체를 드러낸 머리 스타일과 가늘고 긴 눈썹, 붉은 입술, 그리고 몸매가 물씬 드러나는 신형 치파오 등으로 자신을 표현하였다.(사진, 《롼링위여사유영집阮玲玉女士遺影集》, 상미사尙美社, 1935에서 인용)

강한 청춘'이라는 주제를 영화 전면에 드러내야 할 필요가 있었다. 그것은 신체와 생활에 있어서 근대성을 띠는 것이었다. 조선 출신의 영화배우 김염과 같이 건강하고 근육질의 신체를 가진 남성은 그 표상이었다. 그것은 낡고 늙고 퇴폐한 중국을 대체할 만한 새로운 상징이었다.[37] 얼굴에 분칠한 남성이 출연하는 것은 청년들을 잘못 인도하는 일이었다. 순위와 리민웨이도 그것을 잘 이해하고 있었다.

여배우에게도 건강미가 강조되었다. 어느 컬럼니스트는 후디에에게 테니스와 수영 등을 권유하였는데, 이는 롼링위에게도 예외가 아니었다. 그가 남긴 사진 중에는 테니스 라켓을 든 모습이 남아 있다.[38] 이러한 건강성은 1920년대의 여성미에서 강조되던 취약성과 현격히 다른 점이었다. 그러면서도 영화의 서사 구조에서는 여배우들에게 이른바 '미媚', 곧 애교를 추가하였다. 곧 남성적 영화 제작 구조와 관객에게 여배우는 여전히 섹슈얼리티의 대상이었고, 이 점에서 남성들은 여성의 해방보다는 그들의 전통적인 역할을 더 크게 기대하고 있었다.[39] 따라서 롼링위도 사회 문제를 다루는 영화에서 기왕의 관습에 도전하기는 하지만 계속 패배하는 역할을 맡았던 것이다.

어쨌든 롼링위나 연화영화사는 1931년 이후 영화계에서 승승장구하였다. 1931년에 제작된 무성영화 32편 중 연화와 명성에서 각각 9편을 만들었고, 롼링위는 이 중 3편의 영화에 출연하였다. 그 이듬해에 연화는 18편을 제작하여 3편만을 만든 명성영화사를 압도하였다. 1933년에 두 회사의 제작 편수는 16편 대 10편으로 역전되었으나 1년이 지나자 다시 15편 대 8편으로 뒤집어졌다. 특히 1934년도에 롼링위는 15편의 연화 영화 중 〈신녀神女〉, 〈향설해香雪海〉, 〈신여성新女性〉, 〈안녕 상하이여再會吧 上海〉, 〈귀래歸來〉, 〈인생人生〉 등 6편에 출연하여 최고 절정기를 구가하였다.

롼링위와 연화가 전성기를 누렸던 1930년대 전반기는 중국영화사에서 무성영화의 최전성기이기도 하였다. 그 점에서 롼링위가 주연한 〈신녀〉는 그 상징일 것이다. 이 영화를 감독한 우용강吳永剛 감독은 본래 상무인서관에서 예술 분야를 담당하였으며, 대중화백합공사에서는 예술디자이너였다. 일하면서 늘 부딪히는 존재 중의 하나가 길거리 창녀였고, 이것을 영화화한 것이 〈신녀〉였다. 농촌에서 도시로 흘러나온 여성이 기녀화하면서 자녀를 위해 헌신한다는 줄거리의 영화였다. 당대 사회에서 창녀 문제는 사회경제 제도의 질병으로 인식하고 있었으나, 우용강은 이를 비판하면서 〈신녀〉의 여주인공을 이상적인 어머니로 묘사하였다. 곧 도덕적 창녀인 셈이다.[40] 당시 창녀에 관한 인식 범주는 '사회의 질병', '문학적 로망', 그리고 '헌신'이란 세 층위로 구분되어 있었던 바, 롼링위는 이 영화에서 보상 없이 자기를 희생하는 헌신형으로 출연하였다. 이 영화가 무성영화 예술의 최고 수준이라고 평가받는 까닭은 그녀의 연기가 삶의 경륜이 묻어난 얼굴 표정과 동작, 꼼꼼하고 정확하게 인물을 묘사하였기 때문이다.[41]

그렇다고 해서 1930년대 전반기의 영화계 상황을 이렇듯이 아무런 굴곡 없이 뭉뚱그려 설명하는 것은 이곳에 미친 9·18사변의 영향이 적지 않기 때문에 온당하지 않다. 또 특히 상하이 영화계는 그 이듬해인 1932년에 발생한 상하이사변으로도 시설이나 극장, 인력 등에서 적지 않은 타격을 받았다. 상하이 영화는 정치의 소용돌이에 휘말릴 수밖에 없는 구조였다.

애국주의와 좌익 영화의 출현은 위와 같은 정치적 상황에서 비롯된 것이었다. 새로운 소재와 내용, 예술관, 그리고 소련의 영화이론 등이 도입되었고 애국주의가 주요한 가치로 자리를 잡아 갔다.[42] 좌익 성향의 극본가, 배우, 미술디자이너 등이 각 영화사에 자리를 잡으면서 영화 제작시스템 전반에 영향을 미쳤다. 이들은 1933년에 중국영화문화협회를 창립하였고, 조직의 목표를 '모든 사회문화운동과 협력하여 전진하자'는 것에 두었다. 곧 신흥영화운동이 전개된 것이다.[43]

영화 산업 부분에도 위의 두 사건은 나쁜 영향을 미쳤다. 9·18사변은 만주의 영화 시장을 상실하는 계기가 되었고, 상하이사변은 이 도시에 있던 영화 제작설비나 극장 등 영화 관련 시설을 파괴하였다. 연화도 이 재난을 피하여 홍콩으로 잠시 본부를 옮길 수밖에 없었다.

신흥영화운동에서 중요한 첫 성과는 부완창이 감독하고 롼링위 등이 출연한 〈3명의 모던여성三個摩登女性〉(1932)이라고 할 수 있다. 이 영화는 한 명의 젊은 남자와 세 명의 젊은 여성이 각기 달리 선택한 인생행로를 통해서 시대환경과 개인의 운명이 어떻게 얽혀 있는지를 그린 작품이다. 사상적으로 진보적인 전화교환원 저우슈전周淑貞과 타락하고 부패한 우위虞玉, 그리고 정신이 공허하고 애정지상의 첸루위陳若玉라는 세 여성이 이른바 세 부류의 모던여성을 대변하였다.

아마 롼링위는 처음에는 우위의 역할을 맡는 것으로 내정되어 있었던 것 같다. 그러나 그녀는 부완창 감독에게 저우슈전 역을 요구하였고, 그 희망을 이루었다. 저우슈전은 향락에 빠진 남편을 도와 교육하여 개조시키는 진취적인 여성이었다. 또 그 자신도 파업에 참가하는 등 사회 변화에 적극적이었다. 남성을 개조시킬 수 있는 여성, 자신의 운명을 스스로 개척하는 노동 여성은 영화 속에서 만들어진 종래의 롼링위 이미지와는 다른 것이었다. 그것은 이 영화의 극작가였던 티엔한이 추구하던 공산당의 이데올로기이기도 하였다.[44]

반면 1934년에 제작된 차이추성蔡楚生 감독의 〈신여성〉은 분투하는 노동여성이었음에도 불구하고 온갖 시련 끝에 자살하고 마는 웨이밍韋明이라는 여성을 그렸다. 집안이 좋고 고등교육을 받은 웨이밍은 남편에게 버림받은 채, 딸 하나를 키우면서 음악교사를 한다. 그곳에서 그녀는 이사장의 접근을 거부하는 바람에 학교에서 쫓겨난다. 다시 생계를 위해 작가로 나서지만, 돈이 되지 않고 아이는 폐렴으로 생사가 오고가는 처지에 빠진다. 그녀는 결국 몸을 팔아 이 난국을 헤쳐 가려고 한다. 그곳에서 다시 이사장을 만난다. 마침내 그녀는 음독자살을 기도한다. 결국 웨이밍은 병원에서 구제불능의 상태에 빠지고 나서야, '나는 살고 싶어!'라고 절규하면서 몸부림친다.

서사 구조상으로 보면, 웨이밍은 삶의 고통과 사회적 압박으로 인해 희생당하는 여성을 대변한다. 아무리 노동하며 사회의 부조리에 저항했다고 하더라도 궁지에 몰린 여자는 몸을 상품화하여 그 난국을 헤쳐 나가려 했다는 점에서, 남성의 성적 대상이라는 종래의 여성패러다임은 강고하게 남아 있다.

이는 그녀가 출연하였던 우용강吳永剛 감독의 〈신녀〉에서도 유사한 서사 구조였다. 상무인서관商務印書館에서 예술을 담당하였고 대중화백합에서 예술디자이너로 일하던 우용강은 길거리를 오가면서 늘 부딪히는 창녀를 소재로 삼아 〈신녀〉를 만들었다. 앞에서 말한 바와 같이 그는 창녀 문제를 도시의 로망이 아니라 사회경제제도의 질병으로 인식하였다. 그 결과 나타난 것이 몸을 팔기는 하지만 자녀를 양육하기 위해 어쩔 수 없다는 도덕적 창녀형이었다.

〈신녀〉의 내러티브는 아들을 위해 보상도 없이 자신을 희생하였다는 점에서 부계적 담론이었다. 말하자면 중화민국 시대의 전형적 창부상인 셈이다.[45] 그리고 유한남성과 창기의 관계라는 구도는 1930년대 영화에서 주요 문제로 등장한 도시사회의 단면이기도 하였다. 이미 연구된 바와 같이 20세기 전반기의 상하이 창녀는 도시의 야간생활이 낳은 최대집단이었다. 고급에서 하급 창기에 이르기까지 다양하게 존재하였던 이들의 생활은 상하이의 사회와 경제뿐만 아니라 문화 면까지 이해할 수 있는 대상이었다는 점에서 중요하며, 〈신녀〉는 그 상징이라고 할 만하다. 이 영화에서 롼링위가 보여준 연기는 무성영화 예술의 최고 수준에 도달하였다는 평가를 받았다.[46]

롼링위에게 있어서 전성기였던 1930년대는 그러나 그녀에게 점차 어려운 조건이 구조화되어 가던 시기이기도 하였다. 중요한 요소는 유성영화의 출현과 방언 사용 금지였다. 1926년에 미국에서 시작된 유성영화는 1920년대 말에 상하이의 여러 극장에서 상영되기 시작하였다. 중국의 영화 제작자들도 이 흐름을 피할 수 없었다. 영화계의 강자인 명성영화사는 1931년에 〈가녀 홍목단歌女紅牧丹〉이란 유성영화를 제작하면서 움직이는 화면 속에 노래와 춤을 불어넣었다.[47] 물론 규모가 작은 영화사가 많았고, 다수의 영화 공연자들이 광둥이나 강남 출신이었던 탓에 국어의 사용이 힘들었던 데다, 대다수 극장에서 음향시설을 제대로 갖추지 못하였다는 제약이 있었다. 하지만 1935년 무렵에 이르면 유성영화는 무성영화를 거의 대체하고 있었다.

앞에서 소개한 〈신여성〉은 1935년 3월 8일에 상영되었는데(그녀가 자살한 날이기도 하다), 사전에 이를 광고한 당시 신문에는 이 영화가 '연화에서 만든 특종 가창歌唱 배성配聲' 영화로, 롼링위가 부르는 '신여성'이란 노래를 이 영화에서 직접 들을 수 있다고 선전하였다. 아마 롼링위의 목소리가 담긴 거의 유일한 영화일 것이다. 그 가사는 다음과 같다.

새로운 여성은 생산 여성 대중이다
새로운 여성은 사회의 노공이다
새로운 여성은 새 사회를 건설하는 선봉이다
새로운 여성은 남자와 함께 시대의 폭풍을 일으킨다
폭풍, 우리는 이것으로 민족의 미몽을 깨쳐야 한다
폭풍! 이것으로 여성의 광영을 만들자
노예가 되지 말자
천하위공, 불분남녀, 세계대동
새로운 여성은 용감하게 전진
신여성은 용감하게 전진[48]

어쨌든 롼링위는 그녀의 영화 목록에서 자신의 음성을 사실상 거의 남기지 못하였다. 그녀는 자살하기 직전, 미국에서 온 유성영화 기사와 만난 자리에서 은막에서 자신의 목소리를 낼 수 있다는 사실에 기쁨을 표시하였다. 이후 그녀는 표준중국어를 연습하였다. 롼링위와 같은 시대를 산 여배우 리리리黎莉莉도 자신의 회고에서 롼링위가 국어를 잘 하지 못하였기 때문에 자신에게 그것을 가르쳐 달라고 요청하였다고

상하이의 프랑스 조계지에 세워진
'국태대희원國泰大戲院' 극장의 외관.

이 극장은 1932년에 홍달鴻達양행에 의해 준공된 극장용 건물로, 철근과 시멘트를 사용하였다. 애초부터 극장용으로 지어졌기 때문에 외벽은 붉은 벽돌과 흰색줄의 세로벽으로 화려하게 장식하였으며, 특히 정중앙에는 깃대용 첨탑을 두어 상영 영화명을 내걸었다. 첨탑에는 '거란' 이란 뜻을 가진 CATHAY를 세로로 써서 박아 놓은 것도 인상적이다. 이 영화관은 1930년대 상하이 극장가에서는 명성이 자자하였으며, 문화대혁명 때 잠시 문을 닫았으나, 개혁개방 이후에는 국태전영원이란 이름 아래 영화를 상영하고 있다. (유장근 촬영)

말하였다. 영화 〈롼링위〉에서 후배 리리리에게 국어를 배우는 장면이 있는데, 그 부분은 아주 어색하고 불안하게 처리되고 있다. 입에 익은 광둥 방언을 표준중국어로 대체하기가 어려웠던 사실을 반영한 화면 구성일 것이다.[49] 반면 베이징과 톈진에서 각각 교육을 받은 후디에나 김염의 경우 이 상황에 잘 적응할 수 있었다.

앞에서 말한 바와 같이 국민당 정부는 정책적으로 영화를 국어 보급의 주요 수단으로 인식하였고 이 때문에 방언 사용, 특히 광둥어의 사용을 금지하였다. 당시 정치 지형에서 해당 지역의 방언은 그곳의 통일성을 상징하였고, 반면 난징 정부에게는 분리주의를 의도하는 것으로 인식되었다. 따라서 영화의 방언 사용은 전국의 통일을 저해한다는 의미와 같았다. 물론 국민당의 방언 사용 금지정책이 일괄적으로 무리 없이 추진될 수는 없었다. 상하이의 영화 제작자들 상당수가 광둥출신이었던 데다, 상하이 영화의 주된 수요처 중의 하나가 홍콩 및 동남아 화교사회였기 때문이다. 그리고 연화를 비롯한 적지 않은 영화사가 홍콩에 지사를 두고 있었는데, 이곳에서는 광둥어로 영화를 제작할 수밖에 없었다. 또한 1936년에 광둥 정부의 천지탕 독무陳濟棠 督撫가 반국민당 투쟁에서 패배할 때까지 난징 정부의 검열제도는 광둥의 영화에 대해 거의 힘을 쓰지 못하였다.[50] 그러나 상하이에서는 검열이 정부와 신문, 그리고 우익단체 등에 의해 다양한 방식으로 기능하고 있었다.

영상의 인간과 일상의 인간 사이의 모순과 충돌

잘 알려진 바와 같이 롼링위는 25세가 되던 1935년 3월 8일, 곧 부녀절날에 자살하였다. 이 때문에 롼링위는 많은 논란에 휩싸였다. 후일에 롼링위가 '신화화'된 이면에는 그녀의 자살이 중요한 몫을 하였다. 그렇다고 해서 그녀가 남긴 영화 자체가 평가 절하되지는 않는다. 오히려 후자의 요인 때문에 그녀의 요절이 많은 사람들의 입에 오르내렸을 것이다.

우리는 이제 그녀의 죽음과 관련된 문제를 조금이나마 검토해 보아야 할 것 같다. 그것은 기본적으로 영상에서 만들어진 인간과 일상의 인간 사이에서 파생된 불균형의 문제와 관련되어 있다. 그뿐만 아니라 우리는 그녀의 죽음에서 사회적 이중성, 근대성의 모순, 그리고 정치집단의 이데올로기 등이 복잡하게 얽혀 있었다는 사실을 본다.

롼링위가 명성에 데뷔하던 시절에 중국의 영화 제작자나 관객들이 여배우에게 요구하였던 이미지는 사실 단순한 것이었다. 롼링위가 출연한 영화에서 죽 분석한 바와 같이, 그 키워드는 성性과 자기희생이었다고 할 수 있다. 그것은 〈신녀〉에서와 같이 한 사람에게 양면의 속성을 가진 것이었고 이 때문에 그녀는 선녀善女라는 이미지를 얻을 수 있었다.[51] 물론 선녀는 이보다 더 복잡하고 인간적인 요소를 포함한 개념이다. 관객들이 롼링위의 연기에 빠졌던 이유는 예컨대 정쥔리가 잘 평가하였듯이 그녀의 연기가 자연스러웠고 게다가 천진스러움을 드러냈기 때문이다. 곧 인간의 본색과 관련되어 있는 것이다. 특히 데뷔 때보다 연화 시절 이후에 그녀의 명성이 더 빛났던 것도 이에서 연유한다고 할 수 있다. 그렇기 때문에 1930년대의 여배우는 20년대와 달리 예술인이라는 명예를 획득할 수 있었다.

또한 롼링위는 〈3명의 모던여성三個摩登女性〉이나 〈신여성〉에서 사회 문제에 도전하는 역할을 맡으면서 이미지의 변화를 꾀하였다. 사회 변화를 주도하는 혁명적인 인간형이었다. 그것은 좌파 지식인들이 영화에 적극 개입하면서 더욱 강조되었다. 〈신여성〉을 감독한 차이추셩의 의도도 그러한 것이었다. 이제 롼링위는 도덕적인 데다 개혁적인 성향까지 갖춘 모던여성의 표상이 되어 가고 있었다. 그러나 그 결과는 영화 속에서나 실제 생활에 있어서 파국적인 것이었다. 〈신여성〉의 여주인공이 사회에 저항하는 방식으로 자살을 선택한 것처럼, 그 역할을 맡은 롼링위도 그처럼 행동하였기 때문이다.

그렇다면 일상의 인간으로서 배우 시절의 롼링위는 어떤 유형의 인물이었는가. 사실 그녀가 남긴 기록이 거의 없는 상황에서 롼링위의 사생활을 재구성하는 데에는 어려움이 있다. 남겨진 기록도 남성들의 시각에서 만들어진 것이어서 그녀의 본색을 이해하는 데 크게 도움이 되지 않는다. 영상 속에서 획득한 선녀 이미지라는 것이 그녀의 실체를 이해하는 데 저해요소로 작용하기도 한다.

결국 우리가 그녀의 일상적 생활을 이해하려면 그녀를 자살로 몰고 간 상황을 살펴볼 수밖에 없다. 물론 롼링위의 자살 관련 이야기는 그간 남성중심으로 전개된 담론을 벗어나기는 어렵다. 그렇다고 해도 그것은 그녀의 인생에서 최대의 비극이었기 때문에 피할 수 있는 문제도 아니다. 그리고 그 부분은 영상 이미지와 대비되는 또 다른 모습이었다는 점에서 주목할 만하다.

16세에 장다민과 사실상의 결혼관계에 들어가고 18세 때에 수양녀를 두었다는 사실은 이미 지적하였다. 곧 장과 롼은 사실상 결혼상태였으며, 도덕적으로는 별다른 문제가 없었다. 그러나 이 가족은 1932년에 이르러 문제점을 드러내었다. 외견상으로는 장다민이 도박에서 거금을 잃고 롼링위에게 타격을 가하자, 두 사람 사이는 멀어져 갔다. 동시에 롼링위는 탕지산唐季珊이라는 유부남이자 광둥출신의 차 상인에게 호감을 가졌고 두 사람은 결국 다시 사실상의 결혼상태에 들어갔다. 1933년에 사업 여행에서 돌아온 장다민이 이 사실을 알고는 문제를 제기하자 세 사람은 변호사의 입회 아래 자신들의 관계를 정리하였다. 핵심 사항은 롼링위가 앞으로 2년간 장다민에게 생활비를 지급하고 계약 내용은 비밀에 부친다는 것이었다. 그러나 계약 기간이 만료되어 가면서 장다민은 더 많은 돈을 요구하였고, 이 요구를 관철시키지 못하자 두 사람을 문서 위조로 법원에 고소하였다.

이 고소문 전문은 당시 상하이에서 발행되던 《신보申報》 2월 28일자에 〈장다민이 롼링위와 탕지산을 고소한 안건〉이란 큰 제목 아래 '문서 위조 및 통간죄로 고소'라는 부제목을 단 채 변호사가 장다민을 대신하여 게재하였다.[52] 고소장의 전문을 신문에 싣는 일이 당시의 고소 원칙이었는지, 아니면 신문의 의도였는지는 잘 알 수 없다.

이 고소 사건은 당시 상하이에서 발행되던 《시보時報》라는 신문의 기자 텅슈구滕樹谷와 직접적으로 연관되어 있었다는 점에서 롼링위에게 불행한 일이었다. 차이추성이 감독한 〈신여성〉 속에서 기자들을 비난한 장면이 있었는데, 텅은 이것이 자신을 모델로 한 것이라 하여, 이 장면의 삭제와 공개사과를 요구한 것이다. 상하이시신문기자공회上海市新聞記者公會가 이들을 대신하여 그 부분을 삭제해 줄 것을 연화영화사 측에 요구하였다. 연화 측은 해당 부분을 삭제하기로 원만하게 합의한 것으로 신문지상에 공고하였으나, 감독인 차이추성이나 편극자인 순스이孫師毅는 이에 응하지 않았다고 한다. 차이추성도 그랬지만, 순스이조차 '사회가 그녀를 죽도록 만들었다'고 비판하였다.[53]

검열과 삭제라는 문제는 사실상 당시 중국 내에서 대립하고 있던 국민당과 공산당의 이데올로기 싸움이기도 하였다. 당시 두 정파는 영화계의 지배권을 둘러싸고 이미 여러 차례에 걸쳐 갈등을 드러내고 있었다. 연화 내부에서도 친국민당계의 뤄밍여우와 친공산당계의 차이추성 등으로 나누어져 있었다. 두 권력이 대립하는 동안 터진 것이 롼링위를 둘러싼 고소 사건이었던 것이다.[54]

신문에서는 어쨌든 '간통죄로 고소', '삼각연애 분규', '장을 배반하고 탕에게 시집간 것은 재산 때문' 따위의 제목을 뽑으면서 롼링위를 '부정한 여인'으로 낙인찍었다. 부와 명성을 모두 얻은 최고의 여배우가 힘들던 시절에 도와준 남편을 버렸을 뿐만 아니라 그 남자와 돈과 새 남자를 놓고 싸웠다는 것이다. 더구나 새 남자인 탕지샨도 유부남에, 부자에, 바람둥이로 소문났을 뿐만 아니라 여배우를 자신의 사업에 활용하려 한다는 악평을 얻고 있던 사람이었다. 결국 롼링위는 선녀 이미지와는 거리가 먼 실체라는 사실이 신문지상을 통해 드러난 셈이었다. 영화의 황후라는 별명을 얻었던 후디에胡蝶가 스크린의 안과 밖에서 '좋은 여자, 좋은 여배우'라는 평판을 얻었던 것과 달리 롼링위는 좋은 여배우이지만 실제로는 창부라는 여론에 파묻히게 된 것이다. 롼링위가 '여론이 무섭다'라는 유서[55]를 남긴 까닭이기도 하다.

그녀의 자살은 사회적으로 큰 파장을 불러 일으켰다. 놀랄 정도로 반응을 보이면서 글로써 롼링위를 옹호한 사람은 당시 상하이에서 문필 활동을 하면서 영화에도 심취해 있던 루쉰이었다. 그는 〈'사람이 하는 말이 무섭다'를 논함論'人言可畏'〉이란 글을 통해서 기자들을 혹독하게 비판하였다. "그녀는 강한 자들에게 대항할 수 있는 무기가 없었다는 점에서 나약하였다. 반면 기자들은 강자에게 약하였지만 약자, 특히 유명하지만 힘이 없는 여배우에게는 한없이 강한 존재"라는 것이 당시 상하이에서 사건을 본 루쉰의 평가였다.[56] 현재 중국에 남아 있는 김염의 누이인 김로 역시 이 점에 공감하면서 그녀의 비극적인 최후는 당시 중국사회의 암흑을 표현하고 있다고 지적하였다.[57]

반면 흥미와 가십거리로 그의 죽음을 묘사하거나 심지어 상업상의 이익을 위해 시신 사진까지 찍어 보도하는 경우도 있었다. 사망 뒤 그의 유체는 만국빈의관으로 이전하여 매일 수만 명이 와서 조문을 하였다고 한다. 게다가 장례식 당일에도 행렬이 10리에 걸쳐 있었고, 멀리 난징과 항저우 등지에서 온 조문객들도 있었다.[58] 이러한 조문열은 여배우의 갑작스런 죽음에 대한 애도의 뜻도 강했지만, 당시 언론들의 흥미 위주의 보도도 한 몫을 하였다. 신문들은 시신조차 아름답다는 뜻을 가진 '염시艷屍'로 주검을 묘사하였다. 그 시신조차 사진에 찍혀 보도되었다. 국화공사國貨公司의 춘계대염가활동에서는 롼링위를 국화창도자國貨唱導者로 광고하였으며, 출판사에서는 '롼링위불사'라는 표제로 《여배우의 일기女明星的日記》, 《여배우의 연애편지女明星的情書》, 《롼링위의 자살과 소전阮玲玉自殺與小傳》을 출간하여 판매에 나섰다. 심지어 한 점복사는 롼링위를 예로 들어 자신의 신산神算을 광고하였고, 그녀가 〈향설해〉를 찍은 항저우의 관생원冠生園에서는 그곳에서 나는 매실에 '롼

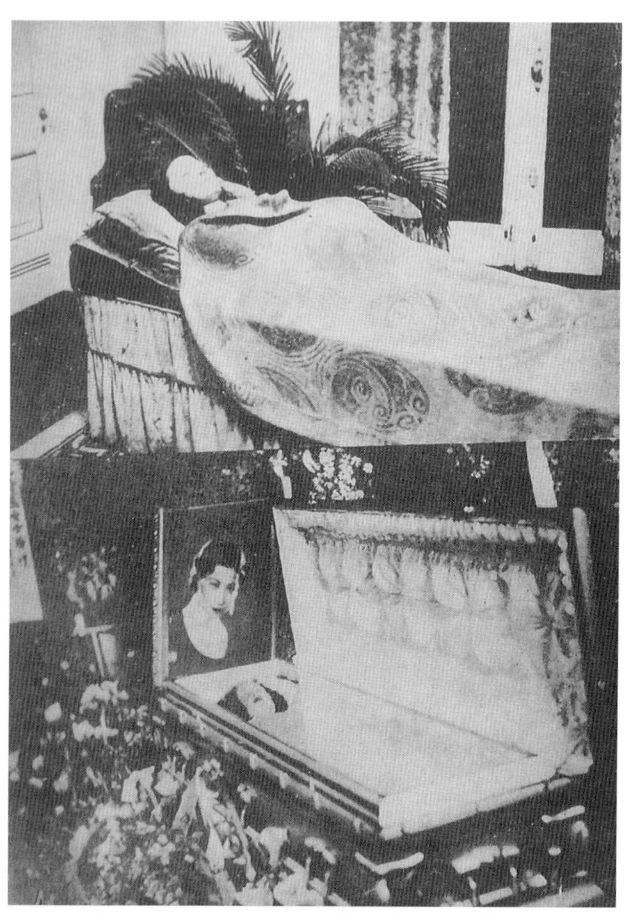

롼링위가 자살을 시도한 직후의
병실 모습과 주검 사진.

롼링위가 자살을 시도한 직후 신문기자들은 그가 병실에서 투병하는 모습과 사망 이후의 시신 모습을 카메라에 담으려고 기를 썼다. 그 결과 예쁜 시신이라는 뜻의 '염시艶屍' 라는 말을 만들어 냈다. 또한 장례식을 치룬 직후에 그의 사진이 담긴 사진첩이 출간되었다. 그만큼 롼링위의 자살은 상하이 사회에 충격과 흥밋거리를 제공하였다. 당시 상하이에 거주하던 영화광 루쉰조차 기자들이 힘없는 롼링위를 죽였다고 분노하였다. (사진, 《롼링위여사유영집阮玲玉女士遺影集》, 상미사尙美社, 1935에서 인용)

링위'란 이름을 붙여 광고하였다.[59] 그녀가 사망한 날은 1935년 3월 8일이었는데, 평소에 찍어둔 사진들을 모은 사진집《롼링위여사유영집 阮玲玉女士遺影集》은 한 달도 되지 않은 3월 25일에 출간되었다.[60]

이와 달리 그녀를 '일대의 예인' 혹은 '무면황후' 등으로 대우한 사례들도 있다. 이는 그녀를 죽음으로 몬 이른바 '창녀'라는 이미지를 지우고, 위대한 예술인으로 대접하려는 시도였다. 사실 그녀는 살아생전 자신의 상품성을 높이고 수익을 위해 광고에 출연한 적이 거의 없었다. 현재 상하이나 홍콩의 골동품 시장에 가면 다른 여배우들의 광고 사진은 흔히 볼 수 있으나, 롼링위의 것은 구할 수가 없었다.[61] 그것은 당시에 많은 여배우들이 술이나 담배, 약품 등에 출연한 것과 비교된다.

근대형 여배우의 양면성

그녀는 신분상으로 하급 노동자와 하녀의 딸에서 최고의 예술인 대접을 받는 지위에까지 올랐다. 또한 경극식의 연기가 아니라 영화에 맞는 자연스럽고 내면에서 우러나는 연기를 개척함으로써 영화예술의 수준을 한 단계 높였다는 평가도 받고 있다. 그녀가 출연한 영화는 시대 흐름을 잘 반영하였다는 점에서 영화사적으로도 의미가 있다. 그리고 실제 생활에서도 비교적 자유분방하였고 건강한 몸매와 순진한 이미지로 시대적 표상이 될 만하였다. 더구나 혼인관계가 복잡해지자 변호사의 도움을 받으면서 이 문제를 분명하게 법적으로 처리하였다. 이 점에서 그녀는 근대도시의 상징이기도 하였다.

그러나 롼링위는 남성들이 구축해 놓은 무대에서 그들이 요구하는 연기를 충실하게 해 냈던 것 이상으로 자신의 사회적 본색을 드러내지는 않았다. 영화 〈롼링위〉에서 일부 보여준 바와 같이 정치와 사회적 진실에는 사실상 무관심하였다. 9·18사건, 상하이사변, 항일시위 등과 같은 중요한 문제들이 롼링위의 주변에서 벌어지고 있었으나, 그녀는 오히려 눈썹화장과 연기, 애정, 가족, 사적 생활 등에 관심을 쏟고 있었다. 거대한 역사 속에서 롼링위는 소외되어 있었던 것이다. 말하자면 국가와 남성중심의 지배 구조에 대해 의도적일 만큼 무관심하였다. 그런데 자살로써 국가와 사회가 만들어 놓은 지배 구조에 도전하였다. 이런 도전은 이후 여성들이 떠안게 된 중요한 몫이기도 하였다.

2006구합
2006구합
2006구합
2005구합
2006구합
2007. 11
2008. 1.
1. 피고가 2005. 5. 10. 원고
다.
2. 나머지 원고들의 청구를 모
3. 소송비용 중 원고 서 ,
와 피고 사이에 생긴 부분

4부

민간종교 결사의 전통과 그 계승

- 1920~30년대 초 홍만자회紅卍字會의 발전양상과 그 성격
- 현대 중국에 있어서 파룬궁의 출현과 발전양상

1920~30년대 초 홍만자회紅卍字會의 발전양상과 그 성격

민간결사의 자선활동에 주목하며

내가 홍만자회에 마음을 주기 시작한 것은 1993년 6월이었다. 그때 나는 난징대학에서 열린 〈제1회비밀결사 국제학술회의〉에 참석하고 있었다. 회의를 끝내고 난 뒤 잠시 틈을 내어 간 곳이 '난징대학살기념관南京大屠殺紀念館'이었는데, 그 입구에 세워진 기념비 속에서 홍만자회紅卍字會의 이름이 자주 등장하였던 것이다. 난징대학살 때 학살된 유체들을 매장하는 데 이들이 앞장섰다는 것이다. 돌로 된 10개의 기념비 중 5개에는 '한중문漢中門 밖에서 난징홍만자회가 1,395구, 상신하上新河 지구에서 8,459구, 보덕사普德寺 공동묘지에서 9,721구……' 등으로 기록되어 있었다.[1]

비밀종교결사의 전통을 이어받았다고 하는 홍만자회가 민족적 적대감이 횡행하던 전시 중에 저와 같은 공공사업을 하였다는 사실은 새로운 발견이었다. 나는 이른바 '비밀결사'라는 딱지가 붙은 민간단체에 대해 다시 생각하기 시작하였다. 그것은 국가가 붙인 불명예스러운 '사교邪教'보다는 좀 더 나은 이름이었지만, 여전히 불온한 느낌을 주었기 때문이다. 이러한 딱지 붙이기는 국민당 정부와 인민공화국 정부에서도 '미신단체' 혹은 '반동단체'로 이어지고 있었다.

한편 나는 그곳에서 동아시아의 근대국가들이 저지른 폭력성을 곰곰이 생각해 보았다. 가해자인 일제는 말할 것도 없거니와 국민국가의 핵심인 '국민'을 저처럼 학살당하도록 방치한 국민당 정부를 어떻게 볼 것인가도 중요한 문제였다. 당연히 근대국가의 폭력성을 가로질러 활동하는 민간결사들의 존재는 무엇인가에 대해서도 진지하게 성찰해 볼 필요가 있었다.

마침 2006년에 그 고민들을 해결할 수 있는 기회가 왔다. 상하이사범대학에 1년간 방문교수로 가 있던 중, 상하이당안관에 소장된 전종호全宗號 'Q120'으로 분류된 728건의 홍만자회 자료를 일부나마 볼 수 있었던 것이다.[2] Q120만이 아니라 Q115 등에도 홍만자회와 관련된 내용이 적지 않았기 때문에, 실제로는 이보다 훨씬 더 많은 관련 자료들이 있었다. 이들 자료에 힘입어 나는 홍만자회 연구에 첫발을 디딜 수 있었다. 최근에는 홍만자회의 출발지인 산둥의 지난濟南 지역이나[3] 활발하게 활동한 상하이 지역 등을 중심으로 이 단체를 조금씩 검토하고 있다.[4] 또 상하이 지역의 자선단체를 종합적으로 분석하는 과정에서 홍만자회의 활동에 대해 적지 않은 성과가 나왔다.[5] 타이완의 숭광위宋光宇의 논문은 민국 초기의 홍만자회를 종합적으로 연구한 최초의 연구에

속할 것이며,[6] 난징대학 학술회의에 제출한 모젠량莫振良의 논문에서도 큰 시사를 받았다.[7]

이 글도 위와 같은 연구자들이 이룩한 성과에 의존하고 있다. 하지만, 아직도 이 부분에 대한 연구는 미진하다. 그 원인을 분명하게 제시하기는 어려우나, 그간 이 단체가 중화인민공화국 정부 초기부터 반동으로 몰려 강제 해산된 탓이 클 것이다. 이것이 중국 내 연구자들에게 스트레스를 주었던 것이다. 또 국가가 인민의 모든 어려움을 해결해 줄 수 있다는 체제적 조건도 민간단체의 자선활동이니, 사회구제니 하는 주제에 접근하기 어렵게 만들었다. 그것은 인민국가의 성격에 근본적으로 문제를 제기하는 것이었기 때문이다.

이 글은 그런 점에서 하나의 시도인 셈이다. 많은 부분이 공백으로 남아 있는 상황 속에서 새로운 시도를 한다는 것은 그만큼 오류를 범할 가능성이 높다는 사실을 의미한다. 그러나 민간결사가 20세기에 어떻게 성장하였는가는 이 부분에 죽 관심을 가져 왔던 나에게 중요한 과제이다. 특히 홍만자회는 도원道院이라고 하는 민간종교의 토대 위에서 성장하고 활동하였기 때문에 이 종파에 대한 이해가 선행되어야 한다는 난제가 있다. 특히 국민당 정부에서 시도한 반미신정책은 이들 민간종파에 큰 영향을 주었다. 이 논문은 그 점에서 국민당 정부나 신흥지식인들이 반문명의 상징이라고 비난하였던 대상을 주제로 삼음으로써, 기왕의 주류적 연구를 뒤집어보는 계기가 될지도 모른다.

나아가 5·4운동을 전후해서 중국사회는 서구의 문화로부터 더 깊고 지속적인 영향을 받고 있었다. 민간종파는 이 객관적 조건 속에 어떻게 적응하면서 다시 사회적 영향력을 확대하였을까? 특히 홍만자회는 당시 자선단체 중에서 가장 적극적이고 다양한 활동을 한 것으로 평가받고 있다.[8] 이러한 성적표는 어디에 연유하는 것일까. 오교합일 사상은 사실 세계 종교를 중국의 전통과 접목시킨 구체적인 증거이기도 하다. 그뿐만 아니라 홍십자회(국제적십자사의 중국식 이름)와 청년회YMCA 등이 발전시킨 전쟁 구호 방식이나 자선활동도 20세기 민간종파의 구제 사상과 방법에 영향을 주었던 것이다. 이 때문에 우리는 민간종교를 국가와 민족을 뛰어넘는 세계사적 흐름 속에서 고찰할 필요성을 느낀다.

이런 점에 주목하여 나는 도원과 홍만자회가 추구하였던 도道와 자慈를 일체화시켜 이른바 '원회도자일체론院會道慈一體論'으로 당대적 위기를 극복하려 했다는 점에 초점을 맞추어 논지를 전개해 나가려고 한다. 이렇게 하는 작업이 근대기 중국의 자선단체를 '공공 영역'이란 범주 속에서 보는[9] 것보다 좀 더 그 본질에 가까이 다가갈 수 있다고 생각한다.

도원의 설립과 구제관

고위 관료들이 주도한 신흥종교, 도원

20세기의 자선단체로 알려진 홍만자회는 20세기에 등장한 신흥종교인 도원을 바탕으로 해서 조직되었다. 따라서 우리가 홍만자회의 자선사상이나 조직, 운영 및 활동 등을 이해하기 위해서는 그 모태인 도원에 대해 개략적인 윤곽이나마 먼저 검토할 필요가 있다.

도원의 출발은 1915년 무렵에 산둥성 빈현濱縣[10]의 관료들에 의해 시작되었다고 알려졌다. 빈현 지사인 우푸잉吳福永과 총무과장이었던 홍스타오洪士陶는 모두 장쑤江蘇 사람으로서, 홍스타오는 평소 시詩, 의醫, 부계扶乩에 능하여 우푸잉의 신임을 많이 얻었다고 한다. 그 덕에 현서 뒷마당에 대선사大仙祠를 설치하여 현의 공무에서 어려운 문제가 발생하면 이곳에서 점을 쳐 그것을 해결하였다는 것이다. 여기에 주군영장駐軍營長 류사오지劉紹基(안후이 펑양인)가 가담하였는데, 이는 류사오지가 맡고 있던 군대 문제조차 부계를 통해 해결해 줄 수 있다고 믿었기 때문이다. 이에 따라 우와 류 두 사람은 대선사大仙祠에 참배하면서 점차 대선大仙의 제자가 되는 단계에까지 이르게 되었다. 대선사에 모신 상대선尙大仙은 본명이 상정화尙正和로, 산시성 펀현汾縣 출신으로 당대唐代에 태어나 송대에 이르러 신선이 되었다고 한다.[11]

점치는 행위가 관청에서 공공 사무를 해결하려는 방식으로 이루어졌던 사실은 산둥뿐만 아니라 청말이나 민국 초기에 관아나 민간에서 흔히 볼 수 있는 풍속이었다.[12] 예를 들면 제2차 청영전쟁 시, 광둥 순무廣東巡撫 예밍천葉明琛은 '양인들이 허장성세로 소리칠 뿐이며, 곧 이곳을 떠날 것'이라는 점괘에 따라 전쟁에 임하였다. 이는 부친의 권유에 의한 것이었다. 개혁가로 이름난 정관잉鄭觀應 역시 1918년 무렵 상하이에서 양하이치우楊海秋가 차려 놓은 계단乩壇에 출입하면서 양楊이 권하는 부수符水로 기관지 천식을 치료하였다고 한다.[13] 중앙 정부나 지방 관청에서 공식적으로 신에게 제사를 지내는 행위는 중화민국의 건국과 더불어 중지되었지만, 관료들의 개인 수준에서는 여전히 그 관행이 이어지고 있던 사실을 우푸잉과 류사오지를 통해 알 수 있다. 그들은 선배들과 마찬가지로 현세의 난제를 신의神意에 의해 해결하려고 하였으

며, 실제로 효과가 있다는 믿음을 가지고 있었다.[14]

그들이 숭배한 상대선은 실로 도교신의 계보에서 매우 낯선 존재이다.[15] 흔히 말하는 바와 같이 전국적으로 숭배된 신은 아니었던 것이다. 도원에 따르면, 1916~1917년 사이에 이 신은 빈현의 대선사에 내려와 시단제자侍壇弟子, 곧 부계를 주재하는 사람에게 이름을 내려주고, 사생師生이 있으면 시문을 내려주면서 교인들에게 입신처세의 길을 알려 주거나 '비민시속悲憫時俗'의 말을 하였기 때문에 이것이 도자道慈, 곧 도원과 홍만자회 조직의 동기가 되었다는 것이다.[16]

또한 대선사의 제단에서 신의를 묻는 방식이 부계였다는 점에서 여전히 전통적인 양상이 보인다. 부계란 목필과 모래판으로 구성된 점구占具를 제단에 설비한 다음, 신에게 청하는 내용을 적은 종이를 태우면서 기도를 드리고, 신이 내려와 답을 주기를 원한다. 그러면 모래판에 글자가 쓰여지고, 이것을 신의 계시 곧 신훈神訓으로 받아들이는 종교의례이다. 도원에서는 부계를 경권의 전수, 제자의 훈도, 교도의 흡수, 도무道務의 잡사 처리 등에 활용되었다.[17] 현 내의 행정과 군정을 해결하기 위해 고위 관료들이 부계를 이용하고 나아가 세속사를 연민하면서 이를 해결하도록 신훈을 내린 것이 도원의 초기 역사이며, 이를 도원에서는 빈단濱壇의 시기라고 말한다.

류사오지가 빈현을 떠나 산둥성의 성도인 지난濟南으로 전출하여 다시 단을 차린 것이 도원의 초기 역사에서 중요한 전환기가 되었다. 무비학당 출신이자 동맹회 멤버이기도 하였던 류사오지(1880~?)는 여러 가지 군경력을 지닌 군인으로서,[18] 지난에 있는 자기 집에 단을 만든 뒤 스스로 부계扶乩의 주재자가 되었고, 빈현에서 제자로 삼았던 저우시더

산둥성 지난시 홍만자회 지난모원濟南母院의
본부 건물인 진광각辰光閣.

전국중점문물보호단위로 지정된 홍만자회 옛터와 본부 건물인 진광각의 모습. 진광각은 1934년에 시작되어 1942년에 완공된 홍만자회와 도원의 본부 건물로서, 건물의 양식은 청대 궁전 양식이다. 건물 이름의 뜻은 '새벽의 빛이 이곳에 이른다'는 의미이다. 이 건물 주위에는 많은 부속 건물들이 있으며, 전체 대지 면적은 1만 4천여 평방미터이고, 그중 건축면적은 약 4천 3백여 평방미터이다. 이 건물을 지을 때 상하이 등 각지의 홍만자회로부터 건립기금을 거두었다. 실제로 답사를 해 보면, 규모도 크거니와 각 건물들의 구조도 짜임새가 있어서, 당대의 종교 건물로는 필적할 만한 것이 사실상 없었다. (유장근 촬영)

周錫德를 지난으로 데려와 보조자로 삼아 단을 꾸려 나갔던 것이다. 그곳에 근무하던 홍스타오洪士陶도 지난으로 전출하여 류사오지와 다시 만나게 되었는데, 이 점에서 홍스타오는 단순한 행정인이 아니라 종교 전문가의 수준에 이르렀던 것으로 보인다. 이후 빈현에서는 새로이 지사로 부임한 리쩐쥔李振均이 빈단을 맡게 되었다.

지난에서 류사오지는 군관상軍官商 각계의 인물을 끌어들여, 종교 네트워크를 확대해 나갔다. 여기에는 산둥의 저우현鄒縣, 가오탕주高唐州, 린칭臨淸직예주에서 지사를 지낸 경력으로 인해 민국 초기에 산둥지역에서 저명한 관료로 이름난 두빙인杜秉寅(1866~1925), 그리고 쓰촨성 출신 회족으로서 청말에 산둥법정전문학교를 졸업한 뒤, 주로 산둥성 정부와 의회에서 주요 직책을 맡았던 탕양두唐仰杜(1888~1951) 등 지역 내의 유력인사들이 있었다. 이들 역시 베이징이나 지난 등에 이미 조직되어 활동하고 있던 민간종파 동선사同善社에서 좌법문경坐法門經을 익힌 종교전문가들이었다. 1920년에 류사오지는 상진인으로부터 '태을노인太乙老人'이 가장 존귀한 존재라는 뜻을 전달받은 뒤, 태을노인을 최고신으로 숭배하기 시작하였다고 한다. 도원에서는 이 태을노인을 '지성선천노조至聖先天老祖' 혹은 '선천노조先天老祖'라고 불렀으며, 이를 중심으로 12명 정도의 지역 내 유명인사를 확보할 수 있었다고 한다.[19]

보권, 오교합일, 그리고 신들

관료제 내에 있는 종교전문가를 중심으로 지역 내에서 종교네트워크를 확대한 이후, 이들은 선천노조의 계시에 따라 보권의 편찬에 들어갔다. 그 결과 1920년 9월에는 《태극북극진경》이라는 경전을 펴 내었는데,[20] 이때 행한 개단 찬경開壇纂經 의식에 참여한 48인을 도원에서는 48제자 혹은 48왕자라고 부르며 특별히 존경 하고 있다. 당시 이 보권 편찬을 주도한 사람은 홍스타오와 류사오지였다.[21]

보권의 편찬 이후, 이들 멤버들은 두 가지 작업을 더 진전시켰다. 유, 불, 도, 회, 기독교의 종교전문가들을 확보하는 일과 후속 보권을 새로이 편찬하는 일이었다. 청말 민국 초기에 민간종교에서 새로이 나타난 양상 중의 하나는 기왕의 3교 합일에서 더 나아가 5교를 융회하여 시대에 맞는 교의를 만들어 내는 일이었다. 19세기 전반기에 출현하여 20세기에 크게 발전한 일관도一貫道에서 그것을 볼 수 있으며, 동선사同善社나 오선사悟善社에서도 이런 경향이 나타났다. 1920년 베이징에서 설립한 만국도덕회萬國道德會의 내부 조직에도 기독교 부서를 하부에 두고 있었다. 회교에 밝은 탕양두唐仰杜는 이 부분에 적임자였으며, 기독교계에서는 리지아바이李佳白라는 인물을 초빙하여 외형상 5교의 전문가들을 갖출 수가 있었다. 본명이 레일 거버트Reil Gerbert인 리지아바이(1857~1927)는 청말에 미국에서 파견된 선교사로서 만국도덕회에도 기독교 대표로 참석하였고, 서양 종교와 동양 종교를 통섭하고 '제세구인濟世救人'하기 위해 동서 엘리트들이 함께 노력해야 한다는 신념을 가진 인물로 알려졌다.[22]

또한 이들은 제2부 경전인 《태을진경오집》을 완성하였다. 이들 경전을 만들 때에는 '이부수기도인지원以符修己度人之愿'이라는 계시를 받은 까닭에[23] 기본적으로 교의의 핵심을 도의 완성과 그 실천에 두고자 하였다. 좀 더 구체적으로 각교各教의 진체眞諦를 융회融會하여 대도를 숭상하고 영철英哲을 연구하며, 안으로는 정좌로 수신함으로써 자신을 율

律하고, 밖으로는 자慈를 행함으로써 구세도인救世度人해야 한다는 것이다. 곧 수행의 목표를 자선에 두고 있었다. 이제까지 사람들의 종교적 수양이란 자신의 도덕적 완성과 타인에 대한 신의 구원이라는 범주를 크게 벗어나지 못하였던 데 비해, 도원의 멤버들은 '도道와 자慈', 곧 도자는 체와 용의 관계로서 상호 떨어질 수 없는 불가분의 관계로 설정하기 시작하였다.[24] 이들은 자慈에도 광협廣狹의 두 가지 의미가 있다고 파악하였는데, 자신들이 추구하는 것은 재해가 있고 난 뒤에 구휼을 생각하는 협의의 자보다는 측은과 천성의 인을 바탕으로 천지의 모든 물物과 인人을 이롭게 하는 선행의 자라고 주장하였다.[25] 자선구제를 통한 도의 실현은 분명히 민간종교의 역사에서 새로운 시도였다. 이는 청말에 흥기한 민간 주도의 자선단체가 기독교 전도 방식의 영향을 받으면서 출현한 것이라고 할 수 있다.[26] 특히 기독교 선교단체가 교육, 의료, 자선 세 분야에서 크게 성공하였기 때문에, 도원에서 말하는 도의 실현이라는 것도 이를 본받으면서 진행할 것이었다.[27]

주도자들이 5교 합일을 강조한 것도 바로 유교, 불교, 도교, 기독교, 회교 등 5교 진지眞智의 정화精華를 통섭統攝하여 하나의 도道로 모아야 하기 때문이었다. 교의의 근거를 중국의 전통에서만 찾을 수 없으며, 이 때문에 6가지 요의要義 곧 도가의 학, 역사상의 종교 발전, 우주의 근본 조직, 인류 생명의 기원, 영학靈學, 그리고 사회자선 사업에 두어야 한다는 사실을 강조하고 있다. 특히 사회자선 사업의 보편성은 측은애인惻隱愛人의 진성眞性에 뿌리를 두고 있는 바, 유교儒教의 인의仁義, 불교佛教의 자비慈悲, 야교耶教의 박애博愛, 도교道教의 위이불유爲而不有, 회교回教의 광인혜廣仁惠가 바로 그것을 상징한다고 한다.[28] 이들이 5교 합일에서 이끌어 내려고 했던 사상은 바로 세계 종교가 보편적으로 추구하였던 구원관과 그 실천 방법이었다.

여기서 남은 한 가지 과제는 최고신으로 설정된 지성선천노조와 그 아래에 배치된 각 종교의 성인, 그리고 그 예하에 있는 제3층위의 신들로 구성된 도원의 신체계에 관한 것이다. 뒷날 지성선천노조라는 좀 더 성스러운 이름이 붙은 태을노조는 중국의 도교신에서 흔히 볼 수 있는 역사적인 인물이 아니라 우주만물의 시조이자 대도의 근원이 되는 신이라고 설명한다. 도원에서는 각 글자마다 주해를 붙였는데, '지至'란 더 이상 더할 수 없다는 뜻이며, 성聖은 '대이화지大而化之'이며, 선先은 '무전의無前意의 의意'이고, 천天은 '자연'이며, 노老는 '곧 맹자가 말하는 천하天下의 대노大老이며 천하의 부父'를 일컫는다. 또한 '조祖'란 무명천지의 시작이다. 이 여섯 글자가 바로 5교의 교주가 함께 받들고 찬탄해야 할 존호인 바, 유에서는 상천, 도에서는 천존, 예수는 상제 혹은 천주, 회에서는 진재라고 하며, 극존칭의 명사이자 지존무상의 성호라는 것이다. 요컨대 오교가 합일하여 일가一家가 되고, 어느 특정 종교만을 따질 것이 아니라 원융과 보편을 추구해야 한다고 말한다.[29] 이 점에서 종래 민간종교에서 절대신으로 숭배하였던 무생노모와도 그 신성이 다르다는 것을 알 수 있다. 두 신 모두 절대적이며 우주창조를 주재한 신이지만, 무생노모는 중화적 범주 속에서 발전한 절대자인 반면, 지성선천노조는 오교에서 함께 받들어야 할 공동의 절대자라는 점에서 차이를 보이고 있다.

이러한 신성을 가진 지성선천노조의 아래 층위에는 각 종교의 성인인 유교의 항선사項先師, 불교의 석가, 도교의 노자, 기독교의 예수, 그리고 회교의 마호메트를 배치하고 있다. 여기서 다른 종교의 시조에 대해서는 수긍할 수 있으나 유교의 시조를 '공자의 스승인 항선사'라고 한 것은 이해하기 어렵다. 도원의 설명에 따르면 '항선사의 이름은 탁橐으로서 7세에 공자의 스승이 되었다'라는 설명이 붙어 있고 《전국책》, 《사기》, 《논형》 등에 이미 등장하였다는 사실을 전거로 들고 있다. 하지만 공자를 대신해 그를 4교의 성인과 동등한 반열에 놓은 중요한 이유는 그가 '복희의 후손이며, 복희는 중국문명의 시조인 까닭으로 그를 유교의 종으로 삼는다'는 것이다.[30]

여기에 배치된 예수에 대해서도 논란의 여지는 있다. 그가 전파하려던 복음의 본질을 도원의 관계자들이 정말로 이해하고 있었는가, 도원 신자들이 예수를 신앙의 대상으로 수용한 것이 아니라 5교 합일의 교의체계 속에서 사유화한 것이라는 비판이 그것이다. 이러한 비판이 정당하기 위해서는 개종이 전제되었을 때 가능한 것이지, 절충주의적 교파에서 이는 달성하기 어려운 목표이다. 태평천국의 기독교조차 무교巫教와 혼합된 성격을 띠고 있다는 지적은 오래전부터 있어온 바다.[31] 따라서 도원의 제단에서 예수의 위상이란 재해석 과정을 거쳐 이 교파가 구축하려고 했던 세계관을 도와 주는 유효성에 더 큰 의미가 있을 것이다.[32]

제3위의 층위에 서 있는 신들은 유교와 도교, 불교에서 숭배해 오던 공성孔聖(공자), 맹자孟子, 부성여동빈孚聖呂洞賓, 창좌신昌佐神(제갈량), 혜성유협慧聖劉勰, 성제聖帝(관운장), 환성桓聖(장익덕), 양충민공 양계성楊忠愍公楊繼盛, 달마불, 보정불普靜佛, 상진인상정화尙眞人尙正和, 악성악비岳聖岳飛, 문수불文殊佛, 보현불普賢佛, 제불濟佛, 손진인손사막孫眞人孫思邈,

강성종리권康聖鍾離權과 선지자 세례 요한, 그리고 여성으로 구성된 여도덕사女道德社가 관장하는 연대성蓮臺聖 곧 관세음보살 등 18명의 신들이 횡으로 배치되어 있다.[33] 이들 신은 다음에 언급할 도원의 각 부서에서 개별적으로 봉공奉公하는데, 경원經院-문수불과 보현불을, 좌원坐院-달마불과 보정보살을, 통원統院-공자, 혜성, 부성, 창좌신, 관성, 환성, 양충민공을, 단원壇院-상진인, 악성을, 자원慈院-제불과 손진인을, 선원-맹자와 세례 요한을, 그리고 통사統社-강성을 각각 모시도록 하였다.

이 중 유교의 신은 공자와 맹자, 기독교의 신은 세례 요한, 불교는 혜성, 문수, 보현, 제불, 관세음보살을 배치한 반면 여동빈을 비롯한 나머지 인물은 도교계에 속한다. 따라서 5교의 성인들과 달리 제3층위의 신들에는 불교와 도교의 인물이 다수인 반면, 기독교는 1인만이, 회교의 신은 한 명도 들어가지 못하고 있다. 그리고 빈현에서 신단에 내려 계시를 전했다고 하는 상진인은 18인의 신 중에서 한 자리를 차지하고 있다.

도원의 신의 계보에서 이들이 선발된 까닭은 무엇인가? 또 회교의 신은 한 명도 초대받지 못한 이유는 무엇인가? 등은 앞으로 더 검토되어야 할 부분이다. 다만, 선발의 의도는 이들 신에 대한 설명에서 조금은 엿볼 수 있다. 예를 들면 부성 여동빈은 '제인이물濟人利物'에 뛰어나며, 명대의 양계성은 '충직하여 공을 위해 자신의 몸을 버리는' 헌신성을, 당대唐代의 손사막은 '연기양신鍊氣養神으로 구도세지술求度世之術'하였기에, 맹자조차도 무력을 중시하던 당시 상황에서 '가장 먼저 민民을 가여워했던' 사람이며, 송대 인물인 제불濟佛은 관료로 재임 중 '인혜호시仁惠好施하여 장자長者라고 불린' 점을 들었다. 악비조차도 '절식節食하면서 구황에 힘썼는데, 자신의 땅에 들어와 경작하는 자가 있으면 이를 떼어 주는' 인물이었다는 사실을 강조하고 있으며, 세례 요한 역시 '몸을 버리고 세상을 구하는 데, 조금도 이해를 따지지 않은' 점을 꼽았다.[34] 곧 공을 위해 사를 희생할 수 있으며, 민을 사랑하면서 이 세상을 구원하는 데 관심을 가진 인물들이다. 아마 모르긴 해도 대부분 관직 경험이 있거나 현직에 있는 도원의 주도자들도 자신을 신위들과 같은 목적으로 추구하면서 그들의 전철을 밟으려고 했는지 모른다.

그 점에서 그들이 내세운 신성神性은 '항상적, 보통적, 창조적, 자유적, 무사적無私的인 신'으로서, '사람에 의한 것은 모두 사람의 사욕이 있기 때문에 영원한 안녕과 평화를 도모할 수 없으며, 신에 의하여 세워진 것은 신의 뜻과 같아야만 아름답고 만족하는 것이라고 하면서' '자기를 버리고, 모든 것을 신의 마음에 들어야 한다'고 간주하였다.[35] 전지전능한 신의 의지에 따라야 영원한 안녕과 평화를 얻을 수 있다는 것이며, 그러기 위해서는 자선활동에 충실해야 한다고 본다. 종래의 민간종교 교파들이 주로 '절대신에 의한 천지창조-인간 세상의 타락-종교적 구원'이라는 삼세론적三世論的 구도 속에 교의를 발전시킨 것에 비하면 현실적인 구원에 더 기울어져 있다는 점을 보여준다. 이는 바로 5교의 교주가 힘쓴 바이기도 하였다.

도원 설립의 세계사적 필요성

그렇다면, 도원이라는 새로운 형태의 종파를 만들어야 할 필요성은 무엇이었는가? 그들을 둘러싸고 있던 상황은 말세적 위기였는데, 그것은 제1차 세계대전과 국내의 계속되는 재해, 그리고 국내 전쟁상황이라는 전대미문의 위기였다. 특히 이들은 제1차 세계대전에 주목하였다. 도원의 창립자들이 보기에 이 전쟁은 고금에 없던 것으로서, 물질과 사욕의 잔혹함을 보여준 대표적인 사건이었기 때문이다.[36]

도원의 주도자들은 종래의 단일종교 체제로서는 이러한 세계적 위기를 극복할 수 없다고 판단하였다. 5교 합일사상은 이에 근거하여 창제된 것으로, 이들 5교가 근본적으로 추구하면서 고민하였던 문제를 대략 여섯 가지로 파악하고 있다. 그것을 요약해 보면, 1) 도가에서 추구하였던 중국의 도로서, 이미 복희와 황제시대 이래로 중국에서 중요한 문제가 되어 있다. 2) 전쟁과 종교 발전의 관계로서 역사상에서 종교가 발전한 시기는 대체로 전쟁 때이다. 정치는 암흑이고, 미생微生은 살기 어려우며, 지자智者는 염세하고, 우자愚者는 기천欺天하며, 어려운 자들은 자살로 탈출구를 찾는 시대이다. 보불전쟁 이후에도 이런 현상이 있었으며, 도道로서 구제하려고 하는 시대에 해당한다. 3) 우주의 근본 조직으로서 동서고금의 사람들이 오랫동안 고민하였다. 고대 유럽인은 그것을 원자原子에서, 근대 물리학자들은 전자電子라고 보고, 전자는 에테르 중에서 진동유탕振動遊蕩하는 것이다. 이는 노자와 열자도 궁구한 우주의 비오秘奧이기도 하다. 4) 인류 생명의 기원은 무엇인가. 이는 중외中外 철학에서 중대한 문제로서, 최초의 태胎는 어디에서 왔는가? 서양인은 인물동원론人物 同源論 속에서 식물에서 동물로의 진화를 말한 바, 이는 장자莊子의 '만물개종야萬物皆種也'와 비슷하다. 5) 영학靈學으로서, 이는 동서고금에서 아직 해결하지 못한 비오秘奧이다. 무형의 기氣, 천지의 크기, 보이지 않는 것의 오묘함이 있으며, 우리의 심과 신은 분리가 가능한가? 유불도에서 보는 심신의 문제, 유럽학자들–레일리 경Lord Rayleigh,[37] 샤를 리셰Charles Richet 교수[38] 등 수리철학, 자연과학, 생리천문학 등 대가들이 영학의 실험에 종사하였으며, 코난 도일도 강신회를 설립하였는데, 이는 중국의 부계扶乩와 같은 것으로서 사私를 버리고 욕을 끊어야 진성을 볼 수 있으며, 성을 보아야 영靈이 살고, 영이 살아야 신身이 무용無用에 퇴처退處할지니 이것이 도의 근본 소재이다.[6] 사회자선 사업은 측은애인惻隱愛人의 진성眞性에 뿌리를 둔 것으로, 유儒의 인의, 불佛의 자비, 야耶의 박애, 도道의 위이불유爲而不有, 회回의 광인혜廣仁惠가 곧 그것이다. 그러므로 도로써 자신을 구제할 뿐만 아니라 타인도 구제해야 할 것이다. 이것이 대도이며, 홍만자회는 이 대도를 실현하기 위해 설립한 것이다. 이 여섯 가지가 도원 성립의 기점으로서 도덕정신을 숭상하고 철영학리哲靈學理를 연구하여 민지民智의 고원高遠과 과학의 진전을 구하는 데 치중한다. 당연히 다른 미신 기관과 같지 않다는 것이다.[39]

종래의 민간종교에서는 세계에 대한 인식이 사실상 없던 것에 비하면 놀라운 변화이다. 곧 도원과 홍만자회의 설립 근거를 세계사의 주요 흐름 속에서 제시하고 있으며, 나아가 당시 과학계에서 논의되고 있던 우주, 인류의 탄생과 진화, 영의 문제, 그리고 전쟁이 종교 발전에 어떤 영향을 미치는가와 도의 근본 문제 등이 거론되고 있다.

또한 중국 내에서 이어지는 재해는 그들의 위기의식을 더욱 부채질하였다. 1917년에는 허베이를 비롯한 화북 지방에서 큰 물 피해가 있었으며, 1920년 여름에는 산둥, 즈리, 허난, 산시陝西 지방에 몰아친 한발로 인해 약 1,990만 명의 피해자가 발생하였고 이에 참여했던 사람

들이 사회구제를 위한 결사체 조직으로 나아갔던 것이다.[40]

실제로 산둥 지방에서 도원의 창립을 주도했던 사람들은 수재 때문에 수리 공정에 직접 관여하였거나 그들과 관계가 있는 사람들 혹은 중앙 관료계에서 그것을 후원하던 사람들로 구성되어 있었다.[41] 1917년 베이징과 영정하 일대에 수재가 발생하였을 때, 꾸안현固安縣 지사였던 리쩐쥔李振均은 규정을 어기면서까지 제방 수리의 책임을 맡고 있던 콩샹룽孔祥榕(도호道號는 혜항慧航)을 도왔고, 이로 인해 당시 경기일대수해하공 선후사의京畿一帶水災河工 善後事宜를 맡았던 슝시링熊希齡의 관심을 끌게 되었던 것이다. 쉬스광은 형인 쉬스창이 국무원경일 때, 허난성 푸양濮陽의 하공 책임자였다.

수재와 그것을 복구하는 수리체제 속에서 후일 도원과 홍만자회 핵심 멤버들이 관계를 맺게 되었던 것이다. 이들은 실제로 수재와 그 복구작업에 종사하면서 사회구제 문제에 관심을 가지게 되었다. 후일 자선사업의 대부처럼 알려진 슝시링은 바로 이때 재해, 자금, 자선 등에 눈을 뜨게 되었고, 이후 가족과 함께 자선사업에 전면적으로 참여하였다.[42] 요컨대 세계대전과 국내의 잇따른 수재, 한재, 그리고 산둥과 허난 지방의 수리水利 관련 관료네트워크가 작동하면서 도원의 결성과 사회구제에 나서게 된 것이다.

1920년의 가뭄도 사회구제 활동에 촉진제가 되었다. 정부기관과 민간단체, 외국인 단체가 구제활동을 벌였으며, 베이징에서는 여러 단체를 연락할 기관으로 베이징국제통일구제총회가 성립되었다. 또한 항구적인 구제조직으로 중국화양의진구제총회가 만들어졌으며, 각 지방에서는 이 총회의 분회가 활동하였다. 1919년에 베이징에서 조직된 오선사悟善社까지 포함된 자선단체들은 1920년에 양식구제회糧食救濟會, 빈민서류소貧民棲流所, 빈민공창貧民工廠, 빈아원貧兒院 등을 설치하면서 여러 가지 자선사업을 전개하였다.[43] 사회구제를 목적으로 조직한 도원이 발을 딛고 서 있던 시대상황을 여기서 보게 된다.

사실 당시 쉬스창이 이끌던 중앙 정부는 각지의 자선단체에 관여하기도 하였지만, 그보다는 지방 신사들이 운영하는 각 단체에 호소하여 정부와 함께 구제활동을 하도록 격려하는 데 더 관심을 쏟았다. 제도적 미비함과 아울러 재정적 부족 때문이었던 베이징 정부에서 시행할 수 있는 구제 방식은 주로 평조平糶였다.[44] 이런 점에서 도원이 설립되던 1910년대 후반과 1920년대 초의 중국, 특히 화북 지역의 상황은 자선의 전문화가 필요한 시점이었다.

종단 설립과 조직망의 확대

이제 남은 일은 신의 계시에 따라 새 시대에 맞는 종파를 만드는 것이었다. 두빙인杜秉寅, 류사오지, 훙스타오, 우푸잉, 리쩐쥔 등 초기 주도자들은 1921년 2월 9일에[45] 지난에서 정식으로 도원을 설립하여 이를 모단母壇으로 삼고, 빈현濱縣의 종사는 종단宗壇으로 설정하는 핵심 지역 조직을 구성하였다. 내부의 조직과 직책도 정하였다. 내부에 '통원統院·좌원坐院·단원壇院·경원經院·자원慈院·선원宣院' 등 6원을 두어 원감院監이 이를 책임지는 조직체계를 갖추었다. 최고위직에는 장적掌籍을, 이를 보좌하는 자리에 부장적副掌籍을 두어 각 부서를 총괄하도록 하였다.

베이징 정부에는 그해 12월에 종교단체로 등록하였다. 지난에서 출발한 도원은 공식적인 출범 이전에 베이징을 비롯한 전국에 확대하여 전 중국적인 단체로 만드는 작업에 주력하고 있었다. 산둥의 지닝濟寧과 더불어 베이징, 톈진에 분원을 설립하였는데, 이 중 베이징 도원은 두빙인 등 5인을 파견하여 리웬웬李圓源의 집에 단을 만들었다. 이 베이징 도원은 후일 전국의 총도원으로 발전하였다.[46] 톈진에는 두빙인·정잉즈·쉬스창·쉬스광을 찾아 도원에 가입시키면서 시작되었던 바, 특히 정부 등록에는 쉬스광의 도움이 컸던 것으로 알려졌다.[47]

지난·베이징·톈진 등에 핵심 거점을 마련하고 정부 승인을 받은 도원은 1922년 이후 두빙인 등을 각지에 파견하여 지부 설립에 힘을 쏟았다. 그 결과 안후이성安徽省의 벙부蚌埠, 허페이合肥, 안칭安慶, 루장廬江, 장쑤성江蘇省의 상하이上海, 타이현泰縣, 동타이東台, 시아관下關, 쑤저우蘇州, 양저우揚州, 즈리성(현 허베이 성)直隷省의 퉁현通縣, 징하이靜海, 칭현淸縣, 창현滄縣, 산둥성山東省의 이두益都, 이슈이沂水 등 산둥성, 안후이성, 장쑤성 내 20여 개 현에 지부가 개설되었다. 이어 저장의 항저우, 후베이의 우창武昌, 산시의 타이위엔太原, 허난의 카이펑開封 등 성도와 동북의 선양瀋陽, 지린吉林, 창춘長春, 보쿠이卜奎, 쑤이화綏化에도 지부 개설이 이어졌는데, 대략 1년 이내에 개원된 곳이 60개처였다. 그 다음 해에 다시 60개의 분원을 두었으며, 1922년에는 여성들의 도원인 '여도덕사女道德社'도 창립하였다. 주요 인물은 두빙인의 부인과 류푸옌의 모친, 그리고 왕런청의 부인이었으며, 이들은 사내社內에 관세음보살과 노조老祖를 모셨다.[48]

〈표 1. 도원 지부의 연도별 개설 현황〉[49]

	1921	1922	1923	1924	1925	1926	1927	1928	1929	1930	1931	합계
산둥	2	26	8	6	4	5	18	6	2	2	1	79
즈리	2	8	8	1	4	7	5	2	0 (허베이)	1	0	37
장쑤	0	6	8	3	5	1	0	1	0	2	1	27
안후이	0	4	2	6	5	1	2	1	1	3	1	28
펑티엔	0	1	2	0	0	0	2	4	4 (랴오닝)	6	0	19
허난	0	3	2	0	0	0	0	1	1	1	0	8
산시	0	1	1	0	1	0	0	1	0	0	0	6
후베이	0	1	1	0	2	0	0	0	0	0	0	4
지린	0	3	0	0	0	0	0	1	1	0	1	6
쑤위엔	0	0	3	1	0	0	0	0	0	0	1	5
저장	0	1	1	1	0	0	0	0	0	0	0	3
헤이룽장	0	2	0	0	0	0	0	0	0	0	0	2
푸지엔	0	0	2	0	0	0	0	0	0	0	0	2
쓰촨	0	0	1	0	0	0	0	0	0	0	0	1
열하	0	0	1	0	0	0	0	0	6	0	0	7
차하르	0	0	1	0	0	0	0	0	0	0	0	1
산시	0	0	0	0	0	1	0	0	0	0	0	1
구이저우	0	0	0	0	0	1	0	0	0	0	0	1
홍콩	0	0	0	0	0	0	0	0	0	0	1	1
합계	4	56	42	19	21	15	27	18	15	15	6	238

이 표를 통해서 알 수 있는 바와 같이, 도원의 지역 조직이 전국적이라고 하지만, 1931년도까지 산둥, 즈리, 장쑤, 안후이, 펑티엔의 5성에 집중되어 있으며, 그 밖에 허난, 산시, 쑤위엔, 열하, 저장 등에 분포되어 있다. 산시[陝西], 깐쑤 등 서북부와 쓰촨, 윈난, 구이저우, 그리고 장

시, 후난 등 중부 지역에는 지부 조직이 거의 없는 형편이다. 곧 한족이 집중적으로 거주하는 동부와 북부 연안에 집중되어 있다는 사실이며, 지세로 따지자면 주로 화북평원과 화중평원, 그리고 만리장성을 넘어 만주평원 남부에 해당된다. 시기별로 보면 초기에는 1922년과 1923년에 전체 조직 238개 중 98개처에 만들어졌고, 그 이후 1930년까지 다소의 기복이 있기는 하지만 많은 경우 27개, 적은 경우 15개처에 조직되어 있었다.[50] 이러한 결과 지난의 모원을 정점으로 하여 중국 내에는 성원省院, 현원, 시원, 진 혹은 향원에 심지어 향촌에도 기수소寄修所를 두게 되었고, 홍만자회와 함께 해외에 설립한 지부도 주원으로 자리를 잡았다.[51] 중앙집권적 조직체계를 갖춘 것이다.

새로운 지부를 개설하는 데에는 도원의 창립 때와 마찬가지로 부계를 통한 신의 계시가 필요하였으며, 모원이나 주원에서 멤버를 파견하여 이를 지도하였다. 도원의 핵심 멤버로서 목필을 부지하는 시단제자侍壇弟子 역시 모원의 인가를 얻은 사람만이 할 수 있었다. 이렇게 함으로써 도원 개설의 신성성이 유지될 수 있었던 것이다.[52]

여도덕사의 존재

도원의 하부 조직으로서 독특한 것은 도원의 종교 이념을 연구하면서 이를 체계화하고, 도원에서 필요한 인재를 양성하는 기구로서 도덕사가 있었으며, 여성신도들을 위한 기구로서 여도덕사를 부설하였다. 일부 연구자들은 이 조직이 활동한 바가 거의 없기 때문에, 검토하기 어렵다는 의견을 제시하고 있다.[53] 1932년 10월 9일 작성한 각지 원회 일람 및 각지 여도덕사 일람표에는 현재 활동 중인 조직과 정지된 조직을 표시하고 있다.

위의 여도덕사 조직과정의 특색은 산둥의 경우, 후기로 갈수록 향·진鄕鎭에 개설된다는 점, 그리고 1931년에 가장 많은 21개가 개설되었다는 사실이다. 지역별로는 산둥, 안후이, 장쑤, 랴오닝, 그리고 허베이, 베이핑, 허난의 순서이다. 곧 산둥을 중심으로 위로는 랴오닝, 아래로는 장쑤까지가 주 무대였다는 사실을 알 수 있는데, 이는 대체로 도원 및 홍만자회의 조직 분포와 일치한다.

일람표에는 원래 사장社長 성명이 모두 표시되어 있으나, 이 표에서는 생략하였다. 성姓과 도호道號를 같이 써 넣은 경우가 43사社, 도호만 써 넣은 경우가 40사, 표기가 되어 있지 않은 곳이 15사社인데, 이 중에서 부모의 양성兩姓을 같이 쓰는 사례는 장첸張陳, 뤼따이呂戴(2), 야오판姚潘, 장왕張王, 루루陸盧, 쉬순徐孫, 왕판王范, 리짜오李趙, 황숑黃熊, 쉬에왕薛王, 왕장王張 등 12명이다. 이러한 양성 사용 관습은 19세기에 광동과 같은 남부 지역에서는 종종 보이지만, 20세기 전반기에 화중과 화북에서 어떤 양상이었는지 아직 아는 바가 없다.

이들 여도덕사의 활동에 대해서는 알려진 바가 거의 없다. 다만, 1931년 12월 12일에 상하이 홍만자회에서 도원과 홍만자회가 함께 회의하는 원회도자회의院會道慈會議에서 도원道院과 만회卍會의 경상보조비로 약 1만 1천 위엔을, 여도덕사에 대한 경상보조비로 약 3천 위엔을 지급하기로 결정하였기 때문에[54] 살아 움직이는 조직이었던 것만은 확실하다. 심지어 일부 기록에는 '원회院會'에 여도덕사까지 포함해서 '원회사 삼부院會社 三部'라고 부르는 경우도 있었다.[55]

이상과 같이 도원은 '각교各教의 진제眞諦를 융회融會하여 대도大道를 숭상하고, 영철英哲을 연구하여 안으로는 정좌하여 수기함으로써 자신

〈표 2. 1932년 도원 각 지역 여도덕사 일람표〉

	1922	1923	1924	1925	1926	1927	1928	1929	1930	1931	1932	총계
산둥	濟南, 濰縣, 益都 (+)	泰安		聊城, 策蕪, 策陽, 掖縣 (*)	鄒縣, 禹城, 烟臺	臨淸, 博山	臨榆		靑島, 福山, 泗水鄕	汶上, 騰縣, 煙臺 牟平, 緇博 周村, 緇川 ,章邱	蓬萊 (!)	24
장쑤	南京 下關, 南京 城內 (+), 鎭江	蚪湖, 江都, 曲塘, 松江 (*), 常州			如皐, 銅山, 盧莊 (+)				泰縣	東陳	南通 (!)	14
베이징	京兆			東城	固安	大興, 宛平						5
산시	太原						大同					2
저장	杭州	四明										2
허난	開封	洛陽, 商邱, 虞城										4
안후이	酆阜, 安慶, 蕪湖, 廬江 (*)			合肥, 巢縣, 三河	柘皐		穎上	泗縣, 阜陽,, 鳳陽		臨淮關,正陽,霍邱(+)		15
허베이		靜海		通縣 (*)			包頭, 保定	寧河	灤縣			6
상하이		南大白柵										1
쓰촨		重慶 (+)										1
차하르					張家口							1

쟈오닝				瀋陽			安東	營口	四平, 通遼	莊河, 大連, 洮南, 公主嶺, 蓋平	法庫(!)	11
지린					吉林	長春					遼源(!)	3
쑤이위안									五原, 綏遠			2
헤이룽장										하얼빈, 卜奎,		2
열하										열하		1
홍콩										홍콩(+)		1
후베이										漢口		1
산시										西安		1
장시											淸江(!)	1
총계	14	13	0	10	10	5	6	5	9	21	5	98

– Q120-1-34, 〈各地女道德社一覽表〉에 의거하여 작성하였다.
– + 표가 되어 있는 곳은 연도가 표시되어 있지 않으나 그 해 끝부분과 다음 해 시작 전 사이에 표기하였기 때문에 해당연도에 기입하였다.
– * 표는 붓글씨로 '停'이라고 표기한 곳이다.
– ! 표는 주소 표기나 창사연도가 표기되어 있지 않고, 붓글씨로 일람표 말미에 써넣은 곳이다. 다른 지명은 모두 인쇄체로 작성하였다.

을 율律하고, 밖으로는 자慈를 행함으로써 구세도인, 내외겸수를 행하여야 한다'는 점을 강조하였다.[56] 이를 간단명료하게 '도道는 체體요, 자慈는 용用'이지만, 도와 자는 둘이면서 하나이고 하나이면서 둘인 불가분의 관계라고 규정하였다.[57] 자가 실현되지 않으면 도 역시 무용이라는 것이다. 주의해야 할 부분은 이들이 자慈의 범주도 좁은 의미의 자선과 넓은 의미의 자선으로 분류하였다는 사실이다. 곧 재해가 일어난 뒤에 구제를 생각하는 것은 좁은 의미의 자이며, 반면 측은의 천성이 인을 낳고 선행을 생각하도록 하는 것이 바로 넓은 의미의 자이다.[58]

홍만자회의 발전양상과 구제활동

자선기구인 홍만자회 개설

홍만자회가 도원의 창설과 거의 같은 시기에 출현한 이유는 바로 위와 같은 상황에서 말미암은 것이었다. 홍만자회의 구상은 이미 도원의 육원六院 조직 중에 자선 부분이 별도로 구성되어 있었기 때문에, 사실상 중복의 성격이 강하였다. 그러나 두빙인을 비롯한 초기 멤버들은 도원 자체가 신흥 민간종교인 까닭에 세간에 잘 알려져 있지 않고, 따라서 도원의 순조로운 발전을 위해서는 자선을 전담할 새로운 기구의 필요성이 절실하다고 판단하면서 1921년 베이징에서 '세계홍만자회주비처'를 만들었다. 당시 발기인으로 참여한 사람들은 첸넝쉰錢能訓, 쉬스광徐世光, 두빙인杜秉寅, 왕즈샹王芝祥, 허슈何澍, 왕런원王人文, 챠오바오헝喬保衡, 리지아바이李佳白 등이었으며, '세계 평화를 촉진하고 재환을 구제하는 것을 종지로 삼는다'는 것이었다. 조직으로는 총회와 각 성시부현진에 지회를 두고, 총회는 15명 이내의 동사董事를 두며, 그 안에서 동사장 1인을 뽑으며, 부서로는 총무, 저계儲計, 방제, 구제, 자업, 교제의 6부를 설치하며 각 지회에서도 대략 이를 따른다고 규정하였다.[59]

두빙인은 주비처를 만들기 전에 정잉즈와 함께 1921년에 상하이에 와서 그 창립 의사를 밝힌 적이 있는데, 이에 대해 이곳에 초청된 신상紳商과 각계의 명류名流들은 큰 지지를 보냈으며, 곧바로 지난으로 돌아가 세계홍만자회 성립대회를 기획하였다고 한다.[60] 주도자들은 적어도 상하이와 같은 대도시의 엘리트들이 홍만자회와 같은 자선단체에 어떻게 반응을 보이는지가 궁금하였던 것이다.

내무부에서 정식 허락을 받은 것은 1922년 10월로, 동사장董事長은 숑시링熊希齡, 동사董事는 쉬란저우許蘭洲, 허슈何澍, 마원성馬文盛, 왕뤼친王汝勤, 왕런원王人文, 샤춘녠夏椿年, 펑영시우封永修, 리즈쩐李智眞, 양위엔청楊圓誠 등이었으며, 공식 명칭은 '세계홍만자회 중화총회'였다.[61] 이들의 설명에 따르면 명칭에는 그들의 목표가 분명히 들어 있다. 우선 '세계'라는 관사를 붙인 이유는 평화와 구제라는 문제가 중국만의 것이 아니라는 인식에 근거하고 있다. 이는 이미 도원의 5교 합일에서 강조되었던 바이다. 그렇기 때문에 '중화총회'란 중국의 홍만자회도 세계 조직의 일부라는 사실을 부각시키려는 의도가 있었다. '홍紅'은 적심赤心 혹은 적성赤誠을 상징하며 '만卍'자는 자제慈濟가 천지사방의 온 우주에 미치도록 하여 나와 남의 구분이나 계역界域도 없고, 모든 차별의 뜻이 없도록 하면서 사회 일부의 인력과 물력을 집중하여 인군물류人群物類의 고통을 구제하는 뜻을 담고 있다고 말하였다.[62] 특히 '卍'자만은 붉은 색으로 표기하여 만회가 사용하는 공식 서류뿐만 아니라 기호나 회의 종지의 상징으로 쓰였다.[63]

홍만자회가 도원의 '자慈'를 실행할 수 있는 실천기구로 출발하였지만, 실제 양자의 관계 설정은 출발 당시부터 논란거리였다. 도원에는 부속기구로서 모두 홍만자회를 두어야 하는가, 그리고 도원에 입교해

야만이 홍만자회의 회원이 될 수 있는가를 둘러싸고 의논이 분분하였던 것이다.

당시 도원의 정식 멤버는 수방修方이라 불리웠고, 홍만자회의 정식 멤버는 회방會方이라고 불리웠다. 예를 들어, 미국의 선교사로 도원과 홍만자회에 참여했던 리지아바이는 사회구제를 목표로 성립된 홍만자회의 회원 자격은 수방을 넘어서서 더욱 넓어져야 하며 그래야 더욱 발전할 수 있다고 주장하였다. 대부분의 사람들이 이에 동의하였지만, 도원의 창립 멤버이자 홍만자회의 동사董事였던 정잉즈鄭嬰芝는 이에 대해 회의적이었다. 그는 기독교청년회YMCA를 사례로 들면서 회원은 비교도일 수 있지만 임원은 교인이어야 하며, 선거권도 역시 교인에게만 주어지는 것처럼 수방이어야 차후에 있게 될 폐단을 방지할 수 있다는 것이다. 나아가 만회의 설립 목적은 도원을 발전시키는 데 있는 만큼, 수방이 아니면 입회는 불가하다는 입장을 고수하였다.[64] 이 주장이 채택되어 홍만자회는 도원의 조직 내에 존재하게 되었다.

이것이 논란이 된 이유는 당시의 반종교적 사회 분위기와 무관하지 않아 보인다. 앞에서 본 바와 같이 도원의 교의와 수행 방식 등은 5·4 운동 이후 중국사회에 불어닥친 반종교의 열기 속에서 '미신'으로 치부되기에 충분하였다. 신의 계시를 받아 세상일을 처리한다는 이름 아래 부계扶乩라는 점을 치는 행위는 특히 합리주의를 추구하는 지식인들 사이에 냉소거리였다. 량치차오는 슝시링, 첸넝쉰, 쉬스광 등 원회의 주도자들과 어울렸지만, 도원에 대해서는 비판적이었다.[65] 사실, 1920년대 초반에 진화론으로 무장한 지식인들은 기독교와 같은 제도종교조차 인민을 박해하고 살해하며 인간의 본성을 억제한다는 이유를 들어 반종교 투쟁을 선명히 하였다. 이러한 흐름은 뒷날 국민당 정부의 정책에 그대로 반영되었다. 특히 반기독교운동은 반제국주의적 성격을 띠고 전개되었기 때문에 기독교적 구원논리를 전면에 내세우면서 종교활동을 하기에는 여건이 매우 좋지 않았던 것이다.[66]

사실 도원의 구제관이나 그것의 외형체인 홍만자회에는 서구에서 들어온 홍십자회(적십자회)나 기독교청년회와 같은 모델이 있었다. 특히 일부 관찰자들은 홍만자회는 명칭이나 활동 자체가 홍십자회를 본뜬 것이 아닌가 하는 의구심을 제기하기도 한다. 1930년 이전에 중국의 자선결사를 면밀하게 조사한 일본의 수에미츠 다카요시末光高義는 세계를 지향한다던가, 자선구제 사업을 종지로 한다는 점, 그리고 십자十字 대신 만자卍字를 사용한다는 점 등을 구체적인 예로 들었다.[67] 전쟁터에서 구호대를 조직하여 구호활동을 하거나 임시수용소를 건설하여 피난민을 수용하는 홍만자회의 활동상의 특징도 홍십자회와 유사한 것이었다.[68] 홍만자회에서도 이를 분명히 인지하고 있었다. 〈홍만자회선언〉에서 두 단체의 출발 지역, 활동 범위, 목표 등을 언급하고 있는 것이다.[69]

청말에 중국에 들어온 홍십자회는 주로 상하이를 거점으로 활동하면서 병원과 학교 설립에 주력하는 한편, 재난 구제와 전쟁 구호에서 뛰어난 성과를 보여주었다.[70] 홍십자회의 이런 특징은 후일 홍만자회의 특징이기도 하였다는 사실에서 홍만자회가 홍십자회를 모델로 삼았다는 사실은 너무나 분명하다. 다만 홍십자회는 종교와 무관하게 자선활동을 전개한 데 비해, 홍만자회는 도원과 일체가 되어 활동을 해 나갔다는 데 큰 차이점이 있다.

그렇다면 당시 도원과 만회, 곧 원회의 주축 멤버들은 누구였는가.

지난에서 원회를 주도한 사람들에 대해서는 앞서 소개한 바와 같이 관신 엘리트들이었으며, 심지어 정부 고위직이거나 심지어 장쭤린이나 우페이부와 같은 군벌도 포함되어 있었다. 그러나 이러한 구성 성분이 전국적으로 같았다고 보기는 어렵다. 예컨대 상하이 지역의 경우, 지난이나 베이징과는 현격한 차이를 보여주고 있다.

1937년까지 상하이시 사회국에 등기된 회원 수 134명 중 99명이 자신의 직업을 표기하였는데, 그중 98명이 '상商'이라고 적어 넣었다. 나머지 한 사람은 의사였다.[71] 그리고 이 중에서 가입연도를 표기한 60명을 분석해 보면 다음과 같다. 1937년의 연령별로는 30대 6명, 40대 9명, 50대 11명, 60대 4명이며, 가입연령으로는 이른 나이가 23살, 늦은 나이는 55살이었으며, 가입연령대로는 20대 가입자가 10명, 30대가 6명, 40대가 9명, 50대가 5명으로서 20대에서 40대까지 다수를 차지하고 있었다. 곧 상하이 지역의 홍만자회는 40~50대 상업에 종사하는 남성으로, 출신지는 절대 다수가 장쑤 남부와 저장 북부였다. 각 지역별로 조사를 하게 된다면, 좀 더 분명하게 회원들의 성향을 알 수 있을 것이지만, 이 글에서는 자료상의 한계로 인해 생략한다.[72]

이러한 차이에도 불구하고 각 지역의 주도자들이 중시하였던 것은 원회 조직의 목표와 그 정당성이었다. 앞서 말한 바와 같이 홍만자회의 조직 동기는 기본적으로 도원의 목표, 곧 '부符로써 수기修己한 다음 도인度人'하려는 것이었으며 이는 두빙인, 슝시링, 첸넝쉰, 쉬스광과 같은 초기의 지도자들이 적극 실행하려는 목표이기도 하였다.

동아시아로 확대된 홍만자회

특기할 만한 사실은 이들이 홍만자회를 조직하고 난 뒤, 내외적으로 많은 사건이 발생하면서 활동할 기회가 시간이 흐를수록 증가하였다는 점이다. 내부적으로 중국에는 군벌들 사이, 혹은 국민혁명군과 군벌 사이에 전쟁이 이어졌고 각종 재난 역시 한 해도 빠지지 않고 발생하였다. 또 일본에서 1923년에 있었던 도쿄대지진은 도원과 홍만자회가 해외에 지부를 두게 된 결정적인 사건이기도 하였다. 지진이 발생하자 중화총회에서는 보편적 구원을 명분 삼아 펑위에모馮閱模, 허우옌솽侯延爽, 양청모楊承謀 등 3인을 일본에 파견하면서 쌀 2천 석을 일본 정부에 기부하는 한편, 구호금을 들고 도쿄東京, 요코하마橫濱, 고베神戶 등지의 화교를 구제하는 데에 관심을 쏟았다.[73]

일본에 대한 지원은 이에서 그치지 않고, 다수의 지부 설립과 대본교大本教와의 교류 수준으로 확대되었다.[74] 신의 계시, 인류애선人類愛善, 만교동근萬教同根, 세계世界 대동주의大同主義 등 도원과 유사한 교의 및 목표를 가지고 활동하던 신흥종교 대본교 본부를 직접 방문하면서 교류가 논의되었고, 그 성과는 일본 각지에 도원을 개설하는 것과 중국에도 마찬가지로 대본교의 지부를 설립하는 것으로 나타났다.[75]

도원과 홍만자회는 그 밖에 홍콩, 싱가포르, 조선에도 지부를 두어 동아시아적 종교 및 자선단체로 성장하고 있었다. 조선의 경우, 1930년에 홍콩 분원에 이어 남양과 조선의 경성에 지부를 두고 수석통장으로 윤덕영을 임명하였으나 구체적인 활동이나 경력 등에 대해서는 기재하지 않아,[76] 전모를 파악하기는 어렵다. 다만, 1936년의 조선홍만자회 사진에는 홍만자회의 활동을 잘 보여주는 장면과 설명문 및 문패가

세계홍만자회조선주회
시죽 현장.

세계홍만자회는 1930년에 홍콩에 이어 조선의 경성에도 지부를 두었다. 이 사진은 1936년 봄에 홍만자회에서 조선의 빈민들에게 죽을 나누어 주고 찍은 것으로, 정장 차림을 한 홍만자회 멤버들과 시죽의 대상으로 보이는 7명의 남녀노소가 만자기를 들고 있다. 왼편의 초가집 대문에는 '세계홍만자회조선주회구제부시죽제6분창世界紅卍字會朝鮮主會救濟部施粥第6分廠' 이라고 쓴 간판이 걸려 있다. 이로 보아 적어도 6개의 분창이 있었음을 알 수 있으며, 그 장소는 구제 대상이 거주하고 있는 동네였을 것으로 보인다.(사진, 한미사진미술관 소장)

세계홍만자회조선주회
본부 건물.

아직까지 세계홍만자회 조선지회의 전체 양상이나 활동상황 등에 대해서는 알려진 바가 거의 없다. 다만 최근 홍콩에서 발간된 《홍콩 홍만자회 80년사》란 책 속에서 조선지회의 본부 건물 사진이 실려 있다. 사진의 설명문에는 '인왕산록에 있는 조선주원'이라 쓰여 있고 건물 정면 오른쪽에는 홍만자회 깃발이 다른 깃발과 X자 형식으로 세워져 있다. 이 건물은 일제 시대에 송석원 혹은 벽수산장이라 불린 건물로, 윤덕영이 강제 합병에 협력한 대가로 일본 국왕으로부터 받은 은사금으로 지었다고 알려졌다. 당시 일부 언론에서는 이 건물에 〈세계홍만자회 조선본부〉라는 간판이 걸려 있었다고 보도하였다. 현재 이 건물은 종로구 옥인동 43번지에 기둥 일부만 남아 있다.(사진, 《홍도전자弘道展慈-홍콩 홍만자회 80년사》, 홍콩 홍만자회본부, 2011에서 인용)

함께 들어 있다. 사진 하단에는 '세계홍만자회조선주회제6분창빈민일동촬영-병자입춘世界紅卍字會朝鮮主會第6分廠貧民一同撮影-丙子立春'이라는 사진 설명문이 있으며, 같이 촬영한 인물들은 시죽施粥의 주체인 홍만자회 멤버와 대상인 빈민 7명이다. 또한 초가집 대문에는 '세계홍만자회조선주회구제부시죽제6분창世界紅卍字會朝鮮主會救濟部施粥第6分廠'이란 간판이 세로로 걸려 있다. 이에 따르면 적어도 조선에는 6개의 시죽 분창이 있었으며, 정기적으로 시죽활동을 하였을 것으로 보인다.[77]

홍만자회는 나아가 파리나 런던에도 도원을 개설하고 당시 아나키스트들이 즐겨 사용하던 에스페란토어를 교수하면서 자신들의 활동을 세계대동주의라는 맥락 속에서 정당화하였다.[79] 5교 합일의 통섭과 세계의 구원이 단순히 경전 내에서만 진전된 것이 아니고 실제로 종지에 따라 국경을 넘어 진행되었다는 구체적 사례일 것이다. 일본의 대본교 역시 해외에 많은 지부를 개설하면서 에스페란토어를 익혔고, 이 전통은 지금껏 이어지고 있다.

홍만자회의 조직과 그 특성

다음으로 우리가 살펴보아야 할 주제는 홍만자회의 조직과 운영에 관한 것이다. 앞에서 본 바와 같이 도원에서는 '원회일체院會一體'의 원칙에 근거하여 홍만자회를 조직하였기 때문에, 각 지부의 도원은 홍만자회 지부를 겸하고 있었다. 그러나 내부 조직은 각기 달랐다. 도원은 자선 중심의 종교결사인 반면 홍만자회는 구제활동을 위주로 하는 자선조직이기 때문이다.

홍만자회의 내부 조직은 1922년 1월 28일 내무부에서 비준한 〈세계

홍만자회중화총회시공세목世界紅卍字會中華總會施工細目〉에 따라 만들어진 것이었다. 이 세목은 모두 9장으로 구성되어 있는데, 제1장 총칙, 2장 회원, 3장 조직, 4장 경비, 5장 자업慈業, 6장 회의, 7장 분회, 8장 장려 및 징벌, 9장 부칙이 그것이다. 그중 조직은 기본적으로 총무부總務部, 저계부儲計部, 방재부防災部, 구제부救濟部, 자업부慈業部, 교제부交際部로 되어 있으며, 각 부서의 업무 분장에 대해서는 총무는 문독文牘, 강연講演, 조사, 서무를, 저계는 심핵審覈, 보관保管(동산·부동산), 사납司納, 사부司付를, 방재는 규획規劃, 선도宣導, 예방, 측감測勘, 공정工程을, 구제는 진재賑財, 수용收容, 시사施寫(의약 관재 의류), 간위杆衛(피해 지역의 간위 소미消弭)를, 자업은 감화, 교양, 보육, 공예를, 교제부는 연합(세계자선교단 및 자선가와 수시 연합), 권모勸募, 초대, 통역을 맡는 것으로 규정하였다.[80] 그리고 모든 부서마다 주임간사 1인, 부간사 2인을 두며 회장과 부회장이 각 본부의 모든 사무를 처리하도록 하였다.

홍만자회의 최고 의결기구는 회원대표대회였다. 이를 대표하는 직책은 회장이었으며, 그가 조직의 모든 책임을 맡았는데, 이러한 회장제는 중일전쟁 직전에 동사장제董事長制로 바뀌었다. 제도가 바뀌기는 하였지만, 사실상 그것은 명칭만 회장에서 동사장으로 바뀌었을 뿐 집행기관으로서의 동사회나 동사의 선출 방법, 임기, 기능 등은 기본적으로 큰 변화 없이 초기부터 1946년에 감리사제가 도입될 무렵까지 유지되었다.[81]

동사회가 새로운 회의체인 것처럼 보이지만, 실제로 전통시대의 자선기구인 선당善堂 운영에 있어서 동사회는 이미 18세기 말에 출현하고 있었다.[82] 하지만 민국시대의 동사제는 청대와 달리 운영 방식에 있어서 서양의 선교사들이 설립한 선당의 운영모델을 참조한 것이기 때문에[83] 명칭이 동일하다고 해서 동일한 제도라고 보기는 어렵다.

그렇다면 여기서 서양의 선당 운영 방식을 따랐다는 것은 구체적으로 어떤 양상이었을까. 현재 남아 있는 1930년대 상하이 지역의 홍만자회 자료에 의거하는 한, 홍만자회의 회의체는 '원회도자회의院會道慈會議'라고 불렸다. 곧 도원과 홍만자회가 합동으로 운영하면서 도道와 자慈의 문제를 함께 논의하는 회의체였으며, 이 점에서 일반적인 자선단체가 주도하는 회의체와 성격이 달랐다. 이 원회도자회의에서 논의된 회의록에는 참석자, 주석, 안건 처리, 토론사항, 내용, 처리 방식, 담당자, 보류 안건, 차기 회의안건, 전회前會 회의안 통과의 잘못 유무 등을 기록하였는데, 참석 인원은 보통 10인에서 20인 사이였다. 이 회의체에서 주목되는 것은 회의에 앞서 종지宗旨를 선포하며, 도무와 자무를 함께 논의하였다는 사실이다. 예컨대 도무의 경우 베이징 총원의 훈유와 종지를 전달하는 한편, 지난 모원에서 실시되는 좌법회坐法會에 보낼 대표를 천거하는 일이 있었다. 또한 홍만자회의 구제활동에 따른 비용 문제뿐만 아니라 도원의 경상비를 보내는 문제 역시 회의의 주요 주제였다.[84]

이러한 독특한 회의체 때문에 홍만자회는 다른 자선단체와 연합하여 논의하는 공동회의체에 참석하여 활동하는 것이 쉽지 않았던 것 같다. 예컨대 대도시에서 자선활동이 매우 활발하였던 상하이의 경우 1927년에 35개 자선단체들이 상하이자선단체연합회를 조직하였으나, 이 조직에 홍만자회는 보이지 않는다. 심지어는 이 때문에 상하이 지역의 자선활동을 검토하는 연구서에서조차 홍만자회의 이름은 없다.[85] 자선단체의 종합목록 속에도 이들은 '세계홍십자회중화동남총회 연합총판사처'라는 이름으로 표기되어 있어서[86] 외부인에게 홍십자회인지, 홍만자회인지를 분간하기 어렵게 만든다.

여도덕사의 운영도 원회도자회의의 의제였다. 예를 들면, 1931년 8월 20일의 회의 의사록에 여사女社의 이전 문제를 두고 토론한 결과 이 사항은 두 명이 포치布置와 수리 문제 일체一切를 담당하는 것으로 결정되었다.[87] 곧 다른 자선단체와 달리 홍만자회의 회의체는 종교적 성격이 강하였던 것이다. 따라서 일반적인 선당들의 회의체와 홍만자회의 그것은 분명한 성격적 차이가 있다고 생각된다.

홍만자회의 회의체를 검토한 주요 이유는 조직의 특징을 드러내려고 하는 데에만 있는 것은 아니다. 이는 국민당 정부의 명령이 제대로 지켜졌는가의 여부와도 직접 관련된다. 국민당 정부는 1928년에 종교단체가 자선사업을 핑계 삼아 종교를 선전하거나 경영상의 이익을 취하는 것을 금지시켰다.[88] 나아가 같은 해 10월에는 전국 각지의 오선사悟善社, 동선사同善社, 도원道院에 대해 '단을 개설하여 미신을 선전하고 요언으로 민중을 현혹하며 진화의 이치에 맞지 않으므로 엄금'한다는 명령을 내렸다.[89] 이렇게 된 주된 이유는 상하이의 오선사가 부계를 이용하여 삼민주의를 비판하였던 데 있었다. 도원에서는 이에 난징에 각지의 분회장을 파견하여 항의하였고, 그 결과 도원의 자선구제만을 인정하고 종교활동은 불인정하는 것으로 결정하였다. 이후 도원은 대외적으로 세계홍만자회 모모분회로 활동하였고, 정부에도 이렇게 등록하였기 때문이다.[90]

그러나 위의 원회도자회의록에 따르면, 정부의 명령이 홍만자회 내부에서는 거의 지켜지지 않았다는 사실을 보여준다. 홍만자회에서는 숑시링 대표로 하여금 국민당 정부가 이를 철회하도록 요청하였다. 국민정부진재위원회 위원의 신분으로 장제스에게 보낸 서신 속에서 그는 종교의 중요성을 다음과 같은 3가지 이유를 들어 강조하였다. 곧 1) 몽골과 티베트 등, 소수민족이 이탈할 가능성이 있으며, 2) 법률상으로 미비하고 교육제도가 제대로 보급되지 않은 상태에서의 반종교 활동은 사회 질서를 동요시킬 수 있고, 3) 또 사회에서 종교가 사라지면 사회의 각종 불만을 풀 방법이 없다는 등으로 '정리종교위원회'의 성립을 건의하기에 이르렀다.[91] 이 청원은 받아들여지지 않았으나 다른 인사들의 설명으로 인해, 국민당은 도원의 종교활동만 금지하고 홍만자회의 자선구제 활동은 허가하는 쪽으로 정리하였다.[92]

이후 도원의 활동은 모두 홍만자회의 이름으로 진행되기에 이르렀고, 홍만자회는 끊임없이 자신이 순수한 국제 자선단체이며, 정치에 간섭하지 않고, 차별을 두지 않을 것이며, 자선 범위 이외의 모든 사무에 간여하지 않는다고 선언하였다.[93] 이 때문에 이들은 회원들에게 끊임없이 언행을 조심하도록 요구하였으며, 이로 인해 구설수에 올라 원회의 발전에 불이익이 오지 않아야 한다는 사실을 강조하였다.[94] 홍만자회도 국민당 정부의 요구에 순응해야 할 뿐만 아니라 자선사업에 적극 협조하고, 종교를 믿어야 하지만 어느 특정 종교에 치우치거나 구애되지는 않는다는[95] 수준의 발언까지 하게 되었다.[96] 그러나 1935년 무렵, 장제스는 상하이에 본부를 두고 있던 홍만자회 동남연합총판사처東南聯合總辦事處와 베이핑총회北平總會가 장시江西에서 보여준 진재활동을 직접 확인한 뒤 마침내 홍만자회를 '신앙이 있고 조직이 있는 단체'라고 평가하기에 이르렀다.[97] 종교에 바탕을 둔 자선활동에 대한 국민당 정부의 시각이 때와 상황에 따라 변화하였음을 보게 된다.

홍만자회의 다양한 자선활동

마지막으로 홍만자회의 설립 근거였던 자선활동의 구체적 양상을 보기로 한다. 도원에서 제시한 구제사업에 따르면 홍만자회의 주요 목표는 1) 각종 학교를 세워 인재를 양성하며, 2) 자선을 골자로 한 간단한 그림책을 편집하여 선강소宣講所에 기증하여 교육의 보급에 기여하고, 3) 의원을 설립하여 질병의 전파를 막고, 병재兵災를 구제하며, 4) 평시부터 곡물을 비축하여 만일의 기근에 대비하고, 5) 실업자에 대한 구제책으로 공장을 설립하거나 소영업의 자본을 대부하여 생활을 보증하며, 6) 세계의 공안 및 사회의 공익에 속하는 사업에 대해 정부와 협조해야 할 때에는 그 뜻을 정부에 건의한다는 데 두었다.[98]

이를 시행하기 위한 구체적 사업은 크게 임시사업과 영구사업으로 분류한 뒤, 영구사업으로 병원, 학교 운영, 빈민공장, 석자회惜字會, 인리국因利局, 육영당, 잔폐원, 만자일일卍字一日 신문, 자제인쇄소, 각종 자업慈業을 들고 있다. 빈민공장은 빈민을 수용하여 기술을 가르친 뒤 사회에 내보내기 위해 설립한 것이며, 석자회는 글자가 쓰인 종이를 처리하기 위해 만든 행사였다. 인리국因利局은 빈민에게 이자 없이 소규모 영업자본을 빌려주는 것이고, 각종 자업으로는 죽창粥廠, 평조平糶, 시관施棺, 시약施藥, 동진冬賑 등이 있었다.[99]

그리고 임시사업으로는 각종 재난과 전쟁에 따른 구제활동이 있었다. 예를 들면 이들이 구제공작 활동으로 제시한 것은 1924년 이후 해마다 찾아온 수한재 구제가 있으며, 전쟁 시의 구호로는 지난濟南사변 때의 구제, 핑진平津 지구 전투에서 난민을 구제한 것, 그리고 장저江浙전쟁 때의 구제 등이 있다. 예컨대 1924년에 후난, 후베이, 장시, 푸젠, 즈리,

징짜오京兆 등에서 일어난 수재 때, 홍만자회에서는 10만여 원의 모금액, 쌀, 밀가루, 면의, 의약품 등을 약 10만여 명의 구제민에게 제공하였으며, 이때 사망한 시신 150여 구를 매장하는 일도 담당하였다.[100]

조금 특이한 형태의 활동으로는 1927년 3월 25일에 있었던 난징에서의 외국군함 발포에 따른 구제활동이다. 당시 난징의 시아관下關에는 영국군 군함이 정박하고 있었는데, 이들은 자국의 교민들과 소식이 불통되었다는 이유 때문에 시내에 20~30발의 대포를 발사하여 거주지를 훼손하는 등 도시를 공포에 빠트렸다. 이에 홍만자회 난징분회 회장 쉬포밍許佛明은 국민당군과 성내 상민의 요청에 따라 자선단체 명의로 이 외국함대와 교섭하여 결국 약 250여 명의 외국인을 배에 돌려보내 줄 수 있었다.[101] 외국과의 갈등에도 개입하여 문제를 해결한 사례에 속한다.

전쟁 시의 구제는 1924년 장저江浙 전쟁에서 비롯된다. 전쟁이 벌어지자 홍만자회 난징분회에서는 장저 두 성의 각 분회로 연합회를 구성한 다음 류허瀏河, 쿤산昆山, 이싱宜興, 쟈싱嘉興 등지에서 구호활동을 하는 한편 상하이上海, 항저우杭州, 창저우常州, 단양丹陽, 전장鎭江, 난징南京, 장닝江寧 등에서 부상병과 난민 1만 8,500명을 수용하였다. 이 당시 설립한 것이 구호소救護所로서 이곳에서 부상자들을 수용하여 치료하였다. 또 난징의 시아관下關, 장쑤의 전장鎭江 등에 임시의원을 설치하여 부상병 8천여 명을 수용 치료하였으며, 사망한 병민兵民 3천여 명을 매장하였다. 난민수용소는 50여 개 처로 이곳에 수용한 유부幼婦는 대략 2만 5천여 명 규모였다. 이것이 홍만자회 성립 이후 제일 먼저 조직된 전쟁지구 구제사업에 투입된 구제대의 규모와 그 활동 양상이다.[102]

홍만자회는 이처럼 큰 규모의 자연재해나 병재를 구제하는 데서 매우 뛰어난 성과를 올릴 수 있었다. 그것은 이 조직 자체가 자선을 위해 조직된 탓도 있지만, 전국적인 네트워크를 갖추고 있었기 때문에 더 큰 위력을 발휘하였다. 또한 이들은 앞에서 말한 바와 같이 국제적십자사와 외국 선교단체의 자선사업을 본받았기 때문에 전쟁에서 구호대를 조직하거나 난민수용소를 비교적 용이하게 건설할 수 있었다.

영구사업에서 이들은 다른 자선단체와 달리 병원과 학교 운영에 비상한 관심을 쏟았다. 자선사업의 우선 목표에서도 그 점을 강조하였거니와 그 구체적 성과는 만자의원卍字醫院의 건립과 만자소학의 개학으로 나타났다. 만자의원은 순수하게 시진施診과 시약施藥을 행하는 중서 절충형 의원으로서 1928년에 성립한 곳으로는 베이징총회, 지난濟南, 상하이上海, 추현鄒縣이었으며, 다른 곳에서도 회칙에 따라 개설할 준비를 하고 있었다. 또한 만자학교는 빈민자제를 교육하기 위한 목표로 소학교를 설립하여 모든 서적, 학용품을 비용 없이 제공하도록 계획하였다. 그리고 각 지회에서 먼저 초소初小학교를 개설한 다음 점차 고소高小로 확대하며 매학교 학생은 약 100여 명 정도로 계산하였다. 의원과 달리 학교 개설은 1928년까지 제대로 진전되지 않은 듯한데, 예컨대 홍만자회 활동이 비교적 활발하였던 상하이에서는 1927년에 제1의무 소학이 개교하는 정도였기 때문이다. 상하이에서는 홍만자회 이외에도 중국제생회中國濟生會 등에서 이미 1916년부터 의숙義塾 형태로 학교를 개설하여 운영하고 있었으므로[103] 홍만자회의 그것이 독특한 것이라고 말할 수는 없다. 다만 병원과 마찬가지로 학교 개설에 많은 관심을 쏟았던 사실은 홍만자회 자선활동의 주요 특징이라고 할 수 있다. 이것 역시 중국 내에서 활동하던 외국 선교단체의 운영 방식을 모델로 한 것이었다.

홍만자회는 이처럼 전시의 구호대와 수용소 운영, 회내의 병원과 연계한 부상병 치료 같은 활동을 통해, 다른 자선단체에 비해 뛰어난 성과를 거둘 수 있었다. 특히 전시 구호나 부상병 치료, 전쟁난민 수용 등은 사실상 준군사 활동과 다르지 않았다.

그렇다고 해도 이들은 기본적으로 정치에 개입하지 않으며, 자선에 전념한다는 조직 초기의 목표를 유지하려고 노력하였다. 이 점에서 그들이 초기에 내세운 '도를 닦아, 세계를 구원한다'는 5교 합일적 종교이념은 국민당이 정권을 잡을 무렵까지도 여전히 유효한 것이었다.

그러나 이러한 목표는 국민당이 정권을 장악한 1927년 이후 유지하기가 어려웠다. 그것은 국민당 정부가 구재행정救災行政을 체계화하고 중앙집권화하는 데 따른 불가피한 것이었으나,[104] 그에 못지않게 끊임없이 홍만자회를 비롯한 자선단체들의 정치적 이념을 문제 삼았기 때문이다. 홍만자회의 대표인 슝시링은 어쩔 수 없이 홍만자회도 삼민주의를 숭상한다고 선언하지 않을 수 없었다. 이러한 권력집단에 대한 자기 조절은 만주국이 지배하던 만주 지역에서도 유사하게 나타났다. 만주 지역에서 홍만자회는 초국가적 종교단체였지만, 만주국의 지배 아래서 그것은 '교화단체'로 변질되어 갔던 것이다.[105]

성공적인 자선기구로의 성장

이 글에서는 먼저 도원이 시작된 1920년대 전후부터 국민당이 출현하여 이들을 간섭하여 성격이 변모하는 1920년대 후반 혹은 1930년대 초반까지 도원의 출현 동기와 교의, 조직과정 등을 검토하였다. 그런 다음 홍만자회의 조직이나 운영 방식과 그 특징, 그리고 활동 등을 살펴보았다.

결론을 말하자면, 도원과 홍만자회는 자신들이 제시한 교의를 구체적으로 실천하는 데 성공하였다고 할 수 있다. 도원은 반종교운동이 세차게 몰아쳤던 1920년대 초반에 오히려 그들을 비웃기라도 하듯이 부계를 통한 신의 계시, 정좌, 절충적 교의 등 민간종교의 전통을 재현하고 있었다. 다른 한편으로는 당시 세계에 불던 새로운 과학사조뿐만 아니라 기독교와 회교를 통섭하여 5교 합일이라는 새로운 교의를 제시하는 단계에 이르렀다.

이들은 5교의 궁극적 목표가 세상을 구원하는 일이라고 믿었고, 도원의 내부 조직도 이 목표에 맞추어 구성되었다. 지역 공간에 따른 전국적 형태의 지부가 1930년대 초반에 산둥과 베이징을 중심으로 북으로는 만주 중부, 남으로는 장쑤와 저장에 걸쳐 집중적으로 조직되었다. 원회에서는 이를 베이징과 산둥 지구, 만주 중남부 지구, 장쑤, 저장, 안후이 지구를 묶는 대구역네트워크를 다시 조직하였기 때문에 대규모 재난이나 전쟁에 대비할 수 있는 시스템을 갖출 수 있었다. 나아가 교의에 따라 일본, 조선, 동남아, 유럽 등지에도 도원과 홍만자회 지부를 개설하였으며, 세계화에 따르는 언어 차이를 극복하기 위해 에스페란토어를 학습하고, 유사한 목표를 추구하던 일본의 대본교大本教와 교류하면서 일본 내에서의 지부 개설에 도움을 받았다.

홍만자회는 중국의 종교단체 중, 유일하게 자선활동만을 전담하기 위해 조직된 특별기구였다. 이 기구는 당시 중국 내에서 왕성하게 활동

已被炸燬之青雲橋（李尊庸攝）

果救傷兵二八、傷民二、收容難民婦孺三十餘名
尚有第三隊於午後出發、至晚未歸、至婦孺收容
所、前昨兩日所收婦孺、共計四十三名、又該會
上海總辦事處在法租界貝禘鏖路霞飛巷第八號
、醫院在本埠西門斜橋、婦孺收容所在法租界
班路西門路口山東會館、

▲基督教救濟會成立

상하이사변 시 홍만자회의
구제활동 신문기사.

홍만자회는 20세기 초의 신흥종교인 도원에서 설립한 자선기구로서, 특히 재난구제 활동에서 많은 성과를 올렸다. 1932년 1월 29일에 상하이에서 일본군이 중국군을 공격하는 것으로 시작된 상하이사변은 상하이에 큰 재앙이었다. 당시 상하이 지역 홍만자회는 동남 5성 연합의 구제대를 조직하여 난민 수용, 부상병 및 부상민의 치료, 사망자의 매장 등을 주도하면서 조직의 진가를 드러내었을 뿐만 아니라 구제시스템을 갖추는 중요한 계기가 되었다. 당시 《신보申報》를 비롯한 상하이 지역 신문에서는 시각을 다투어 각종 단체들의 전시 구제 활동을 보도하였는데, 그중에서도 홍만자회의 그것이 내용이나 양에서 큰 비중을 차지하였다.

을 하고 있던 홍십자회(적십자사)나 기독교청년회YMCA 등을 모델로 삼았으나, 도원 측에서 내세운 원회도자일체론院會道慈一體論에 근거하였다는 점에서 홍십자회나 청년회와도 성격이 달랐다.

또한 홍만자회는 전통시대의 선당善堂이 맡아 오던 일상적 구제활동도 중시하기는 하였지만, 전쟁에 따른 부상병 치료와 난민 구호를 더욱 중요시하였다는 점에서 새로운 형태의 자선단체였다고 할 수 있다. 이들은 병원 및 학교의 개설과 운영에도 큰 관심을 보였던 바, 이는 서양의 선교단체들이 이룩한 성과를 모델로 한 것이었다. 이러한 활동은 결국 1차 세계대전을 겪으면서 조성된 위기와 국내의 전쟁과 재해에 대처할 수 있는 현실적이고 효과적인 방법이었다. 따라서 도원과 홍만자회는 다양한 종교를 통섭하고 새로운 형태의 구제 방식과 자선활동을 체계화하여 당대적 위기를 극복하려고 한 초국가적 성향의 자선종교단체였다고 할 수 있다. 이것이 대략 1920년대 말의 원회의 모습이었다.

이러한 성향은 당시 삼민주의라는 정치 이념으로 국가를 주조해 나가던 국민당 정부에 맞지 않는 것이었다. 당시에 발흥하던 신흥종파를 미신단체로 규정하여 금지정책을 펴던 국민당 정부는 도원과 홍만자회를 분리시켜 후자의 자선활동만을 허용하였다. 종교를 앞세운 자선활동이나 삼민주의를 종지로 삼지 않은 단체들의 활동을 금지시켰던 것이다. 이에 따라 원회도자일체론도 외형상 해체되었으나, 실질적으로 그것은 1930년대 이후에도 다소 비밀스런 방식으로 운영되었다. 초국가적 종교와 이에 근거한 자선활동은 국민당 정부에 의해 왜곡되었고, 이는 만주국이 등장한 만주에서의 상황도 유사한 것이었다.

현대중국에 있어서 파룬궁法輪功의 출현과 발전양상

갑작스런 파룬궁 사건

2007년 11월 28일과 2008년 1월 16일에 한국의 서울행정법원에서는 중국 파룬궁과 관련해서 중요하고도 의미 있는 2건의 판결을 내렸다. 11월 28일자의 판결은 '사단법인 한국파룬따파학회'가 단순한 체육 관련 비영리사단이 아니라 사실상 종교활동을 주된 목적으로 하는 단체이며, 체육은 그에 부수되는 사업이라는 것이었다.[1] 1월 16일자의 판결은 중국의 파룬궁 수련자 32명이 낸 난민 지위 신청에서 2명에게 그 신청을 인정하는 것이었다.[2]

파룬궁 문제가 이미 세계화되어 있는 터에, 한국에서도 그것이 수련이나 인권만의 문제가 아니라 법적인 문제로 확대되어 가고 있는 사실을 이 판결문이 보여준다. 이러한 중요성 때문에 국내에서도 이미 파룬궁 문제를 역사학,[3] 사회과학,[4] 기독교 선교,[5] 기공[6] 등 다양한 차원에서 다루어 왔다. 그러나 전반적인 상황을 보면 전체적인 연구뿐만 아니라 이에 따른 세부적인 검토도 여전히 부족한 실정이다.

외국의 경우, 특히 미국에서 파룬궁 문제에 관심이 많다. 리훙즈가 미국에서 활동하고 있는 데다 수련자가 많고, 나아가 중국의 인권운동과 관련시켜 검토해 온 탓이다. 그 점에서 역사적이고 장기적인 시각에서의 연구보다는 공산국가 체제의 적실성이나 운영체계 등, 현실적이고 정책적인 방면에서 파룬궁 연구를 진행하고 있다.[7] 이 단체의 성격이나 발전양상에 대한 연구도 조금씩 진전되고 있기는 하지만 세밀한 부분에 대한 연구는 여전히 미흡하다.

이 글은 파룬궁 문제 중, 이 단체의 발전양상을 좀 더 구체적으로 검토하기 위해 쓴 것이다. 파룬궁은 공식적으로 1992년부터 활동하였으나, 그 이전 단계의 활동에 대해서는 여전히 불투명한 부분이 많기 때문이다. 또 중국 정부는 파룬궁의 발전과정에서 다양한 형태로 지원하였지만 1996년에는 '미신단체'로, 그리고 1999년에는 '사교'로 규정하여 공개적으로 탄압하기에 이르렀다. 이러한 정책의 모순은 물론 국가권력과 민간단체와의 관계 역시 명쾌하게 해명되지는 않았다.

나아가 이러한 문제들을 20세기 전통과 관련해서 검토한 사례도 많지 않은 편이다. 20세기 전반기나 1949년 이후에 민간단체, 특히 민간종교 결사들이 어떤 양상으로 존재하였는지에 대한 연구 자체가 미흡한 탓이다.[8] 필자는 파룬궁이 근대기 민간종교의 전통을 계승하고 있다고 쓴 바가 있다. 그것은 리훙즈가 쓴 여러 권의 저술을 근거로 한 것이었는데, 특히 우주의 창조, 인간의 타락, 구원, 그리고 창립자의 신통력

서 울 행 정 법 원

제 6 부

판 결

사 건	2006구합15080 난민인정불허처분취소청구
	2006구합16625(병합) 난민인정불허처분취소청구
	2006구합32986(병합) 난민인정불허처분취소청구
	2005구합41273(병합) 난민인정불허처분취소청구
	2006구합39529(병합) 난민인정불허처분취소청구
원 고	
피 고	
변 론 종 결	2007. 11. 28.
판 결 선 고	2008. 1. 16.

주 문

1. 피고가 2005. 5. 10. 원고 △△△, △△에 대하여 한 각 난민인정불허처분을 취소한다.
2. 나머지 원고들의 청구를 모두 기각한다.
3. 소송비용 중 원고 서 , 과 피고 사이에 생긴 부분은 피고가, 나머지 원고들과 피고 사이에 생긴 부분은 위 원고들이 각 부담한다.

- 1 -

국내 법원에서 중국의 파룬궁 수련자 2명을
난민으로 인정한다는 판결문.

서울행정법원 제6부는 2008년 1월 16일에 중국에서 건너온 파룬궁 수련자 32명중 2명에게 난민 지위 신청을 인정한다고 판결하였다. 또 이 법원은 2007년 11월 28일에 '사단법인 한국파룬따파학회'가 체육 관련 비영리사단이 아니라 사실상 종교활동을 주된 목적으로 하는 단체라고 판결하였다. 파룬궁이 단순히 중국 내의 문제가 아니라 동아시아의 인권, 종교, 국경, 이주 등 여러 가지 요소가 내포되어 있는 문제임을 보여준다.

과 그에 따른 신격화 등에서 그 점이 잘 나타나 있다.[9] 그런 까닭에 우리는 파룬궁을 '유신론적 기공단체有神論的 氣功團體'라고 부를 수 있을 것이다. 이 글은 위에서 제기한 문제의식과 성과를 바탕으로 주어진 과제들을 검토해 나갈 것이다.

파룬궁의 성립 과정

비공식적 창립연대

리훙즈는 1993년도에 파룬궁 수련과 관련하여 문답이 오고갈 때, 한 수련자가 "파룬궁의 역사는 얼마나 오래됩니까?"란 질의에 대해, "이에 대해서는 내놓고 전수하기 전을 계산에 넣지 않고, 내가 작년(1992) 5월부터 시작하여 동북에서 공을 전수하였으므로, 당신은 그것이 작년 5월부터 시작하였다고 말하면 될 것"이라고 답한 바 있다.[10]

중국 정부에서도 파룬궁의 창립연도가 1992년이라는 사실은 인정하고 있다.[11] 설립연도가 분명한 것이나 그것을 정부에서 공인한 사실은 파룬궁 조직의 주요한 특성이라 할 수 있다. 20세기나 그 이전에 존재하였던 많은 민간종파들의 경우에도 이처럼 창립연도를 분명히 알 수 있는 경우는 드물기 때문이다.

그러나 설립 문제를 리훙즈가 '내놓고 전수하기 전을 계산에 넣지 않은' 부분까지 포함시켜 논의하면 여전히 불분명하고 어려운 문제들이 가로놓여 있다. 그것은 대부분의 민간종파 창립자들이 종파의 체계를 잡은 뒤에 자신들의 과거를 종교적으로 윤색해 왔던 전통과 관련이 있다.

먼저 공식적으로 창립하기 이전에 정부에서 파악한 리훙즈의 행적과 파룬궁의 활동양상을 보기로 한다. 정부에서 파악한 바로는 리훙즈가 기공을 학습하기 시작한 것은 1988년이었으며, 그 이전에는 어떤 공업功業이나 수련도 알지 못하였다고 기록하였다. 1988년 이후 그에게 기공을 가르쳐 준 사람은 리웨이동李衛東과 위광성于光生으로서, 전자에게서는 '선밀공禪密功'을, 후자에게서는 '구궁팔괘공九宮八卦功'을 배웠다는 것이다.[12]

당시 창춘長春에 있던 '지린성기공과학연구회 건강회복센터'에는 '선밀공禪密功' 학습반이 운영되고 있었으며, 이곳에 들어온 회원 중에 리훙즈가 있었다는 것이다. 지린성기공협회 상무이사이자 학습반의 선생이던 리웨이동은 이 회에서 운영하던 두 개의 공법 중 하나인 선밀공을 학습시키고 있었으며, 다른 하나는 팔괘장이었다. 리훙즈는 선밀공 학습반에서 또 다른 공법 선생을 만났는데, 그가 위광성이었다. 위광성은 팔괘장 중, 방형으로 된 9개의 칸 위에서 공법을 펼치는 '구궁팔괘권'을 잘 알고 있었다고 한다. 위의 공법 이외에 건강회복센터에서 수련자에게 가르친 것은 추나, 침구, 안마 등 치병과 관련된 것이었다. 리훙즈는 구궁팔괘권을 개조하고, 이에 선밀공의 공법을 가미한 다음, 직접 태국을 방문하여 익힌 여러 춤 동작들을 덧붙이면서 이른바 파룬궁 공법을 만들어 냈다고 한다. 그의 초기 제자들인 리징차오李晶超, 류위칭劉玉淸도 이 파룬궁 동작을 리훙즈와 리징차오가 공동 설계한 것이라고 말하고 있고, 리훙즈와 초기에 같이 활동한 류펑차이劉鳳才가 공법 중 70여 곳을 고쳐 주었다고 한다.[13]

공법功法 중심으로 리훙즈와 파룬궁의 초기 상황을 이해하려면 중국

공안부의 기록은 의미가 있다. 그러나 파룬궁이 단순한 기공법이 아니라 교의를 내포한 유신론적有神論的 공법功法이라는 데 문제가 있다. 물론 선불교의 공법 중에서 동적인 것으로 최근에 잘 알려진 선밀공이나[14] 구궁팔괘권 자체에도 불교와 도교의 요소가 이미 가미되어 있으며,[15] 종교집단에서 기공을 연마한 전통 자체도 매우 오래된 것이기는 하다. 그러나 두 공법에서 강조한 것은 기공 그 자체이지, 교의에 따라 수련하여 도덕적으로 완성된 인간에 두지는 않았다.

1988년에 리훙즈의 나이는 적어도 37세 정도였다. 그리고 41세인 1992년에는 파룬궁 조직을 만들어 공식적인 활동에 들어갔으며, 그 이듬해에는 《중국파룬궁》이란 책을 저술하였다. 이러한 경력으로 보아 우리는 그가 1980년대 후반이나 1990년대 초반에 공법이나 그것을 뒷받침하는 이론체계 등의 부분에서 상당한 경지에 올랐다는 사실을 알 수 있다. 다시 말해 이 정도의 단계에 도달하기 전까지 그가 어떤 계기로 기공에 입문하였으며, 그 뒤에 어떤 훈련과정을 거쳤는지, 또 종교에 관한 지식은 어떻게 획득하였는지 등에 대한 의문을 중국 정부의 공식자료로서는 알 수가 없다.

그는 언제, 어떤 과정을 거쳐 기공에 빠져들면서 파룬궁을 만든 것일까. 그가 말하는 바를 먼저 들어보기로 하자. 리훙즈의 주장에 따르면 그는 1951년 5월 13일에 지린성吉林省 화이더현懷德縣 공주링진公主嶺鎭(현재의 공주링시)에서 태어났으며, 부친은 1950년대 초 공주링에서 건강진료소를 개설하였다가 뒷날 창춘시에 있는 한 공장의 위생소에서 의사로 일하였다. 모친은 공주링에 있던 개인병원의 조산사였다고 한다.[16]

그러나 이 자술에도 약간의 의문이 남아 있다. 그것은 그가 남긴 자술이 《중국파룬궁》 1993년판·1994년판에 각기 다른 형태로 남아 있는 데서 기인한다.[17] 1993년판에서 그는 어린 시절 어머니가 벌어 오는 돈으로 전 가족이 먹고 사는 매우 어려운 생활을 해야 했으며, 이 때문에 어머니를 돕고 형제자매들을 보살피는 데 게을리 하지 않았다고 하였다. 그리하여 참을성 있고 열심히 일해야 하는 품성을 발전시켰다는 것이다. 반면 1994년판에 실린 약전에는 위에서 언급한 바와 같이 지식분자의 가족으로 바꾸어 소개되었다.[18] 아마 파룬궁이 성공해 가는 과정에서 추종자들을 설득하기 위해 혹은 사회적 배경의 중요성 때문에 조금씩 자신의 과거를 바꾸어 갔던 것으로 추정된다.

필자는 건강진료소에서 일한 아버지와 조산사였다는 어머니 밑에서 성장하였다는 진술이 좀 더 사실에 가깝다고 믿고 있다. 부모가 모두 인간의 생로병사와 관련된 분야에서 일하고 있었다는 사실은 리훙즈의 정신세계를 이해하는 데 중요한 단서가 되기 때문이다. 곧 그는 유아기부터 인간의 근본적인 문제인 출생과 사망, 건강과 질병과 관련된 일들에 대해 익숙한 환경이었던 것이다. 또한 리훙즈와 같이 특수한 재능을 가진 기공인들의 경우, 그 윗대에 무당, 복술, 불자 등 민간에서 이인異人으로 인정받은 사람들이 대부분이었다는 사실도 보고되고 있다.[19]

리훙즈에 따르면 그의 수련 역사는 네 살 때부터 시작된다. 불가佛家의 독전대법의 제10대 전인傳人인 전각법사全覺法師가 전수한 공을 받아 진眞·선善·인忍이라는 법문을 수련하였다는 것이다. 진은 참이고, 선은 자비심이며, 인은 보복하지 않는 것이라고 간단하게 설명하지만, 이 개념은 파룬궁의 수련과정에서 매우 중요한 원리이다. 8년 동안 전각법사로부터 가르침을 받은 그는 마침내 상승대법上乘大法과 대신통大神通

을 함께 갖추게 되었다고 한다. 상승대법이란 하승과 중승, 그리고 상승으로 이루어진 삼승법 중에서 최고의 경지를 말하며, 대신통은 천안天眼과 천이天耳가 열리는 수준이라고 한다.[20] 그가 파룬궁의 기본 원리를 불가에 두고 있는 것은 위와 같은 인연 때문일 것이다. 그의 말을 긍정하면 전각법사가 떠난 시기는 1964년 쯤이 된다.

리훙즈가 두 번째 사부로 드는 사람은 팔극진인八極眞人으로서, 그로부터 도가, 내외공, 권법, 발차기, 창검술을 배웠다고 한다. 팔극진인은 "나는 팔극진인으로서 정처 없는 사해의 떠돌이이며, 내가 떠난 뒤에 큰 재난이 있을 것인 즉, 너는 그것에 구애받지 말고 열심히 공을 닦을 것"을 권하였다고 한다. 팔극진인과 언제 헤어졌는지는 알 수 없으나, 리훙즈는 팔극진인이 말한 '큰 재난'을 문화대혁명으로 기록하고 있다. 그가 문화대혁명 기간 동안에 어떤 조직에도 참여하지 않았고, 심지어 홍위병에도 가담하지 않았던 것은 바로 진인의 권유를 따른 것이었다고 한다.[21] 그는 뒷날 자신은 불교의 교의를 믿었기 때문에 문화대혁명 시대에도 몰래 숨어서 파룬궁을 익혔다고 말하였다.[22]

세 번째 사부는 21살이던 1972년에 만난 진도자眞道子로서, 장백산의 대도를 전해 주었다고 한다. 거처와 흔적을 남기지 않은 엄한 스승이었던 진도자는 심성과 덕을 닦는 내공을 더 중요시하여 체벌을 가하면서까지 이를 가르쳤고, 1974년에 두 사람은 헤어졌다고 한다.

1974년 이후에 만난 이가 불가의 여법사女法師인 네 번째 사부로서 그로부터 불가의 공리와 공업을 배웠다고 한다. 리훙즈는 1984년부터 파룬궁 개편작업에 들어가 1989년에 파룬궁의 틀을 완성하였으며, 2년여에 걸쳐 제자들과 실험한 끝에 이를 세상에 내놓았다고 말한다. 다만 여기서 네 번째 사부인 여법사와 언제 헤어졌는지에 대해서는 아무런 언급이 없다.

리훙즈는 요컨대 4살 때부터 적어도 22살인 1974년 무렵까지 불가, 도가, 그리고 정체불명의 장백산의 대도인 등 여러 종교인으로부터 진선인, 대도와 같은 교의와 공법, 권법, 발차기 등의 심신수련을 익힌 것으로 되어 있다. 그리고 그 자신이 추구하던 공법이 완성된 시기는 1989년으로 간주하고 있다.

이 자술을 온전히 믿기는 어렵다. 다시 말해 그의 인생 자체가 종교적 신비감으로 휩싸여 있는 까닭에 신뢰하기 어려우며, 이 때문에 《중국파룬궁》에 실려 있던 이 약전이 1996년에 이르러 삭제되었으리라고 본다.[23] 왜 삭제하였는가에 대해서는 분명치 않다. 다만, 캐나다에서 1999년 5월 23일에 행한 수련생과의 답변에서 한 수련생이 '사부의 소전을 한 신문사에 싣도록 추천하려고 하는' 데 대해 의견을 물었을 때, 리훙즈는 '내 자신의 과거에 대해 말하고 싶지 않고, 여러분도 흥미를 갖지 말 것이며, 중요한 것은 이 법을 배우는 일'이라는 이유를 들어 이를 거부하였다.[24]

각색되었다고 하는 부분에는 그의 생년월일도 포함되어 있다. 공안부 자료에는 그가 1994년에 이르러 1952년 7월 7일이던 생일을 1951년 5월 13일로 고쳤다고 되어 있다. 그 이유는 고친 뒤의 생일을 부처의 탄신일인 4월 초파일과 일치시키기 위한 것이었고, 이는 자신을 신성화하기 위한 것이라고 간주하였다.[25] 곧 자신이 석가모니 부처의 환생임을 내세우기 위해 조작하였다는 것이다. 리훙즈는 뒷날 《타임》지와의 인터뷰에서 문화대혁명 시기에 정부에 의해 생년월일이 잘못 인쇄되었고, 뒷날 이를 바로잡았을 뿐이며 '부처의 환생이니 하는 말은 억지로 꾸며 낸 말'이라고 반박하였다.[26] 원래부터 생년월일이 행정상의 착오로 잘못 기재되었다는 그의 주장은 충분히 수용할 수 있다. 그렇다고 하더라고 생일을 하필 석가의 탄생일과 일치시킨 점이나 그 개정 시점이 1994년인 사실은 고의성이 짙다. 고친 시점이 그가 파룬궁을 통해 명성을 얻고 있던 무렵이어서 이를 자신의 '신성神性'에 활용하였을 가능성이 크기 때문이다.

그보다 더 문제가 되는 부분은 그가 여느 또래들과 유사한 삶을 살았다는 점에 있을 것이다. 공안부의 조사에 따르면 그는 1960년부터 1969년 사이에 창춘에 있는 주강로소학교와 제4중학, 제48중학에 다녔으며, 성적도 보통인 평범한 학생이었다. 트럼펫을 잘 부는 장기가 있었지만 기공을 수련한 흔적은 찾기 어렵다.[27] 반면 그의 중학 친구들은 리훙즈가 '공부工夫'를 수련하였으며, 자신들의 무리 속으로 끌어들이려고 노력하였으나 거절하였다는 사실을 밝히고 있다.[28]

1970년부터 1978년까지 그는 군에 입대하여 내몽골 지역의 군마장과 지린성에 있는 삼림경비대에서 악기를 불었으며, 이 시절도 평범한 문예병으로서 성격은 내향적이고 자부심이 강하였다고 한다. 그리고 군대 내부에서는 훈련이 엄격하였기 때문에 기공을 연습할 수 있는 시간은 없었다고 한다. 1978년에 군대를 마친 뒤 사회생활을 시작하였지만, 근무처는 여전히 삼림경호대 초대소였다.[29] 다만 신분이 병사에서 복무원으로 바뀐 점이 달랐다.

그가 본격적으로 민간사회 속에서 생활한 것은 1982년 창춘에 있는 한 곡물회사의 보위계에서부터였다. 그리고 1991년에 이르러 이 회사

를 그만두고 기공활동에 본격적으로 뛰어들었던 것이다.[30]

공안부에서 제시한 그의 경력을 고려한다면, 리훙즈가 4살 때부터 수련하였다는 사실은 거짓으로 드러난다. 신성성은 사라지고 속인으로서, 혹은 기공에 관심이 있던 한 인간으로서의 리훙즈만이 남는 것이다. 더구나 그것은 그가 알고 지냈던 친구와 이웃의 증언 그리고 학교와 군대, 직장 단위의 공식 기록에 근거한 것이었다.

하지만 정부 당국의 기록을 온전히 신뢰하는 것도 쉽지 않다. 중학 때의 공부 수련과 관련하여 그의 친구들을 대상으로 관련 기록을 채집하였으나 국가에서 수집한 것과 리훙즈 자신의 진술은 큰 차이가 있기 때문이다. 파룬궁 문제가 본격적으로 정치 문제화 된 이후 수집한 국가의 기록에는 의도적으로 기공과 관련된 부분은 삭제되었을 가능성이 큰 데다, 그의 사생활에 관한 모든 부분을 채집할 수는 없었기 때문이다. 요컨대 관련 당사자들은 자신들에게 유리한 정보만을 세상에 공개하고 있는 셈이다.

정부의 기록을 대부분 신뢰한다고 해도 문제는 여전히 남는다. 그것은 앞에서 잠시 본 바와 같이 그의 초기 텍스트인 《중국파룬궁》이나 《전법륜》과 같이 자신의 사상을 체계화하는 데 필요하였던 지적 수련 과정이나 각종 유형의 기공이 가진 장점을 가려내 파룬궁 체제로 정비해 나가는 데 쏟았던 시간과 그 실체가 잘 보이지 않기 때문이다.

파룬궁의 체계화

우리는 이 의문을 해소하기 위해 그가 공식적으로 기공을 배웠다는 1988년 전후 시점에 초점을 맞출 필요가 있다. 그는 일반회사에 근무하기 시작한 1982년 이후에는 더욱 자유롭게 자신의 관심 부분을 증대시킬 수 있었을 것이다. 바로 이 시기는 국가에 의해 종교의 자유가 훨씬 확대되었고, 기공단체 역시 국가의 건강 증진정책에 힘입어 날로 번창하고 있던 때인 만큼, 이 시기에 그는 불교와 도교뿐만 아니라 민간종교에서 발전시킨 각종 공법과 그 교리를 익혔다고 생각되기 때문이다.

이 시기에 그에게 종교적 공법을 가리킨 스승들은 상당수에 달한다. 국가의 공식 기록에 따르더라도 2명의 사부가 있고, 공동으로 공법을 설계하였거나 수정한 이가 또 2명이었다. 또한 그의 자술에 의하면 적어도 4명의 사부가 있었던 셈이다. 심지어 그는 1974년에 20명 이상의 불가와 법가의 대가들을 만났다고 한 적이 있다.[31] 당시 중국사회에는 리홍즈와 같이 특수한 재능을 가진 기공인들은 많건 적건 간에 예외 없이 자신의 사부를 모시고 있었다. 흥미 있게도 만주 지역에서 이러한 사부들은 거의 모두 신통력을 가진 유신론적 사부였으며, 따라서 그들은 규정된 주신主神 이외에 수시로 청하여 도움을 받을 수 있는 여러 유형의 신들을 모시고 있었다. 어떤 기공사들은 수십 명의 사부를 둔 경우도 있었는데, 이 사부들은 대체로 불교의 신을 숭배하는 경향이 강하였다.[32] 이러한 상황은 리홍즈가 자술한 사부의 규모나 성격과 대부분 일치하고 있다.

나아가 그가 정체가 불분명한 몇몇 인물을 거론한 까닭은 자신의 공법功法을 더 신성화하기 위한 것일 뿐만 아니라, 그것을 이른바 도통론道統論의 계보 속에 편입시키려는 의도가 있었기 때문이었을 것이다. 예컨대 20세기 후반기에 싱가포르에 근거를 두고 있던 선천대도의 지도자는 자신을 26대의 도통으로 설정하였으며,[33] 중화민국 시대에 일관도를 크게 발전시킨 장광비張光碧는 자신을 일관도의 18대 조사祖師로 설정하였다.[34] 리홍즈는 이러한 민간종파의 계통보다는, 오히려 불가의 전각법사를 10대 전인으로 설정하여 자신을 그다음 전인으로 위치 지우려는 의도를 은연중 보여주고 있다.

또한 그의 창안물이나 저술을 자세히 관찰하다 보면, 뜻밖에 파룬궁의 이론체계를 뒷받침해 주는 사물이나 민간종파들을 만나게 된다. 리홍즈 자신이 고안하였다는 법륜도法輪圖가 하나의 예이다. 파룬궁의 상징이기도 한 이 도상은 두 개의 동심원 중 붉은색 바탕으로 된 내부에 '만卍'자가 있으며, 노란색 바탕의 외부 원에는 '만卍'자와 두 종류의 태극도가 각각 4개씩 교대로 배치되어 있다. 그 태극도 중 붉은 색과 남색으로 구성된 태극도를 리홍즈는 선천대도의 것이라고 밝히면서, 그것이 존재하는 곳은 아랫배 부위라고 말하였다.[35] 여기서 선천대도先天大道라고 하는 전통시대의 민간종파가 등장하고 있다.[36] 반면 당시에 민간에서 활동하던 관음법문觀音法門이나 무교巫教에 대해 말법 시기에 나타난 마魔라고 규정하여 이를 비판하고 있다.[37] 비록 그가 이들과 직접 관련이 없다는 사실을 강조하고 있다고 하더라도 구체적으로 두 유형의 종교집단을 수련자들 앞에서 비판적으로 언급하고 있다는 사실은 그의 민간종교에 대한 지식이 상당한 수준에 있음을 보여준다고 하겠다.

또한 일부 연구자는 파룬궁의 교의나 개념 등 몇 가지 면에서 중화민국 시대에 세력을 떨쳤던 일관도一貫道와 유사한 부분이 있다는 사실을 지적하고 있다. 수련단계에 따른 신체의 변화나 도덕성을 표시하는 색상, 그리고 공력功力에 따른 구원 대상 등이 그것이다. 고도의 수련단계에 이르면 터득하는 파룬궁의 '개천목開天目'과 '현관설위玄關設位'는[38] 일

법륜도.

리홍즈에 따르면 법륜이란 수련을 통해 우주로부터 얻을 수 있는 물질로서 일종의 영체에 해당한다. 색과 모양은 사진에서 보이듯이 중앙의 붉은 원에는 '만卍' 자가, 그 외곽의 노란색 원에는 네 개의 '만' 자와 태극이 교대로 배열되어 있다. 법륜을 제대로 수련하면 그 사람의 몸에서 법륜이 공으로 전환하고 나아가 이것이 시계방향으로 돌면 자동적으로 우주의 에너지를 흡수하여 자신을 제도하고, 시계 반대방향으로 돌면 에너지를 방출하면서 남을 구제할 수 있다고 말한다. 중국 종교의 오랜 전통인 수기도인修己度人의 양상을 보여주고 있다. 이 법륜은 파룬공의 핵심 개념이기도 하다.

관도의 '점설관点設關'과 유사하다. 또 선업善業의 결과인 '덕德'을 백색 물질로, 악업의 결과인 '업력業力'을 흑색 물질로 구분하는 방식은[39] 일관도가 각각 선을 홍색으로 악을 남색으로 구분하는 방식을 닮았다. 또한 파룬궁에서는 '법륜이 외부로 향하면 중인을 구하고 내부로 향하면 자신을 구원한다고 말한 바,[40] 일관도 역시 외공外功은 타인을 구원하며, 내공內功은 자신을 구원하기 위한 것이라고 천명한 것과 유사하다.[41] 따라서 파룬궁은 리훙즈가 긍정하든 부정하든 간에 민간사회에서 활동하던 종교와 여러 부분에서 관계를 맺고 있었던 것이다. 민간종교가 발전시켜 온 절충주의적 전통에서 크게 벗어나지 않았던 것이다.

당시 상황을 좀 더 구체적으로 보자. 20세기 전반기까지 활동하던 다양한 민간종파는 공산당 당국의 등록 취소와 탄압 등으로 인해 1950년대 초 이후 거의 소멸된 것처럼 보였다.[42] 하지만 중국 정부가 종교의 자유를 보장하게 된 1980년대에 이르자 지하에서 명맥을 유지하던 그들은 다시 공개적인 활동을 개시하였다. 1981년의 활동양상을 보면 1년 전에 비해 79퍼센트, 1982년에는 그 전해에 비해 31.5퍼센트 증가하였는데,[43] 그중에서 가장 두드러진 활동을 한 종파는 약 160만 명의 신도를 갖고 있는 일관도로서 전체의 약 3분의 1 정도를 차지하였다. 선천대도와 동선사同善社가 그 뒤를 따랐다.[44] 이처럼 종교의 자유 보장 정책이 낳은 현상 중에서 주목할 것은 바로 전통종교, 특히 각종의 신이나 무교巫教와 절충된 민간종교의 부활이라고 할 수 있다. 이를 통해 우리는 파룬궁이 왜 여러 면에서 일관도나 선천대도의 전통을 답습하고 있는지를 알 수 있다.

이들 민간종교 결사들은 파룬궁이 공식적으로 출범한 1992년 무렵에는 베이징에서 더욱 공개적으로 활동하였다. 1992년과 1993년 봄에 베이징에서는 중난하이를 향해 염불형으로 수족을 움직여 뛰어오르는 수십 명의 종교인들이 관찰되었는데, 이들은 기공의 사제관계로 뭉친 정화종淨化宗 신자였다. 일관도가 비교적 말세를 강조하고 체제에 대해 비판적이었던 것과 달리, 정화종 신자들은 사상을 정화하여 마음에 잡념을 없애고 신체를 정화하여 장수를 도모하며, 사회를 정화하여 더러워진 것을 깨끗이 한다는 데 수련의 목표를 두고 있었다.[45]

이들 민간종파들은 대개 내외공을 수련하여 병을 치료하거나 신체를 단련하는 데 관심이 있었고,[46] 나아가 도덕을 수양하고 사회가 정화되기를 희망하였다. 푸젠에서 활동하던 삼일교三一教는 수신양생을 통해 몸은 죽어도 마음은 영생할 것이라는 믿음을 갖고 있었다.[47] 일관도 역시 정부의 시각으로는 체제비판적인 종파인 것처럼 보였지만, 그것은 이들이 중화민국 시대에 친국민당 조직이었다는 점과 현재 타이완에서 활동하고 있다는 사실에 근거한 선입관이었다.

백두산과 리훙즈

리훙즈의 초기 활동과 관련해서 마지막으로 궁금한 부분이 하나 있다. 그것은 그에게 1972년부터 1974년 사이에 백두산의 대도를 전해준 세 번째 사부의 정체와 관련된 것이다. 여기서 말하는 백두산의 '대도'는 '심성과 덕을 닦는 내공'을 매우 중시하였으며, 스승인 진도자眞道子도 거처와 흔적을 남기지 않았고, 훈련은 매질을 할 정도로 엄격하였다는 점 이외에 알 수 있는 사실은 거의 없다.

필자는 리훙즈가 실제 군인으로 복무하던 시기나 그 이후에 진도자와 같은 사부를 만났을 가능성도 있다고 생각한다. 왜냐하면 그는 지린성 출신이고, 산림보호대도 지린성 내에 있었으며, 백두산도 지린 지역의 성스러운 상징물이기 때문이다. 그런 까닭에 4살 때 만났다는 전각도사나 12살 때 배웠다는 팔극진인 이야기는 아무리 궁리해도 믿기 어려운 반면, 백두산의 진도자 이야기는 좀 더 그럴듯한 실체로 다가오는 것이다.

잘 알려진 바와 같이 백두산은 고구려의 주몽설화와 관련되어 있기도 하지만, 만주족의 시조설화가 탄생한 산이기도 하다. 또 백두산은 이 일대에서 무교의 온상과 같은 곳이기도 하다. 만주족의 구비문학의 유산으로 남아 있는 여무당 니샨 샤먼의 이야기가 바로 그것이다. 그 대강은 니샨이 억울하게 죽은 아이를 살려 달라는 어느 노부모의 부탁을 받아 저승에 가서 온갖 어려움을 물리치고 아이를 데리고 이승으로 돌아와 그 부모의 소원을 들어주었다는 것이다. 이 때문에 연구자들은 니샨의 저승세계 탐험을 우주만물이 생성하고 사멸하는 이치를 보여준다고 평가한다.[48]

이러한 맥락을 고려한다면, 백두산의 대도를 전해 준 진도자는 만주 지역에서 무교적 신통력을 가진 사람이 아닐까 한다. 앞에서도 잠시 언급한 바와 같이 만주 지역의 유신론적 기공사들은 사람의 몸 내부를 들여다볼 수 있다는 인체 투시, 멀리서 일어나는 일을 눈앞에서 보는 것과 같은 요시遙視, 미래에 일어나는 일을 미리 알 수 있는 예측 등, 신통력을 발휘할 수 있던 사람들이었다.[49]

이러한 요소들은 바로 리훙즈의 능력이기도 하였다. 요시를 통해 자동차 사고가 날 뻔한 수련자를 구했다거나 자신의 법신이 항상 수련자를 따라다니기 때문에 그들을 보호해 줄 수 있다고 공언하였던 것이다. 그는 또한 《중국파룬궁》의 곳곳에서 우주의 진리를 꿰뚫고 있고, 생명에 대한 통찰력을 지니고 있으며 과거와 미래를 내다볼 수 있다고 말하였던 것이다.[50]

더구나 기공과 민간종교뿐만 아니라 기공과 무교와의 관계도 청대 이래로 오늘날까지 중국의 민간사회에서 익숙한 전통이다. 예컨대 백련교파의 지도자 중에는 치병에 능하거나 신을 불러올 수 있는 무당이 적지 않았고, 습권習拳이나 의식儀式을 통해 신이 몸에 내리면 총과 칼도 몸에 들어올 수 없다고 믿었던 사실이 그것이다.[51] 무교와 기공의 이 밀접한 관계는 1980년대 이후에도 커윈루柯雲路와 같은 저명한 작가를 통해 잘 드러난다. 상하이 출신으로서 문화대혁명 때 산시성山西省으로 하방된 커윈루는 1988년에 잡지 《당대》에 〈대기공사大氣功師〉를 연재하면서 기공과 무교와의 관계를 문학으로 표현하여 큰 인기를 끌었다.[52] 무교적 기공이 문화 영역에서 중요한 위치를 차지하고 있음을 보여주고 있다.

다만 몇 가지 면에서 현대의 대기공사들은 과거의 전통과 무관한 듯이 보이려고 한다. 그 하나는 어떤 뛰어난 기공사도 사회의 부정적 인식 때문에 자신을 무교와 연계시키려고 하지 않으며 또 내공을 통한 치병을 매우 중시하는 바, 그 효과 역시 뛰어나다는 사실이다.[53] 리훙즈가 백두산의 대도를 전해 준 진도자를 내공과 도덕을 중시하였다고 말한 사실을 상기하면 진도자의 무교적 성격이 더 잘 드러난다고 생각된다.

이상에서 나는 리훙즈가 창안하였다고 하는 파룬궁을 1980년대라는 시대상황과 관련시켜 검토해 보았다. 그 결과 리훙즈는 불교와 도교 및 민간종교를 비롯하여 무교적 전통을 계승하면서 절충주의적 다신교 신앙을 발전시키고 있었고 여기에 독특한 다섯 종류의 기공법을 가미시켜 유신교적 파룬궁 체계를 만들어 내었던 것이다.[54] 그럼에도 그의 절충적 교의는 일관도와 같이 유·불·도 3교에 기독교, 이슬람교를 포함하는 5교 합일까지는 나아가지 못하였다. 그것은 국제화에 걸림돌로 작용하였을 것이다. 반면 기공과 치병 부분에서는 오히려 중국의 전통이나 의학적 특색을 좀 더 강조하였으며, 또 절대신이었던 무생노모無生老母도 이단으로 분류하는 등 전통시대의 민간종교와는 다른 양상도 보여주고 있다.[55]

성립 이후의 발전과 조직양상

공식 등록과 대중화

다음으로 우리는 1990년대 이후, 리훙즈의 파룬궁이 어떻게 성장해 갔는지를 볼 것이다. 리훙즈는 1992년 지린성의 창춘長春에서 제1기 파룬궁 훈련반을 출범시키고 베이징으로 가서 중국기공과학연구회의 연구 그룹으로 두 차례의 훈련반을 연 다음, 다시 창춘으로 돌아와 파룬궁연구회를 창립하였다. 당시 참가 인원은 60여 명으로 이 중에는 초기 주요 멤버인 리창李昌, 왕즈원王治文, 위창신于長新 등이 포함되어 있다.[56] 이 출범식을 '출산出山'이라고 이름붙인 리훙즈는 그해 7월에 이 기공단체를 중국기공과학연구회(약칭 중기공)에 등록시켰다.[57] '중기공'은 기공이 건강과 치병에 집중하는 사회단체여야 한다는 국가의 목표를 충실히 따르는 체육기관 단체였고 따라서 법의 위임을 받아 산하 단체를 관할하는 '무신론적' 단체였다.

리훙즈는 파룬궁 창립 직후인 1992년과 1993년에 베이징에서 개최된 동방건강박람회에 참여하여 법륜대법을 민중에게 소개하였다. 처음 그 박람회에 갈 때에는 일부 제자를 거느리고 참가하였으며, 그중에서 자신들의 공법이 가장 뛰어나 인기공파라는 영예를 얻었고, 제2차 박람회에서는 사람이 너무 많아 어쩔 수 없는 상태에 이르렀다고 하였다.[58] 등록 이후 리훙즈는 1994년까지 대략 50여 주에 걸쳐 경찰대학과 건강박람회 등에서 강연과 시연을 하는 것으로 그들의 존재를 널리 알릴 수 있었다.[59] 국가기관과 공공기관이 주관하는 행사에서 그들의 공법과 강의는 공인되었던 것이다.

그가 출범 때부터 다른 기공단체와 차별성을 강조하였는지는 조금 불분명하다. 1993년에 수련자와 나눈 문답에서 그는 파룬궁 강의보다 우리의 공법을 보급하는 일이 더 중요하다고 언급하였다.[60] 일부 연구자도 이에 동의한다. 리훙즈는 초기에 수련법을 강의할 때, 자신의 믿음이나 종교적 언설 등을 거의 말하지 않았고, 이로 인해 당국의 주목을 받지 않으면서 비교적 자유롭게 활동할 수 있었다고 본다. 종교적 언설보다는 도덕성과 우주론, 그리고 치병의 효용성에 더 관심을 두었다는 것이다.[61] 그렇다고 해도 교의를 노골적으로 드러내지 않았을 뿐이지 그 핵심인 도덕성이나 우주론까지 숨겼던 것은 아니었다. 그는 파룬궁의 목표를 단순한 신체 단련보다는 '인류의 타락을 슬퍼하면서, 인류의 행복에 헌신'하는 데 두고 있었기 때문에 수련자들로부터 더 주목을 받았다고 말한 사실을 보면,[62] 초기부터 유신론적 색깔을 어느 정도 드러내고 있었던 것으로 보인다.

국가 지도자급 인사의 참여와 그 이유

파룬궁이 국가로부터 주목을 받았던 부분 중의 하나는 바로 수련자들의 구성 성분이었다. 다른 기공단체와 달리 공산당의 고위 간부, 고위직 퇴직자, 정부 고위 관리뿐만 아니라 교사, 군인 등이 적지 않았다고 한다.[63] 《중국파룬궁》의 머리말에 따르면, 이 책이 나올 때까지 국가기관이나 관료, 그리고 기공단체로부터 지지를 얻었다는 사실을 강조하고 있다.[64] 공군지휘대학 교수로 재직하였다 퇴역한 위창신于長新도 그런 사례 중 하나일 것이다. 1999년에 72세였던 위于는 30여 년간 공군에 복무하면서 국공내전에서 공을 세웠고, 비행 훈련이나 비행이론 분야에서도 크게 공헌한 인물로 알려져 있다.[65]

이러한 지도급 인사들, 퇴직한 간부들, 식자층의 가담은 해가 갈수록 더 증가한 듯이 보인다. 1999년 이전에 이르면 심지어 장쩌민과 주룽지 및 그들의 가족도 참여한 것으로 알려져 있다.[66] 일설에 따르면 덩샤오핑과 예젠잉,[67] 시펑페이와 그의 아들이자 해방군총참무부 정보부 부장이던 시셩더姬勝德 등이 포함되어 있다. 시셩더는 명목상 파룬궁의 중난하이 시위를 사전에 알지 못하였다는 이유로 해임되었는데, 실제 이유는 그 자신이 파룬궁 수련자였기 때문이었다고 한다.[68] 베이징 소재 301군병원의 원장은 이 병원의 고위급 간부들에게 파룬궁을 수련하도록 권유하였으며,[69] 이 때문에 장쩌민은 불법화하기 전날, '공산당 내 노동지들에 대한 유감 발언'을 통해 "공산당 내 은퇴한 노동자들 중에 일부가 미신을 계속 추종하고 있지만, 나는 그들에게 그런 미신이 허황된 것이라는 사실을 지속적으로 설득할 생각"이라고 말하였다.[70]

이렇듯이 지도급 인사들이 파룬궁을 수련한 것은 당시 기공에 대한

1998년 중국의 선양에서 파룬궁의 연공을 선보이고 있는
파룬궁 수련자들.

파룬궁은 1992년 베이징에서 대중에게 법륜대법을 소개한 이후 유신론과 치병 등 내적 특징과 노년층의 증가, 사회보장제도의 약화와 같은 외적 요인에 힘입어 급속도로 세력을 확대하였다. 그 결과 1990년대 중반에 이르러 약 5천만 명 정도의 수련자를 확보할 수 있었다. 사진은 탄압 직전인 1998년, 랴오닝성의 선양에서 열린 아시아체육대회에서 1만 명의 파룬궁 수련자가 연공을 선보이는 장면이다. 대회 주최자는 중국 정부였다. (사진, 파룬궁 정보센터 http://www.faluninfo.or.kr)

정부의 적극적인 후원에 기인한 바가 컸다. 1989년 천안문 사건 이후, 중국 정부는 도시에서의 사적 공간을 창출하는 방식으로 정치에 대한 불만을 해소하기 위해 노력하였고, 여가를 보내는 다양한 방법들을 고안하였다. 기공은 유력한 대안이었으며, 그 결과 중국기공과학연구회를 설립하여 각 기공단체들이 이 기구 아래서 활동하도록 제도화하였다.[71] 전국에 약 100여 개의 기공연구소가 설립되었고, 36개의 기공 관련 잡지사가 등록하였으며 전국 각 대학에서 기공을 정식 교과목으로 개설하면서 의과대학이나 중의학에서 기공 과목을 필수로 지정하였다. 당시 중국사회에서 공개적으로 활동하던 기공의 종류는 약 700여 종, 가문이나 산중에서 유통되던 기공은 약 300여 종에 이르렀을 정도로 기공은 하나의 사회적 추세였다.[72]

당시 중국 정부는 기공을 장려하면서도 그것이 사회적으로 건전한 방향으로 흐르도록 유도하였다. 그렇기 때문에 정부는 민간인들이 많이 참여할 수 있도록 '사회기공'이라는 상위 카테고리를 정하고, 그 아래에 '건강기공'과 '의료기공'으로 분류하여 수련하도록 권유하였다.[73]

또한 시장사회주의가 도입된 이후 추진된 의료개혁은 건강에 대한 국가의 책임이 점차 단위나 개인에게 전가되어 갔다. 이것은 전 인구의 9.7퍼센트를 차지하던 60세 이상 노인들에게 무거운 부담으로 작용하였다. 마오쩌둥 시대에는 국가와 가족이 노인들을 보호해 주었으나 이제 가족 구조의 변화나 도시화 등으로 인해 그 보호망은 점차 약화되어 갔던 것이다. 통계에 따르면 70세 이상의 노인 대다수가 질병을 앓고 있었으며, 그중 7할은 노동력을 상실한 상태였다. 사회적으로도 노년은 멸시당하는 대상으로 전락하였고, 이에 반비례하여 공포의식도 증가하였다. 1990년대에 노년을 맞은 세대에게 더욱 불행했던 것은 이들이 이른바 '잊혀진 세대'였다는 사실이다. 이들은 대약진운동과 문화대혁명으로 고통을 받았다는 점에서 홍위병과는 같은 시대를 살았지만, 단맛보다는 쓴맛을 많이 본 세대였다.[74]

건강과 정토를 찾는 의식이 퇴직 노인들을 중심으로 확산되었고 기공은 하나의 대안이 되었던 것이다. 파룬궁 수련자의 60퍼센트가 노인이었다는 사실은 국가와 가족에 의해 유지되어 오던 사회주의 의료체계와 사회보장제도가 무너진 뒤에 노약자들의 행선지가 어디였는지를 보여준다.[75] 민정부의 내부 서신에 따르면 주룽지朱鎔基 총리는 각종 기공단체 덕에 매년 1인당 1천 위안의 의료비를 절감하는 효과를 보고 있다고 하였다.[76]

신공神功의 출현

이런 상황 속에서 주목해야 할 것은 이름난 '기공대사'들과 그들이 주도한 기공단체의 출현이었다. 1992년에 장쩌민을 치료하여 잘 알려진 '중공中功', 곧 중화양생익지공中華養生益智功(이하 '중공')은 1988년에 장홍바오張宏堡에 의해 창시된 이래 약 10년 넘게 명성을 떨쳤다.[77] 다음과 같은 사례는 장홍바오의 명성과 그가 창안하였다는 중공의 성격을 잘 보여준다. 1989년에 무병巫病을 앓던 옌지시延吉市의 이봉애(여)는 신장을 90퍼센트 이상 못쓰게 된 상태에서 베이징의 인민병원으로 갔으나, 도저히 치료를 할 수 없는 상태였다. 결국 그녀는 베이징에서 기공연구소를 열고 있던 장홍바오를 찾아가 기공 수련 치료를 받았는데, 3일만에 신을 체험할 수 있었다. 혼수 상태에서 구름을 타고 백두산 천지에 가서 흰 수염을 드리운 할아버지의 도움을 받아 완치하였다는 것이다. 곧 장홍바오의 치료법은 탈혼과 타계 여행을 통한 치병이라고 할 수 있으며, 이는 무당의 그것과 완전히 같은 특징이다.[78]

앞서 소개한 커윈루柯雲路도 1980년대 말에 유신론적 기공에 빠져들면서 마침내 문학+기공+샤머니즘을 결합한 새로운 문화를 창조하였다. 이는 이른바 문혁 때 하방당하였던 지식청년들에게 하나의 시대정신으로서, 혹은 세기말의 문화현상으로 받아들여졌다. 그가 쓴《대기공사》는 이후 단행본으로 출간하여 약 40만 권이 판매되었을 정도로 인기를 누렸다. 이후 그는《황제내경》연구와 이에 근거한 치료법으로 관심 영역을 확장해 갔다.[79]

'중국제일기인中國第一奇人'으로 알려진 장바오성張寶勝은 이미 1983년《중국인체과학》이란 잡지에 초능력을 가진 사람으로 소개되었다. 기공사 린허우성林厚省은 1980년 5월에 상하이시 제8인민병원에서 기공으로 마취를 하고, 다른 외과의사가 환자를 수술하는 '초능력'을 보여주기도 하였다. 이러한 초능력 소지자는 1980년대에 1천여 명을 넘었고,[80] 그 속에는 '대자연중심공대사大自然中心功大師' 장샹위張香玉, '중국초인中國超人' 옌신嚴新, '예측대사豫測大師' 천린펑陳林峰 등 저명한 특수기공사가 포함되어 있었다.[81]

이러한 '신공神功'계에 대해 리훙즈는 불가공이나 도가공과 마찬가지로 정공正功으로 인정할 수 있는 반면 육체만을 중시하거나 호흡을 강조하는 기공법에 대해서는 매우 비판적이었다. 그는 인간이 우주이므로 육肉과 신神을 모두 중시하여야 하며 특히 '신神'의 영역을 최대한으로 개발하여야 '반본귀진返本歸眞', 곧 순수한 우주의 세계로 돌아갈 수 있다고 주장하였다.[82] 이들 신공계의 기공대사들은 당연한 일이지만 거의 대부분 신과 영혼의 존재를 믿고 있었다.[83]

파룬궁의 발전은 기공열 중에서도 인간을 우주와 동일한 존재로 보고 신의 힘을 빌려 인간의 문제를 해결하려고 하는 유신론적有神論的 기공 열기에 힘입었던 것이다. 이런 조건 아래 그것이 내포하고 있는 종교성과 도덕성, 그리고 독특한 공법과 그에 따른 효과 등이 어우러져 다른 단체들에 비해 우뚝 선 존재로 나아간 것 같다. 앞서 든 위창신于長新은 파룬궁의 장점을 다음과 같이 지적하였다. 노년의 건강을 위해 파룬궁을 수련하게 된 위于는 일반의 기공과 달리 이 기공법이 우주의 특성인 '진眞, 선善, 인忍'에 따라 수심修心을 하기 때문에 인간을 도덕적으로 고상한 수준으로 끌어올린다는 것이다. 또한 연공 시간이 길지 않았음에도 신체의 변화가 매우 컸다고 말하였다. 고혈압, 심장병, 위장병 등 여러 가지 지병 때문에 많은 약을 먹어 왔던 위는 연공 뒤에 이것을 끊게 되었고 정신과 육체 양면에서 모두 건강해졌다는 것이다.[84]

현실적인 수련자들은 대부분 치병을 위해 파룬궁에 참가하였던 것 같다. 위창신이 말했듯이 질병을 치료하고 마음의 위안을 받았다는 점이 수련자들에게 혹은 국가적·사회적 안전망으로부터 보호를 받지 못하는 사람들에게 큰 무기였다. "병이 들어도 돈이 없어서 병원에 가지 못하는 상황에서 수련만 하면 병이 낫는다는데, 어느 사람이 혹하지 않겠는가"라는 것이 파룬궁에 동조하는 노백성들의 공통된 시각일 것이다. 실제로 리훙즈는 파룬궁의 초기 전파 시기에 사회 기층부에 파고들기 위해 창춘의 시립공원에서 빈민들을 상대로 공법을 가르치기 시작하였다.[85] 베이징 지역 수련자 중에서 약 94퍼센트가 수련 이전에 질병이 있었으며, 수련 이후에 효과를 본 경우는 약 99퍼센트 정도에 이르렀다고 한다. 한국의 한 수련자는 파룬궁을 제대로 익히면 담배와 술을 저절로 끊게 되고, 6개월 정도 지나면 몸안의 질병이 저절로 사라진다고 말하였다.[86]

기공대사로서 이름난 사람들은 전통적 의미의 한의漢醫로서 치병에 능하였다. 일반인들이 상상하기 어려운 특수재능을 가진 이들 기공사들은 《황제내경》에서 제기한 기공법을 숙지하고 있었고, 나아가 무교와 정신의식, 그리고 기공을 상호 연계시켜 질병 치료에 치중하고 있었기 때문이다.[87] 리훙즈도 기공이 질병 치료에 능하다는 사실을 여러 군데서 강조하고 있다.[88] 특히 리훙즈의 치병에 있어서 독특한 점은 인간의 질병을 악업惡業, 곧 파룬궁에서 말하는 '업력業力'의 결과로 인식하였다는 사실이다. 따라서 고도의 수행을 통해 이 업력을 제거하는 것이야말로 본연의 깨끗한 인간으로 다시 태어날 수 있다는 것이다. 수련자 중 80~90퍼센트는 이 업력을 제거할 수 있지만 그렇지 못한 인간도 있는 바, 예컨대 위독한 환자는 업력이 너무 크고, 정신병 환자는 사상 업력이 지나치게 큰 탓에 수련할 수 없다는 것이다.[89]

이와 같이 파룬궁은 의료체계와 사회보장제도의 변화, 정부의 기공 후원, 노년층의 증가라는 역사적 조건에 자신만의 독특한 공법과 치병술, 그리고 도덕성의 제고 등에 힘입어 1990년대 중반에 약 5천 만 명의 수련자를 확보하면서 다른 기공단체의 우위에 서게 되었다.

수련자의 유형

이 수련자들의 성격은 대략 다섯 부류로 나누어 볼 수 있다. 다섯 개의 동심원을 그려서 설명한다면, 1) 중심원의 맨 끝에 있는 사람들로서, 파룬궁을 이해하려고 노력하는 지지자들, 2) 원내에 있으면서 건강을 위해 기공에만 참여하는 수련자들, 3) 원내에서 중간자적인 존재로서 파룬궁을 사회화에 필요한 자신의 욕구를 만족시킬 것이라고 생각하는 사람들, 4) 핵심 그룹으로서 파룬궁을 건강, 사회화, 종교적 믿음이라는 욕구를 충족시키고 '파룬대법'을 흔들림 없이 믿으면서 리훙즈의 실질적인 제자가 된 사람들, 5) 원내의 가장 핵심 부분에 있는 사람들로서, 행동과 통신계획을 수립하고 투쟁에 필요한 전략을 짜는 소수정예의 지도자들이자 리훙즈의 오른팔들이었다.

미간행 정부 조사 자료에 따르면 추종자들은 대체로 40세 이상, 다수는 하급 혹은 중하급의 수입이 있는 시민이었으며, 전체의 60퍼센트 이상이 여성이었다. 그룹으로 묶는다면, 저수입 집단이 약 70퍼센트, 그보다 상위의 계층이지만 은퇴하였거나 반은 은퇴 상태인 간부, 교사, 의사들인 이른바 주변적 부류들, 그리고 영향력 있는 소수집단으로 당, 공공서비스, 군 및 전문직에서 높은 사회적 지위를 차지하고 있지만 전문직에 불만족스럽거나 권력투쟁에서 희생된 인물들이었다.[90]

참여자들의 상당수가 도시 거주자라는 사실도 눈에 띈다. 다음에 살펴볼 것이지만, 파룬궁의 조직을 검토해 보면, 상위 조직인 파룬궁 보도소는 전국적으로 1,900여 개로서 수도와 대도시에 있으며, 그 아래 수준의 조직인 파룬궁활동소는 중소도시에서 약 2만 8천여 개가 활동하고 있었다.[91] 곧 조직 자체가 도시 지역을 근거로 하여 움직였던 것이다. 이러한 특성은 중국의 도시화라든가, 젊은 인터넷 이용자의 참여와 관련이 있다.[92] 예컨대 도시화의 경우, 1957년 무렵에 중국의 도시화율은 약 15퍼센트 정도였고, 이 비율은 1970년대까지 소폭 상승하는데 그쳤다. 그러나 1987년 이후에는 급증하여 2000년에 이르면 약 36퍼센트 정도의 인구가 도시 지역에 거주하게 되었다.[93]

도시적이며, 적지 않은 지식분자의 참여는 확실히 전통시대, 예컨대 청대의 민간종교 집단과 구분되는 특징이기도 하다. 반면 20세기 전반기에 전성기를 구가하였던 일관도나 홍만자회 등에는 관공서, 교사, 군인, 경찰, 은행, 행회경리, 전장 주인 등 도시의 지식분자들이 조직의 상층부를 구성하고 있었다.[94] 이 점에서 파룬궁 구성원의 역사적 특성은 20세기 전반기의 그것과 상당히 유사하다고 하겠다.

자발적 망상조직

파룬궁의 발전과정에서 살펴보아야 할 주요 주제는 그들의 조직 상태이다. 그들은 견고한 조직을 가졌는가? 가졌다면 어떤 형태인가? 가지지 않았다면, 그 많은 수련자들을 어떻게 움직였는가? 이런 문제들은 전성기 때나 탄압을 받은 지 8년이 지난 오늘날에도 여전히 논쟁거리로 남아 있다.[95] 1999년에 미국에서 리훙즈는 한국기자의 "거대한 파룬궁을 유지하자면 비용이 상당히 들 텐데요?"라는 질문에 대해 "파룬궁은 특별히 조직을 운영하고 있지 않습니다. 파룬궁 수련을 원하는 사람들이 자발적으로 모일 뿐입니다. 돈을 쓸 데가 특별히 없다는 말이지요"라고 대답하였다.[96] 관료제와 같은 조직체가 없다는 의미이다. 반면 중국 당국이 파룬궁을 탄압한 근본 이유는 이 조직이 수천만 명에 달하는 규모인데다 종교적인 결속력을 갖추었기 때문이라고 본다.[97] 그만큼 공포스러운 조직이었다는 사실이다.

어떠한 형태의 조직도 없이 단시일 내에 전국에 걸쳐 수천만 명이 파룬궁을 수련하고, 중난하이 시위에도 과감하고 일사불란하게 참여할 수 있다는 사실은 믿기 어렵다. 다만 조직이 관료제와 같이 공식적이고 위계적이며 운영 비용이 필요한 형태로 운영되었는가, 그렇지 않은가를 따질 수는 있다. 왜냐하면 중국사회에서 관료조직은 사회의 모범으로, 또 정상적인 것으로 인식되어 있었기 때문이다.

창춘에서 만들었던 파룬궁연구회가 사실상 기본 세포였다. 수련자가 증가하고 활동 범위가 창춘을 넘어 베이징과 기타 지역으로 확산되면서 리훙즈도 조직의 필요성을 인정하였다. 그 목적은 크게 두 가지였다. '특정한 시간에 단체로 법을 공부하기 위해서'라는 목표 아래 창춘과 같은 곳에서 모범적인 조직을 갖출 것을 강력히 추진하였다.[98] 또한 수련의 거점을 위해서도 조직처를 건설할 필요가 있었다. 수련을 위해 이곳저곳으로 왕래해야 할 필요가 없어야 한다는 것이었다. 그렇기 때문에 중국을 여러 지역으로 나눈 다음, 북방과 남방에 각각 여러 개의 수련 기지를 세우려고 했던 것이다.[99]

그러한 결과 1992년에 베이징에 총본부격인 '불법대법연구회'를 개설하였고, 그 아래로 전국에 39개의 '파룬궁보도총소'를, 수도와 전국의 대도시에 1,900여 개의 '파룬궁보도소'를, 그리고 중소도시의 공원이나 공개된 장소에 2만 8천여 개의 '파룬궁활동소', 곧 연공소를 두게 되었다. 각 조직마다 회장, 부회장, 혹은 소장, 부소장 등을 두며, 그 산하에 기능별로 연락, 고문, 선전, 산업, 조직, 지도 등을 담당할 부서를 설치하였다.[100] 외형상으로 본다면 공공 조직과 매우 유사하다. 불법대법연구회를 정점으로 조직의 위계를 갖춘 것이나, 각 단위 조직마다 책임자와 실행 부서를 둔 점이 그렇다.

반면 그들은 관료 조직과 자신들의 최대 차별성을 조직의 자발성에 두고 있었다. 사실, 파룬궁을 수련하느냐 마느냐는 개인들의 자발적인 동기가 중요하므로 이 점이 중요한 특징으로 보인다. 이러한 자발성은 리훙즈가 1999년 9월에 미국에서 미국의 조직을 사례로 이야기할 때에도 반복되었다. 곧 미국에는 파룬궁 사무소가 2천여 개이지만, 그것은 파룬궁을 공부한 사람들이 자발적으로 만든 것이며, 처음 시작한 사람이 책임자가 되는 형태로 모임을 이끌 뿐으로 자신과는 관계가 없다고 말하였다.[101]

하지만, 내부 운영조차 자발성에 기초한 것 같지는 않다. 그는 오히려 연공練功을 위해 엄격한 관리가 필요하다는 사실을 강조하였다. 조직에 들어온 연공자는 엄격한 훈련을 통해 개조시킬 필요가 있었고, 특히 그것은 《중국파룬궁》과 같은 책을 이해하는 데 매우 필요한 작업이기도 하였다. 어느 연구자는 이러한 조직 운영체계를 마치 문화대혁명 시기의 정신 통제 방식과 유사하며, 이러한 조직과 훈련이 파룬궁 조직을 유지하고 확대하는 데 매우 효과적이라고 지적하였다.[102]

그렇다면 구체적으로 파룬궁에서 요구하였던 조직의 운영 원칙은 어떤 것이었을까. 리훙즈는 〈파룬궁대법보도소에 대한 요구〉라는 운영 규정 여덟 가지를 별도로 마련하였다. 그것의 대강은 1) 각지의 보도소는 전일하고 착실하게 수련하며, 돈을 벌거나 치병활동을 하지 않으며, 2) 소장은 전일하게 파룬대법을 수련해야 하며, 3) 대법을 전할 때, 대법의 중심사상을 전해야 하고, 개인적이거나 기타의 공법을 전해서는 안 되며, 4) 각 총보도소는 국가의 법률을 준수하고 정치에 간섭해서는 안 되며, 5) 각 보도소는 상호 교류해야 하며, 배타적으로 운영해서는 안 되며, 6) 대법의 내포를 파괴하는 자를 단호하게 저지하며, 7) 대법 제자가 기타 공법을 섞어 연마해서는 안 되며, 8) 심성과 동작을 동시에 수련해야 한다는 것 등이다.[103]

각 항에 담겨 있는 요소의 대강을 보면 조직의 통일성을 유지할 것, 수련에 진력할 것, 순수성을 유지할 것, 심신을 동시에 수련할 것, 그리고 국법을 준수하고 정치에 간섭하지 말 것 등이다. 흥미 있는 것은 파룬궁이 여러 공법과 종교의 교의, 치료기법 등을 절충하여 만든 것임에도 불구하고 다른 공법이나 이론에 '오염'되어서는 안 된다고 강조하였다는 사실이다. 리훙즈는 곳곳에서 다른 기공법이 돈벌이에 매달리거나 낮은 수준의 기공으로 사람을 유혹하거나 치료를 이유로 수련자를 끌어모은다는 이유를 들어 '왜문사도歪門邪道'라고 공격하였다.[104]

그는 특히 자신의 사상이 다른 보도원들이 잘못 이해하거나 남용되는 것을 방지하기 위해 6)번 항에서 '내가 한 말을 할 때 반드시 리훙즈 사부님께서 말씀하시길……'이라고 말해야 한다는 내용을 첨가하였다. 이 때문에 그는 보도소의 보도원들에게는 특별히 자신의 '법'을 직접 강의하였던 바, 그것은 보도원들이 '법'보다는 기공에 주력하고 있었던 데 기인한다.[105] 이는 파룬궁 조직 내에서 자신의 법과 공법을 절대시하려 했음을 의미한다.

나아가 그는 대법연구회가 국가와 순조로운 관계를 유지하기를 원하였다. 위의 '요구'에서 뿐만 아니라 '수련자가 반드시 알아야 할 점' 다섯 가지 항목에서도 각각 국가의 법률과 질서를 준수하며, 절대로 국가의 정치에 간섭하거나 정치적인 분쟁이나 활동에 참여하지 말 것을 강조하였다.[106] 국가와 사회 질서와의 관계에서 파룬궁이 어떤 역할을 해야 하는지 그는 잘 알고 있었던 것이다. 그렇기 때문에 일부에서는 파룬궁이 정치체제에 마치 적대적인 집단의 양상을 띠고 있었다고 진단하기도 하지만,[107] 위에서 본 바와 같이 참여계층뿐만 아니라 국가에 대한 충성과 파룬궁이 추구하는 도덕적 수양이라는 측면에서 볼 때 오히려 보수주의적 경향이 훨씬 강하다고 생각한다.[108] 이 때문에 캐나다의 데이비드 오운비 교수는 파룬궁을 문화재활운동Cultural Revitalization Movement 차원에서 접근하기도 한다.[109]

이는 또한 청대 이래 민간종교가 유지하고 있던 주요한 특징이기도 하였다. 계급투쟁적인 시각을 가진 역사가들은 민간종교를 반권력투쟁 집단으로 규정하는 데 더 익숙하지만, 최근의 연구 결과에 따르면 대부분의 종파들, 특히 명대에 출현한 나교계羅教系의 종파들은 오히려 국가 체제나 사회제도의 미비점을 보완하는 성격이 더 강하였다는 사실에 주목한다. 양자의 갈등을 불러일으킨 원인은 대부분 민간종교보다는 오히려 국가권력이 제공하였던 것이다.[110]

인터넷과 파룬궁

무엇보다도 이들 조직의 최대 특징은 인터넷을 활용하였다는 데 있을 것이다.[111] 결론은 이미 난 것이지만, 인터넷 전쟁에서 파룬궁은 국가권력을 넘어설 수 있었다. 앞으로도 이 전쟁에서 중국 당국이 이길 가능성은 거의 없어 보인다. 공식적으로 사교라는 딱지를 붙여 탄압을 한 지 8년(2007년 말까지)이 지났음에도 불구하고 파룬궁은 여전히 인터넷을 중심으로 활동하고 있기 때문이다.

이 글을 쓰기 위해 필자가 활용하고 있는 자료 중 상당수는 파룬궁 관련 인터넷 사이트에서 '퍼 온' 것들이다.[112] 특히 중국어용 '구글'이나 '야후', '바이두百度' 검색엔진을 활용하면 파룬궁과 관련된 자료의 상당수를 확인하거나 이용할 수 있다. 중국 당국은 파룬궁을 탄압한 직후부터[113] 중국 내에서 관련 자료를 삭제하거나 검색 자체를 봉쇄하는 방식으로,[114] 파룬궁 조직에 대응해 왔으며 '카이펑凱風' 사이트나[115] 주한중국대사관 사이트[116] 등을 통해 적극적으로 파룬궁의 사교적 성격을 알리고 있지만 역부족이다.

파룬궁 조직이 인터넷을 통해 운영되고 성장하였다고 하지만, 실제로 인터넷이 조직 내부의 연계나 통신 등에 사용된 것은 비교적 후기의 일이다. 적어도 출범 초기에 이들이 사용하던 통신수단은 우편제도였고, 좀 더 중요하거나 시간을 다투는 일들은 전보, 전화, 팩스를 이용하였으며, 구두로 할 수 있는 사무는 전화를 활용하였다. 인터넷은 1999년 4월 25일의 탄압 이후 극적으로 확대되었으며, 특히 미국에 거주하는 리훙즈와의 통신에서 더욱 유용한 도구가 되었다. 당시 존재하던 웹사이트는 80여 개였다.[117] 수련자들 사이에서 효과적으로 활용된 것은 손전화기였으며, 이는 중난하이 시위에서 위력을 발휘하였다. 이 점에서 인터넷은 성장의 동력이었다기보다는 국가권력과의 싸움 이후에, 그리고 해외 수련자나 인권단체들의 파룬궁 지원에서 더 효과적인 수단이 되었던 것 같다.

국가권력의 탄압

그렇다면 초기의 활력과 국가와 사회의 지원에 힘입어 성장하던 파룬궁이 7년이 못 되어 '사교'단체로 규정되어 대대적인 탄압을 받게 되었는가. 이 의문에 대해 잠시 검토해 보고자 한다.

리훙즈뿐만 아니라 연구자들도 중국기공과학연구회와의 갈등이 파룬궁을 파국으로 몰아넣은 원인이었다고 진단한다. 예컨대 리훙즈는 갈등의 요소로 중기공 내에서의 파룬궁의 위상과 재정 문제를 지적하였다. 적어도 외견상으로 1994년도까지 기공과학연구회와 파룬궁의 관계는 우호적이었다. 리훙즈는 다롄大連과 같은 많은 지역의 기공과학연구회와 우리들의 관계는 매우 좋다고 언급하였다.[118] 또한 광저우廣州의 파룬궁보도소는 광저우시 인체과학연구회에 소속되어 있지만, 이 상위 조직은 자신들의 문제에 그리 상관하지 않는다고 말하였다.[119]

그러나 1995년 무렵에 이르러 양자의 관계는 더 이상 우호적이지 않았다. 그 이유의 한 가지로 리훙즈는 재정 문제를 거론하였다. "수입 중에서 일정 몫을 연구회에 납부하였으나, 연구회가 돈 버는 데에만 관심을 두었다. 반면 무료진료라든가 저렴한 비용으로 지도한다든가 등에 대해 비판이 있었다"고 한다.[120]

이와 관련하여 리훙즈와 파룬대법연구회를 괴롭힌 것은 파룬궁이 독립적인 단체가 아니라 기과연의 한 분회로서 활동하는 데 따른 위상이었던 것 같다.[121] 파룬궁보도소와 현지 기공협회와의 관계는 조직을 유지하는 데 끊임없이 제기된 문제였다. 리훙즈의 판단으로는 현지에 있는 상위 단체인 기공과학연구회나 인체과학연구회 혹은 기공협회는 파룬궁연구회와 성격이 다르기 때문에 우리를 지도할 수 없으며, 파룬궁의 소장이나 보도원이 될 수 없었다. 대체로 기공과학연구회는 체육위원회에 소속되어 있었는데 이에 따라 파룬궁도 당연히 체육활동의 일부로 간주되었다. 반면 자신들의 목표는 체육활동을 훨씬 넘어서서 기공을 통해 인간의 도덕성을 완성해야 한다는 데 두고 있었다. 상위 단체들은 이에 동의할 수 없는 데다 국가의 위임을 받아 산하 기구를 통제할 수 있는 공식 기구이기도 하였다. 따라서 파룬궁도 그들의 관리를 받아야 했고, 이 때문에 리훙즈는 이 문제를 매우 조심스럽게 다루고 있었다.[122]

그러나 보다 본질적인 갈등은 유신론적 공법과 무신론적 공법 사이에 근본적으로 내재하고 있었다. 갈등의 싹이 발아한 것은 1993년에 《중국전법륜》을 출간하면서 그 가르침을 수련자들에게 믿도록 요구하였고[123] 1994년에 〈파룬대법보도소에 대한 요구〉를 제정하면서 정법正法으로 인정할 수 있는 공법과 배척해야 할 사문邪門을 분명하게 구분하면서 시작되었다고 할 수 있다. 1994년에 이르러 중기공과의 관계가 좋다던가 하는 수련자와의 대화는 이미 그 관계가 내부적으로 문제가 되고 있다는 의미였다. 리훙즈가 1994년 9월에 불교 연구에 전념한다는 명목 아래 국내의 훈련반을 중지한 것은 중기공쪽의 문제 제기를 해결하기 위해 내놓은 방책이었던 것이다. 그 이듬해에는 해외의 훈련반도 그만두었다.[124]

1990년대 전반에 기공 영역에 불어 닥친 유신론적 기공열은 중기연뿐만 아니라 이를 관장하는 당국에게도 부담스러운 것이었다. 국가에서 규정한 의도와는 다르게 인체 투시, 요시, 의념요법 등과 같이 이른바 '미신'을 중시하는 종교적 기공파의 득세로 나타났기 때문이다. 커윈루柯雲路는 《대기공사》를 시발점으로 《신세기新世紀》, 《인체신비현상파석人體神秘現象破釋》, 《생명특이현상고찰生命特異現象考察》, 《주출심령적

파룬궁의 창시자로 알려진
리훙즈의 모습.

리훙즈는 중국 정부가 파룬궁을 사교 집단으로 탄압한 1999년 이후 세계적으로 유명해졌다. 1952년에 지린성 창춘시 부근의 공주링시에서 태어난 그는 1990년대 초부터 파룬궁 훈련반을 출범시켰고, 이후 수련자도 급증하였다. 그의 파룬궁은 기왕에 공인받은 신체단련 중심의 기공과 달리 종교적 교의 속에서 발현하였다는 특징이 있다. 곧 신공神功계통의 기공이었다는 점이다. 리훙즈는 1996년에 미국으로 이주한 뒤 그곳에서 활동하고 있다.

지옥走出心靈的地獄》, 《발현황제내경發現黃帝內經》 등 신공과 관련된 책을 쏟아내면서 종래 정치에 의해 압도되었던 '귀신 무교문화'를 문학의 범주로 복구시키려고 노력하였다.[125] 그것은 열풍이었다. 또 1996년에 리훙즈의 《전법륜轉法輪》이 1백만 부 가까이 팔릴 정도로 베스트셀러가 되었다는 사실은 널리 알려진 것이다. 이에 따라 그해 7월 하순에 '미신적이고 비과학적인 사상'의 전파를 막겠다는 명목으로 신문·출판을 총괄하는 최고기구인 국가신문출판총서에서는 《중국파룬궁》을 비롯한 네 권의 책에 대해 판매금지 처분을 내렸다.[126] 파룬공에게 미신적이고 비과학적이라는 딱지를 붙인 것은 그것이 '과학적인' 마르크스·레닌주의, 마오쩌둥 사상에 대해 도전하고 있다는 의미였다.[127] 일부에서는 파룬궁에 대한 정부의 관용이 중난하이 시위 이후에 끝났다고 보고 있지만,[128] 기공과학연구회가 파룬궁을 '봉건미신' 단체로 몰고 갈 때에 정부 당국의 판단은 이미 내려져 있었던 것이다.

바로 그 다음 달인 8월 5일에 중국 정부는 7개 부서(중공중앙선전부, 공안부, 국가체육회, 위생부, 민정부, 국가중의약관리국, 국가공상행정관리국)에서 공동으로 〈사회기공관리 강화에 관한 통지〉를 제정하면서 규제의 법적 근거를 마련하였다. 이 〈통지〉에서는 불건전한 현상, 곧 불법행위와 봉건적 미신 선전에 대해 엄격하게 제지하고 기공을 이용한 각종 범죄활동에 대해서도 엄히 단속할 것이라고 선언하였다. 이후 정부 당국에서는 〈건강기공관리방법〉과 〈건강기공사 기술등급 평가심사 방법〉(1998년 2월 22일) 등을 제정하여 기공에 대한 국가의 관리를 계속 강화하여 갔다.[129]

이러한 규제 강화에 따라 파룬궁 단체도 방향을 결정하지 않으면 안

되었다. 리홍즈는 1996년 5월에 중기공에서 공식적으로 탈퇴하는 방식으로 대응하였고, 그해 9월에는 중국 내에서는 더 이상 훈련반을 조직하지 않겠다고 통보한 다음 미국의 휴스턴에서 훈련반을 열기 위해 10월에 그곳으로 떠났다.[130] 마침내 기공과학연구회에서는 1996년 9월에 리홍즈의 파룬궁을 봉건적 미신단체로 규정하여 연구회에서 제명하였다.[131]

리홍즈가 미국으로 떠난 뒤 베이징에서 파룬궁 본부를 이끌던 지도자들은 미등록 상태의 난관을 돌파하기 위해 다양한 노력을 기울였다. 파룬궁은 이후 법적 단체로서의 요건을 갖추기 위해 사회조직이란 명목으로 국가민족사무위원회에 등록을 신청하기도 하고, 불교 연구를 위한 문화단체로 성격을 바꾸어 중국불교연맹에 등록을 시도하였으나 모두 거절당하였다. 또 민정부와 공안부에 등록시키기 위해 파룬대법연구회는 더 이상 존속하지 않으며 기부금, 서적의 출판과 번역, 공법 시연 등을 금지하겠다고 공언하고, 나아가 중앙조직이나 공식 조직이 없다는 사실을 증명하기 위해 보도총소나 보도원과 같은 명칭을 사용하지 않겠다고 말하였다.[132] 그러나 공안부는 오히려 1997년에 수백만 명에 이른 파룬궁 조직은 심신단련보다는 종교적 색채를 띠고 있는 단체라고 판단하고, 내부 통지문을 통해 파룬궁에 대한 감독 강화와 각 출판사가 이것을 소개하는 서적을 출판하지 못하도록 금지하기에 이르렀다.[133] 이후 양자의 관계는 악화일로를 걸었고 급기야 1999년 4월 25일의 중난하이 시위로까지 나아갔던 것이다.

그러므로 파룬궁은 조직상 1992년부터 1994년까지 합법적이었지만, 그 이후부터 1996년까지 중기연과의 갈등이 계속되면서 비합법적인 '미신'단체로 남게 되었다. 나아가 1997년 이후에는 공식적인 위계조직이 사라지고, 수련자들 사이에는 비공식적이고 개인적이며 수평적인 관계를 통해서 조직이 유지되었다. 이 조직의 특징을 유연성과 지부들의 분산적 통신망에서 찾는다면,[134] 그것은 중앙의 통일조직이 제대로 작동되지 않은 이후라고 할 수 있을 것이다.

이상의 검토를 통해 우리는 파룬궁이 발전하던 시기는 중국 정부의 적극적인 후원에 의해 기공이 만발했던 시기와 일치하고 있다는 사실을 알게 되었다. 그러나 이 시기는 또한 신을 믿으면서 기공을 수련하는 유신론계의 기공파가 급격하게 성장하기도 한 시기였다. 비합법 시기는 신공神功이 몰고 온 부정적 요소를 잠재우기 위해 중국 정부가 1996년 8월 5일에 〈통지〉를 제정하면서 기공을 체계화하고 기공사의 자격을 강화하는 한편, 기공단체를 통제해 가는[135] 시기와 일치하고 있다. 따라서 파룬궁의 성립과 성장, 그리고 조직의 발전 및 쇠퇴 등도 이러한 큰 틀에서 벗어나지는 못하였다. 유신론적 기공단체인 파룬궁의 합법화운동은 이에 대한 도전을 의미하는 것이었다.

정부의 입맛대로 움직이지 않는 파룬궁

1950년대 이후 중국에 불어 닥친 계급투쟁의 역사관 속에서 명청시대에 발전한 민간종교운동은 전형적인 계급투쟁의 양상을 보여주는 것으로 인식되었던 반면, 체제와 사회 질서를 유지시켜 주는 순기능적인 측면은 거의 도외시되었다.

파룬궁 역시 유사한 과정을 거쳤다. 창립 시기의 상황이나 목표를 보면, 국가를 전복하기는커녕 오히려 국가 체제와 사회 질서를 유지하는 안전판 역할을 강조하였고, 이 때문에 정부로부터 음양에 걸친 지원을 받을 수 있었다. 이 점에서 파룬궁은 개혁개방에 따른 노인 문제, 의료 복지 문제, 도시화 등 민간사회의 발전을 반영하는 중요한 현상이었다.

파룬궁의 발전과정에서 나타난 문제 중의 하나는 아직도 불분명한 초기 기록의 문제이다. 리훙즈는 스스로 4살 이후부터 각종 법사 혹은 도사로부터 수십 년간 교의와 공법을 배웠다고 말한다. 반면 국가의 공식 기록에는 세속적인 요소만이 강조되고 있다. 이 의문은 리훙즈의 진술을 그가 세속적 생활을 하였던 1980년대의 사회적·역사적 맥락에서 고찰하는 데서 해소될 수 있다. 요컨대 불교와 도교뿐만 아니라 민간종교의 부활과 각종 기공단체의 활성화라는 맥락에서 그 의문을 해결하였다.

특히 무교巫教는 파룬궁의 우주관이나 치병술, 공법 등에 큰 영향을 미친 것으로 보이는데, 이는 비단 파룬궁뿐만 아니라 당시에 이름을 떨치던 대기공사에서 거의 공통으로 보이던 요소이기도 하였다. 파룬궁은 이 때문에 수련자들에게 믿음을 요구하였고 그래야만이 종교적으로 완벽하고도 순수한 인간, 곧 우주의 본성에 맞는 인간이 될 수 있다고 강조하였다. 이에 따라 파룬궁은 1995년 무렵에 최대의 수련자를 확보한 기공단체로 떠올랐고, 조직 구조도 이에 걸맞게 전국적인 위계조직으로 발전하였다.

반면 그 순간에 기존의 비신론적 기공단체와의 갈등도 시작되었다. 그 요인은 재정 문제나 조직 상의 위계 등에 연유한 듯이 보였지만, 사실은 출발부터 추구하는 목표가 달랐기 때문에 파룬궁 측에서 교의체계를 포기하지 않는 한 해결될 수 없었다. 이에 당국이 파룬궁을 '미신'

단체로, 다시 '사교'로 규정하면서 파룬대법연구회는 4년이라는 짧은 시간 동안에만 합법적인 단체로 존속할 수 있었다.

이는 시장사회주의 도입 이후 국가권력이 내포한 모순을 드러내는 것이기도 하였다. 국가는 파룬궁에 대해 "좋은 놈"이라는 태도에서, 전통시대의 왕조국가가 그랬던 것처럼 이들에게 사교집단이라는 딱지를 붙여 "나쁜 놈"으로 매도하였기 때문이다. 국가가 의도한 것은 건강한 기공단체였으나, 오히려 무교문화를 핵심으로 한 기공대사들이 출현하여 높은 인기를 끌 줄은 '정말 몰랐'던 것이다. 인민들이 정부의 입맛대로 움직이지는 않았던 셈이다.

铁路竭诚为您服务

5부

변경으로 팽창하는 중화제국

- 현대 중국의 샹그리라 만들기와 그 의미
- 현대중국에 있어서 생태환경의 변화와 변경으로의 팽창주의

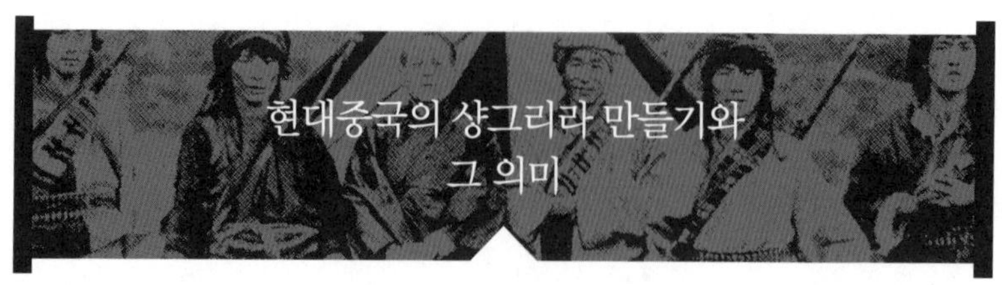

현대중국의 샹그리라 만들기와 그 의미

20세기 말의 신상품

중국사회에서는 오래전부터 세외도원이니 무릉도원이니 하는 이상향을 동경해 왔다. 그것은 어떤 경우에 종교운동과 결합하여 미륵이 하생하는 세계, 혹은 민간신앙에서 절대신으로 숭배하는 무생노모無生老母가 최종적으로 인간을 구원하는 세계라는 형태로 이 풍진 세상 속에 구현시키려고 하였다. 역사적 맥락에서 보면 중국의 공산당조차 이 이상향을 국가 주도로 한번 실현하였으면 하는 소망에 집착하여 국력을 쏟아부은 때도 있었다.

하지만, 시장사회주의를 목표로 국가를 운영해 온 현 정부는 현실의 모순과 인간의 욕망을 인정하지 않을 수 없었다. 그 대신 그들이 꿈꾸어 온 사회주의적 이상향은 뒷전으로 밀려나 버리고 말았다. 그렇다면,

이상향을 구현하는 것은 정말로 불가능한 것인가? 세속적 욕망을 포기하지 않으면서도 잠시라도 이상향 속에서 근심 없이 소요하는 정도는 가능하지 않겠는가.

2002년 중국 정부에 의해 공식적으로 인정받은 윈난성 서북부의 "샹그리라香格里拉"현은 인간의 세속적 욕망, 이상향에 대한 추구라는 모순되는 인자들을 절충시킨 대표적인 공간이라고 할 수 있을 것이다. 이렇게 해서 만들어진 샹그리라라는 상품은 말하자면 2009년 1년 동안 5백만여 명의 관광객이 모여들 정도로 대박을 터뜨렸다.

샹그리라 세계는 지난 세기말의 창작물이긴 하지만, 그것은 적어도 거의 1세기 가까이 논의되어 온 역사적 맥락에서 검토되어야 제대로 이해할 수 있는 공간이기도 하다. 그 공간에는 영국의 제임스 힐튼James Hilton의 창작소설 《잃어버린 지평선》에서 만들어진 '샹그리라Shangri-la'라는 세계처럼, 20세기 서구 제국주의의 모순된 현실, 그곳으로부터의 도피처로 설정된 동양세계와 그곳에 구현된 왜곡된 동양관 등이 녹아 있다. 반면 중국 정부가 만들어 낸 그 이상향은 힐튼이 상상하던 것과는 달리 동시대에 활동한 미국의 조셉 록Joseph F. Rock(1884~1962)과 같은 식물채집가들의 현실적 욕망이 꿈틀대던 윈난 서북부에 구체화되었다. 따라서 이 논문에서는 먼저 힐튼의 샹그리라와 조셉 록이 조사한 윈난이라는 두 개의 주제를 집중적으로 검토해 볼 것이다.

좀 더 중요한 분석 과제는 우리가 상식적으로 이해하는 이상향으로서의 샹그리라 세계와 달리, 오리엔탈리즘적 성격이 강한 저들의 이상향을 변방의 윈난 땅에 구현한 중국 당국의 기획 의도이다. 쓰촨 북부의 지우자이거우九寨溝나 티베트의 라사에서 이미 진행되었듯이, 소수민족 지역의 관광지화는 시장사회주의의 확산뿐만 아니라, 이곳의 자원과 문화를 지렛대로 삼아 지배를 강화하고자 하는 중앙 정부의 통치 전략과 맞물려 있기 때문이다.[1] 따라서 이 글에서는 새로운 방식의 변방 지배라는 관점에서 윈난성 디칭주 종디엔현雲南省 迪慶州 中甸縣에서 진행된 샹그리라 만들기뿐만 아니라 거의 동시에 진행된 대大샹그리라권 개발도 함께 분석해 볼 것이다.

상상 속에 건설된 기독교 제국

소설《잃어버린 지평선》의 상상적 공간

제임스 힐튼이 만들어 낸 샹그리라의 양면성

잘 알려진 바와 같이 처음으로 '샹그리라Shangri-la'라는 지명을 창안한 사람은 영국의 소설가 제임스 힐튼(1900~1954)이었다. 뒷날 수많은 어원이나 그 속성 등에서 논란거리를 제공한 샹그리라는 그가 쓴 소설《잃어버린 지평선*The Lost Horizon*》(1933, 이하《잃어버린》)에서 처음 출현하였다.[2] 1921년에 캠브리지대학의 Christ's College에서 영문학과 역사학을 전공한 그는 재학 중에도 기사와 소설, 시 등을 쓰는 것으로 문학적 재능을 보였는데, 글의 성향은 특히 반전적인 감정이 강했다. 위의《잃어버린》외에도《굿바이 미스터 칩스*Good-bye, Mr. Chips*》(1934, 이하《굿바이》)는 바로 전쟁으로 피폐해진 인간의 삶과 그곳으로부터 도피하고 싶은 욕망을 강하게 드러내고 있다. 당시 그의 문학적 재능을 보여준 것도 《굿바이》였으니, 그것은 제1차 세계대전의 여파가 남긴 후유증을 잘 보여주었기 때문이다. 1920년대에도 여러 편의 소설을 썼으나 대부분 세상에 알려지지 않았고, 전업작가로서의 삶은 《굿바이》로부터 시작되었다고 한다.

또한 이 글의 소재가 되고 있는 《잃어버린》 역시 제2차 세계대전을 앞둔 유럽인들의 불안과 고뇌가 담긴 소설로 알려져 있다. 곧 전쟁이 유럽의 문명을 송두리째 파괴할지도 모른다는 불안감이 소설 곳곳에 스며들고 있다.[3] 오히려 그의 소설사에서는 '샹그리라'라는 이상향을 만들어 낸 탓에 《굿바이》보다 《잃어버린》이 더 유명해졌다. 게다가 이 소설은 1937년에 미국에서 영화로 제작되면서 세상에 널리 알려지게 되었고, 또 그가 창조해 낸 샹그리라 역시 전란과 경제공황이라는 불안감에 시달리던 시대적 상황과 맞아떨어지면서 이상향의 한 패턴으로 자리를 잡아 갔다.

제임스 힐튼은 1930년대 중반에 미국으로 이주한 뒤 줄곧 그곳에서 생활하였는데, 소설을 대본 삼아 만든 영화에도 대부분 그가 관여한 것으로 알려졌다. 문학평론가들의 일반적인 평가는 인간성에 대한 믿음을 가진 소설가로서, 제1차 세계대전 이전의 전통과 삶의 방식에 향수를 지녔으며 반전적 성향이 강하다고 본다.[4]

《잃어버린》의 내러티브는 '전란 → 구원 → 환속 → 구원세계로의 재도전'으로서, 그 서술 방식은 내레이터가 주인공 콘웨이의 임시 메모장에 의거한 회고 형식이다. 남아시아 대륙의 바스쿨이란 곳에서 토착민이 반란을 일으켰을 때, 영국 영사였던 37세의 콘웨이는 자국민들을 대피시킨 다음, 남은 일행 3명과 함께 비행기에 탑승한다. 콘웨이를 포함하여 동방전도회의 로베타 브린클로 여사, 석유 관련업자인 미국인 헨리 바너드, 그리고 영국 부영사인 찰스 맬린슨 대위 등 4인이 탄 비행기는 정체불명의 동양인에게 납치되어 히말라야와 쿤룬 산맥을 넘어 인간이 살지 않는 광막한 고원지대에 불시착한다. 그 부근에는 아름답고 매력적인 산이 달빛을 받으며 치솟아 있고, 라마교 사원이 있었으며, 납치 비행기를 몰던 조종사는 "샹그리라가 있다. 그곳에 식량과 잠자리가 있다. 당신들은 꼭 그곳으로 가야 한다"는 말을 티베트어로 하면서 숨을 거둔다. 콘웨이는 '라'가 고개라는 뜻이라면서 그곳으로 향하던 중, 장張씨 성의 중국 노인을 비롯한 샹그리라 사람들의 마중을 받는다.

힐튼이 묘사한 샹그리라 사회는 어떠하였을까. 적어도 자신이 보아온 곳 중에서 그곳은 '가장 즐거운 공동사회'였다. 이렇게 판단한 이유는 무엇이었을까. 외부세계와 매우 고립되어 있는 이곳은 전쟁과 같은 저속한 정열이 타 버린 뒤 인류가 필요해 마지 않는 예지를 보관할 수 있는 절대선의 공간이었다는 사실이다.

그리고 이러한 절대선을 내재한 공간은 양호한 자연조건이 뒷받침하고 있었다. 힐튼이 '푸른 달빛 계곡'이라 이름붙인 이 공간은 설산으로 둘러싸여 있었기 때문에 세상과 격절되었다고 느낄 만큼 폐쇄적이기도 하지만, 자급자족이 가능한 곳이기도 했다. 그곳은 온화하고 햇빛이 풍부하여 경작지는 비옥하고 작물도 넉넉할 정도로 많아서 즐거운 낙원이라고 부를 만했다. 또 그곳에는 특산물인 차뿐만 아니라 금광도 소유하고 있어서 외부와의 물물교류가 없어도 어느 정도 공동체를 유지할 수 있었다.

또 그곳은 외계로부터 오염되는 일 없이 독자적인 문화가 번영하고 있고 인종적 차별도 보이지 않는 곳이었다. 라마교와 기독교 등이 서로 어우러져 공존하는 독특한 종교적 분위기가 샹그리라를 지배하고 있는 듯이 보였고, 인종이나 피부색에 대해 아무런 편견이 없는 티베트인들과 중국인들이 대다수를 차지하고 있었다. 콘웨이가 보기에 이들 주민들은 오히려 티베트인들과 중국인들의 혼혈로서 어떤 인종보다 정갈하고 용모가 단정하였으며, 근친결혼에서 오는 악영향도 고민하지 않았다.

샹그리라는 또 안온하고 시간을 자신의 의지에 따라 활용할 수 있는 불로의 공간이기도 하였다. 콘웨이를 불러들인 대승정 페로가 그 상징이었다. 그는 53세가 되던 1734년에 이곳에 도착하여 샹그리라를 건설하였으니, 이미 2백 세가 넘은 사람이었다. 콘웨이가 그곳에서 만난 만주족 출신의 로첸이라는 처녀 역시 세속상의 나이는 이미 1백 세를 넘기고 있었다. 불시착한 콘웨이를 인도한 장 노인도 97살이었다. 장 노인의 말에 따르면 이곳에 온 뒤 5년의 견습 기간을 거치면, 장수하는 방법을 배울 수 있다는 것이다. 그는 40세의 외모를 유지한 채, 반세기는 갈 수 있다고 장담한다. 시간은 나의 것이기 때문에 자유자재로 활용할 수 있는 곳이었으며, 그런 까닭에 욕망을 충족시키기에도 사랑하는 사람을 사랑하기에도 넉넉한 시간이었다. 물론 페로와 마찬가지로 그곳에서 죽음은 피할 수 없는 숙명이었지만 말이다.

이곳을 유지하고 움직이는 질서는 중용이었다. 적당한 엄격함, 적당한 복종, 적당한 성실, 적당한 겸손, 적당한 정직 등이 그곳에서 통용되는 도덕율이었다. 그것은 콘웨이가 평소에 꿈꾸어 온 이상향의 질서이기도 했던 바, 18세기 초에 유럽에서 이곳으로 건너온 페로 신부는 이러한 콘웨이의 의도를 간파하고 그를 후계자로 삼기 위해 강제로 데려온 것이었다.

기독교 제국이자 인종적 편견으로 가득한 샹그리라

그렇다면, 페로에서 콘웨이로 통치권이 계승되는 샹그리라의 통치 체제는 무엇을 의미하는가. 콘웨이가 직접 샹그리라 세계를 속속들이 관찰하고, 대승정인 페로를 만나면서 듣고 본 이야기에 따르면 우리가 신문보도와 관광객들의 인상기들을 통해 인식한 통속적 샹그리라상과는 매우 다른 면이 드러난다. 그것은 이곳이 유럽의 기독교 문화가 지배하는 또 다른 제국을 상징하고 있다는 사실 때문이다.

샹그리라는 말하자면 자비를 가지고 다스리는 탄력적인 전제정치의 세계였다. 그곳은 이곳을 개척하고 거의 2백여 년 동안 통치한 대승정 페로의 세계이기도 하였다. 그가 18세기 초 티베트에 온 근본적인 이유는 서양의 그리스도교를 전파하기 위한 데 있었다. 결국 대승정은 자신이 오랫동안 개척하여 이상향으로 만든 샹그리라의 자산과 운명을 콘웨이에게 넘겨 주고 싶다고 말한다. 그는 "현재 다가오는 폭풍우는 암흑시대의 전도이지만, 그래도 샹그리라는 안전할 것"이라며 숨을 거둔다.

페로를 둘러싼 주요 인물들 역시 유럽인들이다. 오스트리아의 고귀한 집안 아들인 헨셀, 쇼팽의 제자인 알퐁스 브리악, 독일인 마이스터 등이 그 상징이다. 그들은 페로가 말한 바와 같이 북유럽과 유럽의 라틴계 인사들로 구성된 최고의 인재들이다. 반면 티베트인은 매력적이지만 1백살 이상 사는 이가 드물고, 중국인은 그보다 낫지만 실패율이 높으며, 일본인은 값어치 있는 수확이 못 된다고 콘웨이에게 일러준다. 콘웨이는 이곳 주민들이 이미 티베트나 중국인들의 혼혈인 데다, 대승정조차 국경과 인종을 초월한 존재라고 인식하고 있지만, 그것은 외형적인 관찰에 불과하다. 샹그리라는 오히려 인종적 편견으로 가득찬 곳이었다.

심지어 뜻하지 않게 이곳에 오게 된 부영사 맬리슨조차, 샹그리라는 "불건강하고 불결하며, 바싹 마른 늙은이들이 마치 거미들처럼 우글거리면서 누군가가 다가오기를 기다리는 곳"이었다. 이 의견에 동의하는 만주족 처녀 로첸과 함께 항상 떠날 궁리만을 하고 있다. 같은 구미인이라고 하더라도 이 세계를 보는 시각의 편차는 이처럼 컸다.

이곳은 유럽인과 기독교를 중심으로 움직이는 세계일 뿐만 아니라, 서구의 문화유산을 물려줄 수 있는 역량까지 갖추어 놓은 곳이었다. 이 사원에 소장되어 있는 도서는 동서양의 풍부한 인문예술 고전들이며, 따라서 이곳의 라마승들도 철학, 음악, 회화, 종교, 언어학 등 각 영역에서 인류를 위해 크게 학술적인 공헌을 할 수 있는 사람들이었다. 라마승들은 서양의 고전(플라톤, 니체, 뉴턴, 토마스 모어)에 막힘이 없었다. 콘웨이가 보기에 샹그리라는 지적으로 옥스퍼드대학을 연상시키는 곳이었다.[5] 또 유럽인들이 남긴 각종 티베트 기행기, 예컨대 안토니오 데 안드라데의 《대거란 또는 티베트 지방 신기행》, 아타나시우스 킬허의 《중국》, 쟌 드 네브노의 《신부 그뤼베르와 도르빌의 중국기행》, 벨리가티의 《미발표 서장여행기》 등이 소장되어 있었다. 이런 책들은 제임스 힐튼이 티베트를 이해하고 소설을 창작하는 데 참조한 도서목록이었을 것이지만, 여하튼 샹그리라의 핵심부는 서양적인 사물과 가치들로 꽉 차 있었던 것이다.

그렇기 때문에 이곳에서 동양적인 사물과 가치는 사실상 의미가 없었다. 콘웨이를 통해서 보는 한, 그의 동양에 대한 지식도 엷은 것이었다. 콘웨이는 소설 속에서 '동양사'를 강의하였다고 하지만, 그와 관련된 체계적인 정보는 거의 없다. 그가 소설에서 거론한 역사적 인물로서는 동진東晋 시대의 고개지顧愷之가 유일하며, 티베트 불교에 대해서는 '남녀

차별이 없다'는 것 외에 거의 아무 말도 하지 않는다. 콘웨이가 샹그리라를 벗어나 환속할 목적지로 삼은 곳은 티베트 동부의 타전로打箭爐(오늘날의 캉띵康定)였는데, 그가 거의 초죽음 상태로 현지 주민들에게 발견된 곳은 충칭重慶이었다. 쓰촨성 동부에 위치한 충칭에 도착하기 위해서는 캉띵을 거치고 청두成都 평원을 지나야 한다. 제임스 힐튼의 중국 지리 지식이 너무나 형편없는 셈이다. 아마 그의 티베트에 대한 지리 정보는 비행기가 착륙한 곳, 곧 쿤룬 산맥을 넘어서는 그 어딘가에 한정되어 있었던 것 같다. 일부 평론가는 실제 그가 소설을 발표하기 몇 해 전에 파키스탄 북부의 캐시미르 지방을 다녀온 적이 있다고 말하기도 한다.[6]

제임스 힐튼이 묘사한 샹그리라의 세계는 유럽세계를 뒤덮고 있던 전쟁의 광기, 자본의 모순이라는 저속한 정열이 타 버린 뒤, 인류가 필요해 마지않는 그리스도교의 윤리가 충만한 곳이 될 터였다. 곧 서구가 위기를 맞고 있지만, 그들이 발전시켜 온 문화적 우월성을 동양적 신비감 속에 구현한 세계가 바로 샹그리라인 것이다.[7] 여기서 '동양'이라는 지리적 공간은 그 점에서 심상心像의 식민지적 성격을 내포하고 있으며,[8] 주민 역시 항상 노동하거나 서양인들을 위해 시중을 드는 존재에 불과하다. 이런 점들을 종합해 볼 때, 샹그리라는 오리엔탈리즘이 지배하는 세계이자[9] 동양에 건설된 상상의 기독교 제국에 더 가까운 곳이었다.

영화 속의 공간 구성과 기독교 제국

그렇다면 서양식의 유토피아와 오리엔탈리즘이 결합한 이 기묘한 세계는 영화 속에서 어떻게 재현되는가. 이 소설은 힐튼의 명성이 높아지면서 이탈리아계 미국 영화감독 프랑크 카프라Frank Capra에 의해 1937

년 영화로 만들어졌다. 주연은 존 하워드John Howard와 제인 와이어트 Jane Wyatt 등이다. 원본은 132분짜리로 알려졌다. 최근에 한국에서 시판되는 DVD판은 그보다 약 7분 정도 짧은 분량의 것으로 컬럼비아 영화사에서 초판을 여러 아카이브에서 도움을 받아 거의 복원해놓은 것이다.[10] 이 영화는 제작 이듬해인 1938년에 최우수미술감독과 최우수편집 두 부분에서 아카데미상을 수상하면서 세계적으로 유명해졌다.

영화적 내러티브는 소설과 거의 유사하게 세속적 혼란 → 종교적 구원 → 환속 → 재구원이라는 흐름이다. 소설 속에서 재구원은 상상의 범위이지만, 영화에서는 콘웨이가 다시 샹그리라의 출입문 앞에 도달하여 환희에 찬 얼굴로 '이상향'을 바라보는 것으로 마무리하고 있다.

영화의 언어와 문학의 언어가 꼭 일치해야 할 필요는 없지만, 이 영화의 경우 소설보다 훨씬 더 서구 편향적이다. 샹그리라는 티베트나 중국의 어느 공간에 있다기보다 거의 유럽의 사원을 흉내 내고 있다. 소설 속에 나오는 상층부의 유럽인과 잘 어울리는 공간의 미장센이다.

소설에 등장하지 않던 산드라라는 '매혹적인' 여성도 화면을 수놓는다. 그녀는 사실 영화를 위해 재창조된 캐릭터라고 할 수 있다. 콘웨이를 납치하도록 '사주'한 것도 그녀이며, 샹그리라에 온 콘웨이를 사랑의 동반자로 여기면서 그와 함께 이 이상사회를 이끌어 가려고 하기 때문이다. 소설 속에서 자주 언급되던 만주족 여인은 간 데 없고, 대신 그 자리에는 서양 여성인 마리아가 탈출할 궁리만을 하면서 초조하게 서성인다.

힐튼의 샹그리라에서는 주로 종교와 내면적 가치가 중시된 데 비해, 영화에서는 사랑과 갈등, 질투, 주민들의 일상적인 삶 등에 초점이 맞추어졌다. 끊임없이 동영상을 만들어 내면서 관객의 시선을 붙잡아야 하는 영화의 속성 때문이겠지만, 그 결과 대부분의 화면은 우아한 서구인과 일하는 현지인이라는 요소로 양분되어 있다. 대승정, 콘웨이, 산드라, 마리아, 그리고 콘웨이와 함께 납치된 4명의 구미인 등은 모두 차를 마시며 종교와 인생, 그리고 샹그리라의 질서와 운영에 관해 담소하거나 말을 타고 꽃구경을 하면서 사랑놀이를 하는 존재들이다. 그렇기 때문에 영화 속의 샹그리라는 중국이나 티베트에 있는 것이 아니라 마치 서구의 어느 수도원을 연상시킨다.

반면 동양적인 것들은 이와 상반되게 묘사되었다. 티베트계의 주민들은 허름한 옷을 입은 채 즐거이 상부 세계의 종교인들이나 유럽인들의 시중을 드는 데 마다하지 않는다. 이미 소설에서도 잠시 언급된 장노인만 하더라도 그의 역할은 대승정의 보조자일 뿐이다. 또 일반 주민들 역시 농사를 짓거나 각종의 육체노동에 매달리고 있다.

영화에서 좀 더 주목할 만한 메시지는 당대의 세계 상황을 매우 비판적으로 묘사하였다는 사실이다. 화면 속에서 구현되는 당시의 세계는 제국주의, 전쟁, 지배욕, 광기, 추악한 정복욕으로 둘러싸여 있으며, 그에 대한 대안과 구원의 세계로서 샹그리라는 더욱더 강렬하게 묘사된다. 그곳은 전쟁과 광기의 세계가 끝나고 새로운 세계가 도래하였을 때 희망의 원천이 될 것이며, 그 질서는 기독교적 사랑과 인류애라는 강렬한 호소력이 화면 전체에 넘쳐난다.

이러한 차이는 물론 소설과 영상의 근본적인 차이에서 연유하기도 하지만, 힐튼과 카프라의 차이에서 오는 것이기도 하다. 잘 알려진 바와 같이 카프라는 동시대의 어느 감독보다도 미국적 이데올로기와 사회적 관계를 잘 이해하고 활용한 감독이라고 평가를 받고 있기 때문이다.[11] 실상 미국인들은 1930년대 내내 카프라의 미국적 이상주의에 열렬한 지지를 보냈는데, 그 중요한 이유는 미국에 몰아친 불경기와 불안한 세계 정세에 있었다. 영국의 소설가는 오리엔탈리즘을 조금쯤 감추어 두고 있는 데 반해, 영화 속에서는 너무나 당연한 듯이 화면을 지배할 정도로 강렬하게 묘사된 까닭이기도 하다.

소설과 영화가 히트를 친 이후, 샹그리라는 점차 다른 의미가 담긴 개념이 되었으며, 그 개념의 쓰임새 역시 다양해져 갔다. 우선 그것은 민족과 정치라는 구도 속에서 활용되었다. 독일의 나치정권에서 히틀러는 아리안의 조상이 티베트 고원에서 왔으며, 그곳에 우수한 아리안인이 살고 있을 것이라는 가정 아래, 수차례에 걸쳐 티베트 지역에 탐험대를 파견하여 샹그리라를 찾아 내려고 하였다. 이와는 달리 1942년 미국의 루스벨트 대통령은 "도쿄를 폭격하는 비행기는 어디서 날아갔는가?"라는 기자들의 질문에 "샹그리라에서 날아간다"라고 대답하는 것으로 발진기지를 비밀에 부쳤다. 또 1953년 이전 미국 대통령이 휴가를 보내는 곳도 대외적으로 샹그리라라고 명명되었다.[12] 샹그리라의 이미지가 이미 구미의 정치 세계에서 평안함, 전쟁 이후의 안온함, 민족의 순수한 원형을 보존한 공간 등의 이미지를 갖춘 곳으로 뿌리를 내리기 시작하였던 것이다.

샹그리라는 또한 세상 사람들에게 동양의 어느 곳에 자리한 고급스럽고 호화로운 쉼터라는 뉘앙스를 풍기는 이상적 공간이기도 하였다. 이것을 효과적으로 이용한 것은 호텔업계였다. 1939년에 캘리포니아의 산타 모니카에 샹그리라라는 이름의 호텔이 들어섰다고 하지만, 확인되지

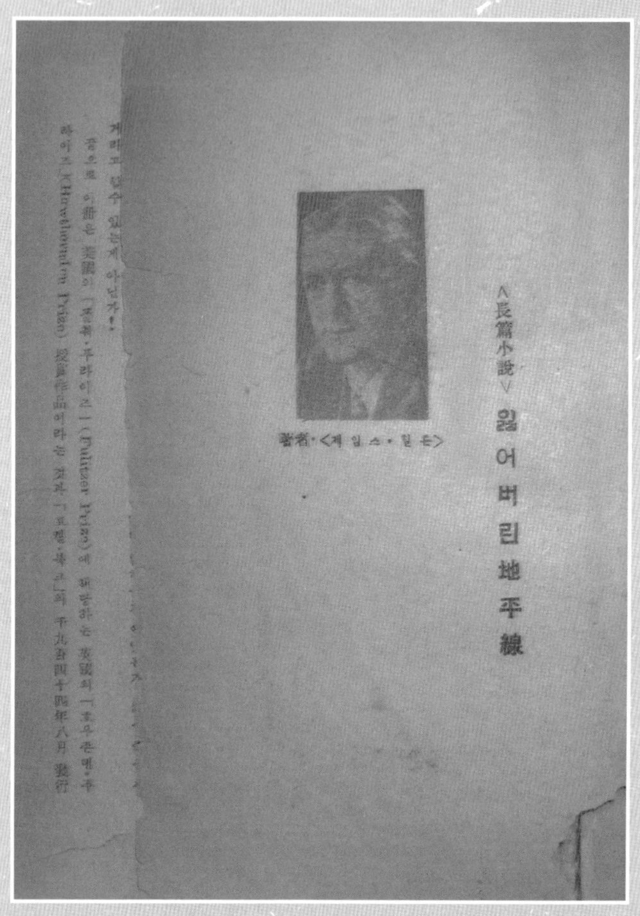

샹그리라의 원형이 된 소설
《잃어버린 지평선》의 국내 초판본.

영국 소설가 제임스 힐튼(1900~1954)이 쓴 《잃어버린 지평선》에는 샹그리라라는 이상향이 출현한다. 20세기 전반기에 서양 세계에 불어 닥친 문명의 암울함에서 벗어나기 위해 힐튼은 티베트 세계 저 너머에 그 이상향을 설정하였다. 그러나 그 이상향은 서구 기독교가 지배하는 오리엔탈리즘으로 가득 찬 세계였다. 이 소설은 국내에서는 신지학에 관심이 있던 안동민 씨가 처음 번역하여 소개하였다. 단기 4288년(1955)에 신태양사에서 출판되었다.

는 않는다. 하지만, 말레이시아의 부호인 궈허녠郭鶴年이 1972년 싱가포르에 "샹그리라" 호텔을 건립하면서 샹그리라를 지상에 실현하였고, 이후 '호텔 샹그리라'는 호텔과 관광업에서 우아, 호화, 쾌적, 진선진미함을 상징하면서 샹그리라를 문명 세계 속의 '이상향'으로 확산시켰다.[13]

한국에서도 이 영화는 극장에 상영되기 전부터 관심을 보였던 것 같다. 《조선일보》에는 1936년에 〈일허버린 지평선〉이라는 제목으로 영화 촬영 현장이 소개되었으며,[14] 1939년 7월에 국내에서 개봉될 때에도 상영관인 단성사의 운영권이 이 영화를 끝으로 남에게 넘어간다는 사실을 '이상타! 최종봉절最終封切은 "잃어버린 지평선"-경영난의 선풍 아래 스러진 일생-'이라는 제목으로 쓰고 있다.[15] 그만큼 대중들의 관심이 컸다는 사실을 기사의 행간에서 읽을 수 있다. 이 소설은 1955년에 처음으로 심령과학에 관심을 가졌던 안동민 씨가 한글로 번역하면서 국내에 소개되었다.[16]

소설의 원형 논쟁

윈난성 정부에서 디칭주迪慶州 종디엔현中甸縣을 샹그리라로 개명할 때, 기초 자료로 제시한 것은 두 가지였다. 하나는 이미 위에서 살펴본 제임스 힐튼의 《잃어버린 지평선》이었고, 또 하나는 1920년대 초부터 1930년대 중반까지 주로 윈난의 서북부 지방에서 식물 채집과 이 지역의 토착민인 나시족의 언어와 문화 등을 조사한 조셉 록(1884~1962)의 윈난 탐사기록이었다.

샹그리라 건설을 주도한 사람들의 입장에서 볼 때 이 두 종류의 자료는 상호 연관되어 있다. 곧 제임스 힐튼이 소설을 구상하고 집필할 때 그 이미지와 구성의 원형을 제공한 것은 조셉 록의 윈난 일대 탐험기였다는 것이다.

힐튼 소설의 원형이 조셉 록의 탐사기록에 근거하고 있다고 간주하는 사람들은 윈난 서북부의 리장麗江이나 쓰촨 서남부의 무리木理왕국 등이 위치하고 있는 횡단 산맥의 인문지리가 서구인의 관심을 끌었고, 자연히 제임스 힐튼도 이를 보고 영감을 얻었으며, 원시적 소재를 제공하였을 것이라고 믿는다.[17] 이러한 주장은 특히 조셉 록이 활동 근거지로 삼았던 리장시 사람들이 강조하고 있다.

실제로 조셉 록의 조사기록에도 샹그리라와 유사한 발음이 나는 "샹거리香格里"라는 동네가 있다. 조셉 록이 말한 샹거리는 리장의 라오쥔산老君山 산맥에서 진사강金沙江을 따라 신리梓里 쇠사슬 다리에 있는 동네로, 이곳은 보통 동샹그리라고 불리며, 서샹그리는 그곳에서 북쪽으로 나아가 진사강에 이르러 아희리와 연접하여 있다.[18] 이곳은 오늘날 리장시에서 샹그리라시로 이동하는 도중에 가로 놓인 진사강 다리로서, 록은 이 다리에 얽힌 젊은 남녀의 사랑이야기를 채록해놓고 있다.[19]

이 기록에 의거하여 1998년에 이곳을 탐방한 《리장일보麗江日報》 기자들은 그곳에 사는 7순의 허전원和振文 노인과 함께 1908년에 세워진 '향격리웅고香各里雄古' 석비를 발견하고는 이것이 바로 샹그리라를 입증하는 자료라고 주장한다.[20] 오늘날 샹그리라[香格里拉]시의 명칭에서 맨 뒷글자인 '라[拉]'자만 없는 것을 제외하면 똑같은바, 리장 사람들은 '샹그리'가 이곳 나시인들의 말로 '히말라야 시다'를 뜻하며, '라'는 어조사라고 말한다. 곧 '샹그리라는 히말라야 시다가 많은 동네야'라는 뜻으로 보는 것이다. 이러한 주장은 국내 연구자에게도 수용되어, 힐튼

은 록을 비롯하여 서방에 소개된 많은 관련 자료를 종합적으로 참조하여 창작했을 것이라고 말한다.[21]

반면 제임스 힐튼과 조셉 록의 상관성을 부인하는 주장들도 있다. 힐튼은 록의 기록을 참조하지도 않았고, 그가 상상한 곳은 윈난 지역이 아니라 오히려 히말라야 너머에 있는 티베트의 세계였다는 것이다. 실제로 힐튼은 어느 곳에서도 자신이 록의 기록을 참조하였다는 말을 하지 않은 것으로 알려졌다. 힐튼은 중국이나 티베트에 가 보지 않은 사람으로서, 그가 경험한 곳은 인도, 네팔, 파키스탄 정도였다. 소설《잃어버린 지평선》을 발표하고 난 뒤 기자들의 질의에, 그곳에 가는 것보다 오히려 자유로운 상상력이 작가의 창조력을 더욱 격발시킨다고 응답하였던 것이다.[22]

힐튼이 소설 속에서 상상한 공간은 "히말라야를 넘어 쿤룬의 고원지대"에 있는 티베트 세계였다. 그것도 대체로 순수 티베트 사회였다고 할 만큼, 이문화적인 요소는 찾아 보기 어려운 곳이었다. 이 점에서 힐튼이 구상한 지리문화적 공간은 다민족 사회이자 다문화적인 요소를 내포한 윈난은 아니다. 이 때문에 일부 중국인은 힐튼이 창조한 공간을 윈난 서북부라고 주장하는 것은 지식인들의 상업공작에 지나지 않으며, 고객의 입장에서 보면 오히려 리장의 풍부한 문화전통을 훼손하는 행위에 불과하다고 혹평한다.[23]

이 때문에 영국 BBC방송의 다큐멘터리 PD인 마이클 우드는《신화 추적자》라는 책 속에서 좀 더 사실적으로 이 문제에 접근하고 있다. 우드는 힐튼이 텍스트로 활용한 것은 록의 조사기록이 아니라, 1626년에 출간된 포르투갈 출신 선교사 안토니오 안드라데Antonio de Andrade(1581~1634)

의 《대거란과 티베트 기행》이었으며, 그 영문 요약본은 힐튼이 소설을 쓰기 직전에 출간되었기 때문에 그것을 참고하였다는 것이다.[24] 우드의 결론은 안드라데가 간 곳은 오늘날 티베트와 인도, 그리고 네팔의 경계 지대에 있는 구게왕국이었다는 것이다. 힐튼의 샹그리라 아이디어도 이 곳을 모델로 만들어졌을 것이라고 추정한다. 왕국 부근에 있는 카일라스 산과 그 너머에 존재하고 있을 것이라는 신비로운 땅 샴발라Shambala를 무대로 나온 작품이라는 것이다.[25]

서구인들의 티베트 인식 및 답사의 역사 등은 좀 더 검토해 보아야 하겠지만, 상당히 흥미 있는 이야기이다. 소설 《잃어버린 지평선》 속에서 콘웨이가 사원의 도서관에서 본 유럽인의 티베트 기행기 중에 처음 거론한 것이 안토니오 데 안드라데의 《대거란과 티베트 기행》이었으며, 그 밖에 선교사와 탐험가들의 목록을 기록하고 있다. 힐튼의 동양에 대한 지리적 공간과 역사문화적 이해의 심도도 이를 뛰어넘기는 어려웠으리라고 본다.

실제로 19세기 중엽 무렵, 유럽의 동양 탐험가들과 선교사들은 다투어 티베트 지역을 탐험하면서 여행기를 펴냈다. 특히 프랑스의 위Evariste-Regis Huc(1813~1860, 중국명 古伯察) 신부가 펴낸 《타르타르, 티베트, 중국 여행기》는 1853년 프랑스에서 출판해 히트를 쳤을 뿐만 아니라, 직후 8개 국가의 언어로 번역되었을 만큼 명성이 높았다.[26] 제임스 힐튼은 대영박물관 열람실에서 이 책을 읽었던 바, 이 책에는 티베트의 전설적인 불교 성지인 샴발라와 관련된 전설이 소개되고 있는데, 그 지리적 배경은 텐산과 알타이 산맥 사이의 쿤룬 산맥에 있는 골짜기이다. 어느날 암흑세력이 티베트를 유린하자 판첸은 호령을 내려 이미 죽은 혼들을 불러냈으며, 이들이 불교 군단을 구성하여 이교도들의 공격을 궤멸시키고 광명을 되찾게 하였다는 것이다. 마침내 이를 계기로 불교가 전 세계에 보급되어 인류를 극락 세계로 인도한다는 신화를 극적으로 서술하고 있다. 그리하여 이 신화가 많은 서방 탐험가들을 격동시켰다고 한다.[27] 이러한 요소들 때문에 힐튼은 조셉 록의 탐사기록보다는 위에서 말한 유럽인들의 각종 동양 탐험기를 본 뒤, 《잃어버린 지평선》을 썼을 것이라고 추정한다.

이와는 달리, 제임스 힐튼의 소설은 신지학神智學에 기초하고 있다고 보는 견해도 있다. 서구에 팽배한 물질주의와 기계주의 사회에 대해 반발하면서 탄생한 신지학은 기성의 사회, 문화, 종교에서 더 이상 가치를 느끼지 못하는 영적 공허함을 대신하여 새로운 세계, 공통적인 세계관을 추구하는 개인이나 단체의 망상에 기초하고 있다. 그 배경의 핵심에는 서구세계의 정신적 쇠퇴와 기독교의 몰락, 그에 대신하여 등장한 동양사상의 부흥이라는 사조가 자리하고 있었다. 근대 뉴에이지운동으로 불리는 이 학문의 선구에는 우크라이나 출신의 헬레나 페트로바 블라바츠키Helena P. Blavastky(1831~1891)가 있다. 1875년에 뉴욕에서 신지학협회Theosophical Society를 조직한 그녀는 모든 종교에는 공통적인 진리를 가지고 있으며, 영적인 존재를 인정하고, 특히 영매술靈媒術로 영적 진리를 체험한다고 주장하였다. 특히 그녀는 이들 종교가 두 가지 목표 곧 첫 번째는 인간의 성, 인종, 계급을 뛰어넘어 비인간적 구조를 타파하여 평등하고 박애로운 인류사회를 건설하려고 하며, 두 번째는 인간 스스로 자신 안에 잠재해 있는 영적 능력을 계발하는 것이라고 한다.[28]

확실히 힐튼의 소설에는 신지학적인 요소가 내재되어 있기는 하다.

하지만 위에서 보았듯이, 핵심 목표 중의 하나인 비인간적 구조의 타파나 평등과 박애가 넘치는 사회 건설과는 다소 차이가 있다. 아마도 이 점에서 서구인들이 인식하는 샹그리라적 이상과 비서구인의 그것 사이에는 넘을 수 없는 벽이 있을지도 모르겠다.

조셉 록의 윈난 탐사와 샹그리라의 현실 모델

경탄할 만한 경관

중국의 샹그리라 건설이 힐튼의 상상력에서 아이디어를 얻었다고 할지라도, 여전히 중요한 문제는 조셉 록의 탐사 지역 범위와 건설 대상 지역이 거의 일치하고 있다는 사실이다. 따라서 샹그리라 모델의 현실태로서 우리는 조셉 록의 탐사기록들을 좀 더 자세하게 살펴볼 필요가 있다.

오스트리아 출신인 조셉 록은 고교 졸업 이후 1905년에 미국으로 건너간 뒤 산림국, 농무부 등에서 식물 채집에 관한 일을 맡았고, 1920년부터는 동남아시아와 중국에서 이 일에 매진하였다. 1922년 이후 그는 주로 윈난의 리장麗江에 거주하면서 내셔널지오그래픽 잡지사나 하버드대학의 후원을 받아 이 일대의 식생과 경관, 풍속, 그리고 특히 나시족의 역사와 문화 등을 조사하였고, 조사 범위는 쓰촨과 깐수 지방으로 확대되었다.[29]

그가 중국에 간 목적은 매우 단순한 것이었다. 1920년에 미국 농무부의 외국식물종도입국The Office of Foreign Seed and Plant Introduction에서 그를 동남아 지역으로 파견한 주목적은 식물 채집이었다. 우선 한센씨병 치료제인 대풍수나무를 탐색하는 한편, 병충해에 강한 밤나무 종자를 모아 미국 농무부에 보내는 일이었다. 밤나무 껍질은 가죽무두질 산업에 필수 요소로, 당시 미국에는 병충해로 인해 밤나무가 거의 전멸한 상태였다. 중국의 서남부에 병충해에 강한 종자가 있다는 소식을 알게 된 농무부는 이것을 채집하러 그를 보냈던 것이고, 이 사업이 성공하면서 미국의 제혁업은 다시 살아날 수 있었다.[30]

하지만, 식물 채집에는 또 다른 목적이 있었다. 그것은 이미 1860년대 이후 구미사회에서 일어난 정원꾸미기 붐에 부응하는 것이었다. 동남아시아와 그에 인접한 중국의 서남부 지역의 꽃과 나무가 유한계급의 경관용으로 적절하다는 것이었고, 그 때문에 특히 윈난 지역은 19세기 후반에 서구에서 파견된 식물채집가들로 들끓고 있었다. 예컨대 그들이 로드덴드론Rhododendron이라 불렀던 진달래류가 대표적인 경관용 식물이었다. 조셉 록이 리장의 위롱설산玉龍雪山 부근에 근거지를 잡은 이유도 약용식물 채집 못지않게 경관용 식물종을 확보하는 데 유리하였기 때문이다.[31] 그는 이곳을 중심으로 채집한 식물표본 6만 점, 1,600여 점의 조류 표본, 수천 종의 나무와 관목을 미국으로 보냈다.[32]

그의 식물 채집 범위는 윈난의 위롱설산 부근에만 한정되지 않았다. 세계에서 가장 덜 알려지고 독립적인 라마 왕국인 무리Muli에 간 주된 이유도 식물 채집 때문이었다. 1924년 1월에 이곳을 방문한 록은 그곳을 지배하는 초테 차바Chote Chabha 왕이 휘하의 사람을 보내 채집 작업을 도와 줄 정도로 왕과 친교를 맺었다. 그 덕에 채집뿐만 아니라 사실상 독립적으로 운영되는 이 라마 왕국의 내부 모습과 종교, 의례, 생활 등을 자세하게 기록하고 사진을 곁들인 기사를 내셔널지오그래픽

조셉 록을 비롯한 서구의 식물채집가들이 찾아 다닌
윈난 지역의 로드덴드론.

철죽과에 해당하는 이 꽃은 나무의 크기나 수형, 꽃 색깔, 모양 등이 아름다워 영국이나 미국 등에서 정원용으로 많이 재배하였다. 호주에는 각양각생의 이 꽃을 대규모로 심은 국립로도덴드론공원도 있으며, 미국에서도 로드덴드론협회에서 세계 각국의 종자를 채취하여 원예용으로 개량하고 있다. 이들 나무는 추위와 더위, 가뭄뿐만 아니라 각종 병해충에도 강하여 재배하기가 비교적 용이하고, 개량종 역시 많기 때문에 수형이나 꽃도 다채롭다. 또한 이 꽃 모양을 활용하여 만든 찻잔, 쟁반, 그릇 등과 같은 각종 생활용품도 유럽을 비롯한 전 세계의 소비자들에게 호평을 받았다. 종자전쟁에 기반한 상업화에서 앞서 나간 셈이었다. (사진, Jim Goodman and Photographs by Joseph F. Rock, *Joseph F. Rock and His Shangri-La*, Hong Kong: Caravan Press, 2006에서 인용)

National Geographic 잡지사에 보낼 수 있었다.[33]

그는 활동 범위를 북쪽으로는 쓰촨의 민야콩카Minya Konka 산맥을 거쳐 깐수 남부와 칭하이성 동북부에 위치한 줘니卓尼[Choni] 지역으로 확장하였다. 그가 1925년 여름에 이곳으로 간 이유도 미국의 농무국에서 보내온 식물종자와 멜론을 줘니의 왕공에게 보여주는 한편, 미국 아놀드 수목원Arnold Arboretum의 요구에 따라 메사추세츠에서 겨울을 날 수 있는 관상용 식물을 확보하는 일이었다. 윈난의 식물은 메사추세츠의 겨울을 견디기 어려웠기 때문이다. 이것이 그가, 이 일대에서 제일 높은 아니마칭산阿尼瑪卿山[Amne machin]을 탐험한 이유이기도 하다.[34] 이곳은 서구인들의 상상 속에 있는 목가적인 판타지와는 거리가 멀 정도로 경치를 찬탄하기는 어려운 곳이었다.

하지만 그의 기록에 따르면, 그는 다른 것보다 그곳의 인문환경에 더 관심이 많았던 듯이 보인다. 그가 주목한 유목지대인 줘니는 티베탄과 이슬람들의 교잡 지역으로 긴장이 항상 고조되어 있으며, 이곳의 통치자인 양토사楊土司[Prince Yang]도 외부세계의 변화를 이해하고 받아들이려는 근대적 라마 왕이기는 하지만, 거칠고 제멋대로라는 점에서 다른 지역의 토사들과 유사한 지배자의 양상을 보여주고 있었다. 그는 무리나 리장의 용닝永寧[Yungning]에서와 마찬가지로 라마교 승려들과 그들이 벌이는 종교의식에 관심이 많았다. 특히 악귀를 쫓아 내려는 종교춤에 과도할 정도로 사진과 글을 남기고 있다.[35]

조셉 록이 윈난 일대와 그 주변지를 탐험하면서 찬탄한 경관은 주로 삼강병류三江竝流와 쓰촨의 민야콩카 산맥, 그리고 오늘날 샹그리라시와 리장시에 포함되어 있는 위롱설산과 하바설산 등이었다. 그는 오늘날 누강怒江(살윈강 상류), 란창강瀾滄江(메콩강 상류), 진사강金沙江(양쯔강 상류) 등 세 개의 강을 낀 대협곡지대인 삼강병류에서는 무엇보다 그 협곡의 깊이에 놀라고 있다. 살윈강과 이라와디강의 분수령을 찍은 사진이 있으며, 산과 대협곡 사이를 흐르는 실뱀과 같은 야롱강의 모습도 그의 카메라에 잡혔다. 삼강병류 지역의 웅장한 카케르부 산맥의 경관을 찍기 위해 7일간이나 도케르라 성지聖地를 횡단하였던 바, 그가 내셔널지오그래픽 잡지에 남긴 사진을 보면, 뾰죽히 솟아 오른 설산과 우거진 숲이 있는 멋진 풍경이다.[36]

그가 다닌 곳 중에서 경관만으로 매력을 느꼈던 곳은 민야콩카산이었던 것 같다. 쓰촨 서부에 남북으로 길게 뻗은 대설산맥의 중심부에 있으면서 오늘날 공가산貢嘎山(7,556미터)으로 불리는 민야콩카는 당시의 조셉 록에게 흥분을 일으킬 만한 산이었다. 우선 1925년부터 세 번에 걸쳐 탐험한 그곳은 외부세계에 아직 알려지지 않았다는 점에서 특히 탐험가이자 사진사로서 명성을 얻은 록에게 매력적이었다. 이 때문에 록은 이곳에서 사진 찍는 일뿐만 아니라 기왕에 작성된 지도와 측량기구를 동원하여 이 산의 높이를 측정하였는데, 무려 3만 250피트(9,220미터)로 기록되어 세계에서 가장 높은 산이라고 내셔널지오그래픽사에 보고하였다. 이 잡지사는 물론 이 보고를 신뢰하지 않았다.[37]

또한 그 일대의 자연 경관은 그가 본 어느 곳보다 빼어난 것이었다. 당시에 힘들여 찍어 인화한 천연색 사진으로 본다면, 콩카 계곡에 핀 푸른 아이리스 밭은 환상적이다. 높은 산과 초원, 그리고 푸른 붓꽃이 어우러져 평화스럽기 그지없는 풍경이다. 그 자신도 이 경관에 반했다고 고백하였다.[38] 그렇다고 해서 그가 식물 채집에 소홀했던 것은 아니다. 3만 종의 식물과 1,700종의 새뿐만 아니라 공들여 찍은 900매의 컬러 유리 원판, 1,800개의 흑색사진 원판 등을 확보했기 때문이다.[39]

민야콩카의 자연이 아름다운 것은 그곳에 자연과 어울리는 마을이 있기 때문이었다. 양자가 조화를 이루고 있는 경관이야말로 가장 볼 만하다는 것이 록의 기본 철학이었다. 사실 그는 내셔널지오그래픽이 요구하는 웅장한 경관 사진보다 민족지에 관심이 더 많은 사람이었다. 당연히 경관에는 마을이나 그 지역의 독특하면서도 필수 요소인 티베트 불교 사원이 포함되어 있어야 할 터였다.[40]

민야콩카 산맥 속에 있는 쿨루 사원이 대표적인 사례였다. 그 주위는 산지로 둘러싸여 있으며, 사원과 그 마을은 산에 만들어진 고개를 통해 외부와 연결되어 있었다. 마을과 사원은 하나의 불교왕국을 구성하고 있었다. 마을 앞에는 논과 밭이 펼쳐져 있어서 외견상 평화스럽기 그지없는 마을이었다.

그가 민야콩카를 탐험할 수 있었던 데에는 무리 왕 병사의 에스코트를 받고, 한어를 할 줄 아는 가이드의 인도가 있었기 때문이다. 그는 이 덕택에 7개월간 이곳에 거주하면서 멋진 경관과 풍물, 티베트 사회와 종교 등 좋은 자료를 남길 수 있었다.[41] 그가 보기에 무리 지방은 울창한 산림과 풍부한 산지 식물로 인해 채집가들에게 매력적인 곳이었다.[42]

사실, 무리 왕국과 민야콩카를 탐험한 것은 조셉 록만이 아니었다. 영국의 식물채집가였던 프랭크 킹든 워드Frank K. Ward(1885~1958)도 1922년에 무리를 방문하여 이 왕국의 지배자인 초테 차바 '토사'를 만났다고 주장하였다. 워드는 1924년의 출간물에서 민야콩카를 강카링이라고 부르면서 이곳의 각종 식물, 특히 영국인들이 좋아하던 진달래류인 로드덴드론 채집에 열중하였다.[43] 그의 주된 관심은 식물 채집이었고 이는 당시 윈난 지방에서 활동하던 스코틀랜드 출신의 조지 포레스트George Forrest(1873~1932)나 어거스틴 헨리Augustine Henry(1857~1930) 등도 이와 유사하였다.[44] 이러한 정황 때문에 조셉 록은 워드가 직접 무리에 가지 않고 사람을 시켜 채집하였으며, 또 그것들은 대부분 윈난산이었다고 비판하였다.[45]

조셉 록이 풍경이든, 민족지이든, 식물 채집이든 좀 더 관심을 가지고 오랫동안 관찰하면서 활동한 곳은 윈난성 북부의 리장과 더칭주德慶州 일대였다. 나시인들의 역사와 문화, 나시어 사전, 관련 기사, 사진 등이 가장 많이 남아 있는 데서 그것을 알 수 있다. 주로 하버드대학과 내셔널지오그래픽의 제안에 응한 활동이기는 했지만 자연 경관 사진과 글 역시 타인의 추종을 불허할 정도로 많은 양을 남겼다.

리장 일대의 웅장한 사진 속에는 위롱설산이 포함되어 있다. 당시 록은 이 산의 이름을 사체토산이라고 불렀지만, 이 산의 위치가 리장 북부라고 기술하였고, 지도 상으로도 위후촌玉湖村 인근에 표기된 것을 보면,[46] 오늘날의 위롱설산에 해당된다. 이 사진의 풍경을 보면, 기암괴석 형태의 설산이 뒤편에 있고 전경의 앞쪽에는 소나무류가 병풍처럼 늘어서 있어서 마치 그림과 같은 풍경을 연출하고 있다.

록은 오늘날 샹그리라로 개명된 종디엔中甸 지역의 풍경에 대해서도 큰 관심을 보였다. 그곳은 진사강이 남류하다 북으로 급하게 꺾이는 곳에 위치한 스구石鼓 부근으로, "깍아지른 절벽으로 이어져 있으며, 이 부근의 (진사)강폭은 겨우 20야드에 지나지 않는다. 그러나 절벽 높이는 최고 5,791미터이고, 평균 높이는 3,290여 미터로서 그 장관이 스구에서 시작하여 후타오사虎跳峽 부근의 협곡에 이른다"는 것이다. 이 장쾌한 경관은 종디엔中甸 지방까지 이어지는데, 절벽의 좌우 측에 접근하기 어려운 리수촌이 있고, 왼쪽에는 조그만 오두막들이 있는 풍경이다.[47]

종디엔의 명승지로서 오늘날 샹그리라 관광의 백미로 꼽히는 백수대白水臺에 대한 그의 관찰도 상당히 흥미롭다. 그곳은 록이 본거지로 삼아 활동한 용닝현에 있는 루구호 주변에 있었기 때문에 좀 더 관심을 가지고 자세히 관찰하였으리라고 생각된다. 커다란 바위 형태로 된 백수대의 큰 특징은 석회암의 천연 단구로서 많은 단구들이 사다리 형태로 되어 있어 끊임없이 물이 흘러 내린다는 점이다. 록은 이곳을 "마치 하늘의 신이 땅에 떨어뜨린 그 어떤 것과 같아서 나시인들은 이것이 미래에 어떤 이상을 가져다 줄 것이라고 믿고 있었"으며, 적어도 그가 본 윈난의 경관 중에서 가장 경탄할 만한 곳이라고 평가하였다.[48]

윈난 서북부 일대의 경관에 대한 찬탄은 록만의 전유물은 아니었다. 앞서 든 프랭크 워드도 식물 채집과정에서 본 이곳의 경관에 넋을 잃고 있다. 1911년 상하이에서 윈난의 따리로 탐험 여행을 온 그는 1913년에 발간한 《파란 양귀비의 땅*In the Land of the Blue Poppy*》이라는 저술에서 윈난의 누강怒江 인근에 위치한 텅충騰衝의 경관을 "지천에 널린 아름다운 고산식물, 수많은 야생동물, 복잡한 지형, 특이한 부족들. 아시아에서 이처럼 매력적인 곳이 또 있을까. 여러 해 동안 돌아다녀도 질리지 않을 곳이다. 험한 정상을 오를 때, 쌓인 눈을 밟을 때, 비바람과 싸울 때, 눈앞에 보이는 깊은 계곡의 따스함을 느끼고 요동치는 강물 소리를 들으며 주변을 돌아다닐 때, 그리고 무엇보다도 건강한 부족 사람들과 어울릴 때, 내 혈관에는 피가 돌고 신경세포는 차분해졌으며, 근육은

마디마디가 긴장되었다"고 경탄하였다.[49]

록과 식물채집가들이 본 윈난 경관의 주요 구성물은 높은 설산과 깊은 계곡, 아름다운 꽃과 풀밭, 그리고 그 사이에 점점이 놓인 마을과 그들이 사는 풍경이었다. 워드의 말마따나, 혈관에 피가 돌게 하고, 신경과 근육을 풀어주는 곳이었다. 록이 백수대를 보고 느낀 것처럼, 종디엔 일대는 하늘이 땅에 준 선물일 뿐만 아니라, 미래의 이상을 실현할 수 있는 땅이기도 하였다.

민족지에 숨겨진 서구적 편견

하지만, 록의 민족지나 윈난의 정치·사회적 상황에 대한 기록들을 읽으면 멋진 경관과 어울리지 않는 부정적 양상들을 자주 접하게 된다. 자의적이고 봉건적인 티베트 사회의 라마 왕들, 부정직하고 거만한 중국 관리들, 기독교 선교사들을 공격하는 티베트인들, 날강도같은 무슬림 병사들, 모순으로 뒤엉킨 윈난의 군벌과 행정 체제 등이 그것이다. 윈난의 나시인들에 대한 감정만이 비교적 좋은 편이었다. 유럽의 전제주의적 사고를 타고 난 이 탐험가가 본 대부분의 윈난사회는 혼란과 부패, 초라하고 불편하기 짝이 없는 마을, 아편쟁이들로 찌들어 있었다.[50]

그가 본 중국사회란 다른 서구인들의 그것과 마찬가지로 부정직하고 게으르고 천박하였다. 여타의 서구인들과 달랐던 것은 그가 중국의 역사와 문화에 대해 관심이 많았고, 또 그 정도만큼 정통했다는 사실이다. 물론 여기에도 한계는 있다. 곧 나시족에 대해서만 비교적 우호적이었다. 또 그는 이른바 서구의 정통 이데올로기로 무장한 채 그 문명을 예찬한 서구인은 아니었다. 그는 오스트리아에서 태어났지만, 그곳에서 정통 교육을 받지 못한 채, 미국으로 이주하여 그 사회에 몸을 맡겼지만, 그곳에서도 주류에 편입되지 못하였다. 오랫동안 머무르며 관찰한 중국의 윈난 지방이 그의 생애에서 매우 중요한 부분을 차지하였지만, 그곳에서도 그는 역시 현지인에게 낯선 구미인에 불과하였다. 이런 점에서 그는 방랑자였고, 자연, 신, 생과 사의 문제에 골똘했던 양측의 이방인이었다.[51]

먼저 그가 티베트인들, 그중에서 줘니, 무리, 용닝에서 만난 라마 승려에 대해서는 무능하면서 자의적인 지배자라고 평하면서도, 금욕적이며 인도주의적 특성을 지니고 있다는 사실도 부연하였다. 그가 보기에 이곳은 대부분 티베트인들의 경계지대로서 정치적으로 반독립적 왕국이었다. 라마 왕들은 인민의 생사를 좌우할 정도의 권력자들이었고, 중앙 정부와의 관계도 청대 이래로 황제가 부여한 자율권을 손상받지 않고 통치한 것처럼, 중화민국 시대에도 그 관습이 여전히 유지되고 있었다.

초테 차바Chote Chabha라고 불리는 무리의 라마 왕은 종교적 규율에 묶여 있지 않고 4명의 처, 여종과 함께 활기차게 생활하는 줘니의 양토사楊土司와 달리 술, 여자, 담배, 아편 등을 멀리하는 금욕적인 통치자였다. 하지만 약 7백여 명의 라마 승려를 통한 농민 지배는 봉건적 토지 소유에 기반한 것이었고, 토지에 긴박된 농민들의 상황은 매우 열악하였으며, 통치는 자의적이고 일방적이었다.[52]

록이 본거지로 삼고 있던 용닝의 지배자인 토사 총관Tusi Tsungkuan, 곧 양토사도 정치적으로는 반독립적 왕국을 운영하고 있었다. 이곳은 비록 상위 행정 단위인 용베이현永北縣에 속해 있었으나, 지현은 이곳에 대해 거의 간여하지 않았기 때문에 토사적 전통을 유지하고 있었던 것이다. 나시족의 한 부류인 이곳의 농민도 가난하기는 마찬가지였으나, 황교의 힘은 쇠퇴하여 총관조차도 예전에는 라마였지만, 현재는 부인을 두고 세속적 즐거움을 누리고 있었다. 인구와 식량 생산의 한계로 인해 일처다부제가 시행된 이곳에서 총관의 매너는 록을 감동시킬 정도로 좋은 편이어서 감옥도 법정도 없는 곳이었으며, 총관이야말로 휴머니즘의 지배자라고 평가하였다.[53]

그러나 윈난 지역의 전반적 정치 상황은 이 낯선 구미인이 활동하기에 매우 불안하였다. 윈난은 위안스카이의 제제운동을 반대하며 호국군을 이끌던 차이어蔡鍔가 1916년에 사망한 뒤 탕지야오唐繼堯와 룽윈龍雲으로 이어지는 군벌들의 통치 아래 있었다. 그렇기는 하지만 록이 윈난부에 들어가던 1922년에는 "2만여 명의 비적과 성의 총독 중 가장 정직하고 예의 바른 천빙쿤陈炳焜이 이곳을 장악하고 있었"으며, 그의 후계자는 탕지야오唐繼堯였다. 그 뒤를 이어 윈난을 통치한 이는 장제스의 지원을 받던 룽윈이었다.[54]

그중 록이 세밀하게 기록한 이는 룽윈이었다. 로로족 출신의 룽윈은 조셉 록의 탐험대를 공격하던 '장'이라는 비적을 진압하기는 하였지만, 본질적으로 록이 보기에 룽윈이나 장은 같은 무리에 지나지 않았다. 룽윈 역시 다른 지역의 군벌들처럼 윈난 지역의 아편 재배에서 혜택을 본 최대 수혜자로서 탐욕스러운 존재로 평가하였다. 국민당 정부도 이를 통제하지 못하였다는 점에서 같은 무리였다. 당시 록이 보기에 윈난은 아나키적 상태로서 군벌, 아편, 비적, 착취, 부패, 살인이 일상적이었고, 이런 상황에 대해 록뿐만 아니라 문화적·인종적 우월주의자인 서구인들도 결코 우호적이지 않았다.[55] 불안한 사회 상황 때문에 조셉 록

나시인들의 호위를 받으며
식물 채집에 나선 조셉 록.

오스트리아 출신인 조셉 록은 미국으로 이민한 뒤 농무국에서 맡긴 식물 채집에 열중하였다. 그는 특히 1920년대에 중국 윈난의 서북부에 있는 리장 부근에서 현지 주민인 나시인들의 호위와 도움을 받으며 상용과 약용식물을 수집하여 미국에 보냈다. 오늘날 윈난 서북부에 만들어진 샹그리라는 사실상 조셉 록의 탐사구역의 핵심부에 해당되는 곳이다. (사진, Jim Goodman and Photographs by Joseph F. Rock, Joseph F. Rock and His Shangri-La, Hong Kong: Caravan Press, 2006에서 인용)

은 항시 많은 나시족들을 고용하여 무장시킨 다음 탐험 때마다 그들의 호위를 받았던 것이다.

록을 비롯한 서구인들이 윈난 지역에 대해 저처럼 반감을 가진 데에는 좀 더 그럴듯한 이유가 있었다. 곧 이곳에서 반기독교운동의 열기가 타올랐던 것이다. 적지 않은 서구 선교사들이 이곳이나 티베트 불교 지역에서 피살당하였다. 예컨대 리장 서북부의 누강변에 위치한 바항Bahang 지역 기독교 선교사의 전초 기지는 티베트 승려에 의해 두 번이나 불탄 곳이라고 소개하였다.[56]

윈난 일대의 티베트 사회에서 티베트 불교도들의 기독교에 대한 적대감은 영국군의 라사 침략에 기인한 것이었다. 영국의 프랜시스 영허스밴드F. Younghusband(1863~1942) 군은 1904년 1월에 라사 남부의 장쯔[江孜]를 공격하여 3개월 만에 이를 함락시키고 8월에 라사를 침략하여 강제로 '라사조약'을 체결하였다. 이로 인해 달라이 라마 13세는 몽골의 울란바토르로 피신한 상태였다.[57] 이 여파가 윈난 서북부와 쓰촨 서부, 그리고 티베트 동부의 티베트 사회에 영향을 미쳤던 것이다. 식물채집가들은 이 때문에 가는 곳마다 불안에 떨었다.

로드덴드론 채집 전문가이자 박물학자였던 조지 포레스트는 그 현장을 직접 목격하였다. 1904년 말 따리大理에 도착한 그는 다음 해인 1905년부터 채집을 시작하였다. 하지만 그는 곧 티베트 동부의 바탕[巴塘] 지역에서 선교사와 신도 80여 명이 라마 승의 공격을 받고 대부분 사망하는 현장을 목격하면서 천신만고 끝에 그곳을 빠져나올 수 있었다. 그 역시 라마승들의 반선교, 반서구적 성향은 영국군의 라사 공격이 빌미를 제공한 것이라고 인정하였다.[58]

티베트 불교 지역권에서 라마교와 기독교 사이의 폭력과 긴장은 1920년대에도 윈난의 티베트 사회에서 이어졌고, 조셉 록 역시 이러한 대결 구도에서 자유로운 탐험가는 아니었다. 그 역시 다른 서양인들처럼 친기독교적인 사고로 행동한 서구문명주의자였다. 요컨대 소설《잃어버린 지평선》에서 서양 선교사를 이상향을 운영하는 평화주의자로 그린 것은 조셉 록의 경험에 근거한 아이디어가 아니라, 위와 같은 현실을 도외시한 채 만들어 낸 상상의 공간일 뿐이다. 그곳에는 오히려 긴장과 폭력, 서구적 편견 등이 넘쳐나고 있었다.

조셉 록이 그나마 윈난사회에서 관심과 애정을 가지고 들여다본 것은 나시족들이 발전시킨 역사와 문화였다. 그가 리장의 용닝에 본거지를 둔 까닭은 물론 이곳의 토착인인 나시사회를 연구하기 위한 것이긴 하였지만, 그것이 중요한 목적은 아니었다. 상용商用과 약용藥用으로 쓰일 만한 다양한 식물군이 그 일대에 산재하고 있었기 때문이다. 하지만, 하버드대학에서 본격적으로 그로 하여금 나시문화에 대한 연구를 의뢰하면서 록은 나시족들의 역사, 언어, 동파문자, 종교, 그리고 이곳의 왕이었던 목씨 가계木氏 家系에 관심을 기울이게 되었다.[59]

그는 이곳에서 한인漢人들의 침투로 인하여 나시문화가 점차 쇠퇴해 간다는 사실에 주목하였다. 그중에서 나시인들의 종교인 동파교와 그들의 축귀의식逐鬼 儀式은 마치 유럽 중세의 굿을 재현하는 듯이 보였으며, 그는 이로 인해 유럽문화의 원시성을 상기하게 되었다.[60] 그는 마치 윈난 지역에 대한 몽골족의 침략이나 한족의 침투를 반달족이 로마를 침입한 것과 같은 성격의 것으로 간주하였고, 이 점에서 나시의 역사와 문화를 좀 더 동정적으로 파악하게 되었다.[61]

그는 나시족의 언어, 문자, 종교, 역사를 연구하였지만, 그가 관심을 보인 것은 거기까지였다. 그는 나시족들의 음식에 손대지 않았고, 사회화는 더더욱 불가능하였다. 그는 지현, 토사, 총독 등 현지 행정 책임자들로부터 도움을 받았지만 그것은 현지조사에 필요한 행정적 편의를 위한 데 있었다.[62] 하버드대학의 지원 아래 수행된 그의 나시사회 연구는 후일 역사책 2권, 나시어 사전 발간 등으로 빛을 보긴 하였지만, 이 작업 역시 그의 자발적 의지로 진행되지 않았다는 사실을 말해준다.

그들의 사회를 이해하기 위한 조셉 록의 시도는 사실상 없었다. 문화의 경계선을 넘어서는 총능력이 부족한 탓이었다. 오히려 그가 중시했던 것은 미국의 농무부, 내셔널지오그래픽, 하버드대학에서 부여한 사업에서의 성공 여부였다. 만약에 그가 나시문화 혹은 티베트인들을 이해하려고 했다면 티베트 문화의 중심지인 라사를 방문하려 노력했을 터이지만, 그가 탐구했던 주된 대상은 티베트 문화가 아니라 식물이었다.[63] 그는 윈난 탐험 도중에 틈을 내어 잠시 베이징이나 상하이에 있었을 때 도시문명이 주는 염증과 그에 대한 반발로 설산의 어느 곳을 동경하면서 야생에서 잡혀 온 우리 속의 사슴과 같다고 토로하였다.[64] 그는 윈난을 마치 자신의 샹그리라인 것처럼 묘사하곤 하였던 것이다. 그럼에도 그는 여전히 미국에서 파견한 식물채집가였고, 구미적 취향의 민족지학자라는 카테고리를 벗어난 적이 거의 없었다. 하지만, 그가 남긴 풍부한 자료와 탐험 지역은 그의 의도나 사실 여부와 관계없이 20세기 막바지에 윈난성 서북부의 종디엔현中甸縣에서 샹그리라라는 이름으로 되살아나고 있었다.

윈난성 정부의 샹그리라 건설과 그 효과

변경 오지의 샹그리라 건설

윈난성 인민정부는 1997년 9월 14일 윈난성雲南省 디칭주迪慶州 종디엔현에서 열린 〈디칭장족자치주 건립迪慶藏族自治州 建立 40주년 및 제2회 전장천칭滇藏川青(윈난, 티베트, 쓰촨, 칭하이) 지구 문화예술절 경축식地區 文化藝術節 慶祝式〉에서 "세외도원世外桃源을 찾아—샹그리라는 바로 윈난의 디칭이다—"라는 선언식을 거행하였다.[65] 정확한 고증이나 다른 지역의 반발 등은 차후에 해결할 과제였고, 우선 이름부터 선점한 것이었다. 결국 4년 여의 조사와 준비 끝에 이 지명 개정은 2001년 12월 17일에 국무원에서 비준되어 종디엔에서 샹그리라로의 지명 변경이 공식적으로 인정되었다.

그렇다면 왜 윈난성 정부는 서둘러 샹그리라라는 이상향을 종디엔과 같은 오지에 구현하려고 하였을까. 그 계기는 크게 두 가지 방향에서 접근해 볼 수 있을 것이다. 하나는 국내외적으로 몰려온 세기말의 불안, 전쟁과 혼돈, 문명에 찌든 세계로부터의 도피, 자연과 낭만을 찾으려는 세인들의 조류 등이 그것이다.

윈난의 오지에 샹그리라를 구현하려고 했던 디칭주 정부나 관련 인사들도 이 세기말적 현상을 잘 이해하고 있었다. 그들은 샹그리라가 하나의 꿈이자 낙원으로서, 인류가 발전시켜 온 공동의 문화유산이라는 사실을 잘 인식하고 있었다. 세기말의 희망은 고통과 재난으로부터 벗어나서 조화와 행복한 삶을 사는 것으로, 특히 사람과 사람과의 관계가 부조화스러운 것뿐만 아니라 사람과 자연과의 부조화에서 오는 생태적 재난에도 관심을 가지고 있었던 것이다. 이것이 소설 속에서 "샹그리라"를 낳은 1920년대 역사적 상황이라고 한다면, 이 상황은 사실 세기말인 1990년대에도 유사한 것이었다. 사람들은 전쟁과 무질서, 경제적 어려움, 사람과 사람과의 부자유스러운 관계 등으로 인해 새로운 형태의 행복을 추구하였고, 그것은 세상과 격절되어 있으면서 전쟁도 없고 평화로운 심산유곡의 이상향을 찾아 나서는 형태로 구체화되었다. 곧 사회적 부조화, 생태적 재난, 위기의식 등이 겹쳐지면서 당시 인류가 바라던 이상향의 욕구가 매우 강렬한 상황이 지상의 샹그리라 건설로 나타났던 것이다.[66]

1990년대 말의 세기말 현상은 긴 중국 역사에서 볼 때, 좀 더 각별한 의미를 내포하고 있었다. 그들은 오래전부터 치극필란治極必亂이나 말겁末劫사상을 발전시켜 왔기 때문에 1999년에서 2000년으로 전환하는 의미는 단순히 해가 바뀌는 것만을 의미하지는 않았기 때문이다. 이 중 백련교운동 속에 녹아든 마니교의 천년왕국적 말겁사상은[67] 비록 공산체제 하에서 낡은 사상으로 치부되었지만, 민간사회에서는 여전히 유용성이 있었다.[68]

그러나 세기말에 새로운 세상이 도래한다는 말겁사상이라는 외적 계기가 있다고 해서 그것을 꼭 윈난의 종디엔에 적용했어야 할 필연적인 이유는 되지 못한다. 그것은 이 지역이 안고 있던 몇 가지 조건 속에서 찾아야 한다. 곧 디칭주 사람들은 세기말 상황을 어떻게 인식하고 있었는가, 또 이런 상황을 디칭주에서는 어떻게 활용하면서 이 지역이 안고 있는 난제들을 극복할 수 있을까를 고민하였던 것이다. 이것이 윈난성 디칭주가 종디엔현에 샹그리라를 건설하려고 했던 좀 더 현실적이면서도 중요한 계기였다. 이것이 종디엔에 이상향을 구현하려고 했던 당국자들의 현실적인 계기였다.

당시 디칭주는 경제적으로 악화일로를 걷고 있었으며, 양호한 생태환경도 계속되는 벌목으로 점차 훼손되어 가고 있었다. 샹그리라로 개명을 주도한 윈난의 디칭주는 전통적으로 목축경제를 기반으로 삼았던 빈곤한 지역이었다. 이를 보완하기 위해 1960~70년대에 들어 목재 개발에 주력하면서 천연숲을 대규모로 벌목하게 되었고, 이런 상황이 1990년대까지 지속되었다. 삼림가공업의 비율은 지방 재정 수입의 8할을 넘을 정도로 지역경제에서 큰 몫을 차지하였다.[69] 그러나 목재 중심의 재정 구조는 한계점에 도달하였고, 생태환경의 파괴에 따른 문제도 노출되면서 다른 영역에서 그것을 보충해야 할 필요성을 느끼게 되었다. 새로운 출로를 찾은 것이 관광산업이었던 것이다. 삼림업에서 관광업으로의 전환은 지역의 생존 문제와 직결되어 있었다는 사실을 알 수 있다.[70]

윈난성 정부에서도 이를 인식하고 있었다. 그들은 1994년부터 관광업에 주목하고 리장에서 윈난 서북부의 관광산업 현장회의를 소집하여 디칭을 관광상품으로 개발하기로 전략을 세웠던 것이다. 그 틀은 따리-리장-디칭-누강(삼강병류)으로 이어지는 "회전발전모델"이었다. 이 중 따리는 남조南詔의 역사와 문화를, 리장은 풍화설월風火雪月의 여행 이미지와 위룽설산玉龍雪山에다 동파문화를 중심으로 이미 명성을 얻고 있으므로, 지명도에서 떨어지는 디칭을 이 회전발전모델에 포함시켜 윈난 서북부 전체를 관광업으로 묶어 발전시키려는 계획을 짰던 것이다.

이에 아이디어를 제공한 것은 디칭주의 당 서기인 거상둔주格桑頓珠로서, 그는 "지명도도 자원"이라는 명분 아래 이 작업을 추진하였다.

그들은 이 과정에서 리장의 나시 옛음악으로 이름난 시앤커先科 선생이 종디엔의 환경과 《잃어버린 지평선》의 그것이 유사하다고 제안한 것에 착안하였다. 그리고 같은 해인 1996년 4월에 싱가포르 국영방송팀과 관광업 관련자들로 구성된 '싱가포르샹그리라탐방고찰단'이 디칭에 와서 양자의 유사성을 직접 확인한 뒤 싱가포르의 티브이와 신문 등에 이를 소개하면서 디칭주는 국내외에 샹그리라로 알려지게 되었다. 이러한 아이디어 덕에 샹그리라 열기는 곧바로 국내외에 퍼지기 시작하였고, 이에 따라 지명도 문제도 저절로 해결되었다.[71]

일설에는 순지옹이라는 윈난여유집단공사雲南旅遊集團公司 소속의 젊은 여행가이드가 베이징에서 열리는 우수여행가이드 시험에 "'샹그리라' 단어의 진정한 기원"을 묻는 문항이 출제된 것에 자극을 받은 데서 비롯된 것이라고도 한다. 시험을 마친 그는 윈난으로 돌아와 이를 찾기 시작하였고, 마침내 윈난 디칭이라고 판단하였다는 것이다. 순지옹이 힐튼 소설의 핵심을 "편안함과 조화"라고 규정한 뒤, 윈난성 정부에서 여러 전문가들을 동원하여 그의 가설을 증명하였다는 것이다.[72] 아마도 순의 아이디어도 종디엔을 샹그리라로 개명하는 데 도움을 주었으리라고 본다.

하지만, 디칭주 일대가 안고 있는 자연환경의 관광성은 이미 주목 대상이었다. 1994년에 종디엔현 삼패백지三覇白地를 둘러보고 온 스안다石安達는 이미 20여 년 전에 삼패백지 일대의 자연과 인문환경을 활용하여 관광자원으로 개발할 것을 제안하였다. 그가 보기에 장대한 설산 협곡과 만산에 핀 두견화는 마치 천국의 화원과 같아서 개발할 가치가 있는 여행의 보물이자 세계 일류의 여행자원이 될 것이라고 확신한 바 있다. 곧 이곳의 삼패백지, 하바설산, 후타오샤로 상징되는 지리환경과

샹그리라현
유목민 마을 풍경.

중국 정부가 만든 샹그리라는 힐튼의 소설에 나오는 상상의 이상향과 조셉 록의 윈난 탐사기록과 사진 등을 조합한 공간이다. 그 개념은 설산과 깨끗한 물, 푸른 숲, 종교적 평화와 관용, 평화로운 전원, 순수하면서도 이국적인 문화의 존재, 자연과 인간의 조화 등이었다. 세기말의 위기의식도 샹그리라의 건설에 영향을 끼쳤다. 중디엔이 이 개념에 가장 적합한 곳이라고 선정되었으나, 실상 중디엔은 삼림업의 쇠퇴로 인해 위기를 맞고 있었다. 샹그리라로의 개명은 이 위기를 돌파하는데 큰 힘이 되었다. (사진, 펑냐오(http://bbs.fengniao.com/forum/2404700.html)에서 인용)

소수민족 문화로 대표되는 두 가지 특성을 기본으로 삼고, 이에 여행업의 현대화와 과학기술을 활용한 여행체계의 정비, 고산 여행에 따르는 안전 보장 등이 더해진다면 관광을 통한 경제수입 창출은 어려움이 없을 것이라고 제안하였다.[73]

사실 중국에서는 이미 1990년대 중반에 생태문화 관광에 대한 관심이 점차 고조되고 있었다. 그들은 서구의 관광 개념인 생태관광이 자연과 사람이 분리된 형태인 것과 달리 중국의 경우 이른바 '천인합일天人合一' 사상에 근거한 인문자연이 중요한 특색이라고 인식하고 있었다.[74] 윈난성 정부를 비롯한 디칭주 정부에서도 관광업의 흐름이 생태관광과 문화가 접목된 형태로 전환되어 나간다는 사실을 잘 인식하고 있었고 그에 알맞는 지방이 윈난을 비롯한 서부 지역이라는 것도 이미 파악한 상태였다.[75] 그리고 2000년부터 중국 정부에서 본격적으로 추진하기 시작한 서부대개발 정책에는 관광업을 통한 빈곤 지역 부흥이라는 목표도 포함되어 있었다.[76]

이러한 조건이 갖추어지면서 1996년 9월, 디칭주위원회 지도자들은 성 정부에 디칭을 샹그리라의 초보단계로 개발하자는 구상을 개진하여 지지를 얻어 냈다. 성의 경제연구중심, 성 정부 판공청, 관광국, 디칭주 인민정부 등이 회동하여 '윈난디칭샹그리라여유개발공정과제조雲南迪慶香格里拉旅遊開發工程課題組'를 조직하고 이곳에서 개명과 관광사업을 주도하게 되었다. 이 조직은 전문가들에게 종디엔이 지상의 샹그리라로 구현해도 좋은 근거와 사유를 제공해 주도록 요구하였다. 결국 이 조사 결과가 위에서 말한 바와 같이 1997년의 선언식으로 마무리되었던 것이다.[77]

이후 윈난성 정부는 두 가지 방면에서 샹그리라 만들기에 돌입하였다. 하나는 학술적 근거를 확보하여 이를 정부와 사회로부터 공식적으로 인정받는 작업이었고, 다른 하나는 디칭주를 소설 속의 샹그리라에 맞도록 구체적으로 꾸며 관광객들을 끌어들이는 작업이었다.

디칭주에서는 종디엔현을 샹그리라로 개명한 뒤, 이 '상품'의 성공요인으로 대외적으로 개방적인 태도를 가진 것 못지않게 엄격한 학문적 태도를 견지하면서 각계의 학자를 조직하여 공동으로 연구를 진행한 것도 큰 효과를 보았다고 자평하였다. 곧 1998년에 정협위원뿐만 아니라 현정縣政, 언어, 역사, 지리, 경제 등의 전문가로 구성된 '개발디칭샹그리라연구과제조開發迪慶香格里拉硏究課題組'를 조직하여 대략 3년여에 걸쳐 조사를 마치고 샹그리라는 윈난의 디칭迪慶이라고 결론지었던 것이다.

이미 내려진 결론에 짜맞추는 형식이었지만, 이는 결국 2000년 5월에 디칭주정협迪庆州政协 8회 5차 회의에서 〈종디엔현을 샹그리라현으로 이름을 바꾸는 데에 관한 건의關于中甸縣更名爲香格里拉縣的建議〉를 제안하게 하는 법적 근거를 제공하였다. 그들은 이 회의에서 종디엔을 샹그리라라고 이름을 바꾸어도 괜찮은 7가지 이유를 제시하였다. 곧 디칭 인근의 쓰촨 간저甘孜에서는 이미 상표나 경제 효과, 정합성, 상호보완, 여행객의 유입 등에서 강남 여행의 뜨거운 감자로 떠올랐으므로 고려할 바가 아니다. 둘째, 종디엔은 차마고도의 요충이자 쓰촨 동부의 교통 중심지, 물산 집산지로서 새로운 도시로 떠오르고 있다. 셋째 종디엔은 이미 샹그리라의 핵심 관광지로 고원생태, 문화 등에서 다른 곳보다 뛰어나다. 넷째 샹그리라 상품은 이미 디칭뿐만 아니라 윈난 전체의 여행산업과 문화에 크게 공헌하고 있으며, 다섯째, 샹그리라 여행업의 발전에 따라 인근 쓰촨의 간저甘孜, 티베트의 창두昌都에도 여행객이 꾸준히 증가하고 있으며, 여섯째, 구역의 중심성이 확고해짐에 따라 그 영향력이 인근 쓰촨, 티베트에도 미치고 있는 바, 특히 티베트 지구의 사회 안정에도 기여를 하고 있다. 일곱째 샹그리라는 이미 종디엔의 전용명사처럼 되어 있으며, 많은 사람들이 샹그리라는 알아도 종디엔은 모르는 지경에 이르렀다고[78] 판단하였다.

결국 이 제안은 회의에서 채택되어 성 정부에 올렸고, 성 정부는 조사기록과 회의 결과를 2002년 3월 25일에 〈종디엔현을 샹그리라현으로 이름을 바꾸는 데 관한 청시關于中甸县更名为香格里拉县的請示〉라는 문건 형식으로 국무원에 올려 현의 개명을 공식적으로 요청하였다.[79] 당시 샹그리라로 개명하려는 지역은 종디엔뿐만 아니라 윈난의 리장麗江, 더친德欽, 쓰촨의 다오청稻城-야딩亞丁 및 티베트의 차위察隅, 보미波密, 린즈林芝 등도 포함되어 있었으나, 최종적으로 선정된 것은 종디엔이었다. 2001년 12월에 국무원으로부터 종디엔현을 샹그리라로 개명하는 것을 비준 받았고, 이것이 이듬해인 《국무원공보國務院公報》 2002년 10월호에 게재되는 것으로 마무리되었다.[80]

기획상품의 대성공과 대샹그리라권의 형성

대히트상품이 된 샹그리라와 내부 모순

새로이 만들어진 샹그리라현은 이제 소설에 맞는 형식으로 이 도시를 재구성하는 일에 매진해야 했다. 하지만, 꿈의 공간을 지상에 실현하는 문제는 그리 간단치 않았다. 샹그리라를 지상에 구현하려는 노력도 예컨대 힐튼이 구상하고 있던 다양한 문화 공간과 자연이라는 아이덴티티가 관광이라는 맥락 속에서 훼손되거나 변형될 수 있기 때문이다.[81] 또한 우리의 눈으로 볼 때 소설 속의 오리엔탈리즘을 사회주의 국가의 관광산업과 결합시키는 작업도 매우 기이한 것이었다. 오히려 윈난의 샹그리라 주민은 서구인들이 만들어 놓은 이상향에 갇혀 있고, 여행객들이 관찰하는 중에 일상생활을 영위하고 있으니, 이는 영락없는 포스트식민주의였다. 역으로 구미인들이 그곳에서 여행업을 주관한다는 가정하에서 보면 그 낭패감은 상상을 초월할 것이다.[82]

더구나 힐튼의 상상 공간은 티베트의 본색을 드러내 줄 수 있는 '그 어느 곳'이었으나, 새로운 샹그리라는 조셉 록이 탐험한 곳으로 티베트 사회라기보다는 나시족을 비롯한 윈난 지역의 각종 민족이 공존하는 다민족 사회였다. 티베트적인 요소가 없는 것은 아니었으나, 종디엔현 일대는 사실상 티베트의 변경지대에 불과했다.

하지만 샹그리라 일대가 본원적으로 갖고 있는 자연경관과 인문환경은 샹그리라를 재현하는 데 매우 유리하였다. 또한 소설《잃어버린 지평선》에서는 샹그리라의 풍경과 현지의 고유문화를 자세히 묘사하고 있기 때문에, 관광객들에게 현실을 상상의 공간으로 믿도록 하는 작업이 그렇게 어렵지는 않았다.

사실, 관광에 필요한 교통편이나 숙식 등 기초 시설을 확충하고, 의도적으로 샹그리라현을 티베트 사회로 개조하는 일도 해결하기 어려운 과제는 아니었다. 종디엔은 2000년을 기준으로 할 때 인구는 약 15만여 명으로, 그중 티베트인이 6만여 명으로 40퍼센트, 한족이 3만 2천 명으로

22퍼센트, 나시족은 2만 6천여 명으로 18퍼센트, 로로족이 1만여 명으로 7퍼센트 정도였으며, 그 외에 이족, 바이족, 회족, 미아오족 등 10여 개 민족이 공존하는 티베트 중심의 다민족 사회였기 때문이다. 물론 이러한 다민족 사회는 옹정 연간에 디칭주가 윈난성에 편입되고 개토귀류改土歸流가 실시되면서 형성된 것이어서,[83] 티베트 본부 지역의 문화 성격과 구별되기는 한다. 그럼에도 티베트식 문화가 오랫동안 이 사회의 주류로 계승되어 왔기 때문에 티베트식 건축, 티베트어 간판, 티베트 의약품의 전시 등으로 개조하여 전시하는 작업은 비교적 쉬운 일이었다. 또한 소설 속에 나오는 카라카일산과 같이 종디엔에 존재하지 않은 설산은 서북쪽에 자리한 메이리설산이나 동남부의 하바설산, 위롱설산 등으로 대체하면서 소설과 현실의 일치를 좀 더 강화시킬 수 있었다.[84]

이렇게 기획되어 만들어진 샹그리라라는 여행상품은 소비자들로부터 폭발적인 인기를 끌었다. 관광객이나 관광수입의 급증에서 그것을 확인할 수 있다. 샹그리라가 종디엔현이었을 때, 관광객은 1년에 약 2만 명 정도였다. 하지만 1995년에서 2001년 사이 7년 동안 관광객은 4만 3천여 명에서 124만여 명으로 연평균 35퍼센트의 성장률을 기록했으며, 이에 따라 관광수입도 160만 위엔에서 883만여 위엔으로 급상승하였다.[85] 2005년에는 내외 관광객이 145만 8천 명으로 전년에 비해 27퍼센트 증가하였으며, 그중 국내 여행객 수는 125만 5천 명에 이르렀다. 여행 총수입 역시 5억 3천 3백여 만 위엔으로 전년 대비 약 40퍼센트 정도가 증가하였다.[86] 2006년에는 231만여 명, 2009년에는 500여만 명을 돌파하였고, 여행수입도 각각 20억 3천 위엔과 53억여 위엔으로 급상승하였다.[87]

약 14년 만에 거둔 성과치고는 관광객의 수나 수입 면에서 가히 폭발적이라고 할 만큼 히트를 친 셈이다. 중요한 사실은 여행객 수에서는 국내여행객이 압도적으로 많지만, 수입 면에서는 예컨대 2006년의 경우 20억 3천 위엔 중, 해외여행자 수입에서 9억 5천 위엔을, 국내여행 수입액은 10억 8천 위엔으로 큰 차이를 보였다는 사실이다. 이런 통계로 보아 세기말부터 불어닥친 중국 내 관광 열기가 이곳에 미친 영향을 짐작할 수 있다. 샹그리라 관광산업의 성장은 예컨대 샹그리라현 여행 담당 부서에서 상하이와 같은 대도시에 선전연락국을 신설하여 상하이시 여행 관련 부서나 관광업계와 연결하여 여행객을 유치하는 방식을 도입한 덕도 컸다.[88]

지상의 샹그리라 건설 목표가 단순히 디칭 지역의 경제 살리기에만 두어졌던 것은 아니다. 그것은 현단계 사회주의 목표인 소강사회小康社會를 달성한다는 것과 연계되어 있었다. 디칭주迪慶州 정부는 관광산업이 진흥되면서 가난에서 벗어나고 있을 뿐만 아니라 소강사회로 진입할 수 있는 유리한 여건과 기회가 도래하였다고 판단하였다. 디칭주가 가진 풍부한 관광 자원은 이 지역의 3차 산업이 1995년에 비해 2007년에 58.6퍼센트를 차지할 정도로 커진 상황에 비추어 볼 때, 소강사회로의 진입에 커다란 힘이 되어 줄 터였다. 농민이나 지역민의 수입 증가는 그 구체적인 척도였으며, 복잡한 민족 구성의 사회임에도 정치환경이 날이 갈수록 좋아지고 있다고 판단한 것도[89] 소강사회 진입에 소중한 자산이었다.

문제는 관광객이 몰리고 수입이 증대하는 만큼, 종디엔현이 안고 있던 본원의 생태환경과 문화 자원이 점차 관광객의 기호에 맞추어지면서 정체성도 바뀌게 되었다는 사실이다. 예컨대 전통복장은 무대복으로 바뀌었고, 티베트인들의 집은 주거공간이 아니라 여행객을 위한 작은 무대나 식당으로 변모하였으며, 음식 역시 손님들의 기호에 맞게 변화하였다. 곧 전통문화는 관광문화로 개조되어 갔고, 생태환경 역시 한계 수용인원이 넘치면서 초원 등이 죽어 나갔다. 관광산업은 양날의 칼이었던 것이다.[90]

샹그리라시 밖의 샹그리라 사람들이 관광수입원에서 소외되어 있는 것도 문제였지만, 결국 샹그리라 전 지역이 국내관광객의 절대 다수를 차지하는 한인들과 그들을 상대하는 한인 관광업자들을 위한 공간으로 바뀌어 갔다는 사실이 더 큰 모순이었다. 예컨대 전통적인 티베트 사회였던 쓰촨 서북부의 지우자이거우九寨溝가 한인들이 주도하여 한인들을 위한 관광지로 변모시키면서, 본래의 티베트인들이 소외되어 간 것과 유사한 과정을 거치고 있었다. 중국어를 모르는 현지 소수민족은 진열대의 상품과 같았으며, 관광 시스템 전체에서 소외되어 있었기 때문이다.[91] 다시 말해 한인사회와 그를 기초로 발전한 한인 통치 방식이 윈난 서북부의 오지에 깊숙이 침투한 셈이었다.

대샹그리라 지역권의 형성

그럼에도 불구하고 만들어진 샹그리라는 21세기 중국 관광산업의 최대 히트작이 되었다. 이 성공에 힘입어, 샹그리라 세계는 종래 이 지명을 두고 다투던 윈난의 리장麗江, 더친德欽, 쓰촨四川의 다오청-야딩稻城-亞丁 및 티베트의 차위察隅, 보미波密, 린즈林芝 등으로까지 확대할 필요가 있었다. 그뿐만 아니라 이미 독자적인 관광지로 명성을 얻고 있던 삼강병류의 누강 지역 사람들도 자신들이 사는 곳이 샹그리라라고 주장하면서 대샹그리라권의 출현을 촉진하였다. 이 대지역권은 대체로 조셉 록이 탐험하면서 기록을 남긴 지역과 거의 일치하고 있다.

대샹그리라 지역권 건설에 대한 논의는 이미 종디엔을 샹그리라로 결정할 때부터 시작되고 있었다. 샹그리라에서 탈락한 다오청이나 야딩, 리장 등은 자연환경이 유사하고, 인문적 내용이 일치하며, 소설《잃어버린 지평선》의 소재의 내원과 맞는데다, 더 넓은 지역으로까지 확대될 가능성을 안고 있다는 점에서 종디엔현과 거의 같은 조건에 놓여 있었기 때문이다.[92] 예컨대 조셉 록이 세계에서 가장 아름다우면서도 신비롭고 가치 있는 산이라고 평가한 민야콩카산의 다오청에는 자연환경뿐만 아니라 무리왕국이라고 하는 순수한 티베트 사회가 존재하고 있었던 것이다. 그리하여 다오청현 지방 정부는 역내의 르와향日瓦鄕을 샹그리라로 개명하여 쓰촨에 또 다른 샹그리라를 건설하였다.[93]

이 때문에 2002년 5월에 국무원 서부개발 판공실, 국가발전개혁위원회, 국가여유국 등 국가기관과 윈난, 쓰촨, 티베트 3성은 공동으로 '전청장중국샹그리라생태여유滇川藏中國香格里拉生態旅遊'라는 아이템을 개발하기로 결정하였다. 이곳을 크게 전서북구滇西北區, 천서남구川西南區, 장동남구藏東南區로 나누고 지역적 공통성을 1) 독특한 지리 단위로서 횡단산구, 2) 가정 및 혼인 형태로서 현대문명이 본받아야 할 전통적 여성문화, 3) 여러 민족이 만들어 낸 강렬한 종교문화, 4) 차와 소금을 중심으로 발전한 경제문화 체제로서의 차마고도, 5) 고대의 민족, 문화, 이주, 융합의 상징이자 소통로인 티베트족과 이족彝族의 대회랑大回廊, 6) 원대元代부터 시작된 토사문화土司文化 등으로 제시하였다.[94]

위에서 보았다시피, 대샹그리라 지역권이 추구하는 일차 목표는 현대 관광경제이지만, 더 큰 목표는 다양한 민족과 문화를 통합하여 중국의 서남지구가 정치적으로 안정적인 상태를 유지하는 것이었다. 이렇게 함으로써 종디엔의 샹그리라 개명을 둘러싸고 인근 지역 사이에 벌어진 지명 논쟁도 종지부를 찍고 서로가 공존하면서 상생할 수 있는 바탕을 마련한 셈이었다.

이렇게 보면, 대샹그리라 권역은 서쪽으로는 티베트의 린즈와 삼강병류, 북으로는 깐수 남부, 동으로는 쓰촨의 캉딩康定, 남으로는 윈난의 리장에 이르는 광대한 영역을 포괄하게 된다. 면적이나 자연, 문화, 역사, 주민 구성 등을 고려하면 하나의 성으로 독립해도 좋을 정도로 큰 지역권이다. 이곳은 이미 세계문화유산으로 지정된 지우자이거우(1992년 지정), 리장고성(1997), 삼강병류(2004) 등이 포함되어 있기 때문에[95] 세계의 관광지로서도 손색이 없다. 머지않아 우리는 '샹그리라 성省'이라는 또 다른 대규모 행정구역의 탄생을 보게 될지도 모른다. 이곳은 역사문화적으로 티베트의 캄 문화권이자 중화민국 시대에 만들어진 시캉성西康省과 상당 부분 일치한다. 또한 대샹그리라권은 조셉 록이 조사활동을 벌인 지역과 거의 부합되며, 힐튼이 소설 속에서 묘사한 자연과 인간의 조화라는 이상과도 어느 정도 맞아떨어진다. 하지만, 그것은 공산당 정부가 주도하는 서부대개발이라는 큰 벽을 뛰어넘어 독립적으로 운영되는 단계에까지 이르지는 못할 것이다. 오히려 독립성보다는 중앙 정부에의 예속성이 더 강화될 것이다.

나시족의
장터 모습.

윈난 지역에서 식물을 채집하던 조셉 록은 하버드대학의 지원 아래 이 지역의 주민인 나시족의 역사와 문화, 관습 등에 관심을 가지고, 나시어 사전, 나시인의 역사 등에 관한 책을 펴냈다. 오늘날에도 나시인들은 쌍계사회의 전통을 지키며 리장과 샹그리라 일대에서 생활하고 있다. 리장과 샹그리라 사이에 위치한 룽판 장터에서 만난 여성나시인들이 등짐을 지는 데 필요한 배대를 등에 걸치고 있다. 중국 정부는 이곳의 전통적 여성문화를 현대문명이 본받아야 할 대상으로 제시하였다. (유장근 촬영)

한인적 오리엔탈리즘의 재현

이 글의 주제는 오늘날 중국에서 최고 수준의 관광지로 성장한 윈난성의 샹그리라현이 어떻게 만들어졌는가 하는 것이었다. 그 첫 번째 과정으로서, 샹그리라현의 창조에 아이디어를 제공한 소설과 영화 속에서 만들어진 상상의 공간을 분석해 보았다. 제임스 힐튼의 소설《잃어버린 지평선》과 그것을 영상으로 구현한 카프라 감독의 동명영화 속에서 샹그리라는 우리가 일반적으로 생각해 온 것처럼 인류가 추구하는 이상향과는 거리가 멀었다. 오히려 오리엔탈리즘을 거미줄처럼 곳곳에 배치한 공간이었고, 따라서 동양인의 이상적 공간은 더더욱 아니었다.

또한 이 글에서 나는 힐튼의 소설 창작 모티브가 되었다고 알려졌고, 실제로 샹그리라적 환경을 갖춘 곳으로 묘사한 조셉 록의 탐험기록이 갖는 내용과 특징들을 검토하였다. 미국 농무부에서 파견된 식물채집가인 조셉 록은 본연의 임무에 충실하였을 뿐만 아니라 내셔널지오그래픽 잡지사의 요청에 따라 윈난 서북부와 티베트 동부의 멋진 경관들을 구미에 소개하였다. 또 그는 하버드대학의 지원 아래 나시족의 역사와 문화를 연구하기 위해 리장 북부의 루구호瀘沽湖 부근에 본거지를 마련하였다. 그가 관찰한 윈난 서북부의 경관은 뛰어난 것이었지만, 티베트의 종교사회나 윈난의 정치·사회 상황은 매우 부정적인 것이었다. 나시족에 대해 비교적 호감을 가지기는 하였지만, 그 역시도 연구 대상에 대해 가지는 관심의 정도를 벗어나지 않은 채, 서구적 가치에 의존하였다.

1990년대 후반에 윈난성 종디엔현에 만들어진 샹그리라는 기본적으로 힐튼의 아이디어와 조셉 록의 탐험 결과를 받아들여 버무린 것이었다. 그 동기는 윈난 서북경제의 몰락, 중국 정부의 서부 대개발, 생태문화관광 트렌드, 세기말의 말겁末劫사상 등이었다. 다소 복잡한 논의과정을 거치기는 했지만, 종디엔현에 만들어진 샹그리라라는 상품은 크게 성공하였다. 당연히 현지문화는 생활 중의 일부가 아니라 관광객들에게 보여주는 형태로 바뀌었으며, 그것을 보는 관람 주체는 대부분 한인들이었다. 여행 시스템 자체가 한인 위주로 만들어지고 운영되었던 것이다.

나아가 샹그리라는 그곳과 유사한 조건을 안고 있는 인근 지역까지 확대된 대샹그리라권의 출현을 촉진하였다. 그 범위는 거의 성급省級 영역과 맞먹을 정도로 넓었고, 민족지적 생태조건도 유사한 것이었다. 변방의 관광화를 통해 중국 정부는 이곳에서 제기되고 있는 민족모순을 해결하는 한편, 시장사회주의의 성과를 확산시키면서 통치 시스템을 더 공고히 할 수 있었다.

이렇게 보면 소수민족 지역에 만들어진 샹그리라 세계란, 마치 힐튼이나 록이 만든 오리엔탈리즘적 샹그리라 세계를 한인漢人이 중심이 되어 지상에 거의 그대로 복사한 듯이 보인다. 곧 한인적 오리엔탈리즘의 재현인 셈이다. 또 사회주의적 이상을 중국사회에 실현하려고 애쓰기보다, 샹그리라현의 관광을 통해서나마 현실사회에 대한 불만을 해소하면서 대리만족하는 공간으로 인식하도록 하는 것도 중요한 성과일 것이다. 특히 대샹그리라권의 건설이 이 두 가지 의미를 더욱 분명히 해준다.

현대중국에 있어서 생태환경의 변화와 변경으로의 팽창주의

왜 생태환경사인가?

중국을 여행하면서 느끼는 것일 테지만, 우선 참으로 넓은 영토를 가진 국가구나 하는 생각을 떨칠 수가 없다. 우리의 삶이 사방으로 막힌 폐쇄 공간이었기 때문에 더 그런 생각을 하는지도 모른다. 북쪽의 툰두라에서 남쪽의 열대 지역까지, 동쪽의 해양에서 서쪽의 가장 깊숙한 곳에 위치한 사막지대 사이에 펼쳐지는 생태계를 보노라면 삶의 공간 자체가 축복받은 자연이라고 생각되는 것이다.

그러나 우리의 눈을 베이징이나 상하이와 같은 도시 지역 쪽으로 돌려보면 도대체 사람의 수효라는 것이 얼마만큼 늘어날 수 있는가 하는 데에 경악하게 된다. 2003년의 공식 통계에 따르면 약 13억 명 정도의 인구가 저 넓은 땅에 살고 있다. 말이 13억 명이지, 그 수효가 갖는 실체는 우리가 상상할 수 있는 범위를 사실상 넘어서고 있다.

이 엄청난 인구 때문에 많은 연구자들은 그 인구를 부양할 만한 자원이 얼마나 풍부한가를 따지고 있으며 그 결과 인구 대 자원의 비율이 매우 빈약하다는 사실에 다시 한번 놀라게 된다. 예를 들어 중국의 국토 면적은 미국과 거의 비슷하지만 인구는 그곳의 4배 반 정도 많으며 그 규모는 세계 인구의 20퍼센트에 해당한다. 반면 삼림은 세계의 3퍼센트, 담수와 경작지는 세계의 7퍼센트에 지나지 않으며, 석유는 그보다 적은 2퍼센트를 가지고 있을 뿐이다.[1]

이와 같은 열악한 조건은 국가의 경영 주체들로 하여금, 인민들의 먹는 문제를 해결하는 데 모든 힘을 쏟을 수밖에 없도록 강요하였다. 그것은 마치 중국 역사의 영원한 숙제와 같았다. 인민들이 오랫동안 갈구해 왔던 "등이 따뜻하고 배가 부른" 상태에 도달하기 위해서는 결국 국토 안에 있는 모든 자연자원을 총동원할 수밖에 없었으며, 중화인민공화국의 역사적 정당성도 그 토대 위에서 존재하는 것이다.

그럼에도 동아시아의 역사학자들은 먹는 것이나 그것을 제공하는 생태환경과 관련된 담론을 꺼려 왔다. 그것은 역사가들이 대개 성리학적 근본주의 성향을 갖고 있는 데에서도 기인할 터지만, 다른 학문과의 대화 자체가 어렵다는 데에도 그 원인이 있다. 생태환경은 자연과학의 영역에 속해 있어서 인문학자들이 접근하기가 쉽지 않은 분야이다. 그러나 인간계와 다른 자연계와의 교류를 시간계열상에서 다루는 환경사는 외국의 경우 이미 몇십 년 전부터 진행되어 왔고, 우리 사회가 처한 생태환경의 조건도 그것을 필요로 하고 있다. 게다가 자국 내 민감한 정치적 쟁점을 외국인이 다룰 때에는 비우호적인 입장을 펴던 중국 정부도 최근에 이르러 생태환경의 위기와 그에 대한 대처 방안을 인근 국가와의 협력관계 속에서 모색하고 있다. 그만큼 그것이 중요한 문제로 부상하고 있다는 이야기이다.[2]

어려운 점은 시각이다. 근대역사학의 패러다임에 익숙한 사람들에게 생태환경 자체는 낯선 개념일 뿐만 아니라 이에 대해 어떻게 접근해 들어갈 것인가가 쉽지 않기 때문이다. 환경 문제는 예컨대 독일의 클라우스 미하엘 마이어 아비히Klaus Michael Meyer-Avich 교수처럼 자연에 대한 인간의 책임을 인식하는 형태의 국가인 '자연국가'론의 입장에서 자연공생계의 일부로서 인간을 다루는 시각도 있다.[3] 그것은 기왕의 환경 논의가 사회에 대한 정치적 책임감을 인식한 데서 구성된 '사회국가'라는 틀 속에서 진행되는 데 대한 도전을 의미한다. 반면 덴마크의 비외른 롬보르Bjoern Lomborg 교수처럼 환경위기론이란 연구비가 필요한 일단의 과학자, 선동이 필요한 환경운동가, 새로운 뉴스를 추구하는 언론이 만들어 낸 합작품이며, 그렇기 때문에 경제 성장은 환경 보전에 필요한 견인차라고 말하기도 한다.[4] 이 글은 위와 같은 극단론에 동조하기보다는 국가와 사회라는 요소를 좀 더 중시하려고 한다. 그 점에서 머레이 북친Murray Bookchin이 이야기한 사회생태론에[5] 더 의존할 것이다. 이는 역사학이 어쨌든 인간의 문제를 떠나서는 존재할 수 없다는 전제와 관련되어 있기 때문이다.

그렇다면 환경사는 어떠한 방법으로 접근해 가야 하는가. 최근 들어 환경사는 자연과학, 사회과학, 지리학, 고고학, 철학 등 여러 학문의 도움을 받으면서 발전하고 있다. 이러한 다학문적 접근법은 환경사의 성립 초기부터 시작된 것이며, 오히려 생태학이나 농학, 지리학, 고고학과 같은 분야에서 환경의 역사적 중요성을 먼저 제기하였다. 그렇기 때문에 환경사는 기왕의 전통적 역사학과 중복되는 부분이 있음에도 불구하고, 특히 물질을 중시하며 국경과 민족의 경계선이 불분명하다는 점에서 독특한 성격을 내포하고 있다. 또한 분류법도 전통적인 시대 구분법을 따르고 있기는 하지만, 그것을 구성하는 내용은 전통역사학이 발전시킨 정치, 경제, 사회, 문화와 같은 범주와 다른 양상을 띠고 있다. 예컨대 마크 엘빈M. Elvin과 류취롱劉翠溶이 공동으로 펴낸《시간의 퇴적물: 중국사에 있어서 환경과 사회*Sediments of Time: Environment and Society in Chinese History*》에서는 1) 자연환경, 2) 인간의 거주지, 3) 변경, 4) 물, 5) 날씨, 6) 질병, 7) 환경의 대변자–관료, 지식인, 인민, 8) 환경과 근대기의 경제 성장 등으로 나누어 중국환경사를 검토하고 있다.[6] 이러한 내용 분류법이 완벽한 것이라고는 할 수 없지만, 중국이야말로 역사적으로 가장 생태학적 상호 보완성을 가진 국가라는 점에서 중요한 기준이 될 것이다.

이러한 연구에 힘입어 이 글에서는 대략 지난 2세기 동안에 중국에서 진행된 생태환경의 변화를 크게 두 부분으로 나누어 검토할 것이다. 하나는 이 글에서 근대기라고 규정한 18세기 중엽부터 20세기 중엽에 이르는 시기에 진전된 인구 증가와 한족의 이주양상 및 그에 따른 생태환경의 변화를 주로 변강邊疆 지역을 중심으로 서술할 것이다. 그리고 중화인민공화국 시기를 현대기라고 잠시 규정하고 이 시기에 일어난 변화양상들을 근대기 부분에서 서술할 내용에 약간의 변주를 주어 검토할 것이다.

또한 전체 서술에서 중요한 부분은 제목에서 '생태환경'이라고 표현하였듯이 자연적 생태환경이 비교적 잘 보존되어 왔으나 근현대기에 들어 변화양상을 잘 보여준다고 생각되는 공간을 대상으로 하고 있다는 점이다. 곧 신장, 티베트, 내몽골, 윈난, 구이저우 등 변강 지역의 생태환경에 주목하였다. 그러다 보니 결국 그곳에 뿌리를 둔 소수민족 문제와 결부시키지 않을 수가 없었으며, 이에 생태환경과 관련된 근현대 국가의 성격 문제도 서술하게 되었다. 다시 말해 이 글의 주요 목표는 근현대기에 변강에서 진전된 생태환경의 변화와 그 속에 내포된 정치·사회적 의미를 탐색하는 데에 있다. 1980년대 이후에 진행된 산업화의 부산물로서 공기, 물, 토양과 같은 오염 문제를 다루지 못한 이유이기도 하다.

근대기의 인구 동향과 생태환경의 변화(1750~1950)

인구 증가의 양상

우리가 극단적인 생태주의의 관점에 서 있지 않는 한, 인구는 환경사가들에게 중요한 요소이다. 환경 변화가 현존하는 인구의 의식주를 해결하는 데 필요한 기본적인 욕망을 충족시켜 주든, 혹은 상인과 자본가의 욕망을 크게 만족시켜 주는 수준이든 간에 결국은 인간의 욕구와 관련되어 있기 때문이다.[7] 더구나 인구 증가가 근대의 역사에서 다른 생명체들에게 극심한 동요를 불러일으킬 정도로 중요한 인자라고 한다면,[8] 중국의 그것은 더 말할 필요가 없을 정도이다.

그렇다면 왜 1750년이라는 시기가 중요한 전환점이 되는가. 이 글에서 이 해를 절대년도로 삼고 싶지는 않지만, 대략 18세기 중엽은 몇 가지 요소 때문에 주목할 만한 시기에 해당한다. 그 하나는 이 시기 이후 인구 증가율이 이전 시기에 비해 가파르게 상승하였을 뿐만 아니라 그 규모 면에서도 놀랄 만한 정도에 이르렀다는 사실에 있다. 또한 이 시기는 청조의 영토가 중국 역사 이래로 최대로 팽창한 때였다. 청조는 신장과 티베트 지역에 대한 군사 원정 이후, 이곳에 대한 지배권을 확보한 탓에 자원과 인구 문제를 해결할 수 있는 안전판을 마련할 수 있었다. 최근 들어 이곳의 정복과 지배, 그리고 자원의 활용 방식을 둘러싸고 구미와 중국의 역사학자들 사이에서 식민주의 논쟁이 전개된 이유가 바로 여기에 연유한다. 18세기 중엽을 중요하게 보아야 할 좀 더 중요한 이유는 환경 문제가 국가와 사회 차원에서 중요한 이슈로 떠오르기 시작하였다는 사실에 있다.

아울러 1950년 무렵도 몇 가지 이유 때문에 주목할 만하다. 그것은 1차적으로 중화인민공화국 정부가 모든 자원의 사유를 부정하고 공유를 전제로 하여 출범하였다는 사실과 관련되어 있다. 이 변화는 중국의 역사에서 혁명적이라고 부를 만한데, 특히 인구와 자원의 관계에서 그 점은 더욱 명백하다. 한편 이 시기는 인구 증가에 있어서도 새로운 양상을 띠게 되었다. 새로이 들어선 마오쩌둥 정권은 인구를 더 늘려야 한다는 사고 아래 이를 권장하였으며, 이것이 결국 인구 폭발이라는 미증유 사태를 낳게 되었다. 아울러 공공보건 분야에서도 치명적인 전염병의 피해를 줄일 수 있을 정도로 명백한 발전이 있었다. 그 외에 몇 가지 요소들이 더 첨가되면서 중국의 인구는 20세기 후반기에 '기하급수'적으로 증가하였다.

그렇다면 근대기 인구는 어떤 양상으로 변화하였는가? 인구학자들은 대체로 청대 초기까지 인구가 완만하게 증가하였다고 말한다. 그러나 이러한 증가세는 18세기 중엽 이후 가파른 상승곡선으로 변화한다. 장타오姜濤와 같은 현대 인구학자가 표현한 바대로 인구 증가의 최속기最速期에 들어선 것이다.[9] 예를 들면 1650년대 무렵의 인구는 1억 6백만 명 정도로 추산하는데, 1779년에는 약 2억 7천 5백 만 명으로 늘어난 것이다.

물론 당시 정부의 인구통계가 정확한가에 대해서는 오랫동안 논란이 되어 왔다. 그것은 인구 개개인을 셈한 결과가 아니라 세금의 부과 대상인 호戶를 기준으로 삼아 추계한 것이기 때문이다. 그렇다고 하더라도 130여 년 동안에 1억 5천여 만 명 이상이 증가하였다는 사실은 놀랄만한 것이다. 자신이 지배하던 시기에 생민生民의 수효에 대해 궁금함을 감추지 못하였던 건륭乾隆 황제도 그 규모에 대해 놀랍다는 반응을 보였던 것이다.[10]

이 규모는 다시 70여 년이 지난 19세기 중엽에 이르러 약 4억 3천 만 명으로 늘어나고 있으며, 1874년에는 2억 7천 4백 만 명으로, 1892년에는 3억 7천 7백 만 명으로 오르내리고 있다. 인구학자들 중에는 1892년의 통계수치는 소금 사용 인구를 기준으로 계산되었고, 1851년에서 1874년까지 23년간 약 1억 6천 만 명이 사라진 데다 그 이후 다시 18년 사이에 1억 이상이 증가한 것 따위의 이유를 들어 믿기 어렵다고 말하기도 한다. 하지만 그 이유는 이 시기에 태평천국과 같은 대규모의 반란이나 두 차례 대외전쟁을 거치는 과정에서 정부의 통제력이 약화된 데서 기인할 것이다. 그런 까닭에 19세기 중반 이후 청조가 멸망한 20

청명절에
상하이역으로 모인 시민들.

2013년에 중국 국가통계국에서 밝힌 중국의 인구는 13억 6,072만 명이었으며, 최대 도시인 상하이시의 상주인구는 2,415만여 명이었다. 1949년도 상하이시의 인구는 500만 명 정도였고, 1842년의 개항 당시에는 약 50여만 명이었다. 인민공화국 초기와 오늘날을 비교해 보면 60여 년 동안에 거의 5배에 가까운 인구가 증가한 셈이다. 마오쩌둥이 인구 생산을 장려한 탓도 있지만, 여하튼 역사상 최대의 인구 규모는 중국뿐만 아니라 전 세계에도 여러 부분, 특히 에너지나 식량 부분에 큰 영향을 미친다. 인구 대비 자원 부족국가인 중국은 그리하여 19세기의 제국주의자들처럼 자원 확보에 모든 국력을 쏟아 붓고 있다. (유장근 촬영)

세기 初까지의 인구는 대략 3억 7천 5백 만 명에서 4억 2천 5백 만 명 정도였을 것이라고 추산하고 있다.

난징의 국민당 정부는 1928~29년에 걸쳐 인구 조사를 실시하였다. 비교적 전문적인 조사 방법에 따라 진행된 이 조사에 따르면 1928년의 공식 인구는 4억 4천 1백 만 명으로 드러났다. 물론 도시의 조사원은 충분한 훈련을 받지 못하였고, 농촌에서는 과거의 보갑제 자료를 약간 수정하여 제출한 탓에 그 숫자의 신뢰성에 이의를 다는 사람들이 있기는 하다. 그럼에도 그것은 당시로서는 '가장 최신의 방법'을 이용한 것이었으며, 그 결과 인구는 대략 4억 3천 만 명에서 4억 8천 만 명 정도로 계산하고 있다.[11]

이상의 서술에서 우리는 18세기 중엽부터 20세기 중엽에 걸친 2세기 동안 중국의 인구는 약 2억여 명이 증가하였다는 사실을 알 수 있다. 물론 이 증가가 전국적으로 고른 양상을 보인 것은 아니다. 1786~91년의 인구지수를 100으로 보았을 때, 1850년의 인구 증가율은 145.42이다. 그런데 지역적으로 가장 높은 증가율을 보인 곳은 서부의 쓰촨四川(503.70)과 만주의 펑톈奉天(314.23)이었고, 그 다음으로 높았던 곳은 광둥廣東(175.50)과 푸젠福建(153.92)이었다. 반면 같은 시기에 전국 인구의 10.75퍼센트를 차지하고 있던 장쑤江蘇나 9.82퍼센트의 안후이安徽와 같은 조밀지역에서는 각각 138.85, 129.08의 증가율을 보이고 있다.[12] 전국 평균치에 밑도는 비율인데, 이는 중국 서부나 만주지역에서 그 정도의 인구를 흡수한 탓이라고 보아야 할 것이다. 변강의 개척을 통해 내지의 과잉인구를 해소해 가는 추세였다고 할 수 있다.

인구 증가의 요인들

그렇다면 2세기 동안의 인구 증가를 뒷받침해 준 동력은 어떤 것이었을까. 이에 대해서는 장기간에 걸친 정치·사회적 안정, 지정은제地丁銀制와 같은 국가제도의 변화, 토지 생산성의 개선 및 신작물의 도입, 기후 변화, 그리고 위생제도의 개선 등을 들 수 있다.

18세기 초에 강희제의 명령으로 시작된 지정은제도는 현재의 인정人丁을 영원히 정액定額으로 하고, 그 이후에 생겨나는 인정에 대해서는 전량田糧을 징수하지 않는다는 정책이었다. 인구가 증가하더라도 인두세의 성격을 갖는 정세는 늘리지 않는다는 것이다. 이는 인정이 증가하는 만큼 토지 면적도 더불어 증가하지 않는다는 판단에 따른 정책으로서, 1710년에 광둥성에서 시작되어 1777년에는 구이저우성貴州省에까지 실시하는 것으로 마무리되었다. 그 결과 세금은 소유 토지 면적과 비옥도에 따라 거두게 되었고, 이는 가난한 농민들에게 혜택을 주는 것으로 나타났다. 곧 이들에게 자유로운 이주를 촉진하고 새로운 토지를 개간할 수 있는 계기를 만들어 주는 한편, 인구 등록에서도 가장들은 굳이 새 식구를 숨길 이유가 없었던 것이다.

환경 변화와 관련된 좀 더 중요한 요소는 옥수수, 감자, 고구마, 땅콩과 같은 새로운 작물의 도입이었다. 아메리카에서 도입된 것이라고 해서 신세계의 선물이라고 알려진 이들 밭작물은 주로 외국과 교류가 많았던 푸젠, 광둥, 윈난과 같은 동남 연해나 남부지방을 통해 들어와서 재배되기 시작하였다. 작물의 기원이 대개 그렇듯이 이들 작물이 언제 누구에 의해 어떤 목적으로 중국 땅에 들어왔는지는 명확하지 않다. 연구자들은 대개 명말청초 쯤일 것이라고 추측하고 있다. 다만 도입 초기의 무관심과는 달리 이들 작물이 영양가가 높고 수확량이 많았으며, 가뭄에도 잘 견디는 속성이 있다는 평판을 얻게 되면서 점차 농민, 특히 가난한 이주농민들로부터 환영을 받았다.

특히 고구마는 맛도 뛰어났지만 이동하기에 좋은 음식이어서 농민뿐만 아니라 이동상인이나 선원들이 좋아한 작물이었다. 고구마가 산지의 저지대에서 많이 재배되었던 반면 감자와 옥수수는 춥고 높은 산악지대에서, 땅콩은 하상지에서 경쟁할 수 있는 작물이 거의 없었다. 그런 탓으로 이들 작물은 이주민, 산지민, 변방 개발민에게 필수식량이었고, 그에 따라 재배지역도 18세기와 19세기에 걸쳐 화중 지방으로 북상하고 있었다. 곧 신작물이 인구 증가를 뒷받침해 준 필수작물이었으면서도 새로운 경작지를 개간하는 데 선봉적인 역할을 하였던 것이다.[13]

19세기 말과 20세기에 이르러 이들 신작물의 재배지는 중국 북부와 만주 등지로 확장되었다. 국민당 정부 시절에 난징에서 활동하던 미국 출신의 농업학자 존 로싱 벅John L. Buck에 따르면 1904~1933년 사이에 옥수수 재배 면적은 전체 곡물 재배 면적의 11~17퍼센트를 차지할 정도로 비중이 커졌고, 1937년부터 시작된 중일전쟁은 이들 작물 재배를 더욱 촉진시켰다. 일본군에게 중원의 평야지역을 점령당한 국민당 정부로서는 임시수도인 충칭重慶 일대의 서남부 지역에서 충분한 곡물을 생산해야 했기 때문이다. 이에 따라 1938~42년 동안에 고구마 경작 면적은 50만 무畝 이상, 감자 재배 면적도 7만 무 이상 증가하였다.[14]

20세기 전반기에 이르러 신대륙 작물은 인구 부양력을 넘어서서 국가간의 중요한 전쟁을 뒷받침해 주었다고 할 만큼 비중 있는 식량으로 성장하였던 것이다. 이 시기를 보낸 산둥성 출신의 어느 농민은 "가난한 사람들은 일 년 내내 끼니마다 고구마를 먹었다"고 회상하였다. 그보다 형편이 좀 더 나은 사람들은 옥수수에 기장을 더하여 먹을 수 있었다. 그런 까닭에 이들 작물은 2세기 동안에 증가된 인구를 먹여 살렸던 근대적 빈민식량이었던 셈이었으니 감자, 옥수수 등이 인구 폭발의 '주범'이라고까지 불리는 이유가 여기에 있다.

그렇다고 해서 전통적 주곡이었던 쌀이나 보리와 같은 작물의 종류나 생산량이 침체되어 있었다는 의미는 아니다. 명말청초 시대의 과학자 송응성宋應星(1587~1648?)이 지은《천공개물天工開物》에 따르면 1637년에 쌀은 중국 전체 식량 중 70퍼센트를 차지하였을 정도로 중요 작물이었고, 밀과 보리 등의 맥류가 그 다음이었다.[15] 당연히 화중과 화남지방에서는 인구 압력을 해소할 있는 유력한 방안으로써 이들 작물의 품종 개량에 관심을 가지고 있었다. 특히 쌀의 경우, 송대의 조생종보다 좀 더 빠른 시기에 수확할 수 있는 품종을 개발하는 한편 염분과 진흙으로 인해 경작하기 어려운 동부 연안의 저지대를 개간하는 등의 방법을 통해 강남 지역에서 벼의 2모작을 도모하였다. 1차 청영전쟁으로 인해 더 잘 알려진 린쩌쉬林則徐나 그와 동향인이었던 리옌장李彦章과 같은 고위 관료가 조생종의 품종 개량이나 재배 기술에 큰 관심을 가졌던 이유는 인구 증가에 따른 식량 생산 문제를 해결하려고 노력하였기 때문이다.[16]

맥류의 생산량도 이 시기에 증가하였다. 그것이 가능하였던 까닭은 정부가 이 작물을 재배하는 소작인들로부터 지주들이 소작료를 추가적으로 요구하지 못하게 한 데다, 홍수가 내습하기 이전에 수확할 수 있는 장점이 있었기 때문이다. 하천의 저지대를 개간할 수 있게 되면서 맥작지대는 더욱 확산되어 갔다. 인구 부양 능력에 있어서 외래 밭작물들이 공헌한 것과 마찬가지로, 전통 작물도 그에 못지않은 기여를 하였던 것이다.

다양한 방법을 활용하면서 추구한 식량 증산은 20세기에도 끊임없이 이어졌다. 특히 중국 공산주의 운동의 발전 원인을 농민의 빈곤에서 찾았던 국민당 정부나 관련 전문가들은 신품종 개발이나 경작지 확대, 치수와 서구식 기계 도입, 화학비료 사용 등을 통해 문제를 해결하려고 하였다. 그 결과, 중화민국 시대에 이르러 그간 식품으로서 중요한 가치를 지니고 있던 쌀이나 맥류의 비중이 줄어들고 그 대신 다른 작물들, 특히 밭작물의 비중이 증가하였다. 17세기에 전국 식량의 70퍼센트를 차지하였던 쌀은 1930년대에 그 비율이 36퍼센트로 축소되는 바, 이는 주로 밭작물의 재배 증가에 기인한 것이었다. 20세기에도 벼 재배는 논과 밭작물의 경계선으로 알려진 친링秦嶺산맥과 후이허淮河로 길게 그어진 횡선을 여전히 넘어서지 못하였다. 하지만 19세기에 광둥, 광시, 푸젠 등 남부지역에 한정되어 있던 벼의 2모작은 20세기 전반기에 장시江西와 후난湖南, 저장浙江 등지로 그 영역을 넓혀 갔다. 요컨대 20세기 전반기에 농업 생산량은 인구 증가 추세와 거의 보조를 맞추고 있었던 것이다.

인구 증가와 관련된 요인 중에서 질병에 대한 대처 능력이 향상된 사실도 빼놓을 수 없을 것이다. 청대 중기만 하더라도 천연두와 결핵은 치명적이었고 20세기 전반기에도 이 경향은 지속되었다. 또한 콜레라나 이질 등의 수인성 질병, 디스토마와 같은 기생충에 의한 질병, 말라리아와 같은 남방의 풍토병 등도 여전히 위세를 떨치고 있었다. 특히 중국은 가장 다양한 생태계를 가진 국가였기 때문에 역학 부분에서도 그 양상은 현저한 것이었다.

정부는 다양한 질병에 효과적으로 대응하기가 쉽지 않았다. 하지만 청대 중기에는 인두법이 개발되고 서양의 우두법이 도입되면서 천연두에 대한 대처 능력도 향상되었다. 말라리아는 1926년에 이르러 병원충인 말라리아 모기의 특성을 확인하면서 예방법이 제시되었고, 중국인들이 흡혈충이라고 부르던 각종 기생충도 20세기 초 외국인들에 의해 그 원인이 분명하게 밝혀지면서 감염자를 줄일 수 있게 되었다.[17] 곧 전통시대의 높은 사망률은 열악한 위생 상태와 원시적인 의료체계에 있었으므로, 위와 같은 의학적 발전은 인구 증가에 크게 기여했다고 해야 할 것이다.

그러나 이상과 같은 요인들 못지않게 중요한 부분은 기상 변화가 인구 증감에 미친 영향일 것이다. 역사가들은 종종 근대 초기 세계의 여러 지역에서 인구가 급증한 원인 중의 하나로서 기상 변화를 제시하였다. 예컨대 18세기에 중국에서의 인구 증가가 사실은 중국만의 현상은 아니었으며 한국, 일본, 그리고 유럽에서도 거의 동시에 진행되었다는 것이다. 이는 17세기에 도래하였다고 알려진 소빙기小氷期설과 관련이 있다. 《조선왕조실록》의 기후 관련 기록에서도 이 시기에는 얼음이나 눈, 우박이 자주 내리는 등, 소빙기를 증명할 수 있는 자연 현상이 확인되었다.[18] 만주족의 남하와 명·청왕조 교체의 원인도 동아시아 북반구의 추워진 날씨에서 찾았다. 18세기에 들어 소빙기가 물러가자 따뜻한 겨울과 온난 다습한 기후가 한 세기 반 이상 지속되면서 인구가 폭발적인 수준으로 증가했다는 것이다.[19] 이상에서 본 바와 같이 근대기에 진행된 인구 증가는 매우 다양한 요소들이 복합적으로 작용한 결과였다.

한족의 변강 이주와 이주지의 생태환경

인구 증가 문제를 환경 변화와 관련시켜 검토하는 데 있어서 보다 중요한 것은 증가분을 흡수할 수 있는 공간, 곧 이주지의 확보 여부일 것이다. 도시 지역에서는 좁은 공간과 종류가 제한된 산업 조건으로 인해 과잉인구를 흡수하기가 어려웠으므로, 결국 그 인구를 자연생태계가 비교적 잘 유지되고 있는 미개간지로 보내는 것이 근대기의 중요한 해결책이었다. 18세기에 과밀지역의 인구를 흡수할 수 있는 지역은 대략 중원의 변경과 국경 부근의 변강으로서 전자에 해당되는 곳은 후광湖廣, 허난河南, 장시, 푸젠, 량광兩廣 지대 등이었으며, 후자에 해당되는 곳은 내몽골, 신장, 티베트, 윈난, 만주, 타이완 지역이었다. 인구 유입이 많은 곳으로 알려진 쓰촨은 위의 두 유형을 모두 포함하는 지역이었다.

이주는 그 주체에 따라 군대, 관료, 유형流刑과 같은 형태의 국가에 의한 이주와 개인 차원의 이주, 그리고 상업상의 이주 등으로 나누어 볼 수 있다. 변강지역에 대한 국가 차원의 이주는 명대에도 서남부나 서부 등지에서 진행되었으며, 청대에도 내지 이주는 인구 분산과 산지 개발의 목적으로 이미 강희제 시기부터 실시되었다. 특히 해당 지역의 실질적 통치자인 토사土司들이 지배하고 있던 윈난, 구이저우, 쓰촨과 같은 지역은 개토귀류改土歸流 정책을 통해 공식적으로 한인漢人들의 이주를 권장하였다.

사실 개토귀류는 외견상 중앙 정부에서 관료를 파견하여 이민족 지역을 직접 통치한다는 의도가 컸지만, 그에 못지않게 중요했던 요인은 한인들의 이주를 통한 인구의 재배치였다고 할 수 있다. 후베이성 서남부 산간지대의 경우 개토귀류 이후 이입민이 끊임없이 증가하였고, 이주 이후 지역사회에서 대규모 종족으로 성장한 사람들은 대부분 건륭 연간에 이주해 온 사람들이었다. 이 정책의 효과가 좀 더 분명하였던 지역은 다수의 이민족이 거주하고 있던 윈난과 구이저우 지방이었다. 구이저우의 동남부에서는 이 정책의 실시 이후 한족漢族들이 미아오족苗族들의 거주지까지 이주하기 시작하였다.[20] 쓰촨 지역, 예컨대 토사들과 종교 사제의 힘이 강력하였던 티베트 동부의 캄 지역에서는 개토귀류 정책이 청말에 적극적으로 실시되었다.

종래에 서역으로 불리던 신장지역에서는 군사원정이나 유형제도를 실시하는 방식으로 이주의 길을 열어 놓았다. 군사정복이 완료된 1760년 이후부터 청 정부는 군정軍政을 펴면서 내지의 과잉인구를 이곳에서 해소하려고 시도하였다. 특히 그것은 베이징과 강남 일대의 과잉인구 중에서 유민, 궁민 등 '부도덕하고 해로우며 기생적인 인간들'을 청소하는 차원에서 추진되었다. 유형죄를 받은 자 중에서 일부 지식인과 현지의 한인 관료는 이곳의 지리적 특징과 물산 등을 자세히 조사하여 차후 한인에 의한 식민화에 중요한 공헌을 하였다. 이러한 방법들은 건륭황제의 국가 운영 원칙을 충실하게 수행한 것이었다. 당시 신장 정복을 주도하였던 건륭제는 땅에서 나오는 이익을 활용하여 백성을 먹여 살리는 것이 국가가 백성을 양육하는 본래의 의도라고 간주하였다.[21]

여러 가지 개혁을 통해 부국강병을 추구하던 19세기 후반기부터 20세기 초에 걸쳐 국가가 주도하던 이주양상은 그 이전과 다른 방식으로 진행되었다. 만주지역으로의 이주는 그것을 상징적으로 보여준다. 정부는 청초부터 만주지역으로의 한족 이주를 통제하였으나 그 정책은 19세기 중엽 이후에 급속히 변화하였다. 화북의 빈민을 중심으로 한 자발적 이주민들이 늘어나기 시작한 데다 러시아가 이곳에 진출하던 상황 아래서 정부는 더 이상 이곳에 대해 종전와 같은 정책을 고수할 수 없었기 때문이다. 또한 20세기 초에 철도가 놓이면서 교통망이 좋아지자 청 정부는 결국 1907년에 이르러 모든 금지 조처를 해제하였다. 청 정부는 이 해에 성이민국省移民局과 현縣을 개설하면서 본격적으로 이주민을 보내기 시작하였다. 곧 내지 과밀인구를 해소하기 위한 방법뿐만 아니라 외국과의 경쟁이 이주를 부추기면서 자원을 개발하도록 격려하였던 것이다.[22]

국민당 정부시대에 들어 만주로의 이주는 다른 지역과 다소 상이한 양상으로 전개되었다. 다수의 한인뿐만 아니라 일본인, 조선인, 러시아인 등 다양한 인종들이 모여들기 시작하였다는 사실이다. 이들은 1932년의 만주국 성립 이후에 '만주인'이라는 새로운 국민으로 만들어졌고, 차후 이들은 만주지역의 자연환경을 자신들에게 맞게 개조해 나갔다.

계속된 이동의 결과 1904년부터 1953년까지 만주 지역의 인구는 1천 7백 만 명에서 4천 7백 만 명으로 증가하였다. 이 때문에 현대 인구지리학자인 후환용胡煥庸은 1881~1981년 사이의 동북, 곧 만주 이주가 "이러한 대규모의 이주운동은 중국에서도 보기 힘들 뿐만 아니라 세계적으로도 유례가 없는 것"이라고 평가하였다.[23] 다시 말해 만주지역은 중국뿐만 아니라 동아시아 전 지역의 과잉인구를 흡수할 수 있는 스펀지 역할을 톡톡히 해낸 셈이었다. 이는 그만큼 만주지역의 자원이 풍부하였다는 사실을 반증한다.

청 정부나 국민당 정부 시기에 국가가 주도한 변강 이주는 1895년의 일본제국주의에 의한 타이완의 식민지화, 1911년의 외몽골 독립, 1912

년의 티베트 본부 지역의 독립, 1932년의 만주국 건국 등과 같은 정치 지도의 변화로 인하여 제약을 받지 않을 수 없었다. 반면 국민당 정부는 1920년대 말에 티베트 동부의 캄Kham 지역을 시캉성西康省으로 독립시키고, 또 동북에 자리한 암도Amdo 지역에 칭하이성青海省을 설치하면서 한족 정부에 의한 직접 지배지역을 확장해 나갔다.

그렇다면 이러한 이주지는 한족들이 이주하기 이전에 어떠한 생태환경 속에 놓여 있었는가. 먼저 내지 산간지대를 보기로 하자. 후베이와 산시陕西, 허난의 교계交界 지대에 위치한 산간지구는 적어도 18세기 초까지 산림이 잘 보존된 처녀림 지대였다. 이 지역에서 주민들이 산림을 훼손하지 않고 얻을 수 있는 산간 경제란 산누에를 키우고 약재, 버섯, 죽순 등을 채취하는 것이었다. 이것이 건륭 11년(1746) 무렵에 산시성 순무巡撫로 재직하고 있던 천훙머陳宏謨가 관찰하였던 교계지대의 산간 경제였다. 구이저우의 동부에 자리한 숭타오청松桃廳 일대의 양상은 "1백여 년 전(1736년 무렵)에는 미간지가 많아서 잡목삼림이 무성하고 관목림과 초원도 넓었다."[24]

한족들에게 매력적이었던 것처럼 보이는 만주지방도 실제로는 양호하지 않은 자연조건 속에 놓여 있었다. 농경지로 가능한 면적은 전체의 약 3분의 1 정도에 지나지 않았기 때문이다. 그럼에도 불구하고 이곳은 많은 인간을 끌어들일 만큼 매력적이었던 것 같다. "산에는 나무가 많다. 식물들은 끊임없이 자라난다. 그렇기 때문에 사람들은 자원을 고갈시키지 말고 될 수 있는 대로 모아야 할 것이다."[25]

신장의 우루무치[烏魯木齊]와 둔황[敦煌]의 중간 부근에 자리한 바르쿨[巴里坤] 지역도 한족들에게는 황금의 땅처럼 보였다. "이곳은 땅이 넓고 식량이 싸서 삶을 도모하는 데 용이하다. 서쪽의 무루하[木壘河] 일대에는 적설산積雪山 덕택에 거수渠水가 풍부하다. …… 우루무치 지역도 기후가 온화하고 토지가 비옥하며 바르쿨보다 더 부유하다. 그 서쪽의 창지[昌吉], 마나스[馬納斯] 등에도 토지가 비옥하고 물이 풍부하다." 이는 신장을 정복하고 난 직후인 1760년대에 한족 관료들이 관찰한 서역의 자연조건이었다.[26]

바다 건너 한족에 의해 새로이 개척된 타이완은 야생의 시기로부터 근대의 경제적 성장기에 이르는 일련의 변화를 전체적으로 볼 수 있는 곳으로 알려져 있다.[27] 대륙 쪽으로 향해 있는 연안 지방은 대체로 원주민에 의해서 심경深耕이나 관개가 없는 자연농법 위주로 농업경제가 발전하였으며, 수렵지로서의 숲이 그곳을 둘러싸고 있는 비옥한 환경이었다. 이것이 한족들이 본격적으로 진출하기 전의 타이완의 모습이었다.

20세기 전반기에도 위와 같이 자연 상태를 비교적 잘 간직하고 있던 숲들은 변강지역에 여전히 남아 있었던 것 같다. 예를 들면 헤이룽장성과 내몽골 자치구의 경계지대에 남북으로 놓여있는 다싱안링大興安嶺 산맥 일대에서 어룬춘[鄂倫春]인들은 1950년대 중반까지 녹색의 왕국에서 전통적인 수렵민으로 생활하고 있었다. "높고 높은 싱안링, 망망한 대삼림, 삼림 속에 살고 있는 용감한 어룬춘, 한 사람당 말 한 필, 총 한 자루, 사슴과 노루, 멧돼지는 넘쳐나 다 잡을 수 없다."[28] 어룬춘인들의 노랫말을 가만히 읊조려 보면 그들을 둘러싸고 있는 풍부한 자연환경이 눈앞에서 펼쳐지는 듯하다.

원주민들 중에는 산지의 숲을 보호하기 위해 특별한 지역에 인공림을 육성하였던 것 같다. 1990년대에 윈난의 시솽반나西雙版納에 사는 다이족傣族 지역을 현지 조사한 크리스찬 다니엘스Christian Daniels의 연구에 따르면, 이들은 한어漢語로 철도목鐵刀木 혹은 흑심목黑心木이라고 부르는 인공 땔감숲을 적어도 4백여 년간 유지해 온 것으로 알려졌다. 이들은 마을 부근에 땔감용의 숲을 인공으로 조성하였다. 그것은 재배와 관리가 용이하고 거주지 근방에 있는 까닭에 땔감을 신속하게 수확할 수 있는 데다, 화력이 강한 나무를 선택하여 심었기 때문에 소모되는 나무의 양도 최소화할 수 있었다. 그리고 마을 근처에 있으므로 해충이나 동물에 의한 피해도 줄일 수 있는 장점들이 있었다. 이들이 이처럼 별도의 인공 숲을 만들었던 중요한 이유는 숲이 많은 산에는 신이 깃들어 있다는 신산神山신앙에 있었다.[29]

신산신앙은 티베트 동부 캄 지역의 산악지대에 살고 있는 티베트인들에게서도 발견된다. 1904년 11월 무렵에 캄 지역의 한 도시인 파당巴塘에 머물렀던 고위 관료 펑취안鳳全은 땅이 비옥한 이곳에 한인을 이주시켜 농장을 조성하였다. 이에 현지 티베트인들은 신산에 손을 댈 수 없다는 이유를 들면서 개간을 저지하였다.[30]

따라서 상업화의 물결이 밀려들지 않은 상황에서 내지의 산지나 신장, 만주, 타이완과 같은 변강지방의 생태환경은 자연의 모습을 대체로 원형대로 유지하고 있었던 것 같다. 원주민들이 절대 다수를 차지하고 있던 이곳의 자원 이용 방식은 앞서 잠깐 본 바와 같이 생태 시스템을 유지하는 범위 내에서 발전시킨 것이었다. 그것은 적정 규모의 인구를 유지한 데다, 해당 지역 주민들도 자연에서 얻을 수 있는 이익의 정도를 계산하면서 그 한계 상황을 제대로 인식하고 있었기 때문이었다.

근대기 변강지역의 생태환경 변화

그러나 이러한 생태 시스템은 한인들이 집단으로 이주하면서 바뀌어 갔다. 앞에서 언급한 후베이, 산시, 허난의 교계지방에서 진행된 양상은 산지 개발의 한 유형이라고 할 수 있을 것이다. 노인과 어린이를 포함한 1천여 명이 무리를 지어 입산한 유민들은 나무를 세워 붕棚을 만들고 산지를 개간하여 경작하였으며, 그곳에는 옥수수나 감자를 재배한 사실로부터, 우리는 이주민의 규모가 크며, 임시거처를 만들어 생활하였던 전형적인 산지 개척민의 초기 모습을 볼 수 있다.

청대 중기에 나타난 중요한 사회집단으로서 산지의 임시 거주민인 붕민棚民의 세계가 이러한 교계지방에서 시작된 것이다. 여기서 중요한 사실은 앞서 말한 신대륙 작물이 산지 개간의 첨병으로 등장하고 있다는 점이다. 이러한 작물은 산지의 높낮이에 따라 달리 재배되었다. 옥수수는 산자락이나 구릉지에서 많이 재배된 데 비해 감자는 그보다 더 험한 산지에서 재배되었다. 산의 높이에 따른 경작은 이 외에 3월에는 계곡 유역에서 조맥早麥을, 5월에는 저산지대에서 보리를, 6~7월에는 고산지대에서 보리를, 8~9월과 10월에는 각각 저산지대와 고산지대에서 모두 옥수수를 재배하는 순환적 방식을 채용하였다.[31] 곧 여러 품종을 산지의 형태와 높이에 맞게 재배하였던 것은 단기간에 생산성을 높이면서 재해에 탄력적으로 대응하려는 이주민들의 전략이었다. 저명한 중국의 사회경제사가인 허핑티何炳棣가 정확하게 지적한 바와 같이 이러한 경작 형태는 근대적 토지 이용 방식이었다.

윈난 남부의 카이화開化, 광난廣南, 푸얼부普洱府 일대의 처녀림은 1850년 이전에 인근의 후난·베이, 쓰촨, 구이저우에서 이주한 자들에 의해

구이저우의
옥수수밭 풍경.

중국의 서남부에 위치한 구이저우는 중국 내에서도 가장 가난한 지역으로 손꼽힌다. 손에 서푼조차 없는 구이저우인들은 손바닥만한 땅이라도 있으면 그곳에 옥수수 한 되를 심는다고 한다. 사진에서 보는 옥수수밭은 산꼭대기까지 계단식으로 산을 깎은 다음 밭고랑을 만들어 옥수수를 심어 놓았다. 살기 힘든 변경에서 보게 되는 삶의 또 다른 모습이다. (경남대 김재현 교수 촬영)

개간되었다. 이들은 주로 산지를 개간한 다음, 그곳의 저지대에는 고구마를, 산허리의 경사면에는 옥수수를 심는 방식으로 산지를 최대한으로 활용하였다. 구이저우의 숭타오청 지역에서는 그 결과 산꼭대기에서 물가에까지 노는 땅이 거의 없을 정도로 개발되는 상황에 이르렀다.

만주지역은 이주 초기에 주로 인삼, 동물, 귀금속, 농산물 등 전통적 천연자원을 확보하는 한편 숲과 초지를 개간하면서 이곳에 수수와 소맥, 옥수수, 감자, 고구마 등을 재배해 본래의 작물체계를 변형시켜 나갔다. 그러나 만주 개발의 선구자는 이곳의 토착 농산물인 콩이라고 할 수 있을 것이다. 그것은 1900년에는 대략 60만 톤을 생산하였으나 동아시아와 세계의 콩 수요가 늘어나자 1909년에 200만 톤, 1931~37년에 426만 톤을 생산하기에 이르렀다. 여기에 조선족에 의한 벼농사도 점차 확산되어 나갔다. 따라서 만주지역의 개발은 전통적 천연자원뿐만 아니라 신대륙 작물, 토착 농산물이자 상품작물로 성장한 콩, 조선족에 의한 벼농사 등이 중복되면서 독특하고도 복합적인 농작물 체계를 구축하였다.

좀 더 적극적인 개발은 삼림지대에 상업화의 물결이 들어온 이후에 진행되었다. 앞서 말한 산시, 후베이, 허난 교계지구에는 목재, 석탄, 종이, 약재, 철 따위를 개발하는 간이시설물이 들어서면서 이들 산지 자원이 대량으로 베어져 나갔다. 도시지역에서 온 상인들이 자본을 투자하여 만든 벌목장에는 3~5천 명에 이르는 대규모 노동자를 투입하였기 때문에 일시에 도시형의 노동자 사회가 형성되었다. 양쯔강 수로를 통해 도시지역으로 수송하고 판매하는 이 개발 시스템은 특히 강남지역에서의 목재 수요가 급증하면서 더욱 발전하였다.

청말 중화민국 초기에 구이저우의 바차이현八寨縣에서는 "바차이현은 본래 산에 나무가 많은 곳인데 목상으로서 본고장 사람은 아주 드물었다. 십수 년 전에 후광湖廣과 량광兩廣의 상인들이 운집하였는데, 지역민은 십년 수목의 계를 모르고 마구 싸게 팔아 현재는 나무가 모두 없어지고 상인도 또한 현저히 줄어들었다".[32] 곧 이익에 밝은 한족 상인이 싼값에 나무를 사들인 다음 짧은 시간 동안에 벌목하여 그곳이 황폐화되어 간 사실이 확인된다. 단기간에 발전하였던 산지의 수공업도 그에 따라 쇠퇴의 길을 걸었다.

삼림 벌목과 산지 개간은 위에서 본 바와 같이 기존의 생태계를 변화시켰다. 그것은 증가된 인구를 부양하고 자원을 상업화한 데 따른 필연적인 결과였다. 그러나 개발 결과에 따라 산지환경이 파괴되어 가는 것도 불가피하였다. 단기간에 많은 이득을 얻었던 대가는 심각한 토양 침식이었다. 그런 곳에서는 다시 농사를 짓기가 힘들기 때문에 붕민들은 이리저리 옮겨 다니면서 개간을 되풀이하였고, 그 결과 이 산지에서 흘러내린 토사는 중하류의 하천과 호수를 메워 갔던 것이다. 그 때문에 홍수 피해가 빈발하게 되자 1807년부터 안후이성 남부와 저장성 북부의 신사들은 성 당국자에게 산간지역에서의 옥수수 재배를 금지시켜 달라고 요청하였다.

산지 개발이 토양 침식을 가져 온 것은 사실이지만, 그것이 개발된 산간지역 전체에서 진행된 것일까. 로이드 이스트만은 개발의 결과 "중국의 가장 귀중한 자원인 비옥한 토양의 대부분은 참담하게도 영구히 유실"되었다고 기술하였다.[33] 반면 일본의 치바千葉德爾 교수는 토양 침식이 토질에 따라 달리 나타났다고 분석하였다. 그에 따르면 침식이 일어난 곳은 주로 화남의 광둥에서 화중의 창사長沙, 그리고 화북의 시안西安으로 이어지는 선의 동쪽 지역이었다. 곧 토질이 차이로 인하여 윈구이雲貴 고원과 같은 곳에서는 숲이 벌목되고 산지가 개간되었음에도 불구하고 토양 침식 문제가 야기되지 않았다는 것이다. 또한 비한족 지역에 들어간 한족들 중에는 현지의 농경법을 습득하여 이를 개간지에 활용하였기 때문에 심각한 토양 침식이 발생하지 않는 경우도 있었다. 그러므로 토양 침식은 변강보다는 주로 내지의 산지를 개발한 데 따른 현상이라고 할 수 있다.[34] 따라서 우리는 토양 침식의 정도를 지질과 농경법에 따라 달리 적용해야 하리라고 본다.

그러나 이러한 생태환경의 변화는 원래의 자연 상태로 환원이 가능한 정도였고 또 일부 지역에 한정되어 진전되었다. 한족의 변강 진출 이후에 나타난 생태계의 변화는 원주민에 의해 유지되어 오던 생태계를 부분적으로 바꾸어 놓았다는 점에서 제한적이라고 할 수 있다. 그 변화의 유형은 선과 점을 따라 조성된 것으로서, 마치 평야지대에 점점이 박혀 있는 늪지와 같은 형태였다. 곧 근대기의 변화는 생태계가 전면적으로 개조될 만큼 심각한 정도는 아니었으며, 이는 변강사회의 생태적 자율성이 어느 정도 유지된 상태였음을 의미한다. 그리고 개간된 산지는 당시 관료들이 지적한 바와 같이 10여 년을 방치해 두면 원래의 생태계로 되돌아갈 수 있었다.

현대기의 인구 폭발과 생태환경의 악화(1950~2000)

현대기의 인구 폭발 양상

근현대기에 진행된 세계적인 인구 변화에서 1950년대는 중요한 의미를 갖는다. 1850~1950년 사이에 그것은 미미하게 증가하였지만, 1950년대 이후 다시 폭발적으로 증가하였기 때문이다. 특히 위생 상태의 개선과 식량 증가는 전 지구가 수용할 수 없을 정도의 인구 증가를 초래하였다고 본다.

이 부분에서 좀 더 중요한 사실은 그 증가 몫이 대부분 중국의 것이라는 점이다. 1950~1980년 사이에 중국의 인구가 두 배로 증가하였기 때문이다. 다시 말해 중국의 인구 증가가 전 세계에서 절대적인 비중을 차지할 정도로 중요한 문제가 되어 버린 것이다.

먼저 간단하게나마 20세기 후반기에 있었던 중국의 인구 증가 상황을 보기로 하자. 1953년의 인구는 5억 8천 3백만여 명으로 알려졌다. 이 통계는 중화인민공화국이 공식적으로 조사한 결과에 의거하였다는 사실 때문에 중요성을 갖는다. 이 조사는 변강지역의 인구가 파악되지 않았다는 점과 인구 조사에 필요한 조직, 과정, 규칙, 방법상의 문제로 인해 신뢰하기 어렵다고 지적하기도 한다. 하지만 당시로서는 최신의 방법에 의해 진행되었고, 새로운 국가를 운영하는 데 필요한 자료를 얻기 위해 시도되었다는 점에서 역사상 가장 사실에 가까운 수치라는 평가를 받는다. 이 규모는 1955년에 6억 1백만 명으로 증가하였다.

이후 대약진운동이 종결되어 가던 1960년에 6억 5천여 만 명이었고, 1964년에 6억 9천 4백 6십 만 명, 1970년에 8억 1천 8백 만 명, 1975년에 9억 1천 2백 만 명, 그리고 1980년에 9억 8천 3백 만 명이었다. 그리고 현대적 의미의 조사로 인해 가장 신뢰할 만하다고 평가를 받고 있는 1982년도 조사에 따르면 10억 명을 넘어서고 있다. 곧 10억 8백 2십 만 명으로 계산되어 있다. 그리고 1987년에 10억 8천 7십 만 명, 1989년에 11억 1천 8십 만 명으로 증가하고 있다. 가장 최근의 통계라 할 수 있는 2003년도에는 12억 8천 8백 8십 9만 명으로 집계되었다.

이 변화과정에서 중요한 점은 1950년 초부터 1957년까지 제1차 절정기로서 이 시기의 총증가율은 모두 22퍼센트였던 데 비해 1957~1961년의 4년간 증가율은 5퍼센트에 불과하다. 반면 정치적으로 혼란스러웠다고 알려진 문화대혁명기에는 오히려 크게 증가하였다. 곧 증가율이 일정하지 않고 국내의 정치적 상황에 따라 파동을 친다는 사실이다. 좀 더 부연하여 말하자면, 인민공화국 초기에는 비교적 높았으며, 대약진운동기에는 침체되었고, 문화대혁명기에 다시 크게 증가하였다. 그리고 인구 억제정책이 본격적으로 시작된 1980년대 이후에는 증가세가 완화되고 있다. 그것을 증가율로 본다면 문화대혁명 직전부터 1982년까지 연평균 2.2퍼센트였던 반면, 인구 억제정책이 본격적으로 시행되던 80년대 이후에는 그 비율이 1.4퍼센트대로 떨어지고 있다. 이러한 파동에도 불구하고 1953년부터 1989년에 이르는 36년 동안에 5억 2천 7천 8백 만 명이 증가하였고, 1990년부터 2003년에 이르는 13년 사이에 다시 1억 8천여 만 명이 증가하였으므로 절대 수치로는 여전히 거대한 규모라고 해야 할 것이다.

이러한 결과를 낳은 요인에 대해서는 대체로 다음과 같은 사항들을 거론한다. 첫째, 의료와 위생사업의 발전에 따른 사회 안정이다. 특히 인민공화국 건국 초기부터 정부가 이 부분에 집중적으로 투자한 결과 평균수명은 1949년의 35살에서 1980년에는 68살로서 거의 배가하였으며, 영아 사망율도 30여 년간 10분의 1로 감소하였다. 둘째, 소농경제 체제 아래서 자녀 및 출산에 대한 인식이 변하였다. 곧 소농 체제를 발전시키는 데에는 많은 자녀가 필요하다는 사실을 농민들이 알고 있었으며, 이 때문에 농촌사회에서 많은 아이가 태어났다는 점이다. 셋째, 경제정책의 오류를 들 수 있다. 인구 수에 따른 생산과 분배를 강조한 경제정책이 농촌에서의 인구 증가를 유도하는 효과를 가져 왔고, 이것이 특히 1958~78년 사이의 인민공사 체제 아래서 인구가 폭발적으로 증가하는 결과를 낳았다는 사실이다. 넷째, 인구정책의 오류를 지적한다. 1950년에 제정된 혼인법은 혼인의 자유, 일부일처제, 남녀평등을 주요 골자로 하고 있는데, 특히 종래에는 신분이나 계층간의 장벽 때문에 혼인을 할 수 없던 인민들 사이에서 혼인 붐이 일어나면서 이것이 곧바로 급격한 출산율을 가져 왔던 것이다. 이 때문에 1980년에 제정된 혼인법에서는 1인1자녀 정책을 핵심으로 삼을 수밖에 없었다.[35]

그런데 이와는 달리 1950년대와 1960년대의 인구 증가를 마오쩌둥의 인구관과 관련시켜 설명하는 경우도 적지 않다. 마오쩌둥의 "인구는 많을수록 좋다"라는 말이 특히 1950년대의 인구 증가를 부추겼다는 것이다. 이 말은 미국의 국무장관이던 딘 애치슨Dean G. Acheson이 1950년대 초반에 "인구 압력 때문에 중국은 토지 문제 해결이 불가능하다"라는 지적에 비판적으로 대응하기 위해 "중국의 인구가 많은 것은 지극히 다행한 일이다. 인구가 몇 배로 늘어난다고 해도 그 대책은 완전하다. …… 서방의 부르주아 인구학자 맬더스Malthus의 설은 터무니없는 말로서 …… 공산당의 지도 아래에서는 인구에 대한 비관적 논조는 어떤 근거도 없다"에서 찾고 있다.[36] 이런 비판은 맬더스의 이론에 동조하였던 당시의 인구학자 마인추馬寅初를 사실상 겨냥하였다는 견해가 있지만(그는 직후에 베이징대학 학장에서 해임되었다), 어쨌든 마오쩌둥의 위의 언설은 인구정책의 기본 이념을 제공하였다고 본다.

그러나 실제로 마오쩌둥의 인구관은 이중적이었다. 1957년 10월의 제8기 3중전회 확대회의에서 그는 인구 과다에 따른 계획출산의 문제를 제기하였다. 1962년도에는 계획출산 정책이 시도되었으나 문화대혁명으로 인해 실행단계로까지 나아가지 못하였다. 그는 문화대혁명 직전인 1965년에 "인류는 출산과 관련되는 한 완전한 무정부 상태로 존재해 왔으며, 산아제한에 실패하였다. …… 가족계획을 위한 10개년 계획이 또한 마련되어야 한다."[37] 위의 '맬더스 운운'하는 발언과 대립되는 것이다. 1972년부터 계획출산운동을 재개하였으나 국가 수준의 정책과 최말단 촌락에서의 실행 사이에는 엄연한 괴리가 존재하였다.

20세기 후반기 중국의 인구 증가는 분명히 폭발적인 것이었다. 그에 따라 제기된 문제는 복잡한 것들이었으나, 사회 차원에서 사용할 수 있는 에너지와 수자원, 그리고 경작 면적은 계속해서 줄어들었다. 경작 면적의 경우 1949년 당시 인구 1인당 0.2헥타였으나 1990년에는 0.1헥타로서 절반으로 감소하였다. 요컨대 부족분은 다른 방법으로 채워 넣어야 했다. 게다가 중국은 인구가 급격히 증가하던 1950~1970년대에 외부세계와의 교류에 심한 제약을 받고 있었기 때문에 국가 경계선 내부에서 그 모순을 해결해야 했다.

한족사회의 재팽창

땅을 아파트처럼 만들 수 없는 상황 아래서 중원에서 경작지를 확장하려는 노력은 한계가 있었다. 따라서 새로운 개간지를 확보하여 경작지를 늘리고 식량을 증산하는 일이 더 긴급하였다. '소수민족'이 사는 변강지구는 이 점에서 더 없이 매력적이었다. 그곳은 중국 전체 면적의 63.7퍼센트를 차지하고 있었으며, 경작 면적으로도 31.6퍼센트에 이르렀다. 증가하는 중원의 한족 인구에 대한 안전판으로서 그곳은 매우 그리고 여전히 유용한 곳이었다.

중국공산당 정부는 성립 직후 바로 변강에 대한 이주정책을 수립하였다. 예를 들면 1949년에 만들어진 〈정협공동강령政協共同綱領〉에서는 '인민정부는 마땅히 각 소수민족의 인민대중을 도와 그들의 정치·경제·문화·교육의 건설사업을 발전시켜야 한다'고 규정하였다. 이러한 원칙은 1954년 헌법에도 반영되었는데, 그 요지는 선진민족으로서 한족과 도움을 받아야 할 대상으로서 소수민족이라는 전제 아래, 한족의 변강 이주를 국가 차원에서 주도해야 한다는 것이다.

인구를 변강으로 재배치하기 위해서는 다음과 같은 몇 가지 문제가 뒤따랐다. 하나는 소수민족이 거주하는 변강지역을 국가가 확고하게 지배해야 한다는 점이고, 두 번째는 국가가 강제력으로 인구를 재배치할 수 있어야 했다는 점이며, 마지막으로 이곳이 대체로 산지와 초지, 그리고 사막지역으로 되어 있는 까닭에 개발에 상당한 어려움이 따를 것이라는 사실이다.

변강지역에 대한 중국 정부의 이주정책은 해당 지역 민족의 자율성을 당과 군으로 통제할 정도로 강력한 것이었기에 가능하였다. 중국공산당은 1931년에 제정한 헌법 대강憲法大綱에서 소수민족의 자결과 독립 권리까지 보장하고 있었으나, 이러한 원칙은 건국 이후에 무효화되었다. 나아가 자치권을 보장한다는 의도 아래 설정된 자치구의 구성은 민족을 융합하기보다 오히려 파편화하는 데 이용되었다. 티베트의 경우 라사를 중심으로 구획된 티베트 자치구는 전 티베트 중에서 중앙의 일부에 지나지 않았으며, 동북과 동남부 지역은 칭하이성青海省, 깐수성甘肅省, 쓰촨성, 윈난성에 편입되는 형태로 강제 분할되었다. 1953년에 자치구가 된 신장지역에서도 사정은 마찬가지였다. 위구르족의 주요 집거지인 허텐[和田], 카슈[喀什] 일대의 남서부와 하미[哈密], 투루판[吐魯番] 일대의 동북부 사이에는 몽골족이나 카자흐족의 자치주현自治州縣을 설치하는 방식으로 지역 내 통일성을 무너뜨렸다. 국가에 의한 이러한 구획은 분할지배를 의도한 것이었으며, 그 대의명분은 사회주의 이익이 민족의 자결권에 우선한다는 데 두고 있었다. 다시 말해 정부의 기본 목표는 다수의 이익을 대변해야 한다는 것이었는데, 그것은 말할 것도 없이 한족의 이익을 의미하였다.[38]

변강지역의 낯설고 열악한 생태환경은 군을 투입하여 극복하였다. 신장생산건설병단이 그 대표적인 사례가 될 것이다. 1949년 9월에 신장지방으로 진주한 인민해방군은 1954년 10월에 이르러 중국인민해방군 신장군구생산건설병단으로 정식 출범하면서 농업생산 위주의 군대로 성격을 바꾸었다.[39] 청대에 이곳을 정복하고 난 뒤에 설치하였던 군둔軍屯이 생산병단이라는 이름으로 재현된 셈인데, 중국공산당의 병농일치적 전통은 이미 옌안延安 정부 시절에도 시도된 바 있었다. 1940년 봄에 옌안 일대에 무장부대를 파견하여 '군공생산軍工生産'을 진행하였으며, 이 경험은 이후 군대 개간제도의 표본이 되었다.[40] 내몽골의 동북방과 헤이룽장성 서부지역에 걸쳐 세로로 길게 뻗은 다싱안링大興安嶺 산맥의 숲 개발에서도 주축은 군대였다. 한국전쟁에 참전하였던 인민해방군이 대대나 중대 단위로 다싱안링 산지로 이동하여 이곳의 개발을 주도하였던 것이다. 생산병단을 소수민족 지역에 투입하여 개발을 주도하도록 한 곳은 신장이나 내몽골 이외에도 티베트, 칭하이, 깐수, 쓰촨, 윈난, 헤이룽장 등으로서 매우 광범위하였다.

그렇다면 변강의 생태지구 개발은 어떻게 진행되었는가. 이곳의 개발 주체는 청대나 중화민국 시대와 달리 어디까지나 국가였다. 그러므로 국가권력이 변강 개발에 어떻게 관여하였는지, 그리고 이에 따라 그곳의 생태환경이 어떻게 바뀌었는지를 검토하는 것이 현대기에 중국에서 일어난 환경 변화를 이해하는 데 더 유익할 것이다.

근대기에 각광을 받았던 '미개간' 지대는 현대기에도 여전히 남아 있었다. 다만 그곳은 이전 시대보다 더 변경에 위치하고 있었다. 그러한 개발 사례를 내몽골 동북쪽에 있는 어룬춘자치기[鄂倫春自治旗] 지역을 통해서 보기로 한다. 이곳을 선택한 이유는 무엇보다도 지리학자 이강원 교수가 1990년대 말 현지조사에 근거하여 수행한 연구에 매우 풍부하고 유익한 정보를 담고 있기 때문이다. 또한 이곳은 인민공화국 시대에 이르러 변강 민족의 생태환경이 급격하게 변모한 대표적인 사례이기도 하다.

내몽골 동북쪽과 헤이룽장성 서부의 경계지대에 자리한 어룬춘 지역은 소수민족인 어룬춘인을 중심으로 형성된 자치 구역으로서, 행정상 내몽골자치구 후룬페이얼맹呼倫貝爾盟에 속해 있는 자치기의 하나이다.

그들 사회는 전형적인 수렵사회로서, "한 사람당 한 필의 말, 한 사람당 한 자루의 엽총"을 가지고 집체노동과 평균분배의 생활을 하고 있었다. 존경과 지도력은 사냥 능력과 겸손함에 따라 좌우되었으며, 사냥물은 공동분배가 원칙이었다. 계급관계가 거의 없는 이러한 사회는 일반적으로 수렵사회의 한 특성으로 알려졌다. 가진 자가 그렇지 못한 자에게 분배하는 시스템이 작용하면서 수확물을 평균화시키는 사회였다고 할 수 있다.[41] 또한 곰을 토템으로 삼고 있으면서 정기적으로 그와 관련된 의례를 거행하고 있고, 그 의례에서 무당이 중요한 역할을 하고 있다는 사실 때문에 한국의 전통문화와 친숙한 특징을 공유하고 있는 곳이기도 하다.

숲을 중심으로 운영되던 어룬춘 사회는 그러나 인민공화국이 건국되고 난 뒤 한족이 대거 이주하면서 생태환경도 그들에게 맞는 농경지 중심으로 개조되기 시작하였다. 1951년에 자치기가 설립될 당시 이곳의 총인구는 778명으로서 그중 774명이 어룬춘인, 나머지는 어웡커 1명, 다우얼족 3명이었다. 약 5만 9천 평방킬로미터에 상당하는 면적 전체가 어룬춘인들의 수렵 세계였다는 사실이다. 그러나 앞서 말한 바와 같이 인민해방군이 다싱안링 지구로 이동하여 산지 개발의 명목으로 벌목을 하면서 한족의 본격적인 이주가 시작되었다. 1957년에 그곳의 총인구는 3,451명으로 증가하였으며 그중 한족은 1,212명을 차지하였다.

대약진운동이 시작된 1958년은 어룬춘 사회의 인구 변화에서 매우 의미 있는 해가 될 것이다. 그것은 이 해에 이르러 총인구가 4만 9,131명으로 폭증하였을 뿐만 아니라, 증가분의 절대 다수인 4만 6,721명이 한족이었기 때문이다. 이들 한족은 대개 허베이河北, 산시山西, 베이징,

상하이 등지에서 내몽골 지역으로 한꺼번에 이주한 20여 만 명 중의 일부였다.

그로부터 47년이 흐른 1998년에 어룬춘 자치기의 총인구는 31만 9,996명으로 급증하였으며 그중에서 소수민족은 3만 2,344명, 어룬춘인은 2,206명이었으며, 나머지는 한족이었다. 어룬춘인들이 약 3배 정도 늘기는 하였으나, 전체 인구 중에서 그 비율은 약 0.7퍼센트로서 무시해도 좋을 정도의 규모에 지나지 않는다. 반세기도 되지 않는 기간 동안에 순수 어룬춘 사회가 거의 완벽한 한족사회로 바뀌어 버린 것이다.

한족의 변강 이주에 따른 인구 구성비의 급격한 변화는 소수민족을 그들의 근거지에서 실질적인 소수로 전락시켰다는 사실을 반증한다. 이러한 전위轉位는 어룬춘 자치기를 포함하고 있는 내몽골 지역에서도 유사하게 나타났다. 1958년과 1968년 사이에 한족 대 몽골족의 인구 비율이 6대 1에서 12대 1로 높아진 것이다. 신장지역의 경우 전체 인구 중에서 한족이 차지하는 비율은 1953년에 6.1퍼센트였으나 20년이 지난 1973년에는 약 40퍼센트로 증가하였다.[42] 더구나 이들 이주 한족들은 대개 변강의 주요 도시나 거점지역에 집중적으로 거주한 까닭에 구성 비율보다 더 힘 있는 존재가 될 수 있었다.

팽창 주체로서의 국가권력

인구 이동을 주도한 주체는 새로운 체제의 국가권력이었다. 국가에 의해 투입된 군인이나 하방下放 청년들이 벌목이나 개간 및 그에 필요한 도로 신설에 종사하였다. 예를 들면 어룬춘 지역에 1954년부터 시작된 1차 이가선伊加線(이투리허伊圖里河-자거다치加格達奇) 철도 개설과 1964년부터 1974년까지 2차로 건설된 눈림선嫩林線(넌장嫩江-린하이林海) 철도 공사에는 철도병 부대 8만 명이 동원되었다. 이들은 사업이 종결된 후 그곳에 정주하였기 때문에 지역 내 인구 증가에 크게 기여하였다. 또한 정부는 벌목을 담당할 기구로서 임장국林場局과 개간을 전문으로 하는 농장국農場局을 두어 변강 개발을 주도하였으며, 문화대혁명 시기에 이곳으로 내려온 청년들은 주로 농장국에 소속되어 개간 일에 종사하였다.

신장지역에서는 앞서 말한 바와 같이 생산건설병단을 조직하여 경작지 확대사업을 전투와 같은 방식으로 진행하였다. 10개의 농업사단으로 구성되어 있던 이 병단은 신장의 북부와 남부, 서부, 동부에 고루 포진되어 있었으며, 관할 본부는 하미와 허톈, 우루무치에 있었다. 이들 구성원의 민족 성분은 거의 대부분 한족으로서 투입 초기였던 1949년에는 8만 9천 명이었던 병력이 2000년에는 242만여 명으로 약 27배 정도 증대되어 있었다. 신장 전체의 인구 1,846만여 명 중 약 13퍼센트에 해당될 정도로 큰 규모이다.[43] 이는 변강의 지배와 개발을 군사 통치 차원에서 진행하였음을 보여주는 수치라고 보아야 할 것이다.

국가에 의해 변강지역으로 보내진 대상 중에는 교원, 영화인, 방송인, 회계인, 의사, 기술인, 위생원, 승무원 등 이른바 지식청년들이 상당수를 차지하고 있었다. 1958년 10월에 부주석이던 주더朱德는 베이징에서 개최된 '중앙국가기관 청년사회주의건설적극분자대회'에 모인 청년들에게 "서북과 내몽골 등지는 지상·지하자원이 대단히 풍부하고, 전국 국토 면적의 50~60퍼센트를 차지하고 있지만, 이들 지역의 인구는 단지 전국 인구의 6퍼센트 내외를 점유하고 있을 뿐이다. 사회주의와 공산주의의 행복한 중국을 건설하기 위해서는 기관의 청년을

신장생산건설병단의 본부가 있는
녹색도시 스허즈.

신장성 성도 우루무치에서 버스로 대략 1시간 쯤 서쪽으로 달리면 스허즈石河子라는 인구 60만 명 정도의 도시에 닿게 된다. 이 도시는 1950년대 이전만 해도 초지와 늪, 갈대 등으로 뒤덮인 자그마한 촌이었다. 그러나 신장생산건설병단의 본거지가 된 1950년대 이후에 급변하면서, 이른바 녹색도시의 대명사가 되었다. 주위의 황량한 풍경과 다르게 시내의 주요 차로에 사과나무를 심어 놓았고 인도에도 녹음이 우거져 있어서 신장자치구 내의 다른 도시들과 대비된다. 시가지에 '군민공건軍民共建의 도시' 라는 대형 간판이 걸려 있는 데서 알 수 있듯이 이 도시는 사실상 병단의 도시라 할 수 있으며, 병단 박물관도 존재한다. (유장근 촬영)

포함한 전국의 많은 청년이 반드시 이들 지역으로 가서 이곳의 자원을 신속히 개발해야 하며, 이곳을 조국의 아름다운 화원으로 건설해야만 한다."[44]

파견된 인원은 한 번에 수백 명에서 20여 만 명에 이를 정도로 다양한 규모였다. 배치된 지역은 어룬춘인들이 사는 내몽골이나 헤이룽장 지역뿐만 아니라 신장, 칭하이, 닝샤 회족寧夏回族 자치구, 깐수, 티베트 자치구, 윈난·구이저우, 광둥성 하이난海南 리족黎族·미아오족苗族 자치주 등 전국의 변강지역에 거의 고르게 걸쳐 있다. 배치 기준은 대체로 출신지나 기후 및 자연환경을 중시하였는데, 예를 들면 헤이룽장에는 대부분 산둥성山東省 출신을, 깐수와 칭하이 지역에는 허난성 출신을, 윈난과 구이저우에는 후난성 출신을 보낸다는 방식이었다.[45]

국가가 주도한 변강 개발에 있어서 군대를 동원한 사실은 이미 청대에도 있었던 전통이지만 청년지식인을 대거 동원한 일은 중국 역사상 새로운 현상이었다. 주더가 말한 바와 같이 그것은 외견상 사회주의 국가 건설이라는 명분 아래 진행된 듯이 보인다. 그러나 그것은 명백하게 엘리트 한인을 프로레타리아적인 인간으로 개조시키는 한편, 그들에게 '지방 민족주의의 제거'와 '변강 소수민족의 국가 통합'이라는 중요한 목적을 더 부가한 것이었다. 이는 그만큼 국가권력이 새로운 형식과 내용을 통해 작동하고 있었음을 보여준다고 하겠다.

국가에 의한 사회주의화 과정에서 인구의 재배치가 중요하였다는 사실은 이미 보았지만 대약진운동은 그 부분에서 하나의 분수령이었다. 어룬춘 지역에서도 인민공사 체제로 전환하면서 한족들의 농업 이민이 적극화되기 시작하였다. 예를 들면 이 지역에 있는 3개의 인민공사에 소속된 인구는 1962년에 1,454명이었는데, 그중 사냥에 종사하는 인구는 790명이었고, 농업 인구는 664명이었다. 1950년대 초에는 농업 인구가 사실상 거의 없었던 것과 비교해 보면 그 증가세가 두드러진다. 특히 정부는 이 시기에 전국적으로 철 생산을 독려하였는데, 그 영향은 변강의 삼림지대에도 미치게 되었다. 철 생산에 필요한 땔감을 구하기 위해 마을 주변의 구릉지나 산지의 나무를 대대적으로 벌목하였던 것이다.

문화대혁명기에도 국가에 의한 인구 재배치가 진행되었다. 특히 이 정책은 도시와 농촌의 지식청년들을 산지와 시골로 보내 무산계급화해야 한다는 명분 아래 실시되었는데, 대략 1천 1백 만 명에 달하는 지식청년들의 대다수가 변강에 강제 이주된 것으로 알려졌다. 실제 이주된 숫자는 이보다 더 많았을 것으로 추정하고 있다. 예를 들면 1969년부터 1972년까지 상하이 지역에서만 변강으로 보내진 지식청년이 1백만 명 정도의 규모였다. 이들은 인민공사의 생산대나 생산병단에 편입되어 농장을 개간하는 데 중요한 역할을 담당하였다. 이렇게 함으로써 공산당 정부는 당시 급증하고 있던 지식청년들의 실업 문제뿐만 아니라 인구 증가에 따른 식량난과 변강의 사회주의화 등 여러 가지 난제들을 한꺼번에 해결할 수 있었다.

문화대혁명 당시 윈난의 시솽반나[西雙版納] 지역으로 들어가 산지를 개간하면서 고통스런 세월을 보냈던 영화감독 천카이거陳凱歌는 그의 경험담을 다음과 같이 털어놓고 있다. "1969년의 대규모 개간에는 정치적 목적 때문에 경제적 효율을 무시한 행정 명령이 차례차례로 내려오고 있었다. 많은 지식청년이 도착하여 속속 대회전大會戰이 전개되었다. 이 때문에 사방의 수백 평방킬로미터 규모로 수만 명의 사람들이 매일같이 산에 올랐다."[46] 그 결과 1950년대에 약 55~60퍼센트를 차지하던 시쐉반나 일대의 삼림지역은 1980년대에 들어 28.7퍼센트로 격감하였다.[47] 수치에 나타난 대로 이야기하자면 시쐉반나 숲의 약 절반 정도가 문화대혁명 기간 동안에 사라진 셈이다.

인구 이동을 국가가 주도하는 국가주의적 특성은 위에서 언급한 신장이나 내몽골뿐만 아니라 티베트 지역에서도 관찰된다. 티베트 지역의 인구 변화도 역시 대약진운동기와 문화대혁명기는 특별히 주목해야 할 정도로 큰 규모였다. 티베트 지역의 공식적인 인구 조사는 1982년에 처음 시작되었기 때문에 그 이전의 인구 변화를 정확하게 셈하는 데에는 한계가 있다. 그렇지만 1959년은 이전과 이후의 변화를 이해하는 데 상당히 중요한 변수가 되는 연도이다. 이 해는 중국 정부가 티베트를 전면적이고 공식적으로 지배하게 된 시기이면서 대약진운동의 영향이 변강에 적극적으로 작용하던 시기였기 때문이다. 정부 방침에 따라 1960년에 4만 1,800명의 한족이 입식하였던 바, 이는 연평균 3.40퍼센트의 증가율에 해당되는 것이었다. 1952년부터 1993년까지 41년간 티베트 지역에서의 한인 증가율이 연평균 1.69퍼센트였다는 사실을 감안하면 대약진운동기의 그것은 두 배에 해당하는 수치이다. 마찬가지로 문화대혁명기에 해당하는 1965년부터 1979년 사이의 인구 증가율도 약 2.79퍼센트로서 빠른 편이었다. 물론 규모 면에서 본다면 1966년에서 1978년 사이에 33만 4,800명 정도가 증가하였으므로 신장이나 내몽골의 그것에 비할 수는 없다.[48] 이는 두 지역이 자연환경이나 교통 조건에서 서로 달랐던 데다, 소련과 국경을 맞대고 있다는 특수성이 작용한 것으로 보인다.

이상과 같이 인민공화국 시대의 인구 이동은 국가가 군대와 지식청년, 그리고 농민을 동원 대상으로 삼아 진행된 것이었으며, 그 목적도 이주 대상만큼이나 다양한 것이었다. 그것은 내지에서 구성되어 작동하고 있던 권력적 사회 단위를 변강에 옮겨 놓는 차원이었다고 말할 수 있다. 이에 따라 변강지역에 대한 국가의 장악력도 이들 이주민과 함께 발전한 교통로와 지배기구로서의 국가 기관들, 그리고 벌목과 개간 등의 방법을 통해 놀라울 정도로 증대되었던 것이다.

국가에 의해 주도된 이주와 개간 열풍은 개혁개방의 성과가 점차 효과를 발휘하던 1980년대 중반 이후에 점차 줄어들었다. 농촌지역으로부터의 유입 인구 자체가 줄어든 데다 하방청년들 중에 귀향하는 자들이 늘어나면서 나타난 현상이었다. 또한 이 시기부터 불기 시작한 도시화도 그런 경향에 영향을 미쳤다. 1957년 무렵 중국의 도시화율은 약 15퍼센트 정도였고, 이 비율은 1970년대까지 소폭 상승하는 데 그쳤다. 그러나 1987년 이후에는 급증하여 2000년에 이르면 약 36퍼센트 정도의 인구가 도시지역에 거주하게 되었다.[49] 도시지역에서 인구를 흡수하는 비율이 계속 늘어난 탓이다.

그렇다고 해서 변강으로의 한족 이동이 멈춘 것은 아니었다. 다만 그 구성 성분이나 이주 방식은 대약진운동기나 문화대혁명기와 달랐다. 1990년대 이후의 이주자들은 대개 해당 지역에서 필요한 서비스업자들이었다. 시계 수리공, 신발 수리공, 목수, 건설공사의 토목 인부 등으로, 이는 변강의 개발지를 중심으로 도시화가 진전되고 이 도시에서 필요한 업종이었기 때문으로 풀이된다.[50] 이러한 양상은 개혁개방 이후에 국가가 주도한 시장화가 변강지역에까지 파급된 상황을 반영하는 한편, 개간과 관련된 농업 이주는 사실상 종결되어 가고 있음을 의미한다.

물론 국가의 통제에서 벗어난 형태의 이주가 없었던 것은 아니었다. 특히 기근 때문에 상당한 곤란을 겪었던 대약진운동 때에는 인민들이 생계를 도모하기 위해 변강으로 이주하는 경우도 적지 않았다. 독일의 허버러Thomas Heberer 교수에 따르면, 1953년부터 1973년에 걸친 20여 년 동안에 신장으로 이주한 한족 1천 225만 명 중에서 약 3분의 1 정도가 몰래 이주한 사람들이며, 그중 대부분이 대약진운동 시기에 이주한 사람으로 파악하고 있다.[51] 이러한 사례는 신장지역에만 한정되지는 않았으며, 따라서 국가의 통제에서 벗어난 이주민들도 적지 않았을 것이다.

국가가 주도하여 변강을 개발한 결과, 적어도 내지의 증가 인구를 부양하는 데에는 크게 공헌한 것으로 보인다. 어룬춘 지역의 경우, 특히 문혁기에 경지 면적이 비약적으로 증가하였으며 그 결과는 높은 식량 생산으로 나타났다. 개간 초기인 1950년대 중반에는 경작지가 거의 없었으나 1969년에 약 1만 헥타로, 1976년에는 2만 헥타, 1980년에는 약 6만 헥타, 1997년에는 약 10만 헥타로 증가하였다. 이에 따라 밀 생산량도 1969년에 약 7천 톤 정도였으나 1976년에는 약 2만 톤 정도로 급증하였다. 그리고 1990년대에 들어서서는 콩 생산이 밀의 그것을 앞지를 정도로 재배 작물의 종류에도 변화가 나타났다.[52]

신장 지구에서도 경작지 증가는 놀랄 만한 것이었다. 2000년 현재 신장 전체의 경지면적 2626.5 헥타 중, 병단 전체의 경지면적은 1021.9천 헥타였으며, 타림분지의 경지면적 807.7천 헥타 중에서 병단의 그것은 253.7천 헥타에 해당되었다. 전체 경지면적 증가의 약 39퍼센트, 타림분지 증가의 약 31퍼센트가 병단에 의해 성취되었던 것이다.[53]

변강지에서의 경작지와 식량 생산의 증가는 중국 인민들이 문화대혁명기를 통과하는 데 매우 유익하였다. 중국인들이 종종 회상하듯이 이 시기는 '맞아 죽는 사람은 있어도 굶어 죽는 사람은 없던 때'였기 때문이다. 이는 이전의 대약진 시기에 수천만 명의 인민이 굶주려 사망했던 사실과 관련해서 시사하는 바가 매우 크다. 다시 말해 문화대혁명 시기의 인구 증가는 그것을 뒷받침할 만한 물적 조건이 갖추어졌기 때문이라고 할 수 있으며, 그것은 소수민족 지역의 생태환경을 혁명적으로 개조한 덕택이었다고 할 수 있다.

요컨대 인민공화국 시기의 인구 증가와 그에 따른 변강지역으로의 이동은 근대기와 달리 국가권력의 일방적인 주도 아래 전면적으로 급격하게 그리고 강제적인 방식으로 진행된 것이었다. 그리고 변강의 생태환경도 한족의 대거 이주와 그들에 의한 개간으로 인하여 혁명적으로 변화하였다. 그것은 특히 농법과 농작물에서 두드러진 것이었으며 그 결과 해당 지역의 소수민족은 인구 구성상에서나 전통적인 산업에 있어서 명실상부하게 소수로 밀려나 있었다.

생태환경의 악화

환경사의 입장에서 본다면 폭발적으로 증가한 인구를 부양할 수 있던 변강지역의 공헌은 이곳의 생태계를 근본적으로 변화시켰다는 사실을 전제로 하고 있다. 그렇다면 환경 변화는 구체적으로 어느 정도였는가? 앞에서 우리는 숲에서 농경지로 혹은 초지에서 농경지로의 변화에 대해서 대략적으로 지적하였다. 이 부분에서는 천카이거가 '숲의 학살'이라고 표현한 바와 같이, 혁명적 변화가 초래한 부정적 영향 쪽에 더 초점을 맞출 것이다.

숲이 개간된 이후에 나타난 문제는 역시 홍수로 인한 피해가 더 커지면서 빈발하였다는 점에 있을 것이다. 대표적인 사례는 1998년의 양쯔강 대홍수이다. 이때의 홍수는 피해면적이나 이재민 수, 피해액수 등 여러 가지 면에서 1954년의 그것에 버금갈 만큼 큰 것이었기 때문에 이미 여러 연구자들에 의해 주목을 받아왔다.

1998년의 수해가 컸던 요인 중의 하나는 1차적으로 1997년부터 양쯔강 중상류 지역에 많은 비가 내려 강이나 호수, 산지 등에서 수용할 수 있는 물의 양이 이미 포화 상태에 이른데다 1998년도 여름 석 달 동안에도 끊임없이 비가 내렸던 데 있었다.

그러나 더욱 중요한 요인은 양쯔강 상류지대에서 그간 지속되어 온 벌목이었다. 양쯔강 상류인 진사강金沙江 부근의 더거현德格縣에서는 재정 수입의 6~7할을 목재 판매로 얻고 있었기 때문에 원시림을 대량으로 벌목해 왔으며, 그것이 재해의 빌미를 제공하였다. 지속된 강우와 벌목 탓에 현내 270여 곳에서 산사태가 발생하면서 많은 인명이 손실되었다. 게다가 강으로 흘러들어 온 진흙과 모래는 양쯔강에 위치한 발전소의 절반 가량을 멈추게 만들었다.

더거 지역은 쓰촨성의 서부이자 티베트의 동부에 해당하는 곳으로서 인접한 티베트 자치구의 창두昌都 지역과 함께 전통적으로 풍부한 삼림지대에 속한다. 그러나 이 때문에 이미 청말의 신정新政 추진과정에서 목재 확보와 경작지 개간, 그리고 광산 개발을 위해 많은 나무가 베어졌으며, 인근의 파당巴塘에서도 유사한 사태가 벌어졌다. 시캉성西康省을 설치한 다음 이곳을 티베트에서 떼어 냈던 중화민국 시대에도 이곳은 여전히 중요한 목재 공급지대였다. 지난 1세기 동안 끊임없이 벌목이 진행되어 온 셈이었다. 이 일대에서 국영 삼림기업에 해당하는 임업국에서 1998년에 벌목한 면적만 해도 30만 평방미터, 곧 5만여 무에 이르렀다. 진사강과 다두허大渡河가 합쳐지는 곳에 위치한 이빈시宜賓市 일대의 삼림도 이미 오래전에 벌목하여 상당히 황폐해진 상태였다. 이곳에서 개발을 주도한 국가 기구도 어룬춘 자치 지역과 마찬가지로 임업국이었으며, 그들의 벌목도 1960년대로 거슬러 올라간다.[54]

양쯔강 중상류 지역에서의 홍수 피해는 후베이성 지역의 수많은 호수가 줄어든 데도 기인한다. 명·청대에만 하더라도 이곳은 이른바 '천호지성千湖之省'으로 불릴 정도로 호수가 많았으나, 상류 산지의 벌목에 따른 진흙과 모래의 유입으로 인하여 2000년대에는 거의 70퍼센트 정도가 줄어든 상태이다. 이렇게 된 데에는 후베이의 북쪽에 위치한 친링산맥秦嶺山脈 지구의 벌목도 크게 작용하였다. 그리고 특히 1960년대 이후 식량 증산을 위해 이 성내에 있던 많은 호수를 메워 경작지로 만든 것도 수해를 키운 중요 요인이었다. 큰 호수로 이름을 떨치던 둥딩호洞庭湖의 면적도 명·청대에 비하면 오늘날 거의 절반으로 축소된 바, 그 이유는 토사 유입과 개간에 있었다.

내몽골의 어룬춘인들이 거주하던 곳도 1998년에 넌강嫩江 일대를 휩쓴 홍수로 많은 피해를 입었으며 그 아래쪽에 위치한 하얼빈시 일대의 피해 규모는 더 큰 것이었다. 넌강은 싱안링 산맥의 동쪽 산록 일대를 따라 북에서 남으로 흐르다 푸위시扶余市 부근에서 쑹화강松花江과 합류하는 큰 강으로서, 그 지류들은 거의 대부분 싱안링에서 발원하고 있다.

이 강 유역 일대도 1932년, 1957년에 홍수 피해를 입었지만, 좀 더 잘

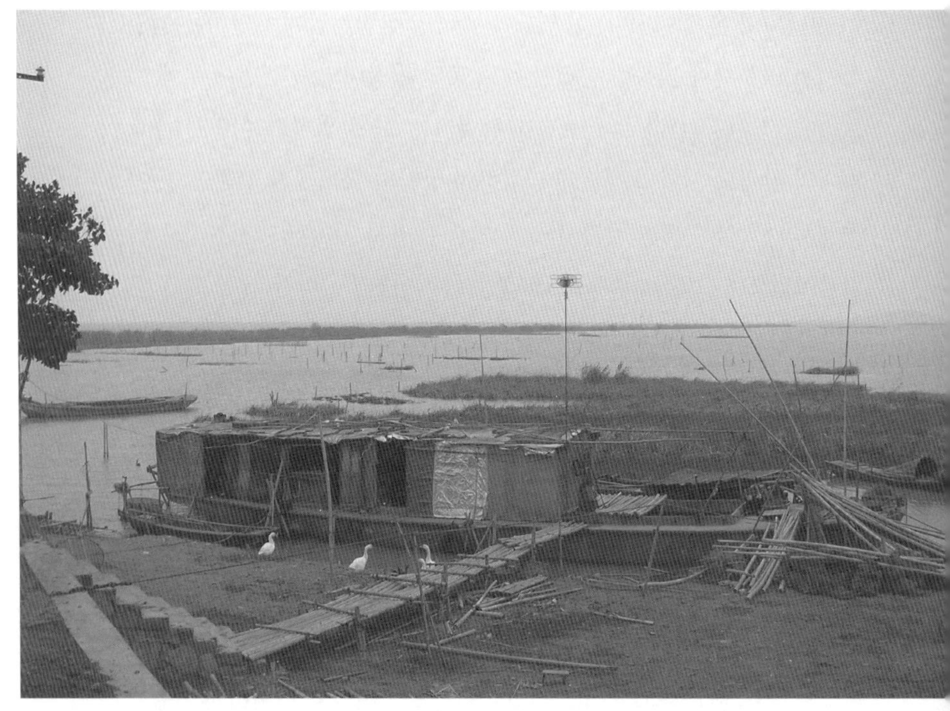

쑤저우 부근의
타이호 원경.

장쑤성 전후鎭湖 부근에 있는 타이호 원경. 중국의 담수호 중 세 번째로 큰 수면적을 자랑하는 타이호는 1960년대 이후부터 최근까지 약 161평방킬로미터, 비율상으로는 약 13.6퍼센트가 줄어들었다. 개간, 도로, 주거, 퇴적 등이 주요인이다. 2000년대의 면적은 2315.76평방킬로미터였지만 이 역시 청대에 비하면 크게 축소되었으며, 시기가 흐를수록 이 면적조차 계속 줄어들 것이다. 더 큰 문제는 인근 공업지대와 도시에서 흘러드는 오염수로 인해 거대한 오염호로 바뀌면서, 식수는 물론 농업용수로 사용하기에 점점 어려워져 간다는 사실이다. (유장근 촬영)

알려진 피해는 1998년의 것이다. 물론 홍수 피해는 기본적으로 일시에 많은 비가 내린 탓이었다. 그러나 해당 지역 주민들은 그보다 삼림의 벌목에 따른 결과로 인식하였는데, 그 이유는 산간지역에서의 개간이 주로 하천 주변의 저습지와 산자락을 중심으로 진행되었기 때문이다. 특히 1970년대 이후에는 홍수 피해가 거의 만성적이라고 할 만큼 빈번하였고 이로 인해 주민들의 불만과 불안은 상승일로에 있었다. 따라서 어룬춘인들이 1998년에 발생한 넌강 유역의 수해를 한족에 의한 대규모 벌목과 개간이 불러온 재앙으로 파악한 것도 무리는 아니었다.

벌목과 개간, 그에 따른 토양 침식과 같은 생태환경의 악화는 사실 유사한 양상으로 반복되어 왔으며, 그 피해 역시 유사한 형태로 반복되었다. 문제는 그 피해가 즉각적이고 직접적이기보다는 오랜 시간이 지난 다음에 나타난다는 점에서, 마크 엘빈이 말한 '시간의 퇴적물'과 같다는 사실에 있다. 그리고 그 피해는 현지 주민에게 돌아가기도 하지만, 양쯔강 지역의 경우 쓰촨 동부와 후난·베이, 그리고 그 아래의 여러 성에서, 만주를 흐르는 넌강의 경우 치치하얼이나 하얼빈에서 더 치명적으로 진행된다는 점에서 '홍수공동체'의 성격도 내포하고 있다. 종종 대하천의 중하류 지역 주민들은 상류지역 사람들을 재해의 주범으로 몰고 있지만, 후베이성의 사례에서 보듯이 일시적으로 물을 보관하는 유수지遊水池 역할을 담당하는 호수를 개간하여 경작지로 활용한 그들의 책임이 가벼워지는 것도 아니다.

생태환경이 악화되는 데 따라서 나타난 좀 더 중요한 현상은 초원지대에서 진행된 사막화일 것이다.[55] 오늘날 우리에게 황사의 주범으로 알려진 사막화는 사실 내몽골과 깐수, 칭하이, 신장지역에서 광범위하게 나타나는 데다가 그 요인도 다양하기 때문에 쉽게 접근할 수 있는 주제는 아니다. 어떤 이는 그 요인을 지구의 기후 변화에서, 또 어떤 이는 지하 수위의 변동에서 찾고 있다. 반면 종래 계속되어 온 현상이었지만, 수도인 베이징에 위협적일 만큼 영향을 주었기 때문에 중국 정부가 특별히 주목한 것이라고 보는 연구자도 있다.

그렇다고 하더라도 연구자들은 공통적으로 초원지대에서 진행되고 있는 사막화는 지나친 초지 개간과 조방적 토지 이용, 오아시스 경작지역의 확대, 불합리한 초지 경영과 과도한 방목 등 인위적인 요소가 중요한 원인을 제공하였다는 데에 동의하고 있다. 예컨대 변강지역의 사막화에 기여하였다는 관개농업 지역은 1949년과 1998년 사이에 내몽골 지역에서는 726퍼센트, 깐수에서는 307퍼센트, 신장 위구르 지역에서는 2,767퍼센트가 증가한 것으로 알려졌다. 또한 과도한 방목은 내몽골이나 신장, 깐수 지역에서 모두 초지 생산율을 절반 이상 떨어뜨린 것으로 보고되었다.[56]

생산건설병단을 투입하여 생태환경을 혁명적으로 바꾸어 놓은 신장 지방에서는 그 변화를 더욱 심하게 겪은 듯이 보인다. 이들에 의한 개간은 대부분 선상지扇狀地, 용천대湧泉帶, 관목 초본류 지대의 상류에서 진행되었으며, 그곳은 소수민족이 집중 거주하는 지역의 상류 유역이었다. 이 개간지를 유지하기 위하여 건설병단은 저수량 30억 평방미터가 넘는 댐을 112개나 건설하였는데, 이는 위구르인들이 발전시켜 온 기왕의 경작체계를 위협하는 것이었다. 적어도 건설병단이 신장에 투입되기 전에는 인공수로나 댐은 없었기 때문이다.[57] 그런 까닭에 1949년 이후부터 최근까지 신장지역에 나타난 생태환경의 변화도 변강의 삼림지대가 겪은 것만큼이나 혁명적인 것이었다. 그것은 예컨대 '움직이는 호수'라는 이름 때문에 유명해진 롭노르Lop Nor 호수를 마르게 하여 그 일대의 사막화를 촉진할 정도로 생태환경을 뒤바꾸어 놓았다.[58]

환경민족주의의 대두

이렇듯이 국가주의에 의한 생태환경의 변화과정에서 해당 지역의 원주민들은 거의 완벽할 정도로 피동체에 머물러 있었던 듯이 보인다. 자신의 삶의 근거지에서조차 타자화 되어 가던 상황에서 이곳의 주인들은 그 변화를 어떻게 인식하였으며, 이에 어떤 방식으로 대응하였을까.

숲의 사람으로 알려진 어룬춘인들은 적어도 1950년대 초까지 숲은 자신들의 세계이며, 숲이 곧 자신이라는 '신앙'을 가지고 있었다. 그들은 기본적으로 수렵인으로서 자신들의 세계관을 발전시켜 왔으며, 농민과의 대비를 통해 자부심을 지키고 있었다. 그들은 땅을 파고 농사를 짓는 일은 사람이 할 짓이 못 된다고 간주하고 있었다. 그들은 나아가 한족들을 계산에 빠르며 속임수에도 능한 인간이라고 인식하고 있었다. 농업에 대해 지녔던 부정적 시각은 이들 수렵인들뿐만 아니라 인근 초원지대에 살고 있는 유목인들도 오랫동안 발전시켜 온 전통이었다. 유목민들은 농민들이 지나칠 정도로 토지 소유욕을 가지고 있기 때문에 야만적 존재라고 인식하고 있었던 것이다.

그러나 한족의 대량이주에 따른 개발은 그 세계관이 잘못된 것이라는 사실을 일깨워 주었다. 수렵적 세계관이 무너지게 된 근본 요인 중의 하나는 수렵민의 농민화였다. 인민공화국 정부는 1953년 이후 농경에 유리한 곳을 중심으로 숲속의 원주민을 농경민으로 개조하는 작업에 착수하였다. 다음의 사례는 수렵민에서 농민으로 전업한 어룬춘족 한 남자의 회고담이다. "우리는 이전에 낚시나 사냥을 하며 살았다. 지금은 농사를 짓는다. 처음에는 농사짓기가 힘들었지만 지금은 어느 정도 익숙해졌다. 그러나 수지가 맞지 않는다. 사냥했을 때에는 빚이 없었지만, 농사는 계속 빚만 늘어난다. 이는 한족들이 들어와서 농사를 지으면서 생긴 일이다."[59]

인민공사가 시작되면서 어룬춘인들의 농민화는 더 이상 피할 수 없었다. 생산대별로 개간된 경작지에서 그들은 새로 이식된 작물인 밀, 기장, 채소류를 재배하였으며, 종래 사냥 대상이었던 노루, 사슴, 멧돼지들을 우리 속에 가두어 기르면서 가축으로 바꾸어 갔다.

게다가 개간된 농경지 중에서 양질의 토지는 대체로 한족이나 국영기업에게 돌아갔고, 그 대신 어룬춘인들은 비옥도가 낮거나 경작이 불편한 곳을 차지하였다. 교통 시설이나 국가 기구, 시장도 새로이 중심지로 성장한 한족의 거점지역에 집중되었다.

이들은 이와 같이 전개된 불리한 변화를, 앞서 제시한 시가를 다음과 같이 개사하는 것으로 표현하였다. "높고 높은 싱안링, 망망한 대삼림, 삼림 속에 살고 있는 용감한 어룬춘, 한 사람당 삽 한 자루, 경운기 한 대, 사슴과 노루, 멧돼지는 다 없어졌다." 농민으로 바뀐 신세와 사라진 동물에 대한 회상이 한탄스러이 이어지고 있다. 삼림을 "사랑의 저장고, 봄의 발사대, 새로 돋아나는 싹들은 모두 당도한 미래"라고 노래한 데서 보는 바와 같은 낙관적 미래는 한족 국가의 팽창과 함께 사라져 버린 것이다.

수렵민의 농민화에는 한족이 발전시킨 농업 중심의 문명관이 명확하게 반영되어 있다. 정부에 의해 주도된 정주와 농업화 자체가 그 상징이었다. 수렵민과 수렵문화는 비문명적이며 낙후된 것이라는 사고방식은 중국 역사에서 매우 오래된 전통이었으며, 이것은 인민공화국 치하의 변강민족에게도 여전히 유효하였다. 그것은 중국 정부가 예컨대 티베트 지역의 유목민들을 '떠돌이'이자 야만적인 사람, 곧 '만족蠻族'으로 간주하고 붙잡아들였던 사례에서도 충분히 입증된다. 따라서 중국 정부에게 중요하였던 부분은 자원을 가진 공간으로서의 변강이지 그곳에 사는 민족은 아니었던 것이다. 소수민족 지역에 이주한 한족들도 그러한 인식을 하고 있었으며, 이 때문에 소수민족은 한인의 이입을 침입으로 간주하여 적대적으로 대응하기 일쑤였다.

한족에 대한 적대감은 종종 사소한 형태의 폭력을 동반하였다. 1999년에 70살이 넘었던 한 어룬춘 노인은 1950년대에 한족들과 접촉하였을 때 느꼈던 감정을 다음과 같이 토로하였다. "그들은 우리를 무시하는 것이 분명했다. 그래서 우리는 사냥을 하다가 트럭이 지나가는 소리가 들리면, 총을 들고 뛰어나가 총을 겨누고 모두 손을 들고 차에서 내리게 하였다. …… 그들에게 술과 식량, 담배 등을 빼앗았으며, 그 다음부터 그들은 우리에게 공손해졌다."[60] 어룬춘인들은 분명히 자신들이 무시당하고 있으며, 한족이 등장한 데 대해 공동체적 위기감을 느끼고 있었다.

그러나 이러한 충돌과 위기감은 신장 위구르 지구나 티베트 지역으로 눈을 돌려볼 때 사소한 것에 속할지도 모른다. 신장지역에서는 이미 19세기 전반기에도 자원의 이익을 노리면서 개간을 주장하던 청조 지식인들이 있었고, 공쯔전龔自珍과 린쩌쉬林則徐는 그 전형이었다. 지역

내 자원이 새로 이주한 한족에게 돌아가기 시작하면서 위구르인들은 점차 무력으로 이에 대항하기 시작하였다. 1820년에 있었던 자항기르의 반청 사건은 그 대표적인 사례에 속한다. 이러한 저항은 19세기 후반기에도 계속되었으며, 그 직접적 요인도 자원을 둘러싼 것이었다.[61] 오늘날의 위구르인들 중 중국 지배에 저항하는 지역, 특히 남부지역 사람들은 신장의 광산물이나 농산물이 중국 내지에 약탈당한다는 의식을 갖고 있다.[62] 곧 대규모 한족 인구 유입과 이들에 의한 오아시스 농업은 현지 민족에게 직접적으로 피해를 준 것이었고 이것이 분리주의운동을 촉발시킨 중요한 요인이었다.

티베트인들이 중국으로부터 독립하려는 이유 중에도 생태환경의 문제가 깔려 있다. 인도의 다름 살라에서 티베트 망명정부를 이끌고 있는 달라이 라마 14세는 티베트의 생태환경이 중국에 의해 크게 훼손된 사실을 강조하고 있다. 환경 파괴 문제는 중국에서 반체제운동을 주도했던 인물들, 예컨대 자오창칭曹長淸이 중국의 티베트 지배가 가져 온 몇 가지 커다란 '재난'을 비판하는 가운데 제기된 것이기도 하다.[63]

생태환경의 파괴를 둘러싼 티베트인들과 중국 정부와의 갈등은 앞에서 언급한 것처럼 청말에 구체화되면서 시작된 뿌리 깊은 것이었다. 그 갈등 속에 나타난 한인들의 티베트 자연관은 20세기 초에 캄 지역의 토사를 해체하기 위해 총력을 기울이던 쓰촨 총독 자오얼펑趙爾豊의 다음과 같은 말에서 분명히 드러나고 있다. "내가 생각하기엔 모든 티베트를 경영하는 것은 늘 식민殖民을 위주로 해야 한다. 쓰촨성은 사람이 많고 땅이 적으니 더욱 천민遷民을 하는 것이 유익하다." 이러한 판단 아래 그는 1,700여 명의 한인을 모아서 2만여 무의 토지를 개간하였고,

또한 더거德格 지역에 금광을 개설하는 것으로써 이 지역의 자원을 청 정부의 부국강병 정책에 최대한 활용하려고 하였다.[64] 중화인민공화국의 티베트 개발은 인식과 그 방법 면에서 자오얼펑의 그것을 물려받았다고 할 수 있다. 이전 시대와 다른 점은 그간 티베트 지역에 구축된 교통체계와 시장화의 논리에 따라 티베트 본부 지역으로까지 광범위하고 심화된 형태로 진전되고 있다는 사실일 것이다.

물론 한족의 이주와 생태환경의 변화에 대해 해당 지역 소수민족이 항상 부정적인 태도만 갖고 있었던 것은 아니다. 양 민족간의 교류가 늘어나고 거주지가 근접해지자 일부 소수민족은 한족의 생활방식을 닮으려고 노력하였고 또 일부는 그들과 통혼하거나 국가의 교육 체제에 호응해 갔다. 소수민족 지역 출신 고등교육 졸업자는 1952년에 255명으로서 전국의 0.8퍼센트였던 데 비해 1994년에는 4만 742명으로 6.4퍼센트로 증가한 사실이 중요한 사례에 속한다.[65] 또한 일부는 새로이 개통된 도로를 따라 한족 거주지역으로 진출하고 있다. 그들은 대개 자치구 내의 주요 도시로 이주하는 경향이 강하였으며, 기회가 닿는 경우 동부 연안에 위치한 상하이, 베이징, 광저우와 같은 대도시로 나아갔다. 그렇다고 해도 소수민족의 인구 이동은 규모 면에서나 여러 제약 조건 때문에 아직까지 맹아단계에 머물러 있는 형편이다.[66]

위와 같은 형태의 교류나 이주는 사실상 소수민족에게 자체 공간에 대한 지배력을 더욱 약화시키고 문화적 정체성도 떨어지게 하고 있다는 점에서 소수민족이 해체되는 과정이라고 볼 수 있다. 곧 변강을 민족과 문화정체성을 가진 곳이 아니라 지리적 공간과 자원이라는 곳으로 인식하고 있는 '한족 정부'의 의도가 거의 완성되어 가는 단계인 셈이다.

그렇다면 우리는 1950년부터 2000년까지 중국의 변강에서 일어난 생태환경의 변화를 역사적으로 어떻게 규정할 수 있을까. 앨프리드 크로스비Alfred Crosby는 그의 《생태제국주의*Ecological Imperialism*》에서 신대륙 발견 이래 유럽인에 의해 아메리카, 호주의 토착 생태계가 교란되었으며, 그에 따라 원주민도 생태학적으로는 거의 절멸 상태에 빠져들었다고 진단하였다. 곧 인구 이동과 질병, 그리고 동식물의 이입을 통한 생태학적 변화가 사실은 불평등하고 일방적인 교환이었으며, 이것은 백인에게는 축복이었으나 원주민에게는 재앙을 가져다 주었다고 평가하였다.[67]

생태환경의 변화와 제국주의를 결합시켜 전개한 크로스비의 논리는 유럽 팽창의 역사적 성격뿐만 아니라, 현대기에 유사한 과정을 밟고 있는 중국의 상황을 이해하는 데 좋은 길잡이가 된다. 그렇지만 그의 주장을 현대중국에 그대로 적응하기에는 약간의 무리가 있다. 그것은 중국의 소수민족이 절멸된 것이 아니라 어쨌든 공식적으로는 국가 구성원의 일부인 데다, 그들이 거주하는 변강이 국민국가의 경계 밖에 존재하는 해외 식민지도 아니기 때문이다.

미국의 앨빈 매지드Alvin Magid 교수는 위와 같은 중국의 현상을 설명하는 데 있어서 그람시가 제시한 바의 내부식민주의라는 틀이 더 유용하다고 생각하는 것 같다.[68] 그는 중국의 현대화 과정에서 절대 다수인 한족과 소수인 티베트, 신장 위구르 민족 사이의 갈등은 중심부와 주변부의 불균등한 발전으로 인해 야기된 것이며, 결국 소수민족은 절대적으로 다수인 한족사회에서 피지배층으로 전락하였다고 파악하였다.

그람시의 내부식민주의 이론은 잘 알려진 바와 같이 이탈리아 남부

신장성 이리 계곡의
나라티 초원.

오늘날 이리 계곡에서 가장 잘 남아 있는 초원은 나라티 초원이다. 행정구역상 이리 자치주 신위엔현新源縣 나라티진에 속하는 이 초원은 서쪽으로 흐르는 이리강 상류와 톈산 산맥이 남북으로 갈라진 계곡에 자리하고 있다. 기후대도 서시베리아에 속해 있어서 신장의 다른 지역보다 비가 많이 오고 따뜻하여 풍요로운 곳이다. 이리에 귀양 온 린쩌쉬가 왜 그렇게 탐을 냈는지 알 수 있다. 나라티란 몽골어로 '해를 먼저 볼 수 있는 곳'이라고 한다. 과거에 이리 지역의 초원은 이와 같이 풍요로웠으나, 이곳만은 국가에서 관광지로 지정하여 보호한 덕에 예전의 모습을 잘 간직하고 있다. (유장근 촬영)

의 농업지역과 북부의 선진 산업지역의 경제적 격차에 주목한 데서 나온 것이다. 곧 남부의 농업 자원이 북부의 자본주의 발전에 기여한 반면, 남부는 북부의 식민지로 전락하였다는 판단에 따른 것이었다. 여기에는 비문명적 남부인과 문명적 북부인이라고 하는 인종적 편견까지 개입되어 있다.[69] 국가 내부의 지역적 차이, 특히 중심부인 북부와 주변부인 남부의 관계가 두 지역의 경제적인 격차뿐만 아니라 남부 자원의 북부 유출, 인종과 문화 차별의 문제까지 포함하고 있다는 점에서[70] 그의 논리는 중국의 중심부 한족과 변강부의 소수민족 관계를 설명하는 데 유익하다고 생각된다. 다만 문제는 그림시의 내부식민주의 이론이 사회주의 혁명을 목표로 제시된 것인데, 중국은 어쨌든 그 목표를 달성하였다는 사실이다.

중국의 변강지역에서 새로이 부상하는 소수민족의 저항을 '환경국민주의environmental-nationalism' 혹은 '민족적 환경주의ethnicenvironmentalism'로 이해하는 견해는 국내에서도 이강원 교수가 어룬춘 사회를 연구하면서 제시한 바 있다. 소수민족에게 이 의식이 정치적 결집력으로 작용하는 이유는 그들에게 이 지역이 하나의 상징으로 작용하기 때문이라는 것이다.[71] 이강원은 인민공화국 정부가 소수민족 자체보다는 그들이 거주하던 공간과 자원을 더욱 중시하였고 변강의 개발도 그에 따라 진행된 것이었으며, 국가 권력도 이를 매개 삼아 깊숙이 침투할 수 있었다고 본다. 현대기에 중국 내에서 진행된 생태환경의 변화를 국가권력, 민족 문제, 지리 공간이라는 세 개의 개념 속에서 분석한 그의 논의는 이 부분을 이해하는 데 큰 도움을 주고 있다.

홍성태 교수는 위와 같은 요소로 인하여 생태환경에 대한 중국의 태도는 이중적이라고 지적하였다. 그는 중국이 생태계의 위기를 초래한 장본인으로서 미국의 생태제국주의에 저항하면서도 특히 생태적인 관점에서 소수민족 지역을 내부 식민지로 파악하고 있다고 분석한다. 티베트 등에서 진행되고 있는 서부지역 대개발이 그 구체적인 사례인 바, 이는 한족의 공업화 전략으로서 소수민족의 자원이 한족의 복리를 위한 자원으로 전락하고 있다는 것이다.[72]

이상의 검토를 통해 우리는 현대중국에서 진행되어 온 상황이, 1) 변강의 민족이 한족의 이주에 의해 명실상부하게 주변화되었으며, 2) 생태환경이 한족 중심으로 바뀌었으며, 3) 그것은 국가 내부에서 국가의 주도로 진전된 것이었으며, 4) 변강지역의 소수민족은 그에 순응하기도 하였지만 분리주의운동과 같은 방식으로 이 변화에 대응하였다고 요약할 수 있다. 그 점에서 현대기에 중국에서 일어난 생태환경의 역사적 의미는 '한족 국가 주도의 환경식민주의'와 이에 대응하는 '소수민족의 환경민족주의'라고 할 수 있을 것이다.

생태환경사의 전망과 과제

생태학적 관점에서 중국의 근현대를 검토해 보면 인구 변화와 자원의 소유 방식, 그리고 그것을 활용하는 목적과 방법을 중심으로 크게 청조 중기부터 중화민국 시기, 그리고 중화인민공화국 시기라는 두 개의 시기로 나눌 수 있다. 이를 통해 알 수 있는 것은 인구와 자원이 상호 영향을 주고받으면서 중국의 영토와 지배력을 최대한도로 팽창시켰다는 사실이다. 특히 우리가 정치적 재앙이라고 정의하였던 문화대혁명 시기에는 오히려 국가의 지배력이 인구 이동과 생태환경의 개발을 통해 권력의 중심부에서 멀리 떨어진 변강지대에까지 관철되었다.

그리고 이 변강의 자원을 활용하여 중심부 지역의 모순을 해결하는 방식은 이미 청대 중기부터 시작되었다는 점에서 익숙한 정책이기도 하였다. 청제국은 주로 내부의 산지나 변강지역의 자원을 부분적으로 활용하는 방법을 통해 인구 증가에 따른 내부 위기를 해결하였다. 이 과정에서 신대륙 작물은 한족과 변강 지구를 연결하는 중요 매개물이자 동인으로 작용하였다. 인민공화국은 대약진운동과 문화대혁명 기간에 국가가 주도하는 강제적 방법을 동원하여 변강의 생태환경을 극단적으로 개조함으로써 한족 인구의 폭발적 증가에 따른 내부 문제를 해소할 수 있었다. 여기에 소수민족 지역이 내포하고 있는 국가적 의미가 있는 셈이다.

2000년대에 들어 중국 정부는 환경 문제의 중요성을 인식하면서 과거와 다른 태도로 이 문제에 접근하고 있다. 숲이 파괴되어 나타나는 재해의 증가나 초원지대의 사막화에 대해 벌목 금지, 녹화사업, 퇴경환림退耕還林과 같은 형태의 정책을 취하면서 생태계의 보전과 복원을 위해 노력하고 있다. 나아가 한국이나 일본과 같은 지역 내 관련 국가와 국가 대 국가 혹은 다자협력 체제를 구축하면서 환경 문제를 해결하려고 움직이고 있다. 이는 생태환경의 위기가 국가의 경계선 내의 일인 듯이 보이지만 실제로는 범지역권의 주요 문제라는 사실을 분명히 인식한 데서 나온 행동이라고 할 수 있다.

반면 국가에 의해 주도되고 있는 시장사회주의 메커니즘은 생태환경을 악화시키는 방향으로 작동시키고 있다. 1990년대 들어 변강지역에 대한 한족의 이주는 줄어들었지만 쓰촨 서부나 티베트 동부의 삼림지대가 시장화의 논리 속에서 점차 사라지고 있는 현실이 대표적인 사례일 것이다. 이는 마오쩌둥 시대에 식량 해결과 국가 지배의 확장을 위해 변강지역의 삼림이 훼손된 것과 대비된다. 심지어 변강지역의 초지에서 사막화가 진행되는 과정임에도 불구하고 오히려 초지의 생산력을 높이면서 시장성을 더 중시하는 정책을 추진하는 역설이 작용하고 있다.

1999년부터 시작된 서부 대개발은 21세기 중국의 야심찬 기획이라고 할 만하다. 그렇지만 이 개발의 큰 주제도 결국 서부의 자원을 어떻게 화중과 화동지역의 발전에 유용하게 활용할 수 있는가 하는 데 있을 것이다. 대개발 프로젝트의 핵심을 구성하고 있는 서기동수西氣東輸는 신장을 비롯한 서부지역의 천연가스를 동부로 수송하여 이곳의 에너지난을 해소하려는 정책이라고 할 수 있으며, 남수북조南水北調 역시 비한족이 절대 다수를 차지하는 양쯔강 상류지역의 물을 황하 중·하류 일대에 공급하여 큰 곤란을 겪고 있는 이 지역의 물 부족 문제를 해결하려고 한다. 그렇다면 그 자원을 활용한 대가는 서부지역에 어떻게 환원될 수 있는가? 이 해답을 찾는 일은 매우 어렵다. 그런 까닭에 서부 대개발 정책은 이미 언급한 바와 같이 내부 식민주의를 더 심화시킬 가능성도 있는 것이다.

또한 현재 초원지대를 중심으로 추진하고 있는 사막화 방지사업도 육류 생산과 유목민의 수입 증대라는 필요에 의해 초지를 더 확대해야 하는 중국 정부의 정책과 맞물려 있기 때문에 낙관하기가 쉽지 않다. 만약에 사막화가 더 진전된다면 황사의 피해도 더 커질 수밖에 없으며,

이럴 경우 한국이나 일본과 같은 인접 국가와의 환경외교도 더 곤란한 지경에 빠지게 될 것이다. 더구나 남수북조 사업이 원활하게 추진될 경우 양쯔강에서 동지나해로 들어오는 담수의 양이 줄어들 것은 뻔한 이치이다. 이는 담수 부족에 따른 염도의 증가, 기후 변화, 그리고 현재 심각한 상황에 처해 있는 황하의 수량 부족 등과 맞물려 동아시아의 해양생태계에 나쁜 영향을 미치게 될 것이다. 그렇기 때문에 생태환경의 문제는 국가 내 문제가 아니라 동아시아 지역권에서 공동으로 해결해야 할 큰 과제인 셈이다.

그간 우리는 근현대기의 중국을 분석하는 데 있어서 주로 '국가와 민족'이라는 근대역사학의 주요 발명품을 마치 종교의 경전처럼 활용해 왔다. 그러나 같은 시기에 전개된 생태환경의 변화를 진지하게 성찰한다면 그 경전에 의거한 것보다는 훨씬 더 다양하고 풍부하고 새롭게 중국 역사상을 구성할 수 있다는 사실을 알게 될 것이다. 바로 이 점이 생태환경을 중심으로 역사를 보는 이유이기도 하다.

주석

서설: 중국의 '근대국가 만들기'

(참고문헌)

* 유장근, 〈중화인민공화국 시대의 청사 연구동향과 만주족의 지배문제〉, 정혜중 등, 《중국의 청사공정 연구》, 동북아역사재단, 2008.
* 유장근, 〈滿淸 植民主義를 둘러싼 중·외 학계의 논의〉, 유장근 등, 《중국역사학계의 청사연구 동향》, 동북아역사재단, 2009.10.
* 유장근, 〈漢·毛澤東主義的 近代像과 滿淸的 近代像 사이에서〉, 《명청사연구》 제32집 (2009.10).
* 유장근, 〈1990년대 이후 중국 역사학계의 사회사 연구동향〉, 《이화사학연구》 39집 (2009.12월 31일).
* 유장근, 〈현대 한국인의 중국변방 인식〉, 《중국근현대사연구》 44집(2009년 12월 31).
* 유장근, 〈현대중국의 샹그리라 만들기〉, 《중국근현대사연구》, 제49집(2011).
* 유장근, 〈동아시아의 근대에 있어서 중국의 위상〉, 《경대사론》 10(1997). 이 논문은 백영서 등편, 《주변에서 본 동아시아》(문지, 2004) 및 《근대중국의 지역사회와 국가권력》(신서원, 2004)에 재수록.

* 이 글은 〈제32차 중국학국제학술대회: "중국문화와 현대성"(2012년 8월 16~17, 연세대학교)〉에서 발표된 것을 보완하였다.

한漢·마오쩌둥주의적 근대상과 만청적滿淸的 근대상 사이에서

[1] 俞長根, 〈동아시아의 근대에 있어서 중국의 위상〉, 《慶大史論》 10(1997), pp.337-361. 유용태는 이 글을 '주변의 시각'을 명확히 한 사례로 들었다. 유용태, 〈한국의 동아시아사 인식과 구성〉, 《한·중·일 동아시아사 교육의 형황과 과제》(선인, 2008), p.34.

[2] 백영서, 〈주변에서 동아시아를 본다는 것〉, 정문길·최원식·백영서·전형준 엮음, 《주변에서 본 동아시아》(문학과지성사, 2004), pp.13-36.

[3] 俞長根, 〈淸末 改革家의 植民主義—龔自珍의 西域建省論을 중심으로—〉, 《대구사학》 69(2002.11), pp.269-314.

[4] 마크 엘리엇 지음, 이훈 김선민 옮김, 《만주족의 청제국》(푸른역사, 2010); 피터 퍼듀 Peter Perdue 지음, 공원국 옮김, 《중국의 서진*China Marches West: The Qing Conquest of Central Eurasia*》(길, 2012); 이블린 로스키 지음, 구범진 옮김, 《최후의 황제들, 청 황실의 사회사》(까치, 2010); 마크 엘리엇 지음, 양휘웅 옮김, 《건륭제》(천지인, 2010) 등이 잇따라 출간되었다.

[5] 張海鵬, 〈中國近代史研究的回顧〉, 《追求集》(社會科學文獻出版社, 1998), pp.109-134.

[6] 毛澤東, 〈改造我们的學習〉, 《解放日報》, 1942年3月27日. 일본국제문제연구소중국부회 편, 《中國共産黨史資料集》 10(勁草書房, 1974), pp.410-417.

[7] 馮爾康, 〈淸史研究與政治〉, 《史學月刊》 2005년 제3기, p.7.

[8] 馮爾康, 위의 논문, pp.5-9.

[9] 李治亭, 〈給淸史以準確的歷史定位〉, 《河南師範大學學報》 2005년 6기, p.9.

[10] 胡繩, 《近代史研究》 1997년 4기.

[11] 張海鵬, 〈中國近代史的分期及"沈滯"與"上昇"諸問題〉, 《近代史研究》 1998-2, 張海鵬, 앞의 책, pp.28-42.

[12] 榮孟源, 〈關于中國近代史分期問題討論〉, 《科學通報》, 1956년 제8기.

[13] 郭世佑, 〈中國近代史研究需要理論的突破〉, 《史學理論研究》, 1993년 제1기.

[14] 李澤厚·劉再復(김태성 옮김), 《고별혁명》(북로드, 2003)(원간, 홍콩: 天地圖書, 1996), pp.153-254.

[15] 張海鵬, 〈"告别革命"說錯在哪里?〉, 《追求集: 近代中國歷史進程的探索》, pp.61-69.

[16] 張研, 〈对中国18-19世纪历史研究若干问题的思考〉, 《史苑》 电子期刊, 创刊号(2004), pp.1-19.

[17] 유장근, 〈1990년대 이후 중국 청사학계의 사회사 연구동향〉, 이화사학연구소 제33회 정기학술대회, 《동아시아의 관점에서 본 청사연구》(이화여대, 2008년 11월 14일), p.237.

[18] 趙世瑜, 《明清史與近代史:一個社會史視覺的反思〉, 《學術月刊》 2005년, p.107.

[19] James Hevia, *Cherishing Men from Afar: Qing guest ritual and the Macartney Embassy of 1793* (Duke University Press, 1995), pp.25-27.

[20] 張世明, 〈清代宗藩關係的歷史法學多維透視分析〉, 《清史研究》 2004년 제1기, pp.32~35.

[21] 鄭天挺 주편, 《清史》 上編(天津人民出版社, 1989), p.3.

[22] 孟森先生遺著, 《清代史》, (正中書局印行, 1960), p.2.

[23] 俞長根, 〈중화인민공화국 시대의 청사 연구동향과 만주족의 지배문제〉, 정혜중 등, 《중국의 청사공정 연구》(동북아역사재단, 2008), pp.136-138.

[24] 馮爾康, 앞의 논문, p.10.

[25] 유장근, 〈'滿清 植民主義'를 둘러싼 중 외 학계의 논의〉, 유장근 등, 《중국 역사학계의 청사연구 동향—한국관련 분야를 중심으로—》(동북아역사재단, 2009), pp.150-200.

[26] Mark Elliot, "The Manchu- Language Archives of the Qing Dynasty and the Origins of the Palace Memorial System," *Late Imperial China 22-21*(June 2001), pp.1-70.

[27] Susan Naquin and E. S. Rawski, *Chinese Society in the Eighteenth Century* (Yale: Yale University Press, 1987), pp.217-236.

[28] 何炳棣(정철웅 옮김), 《중국의 인구》(책세상, 1994), pp.207-236.

[29] Joanna W. Cohen, "The New Qing History," *Radical History Review 88*(2004),

pp.193-206; 葉高樹, 〈최근 십년(1998-2008) 대만 청사 연구의 동향〉, 《동아시아의 관점에서 본 청사 연구》(이화사학연구소 국제학술회의 제출논문, 2008.11), pp.206-220.

30 Peter Perdue, "Comparing Empires: Manchu Colonialism," *International History Review 20-2*(1998), pp.255-262.

31 미야지마 히로시, 〈근대를 다시 본다〉, 《창작과 비평》 120(2003년 여름호), pp.265-279.

32 유장근, 〈근대 중국에 있어서 생태환경사 연구〉, 《중국현대사연구》 3(1997.6), pp.137-151.

33 강진아, 〈16-19세기 중국경제와 세계체제—"19세기 분기론"과 "중국중심론"—〉, 《이화사학연구》 제31집(2004), pp.16-30.

34 그는 유목국가의 발전 과정을 1) 조공제국Tribute Empires(209 B.C.- A.D. 551), 2) 무역 조공제국Trade-tribute Empires(551-907), 3) 이중행정 제국Dual-administration Empires, Dual- administration Empires(907-1259), 4) 직접 과세제국 Direct-taxation Empires(1260-1796)으로 구분하였다. Nicola Di Cosmo, "State Formation and Periodization in Inner Asian History," *Journal of World History* 10-1((1999), pp.27~36.

35 Pamela Kyle Crossley, *A Translucent Mirror: History and Identity in Qing Imperial Ideology*(University of California Press,1999), pp.130-134; 296.

36 노기식, 〈만주의 흥기와 동아시아 질서의 변동〉, 《중국사연구》 16(2001), pp.23-31.

37 Joanna Waley-Cohen, "The New Qing History," p.195.

38 조너선 스펜서(이준갑 옮김), 《강희제》(이산, 2001), pp.27-74.

39 "Battle of Qurman, Painting from 1760", http://www.battle-of-qurman.com.cn/e/hist.htm 참조.

40 李秀梅, 《清朝統一準噶爾史實研究》(民族出版社, 2007), pp.186-189.

41 Peter Perdue, *China Marches West: the Qing Conquest of Central Eurasia*(Harvard University Press, 2005), pp.506-507; 513-517.

42 Joanna W. Cohen, "Religion, War and Empire in Eighteens-Century China,"

International History Review 20–3(June 1998), pp.336~352.

43 俞長根, 〈18세기말 越·中 關係의 一硏究—西山黨 事件을 중심으로〉, 《慶大史論》 창간호(1985.2), pp.95–131. 俞長根, 《近代中國의 地域社會와 國家權力》(신서원, 2004)에 재수록.

44 James Millward, "'Coming onto the Map': 'Western Regions' Geography and Cartographic Nomenclature in the Making of Chinse Empire in Xinjiang," *Late Imperial China* 20–2(1999), pp.62–78.

45 Nicola Di Cosmo, "Qing Colonial Administration in the inner Asian Dependencies." *International History Review* 20– 2(1998), pp.287–309.

46 姜濤, 《中國近代人口史》(浙江人民出版社, 1993), p.15.

47 姜判權, 《청대 강남의 농업 경제》(혜안, 2004), pp.34–70.

48 俞長根, 〈淸末 改革家의 植民主義〉, 《대구사학》 69(2002.11), pp.269–314.

49 趙中孚, 〈近代東北移民開發史研究的回顧〉, 《六十年來的中國近代史研究》(下册) (中央研究院近代史研究所, 1989), p.901.

50 陳樺, 《淸代區域社會經濟研究》 (中國人民大學出版社, 1996), pp.2–35.

51 John Herman, *Amid the Clouds and Mist: China's Colonization of Guizhou*, 1200–1700 (Harvard University Press, 2007), pp.1–17.

52 James Millward, *Beyond the Pass: Economy, Ethnicity, and Empire in Qing Central Asia 1759–1864* (Stanford University Press, 1998), p.51.

53 Susan Naquin and E. S. Rawski, 앞의 책, pp.227–229.

54 何炳棣, 앞의 책, p.182.

55 Susan Mann Jones, *Precious Records: Women in China's Long Eighteenth Centyury*, (Stanford University Press, 1997), p.4.

56 Joanna Waley–Cohen, "The New Qing History," p.203.

57 김성수, 〈청대 불교 세계의 여행〉, 제28회 동양사학회 동계학술토론회, 《동아시아 역사에서 여행과 타자인식》(충남 온양, 2009.2.5), pp.33–58.

58 Pamela K. Crossley, *A Translucent Mirror: History and Identity Qing Imperial Ideology*

(University of California Press, 1999), pp.223-280.

[59] 馬大正,《新疆生產建設兵團發展的歷程》(新疆人民出版社, 2007), pp.12-45.

[60] 이강원,《중국변강에서 민족과 공간의 사회적 구성: 어룬춘족 사회의 다민족화와 정체성의 정치》(서울대학교 대학원 지리학과 박사학위 제출논문, 2000.8), pp.255-256.

[40] 강명상,《중공의 소수민족정책》(융성출판, 1988), pp.302-303.

[61] 임진왜란 직후인 1620년대의 인구는 대략 1,000만 정도였으나, 1740년대에는 대략 1,700만 정도에 이르렀다. 宮嶋博史, 〈東アジア小農社會の形成〉,《長期社會變動》(東京大學出版會, 1994), pp.74-76.

[62] 洪良浩, 〈豆滿江植柳記〉,《耳溪集》권14.

[63] 최영준,《국토와 민족생활사》(한길사, 1997), pp.177;229-245.

1990년대 이후 중국 청사학계의 사회사 연구동향

[1] 이 글은 이화사학연구소 주최 제33회 정기학술대회(국제학술대회),《동아시아의 관점에서 본 청사 연구—청사공정을 중심으로—》(이화여대 박물관 시청각실, 2008년 11월 14일)에서 발표된 것을 크게 보완하였다.

[2] 장인성, 〈중국 사회사 연구의 새로운 동향〉,《사회와 역사》제10권(1988.12), p.210.

[3] 〈南開大學中國社會史硏究中心 學術歷程〉, http://ccsh.nankai.edu.cn/noscript/ccsh/zxgk/xslc/xslc.htm》참조.

[4] 李長莉·左玉河 主編,《近代中國的城市與鄕村》(社會科學文獻出版社, 2006), p.1.

[5] 이개석, 〈현대중국의 역사학(1949-1999): 사회주의 역사학의 모색과 좌절, 그리고 새로운 지평〉,《동아시아역사연구》6(1999), pp.71-90.

[6] 青乙, 〈中日學者達成聯合硏究清代東北史協議〉,《清史硏究》1988년 1기, p.53.

[7] 필자는 '아편전쟁' 보다 '청영전쟁' 이란 용어가 이 전쟁의 의미를 더 잘 포착할 수 있다고 생각한다. 이 전쟁은 중국 측이 오랫동안 강조해 온 것과 같은 형태의 도덕전쟁이 아니었다. 그것은 팽창하는 두 제국이 무역과 외교 문제를 둘러싸고 벌인 패권전쟁의 성격이 강했기 때문이다. 따라서 앞으로도 이 용어를 계속 사용할 것이다.

[8] 艾平 편역, 〈日本1994年清史硏究槪況〉,《清史硏究》1996년 제2기, pp.112-118.

[9] 東洋史學會編, 《中國史研究的成果與展望》(中國社會科學出版社, 1991).

[10] 이에 대해서는 유장근, 〈중국근현대 비밀결사 연구의 현황과 과제〉, 《창해 박병국교수 정년기념 사학논총》(공주: 기념간행위원회, 1994), pp.189-204 참조.

[11] 이은자, 〈중국 비밀결사, 그 연구의 딜레마〉, 《중국근현대사연구》 제26집(2005.6).

[12] 이에 대한 소개는 이평수, 〈第2會 中國秘密結社史 國際學術討論會 參觀記〉, 《중국근현대사연구》 제43집(2009.9), pp.205-218.

[13] 任桂淳, 《清朝八旗駐防興衰史》(生活 讀書 新知 三聯書店, 1993).

[14] 徐凱, 〈中韓文化交流的新成果〉, 《清史研究》 1994년 1기, pp.103-104.

[15] 田炯權, 《中國近代社會經濟史研究》(中國社會科學出版社, 1997).

[16] 黃敏, 〈近代江南城居地主问题研究〉, 南京師範大學 史學科 碩士論文, 2005 등이 대표적이다.

[17] 유장근, 〈중화인민공화국 시기의 청사 연구동향과 만주족의 지배문제〉, 정혜중 등 지음, 《중국의 청사공정 연구》(동북아역사재단, 2008), p.182.

[18] 天津南開大學 社會史研究 中心 사이트(http://ccsh.nankai.edu.cn/noscript/ccsh/xsjl/jiaoliu.htm) 참조. 최근의 국제학술회의 주제는 "宋以后宗族形态的演进与社会变迁"(2007), "社会文化视野下的中国疾病医疗史"(2006), "中国历史上的环境与社会"(2005)이다.

[19] 李尙英, 〈1994年清史研究概況〉, 《清史研究》 1995年 제9기, p.9.

[20] 趙世瑜, 〈明清史與近代史: 一個社會史視覺的反思〉, 《學術月刊》 2005-12, p.102.

[21] 錢穆, 〈중국사회사의 시대구분〉, 민두기편, 《중국사시대구분론》(창작과비평사, 1984), pp.385-391.

[22] 장인성, 앞의 글, pp.213-214.

[23] 姜湄, 〈社會史:新的史學範式與新的通史觀念〉, 《史學月刊》 2004년 제2기, p.95.

[24] 안해균, 〈E.P. Thompson의 사회사 방법론〉, 《한성사학》 제16집(2003), p.57.

[25] 장인성, 앞의 글, p.224.

[26] Susan Naquin and E.S. Rawski, *Chinese Society in the Eighteenth Century* (Yale: Yale University Press, 1987), pp.ix-xii. 한국어판은 정철웅, 《18세기 중국사회》(신서원,

1998), 중국어판은 韓書瑞·羅友枝著,《十八世紀中國社會》(江蘇人民出版社 2008年 8月 第一版).

[27] 陳樺,《清代區域社會經濟研究》(中國人民大學出版社, 1996), pp.1-34.

[28] 關曉紅,〈科举停废与近代乡村士子 -以刘大鹏˙朱峙三日记为视角的比较考察-〉,《歷史研究》 2005-5기, pp.84-95.

[29] 行龍,〈懷才不遇:內地鄕紳劉大鵬的生活軌跡〉,《淸史研究》 2005년 제2기, pp.69-80.

[30] 劉石吉,〈近代城鎭手藝工人抗議形態的演變〉, 李長莉 주편, 앞의 책, pp.191-206.

[31] 劉小萌,〈關于淸代北京旗人譜書 -概況與研究〉,《文獻》 2006年 第02期, pp.33-50.

[32] 김수진,〈라오서의《正紅旗下》에 나타난 滿洲族旗人 의식 연구〉,《중국어문논역총간》, 20(2007.2), pp.355-377.

[33] 이에 대해서는 이은자,《중국민간 종교 결사, 전통과 현대의 만남》(책세상, 2005); 유장근,《근대중국의 비밀결사》(1996, 고려원) 참조.

[34] 유장근,〈중화인민공화국시대의 청사 연구동향과 만주족의 지배문제〉, pp.158-159.

[35] 이평수,〈청대비밀결사 천지회 연구〉(성균관대학교 대학원 사학과 박사학위 청구논문, 2008), pp.35-107.

[36] 박상수,《중국혁명과 비밀결사》(심산, 2006); 손승회,《근대중국의 토비세계》(창작과비평사, 2008) 등 참조.

[37] 이평수, 앞의 글, p.206.

[38] 周育民,〈略論金田起義前後廣西天地會起事的性質 -兼論19世紀廣西鄕村惡霸"米飯主"問題〉,《第2屆中國秘密社會史國際學術研討會論文集》(山東大學, 2009.8), pp.29-32.

[39] 杜博思,〈慈善團體與政治活動: 道院紅卍字會二三十年代的演變〉, 위 논문집, pp.177-194; 小武海櫻子,〈民國時期宗教結社與城市的慈善事業—以重慶市明達慈善會爲中心〉, pp.237-237 등을 참조.

[40] 黃兆宏·姚延玲,〈近十年来清代社会救济问题研究综述〉,《長春師範學院學報》(人文社會科學版), 28-2(2009.3), pp.35-39.

[41] 张丽芬,〈近十年来国内明清社会救济史研究综述〉,《历史教学问题》, 2006年 第5期,

pp.85-89.

42 李文海·周源,《災荒與飢饉 1840-1919》(高等教育出版社, 1991), pp.1-4.

43 俞長根, 〈現代 中國에 있어서 法輪功의 發展 樣相〉, 《中國史硏究》 52(2008.2), pp.183-225.

44 水利電力部水管司科技司 水利水電科學硏究院, 《淸代黃河流域洪澇檔案史料》(中華書局, 1989). 950pp.

45 水利部長江水利委員會, 重慶市文化局, 重慶市博物館 編, 《四川兩千年洪災史料匯編》(文物出版社, 1993), 594pp.

46 黃兆宏·姚延玲, 〈近十年來淸代史會救濟問題硏究綜述〉, 《長春師範學院學報(人文社會科學版)》 28-2(2009.3), pp.35-39.

47 王衛平, 〈淸代江南地区的慈善家系谱—以潘曾沂为中心的考察〉, 《學習與探索》 2009-3, pp.210-216.

48 陳樺·劉宗志, 《救災與濟貧:中國封建時代的社會救助活動(1750-1911)(中國人民大學出版社, 2005).

49 夫馬進, 《中國善會善堂史硏究》(商務印書館, 2005).

50 梁其姿, 《施善與敎化; 明淸的慈善組織》(河北敎育出版社, 2001).

51 李文海·朱滸, 〈義和團運動時期江南紳商對戰爭難民的社會救助〉, 《淸史硏究》, 2004-2, pp.17-33.

52 차경애, 〈의화단운동진압전쟁이 한국의 사회·경제에 미친 영향〉, 《중국근현대사연구》 제23집(2004.9), pp.53-93.

53 王笛, 〈滿淸長江上游地區公共領域的發展〉, 《歷史硏究》 1996-1; 许纪霖, 〈近代中国的公共领域:形态˙功能与自我理解— 以上海为例〉, 《史林》 2003-2; 朱英, 〈试论近代市民社会产生的模式— 兼论中国近代市民社会雏形的生成特点〉, 《开放时代》 1998-3 등 참조.

54 于新忠, 〈中国的民间力量与公共领域— 近年中美关于近世市民社会硏究的回顾与思考〉, 《学习与探索》 1999-4.

55 王國慶, 《近代中國社會慈善家群體硏究》 (湖南師範大學, 2002)이나 李國林, 《民國時

期上海的慈善組織研究》(華東師範大學 博士學位論文, 2003) 등은 그 한 사례이다.

56 한국의 東洋史學界에서도 이 분야의 중요성을 인식하여, 2006년 冬季研討會의 주제를 "동아시아에서의 環境과 歷史"로 정하였다. 이 당시의 發表文은 《東洋史學研究》 99(2007.6)에 特輯으로 실려 있다.

57 王利華, 〈社會史研究的現代視野 -從環境史研究的跨學科談起〉, 《中國圖書評論》 제5기, pp.39-40.

58 包茂宏, "Environmental History: History, Theories and Methods", 《史學理論研究》 2000년 제4기.

59 Bao Maohong, "Environmental History in China," Environment and History 10-4(November 2004), pp.475-499.

60 趙珍, 〈中國環境史研究的新亮点 - 淸代生態環境特徵及其區域表現國際學術研討會綜述-〉, 《淸史研究》 2007년 제1기, pp.122-124.

61 梅雪芹, 〈马克思主义环境史学论纲〉, 《史學月刊》 2004년 제3기, pp.10-15.

62 陳新立, 〈中國環境史研究的回顧與展望〉, 《史學理論研究》 2008-2, pp.111-120. 유소민 지음, 박기수·차경애 옮김, 《기후의 반역》 (성균관대학교 출판부, 2005), pp.12-27.

63 정혜중 등, 《중국의 청사공정연구》(동북아역사재단, 2008), p.13.

64 张明富·张颖超, 〈明清社会经济史与生态环境史研究的力作 —读《生态环境与明清社会经济》〉, 《中國社會經濟史研究》 2005년 제4기, p.101.

65 유장근, 〈중화인민공화국 시기의 청사 연구동향〉, 정혜중 등, 앞의 책, pp.141-145.

66 李侃, 〈對研究淸史的一點意見〉, 《淸史研究集》 1(1980), pp.16-19.

67 馮爾康, 〈淸史研究與政治〉, 《史學月刊》, 2005-3, p.7.

68 존 킹 페어뱅크, 〈이끄는 길: 구질서〉, 《캠브리지 중국사; 청제국 말》 1부 上(새물결, 2007), pp.21-78.

69 조지프 플레처, 〈청령 내륙아시아(1800년경)〉, 위의 책, pp.146-148.

70 James Hevia, *Cherishing Men from Afar: Qing guest ritual and the Macartney Embassy of 1793* (Duke University Press, 1995), p.24.

71 Peter Perdue, *China Marches West: the Qing Conquest of Central Eurasia* (Harvard

University Press, 2005), pp.551-555. 이 책은 최근 국내에 번역 출간되었다. 피터 퍼듀 지음 (공원국 옮김) 《중국의 서진》(길, 2012).

72 최희재, 〈1874-75년 海防·陸防論議의 性格〉, 《東洋史學研究》 22(1985.12), pp.85-133.

73 張世明, 〈新歷史法學的趣向: 淸代宗藩關係多維透視分析〉, 楊念群 등 主編, 《新史學: 多學科對話的圖景》(下), pp.608-640.

74 俞長根, 〈18世紀末 越 中關係의 一研究—西山黨事件을 中心으로—〉, 《慶大史論》 創刊號(1985.2), pp.95-131;《近代中國의 地域社會와 國家權力》(신서원, 2004)에 재수록.

75 김형종, 〈중화인민공화국에서의 청사편수〉, 정혜중 등 공저, 《중국의 청사공정 연구》(동북아역사재단, 2008), pp.105-106.

76 정혜중, 〈최근 중국의 청대 대외관계사 연구동향—조청 관계사 연구를 중심으로〉, 유장근 등, 《중국 역사학계의 청사연구동향—한국관련 분야를 중심으로—》(동북아역사재단, 2009), p.182.

77 俞長根, 〈漢·毛澤東主義的 近代像과 滿淸的 近代像 사이에서〉, 《明淸史研究》 32(2009.10), pp.285-289.

78 姜濤, 〈晚淸史研究向下處去〉, 《淸史研究》 2002-2, pp.1-8.

79 강진아, 〈16-19세기 중국경제와 세계체제〉, 《이화사학연구》 31(2004), pp.16-31.

80 李伯重, 〈淸代前中期江南人口的低速增長及其原因〉, 《淸史研究》, 1996-2, pp.10-19.

81 張研, 〈對中国18~19世纪歷史研究若干問題的思考〉, 《史苑》 電子期刊, 創刊号(2004), pp.1-19.

82 夏明方, 〈十八世紀中國的"現代性建构"〉, 《史林》 2006-6월, pp.137-139.

83 유장근, 〈만청 식민주의를 둘러싼 중·외 학계의 논의〉, 유장근 외 지음, 《중국 역사학계의 청사연구 동향》, pp.186-230.

84 趙世瑜, 《明淸史與近代史: 一個社會史視覺的反思〉, 《學術月刊》 2005-12, p.107.

85 중국사회사학회가 〈中國社會史學會 2005年度工作總結〉라는 제목으로 작성하여 교육부에 제출한 문건(http://www.moe.edu.cn/edoas/website18/53/info14653.htm) 참조.

[1] 歐立德(마크 엘리엇), 〈滿文檔案與新清史〉, 《故宮學術季刊》 24-2(2006), pp.8-9.

[2] Pamela Kyle Crossley, "Thinking about Ethnicity in Early Modern China," *Late Imperial China 11*(1990), pp.1-35.

[3] Nicola Di Cosmo, "Rethinking Tribute: Concept and Practice." *Paper Presented at the Association of Asian Studies Annual Meeting*(Boston, 1995), pp.9-13.

[4] 존 맥닐·윌리엄 맥닐 지음(유정희 김우영 옮김), 《휴먼 웹; 세계화의 세계사》(이산출판사, 2007), pp.14-20.

[5] 존 맥닐·윌리엄 맥닐 지음, 위의 책, pp.217-298.

[6] 이 용어는 바로 내륙 아시아의 중심부에 존재하는 알타이 지역과 그것을 매개로 하여 지속하였던 알타이 문화의 특성 때문에 붙여졌다. 이에 대해서는 Peter Perdue, *China Marches West: the Qing Conquest of Central Eurasia* (Harvard University Press, 2005), pp.542-546 참조.

[7] 윌리엄 맥닐 지음(허정 옮김), 《전염병과 인류의 역사》, (한울, 1992), pp.185-186.

[8] Mark Elliot, *The Manchu Way: The Eight Banners and Ethnic Identity in Late Imperial China*(Stanford University Press, 2001), p.31.

[9] Peter Perdue,앞의 책, pp.513-514.

[10] 강진아, 〈16-19세기 중국 경제와 세계체제〉, 《이화사학연구》 31(2005), pp.16-30; 안드레 군더 프랑크 지음(이희재 옮김), 《리오리엔트》, (이산출판사, 2003), pp.227-231 참조.

[11] Peter Perdue, *China Marches West: the Qing Conquest of Central Eurasia*, p.664.

[12] Susan Naquin and E.S. Rawski, *Chinese Society in the Eighteenth Century* (Yale: Yale University Press, 1987), pp.217-236.

[13] Joanna W. Cohen, "The New Qing History," *Radical History Review 88*(2004), pp.193-206. 이 서평에 포함된 저술은 파멜라 크로슬리, 마크 엘리엇, 필립 포렛, 조난선 헤이, 로라 호스테틀러, 수잔 만, 제임스 밀워드, 이블린 로스키, 안젤라 지토 등의 것이다. 대부분 1990년대 말과 2000년대 초에 출간된 책이다.

[14] Peter Perdue, "Comparing Empires: Manchu Colonialism," *International History Review*, 20-2(1998), pp.255-262.

[15] Peter Perdue, 앞의 책, pp.542-543.

[16] マーク エオット, 〈ヨーロッパ, 米國における滿洲學: 過去, 現在, 未來〉, 《東洋文化研究》(學習院大學) 10호(2008), p.321.

[17] 王鍾翰, 《清史滿族史講義稿》(鷺江出版社, 2006), pp.2-11.

[18] Mark Elliot, "The Manchu- Language Archives of the Qing Dynasty and the Origins of the Palace Memorial System," *Late Imperial China 22-2*(June 2001), pp.1-70. 그는 2008년 여름에 한국을 방문하여 이 부분에 대해 특강을 하였다.

[19] 조너선 스펜스 지음(김석희 옮김), 《칸의 제국》, (이산, 2000), pp.58-61.

[20] マーク エオット, 앞의 논문, pp.309-325.

[21] 마크 엘리엇은 스스로 페테르부르그 계통과 파리 계통을 이어받은 미국의 만주학 중에서 이블린 로스키와 함께 전자에 속하며, 피터 퍼듀, 파멜라 크로스리, 니콜라 코스모 등은 후자에 속한다고 한다. マーク エオット, 위의 논문, pp.318-319.

[22] 歐立德, 앞의 논문, pp.10-11.

[23] 최형원, 〈네르친스크 條約의 滿洲文 考察〉, 《알타이학보》 12(2002), pp.81-82.

[24] 최형원, 위의 논문, pp.83-88.

[25] 임계순, 《清史; 만주족이 통치한 중국》, (신서원, 2000), p.262.

[26] 김두현, 〈《滿文老檔》과 《舊滿洲檔》 對照表---太祖朝(1)〉, 《울산대학교 인문논총》 21(2002); 김두현, 〈《滿文老檔》과 《舊滿洲檔》 對照表---太祖朝(2)〉, 《中國史研究》 25(2003); 김두현, 〈《滿文老檔》과 《舊滿洲檔》 對照表---太祖朝(3- I)〉, 《울산사학》 11(2004); 김두현, 〈자료(資料): 《구만주당(舊滿洲檔)》과 《만문노당(滿文老檔)》 대조표對照表〉, 《중국사연구》 38(2005), 55(2008).

[27] 郭成康·成崇德·趙雲田·劉鳳雲·李景屏·黃愛平, 《乾隆皇帝全傳》, (學苑出版社, 1994), 〈前言〉, p.1.

[28] Peter Perdue, 앞의 책, p.543.

[29] 그는 1602년 몽골 남부에서 태어나 청조 치하에 있던 1662년에 연대기인 Erdeni-yin

Tobchi를 썼다. 자세한 그의 일대기는 Hidehiro Okada, "Saghang Erke Sechen Khong Tayiji and his Erdeni-yin Tobchi in the Light of Their Relations with the Ching Supremacy", 《알타이학보》 15 (2005), pp.129-140 참조.

30 르네 그루쎄 지음(김호동·유원수·정재훈 옮김), 《유라시아 유목제국사》, (사계절, 1998), pp.429-432.

31 Joanna W. Cohen, "Religion, War and Empire in Eighteens- Century China," *International History Review 20-3*(June 1998), pp.336-352.

32 葉高樹, 〈최근 십년(1998-2008) 대만 淸史硏究의 동향〉, 《동아시아의 관점에서 본 청사연구—청사공정을 중심으로》(이화사학연구소 제33회 정기학술회의 논문집, 2008.11.14), pp.210-211.

33 David M. Farquhar, "Emperor as Bodhisttava in the Governance of the Ch'ing Empire," *Harvard Journal of Asiatic Studies 38*(1998), pp.5-34.

34 이시바시 다카오 지음(홍성구 옮김), 《대청제국; 1616-1799》(휴머니스트, 2009), pp. 64-70.

35 葉高樹, 앞의 논문, p.211.

36 김성수, 〈청대 불교 세계의 여행〉, 제28회 동양사학회 동계학술토론회, 《동아시아 역사에서 여행과 타자인식》, (충남 온양, 2009.2.5.), pp.33-58.

37 Mark Elliot, *The Manchu Way: The Eight Banners and Ethnic Identity In Late Imperial China* (Stanford University Press, 2001), pp.237-238.

38 Evelyn S. Rawski, *The Last Emperors: A Social History of Qing Imperial Institutions* (University of California Press, 1998), p.236.

39 유지원, 〈청대 황실 제사의 종교적 성격〉, 《명청사연구》, 23(2005), pp.285-308.

40 서대석, 〈한국 신화와 만주족 신화의 비교 연구〉, 《고전문학연구》, 7호(1992), pp.5-50.

41 Mark Elliot, 앞의 책, pp.240-241.

42 李治亭, 〈給淸史以準確的歷史定位〉, 《河南師範大學學報》 제6기(2003), p.10.

43 조나선 스펜스 지음(이준갑 옮김), 《강희제》, (이산출판사, 2001), pp.51-74.

44 Ping-Ti Ho, "In Defence of Sinicization: A Rebuttal of Evelyn Rawski's "Reenvisioning

the Qing," The Journal of Asian Studies 57-1(1998), pp.143-145.

45 安部健夫,《清代史の研究》, (創文社, 1971), pp.33-57.

46 김한규,《천하국가》, (소나무, 2005), p.294.

47 유지원, 〈청대 동북정책의 변화에 따른 만주 도시 성격의 변화〉, 유지원 등,《근대 만주 도시 역사지리연구》, (동북아역사재단, 2007), pp.22-32.

48 Pamela Kyle Crossley, *A Translucent Mirror: History and Identity in Qing Imperial Ideology* (University of California Press, 1999), pp.130-134; 296.

49 Peter Perdue, *China Marches West: the Qing Conquest of Central Eurasia*, pp.506-507; 513-517.

50 중국의 청대사가인 청충더成崇德조차 대준가르 전쟁이 매우 잔혹하였으며, 일반적인 전쟁의 범위를 넘어섰고, 이로 인해 준가르부가 기본적으로 소멸되었다고 말한다. 成崇德, 〈清朝邊疆統一論〉,《清史研究》 제2호(1998), pp.6-15.

51 이 전통은 중화인민공화국에서 신장생산건설병단으로 부활하였다. 이에 대해서는 이강원, 〈롭노르 논쟁과 신장 생산건설병단〉,《대한지리학회지》 38-5(2003), pp.701-724 참조.

52 Nicola Di Cosmo, "State Formation and Periodization in Inner Asian History," *Journal of World History* 10-1(1999), pp.14-26.

53 Nicola Di Cosmo, 위의 논문, pp.26-37.

54 Nicola Di Cosmo, "Qing Colonial Administration in the inner Asian Dependencies," *International History Review 20-2*(1998), pp.287-309.

55 Nicola Di Cosmo, 위의 논문, pp.306-307.

56 최정연, 〈理藩院考(上)〉,《東亞文化》 20(1982), p.136.

57 Nicola Di Cosmo, 위의 논문, pp.306-309.

58 王種翰, 〈清代民族宗教政策〉, 王種翰,《王種翰學術論著自選集》, (北京:中央民族大學出版社, 1999) pp.230-231, 葉高樹, 앞의 논문, p.217에서 인용.

59 Joanna W. Cohen, "Religion, War and Empire in Eighteens- Century China," *International History Review 20-3*(June 1998), pp.336-352.

[60] Joanna W. Cohen, 위의 논문, pp.343-349.

[61] Laura Hostetler, *Qing Colonial Enterprise; Ethnography and Cartoprapby in Early Modern China* (The University of Chicago and London, 2001), pp.1-32.

[62] 七十一은 姓이 尼玛查로서 满洲正蓝旗人 출신이다. 건륭 연간에 서역의 쿠처에 재직하면서 《西域闻见录》을 저술하였다. 李亞茹,〈清人七十一與《西域聞見錄》〉, 《新疆大學學報(哲學人文社會科學版)》, 제5기(2008) 참조.

[63] James Millward, "'Coming onto the Map': 'Western Regions' Geography and Cartographic Nomenclature in the Making of Chinese Empire in Xinjiang," *Late Imperial China 20-2*(1999), pp.62-78.

[64] Laura Hostetler, "Qing Connections to the Early Modern World: Ethnography and Cartography in Eighteenth-Century China," *Modern Asian Studies 34-3*(2000), pp.632-649.

[65] 박지향, 《제국주의》, (서울대학교 출판부,2000), pp.13-14.

[66] John Herman, *Amid the Clouds and Mist: China's Colonization of Guizhou*, 1200-1700, (Harvard University Press, 2007), pp.1-17.

[67] 蒼銘, 《雲南邊地移民史》, (民族出版社, 2004), pp.25-33.

[68] 蒼銘, 위의 책, pp.33-52.

[69] 《大清高宗實錄》 卷 604, 乾隆 25年 5月 庚申條.

[70] 유장근, 〈청말개혁가의 식민주의〉, 위의 책, pp.432-434.

[71] 林則徐, 《林則徐集; 日記》, (중화서국, 1984), p.433.

[72] 강상중, 〈오리엔탈리즘을 넘어서〉, (이산, 1997), pp.81-109.

[73] Joanna W. Cohen, *Exile in Mid-Qing China; Banishment to Xinjiang, 1758-1829*(Yale University Press, 1991), pp.92-94.

[74] 유장근, 위의 책, pp.434-452.

[75] John E. Herman, 위의 책, pp.189-221 참조.

[76] 武內房司, 〈清代雲南燒畑民の反亂; 1820年永北リス族蜂起を中心に—〉, 《呴沫集》 7(1992), pp.276-287.

77 허핑티 지음(정철웅역), 《중국의 인구》, (책세상, 1992), pp.181-182.

78 蕭琯等, 《貴州省松桃廳志》(1836), 千葉德爾, 《地域と民俗文化》, (東京:大明堂, 1977), p.172에서 인용.

79 武內房司, 〈清代雲南燒畑民の反亂; 1820年永北リス族蜂起を中心に-〉, pp.282-283.

80 앨프레드 크로스비, 《생태제국주의》, (지식의 풍경, 2000).

81 Ping-ti Ho, "The Significance of Ch' ing Period in Chinese History," *Journal of Asian Studies 26-2*(1967), pp.189-195.

82 Pamela Kyle Crossley, "Thinking about Ethnicity in Early Modern China." *Late Imperial China 11*(1990), pp.1-5.

83 Evelyn Rawski, "Presidential Address: Reenvisioning the Qing: The Significance of the Qing Period in Chinese History," *Journal of Asian Studies 55-4*(1996), pp.829-850.

84 Ping-Ti Ho, "In Defence of Sinicization: A Rebuttal of Evelyn Rawski' s "Reenvisioning the Qing," *The Journal of Asian Studies 57-1*(1998), pp.125-149.

85 戴逸, 《簡明清史》(상), (北京:人民出版社, 1980), pp.14-15.

86 프라센지트 두아라 지음(문명기·손승회 옮김), 《민족으로부터 역사를 구출하기》, (삼인, 2004), pp.43-87.

87 吳莉葦, 〈18世紀歐人眼里的清朝國家性質 -從《中華帝國全志》對西南少數民族的描述談起-〉, 《清史硏究》 제2기(2007.5), pp.28-37.

88 葉高樹, 앞의 논문, p.206.

89 윤영인, 〈만주족의 정체성과 "중국화" 이론에 대한 서구 학계의 최근 연구동향〉, 《만주연구의 새로운 모색—만주학회 제10차 학술발표회—》, (대전 카이스트, 2005.2.26.), pp.53-58.

90 汪暉, 《現代中國思想的興起》 上卷 第2部, 帝國與國家, (北京: 三聯書店, 2004), pp.534-550.

91 夏明方, 〈十八世紀中國的"現代性建构"〉, 《史林》(2006.6), pp.116-139.

92 汪暉, 《現代中國思想的興起》, (北京: 三聯書店, 2004).

93 張世明, 〈清代宗藩關係的歷史法學多維透視分析〉, 《清史研究》 제1기(2004), pp.32-35.

94 이 문제에 대해서는 유장근, 〈중화인민공화국 시대의 청사 연구동향과 만주족의 지배 문제〉, 《중국의 청사공정 연구》, (동북아역사재단, 2008), pp.171-191 참조.

95 유장근, 〈동아시아의 근대에 있어서 중국의 위상〉, 《경대사론》, 10(1997), pp.137-151 참조.

96 김성수, 〈중국 티베트학의 성립 배경과 티베트사 서술의 특징〉, 《중국 학자들의 소수민족 역사 서술》, (동북아역사재단, 2008), pp.158-162.

97 조경란, 〈현대 중국의 소수민족에 대한 '국민화' 이데올로기—중화민족론을 중심으로〉, 《시대와 철학》 17(2006, 겨울), pp.372-373.

98 유용태, 《환호속의 경종; 동아시아 역사인식과 역사교육의 성찰》, (휴머니스트, 2006), pp.164-172.

99 이기문, 〈한국어와 알타이 제어의 친족관계〉, 《한국사시민강좌》 제32집(2003.2), pp.161-184.

100 Mark Elliot, 앞의 책, pp.238-240.

101 조재진, 〈고려말 동북면의 통치와 이성계 세력의 성장〉, 《史學志》 26(1993), pp.180-181.

102 홍성구, 〈중국학계의 청조흥기사 연구동향〉, 《중국학계의 청사연구 동향》 (동북아역사재단, 2009) 참조.

103 수잔 나퀸 등은 조청 사이의 조공관계를 가장 모범적인 형태의 조공(the tributary system in its fullest form in Qing relations in its model tributary, Korea)이라고 말하였다. Susan Naquin and E.S. Rawski, *Chinese Society in the Eighteenth Century* (Yale: Yale University Press, 1987), p.28 참조.

104 James Millward, *Beyond the Pass: Economy, Ethnicity, and Empire in Qing Central Asia, 1759-1864* (Stanford University Press, 1998), pp.48-49.

105 이성규, 〈중화사상과 민족주의〉, 《철학》, 37(1992), p.49.

106 俞長根, 〈18世紀末 越·中關係의 一研究—西山黨事件을 中心으로—〉, 《慶大史論》, 1(1985.2), pp.95-131.

107 김형종, 〈중화인민공화국에서의 청사편수〉, 정혜중·김형종·유장근, 《중국의 청사 공정 연구》 (동북아역사재단, 2008), pp.101-107.

108 김기혁은 임오군란 이후의 청조의 무력개입과 명치 일본의 대한정책을 2차적 제국주의secondary imperialism라고 규정하였다. 1차적 제국주의primary imperialism는 청이나 일본에 대한 서양열강의 정책을 지칭한다. 김기혁, 《근대 한·중·일 관계사》, (연세대학교 출판부, 2007), p.156.

2부: 현대 중국을 보는 한국인의 시선

위대한 과거와 낙후한 현재 사이

1 중국 방문 해외여행객은 1993년에 11만 2천여 명이었으나 2000년에는 134만 5천 명으로 증가하였다. 중국 내 해외방문객 중 일본에 이어 2위에 해당한다. 〈한중 수교 10주년 명암과 과제〉, 《월간 아태지역동향》 2002년 9월, pp.77-79; 서진영, 〈한중수교 10년—회고와 전망〉, 《동아시아연구》 제5호 (고려대학교 BK21 동아시아교육연구단, 2002년 9월), pp.9-15.

2 최박광, 〈이덕무의 중국 체험과 학문관〉, 《대동문화연구》 제27집(1992), p.51; 강병수, 〈조선 후기 근기남인의 대중국관 연구〉, 《국사관논총》 제86집(1999), pp.211-213.

3 전복희, 〈19세기 말 진보적 지식인의 인종주의적 특성—《독립신문》과 《윤치호일기》를 중심으로—〉, 《한국정치학회보》 제29집 제1호(1995), pp.126-145; 권혁수, 〈김옥균과 중국: 대중국 인식의 시기적 변화를 중심으로〉, 《정신문화연구》 제23권 제3호(2000, 가을), pp.156-176; 백영서, 〈대한제국기 한국언론의 중국인식〉, 《역사학보》 제153집(1997), pp.105-139; 장인성, 〈쇄국-개국기 대외 사유의 패러다임과 유형—한·일 지식인의 대외 사유 공간—〉, 《일본연구》 제11집(1996), pp.201-227 등을 참조.

4 윤휘탁, 〈〈滿洲國〉의 '2等 國(公)民', 그 實像과 虛像〉, 《역사학보》 제169집, p.166.

5 '중공'에 대한 냉전적 인식은 이미 1949년의 중국 공산혁명의 성공 시기에 한국의

언론에 뿌리를 내리기 시작하였다. 이에 대해서는 백영서, 〈1949년의 중국: 동시대 한국인의 시각〉, 《중국현대사연구》 제9집(2000.6), pp.75-86 참조.

[6] 중국에서 본 조선, 대한제국, 그리고 '일본의 조선'에 대한 분석은 차태근, 〈'중국'의 시각: 조선, 대한제국, 그리고 '일본의 조선'—1870년부터 1919년까지 신문, 잡지 등 언론매체를 중심으로—〉, 《중국학논총》 제16집(2003), pp.131-161 참조.

[7] 박경리, 《만리장성의 나라》(나남, 2003)와 민두기, 《중국탐색: '88-94'》(지식산업사, 1994)는 이 시기의 대표적인 여행기이다.

[8] 정강환, 〈한국관광객의 해외여행 행동특성에 관한 연구〉, 《관광개발논총》 4집(1995), pp.208-209.

[9] 박지향, 〈여행기에 나타난 식민주의 담론의 남성성과 여성성〉, 《영국연구》 제4호(2000), pp.145-146.

[10] 박지향, 〈'고요한 아침의 나라'와 '떠오르는 태양의 나라'—이자벨라 버드 비숍과 조지 커즌의 동아시아 여행기—〉, 《안과밖》 10(2001.4), pp.295-320.

[11] 박양신, 〈19세기 말 일본인의 조선여행기에 나타난 조선상〉, 《역사학보》 제177집(2003), pp.105-129.

[12] TV를 통한 타자 인식에 대해서는 김영훈, 〈체험을 통한 타자의 재생산: 《도전! 지구탐험대》 연구〉, 《한국문화인류학》 37-1(2004), pp.215-238 참조.

[13] 앙리 르페브르 지음(박정자 옮김), 《현대세계의 일상성》(세계일보, 1990), pp.57-58.

[14] 일상문화연구회 엮음, 《한국인의 일상문화—자기 성찰의 사회학》(한울, 1996), pp.6-7.

[15] 안병직, 〈'일상의 역사'란 무엇인가〉, 안병직 외 지음, 《오늘의 역사학》(한겨레신문사, 1998), pp.23-78.

[16] 현택수, 〈한국인의 옷과 유행〉, 일상문화연구회 엮음, 앞의 책, pp.223-245.

[17] 한국인의 중국 여행기에서 볼 수 있는 '자아 회고와 만족의 형태'라는 개념은 이병인 박사의 논평에서 얻은 것이다. 〈2005년 5월 3일 이병인 박사의 이메일 편지〉에서 참조.

[18] 박지향, 〈여행기에 나타난 식민주의 담론의 남성성과 여성성〉, pp.150-155.

[19] 김광억, 〈현대중국의 민속부활과 사회주의 정신문명화운동〉, 《비교문화연구》 창간호

(1993), pp.210-211.

[20] 배경한, 〈1920-30년대 상해의 위생〉, 《중국근현대사연구》 제17집(2003.3), p.33.

[21] 폴 써로우 지음(서계순 옮김), 《폴 써로우의 중국 기행》 (푸른솔, 1998), p.572.

[22] 박양신, 앞의 논문, pp.114-127.

[23] 박지향, 《일그러진 근대》 (푸른역사, 2003), p.102.

[24] 전복희, 앞의 논문, pp.133-138.

[25] 조형근, 〈식민지체제와 의료적 규율화〉, 김진균·정근식 편저, 《근대주체와 식민지 규율권력》 (문화과학사, 1997), pp.170-217.

[26] 박지향, 앞의 책, pp.131-167.

[27] 장정아, 〈타자로서의 이주민: 홍콩의 중국본토 이주민新移民〉, 《비교문화연구》 제8집 2호(2002), p.62.

[28] 가산 하지, 〈기억의 오염—호주에서의 이주와 식민의 책임〉, 《흔적》 2호(문화과학사, 2001년 12월), pp.337-369.

[29] Frederic Wakeman, Jr., "Mao' s Remains", James Watson and Evelyn S. Rawski editors, *Death Ritual in Late Imperial and Modern China* (Berkeley: University of California Press, 1988), pp.254-288.

[30] 앤드루 네이탄, 〈중국의 인권문제, 어떻게 볼 것인가?〉, 《계간 사상》 1996년 겨울호, pp.275-289.

[31] 문흥호, 〈중국의 환경외교와 한·중 환경협력〉, 《중소연구》 26-4(2003), pp.13-31.

[32] 이영희, 《전환시대의 논리》 (창작과비평사, 1974), pp.70-72.

[33] 여성에 의한 여행기에는 여러 종류의 여성성이 드러난다고 한다. 그렇다고 해서 그 텍스트가 식민주의적 담론으로부터 자유롭지는 않다고 말한다. 이에 대해서는 박지향, 〈여행기에 나타난 식민주의 담론의 남성성과 여성성〉, pp.150-155 참조.

[34] 이남주, 〈미국에서 "중국위협론"의 부상과 변화〉, 《역사비평》 61호(2002년 겨울), pp.343-359.

[35] 이 때문에 민두기가 1882년의 조청상민수륙장정을 변칙적 조공체제로 규정하면서 청조를 '소제국주의자' 로 부른 사실은 매우 중요하다. 민두기, 《중국탐색》, pp.229-230.

[36] 전인초 외 지음, 《루쉰—민족혼으로 살다》(학고재, 1999), pp.6-7.

[37] 이 글에서는 자세히 분석하지 못하였지만, 한국여행자들의 코스 선택에는 이미 이 분야에서 선구적이던 일본인을 위한 여행안내기, 예를 들면 일본의 다이아몬드 빅 Diamond Big사에서 펴낸 《해외여행 가이드 1, 세계를 간다·중국편》(중앙일보사, 1989)와 같은 책이 큰 영향을 미쳤을 것이다.

[38] 위치우위 지음(유소영·심규호 옮김), 《중국문화답사기》(미래 M&B, 2000), p.9.

[39] 박한제, 《박한제 교수의 중국역사기행, 1·2·3》(사계절, 2003)도 그중의 하나이다. 하지만 이 책은 '여행기' 보다는 '학문'에 초점을 맞춘 책이라고 할 수 있다.

[40] 이 책에 대한 서평은 유장근, 〈스무날 동안의 황토기행〉, 《동아일보》 2002년 9월 28일자.

[41] 조은영, 〈미국의 동양읽기—문화적 타자로서의 일본과 동아시아 1853-1914〉, 《미술사학연구》 235집(2002), pp.135-136.

[42] 오카쿠라 텐신(1862-1913)은 "일본 미술의 역사는 아시아의 이상들의 역사"라고 보았다. 오카쿠라 텐신, 〈동양의 이상〉, 최원식 등 엮음, 《동아시아인의 '동양' 인식: 19-20세기》(문학과지성사, 1997), p.34.

[43] 南宮承泰, 〈헌법상의 문화국가와 문화재 보호〉, 《아태공법연구》 제3호(1994), pp.71-72.

[44] 최석영, 《한국근대의 박람회·박물관》(서경문화사, 2001), p.77.

[45] 신창수, 〈경주 지역 신라 문화재 연구 현황〉, 《慶州史學》 16(1997), p.4.

[46] 최석영, 〈일본의 동아시아 식민지 지배; 식민지 시대 "고적보존회"와 지방의 관광화—부여고적보존회를 중심으로—〉, 《아시아문화》 제18집(2002), p.116.

[47] 이지원, 〈1930년대 민족주의 계열의 고적보존운동〉, 《동방학지》 제77·78·79 합집(1993), p.756.

[48] 조정우, 〈민족국가 형성과 '역사 만들기'—민속박물관의 설립과 전개를 중심으로〉, 《한국학보》 제108호(2002), pp.64-101 참조.

[49] 민속박물관의 유물도 '民俗'과 거리가 먼 엘리트들의 명품으로 채워졌다. 조정우, 위의 논문, pp.87-90 참조.

[50] 이석호, 〈전이와 수용: 이백이 고려 이규보에게 미친 영향〉, 《동방문학비교연구총서》

1집(1985), pp.205-206.

51 이종묵, 〈조선 전기 한시의 당풍에 대하여〉, 《한국한문학연구》 18집(1995), pp.207-238.

52 허경진, 〈한국에서 李白 詩가 언해된 배경에 대하여〉, 《동방학지》 128집(2004), pp. 311-335.

53 崔溥 지음(서인범·주성지 옮김), 《漂海錄》(한길사, 2005), pp.212-217.

54 이성규, 〈조선 후기 시대부의 《사기》 이해〉, 《진단학보》 제74집(1992), pp.115-128.

55 이성규, 〈《宋史筌》의 편찬 배경과 그 특색〉, 《진단학보》 제49집(1980), pp.96-99.

56 김문식, 〈《송사전》에 나타난 이덕무의 역사인식〉, 《한국학논집》 제33집(1999), pp. 37-38.

57 '문화적 조상'이란 이 글을 읽고 논평해 준 하세봉 박사가 사용한 용어이다.(2005년 4월 26일자 하세봉 선생의 이메일 편지).

58 손문창, 〈중국관광산업개발과 중한관광산업발전전망〉, 《관광개발논총》 6-1(1997), p.287.

59 유럽 여행가들의 여행기에도 여행지의 유적들에 대해 길게 서술하는 전통이 있는바, 이는 현대사회를 위대한 과거의 자취로 환원시키려는 시도라고 한다. 박지향, 〈여행기에 나타난 식민주의 담론의 남성성과 여성성〉, p.147. 이 점도 한번 진지하게 검토할 만하다.

현대 한국인의 중국 변방 인식

1 에드워드 사이드 지음(박홍규 옮김), 《오리엔탈리즘》(교보문고, 1991), p.21.

2 박용희, 〈한국인의 중국문화 인식: 여행기 분석을 중심으로〉, 《문화관광연구》 5-1(2003), p.153.

3 민두기, 《중국탐색, '88-94'》(지식산업사, 1994), p.170.

4 박상수, 〈중국 근대 '민족국가'의 창조와 〈변강〉 문제—청말~민국시기 〈변강〉 인식의 변천—〉, 《중국학보》 52(2005), pp.291-317.

5 王明珂, 《華夏邊緣; 歷史記憶與族群認同》(社會科學文獻出版社, 2006), pp.240-258.

6 유장근, 〈위대한 과거와 낙후한 현재 사이—여행기를 통해 본 현대 한국인의 중국관

—〉, 《대구사학》 80집(2005.8), pp.129−173.

7 대표적으로 동양사학회, 《동아시아 역사에서 여행과 타자인식》(아산 온양관광호텔, 2009.2.5−6), 이때 발표된 논문 7편 중 6편이 《동양사학연구》 107(2009.6)에 실렸다. 김유철·임성모 등, 《동아시아 역사속의 여행》 1,2 (산처럼, 2008); 박지향, 《일그러진 근대》(푸른역사, 2003); 박지향, 〈여행기에 나타난 식민주의 담론의 남성성과 여성성〉, 《영국연구》 4(2000); 박양신, 〈19세기말 일본인의 조선여행기에 나타난 조선상〉, 《역사학보》 177(2003).

8 한국알타이어학회, 《절멸 위기의 알타이언어 현지조사》 (태학사, 2006), p.12, 김주원, 〈알타이어족과 한국어〉, 《공학교육》 11−1, pp.98−101.

9 무하마드 깐수, 《신라 서역 교류사》(단국대출판부, 1992), pp.244−284; 김병모; 〈김수로왕연구〉, 《민족과 문화》 6집(1997), pp.226−227; 김병모, 《금관의 비밀—한국고대사와 김씨의 원류를 찾아서》(푸른역사, 1998); 김영종, 《반주류 실크로드사》 (사계절, 2004), pp.137−148, pp.169−171; 국제한국학회편, 《실크로드와 한국문화》(소나무, 1999), pp.61−63.

10 이종선, 〈오르도스 후기 금속문화와 한국의 철기문화〉, 《고신라왕릉연구》 (학연문화사, 2000), pp.373−434.

11 유장근, 〈'만청 식민주의'를 둘러싼 중·외 학계의 논의〉, 유장근 등, 《중국 역사학계의 청사연구 동향》 (동북아역사재단, 2009), pp.187−230.

12 이에 대해서는 일찍이 박시인, 《알타이문화사연구》 (탐구당, 1973), pp.8−9에서 언급한 바 있다.

13 박지원, 〈도강록〉, 《열하일기》 I (민족문화추진회, 1976), pp.55−60.

14 김태준, 〈연행노정: 그 세계로 향한 길〉, 소재영 등, 《연행노정: 그 고난과 깨달음의 길》(박이정, 2004), pp.73−75.

15 소재영, 〈연행의 산하, 연행사의 역사의식〉, 소재영 등, 위의 책, pp.26−47.

16 임세권, 《중국의 변경을 가다》 (신서원, 1995), p.67.

17 금장태, 《산해관에서 중국역사와 사상을 보다》 (효형출판, 1999), pp.72−83.

18 허영환, 《중국문화유산기행 3》 (서문당, 2001), pp.16−25.

19 정수일, 《실크로드 문명기행》(한겨레출판부, 2006).

20 허세욱, 《중국문학기행》(중앙일보사, 1995), pp.308–310.

21 전인평, 〈비단길 음악의 변천—장구를 중심으로〉, 《비단길 음악과 한국 음악》(중앙대출판부, 1996), pp.17–56.

22 김왕직, 〈서역의 이슬람교건축〉, 《문화역사지리》 제19권 제3호(2007), p.99.

23 김규현, 《티베트 역사산책》(정신세계사, 2003), pp.89–90, 98–99.

24 전인평, 〈티벳 불교음악에 관한 고찰〉, 《한국음악사학보》 21(1998), pp.159–193.

25 이 개념은 정수일의 것이다. 그는 《실크로드학》이란 저술에서 문명교류학을 강조한다. 그가 말하는 실크로드학이란 실크로드를 중심으로 전개된 세계적 문명교류를 인문사회학적 방법으로 연구하는 학문을 말한다. 이는 헌팅톤의 문명충돌론에 대한 비판이 내재되어 있다. 정수일, 《실크로드학》(창작과비평사, 2001), pp.17–31 참조.

26 주채혁, 〈동해안 문화관광루트 구상—동몽골 초원 답사기〉, 《박물관지》 4·5합집(1998), pp.31–32.

27 김영종, 《티베트에서 온 편지》(사계절, 1999), pp.7–9.

28 이 개념에 대해서는 정수일, 《실크로드학》(창작과비평사, 2001), pp.17–31.

29 무하마드 깐수, 《신라 서역 교류사》(단국대학교 출판부, 1992).

30 니콜라 디 코스모 지음(이재정 옮김), 《오랑캐의 탄생》(황금가지, 2005), pp.10–13.

31 '혜초여행사'가 대표적일 것이다. 이 여행사는 1992년도에 창업하였으나, 지난 10여 년 동안 여행 코스를 혜초의 순례지에 집중하였다. http://www.hyecho.com/default.html 'CEO 인사말' 참조(2009. 08.18 검색).

32 대한항공 우루무치행 비행기가 2004년에 처음 취항하였다. 지금도 그렇지만, 취항 초기에는 봄부터 가을까지 주로 여행객들을 실어 날랐다.

33 일본의 NHK TV를 통해 1980년에 방송된 다큐멘터리 〈실크로드〉가 인기를 끈 주요 요소는 죽의 장막 너머에 사는 중국인들의 삶, 과거의 화려한 문화, 그리고 광대한 자연환경이었다. 조관연, 〈역사 다큐 속의 재연과 진실성—《실크로드》와 《신실크로드》를 중심으로—〉, 《인문콘텐츠》 제10호(2007), p.38.

34 이준선, 〈실크로드의 자연과 문화〉, 《문화역사지리》 19–3(2007), pp.135–148.

[35] 김영헌, 《서역의 달은 서쪽으로 흘러간다》(학고재, 1996), p.6.

[36] 박재동, 《박재동의 실크로드 스케치 기행》 1(한겨레신문사, 2003), p.11.

[37] 하성봉, 《중국의 하늘을 연다》(일송북, 2004), p.407.

[38] 이태훈, 《이태훈의 뷰티풀 티베트 여행》(다른세상, 2004), 서문.

[39] 신상환, 〈마침내 내 영혼의 고향 티벳으로〉, 《사회평론 길》(1996. 12), pp.118-127.

[40] 박완서, 《모독》(학고재, 1997), p.206.

[41] 김규현, 《티베트 역사산책》(정신세계사, 2003), pp.14-16.

[42] 박혜진, 〈17세기가 머물러 있는 오래된 미래의 나라 티베트〉, 《지방포럼》, p.117.

[43] 노혜경, 〈티베트의 라사: 전설의 도시, 상상의 도시〉, 《국토》(1998.8), p.80.

[44] 박지원 지음, 김혈조 옮김, 《열하일기》 2, (돌베개, 2009), pp.217-218.

[45] 박장배, 〈한국인들의 티베트 인식의 역사적 특징〉, 《만주연구》 7(2007), pp.138-139.

[46] 박장배, 위의 글, pp.149-150.

[47] 이 영화의 DVD판은 《Lost Horizon》, Columbia Pictures, DVD: sky cinema 제작, 2004년 5월에 출시되었다. 유장근, 〈만들어지는 샹그리라〉, 부산 경남사학회 주최, 《여행속의 순례와 여행》(해군사관학교, 2008년 6월 21일) 제출논문.

[48] 〈일허버린 地平線〉, 《조선일보》 1936년 11월 27일자; 〈이상타! 最終封切은 '일허버린지평선'〉, 《조선일보》 1939년 7월 22일.

[49] 박장배, 위의 글, pp.151-152.

[50] 심형철, 《신장을 알아야 중국이 보인다》(정진출판사, 2003), pp.144-145.

[51] 박지원도 회골 부족인 회족 사람들이 (西蕃에 비해) 더더욱 사납고 포악하여, 강하고 사납기로 치면 서번과 회족만한 종족도 없지만, 문화문물이나 국가의 법률제도 등은 도저히 중국과 겨룰수 없다고 보았다. 박지원 지음 (김혈조 옮김), 《열하일기》 2 (돌베개, 2009), pp.218-219.

[52] 허세욱, 《중국문학기행》(중앙일보사, 1995), p.322.

[53] 2000년대 초에 한국의 이슬람교도는 이주노동자 6만 명을 포함하여 대략 10만 명 정도였다. 오부영, 〈한국의 이슬람〉, 《활천》 633(2006), pp.80-82.

[54] 이희수, 〈한국과 서아시아의 문화 교류〉, 《실크로드와 한국문화》, (소나무, 2000),

p.338.

55 http://blog.naver.com/back6217?Redirect=Log&logNo=50018610714 (검색 용어 'KBS에서 방영한 실크로드' 검색엔진: 네이버, 검색일: 2009.11.24).

56 문명대, 《문명대 교수의 중국 실크로드 기행》, pp.18-22.

57 박지향, 앞의 글, pp.150-155.

58 이안 부르마, 〈주박에서 풀린 티베트〉, 정문길 등 엮음, 《주변에서 본 동아시아》 (문학과지성사, 2004), pp.116-137.

59 이 책은 히말라야 등반의 열기와 더불어 한영탁 옮김, 《티베트에서의 7년》 (수문출판사, 1989)로 첫 출간되었다.

60 장 자크 아노 감독, 《티베트에서의 7년》 (트라이스타 픽처스, 1997).

61 厲聲, 《"東突厥斯坦"分裂主義的由來與發展》(新疆人民出版社, 2007), pp.2-17.

62 김찬삼, 1. 《실크로드를 건너 히말라야를 넘다》 (디자인 하우스, 1998), p.45; 248.

63 김찬삼, 2. 《황허의 물은 천상에서 흐르고》 (디자인 하우스, 1998), p.133.

64 이러한 태도는 그의 이백 시 기행에서도 볼 수 있다. 유장근, 〈위대한 과거와 낙후한 현재 사이〉, 《대구사학》 80(2005.8), pp.160-161 참조.

65 《中國大百科全書—文物 博物館》(中國大百科全書出版社, 1992), p.58.

66 임세권, 《중국의 변경을 가다》 (신서원, 1995), pp.149-150.

67 田衛疆 編著, 《近代新疆探險百年》 (新疆青少年出版社, 1998), pp.285-295.

3부: 영화로 보는 현대중국

영화 〈천안문〉을 통해 본 천안문 민주화운동의 시말

1 1996년에 만들어진 다큐멘터리 영화 〈천안문〉의 제작·감독은 리처드 고든, 카르마 힌튼이 맡았고, 제작사는 Long Bow Groups이었다. 국내에서는 〈태평천국의 문〉으로 개명되어 출시되었다.

2 다큐멘타리 연구모임 일동, 〈다큐영상제 자원봉사단 집단 사퇴의 변〉, 《씨네 21》 99

호(1997.4.26).

[3] 윌리엄 힌튼 지음(강칠성 옮김), 《翻身》(풀빛, 1986).

[4] 백영서, 《중국현대대학문화연구》(일조각, 1994), pp.47−54.

[5] Frederic Wakeman, Jr., "Mao' s Remains," James L. Watson and Evelyn S. Rawski ed., *Death Ritual in Late Imperial and Modern China* (University of California Press, 1988), pp.276−278. 마오쩌둥 기념관은 그의 사후 1주기를 기념하여 개관하였다.

[6] 조나선 스펜스 지음(김희교 옮김), 《현대중국을 찾아서》 2 (이산, 1998), pp.252−260.

[7] 天兒慧, 〈民主化運動の動因と構造〉, 野村浩一 等編, 《民主化運動と中國社會主義》(東京: 岩波書店, 1990), pp.92−93.

[8] 한 연구자는 이 견해에 대해 비판적이다. 김희교, 〈개혁개방 시대 중국에서 역사학의 위치〉, 《역사비평》, 통권 48호(1999년 가을), pp.170−172.

[9] 小島麗逸, 〈經濟改革と天安門事件〉, 野村浩一 等編, 앞의 책, pp.54−63; 이근, 《중국경제구조론》(서울대학교 출판부, 1994), pp.6−11.

[10] 고위층 자제들이 기업체의 책임자로 앉은 사례들에 대해서는 나까지마 미네오 지음(강표 역), 《중국의 비극—천안문 사건과 그 진상》(인간사, 1989), p.48.

[11] 何顯明 著, 《中國人的死亡心態》(上海: 上海文化出版社, 1993), pp.193−200.

[12] Dingxin Zhao, "Ecologies of Social Movements: Student Mobilization during the 1989 Prodemocracy Movement in Beijing," *American Journal of Sociology Vol. 103* no.6(May 1998), pp.1493−1529.

[13] 竹內實·德岡仁, 〈民主化運動の展開—天安門事件日錄—〉, 野村浩一 等編著, 《民主化運動と 中國社會主義》, p.11.

[14] 차이링이 6월 3일 저녁 BBC 방송과 행한 회견내용 전문은 聯合報編輯部 編, 《天安門一九八九》(臺北: 聯經出版社業公司, 1989), pp.254−260에 실려 있다. 참고로 이 책은 천안문 시위와 관련된 각종 사진과 자료, 사건일지 등을 모아 펴낸 책으로서 참고할 만하다.

[15] 양필승, 《위기의 중국, 어디로》(한나래, 1992), pp.98−99.

[16] 竹內實, 〈中國とはなにか − 面子の復權〉, 野村浩一 等編, 앞의 책, pp.202−204.

[17] 竹內實·德岡仁, 〈民主化運動の展開〉, pp.18-19.

[18] 竹內實·德岡仁, 〈民主化運動の展開〉, p.21.

[19] 당시 군 지휘부가 생각한 최대 과제는 국가의 안전과 단결이었고, 천안문 시위는 그것을 파괴하는 행위로 인식되었다. 당시의 군부 동향에 대해서는 平松茂雄, 〈解放軍の動向と中國政治の展開〉, 野村浩一 等編著, 앞의 책, pp.167-182.

[20] 김수병, 〈조선족 3세 록 가수 최건의 음악세계〉, 《한겨레 21》 제167호(1997.7.24).

[21] 《天安門 一九八九》, p.222.

[22] Andrew F. Jones, "The Politics of Popular Music in Post-Tiananmen China," Jeffrey N. Wasserstrom & Elizabeth Perry ed., *Popular Protest and Political Culture in Modern China* (Westview Press, 1994), pp.155-161.

[23] 《天安門 一九八九》, p.234.

[24] Tsao Tsing-yuan, "The Birth of the Goddess of Democracy," Jeffrey N. Wassertrom & Elizabeth Perry ed., 앞의 책, pp.141-147.

[25] 이 상을 기념하기 위해 대만과 홍콩에서도 같은 모양의 '민주의 신' 상을 제작하여 건립하였다. 《天安門 一九八九》, pp.155-158.

[26] 竹內實·德岡仁, 〈民主化運動の展開〉, pp.30-31.

[27] 《天安門 一九八九》, pp.222-223.

[28] 사상자에 대한 통계는 관찰자나 보도자마다 모두 다르다. 이에 대해서는 《天安門 一九八九》, p.54 참조.

[29] 폭력적인 방식을 통해 시민들의 요구를 억누른 데 대한 일 처리 방식의 전제주의적 성격에 대해서는 Ernest P. Young, "Imaging the Ancient Regime in the Deng Era," Jeffrey N. Wasserstrom & Elizabeth Perry ed., 앞의 책, pp.18-29.

근대기 상하이지역 여배우의 이미지와 실상의 간격

[1] 宋曉萍, 〈說/被說: 兩種空間中的 "阮玲玉"〉, 《文化硏究》 제4집(中央編譯, 北京:2003), pp.175-189.

[2] 유장근, 〈완영옥과 영화 《완영옥》〉, 《중국근현대사연구》 제15집(2002.6), pp.63-78.

[3] 沈寂, 《一代影星阮玲玉》(陝西人民出版社, 1985), pp.7-8. 또 후지이 쇼조 지음(김양수 옮김), 《현대 중국, 영화로 가다》 (지호, 2001), pp.22-23 참조.

[4] 沈寂, 《一代影星阮玲玉》, pp.9-12.

[5] 沈寂, 위의 책, pp.26-27.

[6] 殷明珠(1904-1989)는 장쑤성 쑤저우 출신으로 20세기 20년대에 상하이에서 명성을 날린 여배우이다. 1921년에 주연을 맡았던 영화 〈海誓〉에서 좋은 연기를 보여준 덕택에 명실상부한 주연으로 등장하였다. 1935년에 〈桃花夢〉을 마지막으로 은막에서 물러났으며, 홍콩에서 말년을 보냈다.

[7] 佳名, 〈從小婢女到一代藝人〉, 舒琪 등, 《阮玲玉神話》 (홍콩: 創建出版公司, 1992), p.33.

[8] 〈張達民〉, 百度百科(http://baike.baidu.com/view/10482070.htm 검색어 장달민, 검색일자 2013년 7월 19일).

[9] 유장근, 〈청말 민초 광동사회의 금란회〉, 《근대중국의 지역사회와 국가권력》 (신서원, 2004), pp.301-304.

[10] 封敏, 《中國電影藝術史綱(1896-1986)》 (南開大學出版社, 1992), pp.27-31.

[11] 中國電影資料館編輯, 《中國無聲電影劇本》 (中國電影出版社, 1996), p.1324.

[12] Michael Chang, "The Good, the Bad, & the Beautiful: Movie Actresses & Public Discourse in Shanghai, 1920s-1930s." Edited by Yingjin Zhang, *Cinema and Urban Culture in Shanghai, 1922-1943* (Stanford: Stanford University Press, 1999), pp.144-145.

[13] 舒琪, 《阮玲玉神話》, p.21.

[14] 張石川, 〈自我導演以來〉, 《明星半月刊》 1935. 7.1.

[15] 胡蝶, 〈與阮玲玉合作把〈白雲塔〉, 《阮玲玉神話》, p.99.

[16] 鄭君里, 〈才華卓越〉, 《中國電影》(1957, 제2기), p.71.

[17] 中國電影資料館編輯, 《中國無聲電影劇本》(上), (中國電影出版社, 1996), pp.1026-1037.

[18] 文雋, 〈阮玲玉〉, 《阮玲玉神話》, p.11.

[19] 《中國無聲電影劇本》(上), pp.1026-37.

[20] 朴淚月, 〈중국의 영화계〉(2), 《조선일보》 1930.3.25.

[21] Michael Chang, "The Good, the Bad, & the Beautiful: Movie Actresses & Public Discourse in Shanghai, 1920s–1930s." Edited by Yingjin Zhang, 위의 책, pp.135–136.

[22] 《中國無聲電影劇本》(중), pp.1561–1565.

[23] 《阮玲玉神話》, pp.136–137.

[24] Leo Ou-fan Lee, "The Urban Milieu of Shanghai Cinema, 1930–40: Some Explorations of Film Audience, Film Culture, and Narrative Conventions", Edited by Yingjin Zhang, *Cinema and Urban Culture in Shanghai, 1922–1943*, pp.74–81.

[25] Michael Chang, 앞의 논문, p.129.

[26] Leo Ou-fan Lee, 앞의 논문, p.82.

[27] 루홍스·슈샤오밍 지음, 김정욱 옮김, 《중국영화 백년의 역사, 차이나 시네마》 (동인, 2002), pp.62–64.

[28] 何文翔 著, 《香港家族史》 (香港: 明報出版社, 1992), pp.4–25.

[29] 中國電影資料館編輯, 《中國無聲電影劇本》(中) (中國電影出版社, 1996), pp.1914–1918.

[30] 丁來東, 〈中國映畵의 新傾向〉(上), 《朝鮮日報》 1931년 2월 7일자.

[31] 中國電影資料館編輯, 《中國無聲電影劇本》(중), pp.1923–1924.

[32] 丁來東, 〈中國映畵의 新傾向〉(하), 《조선일보》 1931년 2월 10일.

[33] 조재홍 지음·인디컴 엮음, 《세계영화기행》 1 (거름, 1996), pp.145–146.

[34] 鄭君里, 〈才華卓越〉, 《中國電影》 1957년 제2기, p.69.

[35] 전인갑, 〈上海人의 '모던'과 生活 文化〉, 《중국근현대사연구》 제17집(2003.3), pp.72–86.

[36] Zhiwei Xiao, "Constructing a New National Culture: Film Censorship and the Issues of Cantonese Dialect, Superstition, and Sex in the Nanjing Decade," Edited by Yingjin Zhang, 앞의 책, pp.190–191.

[37] 박장배, 〈근대현대 중국의 역사교육과 중화민족 정체성 1〉, 《중국근현대사연구》 제19집(2003.9), p.86.

[38] 《阮玲玉女士遺影集》(尙美社, 1935.3)은 그의 사망 직후에 그녀가 평소에 찍은 사진을

모은 것으로, 그 중 테니스 라켓을 든 사진이 여러 장 있다.

[39] Zhiwei Xiao, 앞의 논문, pp.193–197.

[40] Yingjin Zhang, "Prostitution and Urban Imagination: Negotiating the Public and the Private in Chinese films of the 1930s," Edited by Yingjin Zhang, 앞의 책, pp.166–167.

[41] 루홍스·슈샤오밍 지음, 김정욱 옮김, 앞의 책, p.90.

[42] 蔡楚生, 〈戲與人生〉, 《阮玲玉神話》, pp.54–55.

[43] 루홍스·슈샤오밍 지음, 김정욱 옮김, 앞의 책, pp.70–71.

[44] 中國電影資料館編輯, 《中國無聲電影劇本》(하), pp.2250–2281.

[45] Yingjin Zhang, "Prostitution and Urban Imagination: Negotiating the Public and the Private in Chinese films of the 1930s," Edited by Yingjin Zhang, 앞의 책, pp.166–7; 179–180.

[46] 루홍스·슈샤오밍 지음, 김정욱 옮김, 앞의 책, p.90.

[47] Michael Chang, 앞의 논문, pp.144–145.

[48] 戴彦編, 《美麗與哀愁–一個眞實的阮玲玉》(東方出版社, 2005), pp.186–187.

[49] 黎莉莉, 〈阮玲玉二三事〉, 《阮玲玉神話》, p.95.

[50] Xiao Zhiwei, "Constructing a New National Culture: Film Censorship and the Issues of Cantonese Dialect, Superstition, and Sex in the Nanjing Decade," Edited by Yingjin Zhang, 앞의 책, p.183.

[51] Michael Chang, 앞의 논문, pp.152–153.

[52] 〈张达民控告唐季珊与阮玲玉通奸案〉, 《申報》 1935년 2월 28일자.

[53] 陈镐汶, 〈阮玲玉之死与新闻媒介〉, 《新闻记者》 1988年 01期, p.39.

[54] 유장근, 앞의 논문, pp.318–320.

[55] 그녀가 탕치산에게 남긴 유서의 내용은 대략 다음과 같다. "나는 지금 죽으려 하는데, 사람들은 한결같이 내가 죄를 두려워하기 때문이라고 한다. 기실 내가 무슨 죄가 있어 두렵단 말인가…… 장달민과 이혼할 때에 매월 1백원을 주기로 하였으며, 이는 계약에도 있는 것이다. 그런데 그는 원한으로 나에게 보답하였다…… 내가 죽는 건

조금도 애석하지 않으나 정말 두려운 것은 '인언가외' 이다……."

阮玲玉絕筆

二十四年三月七日晩午後

[56] 魯迅, 〈論人言可畏〉, 《魯迅全集》 제6권, (北京: 人民文學出版社, 1984).

[57] 스즈키 쓰네카쓰 지음, 앞의 책, p.103.

[58] 舒琪, 《阮玲玉神話》, p.19.

[59] 宋曉萍, 〈說/被說:兩種空間中的"阮玲玉"〉, pp.178-179.

[60] 《阮玲玉女士遺影集》(尙美社 간행)는 1935.3.25.에 발행되었다.

[61] 2006년 여름에 상하이의 골동품 거리인 동타이루에서 이것을 구입하려고 하였으나, 불가능하였다.

4부: 민간종교결사의 전통과 그 계승

1920~30년대 초 홍만자회紅卍字會의 발전양상과 그 성격

[1] 이는 당시에 필자가 찍은 사진에 의거한 것이다. 2006년 봄에 다시 방문하였을 때에는 기념비, 기념관 등이 바뀌어 있었다. 孫宅巍編, 《南京大屠殺史料集-遇難者的屍體掩埋》(江蘇人民出版社·鳳凰出版社, 2005)은 홍만자회의 구제 관련 사료집이다.

[2] Q120은 모두 4종의 하위 종류로 분류되어 있다. Q120-1은 崇善堂 관련자료 86건, Q120-2는 蘇北辦事處 자료 24건, Q120-3은 홍만자회 상하이분회 및 東南主會 관련 자료 176건, Q120-4는 중화총회동남각회 관련 자료 442건 등이다. 이 논문에서 사용한 당안은 모두 상하이당안관 소장 당안이다.

[3] 郭大松·曹立前, 〈源起齊魯的道院組織及其時代特徵〉, 《山東師大學報(社會科學版)》, 1994年 제3기; 郭大松, 〈《济南道院暨红卍字会之调查》辨证〉, 《青岛大学师范学院学报》 제22권 제3기(2005年 9月), pp.24-34; 朱式倫, 〈世界紅卍字會在濟南的興衰〉, 《濟南文史資料選集》 제4집.

[4] 曹禮龍, 〈修行與行善—上海的世界紅卍字會研究(1927-1949)〉(上海師範大學碩士學

位論文, 2005).

5 李國林, 〈民國時期上海慈善組織硏究(1912-1937)〉(華東師範大學 博士學位論文, 2003).

6 宋光宇, 〈民國初年中國宗教團體的社會慈善事業—以紅卍字會爲例〉, 《(臺北)文史哲學報》(臺灣大學) 46기(1986.6).

7 莫振良, 〈民國時期的紅卍字會〉, 《第1屆中國近代秘密社會史國際學術討論會提出論文》(南京大學, 1993), pp.1-10.

8 武內房司, 〈慈善と宗教結社 -同善社から道院へ〉, 《道教と中國社會》(雄山閣, 2001), pp.67-85.

9 曹禮龍, 위의 논문과 小浜正子, 《近代上海的公共性與國家》(上海古籍出版社, 2003)의 연구가 이러한 관점에 서 있다.

10 산둥성 성도인 지난에서 동북으로 약 120킬로미터 쯤 떨어진 곳에 위치한 빈현은 황하의 최하류에 자리한 도시로서 오늘날의 지명은 濱州이다. http://www.binzhou.gov.cn 참조(2008년 8월 26일 중국어구글 검색).

11 香港紅卍字會, 《道院卍會提要》(世界紅卍字會臺灣省分會, 1975), p.77.

12 유장근, 《근대중국의 비밀결사》(고려원, 1996), pp.196-197.

13 宋光宇, 앞의 논문, p.10.

14 吉岡義豊, 《アジア佛教史, 中國編 3, 現代 中國の諸宗教》(交成社, 1974), p.224.

15 馬書田, 《華夏諸神》(北京燕山出版社, 1990)이나, 竇德忠(蕭坤華 역), 《道教諸神》(四川人民出版社, 1988)에는 尙大仙의 이름이 보이지 않는다.

16 《道院卍會提要》, p.77.

17 末光高義, 《支那秘密結社と慈善結社》(滿洲評論社, 1932), p.354.

18 '濟南歷史人物; 劉紹基' (http://cn.bytravel.cn/art/jnl/jnlsrwlsj/) 참조(검색도구 百度, 검색일 2008년 8월 10일).

19 陸仲偉, 《中国秘密社会·第五卷·民国会道门》(福建人民出版社, 2003), p.107.

20 이 경전에 대한 소개는 安岡正篤, 《人生は難題克服に味がある》(三五館, 2003) 참조.

21 末光高義, 앞의 책, p.306.

[22] 顧長聲, 《傳教士與近代中國》 (上海人民出版社, 1991), pp.269-274.

[23] Q120-4-1, 〈鄭嬰芝先生講演錄(1942). 鄭嬰芝는 도원의 발기인 중 한 사람이었으며, 6원 중 宣院을 담당하였다.

[24] Q120-4-1, 〈道院紅卍字會說明〉; Q120-4-2, 〈道院說明書〉 참조.

[25] Q120-4-1, 〈道院紅卍字會組織概要〉.

[26] 유장근, 〈청말 광동지방의 사회복지기관〉, 《근대중국의 지역사회와 국가권력》 (신서원, 2004), pp.83-118.

[27] 曹禮龍, 앞의 논문, p.33.

[28] Q120-4-2, 《道院說明書》. 출판사항이 불명인 한글본 설명서도 있다.

[29] 《道院卍會提要》, pp.68-69.

[30] 《道院卍會提要》, p.69.

[31] 유장근, 〈청말 양광지방의 이주민과 教·會 融合〉, 《근대중국의 지역사회와 국가권력》 (신서원, 2004), pp.223-268.

[32] Philip Clart, "The Image of Jesus in Modern Chinese Religion Movements: Tao-Yuan and I-Kuan- Tao," Paper for the 'International Conference on Religion, Literature and Life', Yuan Ze University, Chung-li City, Taiwan(22 Sep. 2006), pp.1-16.

[33] 《道院卍會提要》, pp.72-84.

[34] 《道院卍會提要》, pp.68-82.

[35] 末光高義, 앞의 책, p.306.

[36] Q120-4-2, 〈道院說明書〉.

[37] 레일리경(1842-1919)는 영국 출신의 과학자, 캠브리지의 트리니티 칼리지에서 수학과 물리학을 공부하였으며, 후일 이곳의 대학교수가 되었다. 수학과 물리학 외에도 광학, 음성 등에서 뛰어난 업적으로 남겼으며, 초심리학을 발전시킨 사람 중의 하나이다. 1904년에 노벨상을 수상하였다.

http://nobelprize.org/nobel_prizes/physics/laureates/1904/strutt-bio.html 참조.

[38] 샤를 리쉐(1850-1935). 프랑스의 심리학자, 신경화학, 1887년에 프랑스 대학 심리학 교수, 1898년에 의학원 멤버, 과민증 연구, 1913년에 의학 심리학부분에서 노벨상

수상, 역사, 사회학, 심리학, 철학 등 다양한 부분에 관심을 가졌다. http://en.wikipedia.org/wiki/Charles_Richet 참조.

[39] Q120-4-2, 〈道院說明書〉.

[40] 武內房司, 앞의 논문, p.68.

[41] 宋光宇, 앞의 논문, p.20.

[42] 周秋光, 《熊希齡與慈善事業》(湖南教育出版社, 1991), p.43.

[43] 武內房司, 앞의 논문, pp.68-70.

[44] 宋光宇, 앞의 논문, p.13.

[45] 이 날짜는 Q120-1-34, 〈各地院會一覽表〉에 濟南 院會의 성립연월일로 등재된 것에 따랐다. 언제 설립되었는가에 대해서는 여전히 논란 중이다. 郭大松·曹立前, 앞의 논문, pp.57-62.

[46] 宋光宇, 앞의 논문, p.16.

[47] Q120-4-1, 〈世界红卍字会道院缘起˙组织概要〉.

[48] 宋光宇, 앞의 논문, p.16.

[49] Q120-1-34, 〈各地院會一覽表〉(1932년 10월 9일 上海紅卍字會到着書類)에 의거하여 작성.

[50] 1936년에 36개처, 1938년에 12개처, 1939년에 11개처, 모두 436개처로서 꾸준히 조직되었다. 宋光宇, 앞의 논문, p.19.

[51] 郭大松, 앞의 논문, p.32.

[52] 末光高義, 앞의 논문, p.354.

[53] 曹禮龍, 앞의 논문, p.16.

[54] Q120-3-22, 《院會道慈會議錄》(1931년).

[55] Q120-3-22, 《院會道慈會議錄》(1931년 12월 12일).

[56] Q120-4-1, 〈道院紅卍字會說明〉; Q120-4-2, 〈道院說明書〉.

[57] Q120-4-143, 〈訓練班各種講義底稿, 張江爽, 慈與道之關係〉.

[58] 香港紅卍字會, 《道院卍會提要》(世界紅卍字會臺灣省分會, 1975), pp44-48.

[59] Q120-4-2, 〈世界紅卍字會中華總會, 總主道院組織及工作概要〉.

[60] 朱式倫, 〈世界紅卍字會在濟南的興衰〉, 《濟南文史資料選集》 제4집, p.151.

[61] Q120-4-2, 〈世界紅卍字會中華總會, 總主道院組織及工作槪要〉.

[62] Q120-4-1, 〈道院紅卍字會說明〉.

[63] 末光高義, 앞의 책, p.354.

[64] Q120-4-1, 〈鄭嚳芝先生講演錄, 紅卍字會緣起〉.

[65] 宋光宇, 앞의 논문, p.11.

[66] 유장근, 〈근대 중국에 있어서 국가권력과 종교〉, 《근대중국의 지역사회와 국가권력》(신서원, 2004), pp.133-136.

[67] 末光高義, 앞의 책, pp.354-355.

[68] 宋光宇, 앞의 논문, p.45.

[69] Q120-3-98, 〈世界紅卍字會宣言〉.

[70] 行政院新聞局, 《中國紅十字會》(1947년 8월, 上海圖書館 소장), pp.1-3. 이 자료를 제공해 준 동북아역사재단의 박경석 선생에게 사의를 드린다.

[71] Q120-3-26, 〈世界紅卍字會上海分會職員名冊〉.

[72] 연도별 가입자는 다음과 같다. 1921년 1명, 1922년 5명, 1923년 2명, 1924년 0명, 1925년 1명, 1926년 3명, 1927년 4명, 1928년 2명, 1929년 6명, 1930년 2명, 1931년 4명, 1932년 8명, 1933년 2명, 1934년 7명, 1935년 11명, 1936년 1명, 1937년 1명.

[73] 莫振良, 앞의 논문, pp.9-10.

[74] 오늘날의 일본 대본교와 인류애선회에 대해서는 http://www.oomoto.or.jp/ 참조.

[75] 佐佐充昭, 〈전전기의 오오모토교大本敎와 도원·세계홍만자회의 연합운동에 관한 연구〉, 《신종교연구》 15(2006), pp.34-52. 佐佐充昭에 따르면 오오모토교는 신도의 전통에 의존하면서, 정치적인 목적으로 도원에 접근하였다고 말한다.

[76] Q120-1-70, 〈世界紅卍字會朝鮮道院〉. 이와 달리 한국학중앙연구원이 펴낸 《한국민족문화대백과사전》에서는 독립운동가 尹孝定이 1930년대에 홍만자회 한국지부의 일을 맡아보았다고 소개하고 있다. 검증이 필요한 부분이다. http://www.encykorea.com/encyweb.dll?TRX?str=53561&ty=2 참조.

[77] 2008년 8월 현재, 한국의 인터넷 사이트 '인터넷 규장각' (http://www.e824.com/

auction/)에서는 조선홍만자회 관련 자료들이 경매되고 있다.

78 '한미사진미술관' 소장 사진. 사진을 제공해준 한미사진미술관에 감사를 드린다.

79 末光高義, 앞의 책, p.306.

80 末光高義, 앞의 책, p.383.

81 Q120-4-2, 〈世界红卍字会中华总会总主道院工作概要〉; 方竟·蔡傳斌, 〈民國時期的世界紅卍字會及其賑濟活動〉, 《中國社會經濟史研究》 2005년 제2기, pp.76-77.

82 梁其姿, 《慈善與教化: 明清的慈善組織》(河北教育出版社, 2001), p.109.

83 李國林, 앞의 논문, p.95.

84 Q120-3-22, 〈院會道慈會議議事錄〉(1931년 9월 11일).

85 小浜正子, 《近代上海的公共性與國家》(上海古籍出版社, 2003), pp.50-129 참조.

86 許晚成編, 《上海慈善機關概況》, (龍門書店, 1940), p.6.

87 Q120-3-22, 〈院會道慈會議議事錄〉(1931년 8월 20일).

88 Q115-25-8, 〈公益慈善團體法規目錄〉.

89 《申報》 民國 17년 10월 22일.

90 宋光宇, 앞의 논문, p.36.

91 熊希齡, 〈請重視宗教并陳所見致蔣介石函〉, 周秋光編, 《熊希齡集》(湖南出版社, 1985년판), pp.2004-2005.

92 Q120-3-11, 〈呈中央黨部民衆訓練部門〉.

93 Q120-4-1, 〈道院紅卍字會組織概要〉.

94 Q120-3-168, 〈世界紅卍字會中華東南各會聯合總辦事處告各會會員書〉.

95 Q120-3-98, 〈世界紅卍字會宣言〉.

96 프래신짓트 두아라는 이 독립설을 받아들인다. 프래신짓트 두아라 지음(한석정 옮김), 《주권과 순수성—만주국과 동아시아적 근대—》(나남, 2008), pp.222-223.

97 曹禮龍, 앞의 논문, p.60.

98 末光高義, 앞의 책, pp.356-357 및 p.385 〈세계홍만자회대강〉 '제5장 慈業 제43조-제48조' 에 따름.

99 Q120-4-2, 〈世界红卍字会中华总会总主道院工作概要〉.

[100] Q120-4-2. 〈世界紅卍字会中华总会总主道院工作概要〉.

[101] 方竟 등, 앞의 논문, p.79.

[102] Q120-4-2, 〈世界紅卍字會慈業工作報告書〉.

[103] 李國林, 앞의 논문, p.158.

[104] 박경석, 〈남경국민정부 구재행정 체계의 근대적 변모—국민정부구제수재위원회를 중심으로, 1931-1932년—〉, (연세대학교 대학원 사학과 박사학위 논문, 2002), pp.46-68.

[105] 孫江, 〈近代中國における'アジア主義'言說〉, 《日本·東アジア文化研究》 제1호(2002.2), pp.50-52.

현대중국에 있어서 파룬궁法輪功의 출현과 발전양상

[1] 서울행정법원 제11부, 〈사건 2007구합18921 법인설립허가 반려처분취소〉(판결선고, 2007년 11월 28일), pp.1-39.

[2] 서울행정법원 제6부, 〈사건 2006구합15080 난민인정불허처분 취소청구〉(판결선고, 2008년 1월 16일), pp.1-39.

[3] 이은자, 〈비밀결사의 유산과 현대중국—파룬궁의 역사적 기원〉, 《중국학보》 47호(2003), pp.591-609.

[4] 정재호, 〈파룬궁, 인터넷과 중국내부 통제의 정치〉, 《한국정치학회보》 35-2(2001); 김도희, 〈중국의 사회통제와 파룬궁〉, 《중국학연구》 20-1(2001); 전명수, 〈파룬궁의 전개와 '공론장'에 대한 새로운 접근: 종교적 민중집단에 관한 사회학적 성찰〉, 《신종교연구》 제10집(2004), pp.20-50.

[5] 서지호, 〈파룬궁 사태를 통한 중국의 종교와 사회적 제문제 고찰〉 (삼육대학교 대학원 신학과 석사학위 논문, 2002.12); 박미진, 〈파룬궁과 중국 정부의 대응과 기독교 전략〉, 《중국교회와 선교》 10(2001.7).

[6] 김혜봉, 〈파룬궁에 관한 문헌학적 고찰〉, 《선무학술논집》 제10집(2000), pp.101-125.

[7] 이 부분에 대한 연구물 소개는 필요할 때마다 각주에서 언급할 것이다.

[8] 필자는 이 문제를, 〈근대중국에 있어서 국가권력과 종교〉, 《근대중국의 지역사회와 국가권력》(신서원, 2004), pp.119-145에서 대략적으로 검토한 바 있다.

[9] 유장근, 〈이홍지, 위대한 스승인가, 사교의 우두머리인가〉, 윤상인 등 엮음, 《위대한 아시아》(황금가지, 2003), pp.203-210.

[10] 李洪志, 《中國法輪功》(1993)(중국대법연구회역, 《파룬궁》(2003;http://www.falundafa.or.kr/에 게재된 한글본), p.58.

[11] 公安部研究室, 〈李洪志其人其事〉, 中國公安部宣傳局編, 《李洪志其人其事》(北京: 群衆出版社, 1999.7), pp.31-37. 이홍지의 약력이나 파룬궁 활동에 대한 중국 정부의 공식 기록은 이 자료에 따른다.

[12] 公安部研究室, 〈李洪志其人其事〉, p.33.

[13] 公安部研究室, 〈李洪志其人其事〉, p.33; 譚松球·秦寶琦·孔祥濤, 《法輪功與民間宗教結社》(福建人民出版社, 1999), p.11.

[14] 이승기·김광호, 〈불교기공에 관한 고찰〉, 《대한기공의학회지》 2-2(1998), pp.125-126.

[15] 이동현, 《생활기공》(정신세계사, 1993), http://blog.empas.com/kawekawe/21822383 참조.

[16] 譚松球 등, 앞의 책, p.5.

[17] 하나는 《중국파룬궁》 1993년에 실린 것, 다른 하나는 1994년에 실린 것으로서 약간 차이가 있으며, 현재의 《법륜궁》 판에는 이것이 모두 사라지고 없다. 이에 대해서는 Benjamin Penny, "The Life and Times of Li Hongzhi", *The China Quarterly* 175(2003), pp.643-662.

[18] Benjamin Penny, "The Life and Times of Li Hongzhi", p.657.

[19] 김금자, 〈중국조선족 샤먼의 역사적 변화에 대하여〉, 《샤머니즘 연구》 4(2002), pp.85-86.

[20] 이 이력은 公安部研究室, 〈李洪志其人其事〉에 실려 있는 것을 인용한다.

[21] B. Penny, "The Life and Times of Li Hongzhi", p.659.

[22] 유민호, 〈독점 인터뷰, 파룬궁 창시자 리훙쯔, "파룬궁의 도, 총칼보다 강하다"〉, 《신동아》 1999년 9월호.

[23] B. Penny, "The Life and Times of Li Hongzhi", pp.656–658.

[24] 이홍지, 《法輪佛法—캐나다 법회에서의 설법》 (1999년 5월 23일. 토론토에서) http://www.falundafa.or.kr/DaFabook/PDF21/Canada(h031031).pdf, pp.43–44.

[25] 公安部硏究室, 〈李洪志其人其事〉, p.32.

[26] Karin Aalderink, "Totally Expunge Evil, Pursue it to the End –Explaining the Crackdown in the Falun Gong", Graduation paper, (Leiden University, September 2001), http://website.leidenuniv.nl/~haarbjter/aalderink/index.html, (2007.9.4 확인), chp.5–3.

[27] 公安部硏究室, 〈李洪志其人其事〉, pp.31–32.

[28] B. Penny, "The Life and Times of Li Hongzhi", p.659.

[29] 公安部硏究室, 〈李洪志其人其事〉, p.31.

[30] 公安部硏究室, 〈李洪志其人其事〉, pp.31–32.

[31] B. Penny, "The Life and Times of Li Hongzhi", p.654.

[32] 김금자, 〈중국 조선족 샤먼의 역사적 변화에 대하여〉, p.83.

[33] Majorie Topley, "The Great Way of Former Heaven: a group of Chinese religious sect", *Bulletin of the School of Oriental and African Studies* (University of London), 26–2(1963), pp.364–368.

[34] 陸仲偉, 《一貫道內幕》 (江蘇人民出版社, 1998), pp.10–11.

[35] 이홍지, 《파룬궁》, p.56.

[36] 先天大道에 대해서는 Majorie Topley, 앞의 논문, pp.362–392 참조.

[37] 李洪志 저, 중국대법연구회역, 《轉法輪》 (그룹필, 2001), pp.120–121.

[38] 현관설위란 높은 수준에 오른 수련인은 단전에 쌓인 기가 머리 끝까지 올랐다가 이른바 '天目'을 따라 앞이마 부근에 드리우는데 이곳이 현관이며, 기는 이곳을 통해 신체의 내외를 왕래한다고 한다. 이홍지, 《전법륜》, pp.205–209.

[39] 李洪志, 《轉法輪》, pp.41–53.

[40] 李洪志, 《中國法輪功》, p.56; Benjamin Penny, "The Falun Gong, Buddhism and 'Buddhist qigong'", Asian Studies Review, 29(March 2005), pp.35–46.

[41] 譚松球 등, 앞의 책, pp.111-117.

[42] 邵雍,《中國會道門》(상해인민출판사, 1997), pp.452-504.

[43] 이은자,《중국민간종교결사, 전통과 현대의 만남》(책세상, 2005), p.120.

[44] 중화민국 시대에 일관도의 본거지는 베이징과 톈진이었으며, 만주지역의 다롄·선양·창춘·하얼빈·잉커우·지린 등지에서 왕성하게 활동하였다. 秦寶琦·晏樂斌,《一貫道的興衰》(福建人民出版社, 1999), p.389 참조.

[45] 大里浩秋, 〈中國秘密社會現段階覺書〉, 神奈川大學人文學研究所編,《秘密社會と國家》(東京: 勁草書房, 1995), p.200.

[46] 王兆祥, 〈白蓮教的巫覡與氣功武術〉,《第1屆中國近代秘密社會史國際學術討論會提出論文》(南京大學, 1993), pp.1-14.

[47] 大里浩秋, 위의 논문, pp.201-203.

[48] 서대석, 〈한국 신화와 만주족 신화의 비교 연구〉,《고전문학연구》, 7호(1992), pp.5-50.

[49] 김금자, 〈中國 氣功 '神通' 현상에 대한 巫俗的 고찰〉,《한국민속학회소식》 제8호(1995), pp.5-7. 무당이 신통력을 통해 질병을 치료하는 전통은 우리에게 익숙한 것이다. 이에 대해서는 김광일, 〈한국민간정신의학(II): 굿과 정신치료〉,《한국문화인류학》 5(1972), pp.79-106. 이 신통력을 이용한 치료법은 이홍지의 각종 저술에서도 거의 유사하게 나타난다.

[50] 李洪志,《轉法輪》, pp.159-161.

[51] 王兆祥, 〈白蓮教的巫覡與氣功武術〉, pp.1-14.

[52] 路雲亭, 〈柯雲路現象與中國巫覡文化〉,《山西大學師範學院學報》, 2000년 제2기, pp.13-17.

[53] 김금자, 〈중국조선족 샤먼의 역사적 변화에 대하여〉, p.77. 다만 아래에 거론할 張香玉은 예외이다. 칭하이성의 활극단 배우였던 그는 40세가 되던 해(1980)에 무병을 앓았으며, 1985년 8월 6일《中卒氣功》이란 잡지를 보는데, 갑자기 자신의 신체 내부를 보게 되었고(인체 투시), 저쪽 방에 있는 물건이 보이는[遙視] 등 상상할 수 없는 세계를 체험하였다. 이후 산천에 끌리어 기공을 배웠더니 육신이 정상화되었으며, 약 2

년이 지난 뒤 신통력 있는 기공사가 되었다고 한다. 김금자, 〈中國 氣功 '神通' 現象에 대한 巫俗的 考察〉, pp.5–6.

54 佛展千手法을 비롯한 다섯 종류의 기공법에 대해서는 김혜봉, 앞의 논문, pp.111–125 참조.

55 David Ownby, "Transnational China Project Commentary: Falungong as a Cultural Revitalization Movement: An Historian Looks at Contemporary China", Co-Sponsored by Asian Studies, *History and the Center for the Study of Cultures*, (October 20, 2000), pp.1–15. http://www.ruf.rice.edu/~tnchina/commentary/ownby1000.html. 2008년 1월 4일 확인.

56 〈李昌〉, http://library.minghui.org/victim/i4730.htm (2008년 1월 10일 확인); 〈王治文: "4.25"是这样安排下去的〉, http://www.kaiwind.com/kfjc/ytflg/200711/t71564.htm (2008년 1월 10일 확인); "Overriding the Law With Political Power, Jiang Zemin Ordered a 21 Year Prison Sentence for High Ranking Military Officer Yu Changxin", http://www.clearwisdom.net/emh/articles/2001/12/29/17254p.html 2008년 1월 10일 확인). 이들 중 리창과 왕즈원은 紀烈武·姚洁과 함께 1999년 4월 25일의 중난하이 시위를 이끌었으며, 위창신도 4·25 시위를 주도했다는 이유로 21년형을 언도받았다.

57 James Tong, "An Organizational Analysis of the Falun Gong: Structure, Communications, Financing", *The China Quarterly* 171(2002), pp.640–641.

58 李洪志, 《轉法輪》, p.331.

59 Gayle M.B. Hanson, "China Shaken by Mass Meditation – meditation movement Falun Gong", Insight on the News, August 23, 1999.

60 李洪志(중국대법연구회번역팀 옮김), 《法輪大法義解》 (도서출판그룹 필, 2001), p.189.

61 Barend ter Haar, http://website.leidenuniv.nl/~haarbjter/faluntext2.html; http://website.leidenuniv.nl/~haarbjter/faluntext3.html.

62 마리아 시아 창(황정연 옮김), 《붉은 중국의 공포: 파룬궁》 (황소자리, 2005), p.16.

63 지식인과 군인들이 많았다는 점에 대해서는 이홍지도 인정하고 있다. 유민호, 〈파룬궁 창시자 리훙쯔〉, 《신동아》 1999년 9월호.

[64] Gale Hanson, "China Shaken by Mass Meditation—meditation movement Falun Gong".

[65] "Overriding the Law With Political Power, Jiang Zemin Ordered a 21 Year Prison Sentence for High Ranking Military Officer Yu Changxin", http://www.clearwisdom.net/emh/articles/2001/12/29/17254p.html (2008년 1월 10일 확인).

[66] 마리아 시아 창, 앞의 책, p.17.

[67] Beatrice Leung, "China and Falun Gong: Party and Society relations in the modern era", *Journal of Contemporary China*, 11-33(2002), p.767.

[68] 유민호, 〈파룬궁의 창시자 리훙쯔〉.

[69] Elizabeth J. Perry, "Challenging the Mandate of Heaven: Popular Protest in Modern China", *Critical Asian Studies* 33-2(2001), p.171.

[70] 유민호, 〈파룬궁의 창시자 리훙쯔〉.

[71] 정재호, 앞의 논문, p.300.

[72] 김영명·김상규, 〈중국 기공의 발전 과정 연구〉, 《체육사학회지》 6(2000), pp.63-64.

[73] 김영명·김상규·신순식, 〈한국기공 정립을 위한 방향설정에 관한 연구〉, 《동아대학교부설스포츠과학연구논문집》 18(2000), pp.4-5. 이 논문은 사실상 1996년에 중국 정부에서 제정한 〈사회기공관리 강화에 관한 통지〉 등을 세세하게 소개한 자료적 성격의 글이다.

[74] Robert Shepherd, "Age of the law's end: Falungong and the Cultivation of modernity in post-Maoist China", *International Journal of Cultural Studies* 8-4(2005.8), p.394.

[75] Beatrice Leung, pp.770-771.

[76] 마리아 시아 창, 앞의 책, p.16.

[77] 中功은 파룬궁 탄압의 소용돌이 속에서 2000년 2월 1일에 정부에 의해 사교로 규정되었으며 장훙바오는 괌 섬으로의 정치적 망명을 택하였다. "Chinese Sect Members Appeal to Bush over Detained Leader " AFP (February 1, 2001); 마리아 시아 창, 앞의 책, p.16.

[78] 김금자, 〈중국조선족 샤먼의 역사적 변화에 대하여〉, pp.80-81.

[79] 路雲亭, 앞의 논문, p.17.

[80] 김영명·김상규·신순식, 앞의 논문, p.6.

[81] 譚松球 등, 앞의 책, pp.155–160. 옌신, 장바오성, 장샹이, 천린펑 이외에 왕여우청, 우캉, 진구이 등은 인체=우주에 입각하여 기공활동을 전개한 유신론적 기공파였다. 路雲亭, 앞의 논문, p.15.

[82] 이홍지, 《중국파룬궁》 질의 응답편, pp.71–72.

[83] 김금자, 앞의 논문, p.85.

[84] "Overriding the Law With Political Power, Jiang Zemin Ordered a 21 Year Prison Sentence for High Ranking Military Officer Yu Changxin".

[85] 대니 세쳐(김은정 옮김), 《파룬궁, 중국의 충격: 심신수련인가, 신흥종교인가?》(영림카디널, 2001), pp.88–89.

[86] 오윤현, 〈파룬궁이 사이비종교라구요?〉, 《시사저널》 622호(2001년 9월 24일).

[87] 최병준·이철진, 〈정신의학에서 바라본 무속과 기공의 상관성 연구〉, 《대한의료기공학회지》 4–2(2000), pp.187–214.

[88] 李洪志, 《轉法輪》, p.336. 질병치료는 특히 리훙즈의 초기 저술에서 상당히 강조되었으나 뒤에 개정된 그의 저술들은 상당히 철학적이고 교의적으로 되어 갔다는 사실도 지적되고 있다. Barend ter Haar, 앞의 사이트(http://website.leidenuniv.nl/~haarbjter/faluntext2.html 참조.

[89] 李洪志, 《法輪大法義解》, pp.115.

[90] Beatrice Leung, 앞의 논문, p.765.

[91] 譚松球 등, 앞의 책, pp.57–59.

[92] 정재호, 앞의 논문, p. 302.

[93] 이강원·노기, 〈'산업화된 농민국가'의 출현과정: 중국의 농촌·도시간 인구이동과 호구제도의 기능〉, 《지리학연구》 제35권 3호(2001), pp.200–205.

[94] 유장근, 〈근대중국에 있어서 국가권력과 종교〉, pp.136–143.

[95] James Tong, 앞의 논문, pp.637–659.

[96] 유민호, 〈파룬궁 창시자 리훙쯔〉.

97 정재호, 앞의 논문, p.301.

98 李洪志, 《法輪大法義解》(1994년 9월 18일), p.124.

99 李洪志, 위의 책, p.195.

100 譚松球 등, 앞의 책, pp.57-59.

101 유민호, 〈파룬궁의 창시자 리홍쯔〉.

102 Hongyan Xiao, "Falun Gong and the Ideological Crisis of the Chinese Communist Party: Marxist Atheism vs. Vulgar Theism", *East Asia: An East Asia: An International Quarterly* vol.19-1/2(2001), pp.129-130.

103 李洪志(법륜대법연구회 번역팀 옮김), 《法輪佛法大圓滿法》(도서출판그룹 필, 2001), pp.115-118.

104 李洪志, 《轉法輪》, pp.282-283.

105 李洪志, 《法輪大法義解》, pp.13-16.

106 李洪志, 《法輪佛法大圓滿法》, pp.124-126.

107 Beatrice Leung, 앞의 논문, p.776.

108 Robert Shepherd, 앞의 논문, p.394.

109 David Ownby, "Transnational China Project Commentary: Falungong as a Cultural Revitalization Movement: An Historian Looks at Contemporary China" 참조.

110 유장근, 〈민간종교〉, pp.411-423.

111 정재호, 앞의 논문, pp.305-312.

112 리홍즈가 집필한 모든 책들이 한국 파룬궁 사이트(http://www.falundafa.or.kr/)에 올려져 있다. 아울러 대표적인 파룬궁 사이트로는 http://www.falundafa.or.kr/(Falundafa in Korea), http://www.faluninfo.or.kr/index.asp(전 세계 파룬궁에 관한 뉴스와 정보), http://www.fofg.org/(파룬궁의 친구들), http://www.falundafa.org/(法輪大法), http://www.clearwisdom.net/emh/index.html(Falundafa clearwisdom. net), http://www.minghui.org/ (法輪大法明慧網) 등이다(2008년 1월 10일 현재).

113 정재호, 앞의 논문, pp.306-307.

114 필자는 2006년 2월에서 이듬해 2월까지 1년간 상하이에 체류하면서 한 건의 파룬궁

자료도 인터넷에서 얻을 수 없었다. 위의 사이트 중 http://www.falundafa.or.kr/ (Falundafa in Korea)와 같은 한국어 파룬궁 사이트에도 접근할 수 없었다.

115 http://www.kaiwind.com/

116 http://www.chinaemb.or.kr/kor/zgzt/xjflg/default.htm

117 James Tong, 앞의 논문, pp.646-648.

118 李洪志,《法輪大法義解》1994년 1월의 발언, p.189.

119 李洪志,《法輪大法義解》, p.188.

120 대니 세쳐, 앞의 책, p.89.

121 James Tong, 앞의 논문, p.640.

122 李洪志,《法輪大法義解》, pp.177-188.

123 이홍지,《중국파룬궁》 문답편, p.60.

124 James Tong, 앞의 논문, p.640.

125 路雲亭, 앞의 논문, p.14.

126 마리아 시아 창, 앞의 책, p.20.

127 김성환, 〈중국, 파룬궁과의 사상투쟁〉,《한겨레21》, 270(1999년 8월 12일); Hongyan Xiao, 앞의 논문, p.135.

128 Karin Aalderink, "conclusion".

129 김영명·김상규·신순식, 앞의 논문, pp.8-26.

130 James Tong, 앞의 논문, p.640.

131 정재호, 앞의 논문, p.300.

132 James Tong, 앞의 논문, p.641.

133 김도희, 앞의 논문, p.511.

134 Richard Madson, "Demystifying Falun Gong", *Current History* 99-638(2000 sep.), pp.243 ff.

135 김영명·김상규·신순식, 앞의 논문, pp.10-12.

현대중국의 샹그리라 만들기와 그 의미

[1] 이에 대해서는 유장근, 〈현대 한국인의 중국 변방 인식—수교 이후 여행기를 중심으로—〉, 《중국근현대사연구》 제44집(2009.12), pp.161-193 참조.

[2] 이 발표문에서는 제임스 힐튼(이경식 옮김), 《잃어버린 지평선》(문예출판사, 2004)을 이용한다. 이 판은 1979년 판을 현대식으로 바꾼 것이다.

[3] 張寬, 〈香格里拉圍城: 神話, 小說, 電影〉, 《東方叢刊》 2006-1, p.169.

[4] "James Hilton", Twentieth- Century Literary Criticism, Vol.21, pp.90-103.

[5] 이 때문에 김윤식은 샹그리라는 옥스퍼드와 캠브리지 대학 캠퍼스를 티베트 고원 오지 위에 올려놓은 형국이라고 비유하였다. 김윤식, 《샹그리라를 찾아서》(강, 2003), pp.188-190.

[6] 張寬, 〈香格里拉圍城: 神話, 小說, 電影〉, p.169.

[7] 신범순, 〈잃어버린 지평선 찾기〉, 《시와 시학》 65호(3007. 봄호), pp.13-16.

[8] 이 개념의 맥락은 강상중 지음, 이경석·임성모 옮김, 《오리엔탈리즘을 넘어서》(이산, 1997), pp.78-109 참조.

[9] 이는 이미 김윤식이 제기한 것이다. 김윤식, 앞의 책, pp.183-213.

[10] 《Lost Horizon》, Columbia Pictures, DVD: sky cinema 제작, 2004년 5월.

[11] 《씨네21 영화감독사전》(한겨레신문사, 1999), p.363.

[12] 宣生, 〈關于"香格里拉"考証的質疑〉, 《中國西藏》 1999.1.

[13] 陳思俊, 《香格里拉之魂》, (四川民族出版社, 2007), pp.46-47.

[14] 〈일허버린 地平線〉, 《조선일보》 1936년 11월 27일자.

[15] 〈이상타! 最終封切은 '일허버린지평선〉, 《조선일보》 1939년 7월 22일.

[16] 제임스 힐튼(안동민 역), 《잃어버린 地平線》(신태양사, 단기 4288년).

[17] 陳思俊, 앞의 책, pp.38-39.

[18] Joseph Rock, The Ancient Na-Khi Kingdom of Southwest China, Vol.1, (Harvard University Press, 1947, 고려대학교 도서관 소장), p.177.

[19] Joseph Rock, "Through the Great River Trenches of Asia", China on the Wild Side; Explorations in the China – Tibet Borderlands Volume 1, (Caravan Press, Hongkong 2007), pp.65–66. 이 책은 조셉 록이 '내셔날 지오그래픽National Geographic' 에 기고한 글을 묶어 놓은 것으로, 이 논문에서는 이 책에 실린 글들을 활용할 것이다.

[20] 《麗江日報》, 1998년 9월 4일자 및 유장근, 〈샹그리라는 히말라야 시다의 동네?〉, 《여행하며 중화제국을 탐색하다》, (도서출판 청암, 2008), pp.62–67.

[21] 김용표, 〈'샹그리라' 의 위치와 자연 및 지리환경에 대한 고찰〉, 《중국연구》 39권 (2007), p.73.

[22] 張寬, 〈香格里拉圍城:神話, 小說, 電影〉, 《東方叢刊》 2006–1, p.170.

[23] 宣生, 〈關于"香格里拉"考証的質疑〉, 《中國西藏》 1999.1.

[24] 안드라데에 대해서는 万明, 〈西方跨越世界屋脊入藏第一人 – 以安德拉德葡文書信爲中心的探析–〉, 《中國藏學》 2001년 제3기, pp.49–66 참조.

[25] 마이클 우드 지음(최애리 옮김), 《신화추적자》(웅진지식하우스, 2006), pp.22–97.

[26] 이 책의 불어판은 1853년이고, 영어번역판은 1860년이다. [近三百年外國人關于中國的著述目錄] H–J, http://www.360doc.com/content/10/1027/22/239222_64596677.shtml

[27] 張寬, 앞의 글, p.171.

[28] 문선환, 〈뉴에이지 운동의 이해와 대책에 관한 일 연구〉, 삼육대학교 신학대학원 석사논문(2004년 2월), pp.6–25.

[29] 마이크 에드워즈 글, 마이클 야마시타 사진, 〈중국 탐험에 나선 선구자, 조셉 록〉, 한글판 《내셔널 지오그래픽》 2002년 9월호, pp.86–105.

[30] Jim Goodman and Photographs by Joseph F. Rock, Joseph F. Rock and His Shangri–La, (Hong Kong: Caravan Press, 2006), pp.20–22.

[31] Jim Goodman and Photographs by Joseph Rock, 앞의 책, pp.66–69.

[32] S.B. Sutton, In China's Border Provinces: The Turbulent Career of Joseph Rock, Botanist– Explorer, (Hastings House, 1974), pp.18–20.

[33] Joseph F. Rock, "The Land of the Yellow Lama", pp.74–119.

[34] Sutton, 앞의 책, p.152.

[35] 리장 지역 라마사원에서 거행되는 축귀춤에 대해서는 Joseph Rock, "Sungmas, the Living Oracles of the Tibetan Church," pp.196–204 참조.

[36] Joseph Rock, "Through the Great River Trenches of Asia", p.64.

[37] S.B. Sutton, 앞의 책, p.196.

[38] Joseph F. Rock, "The Land of the Yellow Lama", p.84.

[39] Jim Goodman and Photographs by Joseph Rock, 앞의 책, p.97.

[40] Joseph F. Rock, "The Glories of the Minya Konka", pp.159–195.

[41] Jim Goodman and Photographs by Joseph Rock, 앞의 책, p.97.

[42] G. A. Donovan, "With the Lama King: Joseph Rock and Muli", China on the Wild Side, pp.69–70.

[43] S.B. Sutton, 앞의 책, pp.161–162.

[44] 토비 머스그레이브 외 지음, 이창신 옮김, 《식물추적자》, 넥서스(2004), pp.209–212.

[45] G. A. Donovan, "With the Lama King: Joseph Rock and Muli", pp.70–71.

[46] Joseph Rock, "The Land of the Yellow Lama", p.78.

[47] Joseph Rock, "Through the Great River Trenches of Asia", pp.65–66.

[48] Jim Goodman and Photographs by Joseph Rock, 앞의 책, p.100.

[49] 토비 머스그레이브 외 지음, 《식물추적자》, pp.268–269에서 재인용.

[50] 마이크 에드워즈 글, 마이클 야마시타 사진, 〈중국 탐험에 나선 선구자, 조셉 록〉, 한글판 《내셔널 지오그래픽》 2002년 9월호, pp.86–105.

[51] S.B.Sutton, 앞의 책, pp.119–120.

[52] Joseph Rock, "The Land of the Yellow Lama", pp.105–119.

[53] G. A. Donovan, "With the Lama King: Joseph Rock and Muli", pp.68–72.

[54] B*ibliographical Dictionary of Republican China Vol. III* (Columbia University Press, 1970), pp.223–224.

[55] Jim Goodman and Photographs by Joseph Rock, 앞의 책, pp.38–53.

[56] Joseph Rock, "Through the Great River Trenches of Asia", p.52.

57 呂昭義著,《英屬印度與中國西南邊疆, 1774–1911年》(中國社會科學出版社, 1996), pp.264–283.

58 토비 머스그레이브 외 지음,《식물추적자》, pp.240–243.

59 S.B.Sutton, 앞의 책, pp.18–20.

60 Joseph Rock, "Banishing the Devil of Disease among the Nashi of Yunnan Province, China," pp.9–26.

61 Jim Goodman and Photographs by Joseph Rock, 앞의 책, pp.101–103.

62 Jim Goodman and Photographs by Joseph Rock, 앞의 책, p.146.

63 Jim Goodman and Photographs by Joseph Rock, 앞의 책, pp.152–153.

64 S.B. Sutton, 앞의 책, pp.75–77.

65 杨桂华·杨弘,〈云南省迪庆香格里拉旅游品牌成功营销经验〉,《昆明大学学报》제17권, 2006, 제2기, p.16.

66 杨桂华·杨弘, 위의 논문, p.16.

67 이 부분에 대해서는 鈴木中正 編《千年王國的民衆運動の研究》(東京: 東京大學出版會, 1982), pp.75–81을 참조할 것.

68 유장근,〈현대 중국에 있어서 파룬궁의 발전양상〉,《中國史研究》52집(2008.2), pp.183–222.

69 杨桂华, 杨弘, 앞의 논문, p.17.

70 熊燕·杨筑慧,〈从"中甸"更名为"香格里拉" 看地方文化的重建〉,《中央民族大学学报 哲学社会科学版》, 2007年 第5期, 第34卷, pp.64–66.

71 杨桂华·杨弘, 앞의 논문, p.17.

72 梁位,〈"中甸"到"香格里拉"華麗轉身的始末〉(인터넷 자료, 中國西藏網 講述〉歷史天空), pp.1–3.

73 石安達,〈開發迪慶州中甸縣旅遊資源的設想〉,《雲南政報》1994.3기, pp.45–47.

74 葉文·薛熙明,〈生態旅遊本土化問題研究〉, 保繼剛 等 主編,《社區旅遊與邊境旅遊》(中國旅遊出版社, 2006), pp.215–228.

75 邓永进·郭山,〈香格里拉民族生态旅游的设计与实践—来自云南省中甸县霞给村的研

究报告〉,《雲南大學人文社會科學學報-思想战线》제27권, 2001년 제2기, pp.69-71.

76 宋振春,《當代中國旅遊發展研究》(北京: 經濟管理出版社, 2006), pp.183-188.

77 杨桂华·杨弘, 앞의 논문, pp.15-19.

78 张文明,〈"香格里拉"县名的由来〉,《云南政协报》2007年 1月 6日 第001版, pp.1-2.

79 雲南省人民政府,〈關于中甸县更名为香格里拉县的請示〉, 雲政發, 2001년, 115호.

그 내용은 다음과 같다.

国务院:

经过语言学家和地理学家对我省迪庆州进行一系列考证之后, 结果显示香格里拉和迪庆州的条件完全吻合, 迪庆州即为香格里拉。经济学家对国内外市场进行了分析预测, "香格里拉"的品牌效应会为我国带来巨大财富, 是云南省经济发展的契机。

特向国务院请示将云南省迪庆藏族自治区中甸县更名为香格里拉县。

以上请示当否, 请批复。

80 中國民政部,〈关于云南省中甸县更名为香格里拉县的批复〉, 2001년 12월 17일. 民發 2001. 348호,《國務院公報》, 2002년 10월.

81 Erlet Cater, "The Space of the dream: a case of mis-taken identity?", *Area*, 33-1(2001), pp.47-54.

82 張寬, 앞의 논문, p.177.

83 熊燕·杨筑慧, 앞의 논문, pp.63-64.

84 熊燕·杨筑慧, 위의 논문, pp.65-66.

85 熊燕·杨筑慧, 위의 논문, p.66.

86 香格里拉年鉴编辑部,〈旅遊業和招商引資〉,《香格里拉年鑒》(雲南美術出版社, 2006), 총 제4권.

87 〈云南迪庆: 打造世界的"香格里拉"〉,《中國日報》2010.10.11일자.

87 〈云南迪庆: 打造世界的"香格里拉"〉,《中國日報》2010.10.11일자.

http://www.chinadaily.com.cn/hqcj/zgjj/2010-10-12/content_991049_3.html

88 香格里拉年鉴编辑部,〈旅遊業和招商引資〉, 참조.

89 雲南省迪慶藏族自治州市區管理局,〈迪慶藏族自治州건면建設小康社會規劃綱要〉,

2007.12.15 發布.《迪慶香格里拉縣數字鄕村新農村建設信息網》(인터넷 자료), pp.1-3.

[90] 熊燕·杨筑慧, 앞의 논문, p. 67.

[91] 유장근, 〈'천부지국' 과 '몸에 3푼도 없는 곳—쓰촨 구이저우 여행기—〉,《중국근현대사연구》24(2004. 12), pp.123-130.

[92] 陳思俊, 앞의 책, pp.52-53.

[93] 김용표, 앞의 논문, pp.76-77.

[94] 雲南省 麗江市政府 研究室,《麗江與香格里拉生態旅遊區發展戰略研究》, 2008. 9.22(인터넷 색인번호, 530770-006056-0080922-0004), pp.4-9.

[95] 陳來生 主編,《世界遺產在中國》(長春出版社, 2006), pp.336-39; pp.144-149; pp.160-165.

현대중국에 있어서 생태환경의 변화와 변경으로의 팽창주의

[1] 미간 리안·크리스토퍼 플래빈, 〈중국의 한계에 직면한 세계〉,《지구환경보고서-1995》, p.212.

[2] 유장근, 〈중국 근대에 있어서 생태환경사 연구〉,《중국현대사연구》 제3집(1997.6), pp.136-137.

[3] 클라우스 미하엘 마이어-아비히 지음(박명선 옮김),《자연을 위한 항거》(도요새, 2001), pp.155-188.

[4] 뵈외른 롬보르 지음(홍옥희·김승옥 옮김),《회의적 환경주의자》(에코 리브로, 2003).

[5] 머레이 북친 지음(문순홍 옮김),《사회생태론의 철학》(솔, 1997).

[6] Mark Elvin and Liu Ts'ui-yung edi., Sediments of Time; Environment and Society in Chinese History, (Cambridge University Press, 1998), p.18.

[7] 로이드 이스트만 지음(이승휘 옮김),《중국사회의 지속과 변화》(돌베개, 1999), p.20.

[8] 윌리암 맥닐 외 지음(차하순 외 공역),《20세기의 역사》(이산, 2000), p.41.

[9] 姜濤,《中國近代人口史》(浙江人民出版社, 1993), p.15.

[10] 姜濤, 위의 책, p.15.

[11] 何炳棣 지음(정철웅역),《중국의 인구》(책세상, 1994), pp.114-126.

[12] 梁方仲編著,《中國歷代戶口·田地·田賦統計》(上海: 上海人民出版社, 1989), p.263.

[13] 何柄棣 지음, 앞의 책, p.226.

[14] 何炳棣 지음, 앞의 책, pp.229-230.

[15] 宋應星 지음(崔炷 역), 《天工開物》(전통문화사, 1997), 권1 곡물, p.7.

[16] 강판권,《청대 강남의 농업 경제》(혜안, 2004), pp.34-70.

[17] 羅桂環·徐儉民編著,《中國歷史時期的人口變遷與環境保護》(北京: 冶金出版社, 1995), pp.268-272.

[18] 이태진, 〈小氷期(1500-1750) 천변재이 연구와《朝鮮王朝實錄》〉,《역사학보》149(1996.3), pp.203-236.

[19] 유소민 지음(박기수·차경애 옮김),《기후의 반역》(성균관대학교 출판부, 2005), pp.199-202.

[20] 武內房司,〈清代布依族の社會變容〉,《季刊中國研究》제4호(1986), pp.87-102.

[21]《大清高宗實錄》, 卷 612, 乾隆 25年 5月上 壬子條.

[22] 최희재,〈光緒初 청조의 만주개발과 중한 관계의 재조정〉,《동양학》제35집(2004), p.247.

[23] 이강원,《중국변강에서 민족과 공간의 사회적 구성: 어룬춘족 사회의 다민족화와 정체성의 정치》(서울대학교 대학원 지리학과 박사학위 제출논문, 2000.8), p.62.

[24] 千葉德爾,〈中國中南部의 土壤浸蝕と農耕文化〉,《地域と民俗文化》(東京: 大明堂, 1977), p.173.

[25] Mark Elvin, 앞의 책, p.10.

[26] 유장근,〈청말 개혁가의 식민주의〉,《근대중국의 지역사회와 국가권력》(신서원, 2004), p.430.

[27] Mark Elvin, 앞의 책, p.20.

[28] 이강원,《중국변강에서 민족과 공간의 사회적 구성》, pp.254-256.

[29] Christian Daniels,〈雲南省西雙版納傣族の製糖技術と森林保護〉,《就實女子大學史學論集》第5號(平成 2年), pp.258-263.

[30] 박장배,〈趙爾豐의 改土歸流와 大土司 왕국들의 해체〉,《근대중국연구》제2집(2001),

pp.16-17.

31 정철웅, 〈청대 후베이성 서남부의 산지개발과 사회변화〉, 《명청사연구》 제18집, p.178.

32 김홍길, 〈명말·청초의 사회변화와 삼림환경〉, 윤세철 교수 정년기념 역사학논총 간행위원회편, 《시대전환과 역사인식》 (솔, 2001), p.156.

33 로이드 이스트만 지음, 앞의 책, p.32.

34 千葉德爾, 앞의 논문, pp.183-184.

35 박철환, 〈중국의 인구정책에 관한 연구〉, 《산경논총》 제14집(1992), pp.132 ff.

36 박철환, 위의 논문, pp.118-127.

37 설동훈, 〈인구와 노동력〉, 장경섭 편, 《현대 중국사회의 이해》 (사회문화연구소, 1993), p.171.

38 이강원, 《중국변강에서 민족과 공간의 사회적 구성: 어룬춘족 사회의 다민족화와 정체성의 정치》, p.316.

39 馬大正, 《新疆生產建設兵團發展的歷程》(新疆人民出版社, 2007), pp.12-30.

40 강명상, 《중공의 소수민족정책》 (융성출판, 1988), pp.311-313.

41 池谷和信, 〈狩獵採集社會のなかの農耕—階級社會を沮止する分配システム〉, 梅原猛 等編, 《農耕と文明》 (朝倉書店, 1995), p.242.

42 이강원, 〈롭노르 논쟁과 신장생산건설병단—중국 서북지역 사막화의 사회적 과정—〉, 《대한지리학회지》 제38권 제5호(2003), pp.709-716.

43 이강원, 〈롭노르 존쟁과 신장생산건설병단〉, pp.709-716.

44 강명상, 앞의 책, pp.302-303.

45 강명상, 앞의 책, pp.307-309.

46 천카이거 지음, 이근호 옮김, 《어느 영화 감독의 청춘》 (푸른산, 1991), p.209.

47 Christian Daniels, 앞의 논문, pp.258-263.

48 문순철, 〈티벳 자연 인문 환경의 지리적 특성〉, 《동아연구》 제36집, pp.263-269.

49 이가원·노기, 〈'산업화된 농민국가'의 출현과정: 중국의 농촌 도시간 인구이동과 호구제도의 기능〉, 《지리학연구》 제35권 3호(2001), pp.200-205.

50 정신철, 〈중국 소수민족의 인구이동과 그 사회적 영향〉, 《현대중국연구》 제5집 2호

(2003), p.156.

51 허버러, 앞의 책, p.150.

52 이강원, 《중국변강에서 민족과 공간의 사회적 구성: 어룬춘족 사회의 다민족화와 정체성의 정치》, pp.141-164.

53 이강원, 〈롭노르 논쟁과 신장생산건설병단〉, p.716.

54 중국기상국 국가기후중심 저(오재호·차은정 공역), 《1998년 중국대홍수와 이상 기상》(아르케, 2000), pp.152-153.

55 이 부분에 관한 최신의 논저는 이강원 지음, 《사막중국》(폴리테이아, 2007)이다.

56 박인성, 〈황사발원지의 모래폭풍과 토지사막화〉, 《국토》 259(2003), p.95.

57 조정남, 〈중국의 민족분쟁 지역 분석〉, 《민족연구》 제9집(2002), p.67.

58 이강원, 〈롭노르 논쟁과 신장생산건설병단—중국 서북지역 사막화의 사회적 과정—〉, pp.717-719.

59 이강원, 《중국변강에서 민족과 공간의 사회적 구성: 어룬춘족 사회의 다민족화와 정체성의 정치》, p.6.

60 이강원, 《중국변강에서 민족과 공간의 사회적 구성: 어룬춘족 사회의 다민족화와 정체성의 정치》, p.130.

61 유장근, 〈청말 개혁가의 식민주의—공쯔전의 서역건성론을 중심으로—〉, 유장근, 《근대중국의 지역사회와 국가권력》(신서원, 2004), pp.413-454.

62 조정남, 앞의 논문, p.67.

63 김한규, 《티베트와 중국》(소나무, 2000), pp.405-409.

64 박장배, 앞의 논문, pp.16-20.

65 허벌러, 앞의 책, p.162.

66 정신철, 〈중국 소수민족의 인구이동과 그 사회적 영향〉, pp.159-162.

67 알프레드 크로스비(안효상·정범진 역), 《생태제국주의》(지식의 풍경, 2000) 참조.

68 Alvin Magid, "China's Policy for Multiculturalism and Minority Nationalities," *Asian Perspective*, Vol.22, no.1(1998), pp.15-20.

69 안토니오 그람씨(김종법 옮김), 《남부문제에 대한 몇 가지 주제들 외》(책세상, 2004),

pp.66-71.

[70] 강옥초, 〈초기 그람시의 사상과 이탈리아 남부주의 〉, 《서양사론》 제55호, p.158; 〈그람시의 남부주의와 1926년 논고〉, 《서양사론》 제73호(2002), pp.148-149.

[71] 이강원, 《중국변강에서 민족과 공간의 사회적 구성: 어룬춘족 사회의 다민족화와 정체성의 정치》, p.42.

[72] 홍성태, 〈생태 위기와 생태 제국주의〉, 《정치비평》 12호(2004년 상반기), p.55.

• 각 글의 출처

서설

= 〈중국의 '근대국가 만들기'〉, 한국중국학회 주최, 제32차 중국학 국제학술대회 〈주제: 중국문화와 현대성〉(연세대학교, 2012년 8월 16~ 8월 17일)에서 발표한 글. 원제는 〈근대중국, 어떻게 만들까?〉.

연구 패러다임의 변화

= 〈한·마오쩌동주의적漢·毛澤東主義的 근대상과 만청적滿淸的 근대상 사이에서〉, 《명청사연구》 제32집(2009.10).

= 〈1990년대 이후 중국 역사학계의 사회사연구동향〉, 《이화사학연구》 제39집(2009.12)

= 〈만청 식민주의滿淸 植民主義를 둘러싼 중·외 학계의 논의〉, 〈만청 식민주의滿淸 植民主義를 둘러싼 중·외 학계의 논의〉, 유장근·홍성구·차혜원·김형종·정혜중, 《중국역사학계의 청사연구 동향》(동북아역사재단, 2009.10).

현대중국을 보는 한국인의 이중적 시선–중화주의와 오랑캐주의

= 〈현대 한국인의 중국인식〉, 《대구사학》 제80집(2005.8).

= 〈현대 한국인의 중국변방 인식〉, 《중국근현대사연구》 제44집(2009.12).

영화로 본 현대중국

= 〈영화 〈천안문〉을 통해서 본 천안문 민주화운동의 시말〉, 《중국근현대사연구》 제42집(2009.6).

= 〈근대기 상하이지역 여배우의 이미지와 실상의 간격 -롼링위의 경우-〉, 미간행원고.

민간종교 결사의 전통과 그 계승

= 〈1920~30년대 초 홍만자회紅卍字會의 발전양상과 그 성격〉, 《중국근현대사연구》 제39지(2008.9).

= 〈현대중국에 있어서 파룬궁法輪功의 발전양상〉, 《중국사연구》 제52집(2008.2).

변경지역으로 팽창하는 중화제국

= 〈현대중국의 샹그리라 만들기와 그 의미〉, 《중국근현대사연구》 제49집(2011.3)

= 〈현대중국에 있어서 생태환경의 변화와 변경으로의 팽창주의〉, 미간행원고.

찾아보기

【ㄹ】

【ㅁ】

【ㅂ】

【ㅅ】

【ㅇ】

【ㅊ】

【ㅋ】

【ㅌ】

【ㅍ】

【ㅎ】

【기타】

현대중국의 중화제국 만들기

⊙ 2014년 10월 29일 초판 1쇄 인쇄
⊙ 2014년 10월 31일 초판 1쇄 발행
⊙ 글쓴이 유장근
⊙ 발행인 박혜숙
⊙ 디자인 이보용
⊙ 영업 · 제작 변재원
⊙ 종이 화인페이퍼
⊙ 펴낸곳 도서출판 푸른역사
우) 110-040 서울시 종로구 통의동 82
전화: 02) 720-8921(편집부) 02) 720-8920(영업부)
팩스: 02) 720-9887
전자우편: 2013history@naver.com
등록: 1997년 2월 14일 제13-483호

ISBN 979-11-5612-026-1 93900

• 잘못 만들어진 책은 교환해드립니다.